WORLD CONFUCIAN CONFERENCE

世界儒学大会

第五届
世界儒学大会
学术论文集

贾磊磊　杨朝明　主编

文化藝術出版社
Culture and Art Publishing House

主办　Sponsors

中华人民共和国文化部

Ministry of Culture of the People's Republic of China

山东省人民政府

Shandong Provincial People's Government

承办　Organizers

中国艺术研究院

Chinese National Academy of Arts

山东省文化厅

Shandong Provincial Cultural Bureau

山东大学儒学高等研究院

Confucianism for the Institute for Advanced Study, Shandong University

中国孔子基金会

China Confucius Foundation

国际儒学联合会

International Confucian Association

济宁人民政府

Ji'ning Municipal Government

孔子研究院

The Research Institute of Confucianism

中华人民共和国文化部副部长、中国艺术研究院院长王文章在开幕式上致辞

山东省副省长张超超在开幕式上致辞

中共山东省委宣传部副部长、省文化厅厅长徐向红主持开幕式

中共济宁市委书记、市人大常委会主任马平昌在开幕式上致辞

孔子研究院原副院长、世界儒学大会秘书处秘书长孔祥林研究员在闭幕式上致辞

韩国中央大学梁承武教授

西南政法大学俞荣根教授

中央民族大学牟钟鉴教授

中国艺术研究院刘梦溪研究员

新加坡国立大学李焯然教授

中央党校王杰教授

澳大利亚邦德大学李瑞智教授

华东师范大学高瑞泉教授

清华大学彭林教授

台湾大学李贤中教授

第五届世界儒学大会开幕式

出席开幕式的专家学者

中华人民共和国文化部副部长王文章（左一）与山东省副省长张超超（右一）给2012年度孔子文化奖获奖个人中央民族大学牟钟鉴教授（右二）和获奖机构韩国成均馆崔根德馆长（左二）颁奖

第五届世界儒学大会闭幕式全景

分组讨论

分组讨论

2012年度孔子文化奖获奖个人

中国文化的守望者、探新者——牟钟鉴先生

他是我国著名哲学史家、宗教学家。

他四十余年来默默恪守一个学者的本份：为人谦恭、温和，治学严谨、扎实；著书立说，培养人才；有爱心，有担当；扬正气，讲正学，走正路，办正事；在他的身上，我们看到了纯粹儒者的气象。

他沉潜涵泳于中国哲学、宗教学的汪洋大海。着力研究儒学的内涵与价值，关注儒学的现代命运和发展前景。他将仁爱、中和、尊生、诚信等理念融入当代人的生活之中，构建了“新仁学”理论，提出返本开新、综合创新、推陈出新的“三新之路”，以期实现儒学的现代转化。宏论高见，启人心智。

他潜心研究中国宗教的历史与现状，积极探索儒释道三教文化，提出了“宗法性传统宗教”新概念，创立了“民族宗教学”新学科，为中国宗教学学科建设做了具有开拓创新意义的工作，成绩斐然，贡献卓著。

他是本土文化的守望者，具有包容的胸怀、开阔的视野。在多元文明并存互动的今天，他一方面致力于振兴中华学术，探索当代中国文化发展道路，提出了中华文明“多元通和模式”新论断；另一方面坚持孔子的“和而不同”思想，倡导多元文明平等对话，主张会通中外，融合百家，汲取人类文明的一切优秀成果，为我所用，再创中华文明的辉煌。

他修德讲学，知行合一，参与创办尼山圣源书院，并担任首任院长，为弘扬中国优秀文化传统，为推动学术事业的进步，殚精竭虑，不遗余力。

他深研中华文化，志于光大儒学，勇于开拓求新，是中国文化的守望者、拓新者。

2012年度孔子文化奖获奖机构

儒家文化的守护者、弘扬者——韩国成均馆

这是一个传承孔子之道、弘扬儒家之学，享誉东亚和世界的儒学组织。

她有悠久的历史，光荣的传统。自成立以来，秉承儒家的“仁、义、礼、智”道德原则，“成人才之未就，均世俗之不平”，培育了无数德才兼备的栋梁之才。明教化，美风俗，泽被众生。

她崇拜孔子，按时举行文庙祭祀，延续了祭孔的传统，保存了祭孔的礼乐。她所举行的祭孔典礼，成为现代东亚社会一道尊孔崇儒、“于是观礼”的文化景观。

她曾经是推行儒家教育的最高学府，如今是儒学研究、普及的中心。她设立了儒家学术院、翰林院、儒家学会等各种儒学研究机构，整理编辑儒学典籍资料，开展儒家经典的翻译与传授，组织举办各种类型的学术研讨会，推动了儒学的深入研究与交流发展。她充分利用电视、电台、手机、网络等现代化手段宣传儒家文化，通过乡校、书院、儒道会等组织机构传播儒家精神，有力地促进了孔子儒学的普及与推广。

她与时偕行，开拓创新，以“儒家经典的大众化、儒家理论的大众化、儒家文化的生活化”为目标，关注当今社会精神教育，掀起社会道德运动，设立文化院、礼仪学校培养青少年思想品德，为重建现代社会的道德伦理而不懈努力，奋力前行。

她坚守传统，矢志弘道，守先待后，继往开来，是儒家文化的守护者、弘扬者。

目 录

领导致辞

获奖感言

主题演讲

论 文

（按作者姓氏汉语拼音排序）

●**儒家伦理与市场伦理**

●中华元典与现代文明

●儒学与国民教育

学术综述

领导致辞

中华人民共和国文化部副部长、中国艺术研究院院长王文章先生致辞

尊敬的张超超副省长，各位来宾、女士们、先生们、朋友们：

大家上午好！

在这秋高气爽、五谷丰登的金秋时节，第五届世界儒学大会在孔子故里隆重召开了。在此，我谨代表会议的主办方中华人民共和国文化部，向莅临大会的海内外儒学研究机构的代表、向各位专家学者和各界人士，表示热烈的欢迎和诚挚的敬意！

以中国古代伟大的思想家、教育家孔子为代表的先贤所创立的儒家学派博大精深，源远流长，它包括了政治、哲学、伦理、教育、艺术等方面的思想主张和行为方式，构成了中华民族传统文化的一个核心内容，对于中华文明的演进和发展起到了不可替代的作用。同时，儒家思想对于人类文明的进步也作出了重要的贡献，在世界上产生了超越时代、超越国界的深远影响。

尽管儒学在中国历史上曾经历了来自方方面面的冲击，至今对儒学也存在着这样或那样的争论，但在两千多年的历史长河中，孔子继往开来所创立的儒学，既为中国传统文化奠定了坚实的基础，也为世界文明作出了重要贡献。其历史的光辉和现实的价值都不会使人们停止对儒学的探讨，反而会更加激发我们对儒学的深入研究。特别是当代中国现代化发展进程的加快，更迫切地需要我们对传统文化作出更为全面、科学、系统的梳理与扬弃。正是基于这样的现实需要，2007 年我们在这里举行世界儒学大会发起国际会议的时候，就是希望通过中华人民共和国文化部和山东省人民政府的合作，通过山东省文化厅、孔子研究院、济宁市政府和中国艺术研究院等机构共同努力，联手搭建起一个探讨儒家思想文化的高端性、国际性学术平台，聚集世界范围内儒学研究的学术力量，在平等开放的氛围中各抒已见，在学术自由的环境里畅所欲言，共同为新世纪人类社会的进步发掘重要的思想资源，为世界和平发展寻找文化动力，并将世界儒学大会办成引领海内外儒学研究发展的年度盛会。

今天，我们可以说，这个具有国际性、战略性的文化目标正在实现。我们共同展开对儒家思想精华的深入阐发和弘扬，见证着中国儒学走向世界的进程，推动着对中国传统文化的现代性阐释。儒家著名的思想家荀子曾说："彼求之而后得，为之而后成，积之而后高，尽之而后圣。"（《荀子・儒效》）荀子强调人只有努力追求然后才能获取，坚持实践然后才能成功，不断积累然后才能提高，奋力攀登然后才能达到高峰。

自2007年世界儒学大会发起国际会议及2008年第一届世界儒学大会的成功举办，再到今天第五届世界儒学大会的胜利召开，在有关各方的共同努力下，在国内外与会专家的积极参与下，世界儒学大会一步一个脚印，推动国际性儒学研究的不断深入开展，并不断推出重要的学术成果，产生越来越大的文化影响。

在这六年间，特别值得铭记的是，我们在世界儒学大会发起国际会议上一致通过了《世界儒学大会发起宣言》和《世界儒学大会章程》这两部重要文献，将世界儒学大会确立为世界范围内儒学研究的一个高端学术交流平台。在这个平台上，我们不是阐发某一家、某一派的学术思想，而是将各家各派的儒学研究成果会聚一堂，真正做到“百花齐放，百家争鸣”。同时，为了促进儒学研究的发展，主办方决定从第二届儒学大会开始设立“孔子文化奖”，表彰从事孔子文化研究并有重大学术成果和在儒学文化交流、传播、普及方面有重大成就的个人、机构和非政府组织。这一奖项自设立以来，经过公平、公开、公正的评选，先后评选出杜维明、庞朴、汤一介、汤恩佳和中国孔子基金会、国际儒学联合会等个人和机构获奖，这充分表现出主办方对儒学研究和传播的积极推动。从首届世界儒学大会举办以来，已有来自世界各地20多个国家和地区的专家累计提交了500余篇论文。在历次会议上，发言者纵横捭阖、直陈己见。通过认真地讨论，大家的思想得到深入交流，儒家思想得到深入阐发。为了使世界儒学大会的研究成果能够充分发挥其社会意义和体现学术价值，历届大会的优秀论文都已结集出版，为世界儒学研究留下了一份宝贵的学术历史文献。

在文化部和山东省人民政府的指导、支持下，在各承办单位通力合作下，世界儒学大会今天已成为儒学研究的国际品牌，成为国际儒学研究的年度盛会。当今世界，思想文化交流、交融、交锋呈现出全新的特点。深入研究以儒家思想为重要内容的中国传统文化，有利于东西方文明的理解和会通，更有利于当今世界传统与现代的对话和交流。不同民族文化之间没有高低贵贱之分，从精神意义上讲，各种文化都是平等的，只有在相互尊重的基础上，扩展交流，方能“美美与共”。希望与会嘉宾、学者在儒学研究中能够继往开来，承前启后，放眼世界与未来，以对历史、文化的当代性认知，去科学地把握儒学的精神文化价值，科学阐发其丰富内涵，为新世纪人类社会的和谐进步发掘重要的思想文化资源，为世界了解中华文明和儒家思想的当代价值作出努力。

最后祝各位与会专家学者、各位来宾身体健康、精神愉快。

谢谢大家！

山东省副省长张超超先生致辞

尊敬的王文章副部长，尊敬的各位来宾、女士们、先生们：

在这美丽的金秋时节，海内外知名专家学者相聚孔子故里、东方圣城曲阜，隆重举行第五届世界儒学大会暨2012年孔子文化奖颁奖典礼，这是文化界的一件喜事、盛事。首先我谨代表山东省人民政府对各位嘉宾的光临表示诚挚的欢迎，向孔子文化奖获奖者表示热烈的祝贺，向长期以来致力于儒学研究的中外学者及业内人士表示崇高的敬意！

山东是中华文明的重要发祥地和儒家文化的发源地，历史悠久、文化灿烂，素有孔孟之乡、礼仪之邦的美誉，伟大的思想家、教育家孔子在这里诞生，巍峨雄伟的东岳泰山在这里崛起，中华民族的母亲河黄河在这里入海。近年来，伴随着改革开放，蓬勃崛起的齐鲁大地经济发展、文化繁荣、社会和谐，人民生活水平不断提高，已成为中国最具发展活力的地区之一，正在向着经济文化强省的奋斗目标阔步前进。

山东高度重视儒家文化遗产的保护传承，积极发挥齐鲁文化赋予的优势，大力弘扬民主精神、时代精神和新时代的山东精神，扎实推进社会主义核心价值体系的建设，文化事业和文化产业取得了令人瞩目的成就，有力提升了齐鲁文化在国内外的影响力。

女士们、先生们、朋友们，儒家文化历久弥新，儒学遗产弥足珍贵，孔子所创立的儒家学说及其博大精深的内涵和兼容宽仁的品格，超越时代、超越国界，传承几千年，至今仍然闪耀着不朽的光辉。世界儒学大会是儒学以各种文化的理念、学术思想、对话交流的国际盛会，第五届世界儒学大会为共同探讨儒家思想的时代意义、深入研究儒家伦理与市场伦理以及中华元典与现代文明搭建了一个广阔的平台，同时也为引领当代儒学创新、展示儒学最新的成果、推动中华传统文化走向世界、让世界了解中国架起了一座沟通的桥梁。

各位都是儒学研究领域高层次的专家或领军人物，学识渊博，建树非凡，衷心希望大家利用这个开放的平台，在民主、自由、平等、科学的学术氛围中，广泛地开展合作交流与对话，共同做好儒学遗产的保护与传承，努力推动儒学在现代社会的运用和创新，为建设人类共同精神家园，为各国各地区各民族增进理解、加深友谊、合作共赢、协调发展作出积极的贡献。

最后，祝第五届世界儒学大会圆满成功！祝各位领导、专家身体健康、生活愉快。

谢谢大家！

中共济宁市委书记、市人大常委会主任马平昌先生致辞

尊敬的王文章副部长、张超超副省长，各位来宾、女士们、先生们：

大家上午好！

九月的圣城曲阜惠风和畅，金桂飘香，群贤毕至，方家咸集。在隆重纪年孔子诞辰两千五百六十三周年之际，第五届世界儒学大会今天开幕了！我代表中共济宁市委、济宁市人民政府，对大会的召开表示热烈的祝贺，向出席大会的各位领导、各位来宾致以诚挚的欢迎！

济宁以所谓孔孟之乡、运河之都、文化济宁著称，位于山东省的西南部，现辖兖州、曲阜、邹城、微山、梁山等十多个县市区，一个国家级高新技术开发区和一个省级旅游度假区，总面积1.1万平方公里，总人口847万。济宁历史文化悠久，是人文始祖轩辕黄帝的诞生地，是孔子、孟子、晏子、曾子、子思子五大圣人的故乡，中华文明的重要发祥地和儒家文化的发源地。济宁是京杭大运河的重要城市。明清时期，运河最高管理机构就设在济宁，千年运河赋予了济宁融南会北、开放包容的文化特色，也造就了济宁历史上的繁荣与兴盛。济宁是中国优秀旅游城市，拥有三孔世界文化遗产和曲阜、邹城两座国家级历史文化名城。济宁有“孔孟桑梓之邦、文化发祥之地”之美誉，在这片文化沃土上，由孔子创立的儒家学说，博大精深，光耀千秋，不仅成为中国传统文化的核心和主干，塑造了中华民族的基本精神，而且跨越国界，滋润四海，成为中国东方文化的重要标志和世界文化宝库的不朽遗产。纵览斗转星移，世事沧桑，儒家学说历来熠熠生辉，儒家思想历来具有旺盛的生命力，这是中华民族的骄傲，更是圣人故里的荣耀。

本届儒学大会以儒家思想的当代意义为主题，并设立了儒家伦理与市场伦理、中华元典与现代文明、儒家与国民教育三个分议题，紧贴时代，内容丰富，意义重大。经世致用、于世践行是儒学最基本的价值追求和内在品格，无论是先秦时期的原始儒学，还是其后春秋新学、宋明理学、清初史学都是积极入世的产物。2500多年来，儒家和儒学历经千载而不衰，不断被继承光大和扩展，一直处于显学的地位，很重要的就在于历代儒学贤士们是否关注现实，关注所处时代的社会人生问题以及人与自然问题，积极探索，寻求解决之道。时代发展到今天，我们研究传承儒学，就应该汲取精华，推陈出新，探讨时代发展遇到的新情况，解决人类发展遇到的新问题，构建符合时代特征的新儒学，应该发出合乎历史发展、合乎人民利益的时代声音，展现儒学的当代精神、时代价值和智慧的光芒。

当今世界人类共同面临的问题和挑战越来越多，如何在全球一体化背景下实现不同国家之间的友好相处，如何在加快工业化进程中解决好资源、环境和生态问题，如何在不同宗教、信仰、文化的交往中实现和谐共存，不同的国家、不同的文明、不同的学说都在进行思考和反思。儒学是所谓东方文化最具代表性的思想和哲学体系，所倡导的基本理念，像“仁者爱人”的人类精神、天人合一的生态观念、以和为贵的和平原则、敬让修睦的伦理要求、有教无类的平等教育理念在当今世界仍具有重大的现实意义。追随时代前进的步伐，回顾先贤圣者的智慧，开拓儒家学说的精华，使儒学在当代社会更好地发挥作用，始终是儒学研究面临的重大课程，从这种意义上说，当今世界需要孔子，需要儒学。济宁所谓儒学的发源地，在挖掘、整理、研究儒学文化，为世界儒学研究与发展提供服务，既是得天独厚的优势，更有责无旁贷的责任。我们一定要珍视和守护好这块沃土上的优秀传统文化，为儒学的传承与创新恪尽职守，一定珍惜世界儒学大会举办地的荣耀，尽全力为大会的举办提供优质服务，为世界儒学的交流与发展、为推动中华传统文化走向世界作出应有的贡献。

最后，祝第五届世界儒学大会圆满成功！祝各位领导、各位专家、各位嘉宾节日快乐，身体健康，万事如意。

谢谢大家。

孔子研究院原副院长、世界儒学大会秘书处秘书长 孔祥林先生闭幕式致辞

尊敬的各位学者，各位来宾、女士们、先生们：

上午好！

2007 年，来自美国、法国、斯洛伐克、韩国、马来西亚、新加坡、日本、中国内地、中国台湾、中国香港、中国澳门等 14 个国家和地区的近百位学者汇集曲阜发起召开世界儒学大会。在主办单位中华人民共和国文化部和山东省人民政府的正确领导下，五年来，坚持每年于孔子诞辰召开大会，由于各承办单位的共同努力，海内外学者的大力支持，会议越办越好，已有五大洲 30 多个国家的千余名学者莅会，学术成果越来越丰硕，累计收到论文 400 余篇，并结集出版了四集会议论文集，国际影响越来越大，基本实现了“世界儒学大会发起宣言”的目标：“世界儒学大会，是不同国家和地区的儒学团体与人文学者进行学术交流的国际平台，是不同文化与思想相互沟通的时代桥梁，是儒学研究迈向未来世界的通衢大道”。

第五届世界儒学大会是在控制会议规模的要求下召开的，虽然规模有所缩小，但会议的层次没有低，质量没有低。本届大会有来自美国、澳大利亚、奥地利、韩国、越南、新加坡、印度尼西亚和中国内地、中国台湾、中国香港、中国澳门等四大洲 12 个国家和地区的 100 余位学者出席，收到学术论文 84 篇。与往届大会相比，学者数量有所减少，但本届会议论文的学术质量不低，探讨问题更为深刻。学者们紧紧围绕“儒家思想的当代意义”会议主题和“儒家伦理与市场伦理”、“中华元典与现代文明”及“儒学与国民教育”三个子题，采用大会主题演讲、大会发言与分组讨论相结合的方式，展开了深入广泛的学术研讨。与会学者以多学科的视角和方法研究儒学，不同学术观点相互交流，打造了一届“小而精”的学术会议，实现了小规模、高层次、大议题的目标。

除上述特点外，本次大会还有四个新特点。一是会议主题更为关注儒学的当代意义。儒学对于当代社会的意义何在，是社会的追问，也是儒学的现代使命。大会从市场伦理、现代文明、国民教育等社会生活的不同领域来讨论儒学的当代意义，将把儒学当代意义的探讨引向深化。二是将儒学研究领域有突出成就的中青年学者的比重增加到四分之一以上，为大会注入了新鲜血液，为儒学研究、普及培养了新生力量，将会大力促进儒学事业的可持续发展。三是新增山东大学儒学高等研究院作为承办单位，

加大了承办单位的学术力量，将会进一步提升世界儒学大会的学术质量，扩大世界儒学大会的影响力。四是扩大了孔子文化奖获奖者的范围。虽然前三次获奖者分别来自美国、中国内地和香港，但均属于华裔，这次扩大到韩国，增强了孔子文化奖的国际性，进一步提高了孔子文化奖的国际影响力。

本届大会表彰了牟钟鉴先生和韩国成均馆，向他们颁发了2012年度孔子文化奖，请大家以热烈的掌声再次祝贺他们，感谢他们对儒学研究和推广作出的重大贡献，并祝他们再接再厉，为儒学的发展普及作出新的贡献。

第五届世界儒学大会已经完成了各项预定任务，获得圆满成功。会议的成功，离不开文化部、山东省人民政府的领导，离不开海内外专家学者的大力支持，离不开志愿者、新闻工作者、工作人员和服务人员的辛苦劳动。因此，我谨代表大会主席团、各承办单位、大会秘书处，向莅临大会的各位领导、海内外专家学者和志愿者、新闻界的朋友们、工作人员、儒学会馆的服务人员，表示衷心的感谢！

下午会议就全部结束了，各位专家、朋友将陆续离开曲阜，我谨代表各承办单位和秘书处同人祝各位一路平安，身体健康，万事如意！

让我们第六届世界儒学大会再相见！

谢谢各位！

获奖感言

2012年度孔子文化奖获奖个人牟钟鉴先生获奖感言

各位领导、各位嘉宾、各位朋友，大家好！

感谢世界儒学大会把本年度孔子文化奖个人奖授给了我，这是不期而至的一个大奖，它是无价的，是珍贵的高级别的奖项。我大半生中得到过若干奖励，唯有这次大奖与伟大孔子的名字直接连在一起。我知道，自己的业绩尚不足以承受如此崇高的荣誉，我宁愿把它看做是对支持我的亲人友朋群体的一种表彰和对我今后继续奋进的一种期待。

在以往长途跋涉的岁月里，我经历过艰难、曲折和困惑。是伟大孔子的思想照亮了我的人生道路，还有老子智慧的帮助，他们使我确立了“修己以安人”和“返璞归真”的人生态度，以研究国学、弘扬中华文化、推行仁和之道为己任，不再彷徨四顾，不再为世俗偏见所迷惑，沿着“至诚无息”、“和而不流”的生命之路坚定前行。

孔子思想的精华在于发现了人性中仁爱之心，提倡经由忠恕之道将这种爱心去爱亲友，爱他人，爱万物，推动社会走向太平。人间的苦难、社会的灾祸，盖由于少数人贪欲太盛，遮蔽了理性，泯灭了爱心，在冷酷和仇根中陷入对抗和厮杀，使多数人在痛苦里煎熬。中国需要孔子，仁和之道将使中华民族和平崛起，成为发达的现代文明之国。世界需要孔子，仁和之道将推动各种文明通过对话不断接近，用爱心的温暖消除纷争，实现和解。孔子仁和之道，来自人性，导向文明，它不垄断真理，能够包容多元文化，将来必定大放光彩。

敬爱孔子，学习孔子，虽不能至而心向往之。让我们同心同德，践行孔子的思想，迎接美好的未来。

谢谢各位！

2012 年度孔子文化奖获奖机构韩国成均馆馆长崔根德先生获奖感言

尊敬的各位领导、各位专家、先生们、女士们：

上午好！

此刻，站在孔子文化奖的最高领奖台上，我无比荣幸，无比激动。因为这对于平生研究并努力践行孔子教诲的一介学者来讲，对于前半生几乎都在圣人遗风四溢的文庙里诚惶诚恐度过的八旬老朽来讲，可谓意义非凡。

此地，正是孔子的故乡，东方圣灵之地。此时此刻我站在这片圣土上，代表韩国成均馆来领取由中华人民共和国文化部和山东省人民政府共同颁发的孔子文化奖，我相信这是韩国儒者集体的荣耀，也是我个人无上的荣光。

伟大的荣耀离不开铸就它的历史。成均馆的历史最早可以追溯到高句丽小兽林王二年（372 年）设立的太学，后来到了高丽成宗时期的 992 年设立国子监，而后忠烈王时期的 1304 年国子监改名为成均馆。朝鲜太祖时期的 1398 年正式设立了成均馆，同时在全国各地还设立了 360 余所乡校，由此正式确立和完善了国家的教育体系。成均馆作为朝鲜时期儒学教育的中心，一直承担着培养国家栋梁之才的任务。在当时以儒家“修齐治平”和“孝悌忠信”之理念为指导纲领的朝鲜时期，成均馆和各级乡校大力培养治国人才，虔诚供奉以孔子为首的儒家圣贤之牌位，并每年举行春秋两季释奠大祭，以此来延续和传承儒家思想和文化，并积极践行儒家的精神纲领。后来由于日本侵略，成均馆作为国立大学的教育职能被强制性中断。光复以后，在韩国南北战争、社会转型以及工业化的影响下，在现代文明所带来的空前冲击和挑战下，韩国儒学的前途一片黯淡。即使在如此恶劣和不利的环境下，成均馆依然默默坚守自己的历史使命，为实现儒学的复兴和发展而矢志不移，不懈努力。正是在全国各地的儒林组织和儒者们的坚守下，韩国的儒家文化传统才得以绵绵不绝地延续下来。在今天，成均馆主导下的青少年人格教育、大学生儒家文化体验、社会人士的私塾研修、儒林指导者的继续教育课程等，已经在韩国社会蔚然成风，并成为延续儒家文化发展源源不断的动力。

目前成均馆下设有 234 所乡校、100 余所私立书院，还有仅供祭祀用的 300 余所祠堂。中央儒道会设立于成均馆总部，全国各地按行政区划来组成支部。另外，还有青年儒道会和女性儒道会在积极开展各种活动。

作为成均馆的馆长，我很早就提出“儒学发展的三大目标”，并据此带领全国的儒林组织和学者身躬力行。在此我很高兴将这三大目标跟大家共同分享，它们是：儒家经典的大众化、儒家理论的大众化、儒家文化的生活化。

在过去的几十年间，我们很欣喜地看到以中国为首的世界各国的儒学发展都取得了非常丰硕的成果。尽管各国的儒学团体和组织不胜枚举，但是孔子文化奖组委会如此青睐韩国儒学，将分量如此沉重的孔子文化奖团体奖颁给了成均馆，在无比荣幸的同时，我们也深感责任的重大。请允许我借此机会，再次向中华人民共和国文化部、山东省人民政府、中国孔子研究院以及中国的各位儒学专家致以崇高的敬意和深深的感谢！

我深信，此次获奖会成为韩国成均馆继续努力弘扬和发展儒家文化，深化儒学研究与发展的鞭策和动力。

最后，我想以儒家先贤的名句“为天地立心，为生民立命，为往圣继绝学，为万世开太平”来结束我的发言，并与各位共勉。

再次向各位表示诚挚的谢意，谢谢大家！

孔子文化賞　受賞答辭

尊敬하는 指導者 여러분! 世界各國의 儒學者 여러분! 紳士淑女 여러분!

오늘 저는 대단히 榮光스런 자리에 서 있습니다. 平生을 두고 孔夫子의 가르침을 배웠고, 平生을 두고 孔夫子의 가르침을 따르려고 애썼으며, 半生을 孔夫子의 遺香이 서린 文廟 뜰에서 鞠躬 跼蹐했습니다.

지금 제가 선 이곳은 바로 孔夫子의 聖靈이 깃든 聖地이고, 그리고 저는 오늘 韓國의 成均館을 代表해서 中國 國家文化部와 山東省人民政府가 施賞하는 孔子文化賞을 받았습니다. 우리 韓國儒教의 榮光인 同時에 저 個人에게도 榮光이 아닐 수 없습니다.

歷史的으로 韓國國立大學은 高句麗 小獸林王 2년(372년), 太學 설립을 시작으로, 高麗朝 成宗 時期(992년)에 國子監을 설립하고, 忠烈王 時期(1304)에 國子監을 成均館으로 改名하였으며, 朝鮮朝 太祖 時期(1398년)에는 成均館과 全國 360개 鄕校가 설립되고, 이로부터 國家의 教育體系가 확립되었으며, 朝鮮朝의 儒教教育의 中心으로서 國家棟樑之材의 養成을 담당하였습니다. 특히 朝鮮朝는“修己安人”과“孝悌忠信”의 儒教理念을 指導綱領으로 삼아, 成均館과 鄕校에는 孔夫子를 중심으로 歷代 儒家聖賢을 모시고, 매년 春秋로 釋奠大祭를 거행하면서 儒教思想과 傳統文化 繼承發展의 산실로서 그 精神을 實踐하고 있는 중입니다. 그후 日帝의 侵略으로 成均館

의 國立大學의 기능이 중단되고, 光復後에도 韓國儒教는 韓國戰爭과 社會轉變과 産業化 影響 등으로 儒教로서는 감당하기 어려운 現代文明의 衝擊과 克服이라는 挑戰 앞에서 歷史的 使命意識을 가지고 黙黙히 位置를 지키면서 꾸준히 斯文의 繼承 發展을 위하여 奮鬪 努力하는 韓國儒林들의 노력으로 儒教文化와 傳統文化를 保存 維持하는 책임를 連綿不斷히 수행하여 오고 있습니다. 成均館이 전개하는 青少年의 人性教室, 大學生의 儒教文化體驗, 社會人士의 書堂修練, 儒林指導者의 儒教教育 등은 향후 韓國儒教 발전의 動力이 될 것입니다.

그리고 成均館 傘下로 全國에 中等教育機關으로서 234個 鄉校와 私立으로 100餘個의 書院이 있으며, 祭祀機能만을 奉行하는 300餘個의 祠宇가 있다. 成均館에 總本部를 둔 中央儒道會가 組織되고, 全國各地 行政區域 單位로 支部가 結成되어 青年儒道會와 女性儒道會가 활동하고 있습니다.

본인은 일찍이 儒教發展의 三大指標하여 全國儒林이 力動的으로 實踐하고 있습니다. 첫째는 儒教經典의 大衆化요, 둘째는 儒教理論의 大衆化이며, 셋째는 儒教文化의 生活化입니다.

그 동안 儒學發展을 위하여 많은 成果와 貢獻을 계속하여 오신 中國國內와 世界各國의 儒學硏究團體機構가 있음에도 불고하고, 韓國儒教의 작은 努力에 關心과 激勵를 아끼지 않으시고, 특별히 韓國 成均館에게 이렇게 큰 賞을 授與토록 選定하여 주신 中國國家文化部와 山東省人民政府 및 孔子硏究院과 中國儒學硏究 專門家 學者여러분께 진심으로 감사를 드립니다.

韓國成均館의 이번 영광스러운 孔子文化賞 受賞은 앞으로 孔子와 儒學思想, 그리고 儒家文化의 弘揚과 繼承에 더욱 열심히 硏究 · 實踐하고, 普及 · 發展시키라는 加鞭으로 여기며, "天下에 儒學實踐을 자기의 責務로 삼아 先聖을 繼承하고 未來의 學問을 열어주며, 萬歲를 위하여 太平한 世界를 연다" (以天下为己任,继往圣开来学, 为万世开太平)는 先賢들의 名言으로 감사 말씀을 마무리하고자 합니다.

다시 한번 진심으로 감사를 드립니다!

2012年 9月 27日

韓國 成均館長 崔根德

主题演讲

《小学》礼节与当今儿童启蒙教育

韩国中央大学荣誉教授　梁承武

一

首先让我们来回顾和展望一下世界儒学大会。世界儒学大会是以在世界范围内组织、举办儒学研究活动，推动各个国家和地区儒学研究的发展，传承弘扬中国传统文化，促进人类不同文明之间的对话与交流，增强各国各民族人民之间的相互理解和信任为宗旨而成立的。继 2007 年发起之后，迄今已举办至第五届。

综观四届大会，为了弘扬中国传统文化，促进国际文化交流，推动中国文化走向世界，可谓硕果累累，令人瞩目①。

2008 年第一届世界儒学大会：来自 22 个国家和地区、86 个儒学研究团体机构的 172 位专家学者和 100 多位各界人士出席会议，提交了 62 篇论文。大会设立了国际性的文化论坛，创建儒学研究、交流、合作的国际化平台，这是世界儒学界的一大盛事，也是国际学术研究的重要活动。

2009 年第二届世界儒学大会，来自 21 个国家和地区、97 个儒学研究机构团体的 306 位专家学者、各界人士参加会议，提交了 62 篇论文。大会围绕多元文化语境下儒学的传承与发展、儒学思想与社会经济发展、儒学与文学艺术创作等议题展开讨论。

2010 年第三届世界儒学大会，来自 16 个国家和地区、86 个儒学研究机构团体的 200 位儒学专家学者出席会议，提交了 54 篇论文。大会围绕儒学思想的时代发展与国际传播、儒学与伦理学、儒家与文化多元化发展等议题，进行了研讨和对话，并关注儒学的理论价值，又将儒学研究与现实社会中的具体问题紧密结合，开拓儒学研究的现实意义。

2011 年第四届世界儒学大会，来自 16 个国家和地区、83 个儒学研究机构与团体的近 200 位儒学专家学者参加，收到了 106 篇论文。大会以“儒学的普世价值与社会文化发展”为主题，围绕儒学的价值取向与社会发展、儒学创新与当代文化建设、儒家思想及其普世价值、道德礼仪与人文教化等议题进行了研讨和对话。就儒学的继承和发展、儒学思想与社会经济发展、儒学思想的时代发展与国际传播、儒学创新与当

---

① 曲阜中国孔子研究院：http：//www. confucius. gov. cn. ，2012. 8. 31。

代文化建设、道德礼仪与人文教化等主题，学者们进行了热烈研讨和对话，开拓了儒学研究的现实意义。世界儒学大会搭建了一个高水平的儒学研究交流平台，吸引了海内外儒学专家学者的积极参与和社会各界的广泛关注，为孔子及儒学在世界文明的延续作出了重要贡献。

2012年第五届世界儒学大会，以“儒家思想的当代意义”为主题，邀请了来自10多个国家和地区的100多位儒学专家学者参加发表和讨论。这次大会，为了提高会议的水平，扩大大会的影响力，突出了“小而精”的特点。同时，为了提高儒学研究领域青年学者的比例，还增加了许多新面孔，注入了新鲜血液，相信这一定会为儒学的研究和普及培养新生力量。站在21世纪的前沿，相信世界儒学大会一定会深入发掘孔子思想的精华，为继承儒家文化传统、扩大儒学思想交流、推动多元文化发展以及促进人类和平作出应有的贡献。

今天在这个场合，我想就未来社会的主人——儿童的基础教育问题谈一下我个人的想法。从20世纪70年代开始，亚洲各国陆续在经济上取得了高速的成长和发展，人们的物质生活也因此变得丰裕起来。但随之带来的是，在现实社会的残酷竞争下，每个家庭对子女的期待值越来越高，所谓“望子成龙”、“望女成凤”之风气也与日俱增。为了子女能健康成长并早日成才，父母们可谓殚精竭虑，费尽心思。可能有些父母为了维持生计而顾不上照顾子女，但是更为严重的是，随着现代社会由工业化进入信息化时代，传统社会的道德伦理逐渐崩溃，随之带来的是各种来路不明的信息和价值观。在这种时代背景下，无论大人还是孩子都难免陷入精神的混乱和困惑。

这其中最为深刻和严重的就是子女的升学问题。就韩国的情况来看，虽然现在初中和高中没有入学考试，但大学的入学考试可谓是“地狱”。为了应对大学的入学考试，学生们一直疲惫地奔波于学校和各种补习班之间。所以家长们无法对子女们实施各种严格的家教（主要指的是严管严教）。学校也同样如此，把更多的时间花在了对学生们进行每天16小时的学习教育方面，其他所有的教育都为大学入学考试而让步。长此一来，青少年的伦理道德教育就很成问题，这也是现代社会逐渐走向人情刻薄而不得不随时用法律手段来解决问题的原因之一。

二

对于如上所述严重的社会现象，我们难道只能袖手旁观吗？一直以教化众人、培养人才为己任的儒学是绝对不能坐视不管的。换言之，我们应该重新反思儒家修己安人的基础教育，并由此来探索解决问题的方法。在我看来，这应该从最基本的儿童教育问题抓起。所谓“今天的儿童是明天的主人公”，未来世界依靠近日的儿童，说明儿童的教育和理解的重要性。俗语说“儿时所学，终生难忘”，儿童时期的启蒙教育是成人行为的基础教育，它对儿童人格的形成会发挥基础性作用。

本文是根据传统世代之儿童启蒙教育基础的《小学》教育方法和内容，来寻求在现代社会教育中所疏忽的礼节教育。在现代社会解决现代社会各种问题的方法，是从寻找体现人格教育目的开始着手，尤其人格以及习惯是从儿童启蒙时期开始培养，所以儿童时期的人格教育和礼节教育是最要紧的课题。传统社会的《小学》教育是在实施《大学》教育以前的先行教育，《大学》教育可说是正式的为学教育，《小学》是基础的人格教育。《小学》的教育对象是以初学的儿童以及少年为中心，首先经过《小学》实施儿童和少年的启蒙教育和礼节教育，然后接受正式《大学》的大人教育①。

因而就儿童启蒙教育来看，《小学》就是一部非常合适的教材。《小学》内外编6卷，旧题宋代朱熹撰，实为朱熹与其弟子刘清之合编。刘清之在宋孝宗纯熙十年编完《小学》，朱子在十二年变更了编卷程序并撰写解题。它不仅实现了学校教育和家庭教育的和谐，而且还按照年龄来实施分阶段施教。《小学》何时传入韩国，一般推测高丽朝末期，进入到朝鲜朝就成为儿童礼节教育的基本教科书。

《小学集注》中《小学书题》提出了编写《小学》的动机，如下说明：

> 古者小学，教人以洒扫应对进退之节，爱亲敬长隆师亲友之道，皆所以为修身、齐家、治国、平天下之本，必使其讲而习之于幼稚之时，欲其习与智长，化与心成，而无扞格不胜之患也。今其全书，虽不可见，而杂出于传记者亦多，读者往往直以古今异宜而莫之行，殊不知其古今之异者，固未始不可行。今颇搜辑，以为此书，授之童蒙，资其讲习，庶几有补于风化之万云儿。②

由此可见，《小学》编纂的目的，是风俗的淳化和百姓的教化。学习日常生活的基本道理，是最后为了达到修身、齐家、治国、平天下的目的。为了学习这种道理而编纂《小学》，并以理学伦理追求“化民成俗”。

就内容结构来看，《小学》分为内篇和外篇，前者包括《立教》、《明伦》、《敬身》、《稽古》四卷；后者包括《嘉言》和《善行》二卷。《立教》指出的是教育的原则，《明伦》阐明的是父子、君臣、夫妇、长幼、朋友间的伦理关系，《敬身》指出的是处世要恭敬而行。这三项是小学的基本纲领。《稽古》记录的是春秋以前的史料中有关《立教》、《明伦》和《敬身》的具体事例。《嘉言》则汇集了汉朝以后的名贤格言和名家家训，《善行》也是汇集了汉朝以后先哲们的优秀个案事例。《嘉言》和《善行》也是按照《立教》、《明伦》、《敬身》的顺序来展开叙述的。在内篇上引用《礼记》、《论语》等的经典说明了儒家伦理的概要，外篇则采取内篇说明的汉朝儒家言行

---

① 《大学章句 · 经1章》，朱熹注：大学者，大人之学也。

② 《小学集注 · 小学书题》。

来实证的形式。小学共有368篇章，其中内篇有214章，外篇有172章，整个内容较着重内篇。其中《立教》、《明伦》、《敬身》是小学的中心，《立教》是叙述教学儿童的本质概论，《明伦》、《敬身》是小学的中心内容。《明伦》是225章而占的比率为58%、《敬身》是119章而占的比率为31%。[①] 由此可看，《小学》教学内容包括在日常生活上要实践人际关系的礼节和个人修养方面的具体内容。

朝鲜中期退溪李滉（1501—1571）在1568年，向宣祖呈上《进圣学十图劄并图·第三小学图》[②]，一目了然地整理了《小学》的具体内容，今将说明如下图。

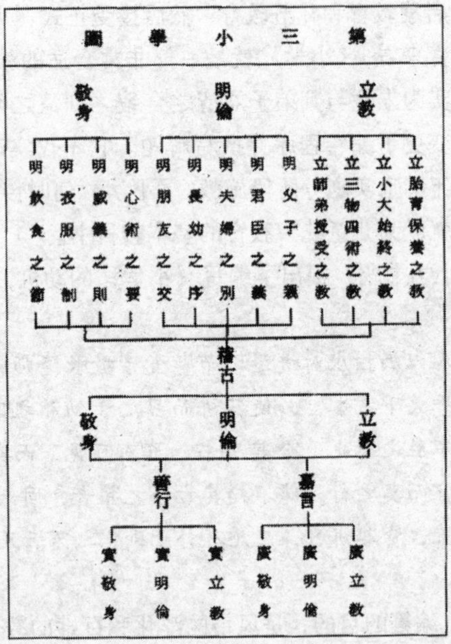

图1

《立教》中提出了关于胎教和保育的胎育保养之教、学术始终的小大始终之教、乡三物和诗书礼乐教学方法的三物四术之教、师生间教育的师弟授受执教的内容，来学习四项教育的目标和方法以及内容。《明伦》中提出了父子有亲、君臣有义、夫妇有别、长幼有序、朋友有信的五伦内容，来学习五项人际关系上遵守的德目。《敬身》中提出了关于明心方法的心术之要、行为准则的威仪之则、衣服礼节的衣服之制、饮食

---

① 李正德、宋淳：《关于在〈小学〉反映出的启蒙期礼节教育研究》，《大韩家政学会志》第31卷4号，1993年，第1～10页。

② 李滉：《进圣学十图劄并图·第三小学图》，《退溪先生文集》卷七，成均馆大学大东文化研究院1971年版，第201～201页。

礼节的饮食之节，要学习具有视听言动的个人内外领域上的生活伦理。[①]

《小学》教育是从具体事例来学习，并经过习惯化来亲身体会为目标。所以《小学》教学是应该先行在知识教育之前实施，所以《小学集注·总论》云：

> 古人之学，固以致知格物为先。然其始也，必养之于小学，则在乎洒扫应对进退之节，礼乐射御书数之习而已。圣贤开示后人，进学门庭，先后次序，极为明备。[②]

《小学》教育可说是日常生活的待人处世和实际知识的基本教养。所以《小学》是做人的样子。[③]《小学》教育是还没成熟的儿童少年进入社会文化的初步阶段，经过伦理的实践教育，培养道德品质为目标。因而《小学》是学习人之所以为人的基本德目之必须课程。

《小学》的自序中有如下内容，那就是“古者小学，教人以洒扫应对进退之节，爱亲敬长隆师亲友之道，皆所以为修身、齐家、治国、平天下之本”。[④]《小学》开篇便提出了儿童教育，指出8岁入学时便要接受“洒扫应对进退”的基本礼节以及“爱亲敬长隆师亲友”的修身之道，这也是儒者的为学基础。因为儿童时期的启蒙教育是最容易接受的，它对儿童人格的形成会发挥基础性作用。

《小学》教育是在朝鲜朝从16世纪开始普遍化，金安国编《二伦行实图》，金正国编《警民篇》，尽力普及《小学》教育，又出版《小学》韩文翻译本、《三纲行实图》、《小学谚解》等教化书，对一般民众积极推行儒家伦理的普及。另外，朴世茂编《小学谚解》、李珥编《小学谚解》、郑经世编《养正篇》、李德茂编《士小节》等著书，是根据《小学》为基础而简补编纂之朝鲜朝代表性修身书籍，《小学》伦理规范是站在朝鲜社会教育的基础地位。《小学》是儿童教育的必须教科书，儿童少年的礼节教育是依据《小学》的伦理基础实施，其教育目的是建立起儒家理想之象征性的“君子”。朱子在《大学章句序》提出了从《小学》到《大学》连接的教学阶梯，如下说明：

> 三代之论隆，其法寖备，然后王宫国都，以及闾巷，莫不有学，人生八岁，则王公以下，至于庶人之子弟，皆入小学，而教之洒扫应对进退之节，礼乐射御

① 都民宰：《传统社会〈小学〉教育和青少年礼节教育的方向》，《儒教思想研究》2008年第32辑，第276～297页。

② 《小学集注·总论》。

③ 同上：朱子曰：后生初学，且看小学书，那个是做人的样子。

④ 《小学集注·小学书题》。

书数之文，及其十有五年，则自天子之元子众子，以至公卿士大夫元士之适子，与凡民之俊秀，皆入大学，而教之穷理正心修己治人之道，此又学校之教，大小之节，所以分也。①

《小学》是以儒家孝敬思想为中心，致力于奠定培养理想人格的基础。再进一步来讲，它也是《大学》所提出的培养“修己治人”之君子的启蒙训条。《小学》的礼节教育也是后来《大学》所谓“修齐治平”的基本教育课程。当然儿童教育除了《小学》外，也可以选择《弟子规》、《孝经》、《明心宝鉴》等儿童教材。但相比之下，《小学》的内容相对比较体系化，所以值得大力推荐。就具体的实施办法来讲，可以先挑选合适的内容来编纂适合现代儿童教育的教材，然后选择学校进行试点教育。如果效果好的话，就可以扩大实施，可以先在幼儿园、小学和初中开始实施，然后到了高中和大学里面可以以《大学》和《论语》等为教材来实施公民教育，为家庭、社会和国家培养优秀的人才。

朱子在《小学题辞》整理出小学的教育方法，说明：

小学之方，洒扫应对，入孝出恭，动罔或悖，行有余力，诵诗读书，泳歌舞蹈，思罔或逾。②

《小学》教育提出了实际学习个人身心修养的具体事例，这是先行追求在知识教育之前的项目。为了保证知识的正确实践，从小亲身尽力学习行为举止得体，可说是追求言行一致、知行合一教育。《小学》加强日常习惯化教育，这是依据“习与智长”的观点提出了同时追求为人和为学的功夫。然后进一步加强力行教育，为了自己了解和实践为人为学的道理，强调亲自实践的自己教育。最后提出了垂范教育，效法历代圣贤的行迹言行事例以及指导老师本身以身作则和言传身教，让学生效法学习并作为自身言行的指南。③ 如上所述，《小学》教育的特征可说是行为中心的教育，追求的教育目标是像传统时代典型的圣人和君子般的理想人物，提出的教育内容是培养具有德性人格的道理和方法。

那么为何在21世纪的现代社会里，重新提到《小学》的教育内容呢？传统社会和现代社会的教育目标都是培养具有道德人格的人才，但近日的教育现实是集中培养在无限竞争社会里能够生存的方法。在涵养人性教育的重要时期，被赶上激烈的升学竞

---

① 朱子：《大学章句序》。

② 《小学集注·小学书题》。

③ 都民宰：《传统社会〈小学〉教育和青少年礼节教育的方向》，《儒教思想研究》2008年第32辑，第289~292页。

争，排斥了关怀包容对方的共同体伦理，造成了一味地追求个人成功的副作用。现在大部分青少年，由于太过分地注意升学的压力，出现了不能适应学校生活或从小离开父母出国去早期留学等现象，导致了竞争至上的教育后果。所以我们应赶快脱离竞争为主的教育环境，恢复做人教育的基本目标是当务之急。

这当然不是要我们蹈袭传统社会的礼节，因在《小学》教育中包括了现实社会里忽视的伦理教育、礼节教育等走向未来的具体方法。近日的青少年没有自制力和耐力以及松散又固执的原因，是因从小没能提供了娇纵放肆心的像洒扫应对进退之节般的平易近人的教育机会。所以现代社会对儿童少年需要实施并利用《小学》追求的教育内容和方法。首先开始进行整理自己身边的清整礼节教育；接着进行跟别人以礼相待的言谈礼节教育；然后进行行为举止的节制礼貌教育、爱亲敬长隆师亲友的为人基本教育。[①] 总之，《小学》中《立教》、《明伦》、《敬身》、《稽古》的教育内容是非常适合于儿童少年的教材，但部分内容是不符合现实社会的要求，所以在《立教》、《明伦》、《敬身》的各项德目中抽出符合现实社会的儿童教育要求，而编出阶梯类别的《儿童启蒙选习》（暂定），从家庭和幼稚园以及小学按阶梯类别开始实施儿童少年的礼节教育。

三

在过去的传统社会里，一般都是三代同堂居住，祖父教授孙子《小学》，而父亲则是日常生活中躬亲示范“洒扫应对进退”的基本礼节以及“爱亲敬长隆师亲友”的修身之道，可谓是“以身作则，言传身教”。这虽然看似旧时代的文化遗物，但在今天仔细想来，却是非常宝贵的鲜活教材。在现代社会，我们提倡孩子们在家里从父母那儿接触《小学》、《孝经》、《弟子规》、《明心宝鉴》等教材，父母跟子女一起参与到这种基础教育中来，对子女进行循循善诱的教导，以培养礼仪端正的人才。在教育过程中，家庭扮演了非常重要的角色。如果能做到齐家，那么下可以修身，上可以治国平天下。齐家是上下都可以做好的基础。如果做不到齐家，那么修己安人就变成一介空谈，所有的梦想都很难实现。可见家庭的功能和作用非常之大，齐家是治国和平天下的依据。

孔子在《论语》中所提到的“修己以安人”、“修己以安百姓”中的“安人”指的是安定他人，“安百姓”指的是安定天下人民。欲实现安人、安百姓，就首先需要“修己”，这就是根本。“修己以安人”是通过自身的修养来安身立命，这说的也是

---

① 都民宰：《传统社会〈小学〉教育和青少年礼节教育的方向》，《儒教思想研究》2008 年第 32 辑，第 293 页。

“仁者安人”。如此看来，只有通过修己（内圣）来安人、安百姓才能实现君子的社会参与，即外王，这是一切的根本所在。换言之，这一系列实践过程都以修己功夫为根本出发点。

相信以上所讲的《小学》、《大学》、《论语》中“修己安人”的人格教育，能够让我们重新反思如何培养出为我们的家庭、社会、国家，进一步为世界人类献身的“彬彬有礼”之谦和君子这一问题。

最后，也非常感谢大会为我提供了这样一个好的机会，并在这样一个优秀的平台上跟大家交流。

和：中华法系之魂

——在第五届世界儒学大会上的主题发言

西南政法大学教授　俞荣根

尊敬的各位儒学界同道、女士们、先生们：

大家上午好！

安排我在开幕式上发言，本人深感荣耀！在宣读我的论文之前，请允许我说几句关于我们世界儒学大会的话。

我本人大概是来曲阜参加世界儒学大会次数最多的人。除了去年因故未能到会，从2007年发起会议，到一届、二届、三届，到现在的第五届，已经来了五次。不但我自己来，还带我的学生一起来。他们是学术新秀，是儒学的未来，儒学事业要靠他们传承和发扬光大。

文化部、山东省政府联手发起和举办世界儒学大会是文化强国战略的一个大手笔，也是对人类文化多元发展的一大贡献。世界儒学大会从发起到现在的六年来，可圈可点之处很多，我这里提出以下三个观点请各位指教。

第一，世界儒学大会品质越来越优、影响越来越大。世界儒学大会作为一个高规格的学术盛会，经过主办单位精心打造和历年来所有与会专家学者的共同参与，规模越办越宏伟，品质越来越优，影响也越来越大。2007年的世界儒学大会发起国际会议是12个国家和地区的97位专家出席，2008年第一届世界儒学大会增加到22个国家和地区的172位专家参会，2009年第二届世界儒学大会规模空前，有21个国家和地区的300多位专家出席。三年中与会国家和地区增加一倍多，人数翻了三番多。现在的第五届大会盛况已为各位所亲历亲睹。世界儒学大会不断有所创新、有所发展。2009年推出“孔子文化奖”，2011年设立100名观察员。如今，我们高兴地看到，世界儒学大会已经成为被国内外哲学、宗教、历史、文化、教育各界人士每年企盼的一件世界范围内的学术盛事，已成为一个国际性、权威性、规范化的文化论坛，一个儒学研究、交流和合作的国际化平台，正在为增进不同文明之间的对话与交流，促进人类社会的和平发展贡献着自己的力量。

第二，“孔子文化奖”的推选更加科学化、规范化。主办单位参照并汲取国内、国际评奖的经验和办法，于2009年制定《孔子文化奖章程》，成立由15位儒学界知名学者组成的“孔子文化奖”推选委员会，保障了“孔子文化奖”评选的客观、公正、公开。迄今为至，已有杜维明、庞朴、汤一介、汤恩佳等四位先生和中国孔子基金会、国际儒学联合会等两大非政府儒学组织获此殊荣。接下来，又马上要揭晓第四届“孔子文化奖”的获奖名单。现今世界，以孔子的名义颁奖不仅成为一种时尚，还形成一种竞争态势。据悉，日本东京由世界孔子协会创设的“孔子文化奖”和“孔子教育奖”，已办到第二届。我们世界儒学大会的“孔子文化奖”规格高、荣誉高、文化品位高，在组委会和国内外所有参与者的共同努力下，一定会在国内外各种以孔子名义设的评奖活动中展示出更加鲜艳夺目的光彩和无与匹敌的品位，办成儒学研究中的诺贝尔奖，办成儒学界的奥林匹克。

第三，世界儒学大会的会议质量稳步提高，学术内涵愈加丰富。前些年，国内办的一些文化学术活动，存在着名不正言不顺的现象，纷纷走入两种歧途：一是搞所谓的“文化搭台，经济唱戏”。其中的等而下之者，可以用八个字来概括，那就是“急功近利，损毁文脉”；二是“以学术为名，搞旅游为实”。其中的等而下之者，也可以用八个字来形容，叫做“吃喝玩乐，腐蚀学风”。世界儒学大会一开始就名正言顺，坚持学术为本，坚持学术自由，坚持学术争鸣，坚持学术多元。世界儒学大会虽然只办了五届，但学术讨论的时间一次比一次多，学术研究的氛围一年比一年浓，学术论文的质量一届比一届高。诸如，这些年在儒学大会上探讨的关于创建“新新儒学”、关于“儒家正义论”、关于儒家思想的普世价值、关于儒家伦理与全球伦理的对话等问题，都是关系到儒学复兴及其在多元世界中发展路向的大问题，是时代性、战略性的大思考，是高难尖的大课题。当前，我们又一次迎来了中国社会转型和变革的重大机遇时期，又恰好处在一个全球文化的冲突交流、融会整合时代，儒学学者理应有所担当，世界儒学大会必将为振兴中华文化并发展世界多元文化作出更大的贡献。

借此机会，我提出两点小小的建议，敬请各位不吝赐教。第一点，从学术研讨的角度来说，我们现在的世界儒学大会有两个特性：一是一元性，基本上是儒学研究者在进行儒学学术讨论；二是综合性，每次大会基本上是全方位的儒学学术讨论。毫无疑问，我们应当坚持办好综合性的世界儒学大会，但时间间隔上可否改为两年一次，将其中的另一年拿出来举办专题性的或多元文化对话的开放性的世界儒学大会。第二点，与之同时，“孔子文化奖”也改为两年颁奖一次，但获奖名额可增至2位学者、2个非政府机构或组织，平均下来仍为每年两个名额。同时，评奖和颁奖活动要进一步凸显世界儒学大会和“孔子文化奖”的学术纯洁性、崇高性和永恒性。

接下来，请允许我向诸位简要报告我向大会提交的论文。我的论文题目是《和：中华法系之魂》。全文所要阐述的中心观点是：“中道”是中国传统文化的“道统”，也是古老中华法系的“法统”之魂。

中华法系是世界五大法系之一。另四大法系是以英美为代表的海洋法系、以法德为代表的大陆法系、以中东国家为代表的伊斯兰法系、以古印度为代表的印度法系。中华法系以儒家思想为基本精神。相对于形而上之“道”，法律是形而下之“用”。孔子说："礼之用，和为贵。"同样的道理，法之用也是"和为贵"。"和"是礼的灵魂，同样也是法的灵魂。

我的论文从三个方面展开这一论断。

第一，国家与法律究竟是"斗"的产物、"斗"的存在，还是"和"的产物、"和"的存在？我认为，把国家与法律的起源与存在说成是阶级矛盾和阶级斗争不可调和的结果，是对恩格斯《家庭、私有制和国家的起源》中那个论断的误读。恩格斯说：国家是"一种表面上驾于社会之上的力量，这种力量应当缓和冲突，把冲突保持在'秩序'的范围以内。"恩格斯说的"秩序"主要是法律秩序。正确理解这段名言，应当是：国家与法律起于"斗"而成于"和"。换言之，这种"秩序"是斗争或曰冲突的双方或者多方，也就是各种利益主体之间相互妥协的结果，把这种妥协固定下来成为行为规则，就是法律。儒家在这个问题上的理解也正是这样：国家与法律是"和"的产物。在儒家思想体系中，"和实生物"包含着"和实生法"。这真是一种天才的猜测，现在看来相当精辟，相当宝贵。

第二，儒家"中和"之法有三个重要的原则："中和"、"中正"、"时中"。这三大原则中体现着法律的公平、正义等基本要素。儒家之法的正义是"中和"、"中正"的正义。在人类各大文明的价值体系中，儒家的"时中"是一个非常独特、非常有智慧的发明。"时中"是一种动态的"中"，也就是在变动中保持"中和"与"中正"。现实世界永远是变动不居的。在现实生活中，我们只能在动态中求"中"，在动态中求"和"，不可能求得静止的"中"与静止的"和"，那样只能是愚蠢至极的刻舟求剑。在世界法制史上，公认《唐律》是中华法系的杰出代表，是世界范围内中世纪时代最优良的法律。《唐律》的优良之处就在于"得古今之平"。"平"，也就是"中"。法律的规定不简不繁、不枉不纵、过罚相当，罪刑相当，定罪量刑不宽不滥、不偏不倚、不轻不重、不高不低。这些就是儒家"中道"的法律主张。这些主张在《唐律》得到了较好的体现。正因为如此，世称《唐律》是儒家思想法律化的定鼎之作。

第三，儒家的贵"和"之法，体现在七个层面上：其一，儒家之法是"伦理法"，体现了道德与法律之"和"；其二，儒家之法要求天理、国法、民情相一致，体现了法的天人之"和"；其三，以儒家思想为指导的中华法系是一个礼法体制，体现了法统之"和"；其四，以儒家思想为指导的中华法系中，礼与刑、国家法与家族法、习惯法相辅相存，体现了实在法层面的法律多元之"和"；其五，儒家治国方略是德主刑辅，体现了综合为治之"和"；其六，儒家之法在定罪量刑上，体现了罪刑法定与非法定之"和"；其七，儒家之法注重以调解方式处理法律纠纷，体现了"无讼"的法律生活之"和"。拙文用了较长的篇幅讨论了上述七个层面，剖析了它们的正面价值和负面影响。

我的发言完了。敬请各位批评指正。

谢谢！

当代教育改革要大力吸纳儒学元素

中央民族大学教授、博导 牟钟鉴

一、教育要反思

百年大计，教育为先。教育培养人才，人才决定国家前途。当代中国教育取得巨大进步和成绩，无论就学校教育、社会教育的规模与内涵，还是人才成长的数量与多样性，都是空前的，它极大地改变着我国长期贫困愚昧落后的状态，推动我国的经济社会快速发展。

然而中国现代百年教育从一开始就带有“先天不足、后天失调”的病态，与中华儒学主流教育文化相决裂，废除经典训练，简单模仿西方现代教育模式，后来又一度教条式照搬苏联经验，走不出自己的教育之路。改革开放30余年来，教育飞跃发展，教育内容快速扩大，教育手段信息化高科技化，学生的知识量成倍增长。同时在西方文化全面冲击和市场经济功利主义大潮影响下，中国教育的弊病更为严重，引起社会各界强烈批评。主要弊端有三：一是中小学教育更深地陷入应试教育误区，大学教育更大程度地成为职业教育，重知识技能的训练，轻人格道德的熏陶，德育始终不能落实，学生丧失人生的理想追求，教育成为参与社会竞争的工具；二是重理工知识传授，轻人文素养培育，重普世科学教学，轻中华文化传承，大部分毕业生对包含在儒、佛、道元典中的中国精神几乎无知，母语水准下降，而热衷于学英语、早出国，不愿做中国人，一心向往到西方去，而强迫一律学外语的现象仅见于我国，中国名校正在费力花钱为西方培养大批所需人才；三是越来越以实行工业化工程监管为特征的量化规范管理，行政部门掌握资源及分配，用项目课题指挥、带动教学与科研，评职晋级与之紧密挂钩，学位论文也被纳入其中，学人处在“项目化生存”状态，被课题所支配，自主空间被压缩，个性得不到彰显，大师难以涌现，其中文科受到损害尤甚。教育去经典化、去中国化的后果，是不断造就出大批发育不良的人，一是没有道德魂，二是短少中国心，三是缺乏创造力。它贻害教师与青少年，耽误国家长远发展，难道不需要深刻反思吗？

这种教育体制是不中不西、不伦不类的，它抛弃了中华教育传统，却也没有学到西方教育的精华。欧美很重视博雅教育，优秀的大学强调人文素养和通识教育，承接古典传统又能开新，而且私立居多，各有特色。西方教育有它自己的传统和进路，我们应当在借鉴它的经验的同时，把资源丰富的中华教育优良传统加以继承和发扬，探索适合中国国情的教育模式。

二、学校教育肩负着传承民族文化的责任

学校不仅是传授知识的地方，也应是传承中华优秀文化的基地。我们要恢复民国以来被废止的中华经典训练，改变学生言必称欧美、数典忘祖的文化殖民地心理。早在20世纪40年代，著名的教育家、文学家朱自清先生在《经典常谈》序中就指出："经典训练的价值不在实用，而在文化"，"做一个有相当教育的国民，至少对于本国的经典，也有接触的义务。"同样是著名教育家、文学家的叶圣陶先生在80年代重印《经典常谈》序中，进一步指出："经典训练不限于学校教育的范围而推广到整个社会，是很有必要的。"① 这里讲的经典包括儒家群经、先秦诸子、重要史书、唐诗宋词等。做一个当代合格的中国知识分子，必须兼有国学涵养和现代科学知识。我国老一辈有成就的知识分子，不论是人文社会科学学者还是自然科学技术专家，不论生活在国内还是生活在国外，如华罗庚、钱学森、苏步青、冯友兰、贺麟、杨振宁、李政道，都能学兼中西，有深厚的中华经典素养，这是他们有大成就的重要原因。但可惜多年来我们忽略了朱、叶二先生的忠告，在教育上长期把经典训练排除在外，其后果便是新一代知识分子的人文素质普遍下降，大师级的学者难以出现。中华文化博大精深，经典里有哲学、有道德、有历史、有文学、有社会人生智慧，涵储着中华文化的基因。没有经典的熏陶，人生便易流于浅薄化、功利化，由此而出现道德滑坡、精神空虚，也就在所难免了。我建议，中华经典训练正式进入大中小学教学体系，一些经典如《论语》、《孟子》、《老子》、《庄子》、《周易》、《礼记》（包括《大学》、《中庸》）应成为学生必修课程。文科学生还要读《荀子》、《史记》、《唐诗三百首》、《古文观止》等。经过经典的熏习，青少年一代会逐步树立"修己以安百姓"、"以天下为己任"的志向；养成"君子和而不同"，严以律己、宽以待人的品格；了解先贤大德建设礼义之邦、推进中华文明的贡献，从而建立文化自信，热爱祖国，承当起中华文化继往开来的历史使命；同时经典训练也有益加强文史哲的修养和提高汉语的水平。以这种方式培养出的优秀人才，能够代表中华，胸怀全球，参与国际文明对话，为建设和谐世界作贡献。

三、教育重在人格养成，努力树立人的尊严

孔子提出独立人格三要素："仁者不忧，智者不惑，勇者不惧。"② 仁是善德，智

---

① 朱自清：《经典常谈》，生活·读书·新知三联书店1980年版。

② 《论语·宪问》。

是理性，勇是气概。有仁能够挺立主体，有智便可明辨是非，有勇才能守志不移，三者缺一不可。中国人推崇孔子说的“志士仁人”，能把成仁取义看得重于生命，以仁为己任，将博施济众的社会事业作为人生的志向，这样的人便具有了崇高的独立人格。人有了仁德，第一不会趋炎附势，“当仁不让于师”；第二能行忠恕之道，“己欲立而立人”，“己所不欲勿施于人”①；第三不为名利所绑架，“人无欲则刚”；第四不与陋俗同流合污，“君子和而不流，中立而不倚”②；第五，不会患得患失，“仁者不忧”。志士仁人需要智和勇加以成全：“唯仁人能好人，能恶人”③，善恶分明，不会陷于“乡原”的伪善；“仁者必有勇”，因为践行仁德要克服困难，奋进不息。志士仁人的气象是“刚健中正”，性格特征是“弘毅”。后来孟子提倡“富贵不能淫，贫贱不能移，威武不能屈”④ 的大丈夫精神，为独立人格立了一个标准，极大地影响了中国士人性格的发展。人的尊严靠仁智勇来树立和维护。欲人尊之，必先自尊；要想自尊，必须人格独立。当代社会，人们承受市场功利主义和生存竞争的压迫，患有人格缺陷者越来越多，树立和保持独立人格与尊严更为困难，然而也更加需要。社会人生物质化、平面化、功利化、病态化的状况必须改变，才有光明前途，而这项改造社会的事业要靠更多的志士仁人去推动。张载提出的“为天地立心，为生民立命，为往圣继绝学，为万世开太平”⑤ 的人生追求，依然应当成为今日中国知识分子的崇高志向。学校教育要在经典传授中结合古今先贤事迹，启发学生的人生自觉，树立健全人格，避免畸形发展，培养出更多的有事业心和正义感、有智慧和勇力的学子，毕业后能抵御歪风邪气，有效推动社会文明的进步，无论走到世界何方都时刻关心国家民族的命运，愿为中华的崛起贡献力量。

四、运用儒家道德资源，弘扬中华传统美德

儒家拥有的道德资源是世界上各种思想文化体系中最丰富的一家，它依据中国国情提炼出来的基本道德规范，在两千多年中华文明史上已经成为中国社会普遍伦理，规约着中国人的家庭关系、社会关系和政治关系，使中国成为礼义之邦。当然它有时代的烙印，宗法等级社会一度加在它身上的“三纲”说（君为臣纲、父为子纲、夫为妻纲），使它在近现代社会转型初期遭受猛烈抨击，而经受这番风雨洗礼后，它的普世性重新显现出来。中国道德建设的经验教训告诉我们：“三纲”不能留，“五常”不能

---

① 见《论语》的《卫灵公》、《雍也》、《颜渊》。
② 《礼记·中庸》。
③ 《论语·里仁》。
④ 《孟子·滕文公下》。
⑤ 《张子语录》。

丢，“八德”都要有。五常（仁义礼智信）八德（孝悌忠信礼义廉耻）经过重新解释依然是当代中华民族的恒常道德，新道德要以它为基础加以补充提高。我们的学校教育，德育是软肋，是长期未能解决的最大难题，其根本原因在于教育部门不是返本开新，却一味要弃本开新，而离开中华传统美德是无法真正开新的。社会道德建设也要从根上做好固本培元的工作，方能有成效。北京东方道德研究所王殿卿教授从1993年起就主持在大中小学进行中华传统美德教育实验研究，已取得一系列丰硕成果，出版了《寻求学校德育新定位》①、《寻求中国德育之根》②、《21世纪学校德育初探》③等书。他们倡导新八德：忠（尽己报国的责任）、孝（生生不息的爱心）、诚（求真务实的品质）、信（立身兴业的基点）、礼（人际文明的规范）、义（人间正道的向导）、廉（清白正气的根基）、耻（人之为人的底线）。德育的方式多种多样：经典文化教育，学校、家庭、社区三维互动，节日文化和地域文化。中华美德推广的关键是大力培训有国学素养的师资，教育者先要受教育，先一步进行经典训练，在德育教学中言传身教。学校鼓励学生在家庭生活、人际来往中践行新八德，孝敬父母，爱心助人，尊敬师长，诚实守信，文明礼貌，通过学生影响家长，通过学校影响社会，使学校成为社区文化的基地，成为社会文明的模范。

五、学习儒家教育智慧，更新教书育人方式

针对目前学校教育存在的重规范化管理轻个性发展、重灌输式教学轻启发式论学、重教师主导轻学生主体的弊端，我们要认真学习儒家教育思想中因才施教、启发式对谈和教学相长的智慧，改进目前僵化的教学方式。学校教育尤其是中学与大学教育，决不仅仅是为了让学生掌握一大堆知识和考一个好分数，必须在传授知识的同时培养学生自主创新思维和能力，发现学生们各不相同的天赋并给予其展现的机会，这将影响学生的一生。

1. 因才施教。孔子对学生的共同要求是：“志于道，据于德，依于仁，游于艺。”但学生才质不同，因而引导和施教的方式也不同。如“求也退故进之，由也兼人故退之”④，他的学生有的偏重德行，有的偏重言语，有的偏重政事，有的偏重文学，皆有所成就。我们今天的学校不能没有公共课和基础课，但同时要加大选修课比重，及时发现和爱护各种偏才，给超常天才提供发展的空间，敢于破格选优，使有才华的人脱颖而出。

---

① 王殿卿主编：《寻求学校德育新定位》，吉林人民出版社2006年版。
② 王殿卿：《寻求中国德育之根》，吉林人民出版社2008年版。
③ 王殿卿等主编：《21世纪学校德育初探》，吉林人民出版社2011年版。
④ 《论语·述而》、《论语·先进》。

2. 启发式教学。孔子说："不愤不启，不悱不发"，又强调学思并重，"温故而知新"，"博学而笃志，切问而近思"[①]，他不向学生讲正面大道理，而是结合学生的困惑和渴求给予点拨，使学生自己去深思并得出结论。学生们问仁问孝最多，孔子根据不同的情况作不同的提示，决不提供统一答案，使学生养成自主开放式思维习惯，这就是高水平的教学。学生有了独立思考能力，会把欠缺的知识自动加以补充和消化，智慧将层出不穷。我们现在的学校还存在"满堂灌"和背诵答案应付考试的现象，培养了一批高分低能的毕业生，不能适应社会创新的需求，必须加以改变。学生的创造力是靠启发式教学激励出来的，我们要牢牢记住这一点。

3. 教学相长。孔子与学生在一起切磋学问是朋友式的轻松愉快，他不仅经常回答学生的各种提问，也常常从学生那里受到启示、获得灵感，增加了新知。他与子夏讨论《诗经》词句，子夏由老师的"绘事后素"推出礼后于仁的观点，孔子大加赞赏，说："启予者商也，始可与言诗已矣。"[②]《礼记·学记》提出"教学相长"的教育理念。韩愈《师说》认为"闻道有先后，术业有专攻"，"弟子不必不如师，师不必贤于弟子"，师生是可以互相学习的，在真理面前人人平等，这与西哲"我爱我师，我更爱真理"的名言如出一辙。今天的学校教育尤其大学教育，应当改变学生厌学、被动接受教导的状态，充分发挥学生学习的主动性、自觉性，师生之间多进行心灵的沟通和平等的讨论，使教学工作变得生动活泼。这并不是说，教师要放弃传道授业解惑的责任，恰恰相反，教师要言传身教，运用其学问和心力，开启学生的智慧之门，使青出于蓝而胜于蓝。

中国是伟大孔子的故乡，是儒学的母体。一代一代学人在儒家礼乐文化的浸润中相继接班，成为东方文明的传承者和社会的栋梁；他们又在多元通和的中华文化生态中成长，具有开放包容的胸怀，善于吸收外来文明的优秀成果。在这样的文化沃土上，相信中国当代教育能够走出有特色的健康之路，走向新的高地，并为世界教育事业作出应有的贡献。

---

① 《论语·述而》、《论语·为政》、《论语·子张》。

② 《论语·八佾》。

国学与国民教育

中国艺术研究院终身研究员、中国文化研究所所长 刘梦溪

要讲国学与国民教育，首先必须辨清这两个概念，也就是什么是国民教育以及什么是国学。

知识教育和价值教育

什么是国民教育？我们现在的教育，是不是国民教育？我认为，不是。当下的教育，就它的形态而言，是应试教育；就它的内容来讲，是知识教育，而且是不完全的知识教育。因为多年以来，我们国家的大多数年轻人，都必须要通过一级一级的不断考试，拥挤在这么一条路上，主要目的之一，是给未来的工作奠一个基。可是真正到工作的时候，所学的东西能否跟你的工作联系起来，却又成了问题。

中华文化传统，历来重视价值教育，唐代古文运动的领袖韩愈在《师说》中就提出："师者，所以传道授业解惑也。"他把"传道"放到了先于授业和解惑的位置。可如果仔细对当前我国的教育有一些反思，你会发现，我们的学校教育里面，大中小学都包括在内，除了知识教育以外，所谓的价值教育微乎其微，即使有，也极其混乱。这样一种教育，如果我说它失败，有些人可能不愿意接受，那我换个说法，说它不成功，相信没有人能够反对。

我一直在从事思想文化史的研究，属于人文学科。较长时间以来，我在以王国维、陈寅恪、马一浮等人为个案，研究近现代学术思想。因此，我所说的目前我国的教育体系存在问题，比如基本上是应试教育和知识教育，缺少创新教育和价值教育，价值理念非常混乱，我是站在人文学科的角度来谈这个问题的。当然价值缺失、传统文化的断层是一个方面，还有现代文明的观念、规则、仪范、方式，也相当缺失。

我们经常说，我们有辉煌灿烂的古代文化——五千年的文明、三千年有文字可考的历史等，这是值得我们自豪的。但我们如果做一个省察，那些传统美德，还有多少能在现当代的我们身上有所浮现呢？由于长期缺乏价值教育，而仅仅依靠目前这种以应试为目的的知识教育，造成了我们今天跟传统精神理脉的断裂。

幸好，改革开放以来，特别是在近十年来，在相当一部分学校的老师和同学以及对文化有兴趣的人群里，开始出现了某种文化自觉。这个文化自觉有一个基本指向，

就是认为中国传统文化中的一些基本价值理念，在今天不一定已经成为过去。它们对现代中国人的成长，有直接好处。所以你会发现，这几年，有一种传统文化热。相伴而来的，还有国学热。

到底什么是国学

现在我们再来讲什么是国学。

到底什么是国学？其实并不是很容易就能回答出来。因为国学的概念本来就比较混乱。“国学”这个词汇，在中国历史上很早就有，《周礼》里就有。但只是指国立学校的意思。比如位于江西庐山的白鹿洞书院，宋朝的朱熹创立，它的前身，在唐朝末期的时候，曾经叫白鹿洞国学，明显是一所学校。现代国学的概念，则出现于晚清，是跟西学相比较而存在的一个概念。我所看到的材料，最早是在1902年，梁启超和黄遵宪通信，两个人使用了国学的概念。

这还要从戊戌变法说起。当时陈寅恪的祖父陈宝箴主持湖南新政，很多维新人士都到了湖南。梁启超在湖南办时务学堂，黄遵宪做盐法道，都因积极参与变法而在慈禧八月政变后遭到惩处。梁启超逃亡日本，黄遵宪回到广东老家。1902年，梁启超写信给黄，提出可以办一份《国学报》，黄遵宪回信认为，当时办《国学报》还不是时候。你看，这两位维新人士已经在使用“国学”的概念了。而在1904年，梁启超在《中国学术变迁之大势》一书中，又讲起了国学，大意是说：现在有人担心，西学一来，国学可能被吞并了。他认为不会，应该是越是西学来，国学在比较中更会得到彰显。

这时候讲的国学，与张之洞在1898年讲的“中学”或“旧学”在概念上具有同等意涵。大家都听说过“中学为体，西学为用”的说法，而实际上张之洞最早提出时，是说“旧学为体，新学为用”。因为他是稳健的变革派，担心改革太激烈会产生不良后果，所以他在1898年5月份发表《劝学篇》，在谈到学校的课程设置时，提出“旧学为体，新学为用”。到1921年，梁启超写《清代学术概论》的时候，在书里对张之洞的原话转述为“中学为体，西学为用”，并流传开来。这个梁启超转述的“中学”，或者张之洞原来讲的“旧学”，都跟梁启超在1902年提出的“国学”的概念非常相近。

当时讲国学的学者，除了上面提到的梁启超、黄遵宪，还有章太炎、刘师培等人。即使如此，大家也都没有对国学的概念进行分疏。

第一次探讨到底什么是国学并给出定义，是在1923年。1922年底，北京大学成立国学门，随后创办了一个刊物，叫《国学季刊》。这个刊物的发刊词是由胡适写的。胡适在发刊词里给国学下了定义，称“国学就是国故学的省称”。国故学这个概念从哪里来的呢？出自章太炎1906年出版的一本名为《国故论衡》的书。那什么又是国故呢？所有关于中国的历史、文化、人物、制度、语言等，就是国故，研究这套东西，就是国故学，简称就是国学。这是第一次有学者对国学的概念给出了定义。

遗憾的是，虽然胡适给出了国学的定义，但是在20世纪的20年代、30年代、40年代的很长一段时间里，学术界并没有采纳他的意见，因为这个定义太宽泛，不容易让大家产生共鸣。学术界比较能够一致同意的国学定义，即国学就是中国固有学术。而什么又是中国固有学术呢？先秦的诸子百家之学、两汉的经学、魏晋的玄学、隋唐的佛学、宋代的理学、明代的心学、清中叶的朴学等，这些都是中国的固有学术。但如果以这些内容作为国学的内涵，与一般的民众，与国民就不容易发生联系了。

中国固有学术是非常高深的学问，怎么把它补充进国民教育中去呢？

这里我要提到另一位学者，现代新儒家早期代表人物之一的马一浮先生。1938年5月，马一浮在战时迁至江西泰和的浙江大学开“国学讲座”，第一讲就以“楷定国学之名”为题，试图再次探讨到底什么是国学。马一浮认为，国学的内涵应该是“六艺之学”。所谓“六艺”，就是孔子删定的《诗》、《书》、《礼》、《乐》、《易》、《春秋》，后来又叫“六经”。因为“六经”是中国文化的最高形态，其基本义理，是中国人立国和做人的基本依据。它与其他各代学术完全不同，它是独立的原创的中国最早的经典，是吾国学术思想的经典源头，它属于全体中国人。

我非常赞同马先生给国学下的新定义。

怎样把国学和国民教育结合起来

几千年以来，中国的教育都是以“六经”的义理，培养国人的心性。不过“六经”的文本比较难读，而且《乐经》已经失传，剩下的是“五经”，现在若想直接作为学校的课本是困难的。但有一个简洁的方法，就是孔子和孟子的思想，根源都在“六经”。《论语》是把“六经”的基本义理化作了日用常行，比较好读，也很亲切。《孟子》相比《论语》已经复杂了一点，孟子爱讲话，文字显得多。但可以选读，我们可以把《论语》和《孟子》看做是进入“六经”的简捷途径。

“六经”或者《论语》、《孟子》的基本义理都有哪些？举个例子，比如“敬”。尽管后来有了尊敬的意思，但“敬”的本义，是指人的自性的庄严，带有不可动摇性。孔子讲“三军可以夺帅，匹夫不可以夺志”。这个志，就是内心的庄严，就是敬。你把我什么东西都可以夺去，但是我内心的庄严，你夺不走。如果这样大家可以接受的话，那么你看这个“敬”，实际上已经进入信仰之维。

现在又经常讲“孝”了。孔子怎么解释“孝”的呢？他的弟子问他到底什么是孝。孔子说，人们以为能养就是孝，可如果能养就是孝的话，那么犬马也能养。“没有敬，何以别乎？”可见“孝”的核心内涵，还是“敬”。“敬”这个价值，你说它能过时吗？而今天，我们国人缺的正是这个自性的庄严，正是敬。

这个缺失不是一朝一夕的，百年以来逐渐走到了这个结果。知识教育并没有错。如果没有知识教育，就不会有现代科技文明。问题是，当传统教育转到知识教育以后，我们却丢掉了“传道”即价值教育的内容。也许有人会说，西方教育体系里也没有价值教育呀！错了，西方有单独“传道”的系统，是它的教会。而在中国，如何将价值教育补充进知识教育，从而构成完整的国民教育，是我们现在不能回避的问题。

中国价值教育的内容应该是几千年来中国人立国做人的基本的价值依据。这个价值依据，在《论语》、《孟子》里，也在“六经”里，就是敬以及知耻、诚信，等等。这些是中国的最基本价值理念，我们不能把它的传承丢失掉，否则，我们会缺少了一个深层价值的根，中国人难以称其为中国人。

所以我认为，如果要把国学与国民教育联系起来，首先应该承认目前国民教育中的缺失，然后按照马一浮先生对国学的定义，将“六经”作为国学的主要内容。如果这个意见能达到一致，那么我建议可以从小学开始开设国学课，主要以精选《论语》、《孟子》作为教材，等到小学高年级以及初中、高中、大学，再慢慢加上“六经”的精选和必要的文言文写作练习，通过这种方式来实现价值教育。

这是一个很慢的过程，是“百年树人”，不是几年十几年几十年就能够完成的，是几百年的事情。如果这个教育能够成立，那么百年之后，“六经”里那些流传千年的中国基本价值理念，就能融进我们的生命里，成为国人身上的文化识别符号。

儒学的普世价值与国民教育

——新加坡的经验

新加坡国立大学中文系教授　李焯然

前言：一步一脚印

在2012年新加坡国庆的群众大会上，教育部长王瑞杰以《编织新加坡人的梦想，一起打造有希望有爱心家园》为题，谈及他对新加坡未来的展望。他指出新加坡是个年轻的国家，时常面临新的挑战，国人对未来也有不同的愿望。教育工作者着重德、智、体、群、美，为的是确保孩子们得到全面和均衡的发展。同样地，新加坡也应该追求社会发展中的德智体群美，以建设一个健全、关怀和温馨的社会。① 我们都知道国民的素质不是一朝一夕形成的，是要从小培养而且受环境因素的影响。新加坡过去一直重视国民教育和道德价值的培养，其中儒家思想扮演着重要的角色。我们可以从过去在学校推行的儒家伦理课程到目前的国民与道德教育课程中去进一步了解。

20世纪80年代新加坡的儒家伦理课程

20世纪80年代新加坡政府提倡的儒学，被许多学者视为是全国性的“儒学工程”并寄以厚望。这可以追溯到1982年教育部的道德课程改制时，当时新加坡政府希望有系统的教导道德伦理，提出新设计的课程内容包括基督教、佛教、回教和儒家伦理，作为中学三四年级道德课程的核心科目，学生可以选修其中一门科目。但因为当时的李光耀总理亲自提出“儒家伦理”课程，而且政府也大动作地策划了一系列的配合工作，遂使儒家伦理课程一下子成了众人的焦点。

新加坡政府为了推动儒家伦理课程，特别在教育部课程发展署成立儒家伦理课程编写组，组员十多人，负责编写中文和英文教科书和教材，并从事教师培训的工作。其间又邀请了八位海外著名儒学专家作为顾问，到新加坡访问，做公开演讲、接受报章和电视台访谈，与政府官员及社会领袖对话，目的是为了加深理解，使儒家伦理课程能够得到官员和社会人士的支持。当时受邀的八学者是余英时（耶鲁大学）、杜维

① 详参新加坡《联合早报》2012年8月27日，胡洁梅、谢燕燕《国庆群众大会2012》报道。

明（哈佛大学）、唐德刚（纽约市大学）、熊玠（纽约大学）、吴元黎（史丹福大学）、许倬云（匹兹堡大学）、伍振鷟（台湾师范大学）和陈真爱（密西根大学）等。1983年又耗资千万新元成立东亚哲学研究所，聘请专任研究人员，以作为儒家伦理研究的支援。当年曾经在东亚哲学研究所访问或工作的学人包括 A. C. Graham、W. T. de Bary、Christoph Harbsmeier、陈荣捷、林毓生、刘述先、戴琏璋、蔡仁厚、李泽厚、陈俊民、钱新祖、黄进兴、吴光、冯耀明、翟志成、王守常、李中华等，可谓人才济济。1986年，新加坡又作为发起单位之一，在北京成立国际儒学联合会，并在1987年由中国孔子基金会与新加坡东亚哲学研究所共同在山东曲阜举办第一届儒学国际学术研讨会，参加会议的有两百多人。新加坡第一副总理兼教育部长吴庆瑞博士在研讨会的开幕礼讲词中说：

> 新加坡社会的一个显著的特征是：不同种族和宗教信仰的人民，已经学会怎样和睦共处。像这样一个人口稠密的城市国家要生存下去，各民族就必须互相尊重彼此的风俗习惯和宗教信仰；同时也要对外来的思想观念，抱着容忍的态度，不论它们是好的，或者是坏的。西方文化有很多优点，除了尊重个人的自由外，像现代科学的伟大成就，高水准的研究机构，文学、音乐、视觉和表演艺术的高深造诣，这些优点都很值得我们学习和赞扬。可是，西方也有一些不良的风气和价值观念，正通过我刚才所讲的各种途径广泛地传播。人类学家研究的结果，发现不同传统的社会在进行文化交流时，不良的风气和价值观念往往更具有影响力。新加坡的情况说明了这种观点是正确的。……有一点新加坡人的看法是一致的，那就是我们的社会正在迅速转变中；结果，年老一辈的坚定不移的传统价值观念，对年轻人已经逐渐失去影响力。这就是政府决定在学校开设道德教育课程的原因。新加坡既然有这么多宗教，政府便在1982年把世界主要的宗教——佛教、回教、基督教和兴都教都列入中学的课程里；规定每个学生必须选读其中一种宗教科目。后来，政府也决定教导儒家伦理，因为我们发现许多华人虽然自认为信奉佛教、道教或者没有宗教信仰，但实际上却由于跟父母相处，不知不觉地受儒家思想影响。①

吴庆瑞的讲话说明了新加坡政府推动儒家伦理的背景，新加坡是一个东西方文化交汇的开放社会，在面对外来文化的冲击，传承老一辈的道德价值观、抵御西方不良风气的传播，是当时主要的考量。

为了教授《儒家伦理》课程，新加坡教育部特别编写了《儒家伦理》课本，分为

---

① 吴庆瑞：《曲阜儒学国际学术研讨会开幕礼讲词》，见中国孔子基金会、新加坡东亚哲学研究所编《儒学国际学术讨论会论文集》，山东齐鲁书社1989年版，第7~9页。

中三、中四二册，每册二十课，自1984年1月开始在15间选定的中学进行试教。《儒家伦理》华文教材于1985年正式出版，供全国各中学采用。课本的《前言》提到《儒家伦理》课程的教学目标，大略可归纳为下列各项：①

1. 把适合我国社会的儒家伦理价值观念灌输给年轻的学生。
2. 使学生成为有理想又有道德修养的人。
3. 介绍华族固有的道德和文化，从而使学生认识自己的根源。
4. 培养学生积极的、正确的人生观，使学生将来能够过有意义的生活。
5. 帮助学生建立良好的人际关系。

新加坡中学的《儒家伦理》是两年的课程，第一年的课程，包括儒家思想的时代背景、儒家人物的介绍、个人修身的基本道理和方法，扩展到人和人之间的关系。第二年的课程则介绍一些主要的儒家德目，进一步研究儒家处世为人的原则，最后说明儒家思想的演变以及对我们社会的关系及影响。如中学三年级的课本，第一至第五课介绍孔子、孟子、荀子、朱熹、王阳明的生平和学说，第六至第二十课分别探讨人生的意义；修身的必要；为学的目的；求知的精神——格物、致知；道德的基础——诚意、正心；培养自省的能力；知和行的联系；君子的含义；生活的乐趣；父母与子女；手足情深；婚姻的价值；友谊的可贵；人民与国家；个人、家庭与社会。中学四年级的课本，第十六至第二十课讲述儒家思想自先秦到当代的演变及儒家思想对东亚及新加坡的影响，第一至第十五课分别探讨内圣外王；仁；智；勇；义；礼；信；中庸的道理；人性的修养；己所不欲，勿施于人；彼此信赖的社会；权利与义务；理想的人格；理想的世界。

《儒家伦理》课程是经过深思熟虑和吸取海内外学者的意见而推出的教育方案。但可惜课程推行不到十年便告取消。曾经参与儒家伦理课程并担任本地顾问的梁元生教授在其文章《儒学重倡与华魂再续——试论80年代新加坡的之一项文化工程》中说：

> 新加坡政府所推行的儒学运动，在80年代可算是波澜壮阔，全球触目的了。但到了1990年之后，从种种迹象看来，这个文化工程并不成功。首先是儒家伦理课程的取消。在花了七八年时间心血和金钱之后，试教不久后，整套宗教教育与儒家伦理道德课程便被搁置、终止不用。以研究儒学为宗旨的东亚哲学研究所也在几番挣扎之后，于1991年正式改名为东亚政治经济研究所，不再以研究儒学为目标。民间推动儒家文化的团体如儒学研究会也不再活跃，房屋区委会与地方组织也回复过往的操作，不再计划和主办讨论儒学及华人传统文化的研讨会和座谈会。换言之，在进入90年代以后，曾经活力澎湃、热闹一时的儒学运动，似乎突

① 参考《儒家伦理》中学四年级课本《前言》，新加坡：新加坡课程发展署1985年版，第1页。

然刹车，变得声沉影寂，偃旗息鼓，甚至有人认为已经是无疾而终了。①

对于《儒家伦理》课程的终止，梁元生认为主要的原因是因为这个文化政策在政治上受到国外和国内的反弹，使1991年接棒的年轻一代新加坡领袖不能不重走“实用主义”（pragmatism）的路线，以现实政治和经济环境作为考量的大前提。② 梁元生以新加坡新一代领导层在国外及国内所面对的压力，尝试从政治的考量，去解释儒家伦理课程被淘汰的命运。这也许是实际存在的问题。新加坡推广传统儒家伦理教育，并不是没有阻力的。当教育部在中学推行儒家伦理课程的时候，就面对不少受英文教育的父母和公众人士的反对。③但新加坡政府以果断坚毅见称，从不向外来压力屈服。如1993年18岁的美国公民 Michael Fay 在新加坡破坏公物而被判鞭刑，时任美国总统克林顿声称这是严重错误的刑罚，希望新加坡政府改变主意；美国政府也向新加坡施压，有20多名美国参议员联名写信至新加坡政府，要求从宽处理。美国贸易代表也意图阻止世界贸易组织的会议在新加坡举行。新加坡政府不但没有答应，还指出美国应该要多关注国内的社会问题，并不是告诉其他国家该做什么。对于国内的政策推行，新加坡政府就更不用说，往往是雷厉风行，不受舆论的左右。儒家伦理课程的终止，也许与课程结构和内部的问题更为密切。

根据当时新加坡的学校体制，小学有《好公民》课程，以母语教授。《儒家伦理》是中学的科目，属于宗教知识学科里六个科目之一，不是独立的科目。宗教知识学科包括：

1. 《圣经》知识
2. 伊斯兰教知识
3. 佛教研究
4. 印度教研究
5. 锡克教研究
6. 儒家伦理

因为新加坡是多元种族和多元宗教的国家，儒家伦理课程的地位与其他五个宗教科目的地位是平等的。中三和中四的学生可以从六个科目中任选一科，如果学生选择

---

① 参考梁元生《儒学重倡与华魂再续——试论80年代新加坡的之一项文化工程》，见梁著《历史探索与文化反思》，香港：香港教育图书公司1995年版，第233～247页。

② 同上，第245页。

③ 有关过程，可参考 Tu Wei－ming 杜维明，*Confucian Ethics Today*：*The Singapore Challenge*，*Singapore*：*Curriculum Development Institute of Singapore*，1984。中译本见高专诚译《新加坡的挑战——新儒家伦理与企业精神》，生活·读书·新知三联书店1989年版。关于推行的问题，可参考当时负责儒家伦理课程刘蕙霞博士的《从理想到现实：中学里教导儒家伦理所面对的一些问题》，见刘述先编《儒家伦理研讨会论文集》，新加坡：东亚哲学研究所1987年版，第264～274页；何子煌：《新加坡儒家伦理教育概况》，《儒学研究会成立纪念特刊》，新加坡：儒学研究会1985年版，第7～10页。

修读儒家伦理，他又可以选择华文或英文作为教学媒介，选择繁多。新加坡课程发展署儒家《伦理课本》编写组主任刘蕙霞博士的文章《从理想到现实：中学里教导儒家伦理所面对的一些问题》便指出：

> 因为科目繁多，选择多，人数分散了，又加上语文的选择，有些学校选修儒家伦理的人数不够十个，不能成为一班，只好不开班而把学生派去另一学校合班上课。这种不方便的情形，便会导致学生另选别一科目。在 1985 年，选修儒家伦理（华英两种合算）的中三、中四学生，只有七千多人，选修人数占第三位，排在佛学和基督教之后。[①]

学生都是很现实的，因为宗教知识学科是考试的科目，除了兴趣和个人信仰，学生及家长也会考虑科目是否容易修读和拿高分数的问题。儒家伦理是比较难的科目，教育部在物色适当教师去教授儒家伦理课程时都面对一定的困难，要学生去修读更可想而知。试行数年以后，政治领导层认为华人父母会鼓励自己的孩子修读儒家伦理课程，成了一厢情愿的想法。在华族学生当中，因为佛学比较容易好拿成绩，修读佛学的人数比儒家伦理还要多，新的宗教伦理课程反而助长了宗教信仰的传播，这是新加坡政府始料不及的，也是他们不希望见到的。对于一个多元宗教国家，宗教信仰在新加坡是敏感的课题，政府从不偏袒或推动个别的宗教信仰，政府希望推动的非宗教性的儒家伦理课程，反而被宗教信仰课程所掩盖，这大概是后来宗教伦理学科被取消的重要原因，影响所及，儒家伦理课程也因而难逃被淘汰的命运。

但这并不表示儒家思想在新加坡的国民道德教育中便销声匿迹，相反地，新的道德课程结构在汲取过去的教训与经验后遂应运而生。

从小开始的公民与道德教育

宗教知识学科和儒家伦理课程作为国民的道德教育计划，有其不足之处。因为学生可以各自选修其宗教信仰的科目或儒家伦理，不同族群的学生缺乏沟通和互相理解彼此的信仰和价值观的机会，也无法加强族群之间的凝聚力和培养对国家的共同意识。新的公民道德教育课程的产生，也是为了配合政府新制定的国家共同价值观的推广。

1991 年，新加坡政府在经过国民反复讨论并经国会批准，发表了《共同价值观白皮书》，《白皮书》推出了力图为新加坡国内各民族、各阶层、不同宗教信仰的民众所

① 刘蕙霞：《从理想到现实：中学里教导儒家伦理所面对的一些问题》，见刘述先编《儒家伦理研讨会论文集》，新加坡：东亚哲学研究所 1987 年版，第 264 ~ 274 页。

共同接受和认可的五大“共同价值观念”，即：

国家至上，社会优先；

家庭为根，社会为本；

关怀扶持，同舟共济；

求同存异，协商共识；

种族和谐，宗教宽容。

过去二十年，新加坡政府始终不渝地倡导这一共同价值观，取得了理想的效果，为推动新加坡经济的发展，保持政局的稳定，维护社会秩序，净化社会风气，发挥了重要作用。中小学的《公民与道德教育》课程也是在贯切五大“共同价值观”的基础上制定的。

新加坡目前的国民道德教育课程称为《公民与道德教育》课程，课程涵盖小学的六年教育和中学的四年教育。小学的课程用母语教授，除了灌输道德价值观同时也为了加强小学生的母语教育。中学的课程则以英语讲授，不同种族、不同信仰的学生学习共同的内容，以加强不同族群之间的学生的沟通与互信。小学的《公民与道德教育》课本有如下的简介：

> 公民与道德教育学生课本让学生将他们的学习过程记录下来。学生读本包含了生动有趣的故事和资讯，也列出讨论问题，让学生和他们的伙伴互相交流，以启发他们的批判性思维和创意思维。书写活动可让学生记录他们的想法和学习，促进他们思考，并将所学的价值观融会贯通。学生完成学生读本后，可以将读本保存下来，作为个人成长的学习记录。[①]

中小学的《公民与道德教育》课本有一个共同特色，就是每一年级的课本都以六大价值观（core values）作为纲领，其六大价值观分别为：尊重、责任感、正直、关怀、应变能力、和谐。每一价值观之下再分课，课之下再分单元。如《公民与道德教育》小学五年级和六年级的学生读本的目录为：

五年级课本目录	六年级课本目录
尊重	**尊重**
第一课：不断求进步	第一课：应付同伴压力
第二课：体育精神	第二课：有礼的沟通方式
第三课：当我们同住在一起	第三课：为新加坡争光

① 新加坡教育部课程规划与发展司编：《公民与道德教育》五年级学生读本《简介》，新加坡：教育出版社2009年版。

责任感

第一课：寸金难买寸光阴

第二课：我也能当领袖

第三课：守望相助

正直

第一课：正直的重要

第二课：选择最佳的领袖

关怀

第一课：与家人有约

第二课：孝敬长辈

第三课：让我们来当义工

第四课：地球与我

应变能力

第一课：我积极面对生活

第二课：风雨同舟

和谐

第一课：欢庆国庆

第二课：国际都市——新加坡

责任感

第一课：做个负责任的青少年

第二课：我们要有公德心

第三课：做个积极的公民

正直

第一课：我不抄袭

第二课：一个正直的领袖

关怀

第一课：关怀他人

第二课：爱心传千里

应变能力

第一课：面对挑战

第二课：不轻言放弃

和谐

第一课：出国旅游时

第二课：和谐共处

小学课本没有要求学生背诵格言或名句，摆脱教条的方式，通过有趣的故事、案例分析、实况处理、集体讨论，来加深学生对价值观念的认识和实践。

而小学课程因为是母语教学，课本所用的语言可以是华文、马来文或淡米尔文，但不同语文的课本的内容以致插图都是一致的，所以常常可以看到多元种族和多元文化的特色。如小学五年级课本中《尊重》一项，讲述尊重他人和礼尚往来的价值观，卷首的插图就有华族和印族小孩到马来族同学的家拜访的情景。

而中学部的《公民与道德教育》（Civics and Moral Education）分为四年的课程，以英语讲授，以便华、巫、印族学生都可以一同上课。内容为小学课程的延续，仍以六大价值观作为纲领。

完美人格：道德教育的目标

新加坡教育部在解释公民与道德课程的目标（Goal）时指出，《公民与道德教育》课程是为了“培养完美的人格，对个人、家庭、社群、国家、世界关怀和负责任”。对于六大价值观的内涵，课程说明指出：①

Respect（尊重）

A person demonstrates respect when he believes in his own self - worth and the intrinsic worth of all people.

Responsibility（责任感）

A person who is responsible recognises that he has a duty to himself, his family, community, nation and the world, and fulfills his responsibilities with love and commitment.

Integrity（正直）

A person of integrity upholds ethical principles and has the moral courage to stand up for what is right.

Care（关怀）

A person who is caring acts with kindness and compassion. He contributes to the betterment of the community and the world.

Harmony（和谐）

A person who values harmony maintains good relationships and promotes social togetherness. He appreciates the unity and diversity of a multi - cultural society.

Resilience（应变能力）

A person who is resilient has emotional strength and perseveres in the face of challenges. He manifests courage, optimism, adaptability and resourcefulness.

对于新加坡政府来说，以上的价值观是培养完美人格和负责任的公民的基本要素，学校的道德教育是新加坡培育国民共同价值观的重要渠道。根据刘汉华《新加坡共同价值观及其启示》一文的观察，新加坡的《公民与道德教育》课程与新加坡政府推动的共同价值观是紧密配合的：

---

① *Civics and Moral Education in the Secondary School Curriculum*, Singapore: Ministry of Education. p. 8.

新加坡政府高度重视德育在培育新加坡民族精神中的作用。独立后的第二年，教育部就开始起草全面的道德教育和社会训诫计划并颁布了公民训练综合大纲，强调对学生进行爱国、效忠和公民意识的培养。70年代以来，学校德育课的设置和课程名称虽历经多次改革和变更，但一直是新加坡中小学的必修课。90年代以后，随着《白皮书》的颁布，新加坡中小学德育课设置再次进行新的调整，着重围绕《白皮书》的五大共同价值观展开，注重培养学生的国家意识、公民意识、合作意识和宽容意识，以及进行社会公德、家庭美德教育等。在课程设置和教学安排上，根据不同年龄段学生的心理、生理和思想特点，将教育的内容按不同层次不同阶段分开，比较好地解决了德育层次性问题，即使是同一主题，根据教育对象的认识发展的不同阶段，其内容与形式也相互衔接、相互区别，做到由浅入深，循序渐进，既符合教育对象的认知规律又符合教育发展规律。如新加坡小学的德育教育课程为《好公民》，课程内容重点是随年级而发展的，即一年级以“个人”为中心，二年级以“家庭”、三年级以“学校”、四年级以“邻居”、五年级以“国家”、六年级以“世界”为中心。中学一二年级的道德教育课程为《生活和成长》，偏重个人价值观和品德修养，三四年级的课程为《新公民学》，重点放在灌输公民意识和社会意识。在教育教学方法和途径上不断改进和创新，不仅注重理论上的说教，还非常重视社会实践环节，学校经常组织各种类型的课外活动，如参观监狱、禁毒展、参与社会服务等，以提高教育的实效性。①

刘汉华对新加坡的公民与道德教育课程作了非常系统的分析。从课程结构来看，教育理念兼顾个人、社会、国家，着重培养个人品格、社会责任和国家效忠。从涉及范围来看，道德课程包括个人、家庭、学校、社会、国家五个领域，课程以循序渐进的方式，引导学生认识道德培养从个人开始，然后开展到家庭和学校，最后延伸到社会和国家。这样的一套道德教育理念可以说是从儒家的修身、齐家、治国、平天下理想发展出来的。《大学》篇强调：“自天子以至庶人，一是皆以修身为本。”新加坡的《公民与道德教育》课程也以此作为标准，强调由内至外的道德推衍——“Nurturing good values from within”，并指出：

The focus of the CME syllabus is on nurturing good character from within, through the alignment between moral knowing, moral feeling and moral action. ②

---

① 刘汉华：《新加坡共同价值观及其启示》，《高等农业教育》2006年第1期，第6~9页。

② *Civics and Moral Education in the Secondary School Curriculum*, Singapore: Ministry of Education. p. 10.

课程手册也指出，培养个人内在的善良价值观，需要通过道德认知、道德感悟、道德行动三方面的一致配合。有关道德认知、道德感悟、道德行动的界定，资料有如下说明：

□Moral Knowing（道德认知）

Refers to the cognitive aspect of morality – knowing what is right and good. Students will be able to define good values, and explain what constitutes good character and right conduct.

□Moral Feeling（道德感悟）

Refers to the affective aspect of morality – the emotional considerations to take into account when faced with moral issues. Students will learn to feel for others.

□Moral Action（道德行动）

Refers to doing the right thing. Students will base and balance all decisions and actions on moral knowing and feeling.

三者的关系和互动，可以从下面的结构图去了解。

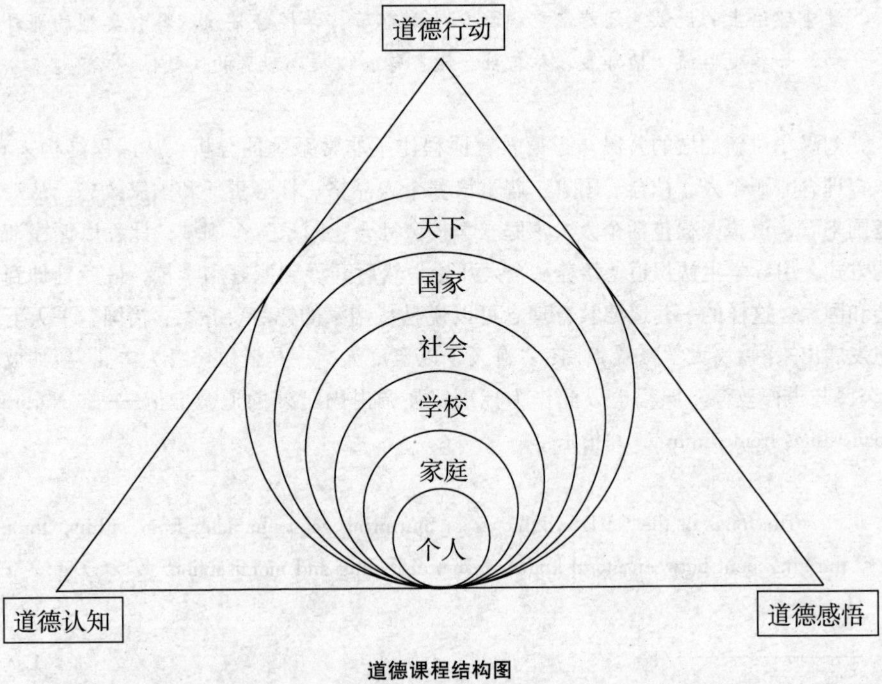

道德课程结构图

儒家大人之学强调修身、齐家、治国、平天下，从个人到家庭、国家、天下推衍的四个境界。从上图可见，新加坡《公民与道德教育》课程亦以个人为道德价值的中心，不断向外延伸和扩散，也反映个人与家庭、学校、社会、国家以至世界的接触，通过对个人身份的认识及个人对家庭、社会、国家的职责，本着“己欲立而立人”、“己欲达而达人”的精神，鼓励个人将其所学付诸实践，发挥其道德价值和关怀周围的人。张鸿燕《儒家伦理与新加坡的公民道德教育》认为新加坡共同价值观体系的核心精神是儒家伦理。儒家所倡导的以整体利益为重的集体主义精神，“修、齐、治、平”的个人修养模式以及求同存异、“和而不同”的文化观，构成了共同价值观的核心精神。尽管共同价值观的内容带有鲜明的新加坡社会的特色，政府为了消除非华人的误解，也一再强调从未有意图假借共同价值观之名而把儒家思想强加在人民的价值体系中，但儒家伦理为共同价值观的核心源泉是毫无疑问的。①

和谐共处：公民教育的理念

因为中学的《公民与道德伦理》课程是跨越种族、跨越信仰，所有学生都必须修读，课程内容处处可见多元种族和多元文化的特色。如中三课程中《和谐》（Harmony）一课介绍新加坡六大主要的宗教信仰，包括佛教、基督教、兴都教、回教、锡克教、道教等，目的在加强学生对不同宗教信仰的认识，以达到互相包容，和谐共处的目的。中四课程中《应变能力》（Resilience）一课教导学生面对生命的变迁与挑战，便引用了六大不同宗教对生命变迁的看法。

新加坡是一个移民社会，自开埠以来，便有多元种族、多元文化的特色。政府在强调共同价值观的同时，鼓励人民保留自身的文化传统，所以各族文化在新加坡都有自己的生存空间，受到尊重。前面已经提及，在小学的《公民与道德教育》课程中的故事和案例，充分反映了不同种族互相尊重和和谐共处的诉求，在中学的《公民与道德教育》课程进一步加强各族之间的互相了解，除了对不同宗教信仰的介绍，在中四课程的《责任》（Responsibility）一课，谈及婚姻制度时，特别介绍各族群的结婚信物和礼俗。而在中一课程的《和谐》一课，内容介绍节日文化，但课本的内文却说明如何将和谐从个人推衍到社会：

> A positive person is in harmony with himself or herself. Being in harmony with oneself allows us to promote harmony in the community. ②

---

① 张鸿燕：《儒家伦理与新加坡的公民道德教育》，《外国教育研究》2003 年第 30 卷第 4 期，第 33 页。

② *RICH*, Secondary One, Singapore: Marshall Cavendish Education, 2012, p. 119.

课文又指出，要建立和谐的社会，有赖于对别人的风俗和习惯有充分的了解：

> A good understanding of the customs and practices of others is the key to building and maintaining harmony in the community. ①

冲突往往是从误会开始。在新加坡的《公民与道德教育》课程中，不同族群的互相了解是缔造族群之间和谐共处的重要基石。课本教导学生从文化差异中去学习尊重他人的文化，以下的例子便介绍了不同族群的新年庆祝：

Name :
Class :
Date :

When do you celebrate the New Year?

Baisakhi – Sikh New Year

Baisakhi is a traditional festival of North India, where it is treated as the New Year's Day. It usually falls on 13 April, which is the first day of the month of Baisakh, and it coincides with the beginning of the harvesting season. Baisakhi is celebrated by most North Indians, but it has a special significance for Sikhs.

Chinese New Year

Chinese New Year celebrations mark the beginning of a new agricultural year in China. It is regarded as the beginning of the Chinese lunar calendar and is celebrated by Chinese all over the world.

Muharram – Islamic New Year

Muslims celebrate their New Year on the first day of the first month of the Islamic calendar. This month is called Muharram and the day signifies the migration of Prophet Muhammad from Mecca to Medina. On New Year's Eve, Muslims make a supplication for God to forgive all their past sins and to make them better Muslims in the coming year.

Tamil New Year

The Tamil New Year is celebrated on the first day of the Hindu calendar in the month known as *Chithrai*. The first day of this month usually falls on 13 or 14 April. Tamil families celebrate their New Year by offering prayers at the temple, wearing new clothes and eating only vegetarian food.

结语：重建儒学的普世价值

新加坡的《公民与道德教育》课程是新加坡教育部经过深思熟虑策划的道德教育方案，内容力求生动、生活化，避免教条式训导或囫囵吞枣地学习，作为德育课程，具有一定的价值。但因为要兼顾不同种族的背景，儒家思想在课程中都被淡化。近年

① *RICH*, Secondary One, Singapore: Marshall Cavendish Education, 2012, p. 119.

随着儿童读经的风气吹遍各地，童蒙读本亦因而重新受到重视，新加坡有不少学校及民间团体，发起读经的运动，作为《公民与道德教育》的辅助教材，使道德教育在部分有较强华文背景的学校，有“回归传统”的趋势。虽然如此，新加坡社会所推广的，与儒家所谓“经典”传统，仍有一定的距离。

新加坡社会没有精英儒家的传统，早期南来的移民大部分不是受过高深教育的知识精英。前新加坡国立大学社会学家陈国贲的研究发现，新加坡早期的华人企业家，其发迹的过程与管理的经验，都与童年的童蒙教育有密切的关系，他们没有读过儒家的四书五经，接受的只是《三字经》之类的通俗儒学教育，但他们认为这些做人处世道理，对他们的成长和成功有深远的影响，并以“儒商”自居。[①]李焯然的调查研究也证明新加坡的社会虽然深受西方文化的影响，但华人企业的员工和管理层，因为家庭教育和小传统的文化熏陶，却保留浓厚的传统价值观。[②]这些例子都说明道德教育是一种潜移默化的过程，不一定需要正规经典的教育才能够达到目的。

新加坡的公民与道德伦理课程，是通过学习和生活实践，来灌输道德价值观念。课程是以尊重、责任感、正直、关怀、应变能力、和谐六大价值观（此六大价值观在中学课程简称为 RICH，字面上有“富裕”的意思，从内容而言，即 Respect/Responsibility/Resilience/Integrity/Care/Harmony 的缩写）来实现道德教化和国家“共同价值观”的理想。共同价值观的出发点就是强调社会的和谐发展，如“国家至上，社会优先”，说明正确处理和对待国家、集体和个人的关系，强调的是社会的秩序：“家庭为根，社会为本”强调的是家庭的和谐和稳定；“关怀扶持，同舟共济”说明人与人之间的容洽和睦以及对社会弱势群体的关爱，强调在遇到困难时的齐心协力，风雨同舟；“求同存异，协商共识”强调求同、和解、协商、统一；“种族和谐，宗教宽容”强调各种族的和谐相处，各宗教信仰的相互尊重和包容。可以看出，新加坡的公民与道德教育和共同价值观是相辅相成的，也可以说是通过儒家与兼容的价值观去实现个人道德的提升、国家的繁荣与社会的安定。刘汉华的研究指出：

> 共同价值观的五句话，四十个字，其精髓和灵魂，都是儒家的忠孝、仁爱、礼义、廉耻思想，只不过是根据时代发展的需要对儒家思想作了改造。新加坡政府面对西方社会的文化渗透，坚持东方价值观不变，并且力图用传统的儒家文化来消解西方文化的消极影响，成功走出了一条“非西方化”的发展模式，为我们

---

① Chan Kwok Bun, Claire Chiang, *Stepping Out—The Making of Chinese Entrepreneurs*, Singapore: Prentice Hall, 1994；中文译本见陈国贲、张齐娥《出路——新加坡华裔企业家的成长》，中国社会科学出版社 1996 年版。

② Lee Cheuk Yin, “Do traditional values still exist in modern Chinese societies? The Case of Singapore and China”, in *Asia Europe Journal*, Vol. 1, 2003, pp. 43 – 59.

提供了一条有益的启示，这就是传统文化与现代文明并非是矛盾的、不相容的，相反如果对传统文化改造得得当，利用得得当，将会使我们在现代化进程中避免出现西方社会的种种弊端。①

有些学者称颂新加坡是近二十年来，世界上最大力推行传统文化教育的国家，把传统道德价值作为抵御西方消极影响的支柱。因此，新加坡各级学校十分重视传统的道德教育，特别是注重向学生灌输儒家伦理道德价值观。②这样的观察，诚然是毋庸置疑的，但新加坡是一个务实的国家，新加坡政府也不空谈理想。儒家思想能够在新加坡的公民与道德教育和培养国家共同价值观中扮演重要的角色，成为新加坡华、巫、印三大民族共同学习的价值准则，纯粹是因为儒家思想所具有的实用和普世价值。儒学在新加坡虽然经历了不同时期的社会转型，不断面对西方文化的冲击和挑战，但它的作用和价值，却是历久弥新的。

① 刘汉华：《新加坡共同价值观及其启示》，《高等农业教育》2006 年第 1 期，第 6 ~9 页。

② 王学风：《新加坡中小学的公民道德教育及启示》，《外国教育研究》2002 年第 29 卷第 8 期，第 63 页。

关于儒家思想与为人为官之道的几点思考

中共中央党校教授　王　杰

一、天地之性人为贵：人之为人的底线在于礼义道德良知

在中国文化看来，人与宇宙万物贯通一体，皆禀受天地之理、阴阳之气而生，正如荀子所言：“水火有气而无生，草木有生而无知，禽兽有知而无义，人有气有生有知亦且有义，故最为天下贵也”、“人之所以为人者，非特以二足而无毛也，以其有辨也”;《礼记》说：“鹦鹉能言，不离飞鸟。猩猩能言，不离禽兽”；孟子说：“人之异于禽兽者几希”、“饱食暖衣，逸居而无教，则近于禽兽”。可见，在自然、生物学层面上，人与禽兽没有多少分别，人与禽兽之不同，在于社会、文化、道德、精神层面，即人有礼义道德良知，此乃人之为人的底线，有之，则人；无之，则禽兽也。

二、修身正己立德：中国人做人处世为官理政的根本

中华民族是一个重视礼义道德的民族，很早就确立了修身正己立德为人之大本的思想。以儒家思想为例：“为政以德，譬如北辰，居其所而众星拱之”、“德不孤，必有邻”、“君子之德风，小人之德草，草上之风必偃”、“其身正，不令而行；其身不正，虽令不行”、“政者，正也。子帅以正，孰敢不正?”“不能正其身，如正人何?”“上好礼，则民莫敢不敬；上好义，则民莫敢不服；上好信，则民莫敢不用情；夫如是，则四方之民襁负其子而至矣”、“德之不修，学之不讲，闻义不能徙，不善不能改，是吾忧也”、“道之以政，齐之以刑，民免而无耻；道之以德，齐之以礼，有耻且格”;《礼记·大学》说：“君子先慎乎德。有德此有人，有人此有土”，孟子说：“君仁莫不仁，君义莫不义，君正莫不正”、“其身正，而天下归之”。西汉刘向：“道德不厚者，不可使民”；东汉张衡：“不患位之不尊，而患德之不崇”；东汉王符：“德不称其任，其祸必酷”；唐太宗：“若安天下，必先正其身”；唐张九龄：“不能自律，何以正人?”唐罗隐：“不患无位，而患德之不修”；宋王安石：“修其心，治其身，而后可以为政于天下”；清郑板桥：“种十里名花，何如种德；修万间广厦，不若修身”；孙中山：“有了很好的道德，国家才能长治久安”，这些思想强调的都是修身正己立德的本根作用，也表明，千百年来，我们这个民族就一直流淌着道德良知的血液。用《大学》、

《中庸》的话说就是：“自天子以至于庶人，壹是皆以修身为本”、“知所以修身，则知所以治人；知所以治人，则知所以治天下国家矣”。修身正己立德是中国人做人处世为官理政的根本出发点和落脚点，只有做人做好了，才能为做官打下良好的基础。

三、儒学与为官者德性修养

中国传统文化中特别是儒家思想中蕴含着丰富的为人为官及治国安邦的思想精华，重视为官者的道德修养是儒家思想的重中之重。官员的道德修养不是单一的，它是综合素养的体现。官德修养要通过具体的德目体现出来，具体的德目有哪些？不同时期有不同的内容重点，不同人有不同的概括标准，现把前人的概括归类梳理，大约有以下主要德目内容：孝悌忠信、礼义廉耻、公畏慎勤、清俭和节、仁爱宽恕、平明志友、谦正忍敬、直智实达、淡静藏谨、温恭让学。离开了这些具体的德目修养，所谓官德修养就是一句空话。

1. 孝

孝为诸德目之本，是一切道德心、感恩心、善心、爱心的源头，是一个人塑造其道德人格的起点。“人不孝其亲，不如禽与兽。”“乌鸦有反哺之恩，羊羔有跪乳之德”，孝敬父母，敬养双亲，乃是天经地义的法则。举两个例子：“子夏问孝。子曰：‘色难；有事，弟子服其劳；有酒食，先生馔，曾是以为孝乎？’”“子游问孝。子曰：‘今之为孝者，是谓能养。至于犬马，皆能有养；不敬，何以别乎？’”。曾子说：“孝有三：大孝尊亲，其次不辱，其下能养。”孟子说：“孝之至，莫大于尊亲。”儒家把不孝敬父母的行为看作是大逆不道，并对这种行为严厉谴责并惩罚。可见，孝敬父母不能仅停留在物质层面上，更重要的是精神心理的层面。儒家告诫我们，对那些“不爱其亲而爱他人者”、“不敬其亲而敬他人者”，一定要提高警觉性，因为他一定有个人私利和目的在其中，如吴起杀妻求将、易牙烹子媚主即是。

2. 慎

慎是一种道德修养方法，更是一种极高的道德境界。为官者要做到“八慎”（1）慎独。慎独就是“不自欺”（陆九渊）、“处世当无愧于心”（袁采）、“暗室不欺”（康熙）。（2）慎微。为官者应注重细节小事，在细微处自律，不能因为事小而放纵自己，“骄纵生于奢侈，危亡起于细微”、“勿以善小而不为，勿以恶小而为之”、“千里之堤，溃于蚁穴”。常怀慎独之心，保持官德的纯洁性。（3）慎欲。过度的欲望就是贪婪。要做到“欲而不贪”、“以义制利”，君子爱财，取之有道，如孔子所言：“不义而富且贵，于我如浮云”、“君子义以为上”；《礼记》所谓：“傲不可长，欲不可纵，志不可满，乐不可极”；孟子所言，“宝珠玉者，殃必及身”。（4）慎权。应牢记权力是人民赋予的，不能把权力看做牟取私利的工具，不能把“有权不用，过期作废”看做是为官信条，更不能滥用权力，为所欲为。（5）慎友。明代苏浚在《鸡鸣偶记》中曾把朋友分为四类：畏友、密友、昵友、贼友。“道义相砥，过失相规，畏友也；缓急可共，死生可托，密友也；甘言如饴，游戏征逐，昵友也；利则相攘，患则相倾，贼友也。”（6）慎好。古语说，上有所好，下必甚焉。楚王好细腰，宫中多饿死。为官者的情趣爱好，不仅仅是个人行为，而是具有相当影响力的社会行为，有时候甚至关系着国计民生，所以，为官者应慎重对待自己的嗜好。（7）慎言行。为官者的言行具有表率作用，故应谨言慎行，要言必信，行必果，不可信口雌黄、胡作非为。（8）慎始终。为官者应处理好为官之始和为官之终，此为官员人生历程中两个重要转折点，故要保持清醒的头脑。

3. 廉

廉的基本含义就是廉洁自律，洁身自好，不取不义之财，不贪不义之利。对于为官者是否清廉，不能只“听其言信其行”，而应做到“听其言观其行”。明吕坤说：“世情宜淡，立志贵刚。刚则欲不能出，淡则欲念不起。惟士之廉，犹女之洁，一朝点污，终身玷缺。”用现在的话说就是，寡情少欲是清廉为官的前提。廉洁就像是少女的贞洁，一旦被玷污了，就会终身留下污点缺憾 。

4. 学

我们现在提倡学习型社会，学习型领导干部，“仕而优则学”，要当个好官，就要不断学习。孔子认为，作为一名领导者，要敏而好学，不耻下问。他说：“三人行，必有我师焉。”关于学习，孔子还有很多的思想言论，他说：“学而不厌，诲人不倦”、“吾尝终日不食，终夜不寝，以思，无益，不如学也”、“学而时习之，不亦说（悦）乎？”“日知其所亡，月无忘其所能，可谓好学也矣。”“君子食无求饱，居无求安，敏于事而慎于言，就有道而正焉，可谓好学也已。”在孔子看来，学习是一个人获取知识的最主要途径，学习还要与思考相结合，只学习不思考就会惘然，空思考不学习就是空想。孔子这种活到老、学到老，不知老之将至的精神，对今天的人来说仍具有重要的指导作用和借鉴意义。

鉴于篇幅，不再列举。以上所列德目，旨在表明官德修养不是单一的，而是一个综合素养的体现。道德修养不是一蹴而就的，是一个不断改造自我、克服私欲的过程。中国古代把对为官者的道德素质要求放在重要的位置，特别强调官德在治国理政中的主导作用，这些为官箴言是古代贤哲遗留下来的宝贵精神财富，现在对于各级领导干部廉洁从政，严守官德底线，仍具有现实意义。

四、几点现代启示

第一，中国共产党人已经自觉地从中国优秀的传统文化中汲取治国安邦的政治智慧。

注重做人、修身、官德修养、仁爱、孝道、民生、教育、学习、慎独、诚信、节俭、敬畏、人际和谐、见利思义、忧患意识、理想人格塑造、和而不同、和为贵、以人为本、礼义廉耻等是中国政治文化的重要内容，也是中国文化的突出特点。这些优秀的思想成果已经成为中国共产党人治国安邦的重要思想资源，已经成为当今主流意识形态的重要组成部分之一，表明中国共产党人对待中国文化的态度，由过去几十年间的批判、质疑和否定，转向了继承、尊重和价值认同。

第二，坚持德才兼备，以德为先的用人标准。

官德作为一种特殊的职业道德，最为社会所关注，官德纯则民风正，官德毁则民风降。官德好坏是社会的风向标，关乎政权的安危、国运的兴衰、百姓的祸福，关乎执政党的生死存亡。官德缺失已经成为当前贪污腐败屡禁不止的重要诱因，而腐败恰恰是执政党面临的最大危险，极大地损害了执政党在百姓心目中的形象。大量事实已经证明，很多国家或政党衰亡的主要原因就在于腐败。鉴于此，党的十七届四中全会对加强新形势下领导干部“德”的建设提出了新要求，明确提出了“坚持德才兼备，以德为先的用人标准”，必须建立、健全一套符合实际、切实可行的道德考核指标体系，将干部道德列入干部考核评价工作中。在这方面，从中央到地方，已经有了很多成功的例子。需要指明的是，这里所谓“德”，已不再局限于领导干部的个人道德，而是包括领导干部的“四德”，即政治品德、社会公德、家庭美德和职业道德。

第三，官德必须制度化、法制化。

就像法律、金钱不是万能的一样，道德同样不是万能的。道德不是用来解决问题的，道德是用来守住底线的。我们不能把一切都寄托在官员的个人道德上，更重要的是要有健全完善的制度保障以及行之有效的监督管理机制，因为完善的制度和法律远比德行要靠得住。近年来，从中央到地方，在官德制度建设方面，已经做了很多的尝试，规范官德的法律法规相继出台，如《公务员法》，就以法律形式明确了公务员的九项义务和十六条“禁令”。2010 年 1 月出台的《中国共产党党员领导干部廉洁从政若干准则》，标志着领导干部廉洁从政步入了规范化的阶段。

愿我们的每一个领导干部都能够率先垂范、以身作则，严于律己、宽以待人，两袖清风、一身正气，能够“常修为政之德，常思贪欲之害，常怀律己之心”，真正做到“权为民所用，情为民所系，利为民所谋”，成为一个高尚的人，一个纯粹的人，一个有道德的人，一个脱离了低级趣味的人，一个有利于人民的人。

中国古典思想与现代文明

——全球性的柏拉图到孔夫子的思想转变

澳大利亚邦德大学教授　李瑞智

摘　要

主流学者及知识分子未能识别出并解释过去50年世界权力转换中的两种主要力量。首先是由具有孔子传统、教育、思想的管理、商业精英所领导的充满活力的东亚及东南亚地区。这股力量在全世界的教育、金融、生产及科技领域不断加强其领导力。另外一方面是具有柏拉图的抽象、理性、思想的西方社会。两股力量在持续对撞并在加速终结英美两个世纪以来的全球秩序。

西方推行的“普世价值”，以柏拉图先验论为主导，加之实施“知识隔离”是建立英美全球秩序的根本。随着学问更深，更有策略的孔学精英们不断利用英美简单知识信念的弱点，这种实践变得不具效力。

随着权力迅速转到有着超过20亿人口的孔子世界，中国在这里不断加快变化的速度，全球社会的其他成员面临着前所未有的挑战。假如他们继续局限在过去200年英美信念的框架中，他们会发现自己处在不同形式的衰退中。另一出路则是承认源自孔子传统的新教育及思想标准正在塑造未来。并且无论多么困难，必须依照这种标准尽快建立他们自己国家的教育目标。

这将包括摒弃西方有关抽象和理性的观点及教育理论，进而大力接受中国从小机械式学习古典、历史课文的方式。这将提出许多语言、教育、创造性及政治方面的挑战。并且将在中国内外面临严重的合格教育者的短缺。但是先行者必将获益。

The Contemporary Significance of Confucianism Chinese Classical Canon and Modern Civilization A Global Shift from Platonic to Confucian Thought

Reg Little

Abstract

Mainstream academics and intellectuals have failed to identify and explain the two major energies involved in global power shifts over the past half century. First, there is a dynamic East and South East Asian community, led by administrative and commercial elites shaped by a Confucian tradition of education and thought. This is consolidating its leadership in global education, finance, production and technology. Then, there is a Western community, defined and confined by a Platonic tradition of abstract and rational thought. This is confronting and precipitating the end of two centuries of Anglo – American global order.

The Western assertion of a set of "universal values", with Platonic transcendental authority reinforced by the practice of "intellectual apartheid", was fundamental in building an Anglo – American global order. These practices have become counter – productive as better educated and more strategic Confucian elites exploit weaknesses in simplistic Anglo – American intellectual beliefs.

As power shifts rapidly to the over 2 billion people in this Confucian world, where the pace of change is increasingly set by China, other members of the global community confront an unprecedented challenge. If they continue within the framework of the Anglo – American beliefs of the past two centuries they will find themselves in various forms of continuing decline. The alternative is to accept that new educational and thought standards derived from the Confucian tradition are shaping the future and that, however difficult, these have to shape their own national education goals as quickly as possible.

This will involve surrendering the Western preoccupation with abstraction, rationality and theory in education and the substantial adoption of Chinese style rote learning of classical and historical texts from an early age. This will pose many language, educational, creative and political challenges and will confront serious shortages of qualified educationalists inside and outside China but will reward first – movers.

Introduction

For almost half a century, I have been fascinated by two major contrasting energies informing change in the global community. The questions, perceptions and conclusions that have led me over that time have rarely been guided by academic studies. From time to time, academic work may have informed aspects of my thinking. Generally, however, mainstream academic work seems to take place within strictly predetermined frameworks, dictated by several centuries of Anglo – American global order. These seem to be designed to deliberately avoid many of the most important issues that have arisen over that half century. The limits of academic work have now begun to fundamentally undermine the capacity of Western leaders to manage their future in the 21st Century.

The major energy that has captured my interest derives from a pervasive Chinese civilization shaped by a superior tradition of education. In various ways, this is shared throughout East and South East Asia. This is an area of over two billion people. In the second decade of the 21st Century, this area has the world's greatest production capacity, hi – tech work skills and financial reserves.

The second energy derives from a Western civilisation in crisis, where poorly developed habits of thought have given rise to forms of aggressive economic and political action that have proven increasingly counterproductive. Western education norms and theoretical habits have lacked the mental discipline, cultural richness and strategic subtlety common wherever one finds the influence of Chinese civilisation. Intriguingly, these latter qualities have been most evident in national administrations in Asia but largely absent in both academia and national administrations in the West.

Increasingly, it is apparent that Western thought lacks the qualities needed to address the fundamental challenges of the 21st Century. These challenges include competition in a global marketplace and economic productivity that does not destroy human environments and health. Chinese thought has proven itself on the first challenge and offers greater hope on the second.

The West today is characterised by a tradition of Platonic thought in crisis. Over time, this thought has travelled from the philosophers of Ancient Greece through the doctrines and dogmas of the Medieval Roman Church and the "universal values" of the European Enlightenment. Today, it is characterised by a disposition to abstract rationality, or railway line thinking, which insists on continued observance of the rules of a declining Anglo – American global order.

In contrast, the East is characterised by a pervasive and flexible tradition of Confucian thought, although, of course, this does not reach to the Indian sub – continent. This thought has origins that predate the birth of Confucius by several millennia and is characterised by a rich diversity of influential texts that might not all be narrowly identified as Confucian. This thought is also characterised by a rich, continuous recorded history that displays the strengths and weaknesses of the Confucian tradition in action. All of this is preserved by a rigorous educational ethos without rival globally. Since the middle of the 20th Century this thought has been closely associated with the world's most dynamic economies and often its most stable polities.

Put simply, we live in a time of great global transformation from West to East, or from dominant Platonic to pervasive Confucian thought. Today, people everywhere are becoming aware of the many ways in which their lives are transformed by the growing dynamism and reach of the Chinese economy. Yet, very few have any awareness of the influence of Confucian tradition and thought in bringing about this remarkable change.

What is Confucianism?

My experience suggests there is no simple and readily agreed definition of "Confucianism". It seems to me that to recognise the full character of the energies generated by people who might reasonably be identified as "Confucian" one needs to talk of the "Confucian tradition", or even more broadly of "Confucian thought". Under these titles it is possible to include the influence of the Yijing, of the Daodejing, of Legalism, of probably the world's most mature and advanced education and administrative cultures, and of much else. This captures the subtlety, the richness, and the pervasive and inexhaustible influence of a thinker whose recorded words are characterised by humility, humanity and a thirst for learning and practical understanding.

Moreover, it is important to recognise that the influence of the "Confucian tradition" is today often unrecognised by many who have been shaped by it. Thought, behaviour and values may all be readily identified as a product of the tradition and yet this influence might be denied. We live in a world where many have been taught to adopt Western, or one might say Platonic, ways of conceptualising, analysing and thinking. It is easy to be confused about the qualities of the Confucian tradition, particularly where these are in conflict with Platonic orthodoxies. It seems to me, for instance, that those characterised as "intellectuals" in Asia today are almost always working within the Platonic and not within the Confucian tradition.

It is important to be clear about what we mean by "Confucianism", "Confucian tradition" and "Confucian thought". These words are likely to be increasingly used in a world where economic productivity, technological advance, educational excellence and superior political strategy will be regularly associated with these descriptors.

Equally, it will be difficult to be clear about what we mean by "Confucianism", "Confucian tradition" and "Confucian thought" because commentators are for some time likely to be sharply divided between those who seek to praise, understand and explain and those who seek to mock, criticise and dismiss these descriptors. Hostility will be most intense amongst those, from both West and East, who have committed themselves to Platonic "universal values", and who will display outrage at the idea that there can be any alternative to such "universal values".

These divisions are likely to be resolved, however, by continuing superior performance in the economies and communities of East and South East Asia, where administrative and commercial elites will increasingly be associated with Confucian education, thought and values. This process will be one of major shifts in global power and it will make heavy demands on the strategic skills of these elites. On the basis of experience over the past half century, however, there is much evidence that many of the most difficult challenges have already been addressed successfully.

The Crisis in Western, or Platonic, Thought

As someone from a Western cultural and political tradition and from a nation situated geographically almost as part of Asia it seems to me that the economic success of Confucian communities represents a cultural challenge that should command the attention of my fellow Australians. But, it does not. Indeed many Australians would regard the above words almost as a form of heresy.

How can this be so? It is a reflection of the strength and weakness of Platonic thought. As the Medieval Roman Church demonstrated, the rational abstractions of Neo – platonic thought could be utilised to define forms of doctrine and dogma and capture the minds of people. These created a form of religious and cultural unity across Europe. The European Enlightenment utilised similar strategies to develop doctrines and dogmas around "universal values", such as freedom, equality, democracy, rule of law and human rights, again to capture the minds of people. This time these were used to create a form of political and cultural unity throughout the West, and later in efforts to extend that unity to people in the most distant parts of the world.

Some commentary suggests these "universal values" may have been developed discreetly as a form of distraction from the concentration of the West's real political and economic power in hidden financial and corporate entities, often powerful intergenerational families. This type of evaluation sees these "universal values" and forms of associated economic doctrine and dogma as defining habits of politically correct thought and behaviour. It is not hard to continue and suggest that these values, doctrines and dogmas have many qualities in common with the brainwashing caricatured by George Orwell in his novel 1984 about a tyrannical, totalitarian future, where all thought is dictated by an all powerful "Big Brother".

The Western tradition of Platonic thought has also produced an emphasis and focus in education on abstract ideas, rational structures, scientific theory and mechanistic understanding. These might all be caricatured as contributing to a form of railway line thinking, which ensures that people's thought must always travel along pre – determined railway lines and can never stray in unapproved directions. The Platonic tradition of thought is particularly hostile to ambiguous nuance, holistic thought, intuitive insight and organic dynamics, all qualities that I understand to be nurtured by Chinese classics like the Lunyu, Daodejing and Yijing.

The West has a fragmented history, with various nation states taking dominant roles and developing distinctive thought characteristics at different times. This has confused the fact that the broad influence of classical Greek thought, with inputs from Rome and Jerusalem, has maintained a mythology of some form of unifying transcendent authority. This contrasts with the unbroken political character of Chinese civilisation and thought where a continuous recorded history over several millennia has incorporated much debate and political experiment, but always with a focus on practical coherence and administration in human communities, largely untroubled by transcendent authority.

While power and influence fluctuated between Church and State in the West, social and political cohesion and discipline was developed in China from even before the time of Plato, through correct ritual and behaviour. This was enforced by a type of legalist authority with a growing and public emphasis on administration by those deeply educated in Confucian tradition. This has produced today what Eamonn Fingleton has criticised in his book, "In the Jaws of the Dragon: America's Fate in the Coming Era of Chinese Dominance" as the "selective enforcement of the law" . This practice is seen to lack the forms of due process and justice promoted as the virtues of the West's "rule of law" . This assessment has two failings. First, it deliberately overlooks the reality that Western law has been increasingly subordinated to financial and corporate power in a way that corrupts and damages social justice and economic competitiveness and productivity. Second, it fails to acknowledge that Eastern "selective enforcement of the law" has equipped Confucian administrators with the authority to ensure that corporate energies serve the broader community.

Western Platonic thought has been unable to break out of its abstract and rational certainties, all blessed in one sense with the same transcendent authority as the Medieval Christian God. It has failed to identify and address the qualities that have informed Confucian economic success. A particular obstacle has been a practice of "intellectual apartheid", identified by John Hobson in his "The Eastern Origins of Western Civilisation" . By marginalising and mocking other than Western "universal values" as inferior and undesirable, this has made it difficult, if not impossible, for anyone with a Western education to evaluate seriously the qualities of alternative traditions. While some Asian intellectuals have been trapped and emasculated by this attitude, Asian leaders and administrators have largely deferred to it formally while using its blind – spots to great strategic advantage practically.

This has led to the crisis in Western, or Platonic, thought that is the source of many failings in the contemporary West. The pervasiveness of "intellectual apartheid" has ensured that this remains largely beyond comprehension outside Asia. It has also led to widespread misapprehension about the value of Western education. For someone with a educational foundation based on Chinese traditional thought, a Western education can be useful in developing a deeper strategic understanding of the global economic battlefield. For anyone without this educational foundation, a Western education is only likely to lead one into the rigidities and follies of Platonic thought and railway line thinking and an easy victim on the global economic battlefield.

The Mythology of Western Superiority

After several centuries during which "intellectual apartheid" relentlessly reinforced a sense of Western dominance, initially built on commercial dynamism, scientific invention, technological mastery and military superiority, many may find it difficult to accept the notion that Western, or Platonic, thought is being left in disarray by Confucian thought. In response to such doubts, it is important to reflect on what suddenly gave the West the capacity to challenge what had previously been the more economically and technologically advanced community of China. A misplaced sense of superiority among China's leadership and cyclic dynastic decline both contributed but more important were two relatively simple Western innovations that caught China unprepared.

The first was the institutional innovation of the corporation. This gave Western nations, and particularly Great Britain with its East India Company, the capacity to mobilise large numbers of previously under – employed people to adventure forth and capture new wealth through plundering and pillaging more passive peoples all over the globe. Of particular advantage, this could be done at little or no cost or risk to the state and its political leadership as it was undertaken by private enterprise and capital. Peoples outside Europe were almost totally unprepared for this new form of enterprise and conquest. Non – Europeans were further disadvantaged when the missionary spirit was mobilised to turn this unprecedented commercial enterprise into a noble civilising mission. This would bring the Platonic thought of either Christianity or "universal values" to backward and uncivilised peoples, further reinforcing the convictions associated with "intellectual apartheid".

The second innovation was in being first movers in aggressively exploiting the fossil fuels of coal and oil. These concentrated newly abundant forms of energy into military might in unprecedented ways. This advantage has been fiercely defended by maintaining a type of Anglo – American corporate monopoly on global oil supplies until very recently. The environmental and other costs of this monopoly were poorly recognised also until very recently.

It is important to understand that the corporation has emerged as the dominant influence in shaping Western economic doctrine, dogma and behaviour and in shaping Western democratic government policies. This fact has also only become shockingly evident in recent years as the economic rise of Confucian Asia has established a model for challenging corporate plundering in less developed parts of the world. The denial of easy colonial wealth first drove the corporations to work discreetly through corrupted international bodies like the World Bank and the International Monetary Fund. Then, as these strategies came under challenge, corporations were forced to turn inward and seek profit maximisation through exploiting domestic populations in Western nations. This was done through a variety of strategies, including profiteering through harmful processed foods and synthetic drugs and the creation of cheap domestic labour through austerity programs triggered by innovative forms of financial deception.

A critical tool in enabling Confucian nations to master these destructive corporate energies has been the "selective enforcement of the law". This has given Confucian administrators the capacity to discipline and strategically direct corporate energies in the interests of the broader community. No such power exists in America where corporations effectively buy openly any necessary political and legal influence. In an important sense, the effective strategic use of this Confucian tool has been perhaps the major factor in triggering the contemporary crisis in Western thought. This highlights the overwhelming power of corporations in today's world and a critical vulnerability in Platonic thought due to its dependence on a form of unthinking and strategically inept obedience. Increasingly, Western societies have allowed little scope for thought and action that is not pre-programmed, except in the pursuit of short term and narrowly focused profit-maximization. This has left it defenceless before leaders educated in the Confucian tradition to aspire to excellence in fluid, dynamic and practical thought.

Exploring the Strengths of Confucian, or Chinese Traditional, Thought

My interest in and concern about the above ideas and perspectives led me to develop a keen interest in the various forms of Confucian tradition and Confucian thought. My desire to understand these better led to my expressing a desire, and being given an opportunity, to spend several months at the Sihai Academy. There, Chinese children, mostly from the ages of three to thirteen, are taught the Chinese classics by rote. What follows are impressions and thoughts I gained from this experience. They are motivated by my interest in identifying more clearly the qualities of a culture that seems to have taken a commanding position in defining the 21st Century and beyond.

Paradoxically, this Confucian culture has taken this commanding position through its mastery of a global marketplace originally designed to serve the interests of an Anglo – American global order. Being built on the abstractions, rationalities and certainties of Platonic thought, this global marketplace has operated largely undisturbed by the qualities of this Confucian tradition, even as the latter has brought about many fundamental shifts of power within its structures. To a significant degree, this is because products of the Platonic tradition look for simplistic answers that fit their expectations. They neglect to look further into areas that require some understanding of the cultural diversity of Confucian communities and that might reveal unexpected forms of intelligence at work.

At the most basic and practical level my interest in the Sihai Academy has been to understand better the benefits derived from a Confucian education in today's global marketplace. In critical ways, this marketplace is today's true battleground for wealth, influence, ideas and political authority. My basic distrust of the effectiveness of Western academia led me to the idea that the all – conquering Confucian administrators and commercial strategists of East Asia draw on forms of education and thought that do not conform with Western Platonic expectations. From this, it seemed desirable to seek to better understood Confucian education by witnessing and experiencing it in a form as close as possible to the traditional rote learning of classics

My record of my time at the Sihai Academy in the form of a diary has the characteristics of dream as it was a surreal experience. I frequently drifted into new and surprising dimensions of awareness and dialogue. This all took place within a ten minute walk of the home of the author of The Dream of the Red Chamber. Accordingly, I felt I could take the liberty of associating his great Chinese novel of a noble family that had no sense that its privileges would all be swept away by forces it failed to comprehend with my dream of a 21st Century where past privileges have been overtaken by new and little understood energies. I will use what follows to present some account of the major conclusions I drew from my dream experience. These may seem to stray far beyond the normal preoccupations of education, but that is their major value. Basically, they are designed to encourage an escape from the conventions and corruptions of education as it has come to be understood in the Western Platonic world.

My initial curiosity about rote learning was more than rewarded by the discovery that it is an even more formidable learning culture than I had expected. The early childhood mastery of the texts of Chinese classics in their original language is just the most obvious quality of this unparalleled tradition. Just as remarkable is the total Western denial and ignorance of this cultural strength. It is hard not to conclude that deliberate decisions have been made at times of Western ascendency to do everything possible to undermine this culture as a possible rival to the "universal values" that emerged from the European Enlightenment.

Benefits of Rote Learning the Chinese Classics

The focus of rote learning on the Chinese classics has unique benefits that can be rivaled nowhere else in the world. No other country can access classical writings and wisdom recorded more than two thousand years ago in a language that can still be understood and used today by people using the contemporary version of the ancient language. Amongst the benefits derived from this unique circumstance are the following.

1) Knowledge. The primary benefit of the rote learning of classical texts is a rich and widely shared knowledge base at the beginning of one's life. The fact that this knowledge reaches back thousands of years ensures a deep grounding in historical awareness and the vicissitudes of human life. The fact that it encompasses several distinct habits of thought, captured in texts like the Lunyu, Yijing and Daodejing, ensures also that such an education is a lifetime protection against the simplistic and limited thinking habits that have captured Western peoples. This appears to give very young children a rare type of pleasant assurance.

2) Judgement. A related, benefit is that this profound and character building knowledge base is stored and accessible in the conscious and sub – conscious at a very young age. This is long before a child is likely to have to make serious life judgements. Consequently, products of this education approach life with an early mature confidence and a sense of relevant experience otherwise unimaginable in young people.

3) Spirit. Another major benefit, of which I was unaware before coming to Sihai, is the joyful and spiritual energy it seems to give young children. The mastery of these standard bearers of Chinese civilization at such a young age seems to give them an easy sense of a place in the world. The fact that the texts place a clear emphasis on correct and pleasing forms of behaviour gives them a poised, spontaneous and mischievous confidence in most situations.

4) Learning. It is important to understand that the early mastery of habits of memorizing and studying classics orientates children naturally towards lifetime learning practices that will give them an edge amidst the complexities of the modern world. This early learning discipline seems to create an appetite for further learning that turns what are chores for others into a form of sought after nourishment.

5) Flexibility. Contrary to Western stereotypes, the early introduction to texts as different as the Lunyu, Yijing and Daodejing ensures that real life problems are examined in different and contrasting ways. The limitations of inadequate abstractions and rationales in Western economic and other theories can be easily identified, mastered and used to advantage. Moreover, these diverse influences can nurture a remarkable fluidity of thought. This is hidden by rituals of behavior that ensure harmonious social relations and discreet personal reflection.

6) Wisdom. It is difficult to put a value on a lifetime store of diverse wisdom that can be called upon when the appropriate occasion arises. This provides a reserve of possible responses to new challenges without any further and belated research to handle the unexpected. The tradition and the texts are so diverse and rich that, as remarked elsewhere, the full and true meaning of a text may not reveal itself until the relevant situation requires it.

7) Community. An easy and reassuring sense of a child's place in family and society and an early grounding in the responsibilities of later life is another central feature of the tradition. This leads naturally to the ease with which Chinese seem to integrate into almost any community or society, often adopting unfamiliar values while losing little of their own identity.

8) History. Rote education in classic texts develops an instinct for addressing contemporary issues in the context of the most diverse and rich record of human behavior imaginable and in a manner that always returns to the fundamentals of human nature. This takes on a particular importance at a time when the cults of progress, science, human rights and other universal values have distracted many from an understanding of their basic human qualities. Such a deep and timeless knowledge base is the best protection possible from the danger of becoming a puppet in the contemporary world of forces that are rarely noticed, let alone understand.

9) Discipline. An early acceptance of rote learning disciplines nurtures social forms of behavior that both facilitate productive relations with others and also provide ritual forms behind which one can protect individuality of character and thought. This proves to be much more effective in practical terms that the misleading hype about individual rights and freedoms that characterizes much Western political comment and debate. It also develops a life – time capacity to commit to a goal and work with purpose to achieve in a practical manner.

10) Language. Early rote learning facilitates a very succinct and powerful form of language use that characterizes Chinese classics and chengyu. This develops a foundation for communication skills that are authoritative and profoundly expressive. It also seems to foster a capacity to accept the discipline of learning other languages where habits of rote learning can be invaluable.

Mental Aptitudes from Rote Learning

There appears also to be a number of benefits that derive simply from the well conducted practice of rote learning, even should the material not be Chinese classics. Amongt these benefits appear to be the following.

1) Joy. Rote learning can encourage a feeling of joy in learning through the use of chanting and speaking aloud in unison with other members of a class. This ensures a positive mental attitude to the demands and disciplines of learning, even if they later have to be managed in a

less supportive and social environment.

2) Intuition. The early sense of achievement and empowerment builds an intuitive understanding of the rewards derived from learning and mastery of what is at first unfamiliar material. This leads to an intuitive appetite for further disciplined learning, which nurtures the further growth of a person in society confident in an ability to trust a mature intuition in making spontaneous and correct life judgments.

3) Confidence. A natural confidence towards learning becomes fundamental because this has become a part of one's nature in a positive, nurturing family type environment. What may seem a daunting challenge for others becomes little more than another stroll amongst the increasingly familiar knowledge gardens of stored wisdom.

4) Trust. There is the early establishment of trust and confidence in teachers and mentors that encourages the search for more such figures even as one matures and takes on more adult responsibilities.

5) Focus. The habits of routine and relaxed discipline cultivated by this type of education will tend to inspire interest and commitment from other teachers later in a person's life as the foundations of disciplined, focused behaviour are easily recognized.

6) Ritual. This form of disciplined learning facilitates other forms of social and personal discipline that equip young people at a very early age with trusted rituals and habits of discretion that lead to easy, pleasant and valuable social skills.

The Richness of China's Cultural Heritage

When one talks of the Chinese classics it is very difficult to be clear about the range of works to be included in such a category. A comprehensive listing of major "classical" works by an academic authority is overwhelming and daunting. However, some of the most critical elements of this legacy with which I have a little familiarity include the following, which make up a collection of works beyond any comparable parallel in the Western tradition.

1) Confucian. There are the Four Books that for a thousand years summarized the central teachings that shaped the forms of behaviour that guided Chinese social, economic and political life and that tend to define the Confucian tradition even today.

2) Daoist. There are a body of other texts that are generally described as Daoist and that can be seen to complement or contradict the Confucian tradition because of the emphasis they place on an asocial independence which embraces all the riddles and dynamics of a natural order which man cannot command.

3) Yijing. There is the Yijing, which arguably Confucius himself would have place at the top of this list. In one form or another it has for three or more thousand years provided a basis

for exploring and evaluating both Confucian and Daoist dimensions of daily life.

4) Buddhist. There are a wide variety of classical Buddhist texts that display the virtuosity of the Chinese spiritual intelligence, both in transforming Indian thought and in deploying Daoist instincts in forms that strengthen the accessibility of Chinese own native spiritual genius.

5) History. There are 25 dynastic histories which are the work of each new dynasty in recording events under the previous dynasty. Like history everywhere they communicate interpretations that serve the interests of their authors but, together with other sources, they give the Chinese people an unrivalled understanding of their own past and of the lessons that can be taken from erlier human sentimental and passionateachievements and failures.

6) Classics. There is a body of other classical writing in various philosophical schools from the period about two and a half thousand years ago that produced the seminal texts of Confucianism and Daoism. One should mention here that there are a number of texts central to Confucian thought that originate from this time or earlier but that were to degree subordinated to the Four Books in formal learning over the past thousand years.

7) Poetry. There are rich collections of evocative and descriptive poetry reaching from antiquity across the various dynasties that bring alive today the essence of sentimental life in the most diverse and dramatic situations imaginable.

8) Novels. There are a number of popular novels dating from three or four hundred years ago that are rich in stories of political and strategic struggle, popular and rebellious life, spiritual and exotic travel, and privileged and troubled sentiments.

9) Neo - Confucian. There are the Neo - Confucian writings from the 12th Century onwards that produced amongst much else the editing of the Four Books in their present form and that revitalized the traditional culture in a manner that foreshadowed in a sense what is beginning to happen again today almost a thousand tears later.

10) Wisdom. These are remarkable treasuries of writings in specialized areas like herbal remedies and tonics, therapeutic exercise, martial art and political and military strategy, with over a thousand in just the last category alone. It is difficult for someone without a substantial education in the Chinese historical legacy to begin to comprehend how much of recent Western thought and practice might be subject to serious re - evaluation in the context of these records of past Chinese thought and wisdom.

Strategic Subtlety

This is one of the most formidable and difficult to comprehend aspects of the Chinese tradition. Nothing illustrates the contemporary relevance of this better than a central slogan that has defined China's future over the first decade of the 21st Century – "China's peaceful rise". It has left most Western observers hardly bothering to comment, even as Chinese infrastructure, production, technology and finance begins to overshadow anything imaginable in the rest of the world.

I had long been bemused in a somewhat similar manner by Japan's "peaceful rise" after its defeat and occupation in World War II. Around twenty years ago, I came across an English translation of Jiang Taigong's Six Secret Teachings and the Twelve Civil Offensives within the teachings. These seemed to offer a clear account, if in slightly figurative language, of Japan's strategy of "conquest through service" . It is a strategy that, I believe, has been followed by most East and South East nations in one way or another. I have often sought to engage Asian friends in discussion about this text but have drawn mostly knowing smiles and laughter. These are sometimes accompanied by reference to the story of King Wen recruiting Jiang Taigong to become the major strategic leader in the founding of the Zhou Dynasty three thousand years ago. This happened after King Wen discovered the seventy two year old future strategic leader fishing without any bait on his line.

At Sihai, however, I have had my understanding deepened considerably. I had long felt that the civil offensive strategy was designed in a most Confucian way. This would see the "Junzi" or virtuous person invariably win through over the "small person" or "person without virtue" . This would be achieved simply by servicing any "small person" with a desire to gain something for nothing, nurturing first dependency and then vulnerability.

At Sihai, however, I have been made aware that all the Chinese classics offer similar or closely related insights. While some comparable teachings exist in Western culture, they seem to have nothing like the pervasive character – shaping influence of the Chinese wisdom sources. Chinese strategic wisdom also informs the conspicuous success of the Chinese diaspora in all corners of today's global community. Chinese people always seem to be able to establish themselves and their prosperity through contributing substantially to any larger community of which they become members. Some aspects of this character are detailed below in the context of specific classics.

1) Humility. The Confucian code of behavior emphasizes forms of ritual humility that tend to disarm and disable almost any would be adversary. It enables the educated person to be polite, pleasant and helpful while preserving fundamental discipline and integrity, attending to essential needs and working to optimize longer term productivity and strength.

2) Generosity. The Confucian tradition also stresses the importance of a generosity of human character that works to win over weaknesses in the character of others while building one's own strengths. The tributary system often worked in this manner by directing the excess production of energetic and purposeful people to external troublemakers who could be subordinated to

Chinese authority in a way that made them feel victorious.

3) Justice. The Confucian emphasis on a form of human justice that works through character rather than corruptible legal forms is designed to build confidence in arrangements made between parties who have different capacities and strengths.

4) Fluidity. The central Daoist image of water reminds constantly of the power and might of the most formless, fluid and soft of substances and suggests this as a model for human behavior and action that can overcome the most unyielding and stubborn opposition.

5) Softness. The frequent Daoist play on opposites offers a constant reminder that what appears weak and soft is often fundamental to the existence and well - being of the apparently strong and hard alternative.

6) Uncertainty. The first lines of the Daodejing highlight the temporary and uncertain nature of all human attempts to understand the natural world and the weakness and vulnerability of those who assume that their thought and language have fully taken control of any situation. This is a fault that lies at the root of many contemporary Western failings.

7) Evaluation. The Yijing is the most ancient, practised and profound guide available in any culture for constant environmental scanning against the unchanging needs of human life and society. It is an ideal tool for repeatedly re - evaluating one's strategic gains and losses in any environment.

8) Nature. The Yijing is a constant reminder of natural imperatives and the follies and vulnerability of Western thought, science and innovation based on the identification of laws, which can be analysed, mastered and improved by human analysis and theory while neglecting nature's imperatives of constant change. .

9) Preparation. The Yijing helps fully utilize the educational strengths of the Chinese people by ensuring they neglect few relevant considerations or preparations in approaching any counterparty.

10) Culture. As noted elsewhere, the Chinese have long been accustomed to refining these basic cultural qualities into strategic principles and have produced over a thousand recognized strategic texts. Effectively, culture is the custom of behaving in a strategic manner that nurtures and protects productive and harmonious community activity.

Confucianism and National Education

The above thoughts and experience have led me to the conviction that Confucianism and National Education will become an increasing preoccupation of governments in China, in Asia and in the rest of the world. Confucianism encompasses Chinese traditional thought in all its many forms over a long history, because it is values and teachings that are best described as

Confucian that have enabled the diverse forms of Chinese thought to contend, prosper and thrive over several thousand years. National education is best addressed as a challenge for all nations as China emerges as the world's most influential economic, financial and political entity. All concerned nations will have to educate themselves in the Confucian thought that offers the best insight into Chinese policy and action and the most favorable access to Chinese finance and technology.

Of course, this only highlights the remarkable character of Chinese civilization and the major challenges it poses to other nations. Chinese language, Chinese classics, Chinese tradition and Chinese thought all pose challenges of a much higher order than those of the English language, Greek classics, Western tradition and American thought, which have defined the last half century of Anglo – American global order. There is an overall coherence and resilience in the Chinese identity that has not been present in the recent Anglo – American identity, which has shaped the global order during the past two centuries of unprecedented change. Moreover, the accessibility of Chinese classical texts from a knowledge base of contemporary Chinese is something that is inconceivable in English. It is almost impossible to capture the full range of unique qualities that shape the Confucian tradition that is about to present itself to all nations of the world as a major educational challenge.

It is much too early to outline how various national communities will respond to and manage this challenge. The communities of East and South East Asia have, however, already signaled to the world the benefits that can derive from administrative and commercial elites that have been educated and shaped by Confucian standards of excellence. Moreover, Japan demonstrated after 1945 and continues to display today the ways in which a state other than China can draw on Confucian tradition and thought and take a leadership position in advance of China. This offers a important and critical lesson for communities than initially feel daunted and overwhelmed by the prospect of having to compete in a world where Confucian tradition and thought define critical standards of behavior.

It is, of course, obvious that peoples from outside the Asian region will face a much larger challenge than Japan. They do not have a character based language, they have no historical exposure to Confucian influence and they have deep commitments to cultural traditions that can be hostile to Confucian types of thought and value. None of this, however, changes in any way the character of the challenge that lies ahead. If one cannot manage a character – based language and inform much of one's thought and action with a sound knowledge of Chinese classics, it will always be difficult to do business in what are quickly becoming the political, economic, technological and financial capitals of the world.

The Chinese Classical Canon and Confucian National Education

This sense of the imperatives of a global future that is increasingly subject to a diverse and complex range of Confucian influences defined my approach to Sihai Academy and my impressions while there. As far as possible I wanted to be open to unfamiliar practices, thought and values and to responses that might help me understand the future of education in a world shaped more and more by the legacy of the Chinese Classical Canon.

Today national education in all parts of the world generally has an English language dimension and many functional disciplines all formed within a Platonic thought dimension. . The growing pervasive influence of Chinese finance, commerce, technology and culture will demand nothing less than many fundamental revisions of today's certainties. Peoples without any Confucian influence in their past may need to access for at least a few of their number the type of Chinese education offered by Sihai. In terms of contemporary educational orthodoxy and practical evaluation these ideas will seem outrageous but they are simply a reflection of the consequences of trends that are already clear and irreversible.

Perhaps one might soften this projection into the future by noting that there are already a variety of alternative voices in the West arguing for a rejection of the West's mainstream Platonic orthodoxies. These politically correct Platonic orthodoxies, with their pretense at transcendent authority, have done so much harm in the areas of processed food, synthetic drugs, chemical agriculture, environmental destruction, mindless media, lockstep academia and self – destructive wars that many are helplessly searching for ways out of what seems like a hopeless corporate maze.

The skillful use of creative and innovative electronic media to project traditional Chinese thought as a solution to this widespread dilemma would serve the interests of people of all cultures. Such a strategy would need to be undertaken in many languages. Most important and most difficult, however, it would need to be preceded by practical and public Chinese initiatives to address problems created in China by the necessary and pragmatic adoption over recent decades of many aspects of mainstream Western Platonic orthodoxy. There should be no need to note that these no longer contribute much in the way of value to China's future. Yet, any such reform activity will confront many political challenges from domestic and external interests committed to what is often called the "American model".

What are some of the implications should one be persuaded that some of the qualities of a Sihai type education will become part of national education policies in many parts of the world. First, it must be recognized that it will be almost three decades before there is any return on investment in a three year old who commences such a program today. In order to facilitate a measured transition, a crumbling Anglo – American global order might have been preserved with tacit Chinese support for three decades had 21st Century American policies been less counterproductive. In reality, they have almost destroyed this possibility. We seem to be approaching rapidly a time when the US Dollar ceases to be the global reserve currency and the bankruptcy and lack of productive capacity in the West is revealed for all to see.

At that time, post – 1945 international institutions, NATO's military reach and the financial centers of London and New York will be in danger of becoming dysfunctional and little more than historical footnotes. Their survival will depend as much as anything on the desire of Chinese leaders for a managed transition, on the discreet influence of American educated and experienced Chinese and on the judgments of those seeking to protect China from further damage by the American model. In other words, the continuation of some semblance of Anglo – American global order seems less and less likely. As a result, countries without a Confucian tradition will need to take urgent, stop – gap measures to prepare for some sort of Confucian future

The second implication will be the recognition that many present Western educational norms are shaped by the failed Platonic tradition of thought and that the consequences of this must be the object of serious debate and evaluation. This cannot but be politically, socially and economically disruptive. Yet, avoidance of this need is likely only to lead to more serious long – term difficulties. The harsh reality is that few in the West are prepared for what is now a foreseeable future. Paradoxically, something similar concerning preparedness can be said about China and Asia, but the news here is more positive and the need to prepare society is much less pressing as many still unconsciously andl intuitively practice Confucian thought and values.

The third implication is that the ongoing renaissance of Confucian thought and values will lead in Asia and elsewhere to a re – evaluation of many of the comforts and certainties, and much of the foolishness and destruction, of the recent past. Western food, medicine, agriculture and science is all likely to be substantially re – evaluated from much more holistic and organic perspectives, driven by classics like the Lunyu, Daodejing and Yijing. This will be driven by a growing recognition of the need to reverse harm done to the environment and human health by the West's culture of aggressive, short – term, narrow – focused corporate profit – maximization. In other words, the American model is likely to be the object of increasingly negative re – evaluation.

The forth implication is that this forthcoming major shift in global cultural influence will lead to a sudden and overwhelming demand for people skilled in the type of education undertaken at Sihai Academy – in China, in other parts of Asia and in many other countries. Even if reactions will vary from nation to nation and from region to region, it is already beyond dispute that all national educational norms will have little option but to become more focused on the rewards of an education in the Chinese classical canon. Sihai faces a challenge in finding qualified teachers. There can be no doubt that this challenge will grow rapidly and substantially, first in China and then elsewhere. First movers will gain many advantages.

Much else could be said on this topic. The issues addressed here will reach into the lives of people in the most remote and sheltered parts of the world. This is not because of any Confucian ambition or evangelism but because the dynamic of an Anglo – American global order has driven everyone, not always happily or willingly, into one global community. It is worth recalling that none of the major Confucian communities of China, Japan and Korea sought this involvement but were forced into it by Western corporate ambitions, lightly masked by their civilizing mission. Perhaps the true civilizing mission is only now beginning, except that it is by Confucian and not Platonic wisdom.

儒学复兴与人类文明的新图景

华东师范大学哲学系教授　高瑞泉

20世纪中叶到21世纪中叶，将作为一个世界性的事件记载在历史上的，是现代中国的崛起；伴随着这一过程的，既是民族的复兴，又是文化的复兴。特别能表示作为一个政治共同体的现代民族文化特质的，是儒学的复兴。传统儒学在晚近一百多年经历了困顿和冲击，又经过了自我更新和复兴，证明自已经过推陈出新以后，依然可以是有巨大活力的传统。今天的儒学，一方面固然是孔子所开创的文化——哲学派别所代表的古老智慧，它源远流长的历史本身已经表示了她有恒久的价值；另一方面，儒学本身已经是历史的产物，在历史中具体展开的同时是儒学与时俱进的智慧；或者说，正因为孔子是圣之时者，儒学能智慧地与时俱进，在应对外部世界与人伦关系的变迁中“日新、日新、又日新”，儒学的价值才得以不断证成。换言之，儒学的价值并非一套死的教义，而是我们民族实践和生活的智慧，是随着生活、实践而不断生成的智慧。它既有古老的根系，又不断开出新鲜的花朵。

晚近一个多世纪中国社会发生的巨大变迁，是整个社会结构性的，涉及我们的存在方式和生活样态。哲学作为时代精神的精华，不能不回应这一历史巨变所带来的挑战。以往人们注意到的历史观、认识论、价值观和方法论甚至逻辑学，它们在近代以来所发生的革命性变化，只是哲学变革的某些层面或某些视阈。如果从社会哲学或政治哲学的视阈看，它们其实围绕着“动力”和“秩序”两方面的追求以及这两个诉求的复杂关系在展开。儒学作为现代中国哲学的重要一脉，同样如此。

孔子说“朝闻道，夕死可矣”，又说“天下有道，丘不与易也”。从孔子开始，道就是中国哲人的追求，因而成为文明的动力。但是无论是天道还是人道，都既是永恒的又是变动的。政治化的儒学曾经只关注农业文明和大一统君主政治的稳定，为此努力提供哲学的证明，包括权威和秩序；后来获得理论上高度发展的心性儒学，则更注重内心的修养、道德的提升，以及在形上学理论方向上得到新的开展，但是在“外王”学方面一度缺乏创造，甚至疲于应付。进而影响到它应对事变与世变的能力。

近代以来，中国进入了从农业文明转变为工业文明的现代化过程，以及从中央帝国一变而进入高度竞争的国际环境。现实生活中对“富强”的追求，需要哲学的辩护，中国在经济政治军事上的落后，和西方列强对中国的欺负，都导致“动力”的追求成为社会和民族的内在期待。中国哲学有悠远的“变”的哲学，但是古代哲学的一种强势诠释却以虚静为本体。古代哲学的“动静”、“道器”、“力命”之争，进入近代以后，积极地应对时代的考问，要从古训“太上立德、其次立功、其次立言”的模式中转变出来。同时汲取了西方传播的多种哲学思潮，结果在回答“动力如何可能”的问题时，不同的学派分别侧重于哲学的三项（主体、客体、主客体之关系）而展开。如果说科学主义与实证主义，从描写一个服从“质力相推”客观规则的宇宙图景，借助于“推天理以明人事”的传统方式，论证中国人必须发挥积极的竞争精神。所以对“动力”的哲学论证是重在机械论的客观世界，从客观世界到主观世界。马克思主义对动力的追求侧重于“实践”，以辩证的方法来理解主客观之间能动的关系。那么，现代新儒家的哲学论证重在主观世界，将“动力”的来源归结为能动的“心”。思孟学派、尤其是王学的复兴，是19世纪中叶以后中国出现的重要的哲学现象。从众多哲学家（龚自珍、魏源、谭嗣同、梁启超等）崇尚“心力”、梁漱溟重“意欲”、熊十力创造“心本论”，一直到牟宗三论证具有“直觉之即创生之”功能的“智的直觉”，都是从心灵去寻求力量之源。他相信“良知”不但是道德之源泉，而且可以“开出”科学和民主。

在“动力”的追求高涨的同时，“秩序”的寻求也已经发生。因为困扰国人的问题由“中国向何处去”转变为“现代化的追求”以后，已经内在地包含了“我们如何实现现代化”和“中国要什么样的现代化”？前者要解决动力的来源，后者关心秩序建构。秩序的追求可以区分为社会生活的秩序和与意义世界的秩序。这是两个互相联系而又各自有其特殊领域的秩序。社会生活的秩序本质上是组织性的秩序，广义地说可以是人伦关系，是经济—伦理—政治结为一体的关系，其基础是经济的结构和经济活动的秩序，经济活动的秩序的集中表现则是政治：它涉及合法性、权威和政治组织。意义世界的秩序则涉及价值和理想，就其具有超越性或是终极关怀的意义，则应该包括宗教。宗教不但关心此岸和彼案的秩序，而且体现了人们对安排生活秩序的理想。

19世纪晚期以来，中国人曾经提出过许多有关未来世界秩序的想象，譬如自由主义、社会主义、无政府主义，但是有一个观念是被广泛共享的，那就是“大同”。换言之，虽然从伦理—政治的向度说，有国际政治和民族国家内部的不同，中国人在追求民族国家独立富强的同时，提出了世界主义的大同理想。保留在古代儒家经典中的“大同”，被康有为创造性地发挥为现代乌托邦的未来社会蓝图，其秩序建构的基本原则是平等。“去九界”是激进的平等主义路径。《大同书》表明“大同”时代将是一个缺少发展动力的时代，后来的社会主义实验，在秩序建构方面，与《大同书》有明显的类似。这表明平等成为建构理想社会秩序的主要原则。

在处理现代社会的基本秩序的过程中，一方面有上述基于“平等”的激进主义的方案和实验，另一方面有更强调法治、宪政民主和市场经济秩序，倾向于自由主义的方案，理性化（韦伯）和市民社会（黑格尔）受到关注。后者在接受外来思想的同时，也渐渐倾向于传统的自然演变是社会秩序的基础。因而在经济起飞实现以后，以文化传统主义为特色的保守主义开始崛起，取代文化激进主义成为社会主流思潮。他们的运思方向，是将社会秩序、文化的连续性、人的实存三者视为内在一体的。以现代新儒家为主体的人文主义在这方面作出了引人注目的工作。

与伦理—政治向度的秩序重建相伴随的，是自19世纪中叶以来始终纠缠着中国人的意义世界的失序和重构。它包括价值观念的新旧冲突和要素排序。前者是人们熟知的，社会结构、生活方式、文化冲突带来旧价值的失效和新价值的渗入，它涉及规范的有和无。后者是指同样作为现代性价值的自由、平等、繁荣、发展等在价值选择中何者占据优先性的问题，涉及规范的先和后、强和弱。意义世界的重构，还关系到世俗生活和超越境界（道、上帝、神）的秩序，因而与宗教的复兴密切相关，它指示了秩序重建的形上向度如何为世俗生活的秩序提供辩护或说明。考察不同的价值排序的观念前提和方法论，是哲学研究的重要工作之一。

20世纪晚期中国经历了经济起飞，随之发生的历史性变化是“动力的追求”开始让位于“秩序的重建”，或者说，原先困扰中国哲学家的“动力的追求”转变为“动力的反省”——它表现为“启蒙反思”、进步主义批判、儒家哲学的重光和科学发展观的提出。“和谐”成为朝野一致的追求很好地表达了这一转换。

当然，在秩序重建两个层面——价值秩序和政治秩序——已经出现的新理论中依然蕴含着冲突：“天下”还是“帝国”？普遍主义还是情景主义？全球化进程中世界的政治格局和国际政治秩序，也尚在变革之中。而其深刻的背景则是，随着人类中心主义批判的兴起，人在宇宙中的位置似乎更为不确定。最为紧迫的问题是中国的崛起恰恰与全球性的环境危机和资源竞争相遇，所有这些，都对复兴中的儒学提出了新的挑战。正如大家所熟悉的，儒家有“和而不同”的智慧，有“王道”“天下”的理想，有“天人合一”的境界，有善于调节理性与情感、团体与个人关系的传统，都应该对人类的未来世界之秩序建构提供有益的经验。事实上，这已经不是中国学者的自我期许，随着中国的崛起，已经成为越来越多的有识之士的共同期望。但是，如果我们只停留在重复古代圣贤的断语，美好的理想并不会自动实现。它需要中国学者做更多的理论创造，并把这种创造转变为实践的力量。从这个意义上说，儒学的复兴关乎到人类文明的新图景，而未来世界的秩序也同样关乎到儒学是否获得真正意义上的复兴——在回应历史变动的过程中得到智慧的新创造，真正从地方性的知识成为人类共同的精神财富。

简言之，儒学在当代中国的真正复兴，也许意味着有一种新型文明的诞生。它是近代以来文化变迁的新的境界，是儒学开放自身，与世界上其他优秀文化融合的结果。它既保持着周易所指示的健动的力量，同时又能给多元化的世界提供新的秩序，它以“个性解放与大同团结”相结合，不但要给中国人提示一种更为可欲的生活方式，还要给人类指出“永久和平”的前景。

儒家乐教与德性圆满

清华大学历史系教授 彭 林

儒家倡导以道德立国，信守“人性本善”的理念，遵奉“建国君民，教育为先”的齐民要术。实现以德治国的目标有两个基本命题：一是在理论上如何界定完美的德性？二是通过怎样的途径使人获得完美的德性？乐教，则是儒家深思熟虑后提出的最佳良策。

一、善行与德性

以道德立国，始于武王克商之后、周公推行的新政。钱穆先生说：“意殷末周初，实产出春秋、战国时代之文化的渊源之涵养期也。决非枯澹寂寞，而郁勃有兴国之气象焉。周公者，又其时代思想之最好的代表人也。”① 王静安先生云，周公制礼作乐“其旨在纳上下于道德，而合诸侯、卿大夫、士、庶民以成一道德之团体”②。杨向奎先生说：“周公之造‘德’，在思想史上、政治史上，都是划时代的大事。”③“他是以德政为操持政策的机柄，因而减少了上天的权威，提高了人的地位和人的尊严。”④ 赵光贤先生说，“把‘明德’、‘敬德’当作一个政治口号提出来，应当说是从周公开始”，他并归纳《尚书》周初诸诰所见周公提倡之德，“从积极方面说，是教育、孝友、勤劳；从消极方面说，是慎刑、无逸、戒酒”⑤。从殷纣暴政走向周代德教，无疑是一伟大的转折，但毋庸讳言，此时的道德论尚处于草创阶段，体系粗疏，犹未形成精细的理论架构及理论思维的层面。

进入春秋以后，王纲坠失，征伐四起，德治不再，世局丕变。受时势的刺激，思想界关于道德的讨论悄然勃兴。就《国语》、《左传》等文献所见，社会贤达提及的德目，不仅数量大增，而且每每伴有简略的论述，以此作为对人物、事件做道德评价之标尺。如周大夫富辰对襄王说，古之明王有“仁、义、祥”三德，欲使周室内外皆利，

---

① 钱穆：《周公》弁言，第4页，《钱宾四先生全集》26册，台湾，联经出版公司。
② 王国维：《殷周制度论》，《观堂集林》，中华书局1959年版，第454页。
③ 杨向奎：《宗周社会与礼乐文明》（修订本），人民出版社1997年版，第340页。
④ 杨向奎：《宗周社会与礼乐文明》（修订本），人民出版社1997年版，第359页。
⑤ 赵光贤：《周代社会辨析》，人民出版社1980年版，第145页。

当遵奉“尊贵，明贤，庸勋，长老，爱亲，礼新，亲旧”[①] 等“七德”；内史叔兴父奉襄王之命，与大宰文公同往锡晋文公命，归来后赞扬晋侯能恪守忠、信、仁、义，建议襄王善待之：“且礼所以观忠、信、仁、义也，忠所以分也，仁所以行也，信所以守也，义所以节也。”[②] 晋有骊姬之乱，尚为公子的晋悼公往周侍奉单襄公，其间“言敬必及天，言忠必及意，言信必及身，言仁必及人，言义必及利，言智必及事，言勇必及制，言教必及辩，言孝必及神，言惠必及和，言让必及敌”[③]，一身而兼十一德，显示了很高的素养。如此之类，不胜枚举。

及至战国，关于道德的讨论，已不再满足于就事论事或者简单的系联，而能深入腠理，开始探究道德偏颇的问题。《书·皋陶谟》记禹与皋陶的谈话，学界多认为此篇作于战国，至确。皋陶论帝王之责在知人与用人，“知人则哲，能官人”。人性有不同，但总括而言有九德。皋陶认为，“天命有德”，若能“日宣三德”，每日宣明其中三德，早晚谨慎奋勉，大夫就能保有其家（采邑）；若能“日严祇敬六德”，每日恭敬地践行其中六德，诸侯就能保有其邦；若能“九德咸事”，普遍推行九德，使有才德的俊秀都在官位，百僚互相效法，顺应天时，就能成就所有的政务。禹请问九德品例，皋陶云：

> 宽而栗，柔而立，愿而恭，乱而敬，扰而毅，直而温，简而廉，刚而塞，彊而义。

上述九句，均以“而”字居中，前后各有一字。前九字之义，郑玄解释说：“宽谓度量宽宏，柔谓性行和柔，扰谓事理扰顺”，“愿谓容貌恭正，乱谓刚柔治理，直谓身行正直”，“简谓器量凝简，刚谓事理刚断，彊谓性行坚强”；足见前九字均是美德，既是美德，为何还要在其后再各附一字？前九字与后九字是何关系？

郑玄认为，前九字与后九字是一德之两面、上下相兼的关系：“凡人之性有异，有其上者不必有下；有其下者不必有上。上下相协，乃成其德。”孔颖达疏申述郑义：“是言上下以相对，各令以相对兼而有之，乃为一德。此二者虽是本性，亦可以长短自矫。宽宏者失于缓慢，故性宽宏而能矜庄严栗，乃成一德。九者皆然也。”注疏之说认为，前九字与后九字之义并立，两者互足，各成一德。但前九字与后九字区别何在？则语焉不详。

清儒孙星衍认为两者有轻重关系，前九字是行，后九字是德，并引《周礼·师氏》郑注“在心为德，施之为行”解之：“行谓宽、柔、愿、乱、扰、直、简、刚、彊之

---

① 《国语·周语中》。
② 《国语·周语上》。
③ 《国语·周语下》。

行。九德谓栗、立、恭、敬、毅、温、廉、塞、义之德，所以扶掖九行。”[①] 孙氏对前后九字作整体区别，而以“行”与“德”分领之，前者属于正当行为，后者表明前者已进入道德层面。两者有精粗、高下之别。

孙说虽巧，然未必为是。其一，就《皋陶谟》文本而言，前九字与后九字并无一一对应的高下关系，如直而温，正直而温和；宽而栗，宽宏而庄栗；简而廉，刚毅而无虐等，能说前者为行，后者为德？显然不能。其二，《周礼·大司徒》以“乡三物”教民，一为六德，二为六行。六德即知、仁、圣、义、忠、和。六行即孝、友、睦、姻、任、恤。两者完全没有对应关系，无法如《皋陶谟》九德，以“而”字前后系联成对。其三，郭店楚简《五行》篇提及行与德之行：

仁形于内谓之德之行，不形于内谓之行；义形于内谓之德之行，不形于内谓之行。礼形于内谓之德之行，不形于内谓之行。智形于内谓之德之行，不形于内谓之行。圣形于内谓之德之行，不形于内谓之德之行。

《五行》强调行有“形于内”与“不形于内”之别。形于内者，德已内化为生命体之一部分，德与行浑然一体，堪称“德之行”。反之，仅是行为符合道德要求，但非由心出，则称之为“行”。《五行》此说，既未将德与行列为具有递进层面的关系，更未如《皋陶谟》用两组文字说德行。故孙说不可从。

金履祥以上九字为资质，下九字则进修，而合为九德，并解释必以二字合德的原因：

宽者易弛，宽而坚栗则为德。柔者易弱，柔而卓立则为德。谨厚曰愿，愿者易同流合污而不庄，愿而严恭则为德。治乱曰乱，乱者恃有治乱解纷之才则易忽，乱而敬谨则为德。扰者驯熟而易耎，扰而刚毅则为德。直者径行而易讦，直而温和则为德。简者多率略，简而有廉隅则德也。刚者多无蓄，刚而塞实则德也。彊者恃勇而不审宜，故以彊而义乃为德也。[②]

资质乃是人的德性自发流露，具有先天属性。进修，则是认知主体在后天的进德修身。从良好的资质出发，经过自身的修为而及于德性圆满的境界，方是真正的“德”。其说与郑玄之说近似。

无独有偶，《左传》有一段话与《皋陶谟》九德句式相似，可资参验。鲁襄公二十九年，吴季札聘鲁观周乐，乐工为之歌各国之《风》及《小雅》、《大雅》，季札逐

① 孙星衍：《尚书今古文注疏》卷二，中华书局标点本1986年版，第80页。

② 金履祥：《尚书表注》卷一，中华书局丛书集成本1985年版，第14页。

一评说。及至乐工歌《颂》，季札听后大为赞叹：

至矣哉！直而不倨，曲而不屈，迩而不偪，远而不携，迁而不淫，复而不厌，哀而不愁，乐而不荒，用而不匮，广而不宣，施而不费，取而不贪，处而不底，行而不流。

从“直而不倨”至“行而不流”凡十四句，皆是赞美王者的完美德行，每句“而”字之下均有一“不”字，孔颖达《左传正义》云：“皆下字破上字。”此句式与《论语》“乐而不淫，哀而不伤”相若，旨在突出德行正而不失；而《皋陶谟》“某而某”句式意在强调正而不偏，有异曲同工之妙。孔颖达疏解道：人性直者易于倨傲，而“王者体性质直，虽富有四海，而不倨傲慢易”；在下之物多因曲而屈桡，而“王者曲降情意，以尊接下，恒守尊严，不有屈桡”；相近者失于相逼，而“王者虽为在下与之亲近，能执谦退，不陵逼在下”；相去远者失于乖离，“王者虽为在下与之疏远，而能不有携离倩疑在下”；数迁徙者失于淫逸，而“王者虽有迁动流去，能以德自守，不至淫荡”；去而覆反则为人所厌，而“王者政教日新，虽反覆而行不为下之厌”；薄哀者近乎忧愁，而“王者虽遇凶灾，知运命如此，不有忧愁”；乐者失于荒废，此“乐而能不荒废也”；用之不已，物将匮乏，此“用而不可匮也”；志宽大者多好自宣扬，“此虽广而不自宣扬也”；好施与者皆费损财物，“此能施而不费损也”；取人之物失于贪多，“此虽取而不为贪多也”；处而不动则失于留滞，此“虽久处而能不底滞也”，王者能相时而动，时未可行，虽复止处，意不底滞；行而不已则失于流放，“此虽常行而能不流放”，王者能量时可行，施布政教，制之以义，不妄流移。由孔颖达此疏，可知《皋陶谟》九德与季札所论相通，都是说德性圆满。

“颂”乃圣贤至治之极的乐曲，峻峭而圆融的德性与庄严的艺术形式兼具，用于宗庙，播之万世。此十四句所涵盖的内容，比《皋陶谟》九德更为严密与完备。由此足见，古人追求道德完满几乎到了苛刻的程度，要求人们既要提炼自身先天的资质之美，又要以后天的修为克服先天美质的局限，走向理性而圆融的道德境界。

二、孔门论德性圆满

人是万物的灵长，人性本善。但凡是人，总能具备某些与生俱来、自然而然的良善德性，如忠信为美德，而人多有之，子曰“十室之邑，必有忠信如丘者焉”[①]，便是明证。人虽有美德，若拘泥执一，则不免流入偏颇。如曾子天性孝纯，自是美德，然

① 《论语·公冶长》。

其一味行孝，不问是非，不知变通，即使为父母所殴亦不知躲避，以致身伤，而有愚孝之嫌，故孔子叹而责之。

孔子继承前代传统，以《诗》、《书》、《礼》、《乐》、《易》、《春秋》等六经为教。即便是自己手定之《六经》，孔子认为也不可陷入盲目性，若一味拘泥，则适得其反，而致有偏颇之“失”。《礼记·经解》云：

> 入其国，其教可知也。其为人也温柔敦厚，《诗》教也；疏通知远，《书》教也；广博易良，《乐》教也；絜静精微，《易》教也；恭俭庄敬，《礼》教也；属辞比事，《春秋》教也。故《诗》之失，愚；《书》之失，诬；《乐》之失，奢；《易》之失，贼；《礼》之失，烦；《春秋》之失，乱。

孔疏释六经大旨云：“《诗》依违讽谏，不指切事情，故云温柔敦厚是《诗》教也”，“《书》录帝王言诰，举其大纲，事非繁密是疏通，上知帝皇之世是知远也”，“《乐》以和通为体，无所不用，是广博，简易良善，使人从化，是易良”，“《易》之于人，正则获吉，邪则获凶，不为淫滥是絜静，穷理尽性、言入秋毫是精微”，“《礼》以恭逊、节俭、齐庄、敬慎为本，若人能恭敬节俭，是礼之教也”，“《春秋》聚合会同之辞是属辞，比次褒贬之事是比事也”。

六经之教，乃圣人之教，其主旨自无问题，但下文孔子又一一指其失，岂非悖逆经旨？郑注云：“失，谓不能节其教者也。”简单地以六经教民，而不知有所节制，则绝非深知六经者，“言深者，既能以教又防其失”。孔疏进一步解释以六经教民何以亦会出现偏颇之疑惑，“《诗》主敦厚，若不节之，失在于愚”，“《书》广知久远，若不节制，则失在于诬”，“《乐》主广博和易，若不节制，则失在于奢”，“《易》主絜静严正，远近相取，爱恶相攻，若不节制，则失在于贼害”，“《礼》主文物、恭俭、庄敬，若不能节制，则失在于烦苛”，“《春秋》习战争之事，若不能节制，失在于乱”。如何方是深知六经者？《经解》云：

> 其为人也，温柔敦厚而不愚，则深于《诗》者也；疏通知远而不诬，则深于《书》者也；广博易良而不奢，则深于《乐》者也；絜静精微而不贼，则深于《易》者也；恭俭庄敬而不烦，则深于《礼》者也；属辞比事而不乱，则深于《春秋》者也。

任何真理都有其局限性，局部真理不能替代真理的全部，故必须客观分析利弊，既要明白真谛之所在，又要知晓其容易出现的偏颇。《经解》的“温柔敦厚而不愚”、“疏通知远而不诬”、“广博易良而不奢”、“絜静精微而不贼”、“恭俭庄敬而不烦”、“属辞比事而不乱”云云，与上举“宽而栗，柔而立，愿而恭，乱而敬，扰而毅，直而温，简而廉，刚而塞，彊而义”等并无二致，均是为了纠道德偏颇之失。

《经解》孔疏最后以《诗》教为例加以总括：“此一经以《诗》化民，虽用敦厚，能以义节之，欲使民虽敦厚不至于愚，则是在上深达于《诗》之义理，能以《诗》教民也，故云深于《诗》者也。”

正是基于对德性的清醒认识，故孔子及其弟子，始终关注如何对人的良善本性进行规范的问题。如恭、慎、勇、直之类的德行，若无礼的约束，也会走向反面。孔子说：“恭而无礼则劳，慎而无礼则葸，勇而无礼则乱，直而无礼则绞。”① 又如“勇”，流血牺牲，在所不惜，并非尽人皆能，但若不加调控，极易走向鲁莽行事、犯上作乱之道。春秋乱世，其中不乏“勇”者的推助之力。血气之勇只有与礼结合，才能成为理性之勇。孔子说：“见义不为，无勇也。”② 如此，勇始有正确的道德指向，方是真勇。子路好勇，而孔子对子路的批评甚多，《论语》时有所见。

足见孔子关注的重点在于，如何使本能的善行克服过或不及的偏颇，成为理性的美德。20世纪90年代出土的郭店楚简《性自命出》等篇可知，孔子身后，自私学派对心性问题有极为细密的论述。《中庸》一篇，论人的喜怒哀乐之性，如何做到“发而皆中节”，无过无不及，始终保持中和状态，并以此为最高境界：“中也者，天下之大本也。和也者，天下之达道也。”此篇可视为子思学派心性研究的结穴，《乐记》等论述音乐理论的著述，无不为受此影响之作。

三、乐教的学理

先哲既已洞知德性易入偏颇，又如何提出解决之道？答案即在《书·舜典》之中：

> 帝曰：“夔！命汝典乐，教胄子：直而温，宽而栗，刚而无虐，简而无傲。诗言志，歌永言，声依永，律和声，八音克谐，无相夺伦，神人以和。”夔曰：“于！予击石拊石，百兽率舞。”

舜帝命夔“典乐”，职责是“教胄子”③，即教育国子；使之具有“直而温，宽而

① 《论语·泰伯》。

② 《论语·为政》。

③ 教胄子，《王制》郑注及《汉书·礼乐志》同；《说文》引作教育子，《周官·大司乐》郑注同；《史记·五帝本纪》作教稺子。育子，即《诗·豳风》之鬻子，《书·康诰》之鞠子。三字之句读有分歧，《逸周书·太子晋》马注以“教胄”二字连读，训胄为长，教胄为教长。郑玄、王肃皆以“胄子”二字连读，训为国子。《周官·大司乐》“合国之子弟”，郑注：“国之子弟，公卿大夫之子弟当学者，谓之国子。”王引之云：“案教长国子，谓教长此国子，犹马注言教长天下之子弟也。”长犹言教育。说详王引之《经义述闻》卷三《教胄子》，江苏古籍出版社2000年版，第74页。

栗，刚而无虐，简而无傲”等“四德”，马融依次解释为：正直而色温和；宽大而敬谨；刚毅而不害虐；简而无昦嫚[①]。《舜典》四德均在前述《皋陶谟》九德之中，两者旨趣一致。四德为九德之要，乃胄子道德达标的基本要求，故舜帝特出言之。养成胄子四德之责，由“典乐”之官承担，亦即通过乐教来完成。以今人之观点视之，简直不可思议。然《皋陶谟》所说，绝非空穴来风，乐官教胄子之制度，确乎见存于先秦教育体系之中。如《礼记·王制》载，乐官之长乐正，以诗、书、礼、乐“四术”来“造士”（从王太子到元士的嫡子等贵族子弟）：“崇四术，立四教，顺先王诗、书、礼、乐以造士，春秋教以礼、乐，冬夏教以诗、书”，是为乐正必须顺从的先王之道。又如《礼记·内则》载：“十有三年，学乐、诵诗、舞《勺》，成童（十五岁）舞《象》，学射御，二十而冠，始学礼。”《礼记·文王世子》贵族子弟所学科目，乐教所占比重尤大：

> 凡学世子及学士，必时。春夏学干戈，秋冬学羽籥，皆于东序。小乐正学干，大胥赞之；籥师学戈，籥师丞赞之。胥鼓《南》，春诵夏弦，大师诏之。瞽宗秋学礼，执礼者诏之。冬读《书》，典《书》者诏之。

干戈是《万》舞的道具，羽籥是《籥》舞的道具。前者象武，后者象文。小乐正、大胥、籥师、籥师丞四者是乐官的下属。足见礼乐是先秦时期国子学习的主要课程。

乐何以能教人，其机理何在？一言以蔽之，在于乐能正面引导人的性情。人皆有喜怒哀乐之性，性存于内，外发则为情。外物感于心，心动则性起，性起则情发，故情由心出，音为心声。《礼记·乐记》云：“凡音之起由人心生也。”“感于物而动，故形于声。声相应故生变，变成方谓之音，比音而乐之及干戚羽旄谓之乐。”“夫乐者乐也，人情之所不能免也。乐必发于声音，形于动静，人之道也。”《乐记》对音乐发生的机理、功用以及社会影响，作了成体系的表述，而归宗于情。唐君毅先生说：“《礼记》之论礼乐之原，皆直在人文之始创处立根，以见此礼乐之文之始创，乃纯出于人情之自然。”[②]

人皆有情，音是其表露形式。但人情殊万，高下不一，“有节有侈，有正有淫”[③]，既有“正声”，亦有“奸声”，并非都合于道德理性。人是群居的动物，具有社会性。因此，音的外发不可简单视之为个人行为，必须顾及对周边人群的影响。不同的音产

---

① 后二句今本不见，惠栋所见古本有之，见江声《尚书集注音疏》卷二，《清经解》，江苏凤凰出版集团，第2991页。

② 唐君毅：《中国哲学原论》（原性篇），中国社会科学出版社2005年版，第54页。

③ 《吕氏春秋·古乐》。

生不同的社会效应，或积极，或消极。孔疏："乐声善恶，本由民心而生，所感善事则善声应，所感恶事则恶声起。"人心所感事物的善恶，决定应感者所出之声的善恶；万万不可忽视的是，乐又能"下感于人"，即反作用于人，"乐又下感于人，善乐感人，则人化之为善，恶乐感人，则人随之为恶。是乐出于人，而还感人，犹如雨出于山而还雨山，火出于木而还燔木"。各色心声不断外发，闻者的心境难免受其左右，"凡奸声感人，而逆气应之。逆气成象，而淫乐兴焉。正声感人，而顺气应之。顺气成象，而和乐兴焉"。善倡则善和，恶倡则恶和，《乐记》说"倡和有应"，是之谓也。由此引发出"心术"的问题。

心术，术犹言道路。心路端正与否，对人生极端重要。正确的心术并非与生俱来，而是在与外物交互感应，渐次而成形。《乐记》云："夫民有血气心知之性，而无哀乐喜怒之常，应感起物而动，然后心术形焉。"人性的禀赋千差万别，良莠不齐；外物更是形形色色，善恶不等，若长期为淫荡奸邪的外物所感，必然招致恶果，"土弊则草木不长，水烦则鱼鳖不大，世浊则礼繁而乐淫。郑卫之声，桑间之音，此乱国之所好，衰德之所说。流辟詸越慆滥之音出，则滔荡之气、邪慢之心感矣。感则百奸众辟从此产矣"①。所以《乐记》说："声音动静，性术之变，尽于此矣。"心术的形成，与所感受的音乐的好坏直接有关，不可不慎重对待。

鉴于音乐品位的复杂性，《乐记》将今人所说的音乐分为声、音、乐三个层次，乐的层级最高，《乐记》说"德音之谓乐"。乐的作用是端正人情，使之及于中和之境。《乐记》说："乐统同，礼辨异，礼乐之说，管乎人情矣。"其意义在于用道德理性管控人情。徐复观先生说："性与情，是人生命中的一股强大力量，不能仅靠'制之于外'的礼的制约力，而须要由雅颂之声的功用，对性、情加以疏导、转化。"② 最得乐旨。

乐之所以能管控人情，首先涉及乐的结构。在儒家音乐理论中，乐之为体有三：志、声、容，其表现形式则为诗、歌、舞。《乐记》云："诗言其志，歌咏其声也，舞动其容也，三者皆本于心。"孔疏："容从声生，声从志起，志从心发，三者相因，原本从心而来，故云'本于心'。先心而后志，先志而后声，先声而后舞。声须合于宫商，舞须应于节奏，乃成于乐。"甚是。

乐的三要素中，诗言志达情，是乐的灵魂。孔疏："作诗者自言己志，则诗是言志之书，习之可以生长志意，故教其诗言志以导胄子之志，使开悟也。作诗者直言不足以申意，故长歌之，教令歌咏其诗之义以长其言，谓声长续之。"③ 诗乃是"言志之书"，能令人"生长志意"，习之可以"导志"、"开悟"，端正心志。此外，诗旨深远，

---

① 《吕氏春秋·音初》。

② 徐复观：《中国艺术精神》，华东师范大学出版社2001年版，第13页。

③ 孔颖达：《尚书·舜典》疏。

"直言不足以申意"，所以要"歌咏其诗之义以长其言"，诗与歌浑然一体，不能分离。诗之可贵，在于"思无邪"，表达的心志中正不偏。

今人多将《诗》理解为单纯的文学作品，大失《诗》旨。在以德为本的上古中国，《诗》与《书》、《礼》、《乐》、《易》、《春秋》等都是德育教材，孔子说："小子何莫学夫诗？诗可以兴，可以观，可以群，可以怨，迩之事父，远之事君，多识于鸟兽草木之名。"① 此处的兴、观、群、怨，在《诗经》学上非常著名，可谓尽人皆知。朱子《集解》分别解释为："感发志意，考见得失，和而不流，怨而不怒"；又解释"迩之事父，远之事君"道："人伦之道，《诗》无不备，二者举重而言。"可见孔子以正性情、敦人伦为《诗》旨大要。

《诗》言志，为有感而发，为礼乐的先导。孔子云："志之所至，诗亦至焉。诗之所至，礼亦至焉。礼之所至，乐亦至焉。"② 《乐记》则云"情见而义立，乐终而德尊"，唐君毅先生解释说，"其情之见于乐，亦即其义之由此以立，其德之由此以尊。此乃纯为将君子之乐，视为君子之性情、志气、德之直接表现之论。"③

《诗》诉说情志的形式，往往衷肠百转，一唱而三叹，有很强的艺术感染力。《诗》所包含的曲式，杨荫浏先生归纳为如下十种：一个曲调的重复，如《周南·桃夭》；一个曲调的后面用副歌，如《召南·殷其雷》；一个曲调的前面用副歌，如《豳风·东山》；在一个曲调的重复中间，对某几节音乐的开始部分，作一些局部的变化，如《小雅·苕之华》；在一个曲调的几次重复之前，用一个总的引子，如《召南·行露》；在一个曲调的几次重复之后，用一个总的尾声，如《召南·野有死麕》；两个曲调各自重复，连接起来，构成一个歌曲，如《郑风·丰》；两个曲调有规则地交互轮流，联成一个歌曲，如《大雅·大明》；两个曲调不规则地交互轮流，联成一个歌曲，如《小雅·斯干》；在一个曲调的几次重复之前，用一个总的引子，在其后，又用一个总的尾声，如《豳风·九罭》等④，表现手法，极富变化。

---

① 《论语·阳货》。

② 《礼记·孔子闲居》引。

③ 唐君毅：《中国哲学原论》（原性篇），中国社会科学出版社2006年版，第56页。今所见《诗》三百，格调不一，是否都可以用于风教？历代学者持论不一。子夏批评说，"郑音好滥淫志，宋音燕女溺志，卫音趋数烦志，齐音敖辟乔志，此四者皆淫于色而害于德，是以祭祀弗用也"。朱熹将《诗》分为两类，《雅》、《颂》"是当时朝廷作者"，《国风》"乃采之民间，以见四方民情之美恶，二《南》亦是采民言而被乐章耳"，而变风不然。林子武问："《诗》者，中声之所止。"朱子回答说："这只是正风雅颂是中声，那变风不是。""若变风，又多是淫乱之诗"（《朱子语类》卷八十，《诗》一，纲领），顾炎武认同朱子之说，并具体指出《国风》有入乐者、有不入乐者，《大雅》、《小雅》也有入乐者与不入乐者（《原抄本日知录》卷三，《诗有入乐不入乐之分》，台北，明伦出版社1970年版，第59页。）马瑞辰持异说："《诗》三百篇，未有不可入乐者。"（《毛诗传笺通释》卷一，《杂考各说·诗入乐说》，中华书局1989年版，第1页。）

④ 杨荫浏：《中国古代音乐史稿》修订本上册，人民音乐出版社1980年版，第57~61页。

通过善声影响民心，树立良善的民风，离不开诗。《毛诗序》云："故正得失，动天地，感鬼神，莫近于诗。先王以是经夫妇，成孝敬，厚人伦，美教化，移风俗。""《周南》、《召南》，正始之道，王化之基。"诗教能齐一天下的民声，是成本最低、收效最快的教化方式，所以《乐记》说："礼节民心，乐和民声，政以行之，刑以防之。礼乐刑政，四达而不悖，则王道备矣。"

然"诗之感人，尤不如乐之直接"①，故又以乐器、舞蹈烘托，"文以琴瑟，动以干戚，饰以羽旄，从以箫管。奋至德之光，动四气之和，以著万物之理。"以琴瑟美化其声音，以干戚振动其身体，以羽旄装饰其道具，以此奋动天地之至德，感动四时气序之和平，彰显亲疏、贵贱，长幼、男女等万物之道理。是以"乐行而伦清，耳目聪明，血气和平，移风易俗，天下皆宁"。其乐播行于世，则伦类清美，耳聪目明，血气和平。足以移易蛮风陋俗，使天下趋于安宁。

所有的艺术形式，都紧紧围绕"中和之德"的主题展开，不仅诗旨要中正，乐器的大小、音响的清浊也要适度中正，不可对听觉造成不良刺激。乐器与乐器的配合，亦须协调，八音克谐。《吕氏春秋》认为"乐之务在于和心"，并论及乐器"适"人心的问题，"夫音亦有适"，"太钜、太小、太清、太浊，皆非适也。何谓适？衷音之适也。何谓衷？大不出钧，重不过石，小大轻重之衷也"②。

《乐记》云："德者性之端也。乐者，德之华也。金石丝竹，乐之器也。诗言其志也，歌咏其声也，舞动其容也。三者本于心，然后乐器从之。是故情深而文明，气盛而化神。"孔疏云，"德在于内，乐在于外，乐所以发扬其德，故乐为德之光华也"。唐君毅先生说："诗之意义与韵律，与乐之节奏，固皆表现吾心之理"，"心之有所期、有所志，原于性，而性即性之理，故诗乐兼达情与显理"③。乐的终极目标是善化人心，故《乐记》云："致乐以治心。"

诗、歌、舞一体的乐，既有性情中正的主旨，又有强烈的艺术感染力，听者浸润其中，反复涵泳，陶然欲醉，自身心情不能不与之和同，感化的效果最为直接。《乐记》在纵论音乐的功用之后，感慨地说："乐观其深矣！"意思是说，"乐为道，人观之益大深"。孔疏引皇侃之言称，"乐观其深"是"古语"。可见古人皆知乐之机理精致博厚，妙理湛深，可运之无穷。大雅之乐，可令人倾倒，季札观《韶》，为舜的大德之乐而由衷感叹："德至矣哉，大矣！如天之无不祷也，如地之无不载也。"④《韶》以其强烈的艺术感染力，令孔子"三月不知肉味"，感慨"不图为乐之至于斯也"⑤，赞

---

① 唐君毅：《中国哲学原论》（原教篇），中国社会科学出版社 2006 年版，第 423 页。
② 《吕氏春秋·适音》。
③ 唐君毅：《中国哲学原论》（原教篇），中国社会科学出版社 2006 年版，第 420 页。
④ 《左传》襄公二十九年。
⑤ 《论语·述而》。

扬其“尽美矣，又尽善也”[①]。

乐与治道、风俗的关系，《吕氏春秋》亦多所论及，如“欲观至乐，必于至治。其治厚者其乐治厚，其治薄者其乐治薄。乱世则慢以乐矣”[②]，“凡音乐通乎政，而移风平俗者也。俗定而音乐化之矣。故有道之世，观其音而知其俗矣，观其政而知其主矣。故先王必托于音乐以论其教”[③] 等，皆是。

唯其如此，故听乐可以知政，季札聘鲁观周乐[④]，乐工为之歌二《南》，季札赞其“勤而不怨”，不愧为为王化之基；为之歌《邶》、《鄘》、《卫》，赞其“忧而不困”，而知康叔、武公德化深远；为之歌《王》，赞其“思而不惧”，犹有先王之遗风；为之歌《豳》，而赞其“乐而不淫”，猜测为周公之东所作；为之歌《齐》，赞其有泱泱大国之风，为东海表式，或将复兴；为之歌《唐》，赞其忧思深远，有尧之遗风。以上是较为正面的评论。季札也有较为负面的评价，如为之歌《郑》，感叹虽有治政之音，但为政琐细，民弗能堪，不久将亡；为之歌《陈》，而觉淫声放荡，无所畏忌，如国之无主，其亡不远[⑤]。

夔教胄子，因其作为未来的治平之才，最初级的任务是修养自身的心性；终极目标则是成为一国或者天下的道德表率，提振万民的习俗与风气，而诗是贯通这一切的最直接的枢纽。为此，贵胄必须从接受诗教开始，从自身做起，而着眼于风教。《毛诗序》云：“风，风也，教也。风以动之，教以化之。”是诸侯风化天下的政教，必始于乐。

四、中西乐教思想异同

将音乐用于教化，并非中国所特有，在古希腊，约略与孔子同时的杰出的毕达哥拉斯及其学派亦提出过类似的学说。毕达哥拉斯在音乐理论上有开创之功，可惜其著作多已亡佚，仅有零星片段散存于亚里士多德等学者的引述中。现将两者做一粗略的比较，以期引起学界对中西音乐理论异同的关注。

首先，关于音乐的起源。亚里士多德指出，在毕达哥拉斯学派看来，“数在整个自然中看来是居于第一位的东西“，所以“数的元素就是万物的元素”，“整个天就是一个和音，也是数”[⑥]，由此提出“万物皆数”的理论，认为整个宇宙是数及其关系的和

---

① 《论语·八佾》。

② 《吕氏春秋·制乐》。

③ 《吕氏春秋·适音》。

④ 《礼记明堂位》云：“成王以周公为有勋劳于天下，是以封周公于曲阜，命鲁公世世祀周公以天子之礼乐。”故鲁国得有周天子之乐。

⑤ 《左传》襄公二十九年。

⑥ 亚里士多德：《形而上学》，吴寿彭译，商务印书馆 1981 年版，第 23 ~ 35 页。

谐的体系，万物背后都有数的法则在起作用，数决定了自然、神、心灵和宇宙的关系，上帝通过数来统治宇宙。他们进而用数学研究乐律，产生了“和谐”的概念。他们发现音的高低和振动的弦长之间存在比例关系，体现了数的和谐与均衡美，认为音乐源于数。

如前所述，以《乐记》为代表的中国音乐理论，更为强调音乐与人心的关系，关注音乐对人情的影响，与古希腊贤哲所见有明显差异。

其次，关于音乐的教育功能。毕达哥拉斯提出了节奏和旋律的概念，认为它们能对人的情绪产生不同影响，“他是第一个凭借节奏和旋律确立音乐教育的人。因为音乐能医治人类坏的品性，使人的心灵恢复到原来质朴的正常状态”①。他认为，节奏和旋律可以抑止不良情绪，有益于人的精神健康，因而提出了音乐治疗的理念。

亚里士多德进而提出求德性之中的理念：“人之品质有三：（一）情感，（二）本能，（三）德态。然则三者之中，道德必居一焉。”② 严群先生解释说：“情感为何？喜怒哀乐爱恶欲之谓也。何谓本能？所以发生情感之天然能力也。德态云者，乃吾人对于情感之趋向。”③ 情感趋向，有适中及太过不及之分，亚里士多德云：“成德之难，其有故哉！盖中最难求。”④“夫怒之态度，对象，时会，与久暂，其适当处至为难定。应怒而不怒，人或以为温和；不应怒而怒，人或以为刚直。”⑤

儒家贤哲的音乐理论旨在求性情之中，追求道德的圆融，唐君毅先生说，《礼记》论礼乐，以《礼运》与《乐记》最为重要，“故《乐记》一方以人情必表现为乐，一方亦以唯君子为能知乐，圣人方能作礼乐。《礼运》溯礼之原于人情，而又以唯圣人能知人之喜怒哀乐爱恶欲之人情，而‘礼义以为纪，人情以为田’，故曰‘人情者，圣王之田也’”⑥。在这一层面，中西大哲的见解大致相近。

再次，关于礼乐关系。中西都有礼与乐，但在两者关系的处理上，有明显不同。毕达哥拉斯、亚里士多德论音乐至多而论礼绝少，两者不相侔，与儒家“礼外乐内”之说大相径庭。礼乐相将，不可分离之说，在《礼记》中可谓触目皆是，殊难枚陈。近年出土的郭店楚简也有“观诸礼，则乐亦在其中矣”⑦，“仁，内也。义，外也。礼乐，共也”⑧ 等语。钱穆先生说：“西方人生亦礼，亦有乐，但礼与乐必互相分别。中国人生贵和合，礼乐亦相和合。中国人“礼中必有乐，乐中亦必有礼。和合凝成，融

① W. K. C. 格斯里：《希腊哲学史》第一卷，剑桥，第 349 页。
② 亚里士多德：《伦理学》，卫尔敦英译，第 43 页。
③ 严群：《亚里士多德及其思想》，商务印书馆 2011 年版，第 247 页。
④ 亚里士多德：《伦理学》，卫尔敦英译，第 55 页。
⑤ 亚里士多德：《伦理学》，卫尔敦英译，第 57 页。
⑥ 唐君毅：《中国哲学原论》（原性篇），中国社会科学出版社 2005 年版，第 55 页。
⑦《郭店楚墓竹简·六德》。
⑧《郭店楚墓竹简·尊德义》。

为一体。一分一合，此亦中西文化一大分别所在"①。至确。

再次，关于乐在文化中的地位。毕达哥拉斯高度重视音乐教育，认为"向感官灌输音乐，对于人类来讲，是头等重要的事情"②，欧洲政府与民众普遍重视音乐教育的作用，以之作为人格养成的重要手段，与毕达哥拉斯有直接关系。时至今日，西方中小学的学生都必须接受严格而完整的古典音乐的教育，可见其影响之深远。

儒家将乐教视为德性教育的最高境界。先王之乐完美纯熟，是为最好的教材，《乐记》云："乐也者，圣人之所乐也，而可以善民心。其感人深，其移风易俗，故先王著其教焉"，以化万民。《乐记》屡屡用天地喻礼乐，视为至高至重之道。唐君毅先生说："《易传》以乾坤为天地之道，而《乐记》则以天地之道即礼乐之道。盖即谓此天地所表现之序别而分，即天地之大礼，其所表现之合同而化，即天地之大乐也。此就自然之天地，而视为人文之礼乐所弥沦，实为一儒家之礼乐思想之一最高之发展。"③

儒家又以乐为人生修养的最高境界。徐复观先生说："乐的规范性则表现为陶镕、陶冶。"认为孔子说"兴于诗，立于礼，成于乐"④，"把乐安放在礼的上位，认定乐才是一个人格完成的境界，这是孔子立教的宗旨"；"到了孔子，才有对于音乐的最高艺术价值的自觉；而在最高艺术价值的自觉中，建立了'为人生而艺术'的典型。"⑤ 其说甚得乐理之旨。

在儒家学说中，成就完美的人格，离不开礼乐。《论语·宪问》子路问成人，孔子回答说："若臧武仲之智，公绰之不欲，卞庄子之勇，冉求之艺，文之以礼乐，亦可以为成人矣。"钱穆先生诠释此语说：

> 孔子理想中之完人，则须于技能、智慧、德行之上，更有礼乐一项。唯有礼乐人生，始是经过文化教育文化陶冶的人生中之最高境界。礼乐，非技能，非智慧，亦非品德。乃在三者之上，而亦在三者之内。若使人类日常生活没有了礼乐，纵使各人都具备才艺、智慧与品德，仍不理想。未经礼乐陶冶的个人，不得为成人。无礼乐的社会，将是一个不安的社会。无礼乐的天下，将是一个不安的天下。⑥

在孔子看来，技能、智慧、德行三者备具，尚不能称为完人，三者之上还应加上

---

① 钱穆：《新亚遗铎》，《礼乐人生》，生活·读书·新知三联书店 2004 年版，第 520 页。

② W. K. C. 格斯里：《希腊哲学史》第一卷，剑桥，第 349 页。

③ 唐君毅：《中国哲学原论》（原性篇），中国社会科学出版社 2005 年版，第 57 页。

④ 《论语·泰伯》。

⑤ 徐复观：《中国艺术精神》，华东师范大学出版社 2001 年版，第 3 页。

⑥ 钱穆：《第三期新校舍落成典礼讲演词》，《新亚遗铎》，生活·读书·新知三联书店 2004 年版，第 513 页。

礼乐一项，“唯有礼乐人生，始是经过文化教育文化陶冶的人生中之最高境界”，“未经礼乐陶冶的个人，不得为成人”[①]。

总之，中西方古贤先哲关于音乐教育的体系不同，切入的角度有别，但都极言音乐教化功能，淡化其娱乐功能，以之为成人教育的必不可缺的重要环节，则完全相同。儒家说乐，体大思精，多格言警句，犹为缜密深刻，对于改革我们今天的学校教育和社会教育，极富启迪意义。

① 钱穆：《礼乐人生》，《新亚遗铎》，生活·读书·新知三联书店2004年版，第520页。

孔子“正名”思想的现代意义

台湾大学哲学系教授　李贤中

一、孔子正名思想的产生

孔子是儒家的创始者，以仁义道德为主轴，统摄其政治、教育、修养各方面的思想；其中，正名思想往往仅被视为其政治思想的一环。孔子为何会提出“正名”思想？“名”有何重要性？“正名”有哪些不同的层次？“正名”的理论又有何现代意义？这是本文要探讨的问题。由于在孔子之前的传统社会中，“名”具有某种神秘性，一般而言，名与实的差异并未有意识地被区别开，因而会将某物之名即视同该物之实。《礼记·杂记》篇就有如下的看法：“过而举君之讳，则起。与君之讳同，则称字。”死者之名曰讳，讳也有隐、避之意。[①] 即使到了战国时期《孟子·尽心下》也有：“讳名不讳姓，姓所同也，名所独也。”因为姓是大家所共同的，而名是一个人所独有的，可见孟子当时仍有避尊亲的名而不避其姓的礼俗。倘若名实可以不分，名即实，实即名，那么就无所谓名正不正的问题；但是孔子所处时代的一些诸侯、臣下僭越名义、逾越本分，使名实不合，孔子由此关注此一问题并提出正名思想。

另一方面，孔子的正名思想也与古代“正名物”的政治思想有关。如《礼记·祭法》：“黄帝正名百物以明民共财。”徐复观指出：“孔子不认为名的自身即有其神秘性的意义，而须另外赋予某种意义，使某种意义成为某种名之实，某种名乃代表某种实的符号。于是名的价值并不在其自身，而系在由它所代表的某种意义。”[②]孔子生处春秋末期，为周文没落的时代，礼坏乐崩，社会秩序紊乱，孔子为挽救世衰道微的乱象，指出解决的办法在于恢复周文的礼乐教化，他说：“周监于二代，郁郁乎文哉！吾从周。”《论语·八佾》中孔子心目中许多政教之名所指之实的根据即源自周文，特别是周文的礼乐教化。因此，正名思想与周文的礼制有着密切的关系。

周文的礼制从文化设计的观点来看，孔子对于“礼”有深刻的反省。他主张人必须从其道德自觉的德性延伸出外在人伦社会的行为规范，这就是孔子所说的：“义以为质，礼以行之。”（《论语·卫灵公》）人的操行要以价值上的正当性作为基础，然后呈

① 高树藩编：《正中形音义综合大字典》，台北：正中书局 1984 年版，第 1712 页。
② 徐复观：《公孙龙子讲疏》，台中：东海大学 1966 年版，第 3 页。

现于外显的仪文节度与社会规范；而价值上的正当性又来自人本身的价值自觉与约束一己不当的欲望，在约束欲望方面有所谓："克己复礼为仁。"在人本身的价值自觉方面有所谓"为仁由己。"（《论语·颜渊》）以及子曰："仁远乎哉？我欲仁，斯仁至矣!"（《论语·述而》）此外，孔子又以"仁"为礼乐之本。所谓："人而不仁如礼何?人而不仁如乐何?"（《论语·八佾》）可见孔子认为仁义之德性乃外在礼制的根本基础。

之后，荀子承孔子的"礼"思想，而将"礼"在人群社会中的作用，展现出一套社会层级的结构，其基础系一种合乎社会正义的理，荀子曰："礼之理，诚深矣。…君子审于礼，则不可欺以诈伪。故绳者直之至，衡者平之至，规矩者方圆之至，礼者，人道之极也。"（《荀子·礼论》）礼像绳、衡、规、矩一般是一种衡量人道的客观标准，曾春海也指出："礼制为礼的形构，亦即公道、公益的表征。"[①] 劳思光则认为孔子的正名思想是"礼"观念的引申，因孔子对于"礼"的理论是以解决政治秩序问题为其历史诱因，而将正名视为在统一秩序下权分的划定，此乃是孔子解决政治秩序问题的具体方法。[②] 这种权分的划定必须是符合社会正义的。

孔子所开创的儒家肯定礼的意义与价值，推而广之，应用于政治、人伦各层面。礼在现实社会上的开展，其中很大一部分是借由"正名"思想于人伦关系、政治运作上的落实，也影响了先秦各家的名学思想。

二、孔子正名思想的理论脉络

孔子是中国历史上第一位提出正名思想的人，《孟子·滕文公》云："世衰道危，邪说暴行有作，臣弑其君者有之，子弑其父者有之，孔子惧，作春秋。"可见孔子有心挽救世衰道危的乱象，重新确立社会秩序，他的正名思想，可分为：正名物、正名分与正名本。

（一）正名物

孔子的"正名物"是从"正名分"的思想引申而来，由于名分是来自周礼的规范性作用，这不仅体现在人际关系、政治地位、社会阶层、亲属关系上，同时也体现在器物的使用上，因为拥有怎样身份、地位的人，才能使用什么样的器物。较低阶层的人使用高阶层的器物、服饰都是不合乎礼的。当时，有一些奇怪的现象发生，低阶层的人使用一些器物，其实虽不同于某物，但却以相同的名来称呼，为的是一种虚荣，

---

① 曾春海：《先秦哲学史》，台北：五南图书公司2010年版，第168页。
② 劳思光：《中国哲学史》，香港：崇基书局1980年版，第52页。

图其不实的虚名。例如当时有一种酒器，也是一种礼器，名为“觚”。在孔子之前，觚的形状是上圆下方，腹面和四足都有四条棱角，可是到了孔子时代，所谓的“觚”这种酒器，名虽未变，但其形状已经有了很大的不同。[①] 对此，孔子很在意地说：“觚不觚，觚哉？觚哉？”（《论语·雍也》）可见孔子非常重视名实的相符，当觚已经不是原来的样子，就不应该再使用原来“觚”的名称。由于孔子肯定周文的价值，并有心恢复周文旧观，因此特别重视“正名”思想，首先就表现在器物的名实相符关系上。

从上述孔子的正名物思想观之，他是用周文中已有事物的“旧名实关系”来正之后事物的“新名实关系”。对于这种正名思想，孙中原指出：“孔丘认为旧有的名实关系是不能改变的，他不赞成新兴的人们去多少改变旧有的实际，不赞成用原来的名称来表达已经改变了的事实，而是要用纠正已经发展了的实际的办法，去迁就旧有的名称，用旧有的名实关系的标准来匡正变化了的实际。这种名实关系固定不变的观点，既不符合事物发展的规律，也不符合思维认识发展的规律。”[②] 孔子为何主张名实关系的不可变动？名实关系的不可变动，也就意味着某些“实”的价值是作为基础与不可移异的。我们可以从《论语》中考察孔子所坚持的是什么？名所对应的“实”之所以然又为何。

（二）正名分

《庄子·天下》云：“春秋以道名分。”《论语·颜渊》篇中齐景公问政于孔子，孔子对曰：“君君、臣臣、父父、子子。”亦即居于某名位者，必须尽其职分，负起他应负的责任，尽他应尽的义务，以使名实相符，如此，才能建立起社会稳定的秩序。周云之认为这是一种“正名以正实”的正名原则。例如，君之名必须是指具有什么样道德规范和应该享有哪些政治待遇的人。然后再用这样的“名”所规定的内容去要求实际上为君的人，通过“正名”达到“正实”。这样的正名原则就是要“实”来符合“名”的要求，是用“名”去纠正已经存在的“实”。[③]

其次，对于不是自己所在之名位也不得干预，如《论语·泰伯》篇有云：“不在其位，不谋其政。”于是，当子路问政于孔子时，他首先就提出“正名”。《论语·子路》篇，子路曰：“卫君待子而为政，子将奚先?”子曰：“必也正名乎!”子路曰：“有是哉，子之迂也！奚其正?”子曰：“野哉，由也！君子于其所不知，盖阙如也。名不正，则言不顺；言不顺，则事不成；事不成，则礼乐不兴；礼乐不兴，则刑罚不中；刑罚不中，则民无所措手足。”从正名、言顺、事成，到礼乐兴、刑罚中、民知如何措其手足，可见“正名”是为政的基础，由小而大，从个人到社会，每一个人在自

---

① 温公颐、崔清田主编：《中国逻辑史教程》，南开大学出版社 2001 年版，第 33 页。
② 孙中原：《中国逻辑学》，台北：水牛出版社 1993 年版，第 29 页。
③ 周云之、刘培育：《先秦逻辑史》，中国社会科学出版社 1984 年版，第 32～33 页。

己的名位上，切实尽其本分，可将群体的行为纳入统一的秩序，而此秩序建立的过程，又特别强调周文所重视的礼、乐以及维持政权、安定社会之刑罚。《礼记·乐记》："乐者，天地之和也；礼者，天地之序也。和，故百物皆化；序，故群物皆别。"礼主秩序、乐主和谐，礼乐之所以能化、能别，并非仅言其形式，而是强调其如实的道德内蕴，如《论语·阳货》中子曰："礼云礼云！玉帛云乎哉？乐云乐云！钟鼓云乎哉？"正名分不仅是外在身份、地位的表现，也蕴含着人际之间的应然关系与人的道德自觉，因此礼是有其内在的基础，而以"正名分"的方式表现出来。

（三）正名本

所谓正名本是指名所指之实的本质，在《论语》中孔子对于仁、孝、礼、君子等名都有探究其名之本的论述。

首先，孔子对于"仁"的基本看法就是他在《颜渊》篇对弟子樊迟问仁的答复："爱人。"由于"爱人"，因此从正面而言有《颜渊》篇："夫仁者，己欲立而立人，己欲达而达人"的主张，从反面看则有《颜渊》篇仲弓问仁的回答："己所不欲，勿施于人。"但是人何以会有"爱人"之心？这就涉及"仁"此一名的本质问题，于是《学而》篇有子曰："君子务本，本立而道生。孝弟也者，其为仁之本与！"因此仁的根本在孝敬父母，尊爱兄长所生发、培养而成的爱人之心。

至于"孝"此名之本包含：恭敬奉养、继承父志、不违背礼等。父母在世时仅仅供养父母还不够，必须要有恭敬的态度。子游问孝。子曰："今之孝者，是谓能养。至于犬马，皆能有养；不敬，何以别乎？"（《为政》）父亲过世之后要能继承父志顺从其道而行。子曰："父在，观其志；父没，观其行；三年无改于父之道，可谓孝矣。"《学而》这是指继承父位（天子、诸侯、卿大夫）之子而言。[①] 此外，孟懿子问孝。子曰："无违。"樊迟御，子告之曰："孟孙问孝于我，我对曰：'无违'。"樊迟曰："何谓也？"子曰："生，事之以礼；死，葬之以礼，祭之以礼。"父母活着要以合乎礼的方式来侍奉父母，父母过世了则要依礼来葬埋、祭祀他们。"礼"是一种禀之于"义"的客观规范。各种外在的伦理道德规范必须要以人们内在真实、合宜的道德情感为基础才有意义。

孝既然不可违背礼，那么"礼"之本又为何？林放问礼之本。子曰："大哉问！礼，与其奢也，宁俭；丧，与其易也，宁戚。"（《八佾》）林放问行礼的根本原则为何？孔子的回答是："与其太奢侈宁可偏于俭省；在丧礼中与其节文熟稔不如偏于哀戚

① 毛子水注译：《论语今注今译》，台北：商务印书馆 1988 年版，第 8 页。另《论语正义》曰："此章论孝子之行。父在观其志者，在心为志，父在子不得自专，故观其志而已。父没观其行者，父没可以自专，乃观其行也。三年无改于父之道，可谓孝矣者；言孝子在丧三年哀慕犹若父存，无改于父之道，可谓为孝也。"见于《十三经注疏附校勘记》（八），台北：艺文印书馆 1989 年版，第 8 页。

之实。可见礼贵得中，‘然质’乃礼之本。”①

以下我们再看看“君子”的名与“质”的关系为何？

子曰：“质胜文则野，文胜质则史，文质彬彬，然后君子。”（《雍也》）

棘子成曰：“君子质而已矣，何以文为？”子贡曰：“惜乎！夫子之说，君子也。驷不及舌。文犹质也，质犹文也。虎豹之鞟犹犬羊之鞟。”（《颜渊》）

子曰：“君子义以为质，礼以行之，孙以出之，信以成之。君子哉！”（《卫灵公》）

由上述引文，我们可以发现，所谓的“正名本”是一种对比的情境与价值的衡量，并在众多衡量的结果出现后，烘托出儒家思想的价值标准。以君子为例，其对比情境是一个人的质与文，子曰：“质胜文则野，文胜质则史，文质彬彬，然后君子。”一个君子文采外貌与内在实质是相辅相成、平衡一致的，所呈现的是和谐的一体，而不是质胜文的朴野或文胜质的虚饰。子贡与卫大夫棘子成论君子也认为文质同样重要。到了《卫灵公》篇可见君子的“质”为义，所行依礼，恭敬出言，所言必信。因此，所谓的“本”并非一个名之意义的起点，而是该名与其他名之所指的关节点，因为仁、孝、礼、君子等名之意义都是在不同情境中彼此相关联的。而“正名本”就是要找出这些代表孔子价值思想的关节点，在具体的情境中透过对比、衡量而烘托出其价值标准乃至于其价值本体。

三、孔子正名思想的理论分析

在分析孔子正名思想之前，首先必须说明“意义世界”此一理论诠释所引用的概念。

人类生活在一个“所谓的客观世界”中，这客观世界是人们感官见闻的经验世界，也是人们相互沟通、彼此互动的共同存在场域。但是若仔细分辨每个人的价值观、观察事物的观点、赋予所观察事物的意义、评价以及内心深层的感受等，却不完全相同。因为每一个人，或每一个学派、每一个社会、传统所建构的意义世界并不完全相同。② 因此，笔者认为：所谓的“客观世界”是一回事，每一个人所建构的“意义世界”则是另一回事，虽然两者关系密切，但毕竟不同，而后者才是真正主导人们认知、思考、表达、行为的关键因素。孔子作为儒家学派的创始人，当然建构了价值内涵丰沛的意义世界，而为后世众人所认同、追随，此正是其正名思想的理论基础。

首先，我们先从名的指涉对象来分析。“正名物”所指涉的是具体的器具物品，是

---

① 朱熹《论语集注》曰：“礼贵得中，奢易则过于文，俭戚则不及而质，二者皆未合礼。然凡物之理，必先有质而后有文，则质乃礼之本也。”见于简朝亮述疏《论语集注补正述疏》，北京图书馆出版社2007年版，第91页。另参见毛子水《论语今注今译》，台北：商务印书馆1988年版，第30页。

② 孙中原、吴进安、李贤中：《墨翟与墨子》，台北：五南图书公司2012年版，第436页。

在经验界中比较容易加以考察检证的；而“正名分”则是以政治伦理为范畴，所指涉的是礼制中的理分，与当时的时代背景、文化内涵有关。“正名本”则是前述“意义世界”中的价值指涉，涉及价值衡量与实践的导引作用，“正名本”有超越时空的意涵，其中的价值体系亦可于不同时代发挥作用。当言说者使用“名”的方式表达其思想时，名之所指表面上是器物层次，但深层意蕴却不能脱离理分与价值层次；如孟子所谓：“言近而指远者，善言也。”（《孟子·尽心下》）同样，当名之所指在理分与价值层次时，也会借由具体情境中的人、事、物展现出来。

其次，从如何“正”的观点来看，在“正名物”的器物层次，所“正”的方法在于物与名的符合，其名则是与先前之实的符合。如前述正名物中的酒器“觚”，孔子是用“觚”之名来正当时也称为觚的酒杯，由于“觚”之名有其特指的对象，其名实关系是紧密合一的，若以“觚”之名来指称新的物就破坏了原本的名实关系，因此看起来好像孔子是用旧名来正新的物实，然而其旧名并非一独立存在者，而是乘载了旧实之意义与内涵的符号。

进入“正名分”的制度层次则是在意义世界中所形构的理分秩序，由于意义世界经由习俗、传播、教化、文字、宣道为众人所接受之后，就会有相对的客观性与普遍性，其名与所指之符合是一种抽象性的符合，是众人所共同认可的规范，它不是具体实际的物，而是在人们思想中的一种应然存在。

至于“正名本”的价值层次，其“正”的符合性则是古今中外心灵之理的符合性。超越了时间与空间的限制，正所谓“人同此心，心同此理”；这也是文以载道之经典所以为经典的一种特质，总能使不同时代的人，透过经典中的意涵读出其中超越时代的意义。所谓的“心之理”必须透过个人的经验、反省、体察来加以验证，这似乎是主观的；但是我们若经由长时间的相关文献考察，仍然可以深究概念范畴之名的本质意蕴。[①] 由于从古至今有许多人有着相同的体会，我们仍然可以把握“心之理”的客观性，以作为正名本价值指涉的符合标准。例如，孔子“为仁由己”的“己”（为仁的道德主体）与孟子的“良心”（仁义之心），[②] 其文字表面意义或有不同；另西方的“Conscience”（良心）之名所指之内涵则为：“它是一种内在的法庭，它以极个人化的方式谕知一个人应该做和不应该做的事情；在行为之前，它以警告或鼓励方式表示出来，而在行为之后它又以赞美或责备的方式表示出来。”[③] 由于良心的影响，当人类所做的与内在价值标准不合时，就会感到不安与自责。此“良心”之名所指涉的内

---

① 根据张立文中国哲学逻辑结构的范畴解释学，可分为具体、义理、真实三层次的解释，其中所谓深层结构的真实解释，是指从历史的发展演变的联结中，掌握范畴演变的必然趋向，以验证概念范畴的本质意蕴。参见张立文：《中国哲学逻辑结构论》，中国社会科学出版社 1989 年版，第 85 页。

② 孟子曰：“虽存乎人者，岂无仁义之心哉？其所以放其良心者，亦由斧金之于木也。”（《孟子·告子上》）

③ 布鲁格编著，项退结编译：《西洋哲学辞典》，台北：国立编译馆 1976 年版，第 98 页。

涵或许不同的人会有不全然相同的解读，但是我们若从这个“名”的产生以及人们历代不断使用它来看，它所指涉的意义会有一个交集的范围，尽管这范围的界限未必是明确的，但此名之“本”则是人心之所同然的体会，借由不同的名表达出来。

再者，我们从正名的三个层次彼此间的关系来看。其实，“正名物”、“正名分”与“正名本”三个层次的关系，乃是一体的多面向展现。“正名物”的直接指呈是物，但其间接指呈着名分；“正名分”直接指呈的是名位之理分，但间接指呈的是一套价值标准；“正名本”直接指呈的是价值体系中的各项判准，但间接指呈的是实践的导引。在这些直接间接的牵连融合中，正名物、正名分与正名本其实是一个融合一致的整体。我们若从这整体观把握，就可以透过“正名”看到孔子思想的精神面貌及其对于后世的影响。

孔子的正名理论虽有不同层次，但为探究名所指之实以达“正名”之所以然，必须回溯至孔子的意义世界与其中的价值体系，如此才能透彻理解他正名思想的意涵。

四、孔子正名思想的现代意义

由于“名”是乘载思想的工具，绝大多数的前人思想往往都是使用文字保存下来，也就是用“名”的组合方式来表达其思想，因此“名”有呈现思想的作用。而我们了解某一家、某一派的思想也必须透过文字的意义，也就是“名”所指之“实”来把握那一家、一派的思想。并且，当我们掌握了一家、一派的思想而要加以表达、传达给别人时，我们也无法不使用语言、文字，以名为工具。因此，关于孔子正名理论我们可以有三方面的省思。第一，正名理论与儒家思想本身的关系为何？第二，正名理论与解读、诠释、掌握儒家原典上有何关系？第三，孔子的正名理论与儒家思想的有效传达上有何关系？

首先，正名理论与儒家思想本身的关系为何？简单地说，也就是先要为“儒家”正名——“什么是儒家?”儒家思想非常广博丰富，很精要地说，儒家所关心的基源问题是：“人应如何立身处世，以成就道德人格之发展，进而实现其道德理想。”① 道德人格的发展就是要成为所谓的士、君子，而士、君子则必须承担使命，如曾子曰：“士不可以不弘毅，任重而道远。”（《论语·泰伯》）而承担使命的目标则在于实现其道德理想，进而体现人之所以存在于世的生命意义。杨国荣在《儒学的意义之域》中说：“对人自身存在意义的思与悟而言，境界或精神世界的核心，集中体现于理想的追求与使命的意识。理想的追求以‘人可以期望什么’或‘人应当期望什么’为指向，使命的意识则展开为‘人应当承担什么’的追问，二者与‘人为何而在’的自我反思紧密

① 李贤中：《墨学——理论与方法》，台北：扬智出版社2003年版，第191页。

联系，体现了对人自身存在意义的深沉关切。”① 对于儒家意义世界的描述，放在正名理论的架构来看，这显然是正名本的层次，而以问题的方式表达。如此我们可以看出，孔子正名理论与儒家思想本身的关系，是定位与建构儒家理论（包含当代诠释）的参照架构，亦即作为儒家理论自身定位的标准。② 其所表达呈现的“儒家”此名之本，是相当深刻而抽象的，相信许多人对于儒家所强调的使命、理想也会深有同感。但如此的抽象论述如何进行具象化的理论建构呢？如何进行正名的理论思考呢？孔子正名理论可以提供一条从名本到名分、名物的具体化、现代思路吗？

从孔子正名理论的架构来看，“人应当期望什么”可将思路导向理分层次：1. 现代人所期望成为的道德人格，其社会结构条件、制度设计为何？2. 现代人应当期望建立怎样的风俗、礼制、伦理或不同形态的行为规范？3. 以儒家精神为基础的风俗、礼制、伦理或不同形态的行为规范宜具备怎样的特性？4. 实然现代社会中的那些风俗、礼制、伦理或不同形态的行为规范是否违反儒家价值标准？5. 应如何改善？6. 在不同形态规范下的人际关系应具备怎样的理分？……或再将思路导向器物层次：食、衣、住、行，丧、葬、喜、庆中所用的器具、衣服款式、房屋空间规划、交通工具、博爱座设置、科技产品的人性化设计、媒体标题、广告用语、网络语言其名实如何反映儒家精神？……这一系列问题也是回应“人为何而在”的儒家正名式思考。这样的思考是已经把握“儒家”为前提，至于如何把握“儒家之所是”则可进入下一阶段的省思。

正名理论与解读、诠释、掌握儒家思想上有何关系？它们的关系可以是方法与目的的关系。透过孔子的正名理论，我们如何掌握儒家思想的不同层次理论及其深层内蕴？孔子正名理论是多层次的符应关系，所使用的“名”有直接指呈与间接指呈，指呈的对象有经验界事物，该事物应具理分以及构成诸理分的价值体系。各层次间是动态关联的，经验界的事物必须关联于“人”才会涉及理分的问题，而“人”在不同的情境中，在不同的人际关系中，所应具的理分又会有所不同。而这些相应于变化而产生的不同理分，又来自更核心的价值体系或价值本体。例如《礼记·檀弓》：“事亲有隐而无犯，左右就养无方，服勤至死，致丧三年。事君有犯而无隐，左右就养有方，服勤至死，方丧三年。事师无犯无隐，左右就养无方，服勤至死，心丧三年。”隐就是不张扬过失，犯就是犯颜直谏，方就是分工司职。同一个人在事亲、事君与事师时态度不同、方式不同、做法不同，因为不同的人际关系中有不同的理分，郑玄注文指出：“事亲乃以恩为制”，“事君以义为制”，“事师则以恩义之间为制”。③ 这就是不同的理

---

① 郭齐勇主编：《儒家文化研究第四辑：心性论研究专号》，生活·读书·新知三联书店 2012 年版，第 425 ~ 426 页。

② 此一理论定位标准包含名之所指者有：经验器物、规范理分、价值意义与道德实践。

③ 《十三经注疏附校勘记》（五），台北：艺文印书馆 1989 年版，第 109 ~ 110 页。

分；然诸理分之所本为何？即与天道相接的人道仁义原则。郭齐勇在《先秦儒家论公私与正义》一文中说："儒家的道理，理一而分殊，即在儒家普遍的与天道相接的人道仁义原则（这是整体的、大的根本的道或理）之下，父（母）子（女）间、君臣间、师生间又有着略相区别的伦理规范原则（这是体现上述大的道与理的小的或部分的道与理)。[①] 其中那"普遍的与天道相接的人道"就是正名本的价值本体，理一分殊的不同伦理规范就是正名分的不同理分，而服勤劳辱、致丧戚容则是经验界中可观察的事物。

以上有关《礼记·檀弓》引文的诠释，正可对应孔子正名理论三层次的理论架构。因此，正名理论可以说是掌握儒家某些思想的解读、诠释方法。不过，从方法论来看，正名理论只是提供了儒家式的情境构作或相应的视阈背景结构。如果要将此方法运用于检视原典语词、文句、篇章意义的确立与理解，[②] 则必须吸纳墨家、名家及荀子的名学思想中有关产生"实"的认知问题，名的分类问题，制名的原则与方法问题以及不同类型的正名问题。

再者，孔子的正名理论的"名"这种表达工具与儒家思想的有效传达有何关系？其中"正名物"与现代的生活经验最远，古代与现代的各种器物千差万别，我们也不可能用古代之名来正今日之物。在"正名分"方面，虽然现代社会各团体仍有上下阶层的组织结构，主管、部属上下位之间也有一定的理分，但是理分的具体内涵则已不同，例如古代文武百官必须忠于君主，而今日的公务员则必须严守行政中立，军队的将领也必须忠于国家而非领导者个人。所以只有"正名本"，孔子所建立起的意义世界、价值体系才是今日社会必须深刻体会、理解并加以应用于日常生活。此意味着在表达上我们必须作一种转换的工作，从古代的名物、名分内涵呈现名本之所是，再用名之所本的价值体系引导式说明、解释、建构、解决现代社会中的理分问题。

如此，我们将思考："名"如何表达儒家的精神？"名"如何才能展示儒家的价值体系、意义世界？在表达上如何增强义理的明确性？如何表达儒家认为人应该期待什么？如何表达人应该承担什么使命？如何带有说服力地引导实践？解决现代社会的人际关系问题、人生意义失落问题。我们要推广儒家精神的影响力，先要掌握现代人的意义世界，才能用合适的"名"去指向儒家之"实"，进而发挥引导实践的作用。

孔子的正名理论是一种理论参照架构，一种解读原典与表达思想理念的方法，若能深入探究、建构适合现代人的体悟方式与表达方法，当可有效发挥引导人们道德实践的作用。

---

① 郭齐勇主编：《儒家文化研究第二辑：儒家政法思想与现代经济学研究专号》，生活·读书·新知三联书店2008年版，第40页。

② 李贤中：《中国哲学研究方法之省思》，《哲学与文化》第395期"中国哲学方法论专题"(2007年4月)，第7~24页。

五、结 论

孔子的正名思想就是希望能达到名实相符，而这种名实相符，并不仅是认识上的结果要符合认识对象的认识之真，更是社会体制符合道德规范的伦理之善。将孔子的正名思想予以分析，可分为“正名物”、“正名分”与“正名本”三个层次，它们的关系是一体的多面向展现，包含着经验器物、规范理分、价值意义与道德实践；在具体情境中“名”所指的物、分、本皆涵容着道德实践，在正名理论的名实关系，不仅是“知”，更是“行出所知”。孔子正名的根据，是以其意义世界或价值体系为基础，这个基础也是人心所同然的道德情感。如“良心”其名之“本”即是人心之所同然的体会，真实的道德自觉。

所谓“意义世界”包含着整体性、创造性与理想性。[①] 所谓整体性是指将宇宙、人生作整体的把握，形成一种可以理解、言说、思考与传达之物。既是可传达之物，“名”就不可或缺。其中的创造性是适应变化所提出的新观点，例如随社会形态、人际关系的改变而有新的理分，或在表达方式上的创新。而理想性则是实现存在意义的目标，如《礼记·中庸》中“尽己、尽人、尽物之性以赞天地之化育”的理想。“意义世界”虽然与当时的现实世界有关，但是更与建构者的生活经验以及传统的思想、传统的价值观相联系着。现实的世界虽然影响着人们的生活，但是哲学家们所建构的“意义世界”却更深刻地影响着人们的思想与行为。孔子的正名理论其根本之“实”就是其意义世界，此一价值体系，深深影响了两千多年来中国人的思想与行为，未来也值得我们继续努力推广其正面的影响力，使之有助于儒家精神现代化的发展。

---

① 孙中原、吴进安、李贤中：《墨翟与墨子》，台北：五南图书出版公司2012年版，第436页。

论　文

●儒家伦理与市场伦理

"以刑去刑"：从"霸道"到"王道"的法家路径

——商鞅思想特点再认识

漳州师院特聘教授、山东大学儒学高等研究院教授　曾振宇

一

商鞅在历史上是一位备受争议的人物。贾谊认为"商君遗礼仪、弃仁恩，并心于进取"①。太史公称其为"天资刻薄人也"②。司马贞《索隐》："刻谓用刑深刻，薄谓弃仁义，不悃诚也"③。纪昀的评价与太史公如出一辙："观于商鞅、韩非诸家，可以知刻薄寡恩之非。"④《淮南子·泰族训》也认为商鞅偏重刑法而弃绝道德，"今重法而弃义，是贵其冠履而忘其头足也"⑤。与此同时，数千年来对商鞅同情、理解甚至赞赏的衡评也不绝如缕。韩非将商鞅在历史上的贡献高度评价为"此亦功之至厚者也"⑥。在韩非心目中，商鞅就是"圣人"⑦。韩非是历史上第一位、同时也是最后一位称颂商鞅为"圣人"者，这与历代儒家对商鞅的评价可谓有云泥之别。牟宗三先生立场鲜明地指出：商鞅"不坏"⑧，"这样的法家是不坏的。商鞅是法家的典型"⑨。法家是从申不害、韩非开始变坏的，其中缘由在于申不害的"术"与道家相结合，"法家也变坏了"⑩。孰是孰非？或谠论，或诽语，其间必有当而不可易者。商鞅思想与行事是一面多棱镜，立场与视角的不同，必然导致商鞅这一历史人物影像重叠杂乱。笔者不揣谫陋，力图在前贤今哲研究基础上，对商鞅思想特点与性质，尤其是法与德内在的关系，进行一些新的探讨。不当之处，敬祈指正！

---

① 班固：《贾谊传》，《汉书》卷四十八，中华书局1962年版，第2244页。

②③ 司马迁：《商君列传》，《史记》卷六十八，中华书局1959年版，第2237页。

④ 纪昀总纂：《四库全书总目提要》卷101"法家类"，河北人民出版社2000年版，第2565页。

⑤ 刘安著、高诱注：《淮南子·泰族训》，《诸子集成》第7册，中华书局2006年版，第364页。

⑥⑦ 陈奇猷校注：《韩非子·奸劫弑臣》，上海古籍出版社2000年版，第287页。

⑧⑨⑩ 牟宗三：《中国哲学之重点以及先秦诸子之起源问题》，《中国哲学十九讲》第三讲，吉林出版集团有限责任公司2010年版，第56～59页。

二

在学术史上，有人批评商鞅在本质上废灭文化、遗弃道德。譬如，贾谊就指责商鞅“遗礼仪、弃仁恩，并心于进取，行之二岁，秦俗日败”①。平心而论，贾谊的针砭并非纯粹空穴来风，因为在《商君书》中可以发现大量批判、抹煞甚至灭绝道德与文化的言辞：

“六虱：曰礼、乐；曰《诗》、《书》；曰修善、曰孝弟；曰诚信、曰贞廉；曰仁、义；曰非兵、曰羞战。国有十二者，上无使农战，必贫至削。十二者成群，此谓君之治不胜其臣，官之治不胜其民，此谓六虱胜其政也。”②

“辩慧，乱之赞也；礼乐，淫佚之徵也；慈仁，过之母也；任誉，奸之鼠也。乱有赞则行，淫佚有徵则用，过有母则生，奸有鼠则不止。八者有群，民胜其政；国无八者，政胜其民。民胜其政，国弱；政胜其民，兵强。”③

商鞅把仁义诚信孝悌等等称之为“六虱”，这与韩非“五蠹”提法有异曲同工之处。但是，两者之间也有区别。韩非明确点明“儒者”是“五蠹”之一，是必须“灭”的。但是，在整部《商君书》中，从未提及“孔子”、“孔丘”，也没有“儒”或“儒者”概念。这说明商鞅及其后学所批评的对象并非单纯针对孔子学说，而是针对当时社会上普遍流行的、占主导地位的价值观与主流文化。《靳令》篇所说的“非兵”、“羞战”，也很难说是专门针对儒家学派，因为墨家和公孙龙也有类似的思想。至于《靳令》篇的“贞廉”、《说民》篇的“任举”，儒家和墨家都有类似共同的主张。商鞅之所以猛烈抨击礼、乐、仁、义、诚、信、孝、悌主流文化与价值观，有其深刻的社会历史背景。细而论之，盛行于世的礼乐文化和价值观与秦国力行的治国方略相抵牾，甚至水火不容。当年商鞅四见秦孝公，先以“帝王之道”游说，结果“未中旨”④。然后以“强国之术说君”，孝公才“大说之”⑤。孝公追求的是“各及其身显名天下”，既然如此，不用极端手段就无法达到这一社会目标。所谓“极端手段”，就是将秦国变成一座军营，用什伍军事组织方式把全国人民组织起来。只用一种文化（“壹教”）来教育平民百姓，“壹教”的具体内容就是“以法为教”、“以吏为师。”顾颉刚先生认为，秦始皇借助刑罚的裁制，不允许人民读书；汉武帝通过利禄的诱引，

---

① 班固：《贾谊传》，《汉书》卷四十八，中华书局1962年版，第2244页。

② 高亨：《商君书·靳令》，《商君书注译》，第500页。

③ 高亨：《商君书·说民》，《商君书注译》，第425页。《韩非子·二柄》有“任贤，则臣将乘于贤以劫其君”，与《商君书·说民》“任举”近似。

④⑤ 司马迁：《商君列传》，《史记》卷六十八，中华书局1959年版，第2228页。

只允许人民读一种书。结果“始皇失败了，武帝成功了”[①]。其实秦国与秦王朝并非不允许人民读书，而是只允许人民读一种书，即“以法为教”的“壹教”。凡是符合“利出一孔”治国大略的价值观与文化都是合法的；反之，都是非法的，都是“淫道”。“淫道必塞”[②]，否则“学者成俗，则民舍农”[③]。

但是，必须点明的是，将道德文化斥之为“六虱”、“淫道”，只是秦国特殊时期的特殊文化政策。在“当今争于气力”的时代，要想彻底扭转“诸侯卑秦，丑莫大焉”[④] 的落后局面，将礼乐文明打入冷宫，是一时权宜之策。“故以王天下者并刑，力征诸侯者退德”[⑤]。瞿同祖先生指出，法家“行刑重其轻”，只是“止奸息暴的手段，不得已才用之”[⑥]。因此，对礼乐仁义诚信道德文化的批判并不是商鞅思想的全部内涵，更不是其思想本质。

首先，商鞅在内心深处从来就没有否认或弃绝道德文化。从商鞅知识背景与师承关系考察，他在入秦之前实际上是一个杂家。他的老师尸子思想的特点就是兼儒墨、合名法，无所不窥。尸子思想这一特点影响了青年时代商鞅的知识结构。入秦之初，商鞅之所以能分别以“帝道”、“王道”和“霸道”游说秦孝公，得益于他广博的知识来源。因此，我们不能断言商鞅弃绝道德文化，只是在何谓“德”问题上，与其他学派存在着较大分歧。“天下行之，至德复立。此吾以杀刑之反于德，而义合于暴也。”[⑦]在商鞅看来，依法治国、社会安定、无邪恶之行，“大邪不生，细过不失”，就是最高的“德”。高亨先生指出，“法家反对儒家所谓仁义，但并不弃绝仁义，认为实行法治，社会安定，就是做到仁义了”[⑧]。

其次，法家之仁义观与儒家思想存在着相通相容之处。“所谓义者，为人臣忠，为人子孝，少长有礼，男女有别。非其义也，饿不苟食，死不苟生。”[⑨]“义”的概念内涵比较广博，实际上是指道德自觉与道德践行。在这一层面上，商鞅对“义”范畴的界定，与儒家有相近之处。孟子云：“大人者，言不必信，行不必果，惟义所在。”[⑩]义是最高价值原则，所以程颐认为“人皆知趋利而避害，圣人则更不论利害，惟看义当为不当为，便是命在其中也”[⑪]。所谓“命在其中”，实际上是指义不是一种外在的

---

① 顾颉刚：《秦汉的方士与儒生》，上海世纪出版集团2005年版，第36页。
② 高亨：《商君书 · 外内》，《商君书注译》，第587页。
③ 高亨：《商君书 · 农战》，《商君书注译》，第408页。
④ 司马迁：《秦本纪》，《史记》卷5，中华书局1959年版，第202页。
⑤ 高亨：《商君书 · 画策》，《商君书注译》，第555页。
⑥ 瞿同祖：《中国法律与中国社会》，中华书局2003年版，第328页。
⑦ 高亨：《商君书 · 开塞》，《商君书注译》，第462页。
⑧ 高亨：《商君书 · 靳令》，《商君书注译》，第504页。
⑨ 高亨：《商君书 · 画策》，《商君书注译》，第555页。
⑩ 焦循：《孟子正义》，中华书局2006年版，第327页。
⑪ 朱熹：《近思录》卷七，上海古籍出版社、安徽教育出版社2002年版，第238页。

行为规范，更重要的还在于，“义”内在于人心，是德性之心的外在显现。[①] 义出于心，具有绝对性，所以称之为“命”。正因为如此，义又是人生之乐。冯友兰评论说：“对儒家来说，人为什么要行仁义，是不需要提出的问题，因为这是人的本性。”[②] 人既是人，就应该扩充其本性。扩充其本性就是实现人之所以为人，这与外在利益毫无关系。可以说，这一阐释与孟子思想合若符契。也恰恰在这一文化意义上，儒家与法家显现出根本的分歧。在商鞅思想中，义是外在的行为规范（墨家其实也是如此)，义属于“有以为”，而非“无以为”；在儒家思想中，义却是内在于人心之“命”，仁与义皆属于“无以为”。换言之，用孟子与告子的争辩术语来概括，“仁义内在”，而非“仁内义外”。

其三，法家与儒家对仁义忠孝等伦理价值观性质与适用范围评价不一。“仁者能仁于仁，而不能使人仁。义者能爱于人，而不能使人爱。是以知仁义之不足以治天下也”[③]。商鞅认为，仁义忠孝等等伦理道德价值观只对君子有效，对小人无法产生规范效应。仁义忠孝的适用范围是有限的，君子之德只能是单株的小草，无法形成草上之大风。换言之，仁义忠孝并非是超越时空的绝对真理，并不具备普适性。但是，儒家的伦理观显然与法家截然不同。朱熹认为，天理是一“谷种”，是百无欠缺的自在之物，人伦道德自然也是天理内在属性之一。“理者物之体，仁者事之体。事事物物，皆具天理，皆是仁做得出来。仁者，事之体”[④]。理是本体，仁是理在人心之落实；理是人伦道德存在正当性之根据，仁义礼智信“五常”是天理之分名。“天理既浑然，然既谓之理，则便是个有条理底名字。……须知天理只是仁、义、礼、智之总名，仁、义、礼、智便是天理之件数”[⑤]。天理浑然不可分，天理与仁义礼智信“五常”的关系不是本原与派生物之间的关系，而是本原与属性之间的关系。仁义礼智并非由理“旋次生出”，理是人伦道德的“总名”，仁义礼智信则是天理之“件数”。二程曾指明“人伦者，天理也”，已从哲学高度将仁义定性为天理固有之性，朱熹在二程思想基础上继续论证仁义礼智是天理落实在每一人伦关系上的“一个道理”，如果豁然贯通，“便都是一理”[⑥]。朱熹把以仁义礼智信为内涵的理实有化，目的在于论证儒家伦理的普适性与永恒性。

其四，在法与德关系上，儒法两家的分歧十分明显。孔子主张先德后刑、先教后杀，父子相隐，“直”在其中。直是仁之表现，仁是价值体系之核心。在法与德关系

---

① 郭店楚简《五行》有“义形于内谓之德之行，不形于内谓之行”记载，正与孟子“仁义内在”说相印证。

② 冯友兰：《中国哲学简史》第七章，新世界出版社2004年版，第65页。

③ 高亨：《商君书·画策》，《商君书注译》，第555页。

④ 黎靖德编：《朱子语类》卷九十八，中华书局1994年版，第2510页。

⑤ 朱熹：《答何叔京》，《朱熹集》卷四十，四川教育出版社1996年版，第1885页。

⑥ 黎靖德编：《朱子语类》卷九十八，中华书局1994年版，第2519页。

上，仁是法之内在文化精神，这一观点在孔子思想中已有所显露，但还没有进行深入论证。在儒家思想史上，真正阐发孔子法律思想的人物是荀子。在荀子思想中，“礼”规范了社会各阶层的权利和义务。礼不仅“正身”，而且是国之“大分”，礼既有西方自然法的色彩，也被赋予了根本法的性质。“故人之命在天，国之命在礼”①。礼的根本作用是“正国”②，所以礼是“国之命”。基于此，荀子进而提出了“礼法”新概念："礼法之大分也"③。“礼法之枢要也”④。“礼法”新概念的提出，具有划时代的文化意义，援礼入法、以礼论法，既是对法之性质重新界定，更是对法背后隐伏之伦理精神进行论证。有礼之法才是良法，无礼之法是恶法，“故非礼，是无法也”⑤。出于礼、入于刑，隆礼重法，礼法合一，其实质意在表明：法已不再是刑罚的汇合，而是建基于礼文化基石之上的新法，法被赋予了焕然一新的文化内核。因此，“礼法”思想的提出，为儒家王道政治文化根基的培植起到了关键作用。与儒家思想相对，法家探讨法与德关系的角度和观点都大不相同。“刑生力，力生强，强生威，威生德。德生于刑”⑥。类似文句反复出现于《靳令》、《去强》等篇章中，“威生德”在有些篇章中表述为“威生惠。”蒋礼鸿认为，“惠生于力，犹惠生于刑矣”⑦。德来源于刑，有刑罚才有道德文明。“非其义也，饿不苟食，死不苟生。此乃有法之常也”⑧。“常”之含义为内在条理、特性、本质，《说苑·修文》有“常者，质也”记载，含义基本一致。仁义诚信是“有法之常”，无法则无德。社会通过轻罪重罚，达到“以刑去刑”社会理想境界之日，就是仁义诚信大行于世之时。“圣君独有之，故能述仁义于天下”⑨。认清了法与德关系，才能真正把握仁义的内在真谛。儒家的理论缺陷在于空谈“老老、幼幼”社会大同理想，缺乏对实现社会大同理想途径的理论与制度设计。“背法而治，此任重道远而无马牛，济大川而无舡楫也”⑩。法是实现社会道德理想之必由途径，犹如船之桨、车之马。在商鞅看来，儒家因为没有厘清法与德内在关系，因果颠倒，所以其学说善而无徵、空而无果。

在梳理德与法内在关系基础上，商鞅大张旗鼓地施行“行刑重轻”。“轻罪重罚”的目的并不仅仅在于惩罚犯罪者本人，而在于通过几十年甚至上百年的“刑不善”，最终达到“以刑去刑”的社会理想境界，这恰恰是商鞅孜孜以求的终生奋斗目标。明

---

① 王先谦：《荀子·强国》，《荀子集解》，中华书局2006年版，第194页。
② 王先谦：《荀子·王霸》，《荀子集解》，中华书局2006年版，第136页。
③ 王先谦：《荀子·王霸》，《荀子集解》，中华书局2006年版，第139页。
④ 王先谦：《荀子·王霸》，《荀子集解》，中华书局2006年版，第144页。
⑤ 王先谦：《荀子·修身》，《荀子集解》，中华书局2006年版，第20页。
⑥ 高亨：《商君书·说民》，《商君书注译》，第432页。
⑦ 蒋礼鸿：《商君书锥指》卷1，中华书局1986年版，第32页。
⑧ 高亨：《商君书·画策》，《商君书注译》，第555页。
⑨ 高亨：《商君书·靳令》，《商君书注译》，第503页。
⑩ 高亨：《商君书·弱民》，《商君书注译》，第581页。

乎此，才真正读懂了商鞅的内心世界。概而论之，商鞅所追求的“至德复立”的理想社会，至少有两大愿景：

其一，“比德于殷周”①，“移风易俗”，男女有别。商鞅相秦十年，已处于各种社会矛盾的交汇点上，“宗室贵戚多怨望者”②。隐士赵良力劝商鞅急流勇退、明哲保身。商鞅对自己十年改革进行辩护，“始秦戎翟之教，父子无别，同室而居。今我更制其教，而为其男女之别。大筑冀阙，营如鲁、卫矣”③。值得注意的是，商鞅的辩护词中首先提到的并非政治制度、徭役制度与军事制度上的改革，而是社会伦理道德建设方面的成就。鲁、卫代表周文，以商周文明建设秦国道德文化，“比德于殷周”，是商鞅一生自我期许之奋斗目标。“营如鲁、卫矣”一句，掷地有声！其中蕴含着诸多感慨与慰藉。李斯对此评论说：“孝公用商鞅之法，移风易俗，民以殷盛，国以富强，百姓乐用，诸侯亲服，获楚、魏之师，举地千里，至今治强。”④

其二，从“壹刑”到“去刑”。商鞅思想中的“壹刑”蕴含三层含义：

首先，法之公正性。“民本，法也”⑤。其次，法之公平性 。再次，法之公开性 。法之公正、公平与公开，构成商鞅学说“壹刑”的基本架构。从法之公正、公平与公开，才有可能臻于“以刑去刑”、“至德复立”的理想社会境界。换言之，“壹刑”合乎逻辑的发展趋向就是“去刑”。“重刑，连其罪，则民不敢试。民不敢试，故无刑也。夫先王之禁，刺杀，断人之足，黥人之面，非求伤民也，以禁奸止过也。故禁奸止过，莫若重刑。刑重而必得，则民不敢试，故国无刑民。国无刑民，故曰：明刑不戮”⑥。商鞅所言“去刑”，并非“无刑”，或完全消弭犯罪现象，而是指通过公正、公平与公开的“壹刑”训导，全社会有望进入“明刑”的理想境界，“明刑之犹至于无刑也”⑦。所以，商鞅“去刑”的含义为“明刑”，韩非称之为“明法”⑧。其思想实质一方面旨在表明法律的公正、公平与公开；另一方面意在说明，经过长期的“以壹辅仁”社会治理之后，法之性质已悄悄改变：“国治，断家王，断官强，断君弱。……故王者刑赏断于民心，器用断于家。治明则同，治暗则异。同则行，异则止。行则治，止则乱。治则家断，乱则君断。治国者贵下断，故以十里断者弱，以五里断者强。家断则有余，故曰：日

① 司马迁：《商君列传》，《史记》卷六十八，中华书局1959年版，第2228页。

② 司马迁：《商君列传》，《史记》卷六十八，中华书局1959年版，第2233页。

③ 司马迁：《商君列传》，《史记》卷六十八，中华书局1959年版，第2234页。

④ 司马迁：《商君列传》，《史记》卷六十八，中华书局1959年版，第2542页。

⑤ 高亨：《商君书·画策》，《商君书注译》，第544页。

⑥⑦ 高亨：《商君书·赏刑》，《商君书注译》，第533页。

⑧ 商鞅所言“明刑”，韩非称之为“明法”。韩非对商鞅“以刑去刑”思想大加赞颂：“故其治国也，正明法，陈严刑，将以救群生之乱，去天下之祸，使强不凌弱，众不暴寡。……此亦功之至厚者也。”由“明法”、“明刑”，进入“去刑”社会理想境界。

治者王。官断则不足，故曰：夜治者强。君断则乱，故曰：宿治者削。故有道之国，治不听君，民不从官①。”在“有道之国”理想社会中，是非对错，已能“断于民心”，平民大众既不“听君”，也不“从官”，他们唯一“从”的是“心”。此“心”既是德性之心，也是法性之心。法已不再是外在强制性的制约力量，法已内化为人内在的生命本然欲求，法与德交融为一“心”②。通晓治国之要的统治者，商鞅称之为“王君”、“圣君”，“圣君”知道“以壹辅仁”的治国之道：社会高度法治化之日，就是社会道德文明大行于世之时。“耆老得遂，幼孤得长，边境不侵，君臣相亲，父子相保”③。“杀刑”与“圣德”相反相成、相生相依。“德礼为政教之本，刑罚为政教之用，犹昏晓阳秋相须而相成者也”④。至大至刚的法之精神与至善至美的伦理境界水乳交融，犹如气之阴阳相辅相成。圣君深谙德与法相须而相成之“道”，所以真正“能述仁义于天下”⑤。商鞅明乎此“道”，所以韩非称赞他是“功之至厚者”。

三

综上所述，研究商鞅思想及其行事，有两点有待于我们深入探讨：

其一，对商鞅知识背景、知识结构和价值取向应全面深入研究。从商鞅青年时代治学与游学经历分析，将青年时代商鞅定位为杂家比较符合历史事实。根据司马迁、班固和刘向等人记载，商鞅年轻时拜杂家尸子为师，杂家的特点在于“兼儒墨，合名法”。商鞅四见孝公，分别以“帝道”、“王道”和“霸道”试探孝公所好，足以证明商鞅的知识背景与知识结构。商鞅的核心思想与价值取向不可单纯以“刻薄寡恩”、“轻罪重罚”、“利出一孔”来综括，“比德于殷周”、“以刑去刑”也是商鞅梦寐以求的社会理想。在历史舞台上，存在着两个影像交叉重叠的商鞅：一个是师事尸子的杂家公孙鞅，另一个是被封于商、於之地的秦相商鞅。历史最终选择了商鞅以法家面目出现于世，而非商鞅自己愿意以法家面目显现于世。点明此区别，不无必要。

其二，商鞅并未全盘否定和废灭仁义道德文化，只是在仁义范畴的界定、仁义理想实现之途径、法与德的内在关系等方面，与儒家存在一些分歧。在商鞅看来，法之

① 高亨：《商君书·说民》，《商君书注译》，第435页。

② 参见曾振宇、崔明德：《由法返德：商鞅社会理想之分析》，《中国史研究》，1997年第1期。

③ 陈奇猷校注：《韩非子·奸劫弑臣》，《韩非子新校注》，第287页。

④ 长孙无忌等撰、刘俊文点校：《名例》，《唐律疏议》卷一，法律出版社1999年版，第3页。

⑤ 高亨：《商君书·靳令》，《商君书注译》，第503页。

内在文化精神是“爱民”、“利民”[①]，这一观点与儒家可谓殊途而同归、一致而百虑。也正是在这一层面上，商鞅与韩非不可混为一谈。商鞅思想深处有人文关怀成分，“法者所以爱民”、“以刑去刑”、“至德复立”、“为天下位天下”、“为天下治天下”、“比德于殷周”等等论述，足以证明商鞅思想性质与儒家相比有相通相容之处。《韩非子》一书是帝王权谋之术，功利主义价值观贯穿全书始终。[②]

① 高亨：《商君书·更法》，《商君书注译》，第370页。

② 根据容肇祖先生考证，《韩非子》中的《喻老》、《解老》两篇文章确定非韩非所著。如果将《喻老》、《解老》两篇文章排除在外，韩非思想中的人文关怀成分微乎其微。

契嵩的"非韩"与宋代的儒释互动

中国艺术研究院文化发展战略研究中心助理研究员 陈 斐

近年来，学界在研究宋学的产生、发展和演变时，大都能注意到佛教的作用。然而探讨多集中于士大夫与佛的纠葛，对于释子与儒家的关系以及他们在宋学乃至学术史上的地位关注不够。士大夫是宋学的主体，但在儒释互动的进程中，士大夫的"佛化"与僧人的"儒化"是一体之两面，一些名僧在当时与后世的影响不容忽视。生卒与欧阳修相同的契嵩就是这样一个人物。

一、北宋的尊韩、排佛思潮

北宋建立后，面对唐末五代以来纲常伦理失坠、社会秩序混乱的局面，恢复道德、重整纲常成了全社会的共识，儒学复兴渐次展开，攘斥异端、力倡儒学的韩愈越来越受到尊崇：柳开、孙复等将其列为"道统"传人，石介甚至把他抬在孟子之上。一代名臣、文坛领袖欧阳修也十分仰慕韩愈，在他的推动下，"尊韩"潮流愈来愈强劲。当时官修的《新唐书·韩愈传赞》，代表了士大夫对韩愈的普遍评价：

> 至贞元、元和间，愈遂以六经之文为诸儒倡，障堤末流，反刓以朴，刬伪以真。……当其所得，粹然一出于正……至进谏陈谋，排难恤孤，矫拂媮末，皇皇于仁义，可谓笃道君子矣。……昔孟轲拒杨、墨，去孔子才二百年。愈排二家，乃去千余岁，拨衰反正，功与齐而力倍之，所以过况、雄为不少矣。自愈没，其言大行，学者仰之如泰山、北斗云。

北宋士大夫对韩愈的尊崇着眼于"为人"与"为学"两方面：既把他赞为"皇皇于仁义"的"笃道君子"，又对他倡导儒学、排斥佛老的功绩充分肯定，"仰之如泰山、北斗"。

自汉武帝"罢黜百家，独尊儒术"以来，儒学就成为国家意识形态和学术主流。随着佛道的兴起，儒学地位有所动摇。于是，排斥佛老①便成了士大夫复兴儒学的必然

① 因为道教相对来说"乱政犹轻"（《旧唐书·彭偃传》），故士大夫攘斥异端也主要针对佛教。

诉求。唐代中期，“十分天下财，而佛有七八”①。韩愈以捍卫儒家之道自任，“酷排佛氏”（唐李汉语）。在《论佛骨表》、《原道》等文中，他申明儒家道统和夷夏之辨，认为佛教乃夷狄之法，蠹国勤民、僭乱纲纪、伤风败俗，必须排斥。在那个时代，韩愈孤军奋战，没有得到士大夫阶层的响应。他复兴儒学、排斥佛老的主张也随着他本人的一贬再贬而逐渐消泯。

相隔几百年后，北宋士大夫积极肯定韩愈排佛的功绩，乃与佛教急剧膨胀的现实密切相关。北宋前期，皇帝倡导“三教”并重，佛教得到迅速发展。太祖不但经常参拜大相国寺等名刹，而且兴建佛寺、雕刻藏经、派遣大批僧徒出国留学。太宗认为“浮屠氏之教有裨政治”（《续资治通鉴长编》卷二十四），“我国家……崇道教，兴佛法……今公帑有羡财，国廪有余积，可以营佛事，创梵宫”（《太宗重修铸镇州龙兴寺大悲像并阁碑铭并序》）。他开译经院，派遣权贵任译经使、润文官；建舍利塔，“所费亿万计，前后逾八年……巨丽精巧，近代所无”（《续资治通鉴长编》卷三十）；并两次普度特放僧众，达 17 万和 24 万之众。② 太宗立真宗为太子相传是听取了僧人意见。③ 真宗登基后大力支持佛教，使佛教发展至宋代的巅峰。他优待僧侣，如规定僧道有犯公罪者，听用赎法，与七品以上官员同；且大营佛事，广设戒坛，放宽度僧名额，仅天禧三年（1019）就度僧 24 万人。至天禧五年（1021），全国僧尼达 458854 人，为宋代之最，约占总人口的 2.3%。④ 继位的仁宗同样好佛，尤其喜禅，景祐元年（1034），全国僧 385522 人，尼 48742 人。⑤

在严峻现实的刺激下，北宋士大夫打着韩愈的旗帜复兴儒学，排斥佛教更为积极。仁宗时期，随着“尊韩”态势的愈来愈强劲，士大夫的“排佛”呼声也越来越高涨：“天下之士学为古文，慕韩退之，排佛而尊孔子”（陈舜俞《镡津明教大师行业记》）。掀起了“自佛老流传中国以来最深入、最持久的一场反宗教的思想运动”⑥。

这次排佛和中唐韩愈的排佛相比，既有区别又有联系。其区别首先表现为排佛成为北宋士大夫的群体共识，他们“或上疏进言于朝廷，或著论立说于私舍，形成了时代的大合唱”⑦。其次，在“胜佛之法”上，韩愈“人其人，火其书，庐其居”的主张有失偏激，北宋士大夫则更为成熟。范仲淹、李觏、曾巩等人都提出了较为稳妥的方案，欧阳修“修其本以胜之”的方法更是值得称道：“今尧舜三代之政，其说尚传，其具皆在，诚能讲而修之，行之以勤而浸之以渐，使民皆乐而趣焉，则充行乎天下，

---

① 刘昫：《旧唐书》，中华书局 1975 年版，第 3158 页。

② 参见《续资治通鉴长编》卷二十七，雍熙三年十一月末附注；《佛祖统纪》卷 45。

③ 参见《宋人轶事汇编》卷 1《真宗》条注引《孔氏谈苑》记载。

④ 据《宋会要·道释》1 之 31 和《宋朝事实》卷七，天禧五年有僧 397615 人，尼 61239 人；据《文献通考》卷 11，天圣七年（1029）全国主客户人口为 26054238 人。

⑤ 据《宋会要·道释》1 之 13 和《佛祖统纪》卷四十五。

⑥⑦ 刘复生：《宋仁宗时期反佛老思潮及其特点》，《中州学刊》1993 年第 4 期。

而佛无所施矣！《传曰》：‘物莫能两大’，自然之势也，奚必曰‘火其书而庐其居’哉！”（《本论下》）

尽管有以上不同，北宋士大夫的排佛还是“就礼法上论”（《朱子语类》卷一二六），与韩愈有着密切的联系。刘复生先生把仁宗时期排佛的“内容特点”概括为五个方面：“第一，举儒家道统之旗来对抗佛老二教”；“第二，以儒家仁义礼乐治国治民的入世抱负来批评佛老逃避现实的出世思想”；“第三，揭露佛老二教对社会经济造成的严重危害”；“第四，申明华夷大防，‘贵中华而贱夷狄’”；“第五，援引史实，证明奉佛无效”。①这些，基本上都是延续韩愈而来。只有在宋学发展到理学阶段时，士大夫的排佛才有了质的飞跃。

在这场空前绝后的排佛运动中，作为士大夫对立面的释子纷纷撰文护法，契嵩是其中最杰出的一位。

二、契嵩对韩愈排佛言论的反驳

契嵩（1007—1072），俗姓李，字仲灵，少时自号寂子，更号潜子，藤州镡津（今广西藤县）人。十四岁受具足戒，十九岁开始游方参学。后谒云门宗洞山晓聪，成为著名禅师。自称“既治吾道，复探儒术”（《答茹秘校书》）。他与韩琦等名臣交游，受到欧阳修等人赏识，被仁宗赐予“明教大师”之号，将其著作“诏付传法院编次，以示褒宠”（《镡津明教大师行业记》）。今有《镡津文集》传世。

面对朝野上下高涨的排佛思潮，作为“不立文字”禅宗领袖的契嵩不得不“以文辅之吾道，以从乎世俗之宜”（《与章潘二秘书书》）。北宋的“排佛”基本上延续了韩愈的观点，契嵩不便悍然攻讦“宰教化、司政治”（《上曾参政书》）的公卿士大夫，于是抓住古人——韩愈反驳，以此回应当时的排佛思潮。另一方面，契嵩精研儒家经典，深受儒家思想影响，有着较明显的“儒化”倾向。所以，契嵩的“非韩”护法是以“儒释之道一贯”为理论依据的。

1.“韩子泥古”，“不悟佛教适时合用”

契嵩批评韩愈排佛是“泥古不知变”，不知儒、佛、道的产生是适时合宜、历史发展的结果。

> 夫所谓教者，岂与乎天地皆出，而必定其数耶？是亦圣人适时合宜而为之，以资乎治体者也。然古今迭变，时益差异，未必一教而能周其万世之宜也。……

① 刘复生：《宋仁宗时期反佛老思潮及其特点》，《中州学刊》1993年第4期。

韩子泥古不知变，而不悟佛教适时合用，乃患佛老加于儒，必欲如三代而无之，是亦其不思之甚也。夫三皇之时无教，武帝之时无儒，及其有教有儒也，而时世人事不复如古。(《非韩》)

韩愈认为佛教是“夷狄之法”，“上古未尝有也”，不应“加之先王之教之上”。(《论佛骨表》）北宋孙复、石介等人继承了这种观点。① 契嵩针锋相对地指出：“圣人尊中国而卑夷狄者，非在疆土与其人耳，在其所谓适理也。”古今迭变，适时合宜，不存在一成不变的教法。和“儒”一样，“佛”的兴起适应了历史发展的客观要求，是“天其或资乃佛教，以应其时，欲其相与而救世也。”“若佛之法，方之世善，可谓纯善大善也。”(《非韩》)

2. 用“中道皇极”解构“道统”说

韩愈为弘扬儒家学说，提出尧、舜、禹、汤、文、武、周公、孔子、孟轲相传授的“道统”说，到北宋时发展为普遍的儒学观念，成为反佛的重要依据。契嵩护法，就需要对此进行解构。他认为，禹与汤，汤与文、武、周公，周公与孔子，孔子与孟子，“年世相去赊邈”，“乌得相见而亲相传禀耶？”只能说历代圣贤“相慕而相承”。内容也非单纯的儒家“仁义”，而是“中道皇极”。从这样的角度观察问题，“佛之道与王道合”，亦属于“中道皇极”，三教百家心一迹异：“夫一焉者，其皆欲人为善者也。异焉者，分家而各为其教者也。”(《广原教》）契嵩指出，韩愈“道统”说的实质是“推乎人伦天常与儒治世之法，而欲必破佛乘远教”，是“徒守人伦之近事，而不见乎人生之远理，岂暗内而循外欤？”(《非韩》)

契嵩把“皇极”定义为“天地素有之理”，凸显了其超越的本体性，与理学家的“天理”接近。② 而韩愈所谓“道”则重日常伦理和现实事功，对身心性命之学求之不深。朱熹对此也有批评：“韩愈见道之用而未得其体”，“只于治国平天下处用功，而未尝就其身心上讲究持守耳”，“本体功夫有欠阙处。”(《答廖子晦》）契嵩一面批评韩愈“局仁义而为其道德”、“不见乎人生之远理”，一面积极挖掘儒家经典如《中庸》

---

① 孙复《儒辱》：“矧以夷狄诸子之法乱我圣人之教，其为辱也大矣。”石介《明四诛》：“夫佛、老者，夷狄之人也，而佛、老以夷狄之教法乱中国之教法，以夷狄之衣服乱中国之衣服，以夷狄之言语乱中国之言语，罪莫大焉。”

② 契嵩《皇极论》：“道也者非他道也，皇极之道也。……皇极何道也？曰：天道也、地道也、人道也，贯三才而一之。……故皇极非圣人为之也，蓋天地素有之理也。……夫皇极者，不为古而有，不为今而无，不为尧舜禹汤而长，不为桀纣幽厉而消，唯在其行之者也。”二程《二程遗书·卷2》：“天理云者，这一个道理，更有甚穷已？不为尧存，不为桀亡。人得之者，故大行不加，穷居不损。这上头来更怎生说得存亡加减？是它元无少欠，百理俱备。”

等性命之学的内容，在心学的基础上打通三教。[①] 虽然他的主观动机是为佛教辩护，认为“孔子微意，其亦待佛以为证乎”（《非韩》），但在客观上刺激、推动了宋代儒学的理学化。后来士大夫的圣王概念“内省化”[②]，多从道德人格角度建构“道统”，这与契嵩“中道皇极”说一致，而根本有别于韩愈从文化传承和外在事功方面梳理“道统”。

3. 用儒佛“同归于治”驳斥佛教害政说

契嵩提出儒佛“同归于治”，以此驳斥韩愈佛教害政的观点。北宋中期佛教势力膨胀，士大夫斥佛也主要着眼于此，如李觏《富国策·第五》：“缁黄存则其害有十，缁黄去则其利有十。”“去十害而趋十利，民人乐业，国家富强，万世之策也。”欧阳修《本论下》：“彼为佛者，弃其父子，绝其夫妇，于人之性甚戾，又有蚕食虫蠹之弊。”蔡襄《乞罢迎舍利疏》：“奉佛无效，前世甚多……大历纪纲弛坏，皆由事佛之致也。”对此，契嵩通过批驳韩愈作出回应。

韩愈认为佛教伤风败俗，灭其天常，弃君臣，去父子。契嵩以为，这是韩愈“恶佛教人出家持戒”的过甚其词。出家者事先经过君、父的许可，非“叛去而逆弃”。且“持戒者唯欲其徒洁清其嗜之行，俗戒则容其正偶，非一切断人相生养之道也。”（《非韩》）契嵩相应地提出了另一种“续族”、“嗣嗣”说。人之所以为人，在于“修善”、“明性”，“善不修则人道绝矣，性不明则神道灭矣”（《广原教》）。佛教圣人“以性嗣”、“以善益”，是厚大本、务大成；虽然不自续其族、自嗣其嗣，但是举人族而续、举性本而嗣，乃从人类整体和人之本质着眼，考虑得更为深远。

契嵩还积极寻求儒佛伦理上的契合点，大力推进佛教世俗化。他把佛教的“五戒十善”与儒家的“五常仁义”相比附，认为是“一体而异名”（《答茹秘校书》），并提出与“三纲”类似的“三本”：“夫道也者，神用之本也；师也者，教诰之本也；父母也者，形生之本也。是三本者，天下之大本也。”（《孝论》）将“父母”定位为“天下之大本”，实乃契嵩之创造，和他“孝名为戒”、“孝为戒先”的思想一致。佛教东传后与儒家伦理最大的冲突集中在“孝道”上，在中国化过程中虽有让步和融合，但都没有像契嵩那样“完全以一个受熏于儒学的禅僧的眼光去以佛言孝、劝佛行孝、助世行孝了”[③]。他主张僧人也必须尽孝。在对“孝”的推崇上，儒佛一致：“佛曰：孝顺，至道之法。儒曰：夫孝，置之而塞乎天地，溥之而横乎四海，施之后世而无朝夕。

---

① 《上富相公书》：“夫中庸者，乃圣人与性命之造端也；道德者，是圣人与性命之指深也；吾道者，其圣人与性命尽其圆极也。造端，圣人欲人知性命也；指深，圣人欲人诣性命也；圆极，圣人欲人究其性命会于天地万物，古今变化无不妙于性命也。”

② 张永儁：《宋儒之道统观及其文化意识》，《文史哲学报》第38期，1990年12月。

③ 王月清：《论宋代以降的佛教孝亲观及其特征》，《南京社会科学》1999年第4期。

故曰：夫孝，天之经也，地之义也，民之行也。至哉大矣，孝之为道也夫。”（《孝论》）契嵩把孝划分为三个层次：“养不足以报父母，而圣人以德报之；德不足以达父母，而圣人以道达之。道也者，非世之所谓道也，妙神明、出死生，圣人之至道者也。德也者，非世之所谓德也，备万善、被幽明，圣人之至德者也。”（《孝论》）显然，孝的更高境界——“德报”、“道达”属于佛家。他以儒家推崇的泰伯、伯夷叔齐为例，说明佛教徒出家修行有阴德于君亲，虽毁形不娶，但反常合道。“以儒守之，以佛广之；以儒人之，以佛神之。孝其至且大矣。”（《原孝》）如此看来，佛家最讲孝道：“天下之为孝者，吾圣人可谓纯孝者也。”“夫孝，诸教皆尊之，而佛教殊尊也。”（《孝论》）

针对韩愈今之“民六”、“教三”，“奈之何民不穷且盗也”，契嵩引用《孟子·滕文公下》，强调任“教”“劳心者”“食于人”的合理性。他指出，尧舜以前，“其民未四”，但并没有食用不足；周秦时期，佛老未作，却民生凋敝、天下扰扰。（《原教》）可见，“民穷且盗，但在其时与政，非由佛老而致之也。”（《非韩》）

韩愈在《论佛骨表》中说，帝王运祚、年寿“非因事佛而致”，相反，汉明帝以后“事佛渐谨，年代尤促”，梁武帝更是“事佛求福，乃更得祸。由是观之，佛不足事”。契嵩指出：“彼君岂皆祸生于事佛乎？韩子不顾其福，而专以祸而诬佛，何其言之不公也！”（《非韩》）他从《诗》、《书》等儒家经典中寻找依据证明佛教“轮回报应”说不诬：“若《系辞》曰：原始要终，故有死生之说。精气为物，游魂为变，是故知鬼神之情状。是岂不与佛氏所谓生死者皆以神识出没诸趣者似乎？”“若《洪范》五福六极之说者，此儒者极言其报应者也。”（《万言书上仁宗皇帝》）而且，祸福报应的目的是为了劝人为善，从心灵深处绝恶，简单易行，其道德教化功能比儒家“以诗书而入善”、“以理义修身事名当世”益普益深。（《非韩》）

在契嵩看来，佛教在国家治理中作用重大：“若今佛法也，上则密资天子之道德，次则兴天下、助教化，其次则省刑狱，又其次则与天下致福却祸。”（《万言书上仁宗皇帝》）他主张“佛之道与王道合”，儒佛“同于为善”、“同归于治”。儒者治世，佛者治心，“治世者，宜接于事，宜接于事则赏善罚恶之礼，不可不举也。其心既治谓之情性真正，情性真正则与夫礼义所导而至之者不亦会乎……故治世者，非儒不可也；治出世，非佛亦不可也。”（《寂子解》）以前僧人的儒释融合大都以释为主体，契嵩的可贵之处就在于大胆肯定儒家在国家社会生活中的主导地位，兼融“世间法”和“出世间法”，对后世居士佛教影响甚大。

三、契嵩对韩愈的其他批评与“周纳”

除反驳韩愈的排佛言论外，契嵩还对韩愈的性情说提出批评。另外，主张“儒释之道一贯”的他灵活地变换视角、调整战术，既从儒家角度指责韩愈，又从佛家立场“周纳”韩愈。

1. 对韩愈性情说的批评

唐代刘禹锡曾对儒学不敌佛学的原因作出解释：“儒以中道御群生，罕言性命，故世衰而寖息。”（《袁州萍乡县杨岐山故广禅师碑》）汉唐以来，佛教心性思想愈趋精微，而儒家相对停滞不前。建设较为系统的心性论成了排佛兴儒的迫切需要。韩愈以“道统”自任，在总结先贤的基础上提出了“性三品”说。他以“与生俱生”者为性，“接于物而生”者为情，将性和情各分为上中下三品；主张性决定情，二者交互发明，不可分离；三品之人“所以为性者”仁礼信义智和“所以为情者”喜怒哀惧爱恶欲在种类多寡上都是不同的（《原性》）。此说有一定的积极性，但仍属于道德论范畴，没有追溯人性善恶的先天根据，本体性不足。

契嵩指出，韩愈“性三品”说是出于对孔子“不移”的误解，“不能远详其义而辄以善恶定其上下”。“仲尼曰：‘唯上智与下愚不移’者，盖言人有才不才，其分定矣。才而明者，其为上矣；不才而昧者，其为下矣。岂曰性有上下哉？故先曰：‘性相近，习相远也。’”（《中庸解》）在契嵩看来，仁义等五常并非“所以为性者”，它们是“性之所出”，和所谓“七情”、“善恶”一样，属于“情”。“性”则万物同一，是“生人者之自得者也”（《性德》），没有善恶品第之分，“接乎外物乃成其善恶之情”。“情出乎性，性隐于情”，性是情的根据，情是性的表现。“性静情动”。性是人追求的理想境界，“天下之至存乎性”，“万物之惑正于性”，具有超越现实的品格，“为真，为如，为至，为无邪，为清，为静”（《广原教》）。契嵩这样强调性的本体存在，启发和刺激了儒家学者的进一步讨论，从而推动了理学的产生。

契嵩的“性”不但具有超越现实的本体品格，而且通过“气”与现实相联系：“圣愚者，尧桀者，其气有殊，而其性常一。性非气而不有，气非性而不生。故气也者待乎性，性也者假乎气。气与性未尝相违。……性乘乎阴阳而遇其交也，故为圣人、为贤人、为仁人、为义人、为小人、为愚人。”（《逍遥篇》）圣、愚、仁、义乃至禽兽万物的“性”是一样的，之所以有差别，是由于所禀之“气”的种类多寡不同。“性”与“气”的关系“犹火之于薪焉。火之性其辉一也，洎焚于草木，则其明未尝同矣”。（《逍遥篇》）引入“气”范畴论“性”既为人性找到了本体依据，又解释了现实中道德人格的差异，在哲学史上极为重要，正如朱熹所说：“极有功于圣门，有补于后学。”（《朱子语类》卷四）但出于门户之见，朱熹归功于张程，后人多承其说[①]。然而，如果我们扩大视野，就会发现，比张载（1020—1077）早的道教南宗紫阳派鼻祖张伯端

---

① 如陈嘉谷：“最初在理论上概括人性二重说的是理学家张载。”（《宋代理学伦理思想研究》，湖南大学出版社2006年版，第113页。）

(984—1082)也说:“形而后有气质之性,善反之则天地之性存焉。”不过,张伯端是从本元处谈“天地之性”:“将生之际而元性始人”,认为“气质之性”遮蔽了“天地之性”,“气质尽而本元始见”。(《道藏洞真部·方法类·玉清金笥青华秘文金室内炼丹诀》卷上,第8)契嵩在以释解道的《逍遥篇》中大谈“性”、“气”,可能受张伯端影响,但他从本体高度论“性”,主张“性非气而不有,气非性而不生”,又是对张伯端的飞跃式发展,在思维模式上与理学家一致。张载著述主要集中于熙宁三年(1070)辞官后,远迟于契嵩,从其“出入于佛老”的经历看,他被后人推重的“气质之说”与张伯端、契嵩不无关系。

契嵩对韩愈“性三品”的批评及其性情说与他“儒释一贯”的护法立场密切相关。佛教讲性之净染,儒家讲性之善恶,但在中国化的过程中佛教也将善恶引入心性论。契嵩推进了讨论的深化。他主张性无善恶、情有善恶,故圣人“设教”以“制情”。佛家的“五乘教”与儒家的“礼乐”尽管“制情”手段不同,但目的相同。这样,就为儒佛“同归于治”、三教百家心一迹异寻到了性情上的依据。体系可谓周密!

2. 从儒家视角对韩愈为学与为人的批评

契嵩自称既治佛学,“又喜习儒”(《寂子解》),对儒家礼乐和经典十分推崇:“夫礼乐者,王道所以倚而生成者也。”(《论原·礼乐》)“夫五经之治,犹五行之成阴阳也。苟一失,则乾坤之道缪矣。”(《论原·问经》)除站在佛家立场批驳韩愈外,他还从儒家视角对韩愈的为学与为人进行批评,认为“韩子之为言,不唯悖先王之道,抑又昧乎孔子之意也。”(《非韩》)如批评韩愈《送穷文》、《毛颖传》“文以为戏”;《对禹问》“不详讨经史,苟取百家杂说”;《处州孔子庙碑》“欲以社稷之无屋与孔子校其荣,何其不知经如此耶”;《祭湘君夫人文》、《罗池庙碑》听信世俗传说,与“子不语怪、力、乱、神”相悖;《争臣论》与《送何坚序》对阳城评价不一是“议论不定,而是非相反”;《原道》、《颜子不贰过论》,“其文字前无后有自相反乱”;《欧阳生哀辞》是“私其党而自欺”;《答崔立之书》是“失其所操持,而发斯狂妄”;《上襄阳于相公书》“不亦谀乎”等等。他还批评韩愈不能“守道而贵义”,科举后三次上书宰相自荐是“反圣人之法”,“不唯不至于儒,亦恐误后世之人失礼而招辱也”;谪潮州奏天子封禅是“事不稽古”,“岂其遭斥逐穷窘,欲媚人主以自苟解免欤”;与李绅争台参“见愈之性愎讦”,没有儒之行和故旧之道,使后学无以取法等等。

韩愈的学问和人品是有可指责之处，王安石、苏轼、朱熹也有类似责难，[①] 但契嵩的批评的确有四库馆臣所谓“嗔痴之念太重，非所谓解脱缠缚”（《四库全书总目提要》）之嫌。他这样批评韩愈，从根本上说是为了应对“尊韩”潮流中士大夫“斐然徒效其文，而讥沮佛教圣人太酷”，为佛教辩护。

3. 对韩愈的“周纳”

也许由于韩愈在北宋如日中天，光“非”不足以护法，契嵩同时采用了“吞并术”，“巧言曲解，称其于佛说貌离而神合，心是而口非焉”[②]，说韩愈“外专儒以护其名，而内终默重其道妙”，问法于大颠是“必然”的事实：

> 吾少时读大颠禅师书，见其谓韩子尝问大颠曰云：“何为道？”大颠即默然良久。韩子未及论旨，其弟子三平者遂击其床，大颠顾谓三平何为，三平曰：“先以定动，后以智拔。”韩子即曰：“愈虽问道于师，乃在此上人处得入。”遂拜之。以斯验韩子所谓“以理自胜”者，是也。韩子虽巧说多端，欲护其儒名，亦何以逃识者之所见笑耶？（《非韩》）

关于晚年信奉释氏、与大颠交往，韩愈自己就有辩解：“有人传愈近少信奉释氏，此传之者妄也。”“潮州时，有一老僧号大颠，颇聪明，识道理。远地无可与语者，故自山召至州郭，留十数日，实能外形骸以理自胜，不为事物侵乱。与之语，虽不尽解，要自胸中无滞碍；以为难得，因与来往。”（《与孟尚书书》）韩愈与大颠交往只是为了排遣遭贬后的寂寞，一谈到深层次的东西便难于沟通——“不尽解”，所谓“以理自胜”等语恐怕只是道听途说罢了。释子为了护法，演绎出了韩愈毕恭毕敬问法于大颠的故事，并编造了与大颠三书[③]。这个故事宋时广为流传，连欧阳修都发出“予意退之复生不能自解免，得不谓天下之至言哉”（《韩文公别传后序》）的感叹。契嵩更是在韩愈诗文中寻到了不少“内证”，如：“韩子诗曰：‘莫忧世事兼身事，须著人间比梦间。’是必因于大颠，稍省，乃信有外形骸、以理自胜者始尔。”“其为《绛州马府君行状》曰：‘司徒公之薨也，刺臂出血，书佛经千余言，以祈报福。’又曰：‘居丧有过人行。’其称大颠，序高闲，亦皆推述乎佛法也。”《劝书》谓韩愈于佛之“道

---

① “退之嘲鲁连，顾未知之耳；退之醇孟柯，而驳荀扬氏；至其趣舍间，亦又蔽于己。”（王安石《读墨》）“荆公云：‘李汉岂知韩退之，缉其文，不择美恶，有不可以示子孙者，况垂世乎？’”（《苕溪渔隐丛话》）“然其论至于理而不精，支离荡佚，往往自叛其说而不知。”（苏轼《韩愈论》）“然今读其书，则其出于谄谀、戏豫而无实者，自不为少。”（朱熹《读唐志》）“（韩愈）其所以处于祸福死生之际，有愧于异学之流者多矣。”（朱熹《跋李寿翁遗墨》）

② 钱锺书：《谈艺录》，生活·读书·新知三联书店 2001 年版，第 187 页。

③ 与大颠三书，唐宋诸本皆无，唯嘉祐小杭本有，苏轼、胡应麟、崔述等力主为伪。

本”，“亦颇推之”，其辟佛，乃陈事制变的“权道”，“后世当求之韩心，不必随其语也”。

另外，契嵩还找到了韩愈受道家影响的证据，《本政》“茫乎天运，窅尔神化”，“则类乎老子之所谓其道德者也”。

人类思维的共性使三教有一定的相通之处，况且在佛道流行的环境中韩愈不能“无所接受感发”，但这样一一坐实，又显得有些牵强。然而，契嵩对韩愈的批评与演绎为以后宗门的反排佛提供了依据和借鉴，《大藏经》对欧阳修等辟佛者的“周纳”多受契嵩影响。

四、契嵩“非韩”护法的影响与意义

契嵩“非韩”护法的《非韩子》、《辅教编》等成书于至和三年（1056），模印后赠送东南一带的僧人、儒士。嘉祐三年（1058）、四年，契嵩托人寄献田况、曾公亮、韩琦、富弼等人，“布之京国”（《上韩相公书》）。嘉祐六年，亲自抱书至京上奏仁宗，并上书曾公亮、韩琦、欧阳修，“仁宗览之，诏付传法院编次，以示褒宠，仍赐‘明教’之号。仲灵再表辞，不许。朝中自韩丞相而下，莫不延见而尊重之”（《镡津明教大师行业记》）。正如惠洪所说：“齿颊生风雷，笔阵森戈鋋。”（《礼嵩禅师塔诗三十一韵》）契嵩的“非韩”护法很有“战斗力”，不仅对士大夫客观、冷静地看待韩愈有所影响，而且有力地遏制了排佛狂潮。“诸君读之，既爱其文，又畏其理之胜而莫之能夺也，因与之游。遇士大夫之恶佛者，仲灵无不恳恳为言之，由是排者浸止，而后有好之甚者”（《镡津明教大师行业记》），“如王介甫父子、苏子瞻兄弟、黄鲁直、陈无几、张天觉之徒，愿为外护，皆以翰墨为佛事，未必不自此书发之”（李之仝《重刻镡津文集疏并序》）。文同更是明确地说：“曾读契嵩辅教编，浮屠氏有不可忽。”（《送无演归成都》）足见反响之大。从此，士林中逐渐兴起了谈禅风气[①]，儒释进一步融合，成为中华文化最重要的因素。

契嵩“儒释之道一贯”的思想在学术史上有着重大意义。一方面，他用儒家伦理会通佛家戒律，大胆承认儒家在国家社会生活中的主体地位，提出儒佛“同归于治”，推动了佛教的世俗化与中国化。另一方面，他用佛家思想诠释儒家经典，启发和刺激了儒家学者从本体高度阐发儒家思想，从而催生了更具思辨性的理学。郭绍虞先生说：“我觉得契嵩在当时学术上的地位，比欧阳修诸人实更重要。”[②]确非虚誉！

---

① 周裕锴：“禅悦之风的真正席卷朝野是在北宋中叶特别是熙宁（1068—1077）以后。”（《文字禅与宋代诗学》，高等教育出版社 1998 年版，第 45 页。）

② 郭绍虞：《中国文学批评史》，百花文艺出版社 1999 年版，第 328 页。

试析孔子的历史认同观念

中国孔子研究院助理研究员　陈金海

一个国家或民族的存在，离不开对其历史文化的不断认同。所谓认同，学者们一般将其释为价值主体对事物之间连续性或同一性的认识，这种认识如果被置于时间变化中去把握则为历史认同。① 如同当代全球化浪潮对新一轮民族主义的唤醒，孔子作为春秋晚期的一位重要思想家，春秋“礼崩乐坏”的危局也曾激起过他对三代传统的重新认识，表现出强烈的历史认同观念。本文试就其所秉持的这种观念，作一些探讨。

一

孔子是一位非常注重历史的思想家。《论语·述而》载其“述而不作，信而好古”，又说他“好古，敏以求之”。在这种“好古”精神的指引下，我们很难如有些学者所论的那样说六经与他没有关系。同样，孔子在周游列国的过程中广泛搜求各国典籍，以及遣子夏等人在周王室得“百二十国宝书”（《公羊传》注疏引《闵因叙》），也并非捕风捉影。然而，这里值得我们深思的是，孔子不是史官亦非单纯嗜好，他为何如此好古？或者说他关注历史的目的是什么？

从孔子所关注的历史内容来看，他首先对三代时期的明王政治格外垂爱，如称尧：“大哉尧之为君也！巍巍乎！唯天为大，唯尧则之，荡荡乎，民无能名焉。巍巍乎其有成功也，焕乎其有文章!”（《论语·泰伯》）称舜：“无为而治者，其舜也与!”（《论语·卫灵公》）《中庸》也说他“祖述尧舜，宪章文武”。其次，孔子对贤人德行（包括春秋时期的一些诸侯）也赞颂有加，如称能让王位的太伯（《论语》作“泰伯”，周文王父亲季历的哥哥）曰：“泰伯，其可谓至德也已矣。三以天下让，民无得而称焉。”（《论语·泰伯》）郑国的子产秉政有方，孔子称其为“惠人”、“古之遗爱”。曾

---

① “认同”问题虽然是在当代全球化背景下明确提出来的，但其作为一种观念在历史上并不鲜见，如中国历史上的“正统”之争、近代世界上民族主义的屡次勃兴，等等，其本质是一个民族或国家身份感和归属感的体现，其核心是对既有文化传统的认同。（相关文章参见韩震：《论国家认同、民族认同及文化认同——一种基于历史哲学的分析与思考》，载《北京师范大学学报》（社会科学版），2010 年第 1 期；［荷兰］克里斯·洛伦兹：《比较历史学理论框架的初步思考》，梁高燕译，载《山东社会科学》2009 年第 7 期，等等）。

经辅佐齐桓公霸业的管仲，是一个颇有争议的历史人物，但孔子能看到他的功绩，说："桓公九合诸侯，不以兵车，管仲之力也。如其仁！如其仁！"又说："管仲相桓公，霸诸侯，一匡天下，民到于今受其赐。微管仲，吾其被发左衽矣。岂若匹夫匹妇之为谅也，自经于沟渎而莫之知也。"（《论语·宪问》）再次，孔子非常推崇"博学于文，约之以礼"（《论语·雍也》）的君子。据统计，仅一部《论语》，载"君子"一词就达107次之多，如"君子周而不比"（《论语·为政》），"君子无终食之间违仁，造次必于是，颠沛必于是"（《论语·里仁》）等等。上述类似内容，亦见于《诗经》、《尚书》、《春秋》等其他典籍。通过这些历史记载，我们不难看出，孔子追忆这些历史人物，不仅为了"述往事"，而且旨在"思来者"，表明了一种对理想社会的向往之情。他认为，在这样的社会中，应有"德洽百姓"的明王、敦厚善治的贤臣以及"彬彬有礼"的君子。

但是，孔子寄予未来，绝不是通过单纯复制历史而产生的一种空想，而是借此作出对现实的思考。春秋时期，是一个大变革的时代。表面上看，这种变革是由王室式微、诸侯争霸而引起。其实，变乱背后是制度和思想观念的改变，一方面，西周时期的宗法、分封制松弛；另一方面人的自主意识日趋增强。这种改变，在春秋初期都会有一个共同指向，即疏离传统。然而，随着时间的推移，社会愈分裂、动荡，不堪乱局的人们（包括部分诸侯、贵族）愈表现有一种渴望稳定与统一的相反倾向。顺应此，其前提就是要使各种离心的力量有一种向心的归属感，包括周王室能否延续、夷夏如何界定、夷夏有无转换的可能、谁能代表一统王权、权力的支撑除却天命还有什么，等等，而这些问题的解决又都离不开历史，确切地说是离不开由历史而来的一种凝聚力，即对一定时空跨度所体现出来的历史连续性或同一性的认同。显然，孔子追溯历史，就是在表达这样一种历史认同观念。孔子关注历史，就是要通过观察"前言往行"，来会通历史，寻找一种连接历史和当下的纽带。只有这种纽带，才可以使时人认清或可能回答"我（们）是谁？从何而来？又该如何去做？"等问题，即达成一种共有的认同观念，进而遏制春秋时期"礼崩乐坏"、社会失范的分裂危局。

二

《论语·八佾》中子曰："周监于二代，郁郁乎文哉！吾从周"，学者们大多依此推断孔子为"据鲁新（亲）周"论者，但我们以为，孔子不仅推崇周代文明，而且同样钦羡夏殷传统，只不过"夏礼，吾能言之，杞不足征也；殷礼，吾能言之，宋不足征也。文献不足故也。足，则吾能征之矣"（《论语·八佾》）。认识此点非常重要，因为由此我们不仅可以看出孔子认为周代文明是由夏殷两代传统而来的，而且能够体认到在孔子看来周王室能否延续，实与礼文有关，而非仅限于姬周一姓之形式，"殷因于夏礼，所损益，可知也；周因于殷礼，所损益，可知也。其或继周者，虽百世，可知也”（《论语·为政》）。因此，孔子在《论语·季氏》中又说：“天下有道，则礼乐征伐自天子出；天下无道，则礼乐征伐自诸侯出。自诸侯出，盖十世希不失矣；自大夫出，五世希不失矣；陪臣执国命，三世希不失矣”。其言外之意是说，周天子只有能行礼治天下，其统治才可延续，否则必易手其他能行礼文之治者。这说明在孔子的视野中，传统之礼不仅可以衡量天下“道”之有无，而且可以整饬人心、表达归属，从而能够扮演一种认同纽带的角色。

迄今为止，学界对礼的起源仍看法不一，或溯曰“事神致福”，或解为“缘人情”而制。抛开这些争议，我们可以肯定的是，最初的礼和后世之礼都有一种共同的价值取向，即皆表示一种区分或次序，“夫礼者，所以定亲疏，决嫌疑，别同异，明是非也”（《礼记·曲礼上》），因而《中庸》亦有“亲亲之杀，尊贤之等，礼所生也”的表述。从这种意义上讲，礼在起源上就形成这样一种结构，即形成一种个我之间（社会）、个我与超我的关系联结。① 在这一框架内，随着时间的推移，礼的内容会有新陈代谢，其形式也会有沿革损益，但礼作为一种人与人、人与自然及人与社会共同体、人与个我之间的规定，会依人觉醒的程度，愈来愈体现理性。夏、商、西周三代之礼的发展即体现了这种理性。无疑，春秋时期的孔子也承继了这种历史发展的进步趋势。

孔子重视礼的传统，并从内、外两个向度对其作出了新的拓展和诠释。

一则，孔子突出了以“仁”为核心的人的内在修为在礼中的作用。他认为，无论礼的形式如何变化，都离不开人这一价值主体，“礼云礼云，玉帛云乎哉？乐云乐云，钟鼓云乎哉？”（《论语·阳货》）《中庸》引孔子语曰：“仁者，人也”。为此，他特别强调礼义中的“仁”。一方面，“仁”依礼而立，“道德仁义，非礼不成。”（《礼记·曲礼上》）其主要价值指向是在为礼提供内在依据，其目的是在完善礼这一具有归属感的传统，从而强调了一种对传统的认同意识；另一方面，孔子强调“己欲立而立人，己欲达而达人”（《论语·雍也》），扩充了“仁”在“礼”中的份额，体现了人的进一步觉醒。既然孔子以仁来强调“立人”，就应对所有人表有充分的尊重，因而孔子在《颜渊》篇答仲弓曰：“出门如见大宾，使民如承大祭，己所不欲，勿施于人”，前半句本出自古语②，但却表明了孔子仁学的精义，即突破了由血缘而来的等级界限；后半

---

① 有学者将这种结构归结为一种十字结构，即时间上的终始循环，空间上人神（天）关系上的“敬”与“承”、人与人之间关系上的“正”、“笃”、“睦”、“和”等（参见龚建平：《意义的生成与实现——〈礼记〉的哲学思想》，商务印书馆2005年版，第67页）。在此基础上，我们将体现礼的人分为现实中的个我与个我的超越（如祖先崇拜、神意或天等）两个层次。个我之间自然体现一种现实社会关系，而后者则是这种关系在时空上的延伸，从而构成一种礼的立体框架。

② 《左传·僖公三十三年》载臼季语曰：“臣闻之，出门如宾，承事如祭，仁之则也。”

句也以其尊重人的精神，屡屡被后人引用。[①] 这样，人与人之间礼的区分虽然存在着，但是道路开通了。礼不是以它的区分来扼制‘仁’的外推，相反，却变成了‘仁’借之以外推的连接点。[②] 因此，在孔子的历史观念中，三代之礼具有更广范意义上的整合作用。

二则，孔子将西周以来不断发展的“德政”思想贯注进了礼的解释之中。西周时期，政治制度层面上的礼已有体现，所谓周公“制礼作乐”，即是其向政治倾斜的表征。既然周礼与政治是联系在一起的，那么春秋时期的政治危机必然会引起了礼的危机，因此孔子要维系礼的存在，一方面要调整礼与政治的关系，另一方面必须对这种关系从礼的角度对其合理性作出解释。为此，他又发展了自西周以来“德”的思想，将以德施政的因素纳入到了礼的规定之中。[③] 德政的主要表现一般有二：一曰务民；一曰尊贤。在《论语·颜渊》中子贡问政，孔子曰：“足食，足兵，民信之矣。”子贡曰：“必不得已而去，于斯三者何先?”曰：“去兵。”子贡曰：“必不得已而去，于斯二者何先?”曰：“去食。自古皆有死，民无信不立。”在孔子的重民思想中，已有淡化西周“保民”思想中天命观念的倾向，因而孔子又说：“务民之义，敬鬼神而远之，可谓知矣。”（《论语·雍也》）孔子尊贤，一方面抛开了以血缘品评的标准，另一方面又将上述“德”的思想嵌入其中，“见贤思齐焉，见不贤而内自省也”。（《论语·里仁》）因此，孔子所论德政既整合了人的内修之德，又淡化了西周政治思想中的血缘观念，从而包容了孔子“为国以礼”、“礼以体政”的思想，将礼中宗教、伦理、政治等三种因素进一步有机整合了起来。

三

孔子在认同三代之礼的基础上，对当时的“天下”[④] 秩序作出了思考：一方面宣扬“克己复礼”，另一方面又强调“和而不同”，从而赋予了当时世界更多文化认同方面的含义。

首先，孔子思想中的天下秩序与其以“礼”为核心的伦理观是相互贯通的。据《论语·颜渊》，颜渊曾问孔子何为仁，子曰：“克己复礼为仁”。虽然历代注家对“克

---

① 此一道德原则曾被法国 1793 年宪法中的“人权宣言”所引用；无独有偶，在 1993 年芝加哥全球宗教伦理大会上，此一原则再次被尊为“黄金规则”。

② 刘家和：《古代中国与世界》，武汉出版社 1995 年版，第 468 页。

③ 晁福林：《先秦时期“德”观念的起源及其发展》，载《中国社会科学》，2005 年第 4 期。

④ “天下”最初是指地理意义上的一个概念，“九州攸同，四隩既宅，九山刊旅，九川涤源，九泽既陂，四海会同”（《尚书·禹贡》）。如同西方哥伦布远航前欧洲人的视野，三代时期的“天下”观念具有泛指当时人们所及世界的意思。在这个世界中，“中国”（周王所居之国，象征着尊贵）与“四夷”共同构成了当时的“天下”。

己复礼”做过许多不同的训释[①]，但换一个角度，我们可以发见孔子所谈仁礼是与天下联系起来讲的，“一日克己复礼，天下归仁焉”。在他看来，天行有常，天下之“道”本应与天道一致。然而天下在他生活的时代里却出现了“无道也久矣”的局面。因此，践行以仁、德等为内涵的礼的传统，然后由己及人，也就成了恢复天下之道的有效途径和重要内容。在这个外推的系统中，每个人最先到达的是家，其次是国（或称邦），最后是天下。沟通“家”层次的主要纽带是孝悌，“国”的层次是尚忠，“天下”当然也就是“泛爱众”了。孔子以“修己”谈天下实际上就是在强调这种以仁礼为伦理内涵的世界秩序观念，此观念的合理性源于天，现实性落实于天下，其核心是人，故子曰：“人能弘道，非道弘人。”（《论语 · 卫灵公》）人循礼而动，不仅是弘道的途径，而且“道”亦在其中。因此，上述有机系统充分体现了孔子所述“天下归仁”的理想世界。

其次，孔子特别强调了“和而不同”与“天下”秩序的关系。[②] 由上所述，整个“天下”无不贯穿了礼的精神，体现了一种世界一体的观念。然而，客观上讲，无论从地理、政治还是文化意义，天下的组成并非等齐划一，而是一种差异性共存。也就是说，当差异大于共性时，彼此就会表现为矛盾，春秋时期的社会现实即表明了这一点。为此，孔子提出了“和而不同”的思想，他认为，“天下”虽然“不同”，但彼此存在共性，有一种相通的认同指归，因而孔子特别强调了“不同”前提下的“和”。据现有文献，西周太史史伯和齐大夫晏婴都曾论及和与同的关系，史伯讲“和实生物，同则不继”，侧重于朴素的自然；后者以梁丘据为话由，批评了“以同裨同”的观点，其主要内容谈论的是君臣关系。[③] 孔子则将“和”、“同”之辩的适用范围作出了拓展，即不仅将其作为区分君子、小人的一个标准，而且还推向了家邦、天下。例如：孔子痛恨战乱，在卫国，卫灵公问陈于孔子。孔子对曰：“俎豆之事则，尝闻之矣；军旅之事，未之学也。”次日遂行。南方相继崛起的楚、吴之国，是蛮夷之邦，与华夏有着诸多不同，但孔子却说：“居处恭，执事敬，与人忠。虽之夷狄，不可弃也。”可见，当面对“礼崩乐坏”的现实时，孔子并非仅仅简单地承认或反对这种不同，而是在此认识的基础上通过倡礼、践礼，将这些不同整合在一个“和”的状态之下，“和也者，天下之达道也”（《礼记 · 中庸》），受其师熏陶的有若也说：“礼之用，和为贵，先王之道斯为美，小大由之。有所不行，知和而和，不以礼节之，亦不可行也。”（《论语 · 学而》）显然，在孔子看来，和不是各种不同元素简单迭加，也不是消灭或同化，

---

① 如汉人马融注“克己”为“约身”，把“克己”二字连文。《尔雅 · 释诂》谓“克”与“胜”互训，俞樾依孔注义训“克”为“能”，等等。

② 在《论语》的语境中，孔子虽然是针对君子修养而提出的“和而不同”，但我们如果根据其逐渐外推的理路，很显然这一思想适用于其“天下”秩序观念的逻辑。

③ 分别参见《国语 · 郑语》与《左传 · 昭公二十年》相关记载。

而是在各种不同中寻找“合礼”的交汇点，即各方对礼的认同。只有如此，社会才会“均无贫，和无寡，安无倾”（《论语·季氏》），天下无道的乱局才会得到遏制。

第三，孔子所安排的“天下”秩序，不仅具有尊礼的内涵，而且体现了对西周以来“天命”传统的认同与超越。据《尚书》，夏、商、西周递嬗，虽然掌权者在改变，但这种王权更迭却有着不变的依据，这个依据就是“天命”，“有夏多罪，天命殛之”（《尚书·汤誓》），“商罪贯盈，天命诛之”（《尚书·泰誓》），周公在《大诰》中也说：“予惟小子，不敢替上帝命。”[①]（尽管周人已从王权变化的现实中觉察到“德”的因素，表现有朴素的人文精神，但认为其最终依据仍在天命）东周以降，这种天命观念进一步受到冲击。与此前不同的是，周王朝的天命未改，然而王室式微，诸侯坐大，社会秩序出现前所未有的混乱。对此，当时以孔子为代表的思想家们不得不在天命这一共同依据的条件下，寻找历史发展中更为共通的东西：一是来解释这种有异于历史的现实变化；二是为即将面对的未来寻找新的依托；三是用新的对历史连续性的理解或理论来凝聚时人的思想观念，即达成一种历史认同观念。因此，这就造成了我们在前面所分析的孔子为什么在认同传统之礼的同时，又在改造着它们；在承认天下不同的时候，又一再讲“和”。由此可见，孔子这种更多文化意义上的“天下”观念不是别的，正是其认同三代之礼的必然结果。

孔子上述认同观念主要以三代之礼为依托，又根据时代的需要注入了新的因素。从逻辑上讲，历史认同的出现须有两个前提：一是现实维度上认同危机的出现[②]；二是对来自传统中连续性或同一性的认可。而且，经过认同或对传统自身进行反思，也必然地会产生两个结果：一个是通过文化自觉和自律，形成了由自己历史而来但又经过扬弃的一种新的认同，加强了国家或民族的自身凝聚力；另一个则是割断或削弱了与此前历史传统的联系，使国家或民族走向分裂。无疑，中国古代先民选择了前者，所谓孔子传六经，实为尊传统也，而后人尊孔子传六经者，同理。因此，一个民族或国家只有经过不同时期对传统的历史认同，其历史发展的连续性才会得以维系，传统的全部现实意义也即缘此而出。

---

① 易宁：《中国古代历史认同观念的滥觞——〈尚书·周书〉的历史思维》，载《史学史研究》，2010年第4期。

② 参见高益青：《认同危机与政治发展的主观障碍》，载《社会科学战线》，2012年第2期。

儒家普世伦理与现代社会

新加坡儒学会会长、南洋学会会长、国际儒学联合会副理事长　陈荣照

一、现代社会面对的问题

现代社会的发展，面临着各种问题和挑战。这些问题包括：全球化和高新技术迅猛发展的挑战，文明之间和价值观的冲突；经济和政治利益的冲突，人与自然的冲突，生态环境破坏；人与社会的冲突，道德衰退所带来的人类现代病，诸如贪污腐化、贫富不均、食品危机、家庭蜕变，毒品走私；工业化与道德人文分裂的危机等等。以上种种问题，归根究底，乃是现代人类的道德危机。

过去人们习惯以经济、政治、武力的方式解决这些问题，其实，应该还有文化与道德的解决方式。人们可以建立新的普世伦理，从而带来全球和谐的新秩序。

不同文化传统的最核心的伦理观念，同时能被不同民族所接受的伦理学说，在创建普世伦理的过程，必能发挥一定的作用。因此，深入发掘和利用不同文化传统中的伦理思想和资源，对建立普世伦理有积极的意义。例如儒家就有足以贡献给人类社会的宝贵伦理资源。

儒学中所体现的具有涵盖性的人文精神是可以提供全球社群建立新伦理的丰富资源。因此，除了大家熟悉的普世价值如自由、法治、人权、民主政治和市民社会来自西方外，儒学中影响深远的传统价值如“已所不欲，勿施于人”的恕道，“推己及人”的仁道，以及“和而不同”的共生共处之道亦是文明对话不可或缺的基本理念。这些儒学中的精华亦应成为普世价值，对现代社会文明的发展作出贡献。

二、儒家的普世伦理精神

儒学可贯通于世界各文明、各教派之中，没有排他性，这是儒学的一个显著特点。儒学适应了人类社会生存的基本道德要求，它不是外在灌输和强加的，而是出于人类社会道德生活自身的内在需求。所以它在创立千百年后，仍具有强大的生命力和价值，不因人为的排斥和批判而失去其活力和存在的价值。因此，儒学在今天，仍可成为人类共享的文明财富和人类道德的基础，符合人类自身及其和平发展的需要，而具有超越的、普遍的适用性。它将有助于把人类带入一个和平、稳定、进步、繁荣、和谐、

文明的新时代。

先秦原始儒家伦理由孔子创立，到孟子逐步系统完成。孔孟道德观表达了儒家美德伦理的精义，也是人类最早成熟的道德伦理体系之一，它为中华民族赢得了“道德文明古国”的文化声誉。

儒家普世伦理精神广泛而深入地渗透到中华文化的各个领域、各个层面，并产生了重大影响，在很大程度上体现为下列中华文化的基本特征。

1. 人文主义精神

人文主义精神是儒家文化的基本精神。儒家所强调的仁是全德之名，具体体现为多种美德，而最重要的是爱人之仁。《论语·颜渊》：“樊迟问仁，子曰爱人”，孟子也说：“仁者爱人。”爱人包括待人与待己两方面：子曰：“人之方”即“忠恕之道”。

“忠”是尽己达人之道，体现厚人律己的博爱精神。《论语·雍也》：“夫仁者，己欲立而立人，己欲达而达人。”

“恕”是宽恕品德。《论语·卫灵公》：“其恕夫，己所不欲，勿施于人。”宋儒把这个思想阐释为“推己及人”之道。这是孔子对仁爱美德所作的最核心的解释。

儒家文化以人为宇宙的中心，强调天、地、人三才以人为本。并不把人与天地自然界对立起来，也不把人从社会人际关系中孤立出来，人是社会的人，社会性是人性的主要内容，而社会性则主要指维系社会秩序稳定的儒家伦理，包括儒家礼乐之教、礼乐之治。这种人文精神与西方文化强调个人中心，追求个性解放，重视人与人之间的权利义务的人文精神有所不同。故儒家文化重仁、重礼，不重法，强调内在自觉，不需外在强制。

孔子以人为本，“重人事，轻天命”，不语怪、力、乱、神，把人从神学的统治下解放出来；提倡仁者“爱人”，批判“苛政猛于虎”的封建暴政。马厩失火，孔子问人不问马，充分肯定人的价值，对后世产生了重要影响。

孔子强调“人能弘道，非道弘人”，孟子主张“尽心知性”，重视发挥人的主观能动性，提倡独立进取、自尊自强，重视人格的独立，以体现君子的尊严和力量，确立了知识分子的人格形象、社会地位和历史地位。孔子所说的“三军可夺帅也，匹夫不可夺志也”，是对独立人格和自我意志的充分肯定。孟子提倡的大丈夫精神，重视气节，刚正不阿，进一步强调了人格尊严。

《论语·宪问》中“古之学者为己”，被发展为“为己之学”，即通过发展自己人格而达到“己欲立而立人，己欲达而达人”。把“立人”、“达人”与利他作为完成自己人格必不可少的环节，将其视为理想人格的体现。

儒家人文主义精神具有超越性和延续性，经时代创新，在现代社会能发挥促进社会进步的积极作用。对“内圣外王”注入新时代的意义而“返本开新”，使知识分子具有强烈的主体意识，有替天行道的历史使命；培养知识分子的社会良知，对当代文化建设负起自己的责任，不仅个人修身，而且关心群体，关心社会进步，为21世纪社会的发展作出贡献。近现代出现科技与人文分裂的危机，在解决这个全球性问题的过程中，发扬中华伦理，振兴道德，重建仁本大同理想，恢复中华礼仪之邦，把现代的科技化、工业化、信息化、市场化与中华民族优秀的人文主义精神结合起来，才是当务之急。

2. 刚健有为，自强不息的精神

孔子提倡刚健有为的进取精神，强调并实践“发愤忘食，乐以忘忧”的人生态度，重视“刚毅”，表现出积极有为的精神。《易传》将此精神进一步发展，提出“天行健，君子以自强不息”的思想，这是对中华民族刚健有为，自强不息精神的集中概括。反映了中华民族越是遭受挫折，越是奋起抗争的不屈不挠的精神和坚忍不拔的意志。正是这种精神，激励着炎黄子孙为振兴中华民族而奋勇进取，不屈服于邪恶势力，显现了中华民族的奋发和自立精神。

3. 崇尚气节，讲求操守的精神

崇尚气节，讲求操守，保持民族尊严和人格尊严，是中华民族精神之一，更是中华民族生存、繁衍的内在生命源泉，也是促进中华民族不断发展的内在动力。孔子提倡“杀身以成仁”，孟子主张“舍生以取义”，教导人们做一个有气节的人，为了追求“成仁”、“取义”，不惜牺牲个人生命。孟子提出养“浩然之气”的思想，提倡“富贵不能淫，贫贱不能移，威武不能屈”的大丈夫气概。这些精神熏陶感染了无数坚持真理、不怕牺牲的志士仁人，集中体现了中华民族的伟大精神境界。因而，崇尚气节，讲求操守的观念作为中国人立身处世的普遍性原则，对于砥砺民族精神具有重大意义。正是由于有了这种民族精神，才使得中华民族及其炎黄儿女在逆境下坚守信念，面对外来侵略，不屈不挠，前仆后继，英勇奋斗，造就了一大批如岳飞、文天祥、史可法、谭嗣同、邓世昌等为了维护中华民族的独立和复兴而勇于献身的民族英雄。当前发扬这种传统的民族精神，有助于振兴中华，全面建设小康社会，促使现代化事业的发展走上正轨。

4. 克己为公，重责任义务的精神

克己奉公，重责任义务是中华民族的优良传统。儒学对此精神的养成影响甚大。

孔子提出克己私以复礼的思想，并指出“天无私覆，地无私载，日月无私照”（《礼记·孔子闲居》），即所谓天公地道。天道无私，用之于人道，也就是“大道之行，天下为公”（《礼记·礼运》）。程颢加以发挥，提出“君子之学，莫若廓然而大

公"[①]，程颐强调"圣人以大公无私治天下"[②]，肯定公的价值，主张去私心以公治天下。儒家提倡的这种克己为公、"大公无私"的精神把国家民众的前途命运和民族利益置于首位，主张克己私为大众服务，以个人利益服从社会公共利益，反对损人利己、损公肥私的行为。在个人与社会关系问题上，儒家注重培养人们的群体意识，重个人对社会承担的责任、义务和贡献，轻个人对社会的索取。这使得中华民族具有强大的凝聚力，历代以天下为己任的志士仁人层出不穷，涌现出无数为国为民、无私奉献的民族英雄和精英。这是振兴中华的可靠保证。

5. 重理性自觉的精神

中华民族历来重视理智克让，讲原则，重信义。儒家的理性主义哲学对此精神的养成发挥很大的作用。

孔子所提出的道德修养理论，基本方法是"学"、"思"、"行"。

"学"有两层意义，一是寻求知识，"敏以求之"；另一方面是排除弊病，《论语·阳货》："好仁不好学，其蔽也愚；好知不好学，其蔽也荡。"

"思"是自我反思和内省。《论语·季氏》："君子有九思。"思与学相辅相成，是人成德成仁的基本条件。《论语·为政》："学而不思则罔"，"博学而笃志，切问而近思"。

"行"是实践德行。《论语·述而》："躬行君子"，强调实践的重要。

以上三种教人成德的实践方式，显示了孔子对伦理观念的完整思考。孔子创立了中国古代美德伦理的经典范式。其后的孟子和宋儒心学派系都沿着这一理路，发展这一传统。

孟子提出"性善论"，"无恻隐之心，非人也"（《孟子·公孙丑上》），人的良知、良能乃是天赋的、本性的。人的成德成仁的根本所在，便是"尽心"、"尽性"。

孟子道德修养论的前提是，人本身具有成圣的普遍可能，"人皆可以为尧舜"，所以为善为恶，端在个人自身。"君子所以异同于人者，以其存心也，君子以仁存心，以礼存心。"（《孟子·离娄下》）存心是成德的方法，人的道德修养的最终目的，在于"尽心"、"知性"，即是持守本人本来的善性善端，让其发扬光大，这样就可达到"君子"、"大丈夫"的人生修为境界。

孔孟之说是中国儒家伦理的主流，蕴含着中国乃至东方传统道德文化深厚的自觉、自主、自律的德性生活品格，显然是建设现代伦理的丰富资源。

中华民族之所以历经磨难、长期发展，不因乱世而中衰，其中的一个重要原因就在于道德理性终究能够主导感性欲望，超越感性直观，使整个社会在一个有序的、理

---

① 《答横渠张子厚先生书》，《河南程氏文集》卷二。

② 《比卦》，《河南程氏易传》卷一。

性规范的指导下正常运转，避免因感性欲望的过度泛滥而造成社会生活失序。在现代社会，随着生产力的发展和社会的进步，既要充分、合理地满足人们的物质利益需求和感性欲望，更应把理性置于、优先于感性的位置，这正是一个民族延续和发展的基本标准。

6. 持中通变，改革日新的精神

随时应变，改革日新，是中华文化和中华民族精神的内涵及特点之一。

儒学持中通变的思想及改革变通的观念对这一精神产生了重要影响。儒家易学的基本精神之一是以中为贵，这是从爻位的“时中说”引申而来的，即以中为正，主张因时而行中道；同时主张通变，不因循守旧，“随时应变，在中而已”，以中作为通变的尺度。这种思想既主张变易、变革，又不走极端，盲目妄动，有利于保持社会的稳定。此外，儒学强调变化、发展、日新，主张因革损益，除旧维新，随时代的发展而不断创新。这使得中国社会及文化能够持续发展。但由于封建统治者顽固守旧，背弃了儒学的这一精神，致使近代以来，中国落后挨打，教训极为深刻。当今唯有发扬改革日新的精神，才能使中华民族重新跻身于世界文明发展的行列。

7. 和谐精神

和谐精神是中华文化和中华民族的基本精神之一。孔子提倡“和为贵”（《论语·学而》），《周易》重视人与自然、人与人之间的和谐统一关系。尽管人与自然相比，人的地位更为重要，但儒学并不把自然看作异己力量，而是主张人与自然和谐相处，认为天人是相通的，倡“天人合一”、“万物与我一体”之说。这与西方文化重视人与自然以及人与人之间的分别对立的观念确有不同。故中华文化十分注重和谐局面的保持。求大同存小异，成为人们普遍接受的思维原则。主张爱其所同，敬其所异，发扬此种精神，有利于维护世界和平及环境保护，也有助于维护民族团结和社会稳定。

以上受儒学影响而形成的中华民族精神，亦是中华文化的精髓和优秀文化遗产的组成部分。然而，自“五四”以来的自由主义和西化论者则把近代中国落后的原因完全归咎于民族传统文化，归咎于儒学，进而加以全盘否定。这不仅涣散了中华民族的凝聚力和向心力，而且使自己成为无根的文化“异乡”人。须知一个抛弃了本民族文化传统的人，很难对外来文化作出正确的判断和实事求是的诠释，更谈不上结合自身的特点和实际去学习和融会贯通。我们应在高度文明的中华文化精神的指引下，以新的姿态迎接外来文化的挑战，并积极吸取外来文化的优点，返本开新，重新跻身于世界文明的前列，并以东方深厚的文化根基对世界文化的发展作出新的贡献。

三、儒家普世伦理与现代社会

把孔孟的道德伦理与人类早期多元文化略加比较，我们不难发现有些共通之处。如儒家的仁学（爱人），与西方基督教的“博爱”、印度佛教的“慈悲”，都有共识，对建立普世伦理具有一定的价值与意义。以下我们将从个人美德修养、人文教育与环保意识三方面加以申论。

（一）儒家关于个人美德修养的理论，对现代人们自身德性生活的改善和内在精神的修养，可提供珍贵的资源。

儒家伦理学实际上具有一种由内而外的理论历程。“修身、齐家、治国、平天下”，就是由个人修养而家庭人伦推展到社会、国家规范伦理。这一基本原理的核心正是个人美德伦理。

孔子指出要成为“君子”即高尚完善的人，就必须“志道修德”。《论语·述而》：“志于道，据于德，依于仁。”“成德”境界虽包括“由内向外”，“内圣外王”，“内圣”却是根本的。人之成德，首在个人自我德行的修养。所以孔子教育科目中，“德行”最根本，是“语言”、“政事”、“文学”诸科之首。

人之成德，端于成仁。《论语·述而》：“我欲仁，斯仁至矣。”“为仁由己”。显示了孔子对仁的美德的系统思考，他把个人心性品德的完善，看成是一个自我努力的实践过程。

儒家普世伦理之道德学说，体系完备，思想丰富、寓意深刻，其思想的核心是“仁爱”。“仁”是德性的实践和行动，是儒学文化的精髓，也是道德价值的根本，在历史上发挥了重大作用。然而自近现代以来，儒家的仁说受到片面的批判，被斥为“仁者吃人”，致使人们的道德水准普遍下降。加上儒家的道德人文遭到工业化和西化思潮以及“文革”批孔反传统的冲击，其社会影响力已经削弱。要使儒学在21世纪得以承传发扬，重建儒学伦理是一项重要任务。然而由于时代的变迁和随着经济、生产力的发展而社会日益发生深刻变革的现实，要求儒家伦理的重建须与推进民主、以法治国的理念相结合，才能体现新时代的特点，使儒家普世伦理之精神发扬光大。

儒家伦理注重人与人之间互助交往的原则。儒家认为，人不是孤立自存的，而是处于各种人际关系之中，人只有在相互交往和协作中，才能生存和发展，而与人交往的基本原则也就是“仁”。在现代社会，当科学技术的日益发展给人类带来生活的诸多便利的同时，也带来了人与人、人与社会关系的紧张，传统的伦理道德失落，人性异化、冷漠、自私，人文精神枯竭，伦理道德观念混乱等问题。从而显现为广泛的暴力犯罪、道德败坏、贪污腐化、精神空虚等。这些社会问题单凭技术力量是不能解决的，而儒家的道德伦理思想正可担负起拯救人类精神堕落的重任。这确是儒学伦理价值观的当代价值。通过在新形势下推行儒家伦理，可使儒家的注重修己爱人、强调设身处地为他人着想、讲求自省慎独、以礼待人、讲信用和尊重别人的精神得到社会舆论和青少年的重视，从而取得良好的社会效果。孔子的修身思想从人的自我完善的意义上讲，具有个人安身立命的意义；就其更大的目标而言，可使社会完善、天下太平，形成良好的社会风气。

儒家普世伦理之价值思想重视个人对家庭、社会、国家和民族的责任义务，把个人价值置于社会价值之中。重视整体、社会、民族的利益，提倡群体和谐，强调民族团结和国家的统一，提倡国家利益高于个人利益，社会优先于个人，主张个人与社会协调发展。同时，以对社会、国家贡献的大小为准绳，来衡量一个人价值的高低。社会实践一再表明，个人主义发展到极端，就会不择手段地去损害他人和社会的利益，造成人际关系的紧张，产生各种严重的社会问题。对此，新加坡前总理李光耀资政曾说："无论是在繁荣的黄金时代或混乱的年代，亚洲社会从未把个人价值放在社会的价值之上。社会始终都比个人重要。我想这就是把亚洲从极大的苦难中挽救出来的价值观。"① 这种亚洲价值观强调"团队精神"、国家至上，提倡"人人对社会都应该尽点义务"，它推动了东亚经济的发展。实际上这体现了儒学伦理价值观对东亚各国人民的影响，"他们把社会的利益放在个人的利益之上，并不接受美国人那种无限度的个人主义"。重建儒学伦理，提倡具有约束自我的整体意识，可以抑制个人主义的恶性发展，维护社会的整体和谐，不因个人主义的过度泛滥而损害人类社会的根本利益。

（二）儒家具有人文精神的德育理论，可以为现代人类提供一种智德双修的教育方针，以帮助人们辨识和矫正现代社会过于强势的唯科技主义价值偏向和单纯知识论的偏颇，把发展科技与儒学人文精神结合起来。

当前我们面临高科技迅猛发展的挑战，既要跟进世界最新科技成果，赶上世界科技发展的步伐，但又要避免单纯科技化带来的弊端，把发展科技与儒学的人文精神结合起来，提倡科技以人为本，才能造福人类社会。

现代化源于西方，其他国家在实现现代化的过程中，应努力学习和吸取西方现代文明的一切优秀成果，而西方现代文明成果的突出代表就是西方的现代科学技术。发展中国家和地区在追赶西方、实现现代化的过程中，其首要之举是引进和采用高新科技，并结合本国实际需要加以吸收、消化和发展。

对于科技发展与儒学的关系，有人认为儒学阻碍了科技的发展。其实，儒学具有促进科学发展的内在要素。儒学对待科技是开放的、包容的。在儒学传统中，从荀子到朱熹，都有重视知识的传统。尤其是朱熹，在他的"朱子学"体系里，具有丰富的自然科学思想。朱熹的宇宙结构论继承张载而有所创发，并继承沈括的理论，促进了自然科学思想的发展。朱熹的"理一分殊"论所主张的从"万殊"到"理一"的认知

---

① 李光耀：《李光耀40年政论选》封三，现代出版社1996年版。

过程，与自然科学的发展始于分门别类的研究并进而发展到整体综合研究的过程也有共通之处。由此，李约瑟称朱熹是“中国历史上最高的综合思想家”。伴随着科学技术的综合化，必然要形成综合的科学自然观。李约瑟在《中国科学技术史》第二卷《科学思想史》中，以大量的篇幅讨论了朱熹理学与现代科学综合自然观的关系。其基本观点有三：一、朱熹理学是一种有机的自然主义；二，朱熹的有机自然主义是科学的；三，朱熹理学是现代有机自然主义的先导。[①]以此可见，儒学不仅与自然科学相容，而且具有发展科学的内在因素。

传统儒学中历来有重视知识“道问学”的一面，牟宗三先生指出：“中国亦本有学统之端绪，即羲、和之官是。羲、和传统是中国的学统，古天文律历数赅而存焉。”[②]认为虽然在儒家“仁智合一”的内圣心性之学即道统中，仁居笼罩地位，智为隶属者，但德性主体中亦包含有智的一面，它与科学知识并无不相容之处，而且亦可与之相融洽以体现内圣之学的广大与充实。科技与儒学不但不相互排斥，而且应相互结合。儒学的人文主义重视现实社会人生，从本质上讲，与探讨客观事物发展规律的科学并不矛盾，其本身经过现代转化，是可以与现代科学技术相互融合的。

在发展科技与儒学人文精神相结合的问题上，面对21世纪的挑战，应提倡科技教育与人文教育并举。科技应以人为本，教育也应以人为本，不能只以实用主义的理念去从事科技工艺教育，而忽视人文教育和道德教育。进行现代化建设，必须依靠科学技术的进步，必须发展科技教育，以此来提高民族素质。但科技是纯知，在人为物役的世界里，儒家所强调的人文、人性教育，自有其调节、制衡的作用。因此，用切实可行的儒学人文主义教育来陶冶受教育者的道德情操，纠正过分强调科技教育的实用与工具价值所带来的流弊，对于发扬儒家普世伦理精神，造福于人类未来，具有重要的意义。

（三）儒家传统的人与自然关系理论，可为当代日益凸显的环境伦理，提供一种“天人合一”的理念。

世界经济的发展，已进入全球化的时代。目前世界所有的国家，不管发达或是落后，都已不可能脱离与其他国家的经济关系而从事经济建设。随着20世纪80年代以来市场经济体制在世界范围的发展，世界各国的经济加速了全球化的趋势和进程。然而，随着科学技术、生产力和经济的迅速发展，在物质财富日益丰富的同时，生态环境遭到了严重的破坏，人类的生存条件日益恶化。到20世纪末，环境问题已成为制约经济和社会发展的重要因素。由于人类改造自然的能力急遽增强，激发了“人类中心主义”和“人类万能主义”思想的膨胀，致使人类把自己作为自然的主人，以主宰者的身份凌驾于自然之上。对森林的砍伐超出了自然的承受范围。无节制的毁林开荒，

---

① 参见乐爱国：《朱熹“理一分殊”与现代科学的综合化》，《中华文化论坛》2001年第1期。

② 牟宗三：《生命的学问》，台北：三民书局1984年版，第61页。

导致森林锐减，全世界森林面积以每年1700万公顷的速度减少。森林的流失带来了气候的反常、水土流失、土地沙化、物种灭绝、环境恶化等一系列生态危机的恶果。现代社会工业化进程加快，工业污染造成了江、河、湖、海、洋和大气的污染，形成臭氧层空洞，温室效应加剧，灾害性天气不断发生。过度向自然索取，已经严重威胁到人类自身的生存。

经济发展带来了严重的生态危机，要解决这个全球性重大问题，不仅有技术层面的问题需要解决，更重要的是要解决人们思想观念的问题。生态危机的实质是文化危机，人类要想克服生态危机，在已经到来的21世纪继续生存下去并得到发展，就必须抛弃以人类为中心，人与自然对立二分，盲目强调人是自然的主宰，可以为所欲为地征服自然、掠夺自然的思想文化观念。在这个问题上，儒学的环保理念及其生态伦理观可提供借鉴。

在儒学博大精深的思想体系里，蕴含着丰富的生态伦理思想及生态学和环境学的知识背景。在自然观上，儒家历来重视人与自然的和谐统一，认为人是自然界的一部分，天人是相通的，倡“天人合一”、“万物与我一体”之说，不破坏并注意保护人类赖以生存的自然环境。这一思想成为儒家伦理的重要内容，而与西方文化强调征服自然、人与自然对立二分的观念形成鲜明的对照。儒家十分重视和谐，认为和谐才是人与自然之间关系的正常秩序。儒家认为，对待天地万物应采取友善、爱护的态度，天地万物的自然资源是人类赖以生存的物质基础，如果随意破坏、浪费资源，就会损害人类自身。孔子说：“伐一木，杀一兽，不以其时，非孝也。”还说：“启蛰不杀则顺人道，方长不折则恕仁也。”（《孔子家语·弟子行》）据《论语·述而》记载，孔子在他自己的生活实践中，一向是“钓而不纲，弋不射宿”。孟子也主张把人类之爱施之于万物。他说：“亲亲而仁民，仁民而爱物。”（《孟子·尽心上》）荀子把对山林川泽的管理和对自然资源的合理开发与保护，作为“圣王之制”的内容。要求砍伐和渔猎必须遵守一定的时节，并规定一定的“时禁”期，以保护生物和资源。张载提出“民吾同胞，物吾与也”的思想，主张人类与万物交朋友，而不是去掠夺自然。程颢上疏宋神宗，提出环境保护思想，指出古代圣人设“六府”、“五官”之任来顺应自然，整治万物，掌管自然环境及财货之事，严禁破坏山泽等自然环境，使万物自然生长，丰富茂盛，人们也无财用匮乏之忧。为了保护人们赖以生存的自然环境，程颢要求朝廷“修虞衡之职”，即认真地行使掌管山泽、山林之官的职责，保物、养物，防止自然资源的耗竭和环境的破坏，使人类与天地自然界长久地和谐相处。①从这里可以看出，程颢作为中国古代的环境保护主义者，他在九百多年前的北宋时期就提出了以上环保思想和理念，值得今天的人们吸取和借鉴。

上述儒家普世伦理中的生态伦理观和环保、爱物思想给今天的人类提供了一种生

---

① 参见《论十事劄子》，《河南程氏文集》卷一。

态哲学的启示，那就是在发展经济、开发自然、利用资源的同时，必须注意人与自然关系的协调。把发展经济、发展科技与生产力同保护生态环境有机地统一起来，把人类生活需要的内在尺度与生态环境规律的外在尺度有机地结合起来，提高人类开发自然、利用资源的科学性与道德性，协调人类改造自然的行动，建立起人与自然之间全面和谐的关系。当此新世纪来临、人类生存的自然环境遭到严重破坏之时，挖掘、阐释并吸取儒家的环保理念和生态伦理思想，对于进一步提高人类对其所面临的十分脆弱的生态环境的认识，增强环保和爱物意识，具有极为重要的现实意义。

基于上述，可见儒家普世伦理能贡献给现代人类社会极为宝贵的伦理资源，可为现代社会文明的发展，提供借鉴和指导。

参考文献

［1］牟宗三:《生命的学问》，台湾：台北三民书局 1984 年版。
［2］蔡仁厚:《哲学史与儒学论评》，台湾：台湾学生书局 2001 年版。
［3］蔡方鹿:《朱熹经学与中国经学》，人民出版社 2004 年版。
［4］万俊人:《寻求普世价值》，商务印书馆 2001 年版。

对牟宗三诠释陆象山的方法论反省

台湾大学哲学系教授 杜保瑞

一、前 言

陆象山哲学，笔者以为，是要求做工夫之学，亦即并不是提出本体宇宙论或工夫境界论之学的形态，这并不是说陆象山没有本体宇宙论或工夫境界论的发言，而是，这些发言一方面不成系统，二方面不具新意。所以牟先生才说讲象山学很可能几句话即讲完，关键即是，他的义理十分简单，都是前人说过的，他不过重拾几句，做个强调而已，所以牟先生又说他是启发语、指点语。这就是笔者要说的，象山只是就原有命题，要求学者实践之、笃行之，如此而已，十分严峻，强而有力，感人至深，但于理论上没有真正的创新之辩论。唯一的一辩，就是在《朱陆辩太极图说书》中不许朱熹有创新理论的辩论，要求坚守他自已所理解的古儒意旨而已。

依据笔者的研究，象山哲学在形上学方面确实无所创新，即其论于理气问题部分，但实有继承，事实上他的系统中亦完全包含这些理论内容，只是象山的重点在于强调要如理、合理，要心即理，亦即是要去做工夫以呈现这些道德价值原理。因此他的工夫论也没有特别的新意，就是要求实践的强调，说实学，说无杜撰，说先立乎大者，说辨志，与其说他提出了新的工夫论的理论模型，不如说他从头到尾都是在做要求做工夫的陈述而已，这正是牟先生说他无概念的分解之故，亦即不在形上学也不在工夫论上建立新模型，而是直接要求做工夫的实践派。

但是，这个实践派的作风，却深获牟先生之喜爱。牟先生以实践非实践定位中西，以此模式平移于陆王、程朱之对比，象山学正是以实践的模型而被牟先生创说为实践哲学的高峰形态，此亦本文要深入讨论的最重要问题。

陆象山哲学确实有其特色，但这个特色的重点不在他所提出的新的哲学理论，而在于他对待儒学的实践态度，以及因风云际会之故，儒学史上最伟大的学者朱熹与其同时代而有交流且有冲突对立意见。彰显朱熹哲学的同时，不能不检讨象山对朱熹的批判意见，随着历史的演进，朱熹学不一定永远占胜场，象山学有时更受重视，在朱陆之争的历史中，始终有可供争辩的新课题出现。

牟先生作为当代新儒家第一号大哲学家，也可以说是以批评朱熹肯定陆象山为其儒学理论建构的核心问题。这个工作的成立基础，就在建立象山学的形态上，为此，牟先生借用了许多他教他学的名词及理论来说此事，当然也有些是他自己创新的，包括分解说及非分解说的架构、康德的自律他律说、佛教的第一义说、禅宗的言说法及如实法说、禅宗无心是道说的实有层及作用层说，等等。这些创新或借用的观念或理论，有时候非常有益于解说问题，但更有时候其实是基于对文本的误解以致同时也误用了他教的概念。因此必须好好反思并进行方法论的讨论。

二、说陆象山是“非分解说”哲学的反思

以下，首先讨论牟先生以分解说及非分解说的架构说陆象山哲学的特色，参见其言：

> 象山之学并不好讲，因为他无概念的分解，太简单故；又因为他的语言大抵是启发语，指点语，训诫语，遮拨语、非分解地立义语故。……吾之此种疏解中所成之疏解语言亦大体是第二层序上的，即相应其学之为“非分解的性格”而为第二层序上的，而非“分解地立义”之为第一层序上者。①

就本文言，牟先生针对象山哲学提出了纲领性的定位意见，就是缺乏概念的分解，因此，牟先生也以“非分解的性格”定位象山，说为是第二序的陈述，而非第一序的陈述。因为若就第一序的陈述，象山学实在没说什么，也就是说，象山学根本没有说出什么有意思的新的哲学理论，他只是在要求实践这些传统儒学的价值观念，因此以哲学理论创造的意义来讲时，象山就没什么东西可以讲了。讲哲学理论就是要讲新创造的系统，这就是第一序的陈述的意思，第一序的陈述就是分解以立义，就是层次分明条条清楚地陈述它的知识建构，但是象山没有这些东西，所以无法帮他条条分明，只好转入第二序，至于第二序如何说呢？牟先生这可是无所不施其能地帮着说了，本文之作，即是针对牟先生从第二序又创造出的许多说法来面对象山的观点的讨论。

三、以第一义说谈象山学特质

接着以上的开场，牟先生接着就罗列了六项象山最重视的观念，包括：“辨志、先立其大、明本心、心即理、简易、存养。”而说：“凡此六端并本孟子而说，并无新说。即此本孟子而说者亦是指点启发以说之，并非就各概念重新分解以建立之。”② 此诚其

---

① 牟宗三：《从陆象山到刘蕺山》，第3页。

② 同上，第5页。

然。但是，牟先生异军突起，却是要为象山的这种指点启发语建立新说而论证之、肯认之，并高明之、且优异之，首先，牟先生是建立了实践活动与知识分解的差异以辨异之，而且是以佛教中人讲说第一义观念的模式来讨论的，参见其言：

> 似此所言，则象山乃是就第一义非分解地启发点示，令归于实处。……要想明白其语言，而分解地说出之，亦须先能如此理会，其分解始不谬。分解无论如何重要，总属第二义。……是故象山先令人辨志，先明本心即理，盖其经典的宗主在孟子，而实理实事之宗主则在道德的实践也。象山非必抹杀分解，亦非不能分解，然其所吃紧示人者则在先明轻重本末，故彼常言："端绪得失，则当早辨。"……朱子重分解，此非其病，病有端绪不明也。象山所有话头大部皆对朱子而发。即就孟子而言，朱子之分解失其端绪矣。此由于未能先理会实处也。朱子不自省觉，反以不相干之指责责斥象山，此则一间未达也。是则朱陆之同异宁有如世俗之所想者乎?①

本文重点有三：其一，说象山学即是实践活动之学；其二，讲理论的系统都是分解的，无论如何分解都还需要实践活动以圆实满足之；其三，分解的系统有端绪不明，故宜象山指责之。以下笔者逐一讨论之。

首先，牟先生说象山学的特点重在实践。牟先生说象山学是就第一义启发之令归实处，此说等于在说象山学就是儒学在实践上的落实，进入实践，义理自明，所谓简易也。于是，牟先生即隐含象山学以方法之简易应优于程朱学。其实，象山就是在讲要做工夫之学，而儒学就是实践哲学，儒学的理论就是要拿来实践的学问，但讲理论是为了这个实践之有道理及如何做而讲的，讲理论不等于正在做实践活动，没有任何一套儒学理论不是为了成为君子圣贤的目的而建构的。因此，就理论讲理论的圆满，这是不能与实践混淆的。实践有实践的对路而圆满，理论也有理论的对路而圆满，牟先生要求理论的圆满而以实践实之，其实是搞错了问题。理论的圆满标准在理论，实践的圆满之标准在现实世界的呈现状态。理论自是要落实的，但这是个人的实践的部分，就讲理论而言，最后也应该多此一句，即是要求实做工夫而自赞此为第一义哲学。但是，任何理论的圆满并不是自加一句"要实践"就圆满了，加实践也好不加实践也好，它都是关于实践的理论，这只是个人的实践活动中有没有去落实的问题，这不是哲学家的理论圆满不圆满的问题。现在，牟先生以象山在实践处有所落实，而有高明于其他只讲知识的系统，关键在端绪之明，此说，笔者不同意。

第二点，牟先生讨论象山对待分解的态度。认为问题不在分解，而是分解得不当。但是，笔者认为，牟先生的意见根本就是有分解就有问题，而不是分解得不当才有问

---

① 牟宗三：《从陆象山到刘蕺山》，第 8 ~9 页。

题。依牟先生的意见，既然分解得再好，总属第二义，第一义就是去实践。则，这时所关心的当是实践的圆满，终至成圣，而不是理论的圆满。但是，“实践以达圆满”这件事情不是言说法的范畴，哲学讨论，本来就是在言说法内进行，并且所有的实践哲学的言说法都是为了实践而说的，说了就是要去做，至于有人不做或是做得不对，这是人病的问题，而不是言说法有法病。甚且，实践是一件不容易的事情，那么，实践的圆满如何检证呢？这个议题在当代中国哲学界及传统中国哲学都没有好好讨论过，它在理论上的言说根本尚未开启。并且，并不是说了第一义就是实践臻至圆满，而是成圣才是实践臻至圆满。说了第一义只是说了要去实践，并不等于实践已经圆满。因此，牟先生有问题意识的错置。牟先生以第一义不分解高于分解，而分解之是否失去宗主，则是以有没有要求实践来断定，这是笔者不同意的部分。

第三，牟先生讨论象山批评朱子的关键。这个关键就在于宗主及端绪上，依牟先生一贯的做法，他所关心的哲学问题，既有是否直接要求实践的宗主端绪问题，也有如何实践的方法步骤问题，甚至也包括了形上道体的存有范畴知如何界定的理论形态问题。基本上，牟先生是涵括所有这些问题于一炉的，也就是他是本体宇宙工夫境界论混同不分的。其结果，就可以把要求实践的象山学说成为动态的存有论者，因而也有了高于朱熹的形上学立场，可以说，所有牟宗三先生的儒学讨论的核心问题，都是面对此一朱陆分辨的问题而发展的。

四、从自律与他律问题定位象山学

对于端绪之辨，牟先生认为康德所说的实践规律之依据不同，导致有意志之自律及他律的不同，这就是端绪之辨的要点。参见其言：

> 朱子系统中之实践规律并不是基于利益；但是他的格物穷理之路却使他的实践规律大类乎西方理性主义者之实践规律之基于存有论的圆满上。依康德，基于存有论的圆满与基于上帝的意志俱是意志的他律之原则。……这些原则俱是他律，盖因为其所含的实践规律皆取决于作为目的的一个对象，对于这对象必须先有知识。①

牟先生首先引用了一段康德的文句，不过，笔者的讨论是要以牟先生的理解及认知为对象，故而牟先生之康德学部分是否正确便不讨论。仅就牟先生之所言而言，他认为朱熹格物穷理的思路正是意志他律的模型，因为它类似基于存有论的圆满或上帝

① 牟宗三：《从陆象山到刘蕺山》，第9页。

的意志，依朱熹的模型，应是依据存有论的圆满这一型的，最终也是需要有关于世界的知识，这些知识说出了关于目的的对象的实况。

笔者以为，此处所谓的意志的他律原则，应该不与意志的自律原则有所冲突与对立，理由是，主体的自律决断所行之理念，从其他人的角度而言，若愿说其为合理时，则必以其自律的理念是符合于世界的知识的为证成之据。亦即任一自律的理念并非任意妄为之意志，它必有其理，其理必以世界的知识为依据。除非主自律者否定有世界的共同知识，否则自律、他律不应两相为异。不过，牟先生显然仍有自律优于他律的立场，且以朱熹为他律的形态说之，参见其言：

> 朱子既取格物穷理之路，故道问学，重知识。……此即所谓“即物而穷其理”，即就着“实然”而穷究其“超越的所以然”。是则决定我们的行为者是那外在之理；心与理为识知的对立者，此即所谓心理为二。理是存有论的实有，是形而上者，是最圆满而洁净空旷的；而心是经验的认知的心，是气之灵，是形而下者。……因此，对气之灵之心意而言（朱子论心只如此，并无孟子之本心义），实践规律正是基于“存有论的圆满”之他律者。故彼如此重视知识。①

笔者以为，这许多的讨论既涉及对朱熹文本的误解，也包含牟先生个人的哲学立场。首先，牟先生硬把朱熹的形上学存有论的讨论当作实践的问题在谈，而主张朱熹的这种实践哲学是他律的，是心理为二的。其实，朱熹的实践哲学并不有别于其他宋明儒者的实践哲学，因为儒家的工夫论都是以仁义为价值的本体工夫，只是朱熹多重视工夫次第的问题而已，但是，次第中的任何一项都是本体工夫的。因此，若象山工夫论是自律，则朱熹的工夫论也是自律，事实上所有的儒家哲学体系的工夫论都是自律的，若自律所说的是主体自作决断自我承担自觉而行的意旨的话。至于主体的如此决断、承担与自觉，为何有理？则此时才是进入存有论形上学的讨论处，就此而言，象山的形上学、存有论意见也没有有别于朱熹之说，事实上，象山也都有同样的说法。所以，说决定意志之价值方向者是存有论原理之他律与说决定意志去实践之自律不应是有冲突的立场。谈道德实践必是心意之自律，但心意之自律所追求的理念必须是合于存有论的原理，否则每个实践者依欲念而任意妄为时，亦是依意志之自律了。因此，说自律指的是主体的自觉，但此自觉之所觉所悟必是有理的，要说明它的合理性，就涉及关于世界的知识，说此理即天理，此即进入存有论原理的讨论范畴，此时并不会因为它是涉及世界的知识而称为他律，便有对立于自律的立场。很遗憾的是，牟先生却严分他律与自律为极不同的形态，说朱熹为他律，说象山为自律，甚至认为，谈道德实践就是自律一型才是准确的，对题的。

---

① 牟宗三：《从陆象山到刘蕺山》，第9~10页。

五、对朱熹说象山是禅的反驳

牟先生发现，朱熹对象山之批评中常以其为禅，对此，牟先生甚为反对，并用力反击。笔者以为，朱熹说象山是禅，是以他话头高，以及他的弟子多不下扎实工夫就高谈妄言而说的，在儒者心目中，禅就是如此，什么都没说，却自视过高，这就是后来朱熹对象山及其弟子的一般印象。当然，象山不是禅，而朱陆自己对什么是禅也没弄清楚，互相非议之际，都不得理。所以，笔者当然同意朱熹对象山是禅的攻击是不对的，不过，本文中牟先生的讨论却另有宗旨，重点在于，他是以分解与非分解，以及以朴实之途及知识之途讲道德之不同路数，以辨朱陆之得失。此应讨论。参见其言：

> 惟是象山本孟子而言“心即理”并不取“分解以立义”之方式，而是取“非分解以指点”之方式，即因此故，遂令朱子误想其为禅。其实这与禅何干？……朱子就象山之此种风格说他“说话常是两头明，中间暗”。这“中间暗”便是“不说破”，这“不说破”便是禅（详见下章第八节）。这是笼统地（模糊地）以禅之风格来归属象山之风格。①

简言之，非分解就是在讲直接实践，讲要求做工夫，并不在分辨知识，分辨知识的目的在于做三教辩证以及儒家的价值意识和工夫方式，等等，这也是重要的任务，但若只讲知识而不实践却也是不对的。不过，哲学史上并不曾出现主张只讲知识而不必实践的理论，只是有学者之间对于对方的工夫方式有互相非议的争执而已。朱陆之争根源在此，牟先生解读朱陆之争的路数却不在此。牟先生以易简、支离说象山朱熹的差别，易简者直接实践，支离者说知识说了一大堆，却不见实践。不过，这是从象山的眼光看朱陆之别的，朱熹从来都有讲要直接实践的话语的，证据太多，此暂不述。只是朱熹又有讲知识的理论建构及哲学创作，然而，哲学不讲理论要讲什么？象山才是不讲哲学而是实践孟子的哲学，牟先生把象山的实践说成了非分解的哲学以及朴实之途的哲学，把朱熹讲知识的理论说成了分解的知识以及以知识的进路讲道德，从此形成讲道德的两型。笔者以为，牟先生所说的象山的一型，朱熹完全具备，只是朱熹多了讲知识的一层，而就是这一层，也不见象山在理论上公然反对，甚至是多有使用。两位先生之所以公然对立，并不是谁家的理论好些差些对些错些，而完全是互相对对方的为人风格之不欣赏所致，化约为文人相轻可也。牟先生说非分解的朴实之途以讲道德，笔者同意这是正确的进路，但不同意另一种进路有偏失不及、端绪不明的缺点，

① 牟宗三：《从陆象山到刘蕺山》，第 13 ~ 14 页。

它只是另一种课题。且象山也不曾反对这些知识，而朱熹也在更多的著述及讲学中有朴实非分解的材料，只是牟先生从来不去面对而已。

牟先生对朱熹批评象山为禅学尚有另一讨论重点，即是以作用义及存有义的“无”来说此事。认为禅是说无的，但有作用义及存有义的两型，作用义是共法，儒家可共享；存有义是重点，禅家之无是存有义的，而儒家却是实有的立场，故而不会有存有义的无的立场，但可以有作用义的无的立场，参见其言：

> 此“无心为道”之无心是作用义的无心，不是存有义的无心。此作用义之无心既可通于道家之玄智，亦可通于佛家之般若与禅。在此种“无心为道”之境界下，有种种诡辞出现；随此种种诡辞之出现复有禅家种种奇诡的姿态之出现。但是此种作用义之“无心”，统观象山全集很少见，而且我根本未曾一见，而且象山根本未意识及此，且把此作用义之无心混同于存有义之无心，而视之为邪说，……要说禅，或类乎禅，只有在此作用义之无心上始可说之。但象山尚未进至此义。故朱子说他是禅根本是误想，而且是模糊仿佛的联想。[①]

牟先生首先要定义禅之风格，而以“无心为道”说此，并以此为在朴实之途中将本心之理如实呈现时必有的风格，故通儒释道三家都有，明代阳明学及其后学更能为此，故若以此说象山是禅，则不能成立。因为，这只是作用层的无心，另有实有层的无心，则非儒家立场。其实，牟宗三先生说的作用义的无心，就是工夫境界论的命题，说的存有层的无心，则是本体宇宙论的命题，形上学的命题。笔者以为，说工夫论命题中三教皆有作用义的无心，此说并无不可，但太为疏略。说形上学中佛家是无、儒家是实，此说亦须同意，但也仍是疏略。至于讨论象山学是不是禅学而以有无“无心说”来决定，笔者也可以接受。但重点是，牟先生说象山甚至根本没有这种“无心说”的作用层的模式，更遑论存有层的“无心说”了。此说，笔者也要表示基本上同意。当然，对《象山全集》全面细掘之或有一些说无的话语，但绝非要点之语，象山就是儒学中谈要求做工夫的哲学，此点与禅家在佛学中的特色是相同的，也只是这样而已，象山被说为禅，都是刚烈的教学风格与朱熹不类使然，基本上，对朱熹的批评是不需要反驳的。

当然，同样的标准，象山亦攻击朱熹为禅，这也是不需要辩驳的，因为都说不上道理的。

---

① 牟宗三：《从陆象山到刘蕺山》，第14～15页。

六、牟先生衡定朱陆端绪之是非

牟先生说象山之路是朴实，程朱之路是依知识讲道德，故而端绪有误。此说笔者十分反对。参见其言：

> 盖其讲学宗旨定在道德实践，不在追求知识。知识本身自有其独立意义，但不必与道德实践有直接而本质的相干。……象山之挥斥议论不是挥斥此种知识本身，乃是挥斥依知识之路讲道德。依知识之路讲道德，即成为“闲议论”，不是知识本身为“闲议论”。朱子即是依知识之路讲道德者，故其讲法即成为“闲议论”而无价值。……顺此路讲下去，即使讲到性命天道，太极之理，所成者亦只是静涵系统下之他律道德。此就道德实践言为不中肯。不中肯由于不见道。不见道者即是不明本心自发自律之实事实理也。象山所挥斥者此也。知识本身有何过患？但其有或无对于道德实践不是本质的相干者。①

讲道德，不是只有一种思路而已，牟先生看到的思路，就是劳思光先生所讲的主体性的价值自觉一路，就是关心当客观知识已无问题，问题只在是否提起主体的道德意志决心行动时，该做的事是如何？此时就是顺本心自律而发，此时就是朴实之路。此说笔者完全同意。但是，说朱熹不是这一型的，笔者完全不同意。这种本体工夫、要求做工夫的话语在朱熹的著作中也是比比皆是，只是朱熹另有牟先生所谓的以知识的进路在讲道德的理论而已。讲道德，有去实践的一面，也有真的就是在知识上讲的一面。在知识上讲道德并不等于主张不要去直接实践，更不是闲议论，说闲议论是就他并不是要去实践而予以人身攻击的批评，但这并不是朱熹的实况。朱熹一生的道德实践就表现在他对建构儒学知识理论的心力付出上，不同的儒者可以有不同的实践进路类型，但都是实践。朱熹所异于陆象山的是，他还是关于道德行动的知识的哲学家。此处又有两类问题。其一为谈道德实践主体以及整体存在界的存有范畴的问题一型，以及谈格致诚正修齐治平的工夫次第的问题一型。这两种知识都与道德实践直接相干，但若要说都不等于正在做工夫，这是笔者可以接受的，但讲这些知识就是为了要好好实践、正确实践而讲的，说闲议论是在骂人，说不相干是太傲慢，朱熹不是停留在讲这些知识而自己不实践或主张别人不必实践的人，绝对不是，象山对朱熹的批评可以是古之文人相轻的事件，也可以说朱熹自己对象山的批评也有这种味道在，但绝不能将朱熹的理论上升到依知识的进路讲道德而不实践的宗旨上来，因此牟先生对朱熹的

① 牟宗三:《从陆象山到刘蕺山》，第36~37页。

批评才是理解上不对题的批评，说不识一字亦得堂堂正正做人，此话不假，但不识一字能治国平天下乎?《大学》所讲就是治国平天下需自格物致知始，是次第问题而不是项目取舍的问题，牟先生以为朱熹就是光讲知识故难以落实于直接实践中，这才是不对题的批评。然而牟先生对这种不对题的批评却甚为坚持，又见其言：

> 其“讲学之差”即在其端绪定在伊川，而非孔、孟之统也。顺此路前进，其所成者只为静涵系统（横摄系统）下之他律道德（本质伦理），而非纵贯系统下之自律道德（方向伦理）。此为不可掩之定然事实，而朱子亦安于此而不疑，无待人为之曲解或弥缝也。其所以安于此而不疑正因其不能谛解孟子，视象山之期望为浮泛，视其挥斥“闲议论”为粗暴之气之挥洒，空疏无实之大言。……不知象山之“心地工夫”正在辨端绪得失下本孟子而来者，非泛泛之“心地工夫”也。①

以上，牟先生把个人的自明本心、自我反省的本体工夫具体化为象山的道德朴实之学，把朱熹的道德知识理论说为静涵系统、他律道德，并且把朱陆的冲突落实为朴实之途或依知识之途的路线之争。笔者不能同意牟先生这样的说法。虽然朱陆双方在一定年龄之后两人交恶而互相攻击，但朱熹攻击象山的正是象山的本心修养工夫，反而象山攻击朱熹的都是工夫不对路，而牟先生就是依象山的思路在认识朱熹的，也是依象山的思路在认识朱熹对象山的批评的，以为朱熹对象山的批评就是一点点的意气之事，而象山批评朱熹才是见道与否的问题。其实不然，朱熹对象山的批评就是见到了象山的意气，象山对朱熹的批评都不是为人好坏的问题，反而是究竟是不是对路的、是不是见道的问题。象山欲拉高批评的层次，其实是转移问题。朱熹并没有不做心地工夫，更没有主张不做心地工夫而只做知识讲学，所谓静涵横摄系统是把朱熹讲八目的先知后行之工夫次第之学说成了只要知识不要实践，所谓他律道德是把朱熹在界定道德实践主体的存有论范畴学的心性情理气概念定义问题说成了行动依据于外在原理的他律哲学。朱陆两人之争就是谁修养更好的争执，却都以理论的装饰上升为哲学立场之争，而由牟宗三先生建构新哲学以衡定此两套哲学之孰优孰劣。说到底，并没有这样的两套哲学，这是牟先生自己建构出来的两套哲学。朱熹决不会承认，笔者也不认同。

七、结　论

以上为对牟宗三先生诠释陆象山哲学的方法论讨论。就本文而言，笔者的写作目

① 牟宗三:《从陆象山到刘蕺山》，第49~50页。

的在于更正牟先生的象山学诠释意旨，尤其是涉及朱陆比较的部分，并不在反对牟先生创立新说以建构新儒学，而是反对在文本理解上对于朱陆比较课题中的诸多过激与偏颇之词，企图还原朱陆文本本来的意旨。由于笔者讨论牟宗三先生以及朱熹、陆象山的哲学思想已有多文发表在其他著作中，因此本文之作多为直接断语的表述，相关的证据细节尚需借由他文佐证，望读者谅察，又因交稿期限在即，不及多为注释，只好另待修改时再为补上。

儒学与民主关系研究中的误区

清华大学历史系教授　方朝晖

本文的目的不是质疑或否定民主，而是试图通过揭示民主的价值维度和它的制度维度之间的张力，来澄清当下流行的民主观念中存在的各种问题，并在此基础上揭示长期以来围绕儒学与民主关系的种种争论所存在的严重误区。

一

现代中国人只要一提到民主，第一反应就是人民当家做主，更进一步还会认为它意味着人民主权，所以当然是好东西。在今天中国人的生活里，“民主”一词已经几乎完全变成了一个价值判断，尊重他人意见也成了“民主作风”。按照这种理解，民主可以说是天经地义地合理，谁要是反对民主，简直就不可理喻。在这一基础上，形成了民主/专制二分式思维，即民主是专制的反面，谁要不赞成民主，就相当于维护专制。一个多世纪以来，中国人围绕民主的一系列争论，特别是有关儒学与民主关系的争论，以及如何在中国建设民主的讨论，几乎都建立在这种思想前提之上。

本文认为，上述这种对民主的理解有很大的片面性，包含严重误区，因为它把民主等同于民主所认同的价值，严重忽略了民主的价值维度与其制度维度之间的冲突和张力。我们知道，和人类历史上任何制度一样，民主既有价值维度，也有制度维度，制度和价值这两个维度对民主来说都是必不可少的。那么，民主究竟主要是一种制度，还是一种价值？诚然，民主的价值维度是对民主的规范认识，代表民主的精神追求；没有价值维度，民主就相当于没有灵魂的躯壳。但是，毕竟制度才是民主的真正落实，才代表民主的实体；因此民主的实体是制度而非价值；如果民主有某种价值，也是通过其制度来实现的。我们在理解民主时虽不能脱离价值维度，但只有从制度的角度看民主，才会看到民主在实践中的真实面貌。

必须指出，民主的制度维度与它的价值维度之间的张力是十分明显的。即使在今日西方发达国家，人们也每天都在怀疑民主的制度远远没有实现民主的价值。比如在美国这个被认为最成熟的民主国家，总统大选的投票率曾长期徘徊在50%以下，这如何能反映所谓的人民主权？另一个重要事实是，“二战”以来那么多实行民主的国家，特别是许多非西方民族国家，为他们的民主实践付出了惨重的代价，有的导致了国家分裂、民族解体、族群撕裂、极权专制、军人执政等，其原因恰在于只看到了民主的价值维度，从而把民主理想化，忽视了民主实践中的难度和问题。因此，将民主归结为它所代表的价值，忽略它的制度，在理论上是片面的，在实践中也是危险的。事实上，这样做是建立在忽略民主的制度维度与价值维度之间的张力这一前提下的。

一般来说，在尚未实现民主的国家，人们更倾向于从价值的维度来理解民主；而在已经实现民主的国家，人们更倾向于从制度的维度来理解民主。原因非常简单，没有实现，心向往之，把它当作一种理想，所以从价值维度来理解民主；已经实现，天天面对它，恨铁不成钢，自然认为民主就是那一套实际操作过程。现代中国人把民主理解为就是人民当家做主或人民主权，有其特定的社会历史原因，其中原因之一恰在于对它太不了解，所以对它寄予了太多的期待和幻想。和西方不一样，中国历史上从未出现过类似古希腊或近代早期市民社会中的民主实践。设想一下：假若中国今天实现了我们预想中的民主，我们是会倾向于把它当作一种价值，还是当作一种制度呢？我想一定会更多地把民主当作一种制度，即一套现实操作机制。

当我们说民主主要是一种制度时，民主就成了一个中性词，无所谓好与坏。不仅如此，诸如人民主权之类民主的核心价值，则由于在现实中表现得差强人意，反而可能扑朔迷离起来。这并不是否认民主的价值功能，而是提醒我们注意，从不同的角度看民主，所看到的是很不一样的。对于站在价值维度看民主的人来说，民主在实践中出现的问题可能是民主的理念（价值）没有得到良好执行的结果，所以他们有理由继续坚持站在价值维度看民主。但是，由于民主的制度维度与价值维度之间永远存在着张力，如果民主的制度长期不能实现民主的价值，人们对民主的本质也会改变看法，甚至走向反面；因为毕竟民主所代表的制度是有一系列公认的特征和客观的标准的，而民主的价值何时、怎样才能实现则没有公认的标准；所以从价值维度转向制度维度看民主，也代表对民主本质的理解发生了转变。

二

如果真的把民主的本质归结为它所认同的价值，那么可以说，中国人自古就已经在追求民主，甚至在很大程度上实现了民主。比如说，“人民主权”（popular sovereignty）的观念在儒家经典中随处可见，什么“天听民听、天视民视”、“天下为公”、“民惟邦本”、“闻诛一夫”、“水能载舟、亦能覆舟”之类，但是人们却倾向于认为这些只是民本思想，而非民主思想。因为这些思想停留在道德价值层面，而不能落实为一套客观的制度（这也是新儒家学者徐复观等人的观点，牟宗三更称我国自古有治道的民主而无政道的民主；梁启超所谓我国 of the people，for the people 学说详，而 by the people 学说无，亦是此义）。可见当人们批评儒家没有民主思想时，所注重的是民主的制度维度，反对只从价值维度看民主。然而吊诡的是，当他们倡导民主、或强调民主是普世价值时，却几乎只从价值维度看民主，简直就是在用民主的价值维度来代表民主本身了，完全忽略了制度维度的重要性，仿佛民主的制度与价值二者之间没有张力似的！

很多中国人都认为，民主的本质正在于某种价值，如人民主权之类。可是，如果将人民主权等当作民主的本质（或核心精神），我们就必须承认中国古代的君主制度在很多时候也是一种民主制度，因为它非常非常地强调人民主权（如前所述），至少贞观大唐就可以看作一个民主国家。没有人认为贞观大唐等是人民享有实际政治权力（即主权）的国家，但这只是因为他们把人民主权限定为投票、普选等形式上了。其实人民行使主权可以采取直接的方式，也可以采取间接的方式。上述古代君主国家只是人民行使主权的间接方式而已。人民推翻暴政当然是实际行使了主权，但在人民起义之前，统治者承认人民有权这样做，并以此为基础来指导现实政治、防患于未然，怎能说不是人民主权得到了贯彻呢？然而，说贞观大唐是民主国家，这是与我们的民主常识完全违背的。人们振振有词地说，大唐王朝并未实际赋予人民任何政治权力，所以不是民主国家。但是，这样说不是已经偏离价值维度、而从制度维度衡量民主了吗？如果将民主的本质归结为某种价值，那么甚至可以说，民主不一定非要建立在民主制度之上，任何制度（包括君主制）只要有利于实现民主的价值都是民主的。因为制度只是实现价值的工具，为什么要把工具看得那么重要呢？可是这么一来，中国古代多数思想家就可以摇身一变，成为民主人士了，因为他们多半都主张人民主权。但是有谁会接受这一观点呢？

有人也许可以这样来修改民主的定义，即主张：民主的价值（如人民主权）代表民主的本质或根本精神，但是这种价值是通过具体的制度体现的，即民主必须从制度上保证人民切实享有政治权利。但是，这一辩护也可能遭到这样的质疑：即在绝大多数现代民主国家，包括据说是最典型最成功的民主国家（如美国），人民也普遍认为自己没有切实享有政治权利，包括参与政治事务甚至决定国家官员的任命，难道我们会因此说它们不是民主国家？这是因为，以拥有投票权等作为衡量人民是否具有参与政治事务的权利，本身就值得怀疑。在现实政治中，所谓的投票权只是一种形式，在可供选择的政党非常有限、且各大政党均已被利益集团或山头主义所操纵的情况下，绝大多数人民实际上已经被政党所绑架，他们往往会发自内心地怀疑自己的政治权利。另一方面，如果说民主的价值必须体现为某种制度，即所谓“从制度上保证人民切实享有政治权利”，那么由于人民参政总是不得不诉诸代表制或代议制这种形式，中国古代的辟举、科举等选官制度也可算是一种代表制或代议制，这难道说明采纳辟举、科举的古代君主制也是一种民主制度？事实上，中国古代的官僚制度以选贤举能为特征，而所谓贤能至少在理论上指“民之俊秀特出者”，难道他们不能代表人民？难道古人没有把选贤举能制度化？

只要我们把人民主权一类价值当作民主的本质，即使引入了制度因素作为民主的必要成分，也会面临这样的两难：有些国家实现了民主制度，但不能真正体现民主的价值，我们却把它称为民主国家甚至典型的民主国家；有些国家没有实现民主制度，但较好地体现了民主的本质或价值（我指人民主权），我们却不把它称为民主国家。前者可以美国为例，后者可以贞观大唐为例。这难道不是自相矛盾吗？当然这里还涉及民主的制度为什么必须包括一人一票、公开普选？如果其他一种制度（如科举制）能体现人民主权等民主价值，为什么不能称为民主制度？另外一些相关的问题是：如果民主的制度不能实现民主的价值，为什么还要称它为民主制度？在衡量是否民主时，究竟是制度重要，还是价值重要？这些是我们在定义民主时不得不面对的。除非我们对民主的制度维度与价值维度之间的矛盾视而不见，才会把民主理解为就是人民当家做主，就是人民主权。

说到民主的价值维度，前面我们忽略了自由、平等等通常公认的现代民主价值。这主要是因为人们一般不把它们当作民主的本质或核心价值，而是当成民主的文化价值基础。不过，即使如此，它们与民主制度之间同样存在很大的张力。这个问题，这里不多谈。下面我们就来看看西方人是怎样界定民主的。

据亨廷顿（Samuel P. Huntington）在《第三波：世界范围内的民主浪潮》一书介绍，西方人对民主的定义经过了从价值维度向从制度维度转变的重要过程。过去人们常常习惯于从规范性的价值立场把民主和“人民主权”（popular sovereignty）联系在一起，甚至主张民主建立在“自由、平等、博爱”等一系列崇高的价值之上。然而，20世纪70年代以来，理论家们普遍倾向于从经验描述的角度来定义民主，把一套可以客观衡量的操作程序作为民主的本质要素，这个程序指通过“公开、自由、公正的选举”来产生领导人；尽管按照该程序所选出来的政府不一定有效率，甚至腐败、短视、不负责任、被利益集团操控、不关心公共利益。为什么人们放弃过去那种理想化的、从价值角度对民主的定义，转向主张客观中立地、以程序为标准来定义民主呢？我认为其中有两个重要原因，一是长期持续的西方民主实践，打掉了过去笼罩在民主头上的美丽光环，使人们开始从更加现实的角度来理解什么是民主；二是人们从理论上认识到，民主并不像过去人们所理解的那样，有什么抽象、先验的形而上学基础，它主要是一种制度形式，为它赋予某种永恒绝对的本质是站不住脚的。正像历史上的其他许多制度，如封建制度、君主制度、郡县制度等不可能有什么先验的形而上学基础或绝对本质一样，民主制度也是如此。

三

综上所述，我认为，民主本质上只是一套制度，一定时代、一定环境下的人们，可能赋予这套制度某种价值，在一定的历史时期这套制度确实比其他制度更进步，但不能说人民当家做主、人民主权等一类价值与民主制度之间就有内在的必然联系。鉴于人民当家做主或人民主权，是包括儒家在内的许多古今政治人物和学者所共同追求的，或者说是人类自古迄今所一直追求的崇高价值和伟大政治理想（当然也是我所信仰和追求的），恐怕不能说它们就是民主特有的价值。既然如此，我们把民主理解为就是人民当家做主或人民主权，难道没有问题吗？

走出从价值维度看民主的思维定式，还会有很多新的发现：

首先，我们发现所谓民主/专制的二分式思维不成立。因为专制作为一个贬义词，代表了一种价值判断，并不和任何一种具体的制度形态相对应；但是民主不同，民主并不仅仅代表一种价值，有与之对应的制度实体，而且是一种特定类型的制度，体现在确立领导人/官员的一整套操作程序上。如果我们从制度的层面看民主，则可发现，民主的制度实体是中性的，无所谓好坏，也不一定能实现民主的价值，因此它与专制并不必然是对立的。正因为专制与民主一个无制度实体，一个有制度实体；一个是价值判断词，另一个不是，所以民主与专制构不成对立的两极；正因为专制和民主构不成对立的两极，所以一个人反对民主，不等于他主张专制。很多人一听说某人反对民主，立即认为此人主张专制，正是没有认识到这一点所致。

其次，许多人之所以视民主为“天经地义”，原因正在于他们已经在潜意识里把民主等同于它的价值维度了（即所谓人民主权之类）；他们坚定地捍卫民主，也正因为他们完全从价值的维度来理解民主的本质。民主固然有价值维度，然而，殊不知价值维度与制度维度之间的张力才决定民主在一个国家、一个民族能否实现、效果如何。现代以来在中国倡导民主的人，很少有人认真地考察过在中国文化中实现民主之难，原因恰在于他们把民主当作了一种纯粹的价值理想来追求；可是如果他们关注的重心是民主的实体，即作为制度的民主，就不敢对民主实施过程中可能出现的现实问题掉以轻心，从而对民主的态度也会发生转变，至少不会在任何情况下都毫不犹豫地倡导它。

其三，从制度维度看民主，就会发现民主制度就象历史上曾经出现过的君主制度、封建制度、郡县制度等等一样，是依赖于时代、依赖于特定的社会现实条件而存在的，因而绝不是什么普世价值。如果它有价值，也是相对于特定的时代和社会文化条件而言的，决不是可以脱离社会现实条件而普遍有效的。具体来说，现代民主制度是在血缘纽带冲破、公共领域形成、市民社会诞生的历史条件下形成的。从现代西方社会看，导致民主的因素还包括基督教、特别是个人主义传统等。我曾打过这样的比喻，就如同一个人的皮肤需要严重依赖于人的生理机能一样，民主制度及其运行好坏也严重依赖于一个民族的文化心理基础；脱离民族文化土壤单纯地追求某种制度，把它理想化，是一种制度的乌托邦，终究要受到现实的惩罚。

其四，如果一个人真心信仰“民主的价值”（实际上是人类普世价值），比如人民主权、自由、平等等，不一定就要赞同实行民主的制度（亨廷顿意义上的）。假如现在有两种情况要你选择：一是实现民主的制度，但不能实现民主的价值目标（人民主权等）；二是不实行民主的制度，但能较好地实现民主的价值目标。你会选择哪一个呢？既然我们赞同民主向来都是出于民主的价值目标，为什么们不选择后者呢？须知，非民主的制度不一定就是专制制度，也不一定就是世袭的君主制度，比如科举制度就是一种非民主的选官制度，除此之外还可能有其他类型的非民主制度。

其五，是否可以说，从长远眼光或总体上看，民主制度比其他所有制度更有利于实现人民主权、自由和平等呢？一些民主人士声称，他们之所以追求民主，并不是不知道它的问题（即所谓张力），但是他们相信民主制度是所有制度中最不坏的一个，也最有利于实现上述价值。然而，一旦我们承认文化心理基础才是决定民主制度能否有效运作的主要因素，也就不能简单地、一概而论地说民主制度比其他制度更有利于实现民主的价值了。

四

有了上述基础，我们就可以从许多不必要的思想包袱中解放出来，对儒学与民主的关系作出新的理解：

首先，人类历史上所有重大的、影响深远的政治制度，均不是思想家大脑里人为构想出来的，而是特定历史条件下的产物，包括封建制度、君主制度、郡县制度和民主制度等，莫不如此。指责儒家没有发明民主，正是误以为民主制度是一种哲学的产物，应当由进步思想家发明出来；只有当人们只从一套抽象的**价值论来理解民主的根源时，才会指责儒家没有发明民主**。

其二，正像历史上没有人为孔子未提倡郡县制、科举制而感叹一样，我们也不需要为儒家未提倡民主而感慨。我们都知道，人们一般认为郡县制比封建制更重要，但孔子生前从未倡导过郡县制。事实上孔子那个时代郡县制没有实行的基础，所以他脑子里也压根不会有那样的观念。同样的道理，在中国古代社会民主制更加没有实行的基础，要求孔子具有民主思想，和要求孔子具有郡县思想相比，甚至更加不合理，因为当时的现实离郡县制显然比民主制近得多。

其三，正如儒家在历史上就不担负开出某种制度的使命，根本没有必要像牟宗三等人那样挖空心思地在儒学中重建或加入民主的元素。相反，如果搞一个把儒学与民主结合起来的本体论或形上学体系（如牟宗三），等于是为民主找一个先验的绝对基础，这本身就是忽视民主制度与民主价值之间的张力，把民主等同于民主的价值。

其四，儒学与民主制度的关系，与它和其他中国历史上的重要制度的关系一样，都体现了它与人类政治制度的惯常关系。即儒学不是一些重要的政治制度的设计者或创造者，而是主要提出政治和社会建设的精神和最高原则，从而对现实的社会政治制度加以完善和改造。比如说儒家未发明君主制、封建制、郡县制，但对它们提出了改造和完善的方案，使其消极因素受到抑制。同样的道理，儒学也不承担开出民主制度的任务，而是要研究它能如何完善和改造民主制度。

我曾在拙著《文明的毁灭与新生》（中国人民大学出版社 2011 年版）系统地分析了民主制度赖以产生的历史条件和文化心理基础，并提出：正如历史上的儒家没有以拥抱君主制为主要使命一样，今日儒家也没有必要去拥抱民主制，而主要是发挥其贤能治国和“天下为公”的精神，为校正民主实践中的问题而斗争。所以，儒学与民主的关系，主要是一种实践关系。我们应该分析民主制度在中国文化中是否能适应，而儒学对于克服它在中国文化中的不适应性能做什么；另一个更值得思索的问题是，在中国文化土壤中，自由、平等、人民主权等价值——如果我们确实信仰它们的话——究竟通过什么样的制度来才能得到更好的实现，民主制度是不是唯一和最好的选择。

资本主义何去何从?

——《论语》所提示的资本主义新对策

韩国成均馆大学儒学大学助教授　高在锡

一、序言：出现故障的资本主义

“虽然有许多杰出的经济学者，但是为什么谁都没有预测到如此严重的金融危机?”

2008 年 11 月，访问伦敦政治经济大学（The London School of Economics and Political Science）的英国伊利莎白二世女王，针对当时正在发生的世界金融危机的原因分析报告向学者们提出了这一问题。据说有位经济学者回答说，经济学已经灭亡了。

社会科学中，比任何学问都具有科学性和体系性的经济学的威风一扫而光。美国的次贷危机（sub-prime mortgage crisis）和雷曼兄弟破产（Lehman Brothers bankruptcy）发生至今已有五年，经济停滞和财政赤字仍然还在进行之中，再加上欧元危机，经济学者们强调，经济学需要重新诞生。

2012 年 1 月在瑞士达沃斯召开的“达沃斯论坛（Davos Forum)”[①] 充分体现了这一现状。一直以来，信奉资本主义和自由主义的达沃斯论坛的与会者们通过本次会议诊断，“资本主义出现故障”，重点围绕着持续量产经济停滞和不平等的现有资本主义系统的根本性转换问题进行了讨论。

与过去主张新自由主义旗帜下的开放资本主义（Open Capitalism)、开放市场（Open market）的哲学相反，这次会议中将“资本主义”前的修饰词由“开放”改为“反省”。而且指出，导致资本主义这一体系发生“故障”或“错误操作”的原因正是称之为“大到不能倒（Too big to fail)”的金融机构的傲慢、由此而突出的社会不平等、危机里不创造就业岗位只顾节省开支的企业等等。

虽然资本主义追求的是让所有人得到满足的“乌托邦（理想国，Utopia)”，但是现在却带来了不能让所有人得到满足的“反面乌托邦（糟透的社会，Distopia)”。当然，达沃斯论坛并不是主张抛弃这种出现故障的资本主义，而走向另一种体制。出席会议的大多数专家得出的结论“依然是资本主义”，一致认为应当改善错误的部分创

① 达沃斯论坛（Davos Forum）是世界性硕学和企业人、政府负责人聚在一起，展望经济的未来，共享相互的信息，讨论对资本主义和世界化的意见的“世界经济论坛（World Economy Forum)”。

造新的资本主义。

现在要对一直信奉的新自由主义“只要有市场，就能有效地分配资源，经济也能正常运转”，“一旦政府介入，就会扭曲经济秩序”，“世界化能使所有人幸福，保障人类更美好的未来”等核心理论进行修改是不可避免的。

以合理性、效率性、安定性、中立性、公正性、成长性等为前提的主流经济学的基本法则已经不是科学，只是一种意识形态，社会各界都在对以“变化”为常的新资本主义进行热烈的讨论。

《泰晤士报》(The Times) 经济专栏作家安纳图·凯尔斯盖 (Anatole Kaletsky) 在其著作《资本主义4.0》中，将亚当史密斯以自由放任为原则的古典资本主义分类为“资本主义1.0”；将20世纪30年代大恐慌以后凯恩斯标榜的修正资本主义分类为“资本主义2.0”；将20世纪70年代新自由主义分类为“资本主义3.0”；主张“资本主义4.0”这一新的时代即将到来。资本主义4.0追求的不是赢利和经济价值，而是一种追求照顾弱者、慈善、环境保护等社会价值的资本主义。也就是说，不是把利己、碎片化的个人，而是把齐心协力、相互参与、相互共存的“我们”当作是21世纪型资本主义的新主人，正是资本主义4.0。也有人认为，资本主义4.0是We和Economy的合称“Weconomy”。

장하준在《他们没有说的23种事情》(23 Things They Don' t Tell You about Capitalism) 一书中，对于30年来支配世界的特定资本主义系统“自由市场资本主义”加以批判，并且指出要在“人类的合理性总是有限度的”认识之上，建立能够发挥人类的优点而不是利己心的新的经济系统。①이정전则在《返修经济学》一书中，回顾过去在经济学的历史上留下深刻脚印的经济学大师们的观点，在此基础上试图克服主流经济学的弱点和局限性。特别是他通过马克思经济学和最近学界里提出的“形态经济学(Behavioral Economics)”及“幸福经济学 (The Economics of Happiness)”，摸索经济学的新的方向性。②

本论文关注的正是这一点。这一切着实让我们联想到“百家争鸣”的春秋战国时期及正在热烈讨论资本主义未来的今天，儒学作为东亚共同的精神遗产，究竟能为我们带来些什么？笔者得出的结论是，儒学能够将资本主义的未来引向具有东亚思维特征的新方式“儒学资本主义”，在尊重多元化价值的现今社会中，它依然是对我们有意义的价值体系。

---

① 장하준著，김희정·안세민译，《23 Things They Don't Tell You about Capitalism》，부키，2010.

② 이정전，《경제학을 Recall 하라》，김영사，2011.

二、儒学与资本主义的尴尬相遇

1. 马克斯·韦伯（Max Weber）对儒学的错误理解

东亚与西欧近代的生产方式“资本主义”的正式相遇是在19世纪以后的事情。当时经历西欧列强侵略的东亚将其战败的原因转向“儒学”。认为阻碍民主与科学、近代化与资本主义发展的儒学是应当尽快克服的封建残余。

事实上，在东亚内部发出这种呼声，西欧学者对东亚思想文化的东方主义（Orientalism）的评价也起了一定的作用。其代表人物正是马克斯·韦伯。

他在《新教伦理与资本主义精神（The Protestant Ethic and the Spirit of Capitalism）》一书中，主张除了经济上的直接因素以外，以新教的伦理，即加尔文教（Calvinism）为主的新教伦理在西欧对于打破封建秩序、诞生资本主义起到了决定性的作用。因为在世界宗教的经济伦理之中，只有新教伦理与利润追求这一资本主义的经济活动有着特殊的亲和力，所以能够在西欧最先兴起“合理的”资本主义。

韦伯认为，《马太福音》“奴仆利用主人交给他的钱和自己的才能赚到钱，主人因此而感到高兴”一句中，包含了通过才能的运用来追求利润的资本主义精神；“六天努力工作，第七天谁都不要工作”一句中，则包含了清教徒的勤勉性和储蓄精神。也就是说，将内在于新教伦理中运用资本和才能的利润追求、勤勉性、节约、有节制的支出等职业伦理定义为资本主义精神。

与此相反，韦伯对于在中国资本主义不能发达的理由和原因，列举了中国社会的组织结构上的问题，即货币制度的不完善、国家官僚制度和科举制度、亲族组织的优势、法律制度的不在等等。而最关键的理由是在于与新教伦理背道而驰的儒教伦理。

第一，新教伦理排斥一切巫俗和迷信，只要求严守上帝的戒律。这种态度带来了客观地承认事实的精神和科学的隆盛。相反，中国的一般民众被迷信所支配，相信灵魂的存在。因为儒学要求通过遵守礼仪和实践传统义务来维持社会秩序的安定和和谐，所以作为近代重要价值的科学和合理性经济未能在中国扎根下来。

第二，新教伦理认为，信奉万能的神是人生最重要的责任与义务，个人与血缘之间的关系不过是为了完成这种义务的次要的手段，所以能合理地对待一切事物，持有变革的态度。然而，儒学则认为，孝敬父母、照顾与自己有亲密关系的人们是重要的事情，与家族以外的人们的人际关系是次要的，因而在人际关系方面带有不合理性和顺从的倾向性。新教伦理对于变革西欧中世纪社会的矛盾起到进步的作用。相反，儒学却担当了维持中国封建社会秩序的保守功能，阻碍了进步。

第三，新教伦理为了发扬神的荣耀，用禁欲来合理化现世的生活，从而获得自我解救的确证，所以形成自律人格的基础。相反，儒学重视“体面（面子）”等外在的东西而缺乏内在性，因此对于现有的社会环境表现出无条件适应的态度，不具有变革性。[①]

韦伯说明，中国没有合理的科学，也没有合理的艺术，更没有合理的情绪、法律学、医学、自然科学、技术，而且没有任何神的权威，具有同样的身份却没有人类的权威，哪一个都没有作为竞争者出现或者发展。由此断定，儒学缺乏形成近代资本主义的核心要素，即合理性、利润追求、科学的思维，由于拒绝这种思想文化与经济的专业化，所以阻挡了通往资本主义的道路。

韦伯的这种解释并没有深入地了解儒学的本质，明确指出问题点。尽管这种解释不过是多少带些逻辑性缺陷和狭隘性的自我解释，但还是使西欧人对东亚的认识，乃至对东亚内部的自我认识给予了巨大的影响。虽然费正清（John King Fairbank）、Richard H. Solomon、Lloyd E. Esman 等许多西欧学者主张儒学不会再有未来，但经过五四运动和文化大革命、数十年来有意图地贬低儒学的中国以及东亚各国对传统的否定和西欧化的努力却证明了这一点。

当然韦伯的主张，随着 20 世纪 70 年代以后资本主义不再发展及东亚急速的经济成长，受到了许多修改和批判。

2.“儒教资本主义”的短暂流行

20 世纪六七十年代，随着儒教文化圈的日本、韩国、新加坡、中国香港等东亚地区的经济飞跃发展，直接借用韦伯的理论模式，即诸如宗教、伦理道德等国民上层的意识构造形态对经济发展起积极的影响和作用，开始探讨形成东亚思想文化基础的儒学为经济发展作出巨大贡献的理论前提。森岛通夫（MichioMorishima）已在 1978 年《续 - 英国与日本（続イギリスと日本）》中主张，如果说英国的资本主义是新教资本主义，那么日本的资本主义则是儒教资本主义。[②] 1977 年 6 月 6 日版《新闻周刊（Newsweek）》刊登了“韩国人在涌来（한국인이 몰려오고 있다）”的特辑，认为韩国史无前例的急速的经济成长由来于儒教传统。接着麦克法夸尔（R. Mac Farguhar）在 1980 年 2 月版《经济学人（The Economist）》上刊登“后儒教的挑战（The Post - Confucian Challenge）”一文，断定东亚的经济发展起因于儒教的传统和伦理观，暗示儒教文化圈将是西方现有优越地位的重要挑战者。并且认为，诸如东亚的尊重教育、成就欲望、勤勉节俭、对家族及所属团体的忠诚、比个人更优先集团、尊重排辈等儒教伦理，就像西欧社会的改新教和资本主义的精神一样已经成为经济发展的精神支柱。

随着与儒学多少有些距离的社会科学者的加入，“儒教资本主义”成为流行一时

---

① Max Weber 著，김희정 译，《The Protestant Ethic and the Spirit of Capitalism》，풀빛，2006.

② 森岛通夫（MichioMorishima），《続 イギリスと日本》，岩波新书，1978.

的象征尖端的社会文化代码。不过这也只是“昙花一现”。1997年末，当韩国等东亚国家的经济进入IMF管理之下，“儒教资本主义”一词的确放下了尾巴。“道德风险(Moral Hazard)”、“裙带资本主义（Crony Capitalism)”等新词出现，又开始对儒学投以冰冷而尖锐的目光。

之后，美国的《纽约时报（The New York Times)》报道了名为“亚洲的降服”(아시아의 항복）的新闻：亚洲已经降服，批判过去的二三十年来支撑国家经济的“日本模式”已经开始在亚洲瓦解，同时也为自己取得胜利而感到高兴。而且，被认为是美国代表性东亚专家的理查德·赫尔布鲁克（Richard Hullbrook）指出，一直以来脍炙人口的强烈的家族连带意识、儒教的教育体制、勤勉等“亚洲价值”(Asian Values)是全世界的普遍价值，并不只是亚洲的价值。反而说双重规范、腐败等泛滥，不能让这种亚洲价值复燃。

值得注意的是，“儒教资本主义”的谈论并不是在对儒学本质的理解之上议论资本主义的儒学方向性，而是像韦伯从新教伦理中找到使资本主义发展的教育热、勤勉、节约、有节制的支出等近代要素一样，在儒教中寻找是一种错误的尝试。

因此，이승환在《儒教谈论的地形学》(유교담론의 지형학）中评价：迄今，韩国经济成长过程是彻底的“反儒教”的过程。他说，肆意逃脱法网、贪污腐败、只追求“为富之富”的韩国的财阀和企业家与儒学的“见利思义”精神是非常遥远的，主导经济发展的“强政府”使国会和政党变得无力，完全操纵情报机关和司法机关对国民进行镇压，这是彻底的反儒教的政治。他还反对“家族主义和共同体主义推动了韩国资本主义发展”的主张，说：“儒教的‘恕’是说要扬弃封闭的家族主义，向更宽广的社会扩展‘爱’，不是说停留在族阀体制和集团利己主义上。”①

三、《论语》和资本主义的重新相遇

那么，根源于儒学本质的资本主义究竟具有何种形态呢？当然前提是，如绪论中所提到的“资本主义”的定义，不是指以现有的“利润追求”和“欲望的肯定”为根据的资本主义，而是指“资本主义”一词中已经内含着新的方向性的另一种资本主义。至于这种方向性到底具有什么形态，下面将通过《论语》来进行考察。

1. 对“利”的双重定义：小利与义利

《论语》中，孔子提出君子必须具有的德目，即“仁”和“义”，等等，却忌讳言

① 이승환《유교담론의 지형학》, 푸른숲, 2004.

及“利”。[①]他说：

> 君子喻于义，小人喻于利。[②]

这里，他把义和利视为区分君子和小人的对立的价值。因此他说：“放于利而行，多怨”[③]，警戒追求“小利”的态度。[④]相反，他认为按照内在的德性生活的人“在邦无怨，在家无怨”[⑤]，能够完成最终的人生，得到幸福。

通过孔子的这些言论，分明可以看出他把“利”看成否定的价值。需要注意的是，他所谓的与“义”对立的价值所言及的“利”究竟意味着什么。

为此，首先有必要了解孔子所说的最高德目，即核心概念“仁”。当弟子们问“仁”时，他这样回答：

> 夫仁者，己欲立而立人，己欲达而达人。[⑥]
> 仲弓问仁。子曰：“己所不欲，勿施于人。”[⑦]
> 樊迟问仁。子曰：“爱人。”[⑧]

对于孔子来说，我和他人虽然身体不同，但是由于内在的德性本来是连接在一起的“一个存在”。所以，发自我和他人的德性中的欲望是相同的。我所希望的也是他人所希望的；我所不希望的也是他人所不希望的。因此，爱人之“仁”是只要将我的心推及到对方即可。

这样一来，孔子对个人自由的理解也与西欧社会不同。他说：

> 七十而从心所欲，不逾矩。[⑨]

随心行事却不逾越“矩”，意思是说，在谈个人自由的时候，必须同时考虑社会规范或人们的价值判断。

---

① 《论语·子罕》：子罕言利与命与仁。
② 《论语·里仁》。
③ 《论语·里仁》。
④ 《论语·子路》：无见小利。……见小利，则大事不成。
⑤ 《论语·颜渊》。
⑥ 《论语·雍也》。
⑦ 《论语·颜渊》。
⑧ 《论语·颜渊》。
⑨ 《论语·为政》。

实现了近代化的西欧社会认为，人人都享有天赋的权利，即“个人主权（individual sovereignty)”。只要不妨碍他人，我的问题就不受任何人的干涉或压迫，享有自己决定的权利。任何人都不能剥夺这个决定权，代替我来决定我的问题。因而强烈地拥护个人的权利，对于种种压迫个人权利的多种形态的集体主义表现出挑战和不信任。对于“自由”的认识不包括共同体或集体的自由，只局限在个人的自由之上。随着西欧的近代化而体现出来的个人主义所采取的立场是，比起对于共同体及其规范的集团性团结，更加强调个人的自由权和利害关系。

孔子谈个人自由的时候，联系到人类生活的另一个重要领域“社会性（sociality)”。因为无论什么形态，个人都得生活在社会关系之中，所以从社会中分离出来的原子化的个人的绝对自由或自律性不过是虚构的。随心行事却不逾越“矩”，不单是说摆脱他人的束缚或制约肉体上的自由，还是指称根据内在德性与共同体完成和谐共存的“道德自由”。

当然，与共同体和谐共存的前提条件可以概括为“和而不同”。既不是个人的牺牲，也不是共同体的破坏，而是每个人的个性被尊重，个人和共同体根据实际情况和谐共存。

这样一来，孔子对“利”的定义也就具有了双重性。

前面所提到的“喻于利”、“放于利”、“小利”之“利”意味着不考虑他人，不择手段和方法，只顾追求个人的荣华。这种“利”是分离我与他、家族与社会、国家与国家、人类和自然的盲目追求的“小利”。因此《论语》中的“小利”，除了经济方面以外，还表现为执迷于食、色、居、衣、生、死、富、贵、伐、胜人、贪等的私人欲望。

接着，孔子说：

> 见利思义。①
> 见得思义。②

“基于义的利益”是说，见到利益，则考虑我与他人的关系，追求相互可以共生的价值“义”。即意味着义与利的合一、公与私的合一、道德与经济的合一。因此，当《论语》言及意味着与义合一的利，即“义利”时，并不局限在经济方面，而是延伸到孝敬父母、兄弟之间的友爱、献身社会等社会关系网的完成方面。

2. 以追求“义利”为基础的“儒学资本主义”

孔子认为，我与你、我与我们、我与共同体，虽然在表面上看来是明显有区别的

①② 《论语·宪问》。

相互不同的存在，但是由于内在的德性，个人不是原子化的个人，而是互相连接在一起的具有关系性的存在，完成它正是“基于义的利益（义利）”。

那么，追求“义利”的人生形态具有哪些特性呢？

第一，正当的利益当然要获取，而利用不正当的方式获取的利益则断然地拒绝。孔子说：

> 富与贵是人之所欲也，不以其道得之，不处也；贫与贱是人之所恶也，不以其道得之，不去也。①

社会或者共同体，既是实现个人价值的人生舞台，也是完成德性的平台。然而只重视个人的身体、自己的家族以及自己所属的共同体，而追求利益，那是不义之利。孔子认为，这样的利益如同浮云一般虚无缥缈②，即使有时会经历物质上的贫困，也要为了完成自己终生向往的关系网去追求“义”③。

并且，当弟子问“耻”时，孔子回答说：“邦无道，谷，耻也。”④ 如果一个人兼备德性与实力，那么当国家治理有方的时候自然会被擢授获取正当的利益。而如果国家混乱之时走上官路获取利益，这就证明自己和错误的为政者一样是不道德的人。⑤因此强调要以此为耻，加以警戒。

第二，因为考虑与他人的关系，追求相互可以共生的利益，所以警戒被少数人占有而独食、分配不均匀的社会结构。孔子说：

> 不患寡而患不均。⑥

企业家或政治家应当致力于通过创造利润使企业和国家富有，然而更应当致力于使所有人的利益分配均匀的“均分”。

当然，这里所说的“均”并不是通过算术计算得来的统一分配。所谓“均”，意味着能使我和共同体和谐共生，按照实际情况进行合理分配的“时中的均分”。因此，即使有时我比别人获取的利益少，或者我比别人获取的利益多，也不会有不平不满。孔子谓“因民之所利而利之”⑦，也是因为他认为“义利”应为社会所有成员实现

---

①《论语·里仁》。

②《论语·述而》：饭疏食饮水，曲肱而枕之，乐亦在其中矣。不义而富且贵，于我如浮云。

③《论语·述而》：富而可求也，虽执鞭之士，吾亦为之。如不可求，从吾所好。

④《论语·宪问》。

⑤《论语·泰伯》：邦有道，贫且贱焉，耻也。邦无道，富且贵焉，耻也。

⑥《论语·季氏》。

⑦《论语·尧曰》。

均分。

第三，防止为了创造利益而盲目地进行环境破坏和资源浪费，在持续可能的状态下适当地利用自然环境。[1]孔子说：

钓而不纲，弋不射宿。[2]

孔子认为，不单是人与人，还要把关系网扩大，视天地万物为一物。由于人类与自然相互影响，所以利用自然是不可避免的。当然，这种态度并不是说人类可以随心所欲地改造自然。他说在钓鱼和射鸟的时候，不用大网捕走所有的鱼或者不攻击睡着的鸟。可以说，孔子不认为盲目地牺牲其他存在是理所当然的，就像爱护我的身体一样亲身实践了所有生命的重要性。当然，完成我与共同体，乃至人类与自然的和谐关系也有原则。从近处到远处明确先后关系，从家庭到邻居、到国家、到天地自然逐渐扩大范围，有层次地进行实现。

第四，“义利”不是用法律和制度强制实施的，最终要引导所有人通过德性的完成来自觉实践。因此，孔子来到魏国，这样说：

子适卫，冉有仆。子曰：“庶矣哉！”冉有曰：“既庶矣。又何加焉？”曰：“富之。”曰：“既富矣，又何加焉？”曰：“教之。”[3]

让百姓富裕起来是为政者最首要的事情。然而如果单单重视这一点，用法律和制度来治理国家，就会导致即便违反规定也不觉得羞耻，[4]人类可能有沦为积累财富、生产商品的工具的危险性。因此，孔子认为“富之”不是最好的。只要教导培养内在的德性，建构优先相互信任感的社会，所有的社会成员就会追求正当的利益，把别人当成自己自觉地实现“均分”，自然而然地完成与天地自然的和谐关系。[5] 当然，实现“义利”的德性完成并不仅仅限于百姓，反而为政者更具有影响力，所以孔子周游天下，拜见各国的君主，披沥了自己的观点。

---

① 最近西欧环境团体也在重视“持续可能的开发”概念，解决对自然环境的保护和开发的困境。这在 WCED1987 年发表的《我们的未来》报告书上被正式化，定义为“未来世代在不损害可以满足他们需要的可能性的范围内开发满足现在世代的需要”。因此，持续可能的开发在狭义上意味着经济的持续可能性，而在广义上意味着不仅是经济还包括自然资源在内的整个生态界的持续可能性。

② 《论语·述而》。

③ 《论语·子路》。

④ 《论语·为政》：道之以政，齐之以刑，民免而无耻。道之以德，齐之以礼，有耻且格。

⑤ 《论语·颜渊》：子贡问政。子曰：“足食。足兵。民信之矣。”子贡曰：“必不得已而去，于斯三者何先？”曰：“去兵。”子贡曰：“必不得已而去，于斯二者何先？”曰：“去食。自古皆有死，民无信不立。”

四、结语：从利仁到安仁的“儒学资本主义”的实现

2008年，当世界资本主义面临严重的体制崩溃的危机之时，主导“IMF”等世界经济秩序的新经济思考研究所（INET. The Institute for Economic Thinking）邀请全世界的经济学者，召开了学术大会。通过对新经济学理论的探讨，摸索资本主义的变化。新经济思考研究所的设立人罗伯特·约翰逊（Robert Johnson）在致辞上敦促：“20世纪经济学的思考和理论已经不再符合21世纪”，“要进行新的思考”。①

就像绪论中提到的亚当史密斯主张“看不见的手”一样，他们提出了回归重视道德感性和伦理背景的资本主义，或者引进国家资本主义和人才主义的主张。国家资本主义和中国正在采取的方式一样，由国家直接管理特定的资本主义企业，推动经济发展。人才主义则是为了弥补国家资本主义可能发生的创造性的损害，适才适所地安排能够进行革新和变化以及创造性思考的自由交流的人才，推动整个社会的发展。

为实现“Weconomy”而重视和谐与共存的《Capitalism4.0》主张，“孵化社会型企业”和“提高企业的社会责任”。社会型企业是指，以非营利性组织和营利企业的中间形态来追求社会性目的，同时进行营业活动的企业。在动机方面，社会型企业不追求经济上的价值，而追求社会的持续可能性。在责任方面，不为投入资本的股东负责任，而为解决社会问题而负责任。著名厨师杰米·奥利弗（Jamie Oliver）为薄弱阶层青年的自立而开办的伦敦“Fifteen”餐厅、为脱北者自立而设立的销售北朝鲜食品的“白头食品”企业、由残疾人组成制造女性服装的“번동 코이노니아（Bundo-ngKoinonia）”等是社会型企业的典型例子。虽然存在经营能力不足、资金运转困难、开拓市场困难等问题，但是社会型企业作为最受瞩目的社会性革新运动，为贫困、教育、失业提示了具有革新性的解决方法，由于包容了社会弱者，成为统和社会的对策。

另外，장하성还主张：“企业的目的不是利润的极大化，而是价值的极大化。资本主义要想进化，得衡量在提高经济价值的同时能提高多少共同体的价值、市场是否具有正义感的问题。”政府既要维持竞争这一社会发展的原动力，又要恢复使市场公平运作的调节能力。②

世界已经向过去的资本主义宣布决裂，正在集中摸索基于新世界观的另一种资本主义形态。

儒学最突出的特征在于，根据内在的德性把一切存在者视为连接在一起的存在。综上所述，以这种万物一体的关系论为基础的儒学经济观，提示了与现有的资本主义

---

① 《Economy Insight》24号.

② 장하성,《장하준, 한국경제 길을 말하다》, 시대의 창, 2007.

所定义的“利益”不同的新形态的概念。儒学彻底反对不顾关系性而只顾自己的利益。儒学对“义利”概念的定义是，为了维持我和周围许多有关系的存在者之间的和谐关系，追求基于每时每刻发生变化的“义”的利益。这是以义与利、道德与经济、个人与共同体之合为基本前提的。

因此，“儒学资本主义”具有自然地解决存在于现有资本主义中利己主义、物质万能主义、环境破坏、所得差距等诸多问题的优点。基于内在的德性，追求维持个人与共同体和谐的正当利益，度过视人为己、非物质为主而德性为主的人生，不是少数人独占利益，而是自然形成均匀分配，不肆意开发自然，而是在持续可能的状态下适当地利用自然。

那么，如何实现这种儒学资本主义呢？孔子说：

> 仁者安仁，知者利仁。①

“仁”是实现视人与我为一体的万物一体经济观的根据。“仁者”和“知者”的区别在于，他是已经完成并且正在实践这种儒学经济定义的人，还是以此为目标并且为此而努力的人。因此，“儒学资本主义”的最终目标是，像仁者一样完成德性，自觉地实现以“相生”、“伦理经营”、“社会型企业”、“福利”、“生态”等为核心的“义利”。然而现实中，这种人是罕见的。仍然需要像知者一样为实现它而作出努力。当然与肯定利润追求和欲望的现有资本主义的定义相比，这种“义利”好像不过是与现实遥远的理想。然而儒学知道这才是真正的“义”，要求为实现它而进行不断的努力。所以“儒学资本主义”最终梦想的是，由整个社会实践“经济定义”、“义利”得以实现的“儒学的乌托邦（Utopia）”。

近代化时期，我们无论是自意还是他意，向东亚思想文化曾投以贬低的目光，随着西欧资本主义的引进，热衷于对包含在其中的“理性”、“合理”、“自由”、“科学”等近代的价值追求。然而正如我们所看到的，资本主义现在要求根本性的转换。这个转换分明不是抹杀多元化的价值，而只能定义为一种方式的资本主义会沿着尊重多元化的价值，使它们达成和谐的“和而不同”的多种多样的资本主义方向转换。笔者确信：在这一点上，基于万物一体世界观的“儒学资本主义”仍然会在今天、在这里产生很有意义的作用。

---

① 《论语·里仁》。

参考文献

[1]《论语》。

[2] 每日经济，세계지식포럼 사무국 지음，《Davos Forum，자본주의를 버리다》，매일경제신문사，2012.

[3] Ha－Joon Chang 著，김희정·안세민译，《23 Things They Don't Tell You about Capitalism》，부키，2010.

[4] 이정전，《경제학을 Recall 하라 Recall 김영사》，위선주，2011.

[5] Anatole Kaletsky 著，컬처앤스토리 译，《capitalism 4.0》，장하성，2011.

[6] 장하준，한국경제 길을 말하다，《시대의 창》，시대의 창，2007.

[7] Max Weber 著，풀빛 译，《The Protestant Ethic and the Spirit of Capitalism》，이승환，2006.

[8] 森島通夫（MichioMorishima）著，《続 イギリスと日本》，岩波新书，1978.

[9] 유교담론의 지형학，《푸른숲》，푸른숲，2004.

[10]《The Economist》.

[11]《The New York Times》.

[12]《Newsweek》.

[13]《Economy Insight》.

文为正统，以华化夷

——金元时期儒家士大夫的心路历程

孔子研究院研究员　孔祥林

从12世纪初开始，中国淮河以北和长江以北地区相继落入少数民族之手，长期受到女真族和蒙古族的统治。两个多世纪中，许多儒士为女真、蒙古等异族服务，不少人还得到异族的重用，出将入相，死后甚至追封王公。深受华夷之辨影响的儒士们，在异族统治时期，特别是朝代更替期间，抱持的是一种什么样的心态呢？近读郝经（1223—1275）的《与宋国制置使书》，其中的一段话似乎可以作为答案。

中统元年（1260），忽必烈登基，郝经以翰林侍读学士被委任为国信使出使宋朝。实则求和却谎报大胜的南宋权相贾似道害怕谎言被戳穿，就将郝经软禁在江北。郝经几次致书贾似道均未见回复，不得已致书宋朝两淮制置使李庭芝。书中说："今主上在潜开邸以待天下士，征车络绎，贲光丘园，访以治道，期于汤武。岁乙卯下令来征，乃慨然启行，以为兵乱四十余年而孰能用士乎？今日能用士而能行中国之道则中国之主也。士于此时而不自用，则吾民将膏斧钺，粪土野，其无孑遗矣"①。当然这是郝经的自我辩解之词，但却也代表了许多北方儒家士大夫的心声，他们之所以甘心为异族服务，一是他们的正统观念已经发生了变化，二是要通过出仕以解脱人民的苦难。

转变观念 文为正统

以文化为正统，本来就是中国古代的观念。中国古称华夏，孔颖达解释说："夏，大也，中国有礼仪之大，故称夏；有服章之美，谓之华"②，华夏就是有着礼仪规范和华美服饰的族群。夷狄就是四边尚未开化的族群，华夏和夷狄划分的标准就是文化水准的高低和文明的是否开化。由此可见，早期的华夷之辨并非是以血缘为根基，而是以文化为基础。

孔子主张明华夷之辨，"裔不谋夏，夷不乱华"③，反对以夷变夏，以落后文化冲

---

① 郝经：《与宋国两淮制置使书》，见《陵川集》卷三十七。

② 孔颖达：《春秋左传正义·定公十年》。

③ 《左传·定公十年》。

击先进文化。孔子虽然强调华夷之辨，但在孔子生活的时代民族矛盾并不是很明显，特别是在鲁国，东夷族已基本被华夏族所同化，东夷文化正逐步融合到华夏文化之中，所以华夷仍然只是一个文化的概念。到西汉时，匈奴崛起并不断入境侵扰，焚烧房屋，残杀人民，掠夺人口和财富，民族矛盾上升为社会的主要矛盾，以文化为基础的华夷之辨逐渐演变为以血缘为根基的民族观。随着少数民族入主中原，华夷之辨进而演化成以汉族为正统的政治观。

少数民族进入中原地区，民族矛盾随之激烈，汉族的正统观也随之更加强烈。宋代是历史上实力最弱的汉族统一政权，先后与契丹、党项、女真、蒙古等少数民族交战，屡战屡败，相继失去了北方、西北方、淮河以北、长江以北地区，国土日蹙，汉族士大夫的民族观日益强烈。特别是女真族占领中原时，作为华夏正统的南宋仍然具有较强的实力，不时与女真进行争夺，金占区内的汉族人也不时起义反金，民族情绪一直比较强烈，许多儒士采取不与女真贵族合作的态度。这一点，在郝经家族中表现得就很充分。

郝经是泽州陵川（今属山西省）人，家世业儒，祖父郝天挺《金史》有传，文字很短，不妨全引在这里：

> 郝天挺，字晋卿，泽州陵川人。早衰多病，厌于科举，遂不复充赋。太原元好问尝从学进士业，天挺曰："今人赋学，以速售为功。六经百家，分磔辑缀，或篇章句读不之知，幸而得之，不免为庸人。"又曰："读书不为艺文选官，不为利养，唯通人能之。"又曰："今之仕，多以贪败，皆苦饥寒，不能自持耳。丈夫不耐饥寒，一事不可为。子以吾言求之，科举在其中矣。"或曰："以此学进士业，无乃戾乎?"天挺曰："正欲渠不为举子尔。"贞祐中居河南，往来淇卫间。为人有崖岸，耿耿自信，宁落魄困穷，终不一至豪富之门。年五十，终于舞阳。

郝天挺贞祐（1213—1217）中仍健在，他应该出生在北宋灭亡三十多年以后，属于第二代汉族遗民。但他仍具有民族气节，厌于科举，其实就是不愿出仕，不愿为女真贵族服务。他不仅自己不愿为女真贵族服务，还教育弟子元好问不要出仕，他的儿子郝思温受他的影响，也是一位具有民族气节的儒士，金末时"避地河南之鲁山"，一生也没有出仕。

但是郝经却在蒙古宪宗元年（1251）被忽必烈召见"谘以经国安民之道"时，"条上数十事"①，得到忽必烈的赏识，被留于王府。郝经也积极为忽必烈伐宋出谋划策，留宋十五年而不屈。出身具有民族气节家庭的郝经，按说不应该如此早就投入异族蒙古贵族的怀抱，并且如此忠心耿耿。

---

① 《元史 · 郝经传》。

分析其原因，从北宋灭亡到郝经出仕，时已过百年，人已过三代，朝代也已更替了两次，较之南宋臣民，民族情结、正统观念都已经逐渐淡薄[1]。但汉族士大夫仍然陷入两难的境地，一面是传统的华夷之辨观念，不能为异族服务，一面却是残酷的现实，蒙古骑兵任意杀戮，儒士们空有一身治国安邦的本领，却坐视人们遭受苦难，这也有违儒家的传统。两者相权取其轻，那就是挺身而出，以华化夷，以华制夷。为了给自己找一个合适的理论根据，那就重回文化观的华夷之辨，以文化为正统，"今日能用士而能行中国之道则中国之主也"，只要推行中国文化、重用儒士就可以被视为中国正统。当然郝经还不忘为自己找一个冠冕堂皇的理由，那就是拯民于水火，"士于此时而不自用，则吾民将膏斧钺，粪土野，其无孑遗矣"。

"今日能用士而能行中国之道则中国之主也"，其以文化作为理论基础，改变了以汉族为正统的民族观、政治观。

推行汉法　以华化夷

孔子主张明华夷之辨，但也主张以夏变夷，以先进的文化改变落后的文化。"子欲居九夷。或曰：'陋，如之何？'子曰：'君子居之，何陋之有？'"[2] 尚未开化的地方，君子到了就能使其开化，就可以化夷为华，为什么儒士们就不能以儒家思想去教化蒙古贵族？

蒙古族本是游牧民族，文化落后，进入中原后，仍然保留着军事习惯，迟迟没有建造起国家制度，烧杀掳掠，施行残暴统治。为了彻底改造蒙古贵族，儒士们大力宣扬和推行汉族制度，制止蒙古杀掠等暴行。

《元史·百官志》简要叙述了元朝设置国家管理机构的历史：

> 王者南面以听天下之治，建邦启土，设官分职，其制尚矣。汉唐以来虽沿革不同，恒因周秦之故以为损益，亦无大相远。大要欲得贤才，用之以佐天子理万民也。元太祖起自朔土，统有其众，部落野处，非有城郭之制；国俗淳厚，非有庶事之繁。惟以万户统军旅，以断事官治政刑，任用者不过一二亲贵重臣耳。及取中原，太宗始立十路宣课司，选儒术用之。金人来归者，因其故官，若行省，若元帅，则以行省、元帅授之。草创之初，固未暇为经久之规矣。世祖即位，登用老成，大新制作，立朝仪，造都邑，遂命刘秉忠、许衡酌古今之宜，定内外之官。其总政务者曰中书省，秉兵柄者曰枢密院，司黜陟者曰御史台。体统既立，

---

① 《元史·赵复传》记载，忽必烈在潜邸时，俘获了宋民赵复，"尝召见问曰：'我欲取宋，卿可导之乎？'对曰：'宋，吾父母国也，未有引他人以伐吾父母者。'"其民族情绪就十分强烈。

② 《论语·子罕》。

其次在内者，则有寺，有监，有卫，有府；在外者，则有行省，有行台，有宣慰司，有廉访司；其牧民者，则曰路，曰府，曰州，曰县。官有常职，位有常员，其长则蒙古人为之，而汉人、南人贰焉。于是一代之制始备。

蒙古设置国家管理机构，逐步汉化为法制国家，都是儒士们努力的结果。

在制定官制之前，耶律楚材就蒙古转向汉化法制国家做了许多工作。太宗元年（1229），建议蒙古设置仓廪，设立驿传，征收赋调。二年，设置燕京等十路征收课税使，“凡长贰悉用士人”。三年设立中书省，耶律楚材以其才干被任命为中书令，设置地方官，分理军民财赋。六年，在皇帝同意分封亲王功臣后，建议将封地改为了官征丝米转交。八年，制定了民户公私赋税丝米定额。

正式制定国家制度起于著名儒学家许衡的建议。至元二年（1265），许衡向忽必烈所上《时务五事疏》中，建议实行汉族制度，“考之前代，北方之有中夏者，必行汉法，乃可长久。故后魏、辽、金历年最多，他不能者皆乱亡相继，史册具载，昭然可考。使国家而居朔漠，则无事论此也。今日之治，非此奚宜。夫陆行宜车，水行宜舟，反之则不能行。幽燕食寒，蜀汉食热，反之则必有变，以是论之，国家之当行汉法无疑也”①。元世祖采纳了建议，命许衡、刘秉忠参照汉人制度制定了元朝的官制。

蒙古军队是历史上最为残暴的军队之一，“旧制，凡攻城邑，敌以矢石相加者即为拒命，既克，必杀之”。蒙古兵攻打汴梁，死伤很多，大将苏布特请求城下后屠城泄愤，耶律楚材急忙赶往劝阻，“将士暴露数十年，所欲者土地人民耳。得地无民，将焉用之?”成吉思汗仍犹豫不决，耶律楚材再次劝谏说“奇巧之工，厚藏之家，皆萃于此，若尽杀之，将无所获”，这才打动了成吉思汗，下令只杀完颜氏，一百四十七万人民才幸免蒙古的屠刀。攻占河南后，将俘获金兵编入军队，金兵大多逃归故里，成吉思汗令“居停逃民及资给者灭其家，乡社亦连坐。由是逃者莫敢舍，多殍死道路”。耶律楚材劝谏说：“河南既平，民皆陛下赤子，走复何之？奈何因一俘囚连死数十百人乎?”成吉思汗才废止了连坐的法令。

不仅军队残暴，地方官员也很残暴。成吉思汗时，“帝自经营西土，未暇定制，州郡长吏生杀任情，孥人妻女，取货财，兼土田”，是普遍现象，而“燕蓟留后长官舒穆噜轩达布尤贪暴，杀人盈市”，耶律楚材闻之泣下，即入奏，“请禁州郡非奉玺书不得擅征发，囚当大辟者必待报，违者罪死。于是贪暴之风稍戢”②，贪暴之风才稍有收敛。

即使是忽必烈时期，蒙古军政依然残暴成性。郝经曾两次上书忽必烈建议制止军队的残暴行为，“毋焚庐舍，毋伤人民，开其生路，以携其心”，“不焚庐舍，不伤人

---

① 《元史·许衡传》。
② 《元史·耶律楚材传》。

民，不易其衣冠，不毁其坟墓，三百里外不使侵掠”①。军队残暴，地方政府也不遑多让。“河东赋役，素无适从，官吏囊橐为奸，赋一征十，民不胜其困苦，故多流亡”，而东平更为严重，“其政赋狱讼之繁，视河东为倍蓰。”② 忽必烈也深知蒙古军政的残暴，他曾问张德辉说：“今之典兵与宰民者为害孰甚？”张德辉回答说：“典兵者军无纪律，专事残暴，所得不偿其失。宰固为重，若司民者头会箕敛，以毒天下，使祖宗之民如蹈水火，蠹亦非细。”忽必烈“默然良久，曰：‘然则奈何？’公曰：‘莫若更选族人之贤，如今昆布哈者使主兵柄，勋旧如实都尔古者使主民政，则天下皆受其赐矣”。③

为了制止蒙古的残暴，不少儒士一再劝谏。宪宗甲寅（1254）春，忽必烈南征大理，在察逊诺尔夜宴时，姚枢向忽必烈讲述宋太祖遣曹彬取南唐不杀一人、市不易肆事。明日，忽必烈据鞍呼曰：“汝昨日言曹彬不杀者，吾能为之！吾能为之！”姚枢马上祝贺说“圣人之心，仁明如此，生民之幸，有国之福也”。攻下大理城，忽必烈令姚枢“裂帛为旗，书止杀之令，分号街陌，由是民得相完保”。儒士们以华化夷，终于制服了蒙古野马。

推崇儒学　以华制夷

儒士们深知，依靠自己的力量是难以控制蒙古贵族的，必须借助孔子思想才能制服桀骜不驯的蒙古贵族，于是尽力抬高孔子及其思想的地位，以华制夷，以道统压制治统。

最早进入蒙古核心集团以华化夷的是汉化的契丹族人耶律楚材。耶律楚材八世祖是契丹贵族东丹王，父亲官至金朝尚书右丞，他三岁而孤，在母亲杨氏教育下成长为博学多才的儒士。成吉思汗十年（1215）成为谋士，逐渐获得成吉思汗的信任，先后辅佐成吉思汗、窝阔台和乃马贞后三位帝后，对蒙古的逐渐汉化作出了重要贡献。耶律楚材认为“穷理尽性莫尚佛乘，济世安民无如孔教。用我则行宣尼之常道，舍我则乐释氏之真如”④，因此大力提倡采用儒家思想，主张重用儒家知识分子。他将儒者推许为治天下匠，“治弓尚须用弓匠，为天下者岂可不用治天下匠耶？”使成吉思汗“闻之甚喜”。太宗窝阔台八年（1237），他建议开科举，“制器者必用良工，守成者必用儒臣，儒臣之事业非数十年殆未易成也”，“帝曰：‘果尔？可官其人。’”获得太宗同意，举行了蒙古的第一次科举考试，“以经义、词赋、论分为三科，儒人被俘为奴者亦

① 《元史·郝经传》。
②③ 《元名臣事略》卷十《宣慰张公》。
④ 《湛然居士文集》卷六《寄用之侍郎》。

令就试，其主匿弗遣者死。得士凡四千三十人，免为奴者四之一”[1]。有儒士出身的官员因贪污被治罪，耶律楚材因此受到窝阔台的责备，“卿言孔子之教可行，儒者为好人，何故乃有此辈?”耶律楚材回答说：“君父教臣子亦不欲令陷不义。三纲五常，圣人之名教，有国家者莫不由之，如天之有日月也，岂得缘一夫之失使万世常行之道独见废于我朝乎?”“帝意乃解”[2]，消除了皇帝的疑惑。

宪宗即位，西夏族汉化进士高智耀上疏“陈儒者之所能，三纲五常治国平天下，自古以来用者则治，不可一日无者，故有国家蠲其徭役以养成之”[3]，宪宗问“儒家何如巫医?”高回答说“儒以纲常治天下，岂方技所得比!”[4] 宪宗听后惊喜地说：“有是乎？此至美之事也，前未有与朕言者”，“遂诏汉地河西儒户徭役悉除之，无所与”，免除了西夏旧地儒户的一切差税。第二年又免除了中原汉族儒士的丁税，“凡业儒者，试通一经即不同编户，著为令甲”[5]。

忽必烈在潜邸时，姚枢上疏建议“修学校，崇经术”。即位之初，汉族政治家刘秉忠上书大谈“以马上取天下不可以马上治”的道理，推崇“孔子为百王师，立万世法”，建议开学校、行科举，祭孔子[5]。其部分建议被元世祖采纳，中统二年（1261）六月“诏宣圣庙及管内书院有司岁时致祭，月朔释奠，禁诸官员、使臣、军马毋得侵扰亵渎，违者加罪”。儒学家许衡在至元二年（1265）上书元世祖的《时务五事疏》中建议在全国遍设学校，“自都邑而至州县皆设学校，使皇子以下至于庶人之子弟皆入于学，以明父子君臣之大伦，自洒扫应对以致于平天下之要道。十年以后，上知所以御下，下知所以事上，上下和睦，又非今日之比矣。二者（指重农桑和兴学校——摘者注）之行，万目斯举，否者他皆不可企也”。

为了使蒙古王公推行儒家思想，儒士们甚至推举忽必烈为儒教大宗师。宪宗二年(1252)，张德辉与“元好问北觐，奉启请王为儒教大宗师，王悦而受之”，“继启累朝有旨蠲免儒户兵赋，乞令有司遵行。王为降旨，仍命公提举真定学校”。[6]

经过儒士们的劝谏，蒙古贵族逐渐接受了儒家思想，儒家思想也逐渐被确定为国家的指导思想。元世祖“陈说《四书》及古史治乱，至丙夜不寐”[7]，以“孔子言三纲五常，人能自治而后能治人，能齐家而后能治国”教育臣子[8]。元成宗即位当年(1294）就下诏中外崇奉孔子，“孔子之道，垂宪万世，有国家者所当崇奉”[9]，大兴学

---

①② 《元史·耶律楚材传》。

③⑤ 《庙学典礼》卷五《秀才免差发》。

④ 《元史·高智耀传》。

⑤ 《元史·刘秉忠传》。

⑥ 《元名臣事略》卷十《宣慰张公》。

⑦ 《元史·巙巙传》。

⑧ 《元史·朵罗台传》。

⑨ 《通制条格》卷五。

校。元武宗大德十一年（1307）即位后就加封孔子为大成至圣文宣王，加封诏书说“盖闻先孔子而圣者非孔子无以明，后孔子而圣者非孔子无以法，所谓祖述尧舜、宪章文武、仪范百王、师表万世者也。朕纂承丕绪，敬仰休风，循治古之良规，举追封之盛典”，“父子之亲，君臣之义，永惟圣教之尊；天地之大，日月之明，奚罄名言之妙。尚资神化，祚我皇元”①。推崇《孝经》为“此乃孔子之微言，自王公达于庶民皆当由是而行”②，并命将翻译成蒙古语的《孝经》刻印后颁给蒙古贵族。元仁宗认为“修身治国，儒道为切”，元英宗称真德秀的《大学衍义》为“修身治国，无逾此书”。元代中期以后，蒙古皇帝已经成为孔子思想的忠实信徒和热心推行者，儒家思想也被确定为国家的指导思想。

儒士们不仅仅满足于使蒙古贵族推行儒家思想，他们还要用儒家思想改造蒙古贵族，以华制夷。

刘秉忠上书忽必烈时，以孔子“君子不可小知而可大受，小人不可大受而可小知”论明君用人，以孔子“远佞人”、“恶利口之覆邦家”论亲君子、远小人。许衡以“孟子以责难于君谓之恭，陈善闭邪谓之敬，孔子谓以道事君不可则止”为自己上书剖白，以孔子“为君难，为臣不易”建议忽必烈慎言，“夫人君不患出言之难而患践言之难，知践言之难则其出言不容不慎矣”。

蒙古王室崇奉藏传佛教，初期儒士们虽然不敢直接劝阻，但也间接表示反对。忽必烈尊奉藏族喇嘛八思巴为帝师，让贵族廉希宪受戒，廉希宪是已经汉化的女真族儒士，当然不信佛教，推辞说已经受戒于孔子，“时方尊礼国师，帝命希宪受戒。对曰：‘臣受孔子戒矣。’帝曰：‘孔子亦有戒耶?’对曰：‘为臣当忠，为子当孝，孔子之戒如是而已。’”③ 为臣忠的孔子之教，是对封建王朝更为有用的。天历二年（1329），帝师喇嘛至京师，皇帝令“朝臣一品以下皆乘白马郊迎，大臣俯伏进觞，帝师不为动。惟翀举觞立进曰：‘帝师，释迦之徒，天下僧人师也。余，孔子之徒，天下儒人师也。请各不为礼。’帝师笑而起，举觞卒饮，众为之栗然”。国子祭酒、汉化女真贵族孛术鲁翀敢于违背皇帝的旨意，以儒者身份与帝师分庭抗礼。元末时，张桢则上书直接批评顺帝的佞佛行为是务虚名，“陛下事佛求福，饭僧消祸，以天寿节而禁屠宰，皆虚名也。今天下杀人矣，陛下泰然不理，而曰‘吾将以是求福’，福何自而至哉!”④

儒士们大力推崇孔子思想，目的就是以道统压制治统。

张德辉在忽必烈幕府时，忽必烈经常询问“圣人道德之旨，修身治国之方，古今治乱之由”，张德辉回答“详明切直”，使忽必烈“多所开悟”。定宗二年（1247），忽

① 《加封孔子为大成至圣文宣王诏旨碑》，碑在曲阜孔子庙。
② 《元史·武宗纪》。
③ 《元史·廉希宪传》。
④ 《元史·张桢传》。

必烈问“孔子没已久，今其性安在?”张德辉回答说“圣人与天地终始，无往不在。殿下能行圣人之道，性即在是矣”，力劝忽必烈推行儒家思想。次年春，张德辉奉命祭祀孔子，祭祀后将祭肉呈送给忽必烈。忽必烈问张德辉祭祀的礼仪，张德辉回答说:“孔子为万代王者师，有国者尊之，则严其庙貌，修其时祀。其崇与否，于圣人无所损益，但以此见时君崇儒重道之意何如耳”，忽必烈当即说“今而后此礼勿废”[①]。儒士们是非常聪明的，他们急于推行孔子的思想以改造蒙古贵族，但却故意显示出一种无求于人的态度。是否推崇孔子，对于孔子是无所损益的，只是显示皇帝是否崇儒重道。

徐元隆认为儒家思想与封建皇帝是相互依赖的关系，“非圣天子则圣人之道不行，微吾夫子则帝王之道不明”[②]，而曹元用则认为封建皇帝更依赖于孔子思想。“孔子之教非帝王之政不能及远，帝王之政非孔子之教不能善俗。教不能及远，无损于道；政不能善俗，则危其国”[③]，虽然二者有相互依赖的关系，但是帝王更有求于孔子思想。孔子思想被推行与否，对孔子思想并没有损害，但帝王离开孔子思想就会亡国，帝王必须推行孔子的思想。曹元用并非只是远发空言，祭祀孔子庙后回到大都，还将有此段文字的《代祀孔子庙碑》碑文献给皇帝，“天历二年，代祀曲阜孔子庙还，以司寇像及《代祀记》献，帝甚喜”[④]。阎复撰写的加封孔子为大成至圣文宣王的诏书也明确说“尚资神化，祚我皇元”，蒙古贵族的统治依赖于孔子思想的庇佑。

孔子思想与帝王的关系，其实就是道统与治统的关系。

周代以前是道统与治统合一的时期，“天佑下民，作之君，作之师”[⑤]，君主有德有位，兼具管理者和教化者的功能，以教化治理国家。春秋时期礼崩乐坏，德与位分离，道统与治统也开始分离。孔子有德而无位，创立儒家思想，被后世尊为素王，成为道统的代表，士大夫们也以道统的担当者自居，而君主就成为治统的担当者。孔子“以道事君，不可则止”[⑥]，对君主合则事，不合则去，道统相对治统具有很大的独立性。战国初期，士大夫们不满足于以道事君，而是要做君主之师。西汉统一，道统地位提高，孔子思想成为国家的指导思想，但士大夫的地位却下降了很多，几乎完全沦落为君主的奴仆。隋唐时期，道统与治统地位颉颃，随着科举制的实行，士大夫地位提高，君与臣共天下，臣子能够制约皇权，道统可以制约治统。从宋代开始，道统地位逐渐超过治统，帝王开始亲自向孔子顶礼膜拜。有元一代，虽然对孔子尊崇有加，追封孔子为大成至圣文宣王，皇帝不时派遣官员到曲阜孔子庙祭祀，至大四年（1311）还首开帝王登基遣官告祭曲阜孔子庙的先河，但却从未有皇帝像宋金皇帝那样亲自祭

① 《元史 · 张德辉传》。
② 徐世隆:《重建洙泗书院记》，见明《阙里志》卷十八。
③ 曹元用:《代祀孔子庙碑》，见明《阙里志》卷十八。
④ 《元史 · 曹元用传》。
⑤ 《尚书 · 泰誓》。
⑥ 《论语 · 先进》。

祀孔子，臣子制约皇权的能力有所下降，道统的地位也有所降低。正是在这种情况下，儒士们大力推崇孔子思想，提高道统地位，以此压制治统。当然，由于元朝享国时间太短，儒士们的目的并未全部达到。

宋金元并立时期，民族矛盾异常尖锐，社会激烈动荡，北方各族人民特别是汉族人民遭受了沉重的苦难。面对人民的苦难，儒家士大夫们并没有逃避，虽然囿于华夷之辨的桎梏和背负着汉奸的恶名，他们仍然继承了儒家积极干预社会、改造社会的传统，尤其在蒙古初期，以华化夷，以华制夷，将蒙古贵族逐渐引入儒家的传统轨道，减轻了各族人民的苦难，提高了少数民族的文化水平，促进了民族融合。这其中固然不乏建功立业个人抱负的驱动，但我们也应该肯定他们的历史功绩，特别是在传统思想文化日益复兴的时期，是值得我们借鉴的。

“亲亲相隐”与“隐而任之”[①]

中国人民大学国学院教授 梁 涛

最近学术界围绕“亲亲相隐”的问题，引发了一场如何认识、评价儒家伦理的讨论，涉及如何看待血缘亲情，以及孔孟等儒者是如何处理血缘亲情与仁义普遍原则的关系等一系列问题。[②] 对此，学者已发表了不少高见，澄清了一些问题。但总体上看，该次讨论更多地是一场“立场之争”而非“学术之争”。其实对于“亲亲相隐”这一复杂的学术问题，辨明“事实”比做出“评判”更为重要，“立场”应建立在“学术”的基础之上。值得注意的是，近年出土的简帛文献中涉及与“亲亲相隐”相关的内容，为我们理解这一学术公案提供了重要的材料。本文拟结合地下的新出土材料以及前人的讨论，对“亲亲相隐”尤其是儒家对于血缘亲情的态度和认识做一深入、系统的分析和梳理。

一、《论语》的“直”与“直在其中”

有关“亲亲相隐”的一段文字见于《论语·子路》章，其原文是：

> 叶公语孔子曰：“吾党有直躬者，其父攘羊，而子证之。”孔子曰：“吾党之直者异于是。父为子隐，子为父隐，直在其中矣。”

面对“其父攘羊，而子证之”的尴尬局面，孔子的态度如何，主张应如何化解之，其实是个需要分析和说明的问题，这涉及对“直在其中矣”一句中“直”的理解。在《论语》中，直凡二十二见，是一个不为人重视但相对较为重要的概念，其内涵也较为复杂，在不同的语境下有微妙的差异。大致而言，直有直率、率真之意，也指公正、正直。前者是发于情，指情感的真实、真诚；后者是入于理，指社会的道义和原则，《论语》有时也称“直道”，而直就代表了这样一种由情及理的活动与过程。直与《论

---

① 本文为中国人民大学明德学者支持计划“新出土文献与早期儒学”（10XNJ028）前期成果。

② 参见郭齐勇主编：《儒家伦理争鸣集——以“亲亲互隐”为中心》，湖北教育出版社 2004 年版；《〈儒家伦理新批判〉之批判》，武汉大学出版社 2011 年版。

语》中仁、义等其他概念一样，是一个过程、功能性概念，而非实体性概念。在《论语》中，直有时是指直率、真实之意，如《论语·公冶长》说：

子曰：孰谓微生高直？或乞醯焉，乞诸邻而与之。

邻人前来借醋，或如实相告家中没有，或向别人家借来以应乞者之求，本身没有是非对错之分，但后一种做法未免委曲做作，不够直率、坦诚，有沽名钓誉之嫌，故孔子认为不能算是直。这里的直主要不是指公正、正直，不是一个品质的问题，而是性情的流露，指坦率、实在。微生高为鲁人，素以直闻，说明其品质正直，能恪守原则。但微生高的直往往生硬、刻板，有惺惺作态之嫌，故孔子对其有所保留。在孔子眼里，直不仅指公正、正直，指乐善好施的品质，同时还指率真、率直，指真情实感的流露，微生高显然没有做到后一点，孔子对其不满也主要在于此。与此相对的是“狂而不直”（《泰伯》），钱穆说：“狂者多爽直，狂是其病，爽直是其可取。凡人德性未醇，有其病，但同时亦有其可取。今则徒有病而更无可取，则其天性之美已丧，而徒成其恶。”① 又，《论语·阳货》称：“古之愚也直，今之愚也诈而已矣。”“愚也直”的“直”指质朴、耿直，古代的人愚笨而纯朴、耿直，远胜于今人的愚蠢而狡诈。不过“愚也直”虽然有其质朴、真实的一面，但并非理想状态。所以仅仅有质朴、率直还是不够的，还需经过学习的提升、礼乐的节文，使德性、行为上达、符合于义，否则便会有偏激、刻薄之嫌。孔子说“好直不好学，其蔽也绞”（同上），又说“直而无礼则绞”（《泰伯》）。绞，急切、偏激之意。邢昺疏：“正人之曲曰直，若好直不好学，则失于讥刺太切。”如果一味地率性而为，不注意性情的陶冶，难免会伤及他人，招人厌恶了。故说“恶讦以为直者”（《阳货》）。讦，“攻人之阴私也”（《玉篇·言部》）。当面揭露别人的短处、隐私，似乎是率直、敢为的表现，其实是粗鲁、无礼，根本不能算是直。正确的态度应该是“质直而好义”（《颜渊》），既有率真、真实的本性，又重视义道的节制，发乎情，止乎礼，这才是“达者”所应具有的品质。所以《论语》中的直也常常指恪守原则，公正、正直，实际是对“质直”的“直”（率真、率直）与“好义”的“义”（原则、道义）的结合，指直道。在《论语》中，“直道”凡二见：

柳下惠为士师，三黜。人曰：“子未可以去乎？”曰：“直道而事人，焉往而不三黜！枉道而事人，何必去父母之邦！”（《微子》）

子曰：“吾之于人也，谁毁谁誉？如有所誉者，其有所试矣。斯民也，三代之

① 钱穆：《论语新解》，生活·读书·新知三联书店2002年版，第227页。

所以直道而行也。”（《卫灵公》）

前一章中，“直道”与“枉道”相对，直道即公正、正直之道，也就是义道。浊乱之世，不容正直，以直道事人，自然见黜；以枉道事人，又非心之所愿。夫子以柳下惠为喻而感慨系之。后一章中，“斯民”指孔子所赞誉之民，也就是有仁德之民。以往学者释“斯民”为“三代之民”（刘宝楠《论语正义》），或“今此之人也”（朱熹《论语集注》），“即今世与吾同生之民”①，均不准确。其实《论语》中有一段文字，可与本章对读。

子曰：“人之生也直，罔之生也幸而免。”（《雍也》）

“人”读为“仁”，指仁者；“罔”读为“妄”，指妄者，与仁者相对。②仁者生存于世，是因为公正、正直，狂妄者生存于世，则是因为侥幸而获免。所以，三代之所以直道流行，就是因为有这些以直道立身的“斯民”的缘故，正是“人能弘道，非道弘人”（《卫灵公》）。

综上所论，《论语》中的直在不同语境下，具体内涵有所不同，既指率真、率直，也指公正、正直，兼及情与理，而直作为一个德目，代表了由情及理的实践过程，亦称直道。直的这一特点，与早期儒家重视情感与理性的统一密切相关。郭店竹简《性自命出》云：“苟以其情，虽过不恶；不以其情，虽难不贵。”（50简）如果是发自真情，即使有了过错也不可恶；如果没有真情，做到了难以做到的事情也不可贵。可见情的重要！既然只讲情可能会导致过错，那么，正确的方式应是“始者近情，终者近义”，既发于情，又止于义（理），“知情者能出之，知义者能内（入）之”（3—4简），做到情理的统一，这一过程就是道，故又说“道始于情”。《性自命出》反映的是孔子、早期儒家的情况，《论语》中的许多概念都可以从这一角度去理解。如孔子的仁既指“亲亲”，也指“泛爱众”（《学而》），仁道就代表了由孝亲到爱人的实践超越过程。仁不是一个实体性概念，而是一个功能性概念，直也是如此。

搞清了直的特点及其含义的微妙差异，我们才有可能对“亲亲相隐”章做出更为准确的解读。首先，本章三次提到直——“直躬”、“吾党之直者”、“直在其中矣”，但具体内涵有所不同。“直躬”之直主要是公正、正直，但直躬只讲理不讲情，故为孔子所不满。“吾党之直者”代表了孔子理想的直，兼及情与理，其直是指直道。关键在于“直在其中矣”一句中的直，一般学者往往将其理解为公正、正直，那么，此句就是说父亲为儿子隐瞒，儿子为父亲隐瞒，是公正、正直的，或体现了一种正直，显然

---

① 钱穆：《论语新解》，第441页。

② 此采用廖明春先生的说法，见其给笔者的电邮。

是不合适的。其实，这里的直是直道的具体表现，是率真、率直，而不是公正、正直。孔子的意思是说，面对亲人的过错，子女或父母本能、自然的反映往往是为其隐匿，而不是控告、揭发，这一率直、真实的感情就体现在父母与子女的相互隐匿中。故从人情出发，自然应亲亲相隐。孔子的这一表述，只是其对直躬“证父”的回应，而不是对“其父攘羊”整个事件的态度，不等于默认了“其父攘羊”的合理性，或对其有意回避，视而不见。因此如学者指出的，在该章中虽然出现了三个直，但叶公、孔子所说的直内涵其实是有所不同的，叶公是立足于“法的公平性”、“法无例外”来说直①，而孔子则是从人情之本然恻隐处论直，是人心人情之直。直“不是法律是否、社会正义的含义”，而“与情感的真诚性有关”②，是一种发诸情感，未经礼乐规范的率真、真实。这种直虽然为孔子所珍视，但并非最高理想，不是直道，还有待学习的陶冶、礼乐的节文进一步提升之，由情及理，上达直道。孔子对直躬的不满，主要在于其只讲理不讲情，而孔子则希望兼顾情感、理性两个方面。从率真、真实的情感出发，孔子肯定“父为子隐，子为父隐”的合理性，但从公正、正义的理性出发，则必须要对“其父攘羊”做出回应。盖因自私有财产确立以来，几乎所有的民族都将禁止盗窃列入其道德律令之中，勿偷盗几乎是一种共识，孔子自然也不会例外。只不过由于情景化的表述形式，孔子点到即止，没有对这一重要问题做出说明，留给后人一个谜团，引起种种误解和争议。

二、直道的实现：“隐而任之”

幸运的是，近些年地不爱宝，孔子没有谈到的问题却在地下文献中被涉及，使我们有可能了解，从维护公正的角度，孔子、早期儒家将会对“其父攘羊”之类的问题做出何种回应。2004 年公布的《上海博物馆藏楚竹书（四）》中，有《内礼》一篇，其内容与《大戴礼记》中的《曾子立孝》、《曾子事父母》基本相同。据学者研究，《内礼》应是孔门嫡传曾子一派的作品，其内容一定程度上也反映了孔子的思想。《内礼》说：

> 君子事父母，亡私乐，亡私忧。父母所乐乐之，父母所忧忧之。善则从之，不善则止之；止之而不可，隐而任之，如从己起。（第 6、8 简）

面对父母的“不善”之行，《内礼》主张“止之”，具体讲，就是要谏诤。由此类

---

① 庄耀郎：《〈论语〉论“直”》，《教学与研究》（台湾）1995 年第 17 期。

② 李泽厚：《论语今读》，生活 · 读书 · 新知三联书店 2004 年版，第 315 页。

推，对于“其父攘羊”，孔子一定也是主张谏诤的。如果说“隐”是一种率然而发的性情之真，是对亲情的保护的话，那么，“谏”则是审慎的理性思考，是对社会正义的维护。在孔子、早期儒家看来，这二者实际是应该结合在一起的。所以儒家虽然主张“事亲有隐而无犯”（《礼记·檀弓》），却一直把进谏作为事亲的一项重要内容。“子曰：事父母几谏，谏志不从，又敬不违，劳而不怨。”（《论语·里仁》）“父有争子，则身不陷于不义。故当不义，则子不可不争于父……从父之令，又焉得为孝乎?”（《孝经·谏诤章》）“父有争子，不行无礼；士有争友，不为不义。”“从道不从君，从义不从父。”（《荀子·子道》）因此，不好简单地说，儒家错误地夸大了血缘亲情的地位，为了血缘亲情就无原则地放弃了普遍准则。在重视血缘亲情的同时，儒家对于是非、原则依然予以关注，依然主张通过谏诤来维护社会正义。值得注意的是，儒家对于谏诤的态度呈不断强化的趋势。在《论语》中，只说“几谏”，几，微也。微谏，即微言讽谏。在成书于曾子一派的《孝经》中，则说“当不义，则子不可不争于父”，争，读为“诤”，谏诤之意。到了《荀子》，则明确提出“从义不从父”，说明随着时代的发展，“义”的地位越来越凸显，谏诤的作用也不断被强调。但问题是，当子女的谏诤不被父母接受时，又该如何实现直道？又该如何兼顾情理两个方面呢？《内礼》的回答是“隐而任之”，任，当也，即为父母隐匿而自己将责任担当下来。故根据儒家的观点，直躬的根本错误在于当发现父亲攘羊后，不是为其隐瞒而是主动告发，正确的态度则应是，替父亲隐瞒而自己承担责任，承认是自己顺手牵羊。这样情理得到兼顾，亲情与道义得以并存，这才是真正的直，是率真、率直与公正、正直的统一，是直道。所以，为全面反映孔子、儒家思想起见，“亲亲相隐”章应根据《内礼》的内容补充一句：

> 叶公语孔子曰：“吾党有直躬者，其父攘羊，而子证之。”孔子曰：“吾党之直者异于是。父为子隐，子为父隐，直在其中矣。[隐而任之，则直道也。]”

“亲亲相隐”是对亲情的保护，是率真、率直；“隐而任之”则是对社会道义的维护，是公正、正直，由于兼顾了情与理，故是直道也。二者相结合，才能真正全面地反映孔子、儒家对待“其父攘羊”之类行为的态度。以往学者在讨论该章文字时，由于没有对“直”字做细致的分疏，不了解孔子情景化的表述方式，以偏概全，反而在“亲亲相隐”的是非对错上争论不休，控辩双方恐怕都没有切中问题的实质，没有把握住孔子对于“其父攘羊，而子证之”整个事件的真实态度。

那么，“亲亲相隐”是否有一定的范围、条件呢？是否只要是亲人的过错都一概可以“隐而任之”，由己代过呢？这个问题比较复杂，因为儒家内部并非铁板一块，不同派别态度可能并不完全一样。不过一般而言，早期儒家主张“亲亲相隐”是有一定范围和条件的，主流儒家是情理主义，而不是亲情主义，更不是亲情至上论。如简帛

《五行》篇就认为，虽然为亲人隐匿是合理、必要的，但并非没有条件的。其文云：

> 不简，不行；不匿，不察于道。有大罪而大诛之，简也；有小罪而赦之，匿也。有大罪而弗大诛也，不［行］也；有小罪而弗赦也，不察于道也。简之为言犹练也，大而显者也[①]；匿之为言也犹匿匿也，小而隐者也[②]。简，义之方也；匿，仁之方也。(第38—41简)

《五行》提出了处理罪行的两条原则：简和匿。其中“简之为言犹练也”，练，指白色熟绢，引申为实情。《礼记·王制》：“有旨无简不听。”孔颖达疏：“言犯罪者，虽有旨意，而无诚（情）实者，则不论之以为罪也。”就是作实情讲。因此，简是从实情出发，秉公而断，是处理重大而明显罪行的原则，故又说“有大罪而大诛之，简也”。“匿之为言也犹匿匿也”，“匿匿”的前一个匿是动词，指隐匿。后一个匿应读为“昵”，指亲近。《左传·襄公二十五年》：“危不能救，死不能死，而知匿其昵。”杜预注：“匿，藏也。昵，亲也。”所以匿是从情感出发，隐匿亲近者的过失，是处理轻微不容易被注意罪行的原则，故又说“有小罪而赦之，匿也”。《五行》简、匿并举，是典型的情理主义。在其看来，论罪定罚的界限不仅在于人之亲疏，还在于罪之大小，不明乎此便不懂得仁义之道。对于小罪，可以赦免；对于大罪，则必须惩处。据邢昺疏，“有因而盗曰攘，言因羊来入己家，父即取之”（《论语注疏·子路第十三》）。可见，“其父攘羊”乃顺手牵羊，而非主动偷羊，显然是属于“小罪”，故是可以赦免的，孝子的“隐而任之”也值得鼓励。只不过前者是法律的规定，后者是伦理的要求。但对于“其父杀人”之类的“大罪”，则应依法惩办，孝子自然也无法“隐而任之”，替父代过了。《五行》的作者学术界一般认为是孔子之孙子思，故子思一派显然并不认为亲人的过错都是应该隐匿的，可隐匿的只限于“小而隐者”，即轻微、不容易被觉察的罪行。其强调“不简，不行”，就是认为如果不从事实出发，秉公执法，就不能实现社会的公正、正义。又说“不以小道害大道，简也”（34—35简），说文的解释是：“不以小爱害大爱，不以小义害大义也。”小爱，可理解为亲亲之爱；大爱，则可指仁民爱物之爱。小义、大义意与此相近，前者指对父母亲人的义，后者指对民众国家的义。故子思虽然简、匿并举，但更重视的是简，当小爱与大爱发生冲突时，当小义与大义不能统一时，则反对将小爱、小义凌驾于大爱、大义之上，反对为小爱、小义而

---

① “显”，帛书本作“罕”，竹简本作“晏”，意思不明。周凤五先生读为“显”，盖显与罕、晏古音相通。参见周凤五：《简帛〈五行〉一段文字的解读》，“简帛文献对思想史研究的方法论启示”工作坊论文，香港中文大学2012年6月。

② “隐”，帛书本作“軫”，竹简本作“访”，整理者认为是“軫”之讹。周凤五先生读为“隐”，“二字音近可通”，同上。

牺牲大爱、大义，也就是说，子思虽然也认可“隐而任之”的原则，但又对“亲亲相隐”做了限制，“其父杀人”之类的大罪并不在隐的范围之中，子思的这一主张显然与孟子有所不同，而代表了一种更值得关注的思想传统。

现在回头来看《孟子》中饱受争议的舜“窃负而逃”的故事，就能发现这段文字其实也是可以从“隐而任之”来理解的，只不过其立论的角度较为特殊而已。据《孟子·尽心上》：

> 桃应问曰：“舜为天子，皋陶为士，瞽瞍杀人，则如之何?”孟子曰：“执之而已矣。”曰：“夫舜恶得而禁之？夫有所受之也。”“然则舜如之何?”曰：“舜视弃天下犹弃敝屣也。窃负而逃，遵海滨而处，终身䜣然，乐而忘天下。”

当面对父亲杀了人，儿子怎么办的难题时，舜做出了两个不同的选择：一方面命令司法官皋陶逮捕了杀人的父亲，另一方面又毅然放弃天子之位，背起父亲跑到一个王法管不到的海滨之处，“终身䜣然，乐而忘天下”。可以看到，孟子与子思的最大不同是扩大了“亲亲相隐”的范围，将“其父杀人”也包括在其中。当小爱与大爱、小义与大义发生冲突时，不是像子思那样坚持“不以小道害大道”，而是折中、调和，力图在小爱与大爱、小义与大义之间维持一种平衡。而维持平衡的关键，则是舜的“弃天下”，由天子降为普通百姓，使自己的身份、角色发生变化。郭店竹简《六德》：“门内之治恩掩义，门外之治义斩恩。”说明早期儒家对待公私领域是有不同原则的。依此原则，当舜作为天子时，其面对的是“门外之治”，自然应该“义斩恩”，秉公执法，为道义牺牲亲情；但是当舜回到家庭，成为一名普通的儿子时，其面对的又是“门内之治”，则应该“恩掩义”，视亲情重于道义。故面对身陷囹圄的父亲，自然不能无动于衷，而必须有所作为了。另外，舜放弃天子之位，或许在孟子看来，某种程度上已经算是为父抵过，为其承担责任了。这样，孟子便以“隐而任之”的方式帮助舜化解了情与理、小爱与大爱之间的冲突。这里的“隐”是隐避之隐，而“任之”则是通过舜弃天子位来实现。

三、亲亲相隐：范围、理据和评价

由上可见，早期儒家内部其对于“亲亲相隐”的态度并非完全一致，子思简、匿并举，匿仅限于“小而隐者”，而孟子则将“其父杀人”也纳入隐或匿的范围之中。那么，如何看待子思、孟子二人不同的态度和立场呢？首先，是立论的角度不同。子思《五行》所说的是处理案狱的现实的、可操作的一般原则，而《孟子》则是特殊情境下的答问，盖有桃应之问，故有孟子之答，它是文学的、想象的，是以一种极端、夸张的形式，将情理无法兼顾、忠孝不能两全的内在紧张和冲突展现出来，给人心灵以冲击和震荡。它具有审美的价值，但不具有实际的可操作性，故只可以“虚看”，而不可以“实看”。因为现实中不可能要求“其父杀人”的天子“窃负而逃”，如果果真如此，那又置生民于何地？这样的天子是否太过轻率和浪漫？生活中也不可能有这样的事例。所以舜的故事作为一个文学虚构，只能是审美性的而非现实性的，与子思《五行》“有小罪而赦之，匿也”属于不同的层面，应该区别看待。批评者斥责舜“窃负而逃”乃是腐败的根源，予以激烈抨击；而反批评者又极力想将其合理化，给予种种辩护，恐怕都在解读上出了问题，误将审美性的当做现实性的，以一种“实”的而非“虚”的眼光去看待《孟子》文学性、传奇性的文字和记载。

其次，在情与理、亲亲与道义的关系上，子思、孟子的认识存在一定的差异。前面说过，儒家主流是情理主义，而不是亲情主义，更不是亲情至上论，孔子、子思虽对亲亲之情有一定的关注，但反对将其置于社会道义之上，反映在仁、孝的关系上，是以孝为仁的起始和开端，所谓“为仁自孝悌始”，而以仁为孝的最终实现和目标，仁不仅高于孝，内容上也丰富于孝；孝是亲亲，是血缘亲情，是德之始，仁则是“泛爱众”（《论语·学而》），是对天下人的责任与关爱，是德之终。因其都突出、重视仁的地位和作用，故也可称为儒家内部的重仁派。那么，儒家内部是否存在着亲情主义，存在着将亲亲之情置于社会道义之上，将孝置于仁之上的思想和主张呢？答案是肯定的，这就是以乐正子春为代表的重孝派。笔者曾经指出，曾子弟子乐正子春在儒家内部发展出一个重孝派，他们以孝为最高的德，孝是“天之经，地之义”，孝无所不包，“置之而塞于天地，衡之而衡于四海”（《大戴礼记·曾子大孝》），孝广大而抽象，体现为“全身”、“尊亲”和“保其禄位，而守其祭祀”，而仁不过是服务于孝的一个德目而已，“夫仁者，仁此者也”（同上），扭转了孔子开创的以仁为主导的思想方向，在先秦儒学上具有特殊的地位和影响。值得注意的是，孟子在其思想的形成过程中，恰恰一度受到重孝派的影响，故思想中有大量宣扬血缘亲情的内容，如，“孟子曰：事孰为大？事亲为大。守孰为大？守身为大……事亲，事之本也。孰不为守？守身，守之本也。”（《孟子·离娄上》）又说，“仁之实，事亲是也。义之实，从兄是也。智之实。”（同上）。还有，“孝子之至，莫大乎尊亲；尊亲之至，莫大乎以天下养。为天子父，尊之至也；以天下养，养之至也。”（《万章上》）甚至说“尧舜之道，孝弟而已矣”（《告子下》），这些都是受重孝派影响的反映，有些表述就是直接来自乐正子春派，笔者有过详细考证，此不赘述。[1] 故孟子在先秦儒学史中的地位是比较特殊的，一方面在其早期较多地受到重孝派的影响，保留有浓厚的宗法血亲的思想，另一方面随着“四端说”的提出，孟子一定程度上又突破了宗法血亲的束缚，改变了“孝弟也

---

① 参见拙文：《仁与孝——思孟学派的一个诠释向度》，《儒林》2005 年第 1 辑；又见拙作：《郭店竹简与思孟学派》第八章第三节。

者，其为仁之本与”（《论语·学而》）的看法，把仁的基点由血亲孝悌转换到“恻隐”、“羞恶”、“辞让”、“是非”等更为普遍的道德情感中去，完成了一次思想的飞跃，将儒家仁学发展到一个新的高度，呈现出新旧杂糅的特点。前面说他在小爱与大爱之间折中、调和，根本原因就在这里。

本来血缘家族是人类最早的组织，每个人都生活、隶属于不同的家族，故当时人们只有小爱，没有大爱，家族之外的人不仅不在其关爱范围之内，杀死了对方也不承担法律责任，而被杀者的家族往往又以怨抱怨，血亲复仇，这便是“亲亲为大”的社会基础。然而随着交往的扩大，文化的融合，地缘组织的形成，逐渐形成了族类意识甚至人类意识，人们开始超越种族、血缘的界限去看待、关爱所有的人，这便是孔子“仁者，爱人”、“泛爱众”（《论语·学而》）的社会背景。儒家仁爱的提出，某种意义上，也是生命权利意识的觉醒。从积极的方面讲，“天生万物，人为贵”，人的生命至为珍贵，不可随意剥夺、伤害。“厩焚，子退朝，曰：‘伤人乎？’不问马。”（《乡党》）孟子说：“行一不义，杀一不辜，而得天下，皆不为也。”（《孟子·公孙丑上》）就是认为人的生命比外在的“天下”更为重要，与康德“人是目的，不是手段”精神实质是一样的。从消极的方面讲，则是要求“杀人偿命”，维持法律、道义的公正。因此，在“亲亲为大”和“仁者，爱人”之间，实际存在一定的紧张和冲突的。是以孝悌、亲亲为大，还是以仁义为最高的理想，在儒家内部也是有不同认识的。孔子、子思等重仁派都是以仁为最高原则，以孝悌为培养仁爱的起点、根基，当孝悌与仁爱、亲情与道义发生冲突时，他们主张“亲亲相隐”、“隐而任之”，但隐匿的范围仅限于“小而隐者”，要求“不以小道害大道”。而孟子的情况则比较复杂，由于其一度受到重孝派的影响，故试图在“亲亲为大”和“仁者，爱人”之间折中、调和，表现出守旧、落后的一面。表面上看，舜“窃负而逃”似乎是做到了忠孝两全，既为父尽孝，也为国尽忠，但在这一“执”一“逃”中，死者的存在恰恰被忽略了，站在死者的立场，谁又为其尽义呢？如果用“推己及人”、“己所不欲勿施于人”的原则来衡量的话，显然是不合理、不符合仁道的。所以如学者所说的，“在孟子的思想中，真正害怕的是旧的‘亲亲为大’的伦理原则的坍塌，而不是其‘杀一不辜而得天下，不为也’的新人道原则的坍塌”①。

孟子的这种折中、调和的态度在另一段引起争议的文字中也同样表现出来。当孟子的弟子万章问，像是一个非常坏的人，舜却封给他有庳。为什么对别人就严加惩处，对弟弟却封为诸侯时？孟子的回答是：仁者对于弟弟，“亲之欲其贵也，爱之欲其富也；封之有庳，富贵之也。身为天子，弟为匹夫，可谓亲爱之乎？”为了使有庳的百姓不受到伤害，孟子又想出让舜派官吏代象治理国家，以维持某种程度的公正（见《万

① 吴根友：《如何在普遍主义与历史主义之间保持适度的张力？》，载郭齐勇主编：《儒家伦理争鸣集——以“亲亲互隐”为中心》，第554页。

章上》)。孟子生活的战国时期，反对“无故而富贵”已成为社会的普遍呼声，不仅墨家、法家有此主张，即使在儒家内部，荀子也提出“虽王公、士大夫之子孙也，不能属于礼义，则归之庶人；虽庶人之子孙也，积文学，正身行，能属于礼义，则归之卿相、士大夫”(《荀子·王制》)。如果说孟子质疑“身为天子，弟为匹夫，可谓亲爱之乎”是维护亲情的话，那么，荀子主张将王公、士大夫的子孙降为庶民岂不是寡恩薄义了？两者相较，哪个更为合理，更为进步？如果不是立足于“亲亲为大”，而是从仁道原则出发的话，我们不能不说，在这一问题上，荀子的主张是合理、进步的，而孟子是保守、落后的。

另外，《孟子》舜“窃负而逃”的故事虽然是文学性的，但由于后来《孟子》成为经书，上升为意识形态，“窃负而逃”便被赋予了法律的效力。从实际的影响来看，它往往成为当权者徇私枉法、官官相护的理据和借口。据《史记·梁孝王世家》，汉景帝的弟弟梁孝王刺杀大臣袁盎，事发后其母窦太后拒绝进食，日夜哭泣，景帝于是派精通儒经的田叔、吕季主去查办。田叔回京后，将孝王谋反的证据全部烧掉，空手去见景帝，把全部责任推给孝王的手下羊胜、公孙诡身上，让二人做了孝王的替罪羊。景帝闻说后，“大贤之，以为鲁相”(《田叔列传》)。值得注意的是，景帝处理弟弟杀人时，大臣曾建议“遣经术吏往治之”，而田叔、吕季主“皆通经术”(《梁孝王世家》)。据赵岐《孟子题辞》,《孟子》在文帝时曾立于学官，为置博士，故田叔所通的经术中应该就有《孟子》，他之所以敢坦然地销毁证据，为犯了杀人大罪的孝王隐匿，其背后的理据恐怕就在于《孟子》。既然舜可以隐匿杀人的父亲，那么景帝为何不能隐匿自己杀人的弟弟呢？在孟子文学性的答问中，还有“弃天下”一说，但田叔明白这种浪漫的说法陈义过高，现实中根本行不通，景帝不可能背着杀人的弟弟跑到海边，“终身䜣然，乐而忘天下”，结果只能是转移罪责，以无辜者的生命来实现景帝的“亲亲相隐”了，孟子的答问恰恰成为田叔徇私枉法、司法腐败的理据，这恐怕是孟子所始料不及的吧。

又据《新五代史·周家人传》，周世宗柴荣的生父柴守礼居于洛阳，“颇恣横，尝杀人于市，有司有闻，世宗不问。”对于世宗的“亲亲相隐”，欧阳修以《孟子》的“窃负而逃”为之辩护，“以谓天下可无舜，不可无至公，舜可弃天下，不可刑其父，此为世立言之说也。”欧阳修所说的“至公”是“亲亲为大”也就是重孝派的至公，从“亲亲为大”来看，自然是父母为大，天下为轻了。“故宁受屈法之过，以申父子之道”,“君子之于事，择其轻重而处之耳。失刑轻，不孝重也。”

对于欧阳修的说法，清代学者袁枚给予针锋相对的批驳：“柴守礼杀人，世宗知而不问，欧公以为孝。袁子曰：世宗何孝之有？此孟子误之也。”他认为，孟子让舜“窃负而逃”不是解决问题的方法，反而使自己陷入矛盾之中。对于世宗而言，即使没能制止父亲杀人，事后也当脱去上服，避开正寝；减少肴馔，撤除乐器；不断哭泣进谏，使父亲知道悔改，以后有所戒惧，“不宜以不问二字博孝名而轻民命也。不然，三代而后，皋陶少矣。凡纵其父以杀人者，彼被杀者，独无子耶?”① 显然，袁枚是从“己所不欲勿施于人”的仁道来立论的。如果世宗纵父行凶为孝，那么被杀者难道没有子女?谁去考虑他们的感受？他们又如何为父母尽孝？如果将心比心，推己及人，以“己所不欲勿施于人”的仁道原则来衡量的话，世宗的所作所为不仅不能称为孝，反而是不仁不义之举。袁枚将孟子的“窃负而逃”落到实处，未必符合孟子的本意，但他批评世宗非孝，则是十分恰当的。这也说明，是从“亲亲为大”还是“推己及人”来看待“亲亲相隐”，观点和态度是有很大不同的。孟子的“窃负而逃”本来是要表达亲情与道义的紧张与冲突，是文学性的而非现实性的，但在权大于法、法沦为权力的工具的帝制社会中却被扭曲成为法律的通例。由于“窃负而逃”涉及的是天子之父，而非普通人之父，故其在法律上的指向是特殊的，而非普遍的，实际是为王父而非普通人之父免于法律惩处提供了理论根据，使“刑不上王父”成为合理、合法的。中国古代法律虽然有“王子犯法与庶民同罪”的优良传统，却始终没有“王父犯法与庶民同罪”主张，这不能不说是十分遗憾的。但是另一方面，孟子也具有丰富的仁道、民本思想，他主张“杀一不辜而得天下”，“不为也”，认为“民为贵”，“君为轻”，均体现了对民众生命权利的尊重；他的性善论，则包含了人格平等的思想，从这些思想出发，又可以发展出批判封建特权的观点与主张。袁枚的批判思想，其实也间接受到孟子的影响，是对后者思想的进一步发展。这看似吊诡，却是历史的真实。

综上所论，围绕“亲亲相隐”的争论，其核心并不在于亲情是否珍贵，“亲亲相隐”是否合理？而在于儒家是如何看待、处理孝悌亲情的？儒家又是在何种意义、条件下谈论“亲亲相隐”的？尤其是如何看待、理解“窃负而逃”故事中孟子对亲情与道义的抉择和取舍？这些无疑是较为复杂的学术问题，需要具体分析，不可一概而论。根据我们前面的讨论，围绕“仁”与“孝”，儒家内部实际是存在不同的观点和主张的。重孝派以孝为最高原则，通过孝的泛化实现对社会的控制，与重仁派视孝为仁的起点和根基，主张孝要超越、提升为更高、更为普遍的仁，实际代表了儒家内部两种不同观点和流派。孔子虽然也提倡孝，视孝为人类真实、美好的情感，但又主张孝要上升为仁，强调的是“泛爱众”、“己所不欲勿施于人”。因此，在面对亲情与道义的冲突时，并不主张为亲情去牺牲道义。孔子讲“父为子隐，子为父隐，直在其中矣”，直是率真、率直之直，而不是公正、正直之直。为了维护社会的道义、公正，曾子一派又提出“隐而任之，如从己起”，要求子女不是告发，而是代父受过以维护情与理、亲亲与道义的统一。子思一派的《五行》篇则将隐匿的范围限定在“小而隐者”，即小的过错，并强调“不以小道害大道”，“不以小爱害大爱”。孟子的情况虽较为复杂，在亲亲与道义间表现出一定的折中、调和，但其“窃负而逃”的情节设计，主要还是

① 袁枚：《读孟子》，载周本淳标校：《小仓山房诗文集》（四），上海古籍出版社 1988 年版，第 1653、1655 页。

展示亲情与道义间的冲突与紧张，似更应从文学、审美的眼光看待之，而不可落在实处，进行简单的道德批判或辩护。这样的做法，恐怕都并没有理解孟子的本意。况且，孟子也不是为了父子亲情便完全置社会道义于不顾，他让舜下令逮捕父亲瞽叟，让舜“弃天下”，便是对道义、法律的尊重，试图维持情理间的紧张、冲突，是“隐而任之”的表现。只不过孟子的这一设计不仅不具有可操作性，而从实际的后果看则是为“刑不上王父”提供了法理的依据，成为帝王将相转移罪责、徇私枉法的根据和理由。从这一点看，子思强调“有小罪而赦之”，“不以小道害大道”，可能更值得关注，更具有时代进步的意义。

孔子与基督之争

——曾国藩与洪秀全

中国艺术研究院助理研究员 刘 涛

晚清之际，诸多矛盾同时爆发，其中最主要者有二，一是清政府内部矛盾，二是中西矛盾。太平天国起义则是同时集中了中国内部矛盾和中西矛盾，这既是一次反清起义，但又不同以往，因为太平天国起义并非再是所谓“反清复明”，而是借助了西方基督教的理论资源。反清情绪以基督教的形式组织了起来，固然因为洪秀全个人的知识背景，更重要的则是其时西学东渐的大背景。西学东渐这个大背景之中能量深厚，若从此处入手，个人或可以由此成就，国家抑或可以成就。晚清之后，凡略有成就者，多多少少与此背景有些关联。洪秀全感应于此，取材于基督教，组织民众，竟然攻克了中国半壁江山，几乎事成，洪秀全曾有诗言时势曰：“近世烟氛大不同，知天有意启英雄。”（《时势诗》）可谓内心写照。

一、洪秀全的破坏偶像

洪秀全与曾国藩大致同时，曾国藩在传统士子之路上走得顺利，他28岁中进士，29岁出仕，一帆风顺，卒成为中兴名臣；但洪秀全于仕途命运多舛，他屡试不第，1836年复去广州赴试，又落第，途中得梁发著传基督教义的小册子《劝世良言》。洪秀全落第之后，悲痛失望，回家大病，梦见天堂、上帝等幻象，于是造反之心起，并改名为秀全，取“人中之王”（全）之意。1843年洪秀全最后一次赴试落第，于是抱恨归来，终于在科举之路上死心，抛弃举业，创建拜上帝会，并往广西传教，经过苦心经营，遂于1851年在金田举事，攻城略地，1853年定都南京，1864年天京陷落。[①] 洪秀全在广东获得了关于基督教的信息，在广西发动了民众，广东在其时乃中西交汇之处，广西乃抗清基地之一（南明王朝最终亡于广西），中西矛盾与排满情绪这两股力量融合在一起，遂有太平天国起义。

梁发何许人也？梁发出身贫寒，是雕版刻字匠，后来受雇于米怜刻印《圣经》节本，之后遂成为基督徒，并受洗，之后梁发根据所学，刻印了一些与基督教有关的小

---

① 关于洪秀全的生平可参见：罗尔纲：《洪秀全传》，《太平天国史》第三册，中华书局1991年版，第1652页。

册子，广为散发。[①]洪秀全最先所接触到的基督教义就是从梁发而来，他将道听途说之基督教义化为政治神学，以此号召、组织民众。洪秀全以基督教义包装了、引导了反清的情绪和能量，他深知局势已变，西学东渐已成大势，梁发的基督教小册子给了洪秀全灵感，他深知“反清复明”这样的口号已然落后，必须提出新的口号，实行新的组织形式，“必须依靠上帝强有力之护佑”[②]。

洪秀全生病后在梦见上帝、天堂景象之后，曾写过一些诗道其志。譬如1837年，洪秀全曾作一诗，名为《斩邪留正诗》，可见其起义之前的心态与志向，全诗如下：“手握乾坤杀伐权，斩邪留正解民悬。眼通西北江山外，声振东南日月边。玺剑光荣承帝赐，诗章凭据送爷前。太平一统光世界，威风快乐万千年。[③]《斩邪留正诗》可谓洪秀全的言志之诗，霸气外露，可与古今成就霸业的帝王诗匹敌。“手握乾坤杀伐权”言洪秀全自诩握有乾坤杀伐的权柄，“斩邪留正解民悬”言权柄之所向，是为了“解民悬”。洪秀全透露其正当性来自上帝，“玺剑光荣承帝赐”，上帝赐予其宝剑，可以斩邪留正。“帝”是其理论资源，是洪秀全试图引进的新城邦神，“剑”是其途径，须通过起义，打倒旧的城邦神，方能确立新城邦神的地位。

1845—1846年，洪秀全先后写下了《原道救世歌》、《原道醒世训》与《原道觉世训》，这三篇可谓洪秀全读《圣经》的心得，是其哲学著作，也是太平天国起义的施政纲领和理论基础，他要以此号召天下。三篇文献的核心是“原道”，道是中国最为核心的概念，“原道”意味着重新阐释道之含义，或者重新界定道的内容。在历史的关键时刻，往往会有“原道”之类的文献涌出。譬如韩愈也曾写过《原道》，因为其时佛教广为流行，韩愈为了辟佛尊孔，于是作《原道》，并参照佛教系统，梳理出一条儒家的道统谱系。洪秀全为了辟儒，于是亦作“原道”三篇，一言以蔽之，洪秀全的根本目的就是试图以基督之道取代中国原有之道。洪秀全亦是走神道设教之路，只是其“神道”为带有西方色彩的基督教而已。洪秀全的“原道”具有极强的革命性，他的这一套理论与其时之“道”及制度难以兼容，对它们有毁灭性的力量。洪秀全以通俗的语言写就这三篇文章，尤其《原道救世歌》更以“歌”的形式写出，朗朗上口，可以成诵，便于在一般民众之中流传。[④]“歌”是洪秀全神学理论的通俗化，意在发动群众。

洪秀全将道之根源追溯于上帝，上帝是世间万事万物之根源，洪秀全借助周易言

---

① 史景迁：《“天国之子”和他的世俗王朝——洪秀全与太平天国》，朱庆葆等译，上海远东出版社2001年版，第22~25页。

② 洪秀全：《评三合会的政治口号及其组织形式》，《洪秀全选集》，中华书局1976年版，第37页。

③ 洪秀全：《斩邪留正诗》，《洪秀全选集》，中华书局1976年版，第4页。

④ 譬如“基督将军”冯玉祥，也是喜欢以歌的形式教育士兵，贯彻他的思想，曾作《射击军纪歌》、《战斗动作歌》、《利用地形歌》等。

伏羲的话演绎了上帝创世纪之说，他说："夫天下凡间，人民虽众，总为皇上帝所造所生，生于皇上帝，长亦皇上帝，一衣一食并赖皇上帝。皇上帝天下凡间大共之父也，死生祸福由其主宰，服食器用皆其造成。仰观夫天，一切日月星辰雷雨风云，莫非皇上帝之灵妙；俯查夫地，一切山原川泽飞潜动植，莫非皇上帝之功能。"[①]一旦将此应用到人伦等级之上，革命性立即显出，洪秀全说："天父上帝人人共"，"天人一气理无二，何得君王私自专"[②]。洪秀全宣称在上帝面前人人平等，没有君臣、父子、夫妇之别，"天下多男人，尽是兄弟之辈，天下多女子，尽是姊妹之群"[③]，如此原有的等级系统被一扫而光，如此"三纲五常"的伦理系统遭到了巨大挑战，清王朝建立的伦理根基也就被釜底抽薪了。

洪秀全也要打倒所有的神，罢黜诸神，独尊基督。太平天国起义之前就捣毁偶像，譬如曾毁甘王像，起义之后，"凡克复的地方与军队经过的地方，到处都雷厉风行地进行捣毁偶像，所有佛寺、道观、城隍、社坛，以至凡百祠庙，无像不毁。"[④]譬如，1844年洪秀全写下《九妖庙题壁》一诗："朕在高天作天王，尔等在地为妖怪。迷惑上帝子女心，腼然感受人崇拜。上帝差朕降凡间，妖魔诡计今何在？朕统天军不容情，尔等妖魔须走快。"[⑤]九妖庙本名为九仙庙，洪秀全将其改为"九妖庙"，仙被改为妖，意味着洪秀全否定了过去的神道传统。"朕在高天作天王，尔等在地为妖怪。"云云是神化自我，标高新神，妖化他者，贬低旧神。洪秀全在天国的系统中以上帝之子自居，他尊上帝为父，尊耶稣为兄，在世俗的政治系统中以"朕"自居。"朕统天军不容情，尔等妖魔须走快。"意谓须通过武力赶走旧神，表现在外就是毁坏庙宇，武装起义。摧毁旧神的根本就是推翻旧神赖以存在的政权，树立新神须建立与新神相适应的新政权。

在"原道"三篇之中，洪秀全也屡屡言及罢黜诸神，"至若凡人所立一切木石泥团纸画各偶像"皆有悖"皇上帝"之旨，皆应废黜。一言以蔽之，洪秀全宣称："皇上帝之外无神也"[⑥]，故中国原有之三教及外在之偶像皆应废弃。对于孔子，洪秀全亦主排斥，"当癸好三年建都天京之初，就掀起一场群众性的反孔大运动，捣毁孔庙，焚烧儒家书，出布告凡读孔、孟及诸子百家书都立斩。"[⑦]

在《太平天日》中，还有一则上帝鞭笞孔子的记载："斯时，救世主天兄基督统众天使咸集，天父上主皇上帝大发圣旨：'凡高天人有跟随妖魔头走者，个个捉回；凡有奸心帮妖者，及一切偷闯之妖魔仔，个个驱除下去。'又推妖魔作怪之由，总追究孔

① 洪秀全：《原道觉世训》，《洪秀全选集》，中华书局1976年版，第28页。
② 洪秀全：《原道救世歌》，《洪秀全选集》，中华书局1976年版，第14页。
③ 洪秀全：《原道醒世训》，《洪秀全选集》，中华书局1976年版，第23页。
④ 罗尔纲：《太平天国史》第二册，中华书局1991年版，第734页。
⑤ 洪秀全：《九妖庙题壁》，《洪秀全选集》，中华书局1976年版，第7~8页。
⑥ 洪秀全：《原道觉世训》，《洪秀全选集》，中华书局1976年版，第33页。
⑦ 罗尔纲：《太平天国史》第二册，中华书局1991年版，第739页。

丘教人之书错。天父上主皇上帝命摆列三等书，指主看曰：‘此一等书是朕当前下凡显迹设诫所遗传之书，此书是真，无有差错。又一等书是朕当前差尔兄基督下凡显神仙迹捐命赎罪及行为所遗传之书，此书亦是真，无有差错。彼一等书，这是孔丘所遗传之书，即是尔等在凡间所读之书，此书甚至多差缪，连尔读之，亦被其书教坏了。’天父上主皇上帝因责孔丘曰：‘尔因何这样教人糊涂了事，致凡人不识朕。尔声名反大过于朕乎？’孔丘则强辩，终则默想无辞。天兄基督亦责备孔丘曰：‘尔作出这样书教人，尔这样会作书乎？’孔丘见高天人人归咎他，便私逃下天，欲与妖魔头皆走。天父上主皇上帝即差主同天使追孔丘，将孔丘捆绑见天父上主皇上帝。天父上主皇上帝怒甚，命天使鞭挞他。孔丘跪在天兄基督前，再三求饶，鞭挞甚多，孔丘哀求不已。”

孔子地位自汉代以来，尽管时有反复，但历代基本尊孔，儒家意识形态和各个王朝有着千丝万缕的关系。洪秀全让上帝、耶稣与孔子直面相对，且责备甚至鞭笞了孔子，这在“五四”之后或者“批林批孔”之时似乎并不为过，然在其时，真会被视为大逆不道。晚清以来，中西相遇是最大的问题，孔子可代表部分的中，上帝与耶稣可以代表部分的西，这次中西相遇的开始阶段，大体是孔子败退，基督高歌猛进。

太平天国起义在西学东渐的大背景下重新挑起了诸神之争，洪秀全借助西方资源打击了神圣不可侵犯之孔子，之后历经多次运动，孔子终于被赶下了神坛，西方的资源屡屡变迁，在洪秀全那里是基督教，在孙中山那里是西方民主运动等[①]，在毛泽东那里则是马克思，大体上是西神胜过了孔子，逐渐成为了中华民族新的城邦神。

二、曾国藩的《讨粤匪檄》

其实可以说，成就曾国藩者是洪秀全，对手往往是成就自己之人。迫于局势，曾国藩一生致力于两个主要问题，一是应对中国内部矛盾，二是应对中西矛盾。曾国藩一介书生，后来却带兵打仗，也是迫于形势，不得不然，因为需要有人出来收拾残局，这是天降之大任。但太平天国起义对曾国藩而言却是一次机会，他通过平定太平天国起义而建功立业，名垂青史。再者，曾国藩学问、人品、事功皆高，故被誉为“中兴以来，一人而已”[②]。

曾国藩之所以能够成就功业，与其修为和学问有关，内圣程度高了，可以发为外王。曾国藩学问深受其师唐鉴影响，曾国藩 29 岁出仕，在北京时向唐鉴请教，他曾言：“吾乡善化唐先生，三十而志洛闽之学，特立独行，诟讥而不悔。岁庚子，以方伯内召，为太常卿。吾党之士三数人者，日就考德问业，虽以国藩之不才，亦且为义理

---

① 譬如孙中山少时亦有打破偶像之举，故曾被亲戚称为“这孩子也许是第二个洪秀全。”参见爱泼斯坦：《宋庆龄》，沈苏儒译，人民出版社 1992 年版，第 62 页。

② 《清史稿 · 曾国藩传》。

所熏蒸。"[①]其后曾国藩学问格局大体在唐鉴范围之内。《清史稿》言曾国藩时言："时太常寺卿唐鉴讲学京师，国藩与倭仁、吴廷栋、何桂珍严事之，治义理之学。"[②]《清史稿》谈倭仁之时也说："初，曾国藩官京师，与倭仁、李棠阶、吴廷栋、何桂珍、窦垿讲求宋儒之学。其后国藩出平大难，为中兴名臣冠；倭仁作帝师，正色不阿；棠阶、廷栋亦卓然有以自见焉。"[③]曾国藩学问根基在宋学[④]，其学问发而可用之于兵。

1851年，太平天国起，声势浩大。1853年，曾国藩接帮办湖南团练旨，创办湘军，由此展开了与洪秀全之间的较量，历经十多年奋战，终于得胜。

曾国藩对太平天国起义的定性大致有两个方面，一是叛匪，毁损了名教与伦常，如此太平天国一方面是清政府的敌人，另一方面又是中华文明的敌人。1854年，曾国藩发布《讨粤匪檄》，集中体现了其对太平天国起义的认识与态度，征引部分如下：

> 逆贼洪秀全杨秀清称乱以来，于今五年矣。荼毒生灵数百余万，蹂躏州县五千余里，所过之境，船只无论大小，人民无论贫富，一概抢掠罄尽，寸草不留。其掳入贼中者，剥取衣服，搜括银钱，银满五两而不献贼者即行斩首。男子日给米一合，驱之临阵向前，驱之筑城濬濠。妇人日给米一合，驱之登陴守夜，驱之运米挑煤。妇女而不肯解脚者，则立斩其足以示众妇。船户而阴谋逃归者，则倒抬其尸以示众船。粤匪自处于安富尊荣，而视我两湖三江被胁之人曾犬豕牛马之不若。此其残忍惨酷，凡有血气者未有闻之而不痛减者也。
>
> 自唐虞三代以来，历世圣人扶持名教，敦叙人伦，君臣、父子、上下、尊卑，秩然如冠履之不可倒置。粤匪窃外夷之绪，崇天主之教。自其伪君伪相，下逮兵卒贱役，皆以兄弟称之，谓惟天可称父，此外凡民之父皆兄弟也，凡民之母皆姊妹也。农不能自耕以纳赋，而谓田皆天王之田；商不能自买以取息，而谓货皆天王之货；士不能诵孔子之经，而别有所谓耶稣之说、《新约》之书，举中国数千年礼、义人伦诗书典则，一旦扫地荡尽。此岂独我大清之变，乃开辟以来名教之奇变，我孔子孟子之所痛哭于九原，凡读书识字者，又乌可袖手安坐，不思一为之所也。
>
> 自古生有功德，没则为神，王道治明，神道治幽，虽乱臣贼子穷凶极丑亦往往敬畏神祇。李自成至曲阜不犯圣庙，张献忠至梓潼亦祭文昌。粤匪焚郴州之学官，毁宣圣之木主，十哲两庑，狼藉满地。嗣是所过郡县，先毁庙宇，即忠臣义

---

① 曾国藩：《送唐先生南归序》，《曾国藩全集·诗文》，岳麓书社1986年版，第168页。《清史稿·倭仁传》。

② 《清史稿·曾国藩传》。

③ 《清史稿·倭仁传》。

④ 关于曾国藩的学问与人生，可参见，张文江：《曾国藩的学术与人生》，《与人之路与问津者之路》，复旦大学出版社2006年版，第1~32页。

士如关帝岳王之凛凛，亦皆污其宫室，残其身首。以至佛寺、道院、城隍、社坛，无朝不焚，无像不灭。斯又鬼神所共愤怒，欲一雪此憾于冥冥之中者也。

本部堂奉天子命，统师二万，水陆并进，誓将卧薪尝胆，殄此凶逆，救我被掳之船只，找出被胁之民人。不特纾君父宵旰之勤劳，而且慰孔孟人伦之隐痛。不特为百万生灵报枉杀之仇，而且为上下神祇雪被辱之憾。……本部堂德薄能鲜，独仗忠信二字为行军之本，上有日月，下有鬼神，明有浩浩长江之水，幽有前此殉难各忠臣烈士之魂，实鉴吾心，咸听吾言。檄到如律令，无忽！①

师出须有名，若名不正言不顺，则难以站在道义制高点上，讨贼檄文就是为出师正名，这也是曾国藩所树立起来的讨贼宣言。篇名为《讨粤匪檄》，“粤匪”云云即是对太平天国运动的定性。开篇先描述粤匪的暴行，“荼毒生灵数百余万，蹂躏州县五千余里，所过之境，船只无论大小，人民无论贫富，一概抢掠罄尽，寸草不留。”曾国藩以此激励将士保卫家乡，免遭屠戮。第二段话锋一转，言太平天国损毁名教，打破了君臣、父子、上下、尊卑的秩序。所谓：“自其伪君伪相，下逮兵卒贱役，皆以兄弟称之，谓惟天可称父，此外凡民之父皆兄弟也，凡民之母皆姊妹也。”另外，太平天国已经变经，不尊崇“孔子之经”，而诵读基督之《新约》。因此读书人不能袖手旁观，应该奋起反对太平天国运动。后来辜鸿铭说：“微曾文正，吾其剪发短衣矣。”② 或即是言此。第三段批评洪秀全毁损“神道”，不仅不敬孔子，也毁损佛、道二家，所谓“无朝不焚，无像不灭”。这是“诸神之争”的外在表现，洪秀全既然试图以基督为城邦神，自然试图灭儒释道三家，表现在外就是焚烧、毁损孔庙、佛寺等。第四段总结其出师的正当性，既为国、家，也为孔孟人伦，既为百万生灵，也为上下神祇。第五段既是号召也是威胁，一方面号召众人助曾国藩，另一方面也试图瓦解和分化敌人。最末段言其行军之本乃“忠信”，或是说与清廷，因为大将在外，统领兵马过众，难免引起猜忌。

总言之，《讨粤匪檄》强调了两个方面：一、太平天国祸国殃民；二、太平天国破坏名教人伦。相应，曾国藩出兵平息叛乱，一是为了救民于水火，二是为了保护名教。如此，曾国藩最大限度地分化了敌人，团结了朋友。从清代建立之初，反对声音一直不绝，若强调太平天国反清，则会引起异见分子们的同情；可是一旦强调了太平天国反对名教与人伦，那么就团结了几乎全部可以团结的人，因为反清分子往往为了维护名教和人伦，以为中华民族不可沦为夷狄之手。

---

① 曾国藩：《讨粤贼檄》，《曾国藩全集·诗文》，岳麓书社 1986 年版，第 232 ~ 233 页。

② 辜鸿铭：《张文襄幕府纪闻》，《辜鸿铭文集》，岳麓书社 1985 年版，第 2 页。

三、上帝与孔子之争

洪秀全称上帝为父，称基督为“天兄”。曾国藩则以孔孟传承者自居，他极重道统，曾作《圣哲画像记》，梳理出一条先王之道三十二人的传承者“文周孔孟，班马左庄，葛陆范马，周程朱张，韩柳欧曾，李社苏黄，许郑杜马，顾秦姚王。”① 因此洪秀全与曾国藩之争可以视为诸神之争，具体言之就是上帝与孔子之争。太平天国尽管最终失败，但其兴也，气势撼人，一举攻克大半个中国，举朝震动；其败也，实自败之，天京事变之后，太平天国由盛转衰。然而，太平天国尽管失败，却有继之者起，其后，孙中山倡导“三民主义”，理论资源亦有取乎西方，实际可谓继洪秀全之志，以此为旗帜，最终推翻了满清政府，建立民国。蒋介石以宋明理学为理论资源号召天下，卒不若毛泽东以马克思为资源号召广泛，因为宋明理学在其时难以应对这个大局面。蒋介石逆潮流而动，终于失败；毛泽东则借势而动，终于成功。

洪秀全可谓近代革命的先行者，然而最先举义旗者往往会以失败告终，反而继承者可能从先行者失败之中获得经验与教训，反而有可能成功。譬如秦末，陈涉最先起义，一夫倡之，百夫和之，于是群雄并起，逐鹿中原，可是陈涉不得善终，反而是后起者刘邦得天下。清末亦如此，洪秀全最先起义，其时清政府尽管败于鸦片战争，但元气并未大损，尚有能力应对，先起义者必遭迎头痛击；另外以基督教为旗帜也有问题，因为在世界范围内大势乃是逐渐脱离政教合一，基督教在表面上从政治范围之内撤出，“凯撒的归凯撒”，洪秀全逆潮流与大势而动，宣称基督教，且试图政教合一，其号召力不会很强，亦难持久。

孔子在晚清以来，逐渐被赶下神坛，太平天国是一个关键时刻，是一次历史的拐点。尽管太平天国以失败告终，但它让世人看到了西学东渐这个大背景的巨大能量，也让世人看到了城邦神易主的可能性。被经学塑造过的孔子，难以抵挡晚清这样的“三千年未有之大变局”，于是之后反孔之大势渐成。

就曾国藩言之，尽管他也致力于应对西方，但也穷于应付。曾国藩意识到西方坚船利炮之威力，也意识到西学之重要，因此一方面修建江南制造厂，又设立同文馆，意在培养翻译人才，且听从容闳之计，向美国派遣留学生②。曾国藩又重刻《几何原本》，重视西方科学，然诚如张文江所言：“点、线、面、体，于维数当三维，其理于西方由欧几里德（前330—前257）至牛顿（1642—1727）二千年未变，而效用至工业革命大显。19世纪西方力量强盛入侵东方，为科学根源之一。而曾国藩复译此书时，

① 曾国藩：《圣哲画像记》，《曾国藩全集·诗文》，岳麓书社1986年版，第252页。

② 关于派遣留学生的前后与始末，可参考容闳的自传《西学东渐记》，徐凤石等译，杨坚等校，湖南人民出版社1981年版，第85~95页。

西方在不多年前陆续有些科学家破除此书之局限而另开新路，所谓非欧几何（罗巴切夫斯基，1829 年；波利埃，1832 年；黎曼，1854 年），已在为爱因斯坦革命作准备，中国竟慢了一步。故徐光启时译《几何原本》和曾国藩时译《几何原本》这部欧氏几何代表作，差别甚大。”①在曾国藩等人打下的基础之上，李鸿章等人继之，所以有“洋务运动”的局面。可是经过甲午中日战争等战役，洋务运动宣布破产，于是产生了新的更为激进的思路。

① 张文江：《曾国藩的学术与人生》，《与人之路与问津者之路》，复旦大学出版社 2006 年版，第 25 页。

退溪“礼缘仁情”中的易学思想

中国孔子基金会《孔子研究》编辑部主任　彭彦华

退溪李滉（1501—1570）先生是有世界意义的文化名人，其影响之大之深，非同凡响。退溪被岭南人誉为“东方朱夫子”，李栗谷被畿湖人称为“东方圣人”，两人成为了李朝性理学的“双璧”、“两贤”。退溪是朝鲜李朝朱子学大家，他主张礼有因有革，有常有变。礼在践履中从俗、从宜、从权，而逐渐民族化，也即创新的过程，其基点是“缘仁情”而制礼。这一观点显然得益于退溪的易学思想。仔细阅读启明汉文学研究会编印刊行的《退溪学文献全集》之后，感受良深，深知退溪的易学是深刻的、高明的、全面的。

一

退溪看待一切学问都从是否有利于进修践履这一角度出发，所以他说论切于学者日用功夫，退溪学《易》讲《易》述《易》，完全是为了进修践履，按圣贤标准磨炼自己，绝不停留在音义句读的表面功夫上，也不做术数占卜之事。从未想以《易》成名，然而实际上他是没有易学专家之名的真正易学大家。退溪既继承朱子，又与朱子有所不同。

退溪学问以朱子为宗，自己曾明确宣称：“朱子吾之师表也，非朱子之言不敢言，非朱子之行不敢行，而动静云为出处行藏唯晦庵是循。晦庵虽不得见，而晦庵之道在兹焉。”① 在易学上大抵亦如此。朱子重视《太极图说》，退溪也重视。朱子尊重邵康节，退溪也尊重。朱子相信圣人据河图洛书画八卦，退溪也相信。朱子作《启蒙》，退溪潜心研究《启蒙》，作《启蒙传疑》。退溪易学得自朱子，继承朱子。

但是，退溪学贵自得，对《易》有自己的体悟，实际上对朱子的易学思想并未百分之百地继承过来，而是有所取舍，有所不同。

我们知道，朱子对伊川程子的《易传》持批评态度，因此才有《本义》之作。朱

---

① ［韩］《退溪学文献全集》（十八），《溪山记善录（下）》，启明汉文学研究会研究资料丛书，学民文化社 1991 年版，第 472 页。

子尝言："《伊川易传》，又自是程氏之易也。"① 又言："某看康节易了，却看别人的不得。"② 显然不满意程子《易传》。退溪二十岁读《易》，讲究其义，至于废寝忘食。究竟是读谁的《易》，退溪本人从未交代过，我们不知道。可以肯定当时退溪读的不是朱子的《本义》，因为退溪后来说："读《易》欲以《本义》为先，此亦从来所见如此。世儒虑及此者自少，虽或有之，皆牵于讲业而未果去取。则方其读时同于世儒之牵，及见得此意后，昏病不能读。主《本义》兼《程传》以还洁净精微之旧，正有望于高明之今日也。"③ 意谓他当年未曾读《本义》，现在昏病不能读，大有抱憾终生之意。至于对《程传》的态度，这里他既说"主《本义》兼《程传》"，就说明他很重视《程传》。有一次国王问："《程传》、《本义》何为先？"退溪竟如此回答："《易》之道明消长盈虚之理、进退语默之机不失乎时中也。占侯，《易》之末也。《程传》宜先。"④ 认为《易》，理是本，占是末，学《易》主要应当学《易》之理，以把握时中，占是极次要的。《程传》正是如此，所以主张学《易》宜以《程传》为先。这就与朱子不同。我们因此推测，退溪二十岁开始读的《周易》，可能是《程传》。

朱子不止一次地强调说："《易》本卜筮之书，后人以为止于卜筮，至王弼用老庄解后，人便只为理，而不以为卜筮，亦非。今人不看卦爻而看系辞，是犹不看刑统，而看刑统之序例也，安能晓。须以卜筮之书看之。"⑤ 又说："近世言《易》者，直弃卜筮而虚谈义理，致文义牵强而无归宿，此弊久矣。要须先以卜筮占决之意求经文本义，而复以传释之。"⑥ 又说："《易》本为卜筮而作，其言皆依象数，以断吉凶。今其法已不传，诸儒之言象数者，例皆穿凿。言义理者又太汗漫，故其书为难读。此《本义》、《启蒙》所以作也。"⑦ 又说："读《易》之法，窃疑卦爻之词，本为卜筮者断吉凶，而因以训诫。至《彖》、《象》、《文言》之作，始因其吉凶训诫之意而推说其义理而明之。后人但见孔子所说义理，而不复推求文王、周公之本意，因鄙卜筮为不足

---

① 钱穆：《朱子新学案（第四册）》，《朱子语类（卷六七）》台湾：三民书局 1989 年版，第 45 页。

② 钱穆：《朱子新学案（第四册）》，《朱子语类（卷六七）》台湾：三民书局 1989 年版，第 47 页。

③ ［韩］《退溪学文献全集（六）》，《退溪先生书节要（卷六）》，启明汉文学研究会研究资料丛书，学民文化社 1991 年版，第 642 页。

④ ［韩］《退溪学文献全集（二十）》，《陶山及门诸贤录（卷三）》，启明汉文学研究会研究资料丛书，学民文化社 1991 年版，第 280 页。

⑤ 钱穆：《朱子新学案（第四册）》，《朱子语类（卷六六）》，台湾：三民书局 1989 年版，第 20 页。

⑥ 钱穆：《朱子新学案（第四册）》，《朱子文别集（卷三）》，台湾：三民书局 1989 年版，第 21 页。

⑦ 钱穆：《朱子新学案（第四册）》，《朱子文集（卷六十）》，台湾：三民书局 1989 年版，第 22 页。

言。"[①] 又说；"象数乃作《易》根本，卜筮乃其用处之实"[②]。又说："大抵《易》之书，本为卜筮而作，故其词必根于象数，而非圣人己意之所为。其所劝诫，亦以施诸筮得此卦此爻之人。近世言《易》者殊不知此，所以其说虽有义理而无情理。虽大儒先生在所不免。"[③] 很明显，朱子的意思有三：第一，《易》本为卜筮而作，本为卜筮之书。第二，象数是作《易》之根本，《易》之实际用处是卜筮。鄙薄卜筮为不足言，是不对的。第三，卦爻辞本为卜筮者断吉凶而作。孔子《易传》因卦爻辞吉凶训诫之意而推说义理以明之。

今翻检《退溪学文献全集》，绝不见退溪有《易》本为卜筮而作、《易》本为卜筮之书的言论。退溪倒是非常肯定地说"《易》乃理数渊源之书"[④]。说《易》为理数渊源之书，与说《易》本为卜筮之书，有很大的差异。退溪是这样说的："《易》乃理数渊源之书，诚不可不读，但不如《语》、《孟》、《庸》、《学》之切于学者日用功夫。故先生或以为'非学之急其实莫及于究理尽性之学也。'所喻学不践履，虽有所知，奚贵？此真切至之言。读《易》时苟忽此意，浸与义理不相交涉而日远矣，甚可惧也。"[⑤] 退溪不仅在理论中如此，在实践上也是明确反对卜筮的。请看退溪先生关于卜筮的具体言行：

> 于占筮则曰今也筮草不生，占室难立，不可以亵妄交神明，虽知其说、究其道，而一切不为。[⑥]
>
> 先生于卜筮之事，虽知其说，亦不喜为之。[⑦]
>
> 问巫觋邪妄岂可信哉！先生曰此言甚善，但不能穷理未必能保其不惑耳。[⑧]

---

① 钱穆：《朱子新学案（第四册）》，《朱子文集（卷三三）》，台湾：三民书局 1989 年版，第 28 页。

② 钱穆：《朱子新学案（第四册）》，《朱子文集（卷四五）》，台湾：三民书局 1989 年版，第 35 页。

③ 钱穆：《朱子新学案（第四册）》，《朱子文集（卷三八）》，台湾：三民书局 1989 年版，第 35 页。

④ [韩]《退溪学文献全集（六）》，《退溪先生书节要（卷六）》，启明汉文学研究会研究资料丛书，学民文化社 1991 年版，第 618 页。

⑤ [韩]《退溪学文献全集（六）》，《退溪先生书节要（卷六）》，启明汉文学研究会研究资料丛书，学民文化社 1991 年版，第 618 页。

⑥ [韩]《退溪学文献全集（十八）》，《溪山记善录》，启明汉文学研究会研究资料丛书，学民文化社 1991 年版，第 479 页。

⑦ [韩]《退溪学文献全集（十八）》，《溪山记善录》，启明汉文学研究会研究资料丛书，学民文化社 1991 年版，第 420 页。

⑧ [韩]《退溪学文献全集（十八）》，《溪山记善录》，启明汉文学研究会研究资料丛书，学民文化社 1991 年版，第 421 页。

巫觋祈祷之事，一切严禁不接门庭。[①]

可见退溪先生虽知卜筮之法，但是坚决不信卜筮，更不为卜筮。而且对于民间流行的用生辰八字测命之事亦深致质疑。他说："人之在母十月，形质心性靡不该具而后生出，是岂初受胞胎时五行未备，清浊粹驳寿命通塞之兆都未有定，至于生出日时俄顷之间方始来植袭人，都变换了他前所禀得底，以今所袭换者为此人贤愚贵贱修短之所定乎？似无此理。"[②] 这就根本否定了以人出生之年、月、日、时之八字测人一生之命运的可信性。

退溪没有说过朱子"《易》本为卜筮之书"一说不对的话，但是从他只说"《易》是理数渊源之书"，强调《易》本有象数也有义理来看，他是不赞成朱子"《易》本为卜筮之书"这一论断的。

二

《周易》讲变化，变化必表现为过程；既是过程则必有时，时通过卦爻表现。六十四卦是个大过程，一卦即此大过程之一时。只一卦无所谓时。六爻成一卦，一卦是个小过程，一爻即此小过程之一时，只一爻也无所谓时，时在六十四卦和六爻的流行变动中显。故有"六位时成，时乘六龙"[③]（乾·象传）和"卦者时也，爻者适时之变者也"[④] 之说。客观世界的运动变化以"时"的形式表现出来，反映到人的头脑就是"时"的观念，所以《周易》很重"时"。《周易》是讲变化的书，讲变化就是讲时。六十四卦三百八十四爻其实是把客观世界做时间上的划分。一卦即一时，乾是乾之时，坤是坤之时，屯是屯之时，蒙是蒙之时。一时之中又有变动，故有初、二、三、四、五、上六爻，各为一时之中的一个点。时是世界变化的客观形式，也是人的意识，人的关于变化的观念。毋宁说"时"是《周易》赖以产生的认识论基础。《周易》贵中贵正更贵时。中与正说到底都可以归到时上。可以说，时的观念是《周易》哲学的中心观念。《周易》六爻当位为好，居二五之中为最好。这是因为当位居中恰是变而通之时。表现在自然界是阴阳调谐，刚柔和顺，一切全无窒碍。推及人事，是关系顺遂，行为合宜，处处不见抵牾。就人事而言，行为合乎时宜是中，故孔子时、中连言，讲

---

① ［韩］《退溪学文献全集（十八）》，《退溪先生言行录（卷五）》，启明汉文学研究会研究资料丛书，学民文化社1991年版，第287页。

② ［韩］《退溪学文献全集（七）》，《李子粹语（卷一）》，启明汉文学研究会研究资料丛书，学民文化社1991年版，第142页。

③ 《周易》。

④ 王弼：《周易略例》，楼宇烈、王弼集校释，中华书局1980年版，第604页。

“君子而时中也”[1]（《中庸》）。时中，究其极，就是中。中是《周易》哲学精神的一大特色。它源自尧舜。尧禅位与舜，舜与禹，皆交代“允执其中”一句话[2]（尧曰）。至孔子、孟子而发扬光大。

孟子以权喻中[3]（《离娄上》），最为明通。他说：“可以速而速，可以久而久，可以处而处，可以仕而仕，孔子也。”这话等于说，孔子这个人最大的特点是一个时字。孟子接着说：“伯夷，圣之清者也。伊尹，圣之任者也。柳下惠，圣之和者也。孔子，圣之时者也。”（《孟子·万章下》）这话等于说，在诸多圣人中，他人的长处皆在一偏，唯孔子适时而变，不拘一偏。作为一个圣人，孔子之高明处也是与别的圣人不同处就在一个时字。孟子在答弟子问伯夷、伊尹、孔子之同的时候说：“得百里之地而君之，皆能以朝诸侯，有天下。行一不义，杀一不辜，而得天下，皆不为也，是则同。”（《孟子·公孙丑上》）伯夷、伊尹、孔子三人“行一不义，杀一不辜，皆不为也”，意谓仁义是三人共同之处。孔子之伟大、高明之处不在仁义而在时。仁义，伯夷、伊尹都能做到，而时则唯孔子能行。孔子讲“无可无不可”[4]（《微子》）和“过犹不及”[5]（《先进》），是中之确解。前句指示做事要因时制宜，把握时机。后句指示因时制宜之后，行动起来还要把握分寸，使无不及亦无过。

《周易》强调积极的人生应该既不逃避现实也不做现实中的被动者，要认识并把握客观世界，像孔子那样做到“知天命”，“耳顺”，“从心所欲不逾矩”，实现主客观统一的目标。所以《周易》贵时，贵时的用意显然是指示人们把握、适应变化中的客观世界，以便在大自然和社会的制约中获得尽可能多的自由。孔子懂辩证法，善于用变化的眼光看世界，因而极重时的问题，因时制宜是他说话做事看人的重要标准。孔子总是根据时变，根据客观世界的现实状况决定自己行动的方向，最善于使自己的主观世界同客观世界统一起来。子思作《中庸》，发挥《周易》中哲学，创中和概念，以喜怒哀乐之未发喻中，发而皆中节喻和，谓中为天下之大本，和为天下之达道，尤具理论意义。这等于中概念被施用于本体和现象界，未发而真实存有的中称中，犹如本体。已发亦真实存有的中称和，犹如现象界。中与和其实是一，不是二。由此可见《周易》和《中庸》不把本体与现象分开对待。退溪体悟《易》理至深至精，融贯胸中，随时拈来便用。在为学之法上，退溪一重读书二重践履。读书为践履，践履本于读书，两者决不偏废。他读《周易》当然也落实到日用践履上。即占卜邪妄之术一切不为，则 于《易》必钻研体究、融会贯通义理以用于德行进修、日用践履无疑。

---

① 《礼记》，上海古籍出版社 1997 年版。
② 《论语》，上海古籍出版社 1997 年版。
③ 《孟子》，中华书局 1998 年版。
④ 《论语》，上海古籍出版社 1997 年版。
⑤ 《论语》，上海古籍出版社 1997 年版。

《易》贵时中，退溪对《易》时中之义体会至深。其答闵判书箕书曰：“可进而进，以进为恭；可不进而不进，以不进为恭。可之所在即恭之所在。”丁若镛《陶山私淑录》评论说：“此如孟子所云‘莫如我敬主也，可之所在即恭之所在’一语。此正君子时中之义，秤量至精，移易不得，一生当念念不忘者也。”①

退溪总结自己一生进退的经验说：“凡所以求合于古人之道者，恒由于退身而辄乖于致身。正如鲁男子所谓以吾之不可学柳下惠之可，岂不然哉！盖义之所在，随时随人变动不居。在诸公则进为义，欲使之为我所为，不可也。在我则退为义，欲使之为诸公所为，亦不可也。”②

退溪就特殊情况下处理问题的办法说：“凡事到无可奈何处，无恰好道理，则不得已择其次者而从之，乃所为权，亦此时所当止之处也。”③

退溪又说：“凡吾这显晦语默不可不随时消息以善身也。”④ 又说：“尧舜君民虽君子之志，岂有不度时不量力而可以有为者乎！”⑤ 又对大王殿下问说：“《易》之道明消长盈虚之理，进退语默之机，不失乎时中也。”⑥

《系辞下》：“不可为典要，唯变所适。”《论语·微子》：“无可无不可。”《孟子·离娄下》：“唯义所在。”都是《易》的时中之义，退溪体悟可谓至精，且身体力行之。这集中体现在退溪礼缘仁情的思想中。

三

退溪承继朱学，而又有所创新。他主张礼有因有革，有常有变。“昏礼颓废，世无行之者。丁卯因朴櫃之来。始仿古礼为婿妇礼见仪，然恐其有骇于闻见，不能尽从古礼。不数年京乡士大夫昏嫁之时，不独行此礼见之仪，往往直行古礼，究其所以则盖权舆于此也。”⑦ 婚礼尽从与不尽从古礼，因时因习而变，若不变而守常因循，则不合

---

① ［韩］《退溪学文献全集（二十三）》，《丁若镛·陶山私淑录》，启明汉文学研究会研究资料丛书，学民文化社 1991 年版，第 109 页。

② ［韩］《退溪学文献全集（五）》，《退溪先生书节要（卷四）》，启明汉文学研究会研究资料丛书，学民文化社 1991 年版，第 408 页。

③ ［韩］《退溪学文献全集（七）》，《李子粹语（卷三）》，启明汉文学研究会研究资料丛书，学民文化社 1991 年版，第 336 页。

④ ［韩］《退溪学文献全集（七）》，《李子粹语（卷三）》，启明汉文学研究会研究资料丛书，学民文化社 1991 年版，第 338 页。

⑤ ［韩］《退溪学文献全集（七）》，《李子粹语（卷三）》，启明汉文学研究会研究资料丛书，学民文化社 1991 年版，第 33 页。

⑥ ［韩］《退溪学文献全集（二十）》，《陶山及门诸贤录（卷三）》，启明汉文学研究会研究资料丛书，学民文化社 1991 年版，第 280 页。

⑦ 《增补退溪全书（四）》，成均馆大学校，大东文化研究院 1985 年版，第 218 页。

时宜和习俗。这是因为"《周礼》恐其大繁密，难施行也"[①] 的缘故。既不能施行，就需要改革，这也是基于"《仪礼》经传犹有所未备，不可备信而断事，世间杂书亦不可不看，以相参验去取也"[②]。退溪继承朱熹等两宋理学家"六经注我"义理解经思想的影响，打破汉唐以来"疏不破注"思想的束缚，提出不可偏信《仪礼》经传断事，而应该参验世间杂书来去取，充分体现他因时而变而革的思想。

退溪认为，对礼的因与革、常与变、取与舍，既要慎重，不要任意而变，也不一定"今制"就是合理的，"国制"就是合宜的；又要重视变革，在变革中使古礼与韩民族的社会习惯礼俗、生活方式相结合，适合于韩民族的需要，换言之即韩化。他指出，礼是符合于现实社会需要的，具有现代价值，应遵循古礼。"闻蒙儿（安道小字阿蒙）尚居宿于内。《礼》云：'男子十年出就外传，居宿于外'。今此儿已十三四岁，尚未出外可乎！闻巫女出入，此事甚害家法。"[③] 礼之内外之分，是与当时社会伦理、生活方式相关联的，是相因的常礼，不可违背。尽管退溪注重礼在当时社会的变化和运用，但也并不认为"今制"都是合理的。"问改葬服缌麻三月古礼也，七日今制也。今之改葬父母而为之服者以古乎？以今乎？曰：'以今似非'。"[④] 应该根据古礼，改葬服缌麻三月。不仅"今制"，即使"国制"，也不一定合理。譬如"问《家礼》不论公卿、大夫、士而并许祭四代，但国制则六品以上祭三代，七品以下祭二代，如此之礼何以处之?"先生曰："国制如此，虽曰不敢违，然孝子慈孙依古礼，断然行之，则岂有不可。……至于国制七品以下祭二代之说，尤所难行，在七品以下时虽祭二代，而秩跻六品则应祭三代，此时固可追造神主乎？且六品以上得祭三代，而或因罪削官，则并与曾祖神主而毁之乎？一造一毁，一视子孙爵秩之高下，宁有是理，此殊不可晓。"[⑤] 国制对《家礼》这种依子孙爵秩高下的规定，给实行《家礼》带来很多困难和"一造一毁"的尴尬局面。

礼的韩民族化，即礼在践履中从俗、从宜、从权。退溪与子寯信中说："丧主于哀。每事考《家礼》兼问时俗通行之宜，勉力操心，勿取讥议于人，至可至可。"[⑥] 所谓"时俗通行之宜"，他举例说："今京中士大夫丧礼虽未尽合礼，亦多可观。汝等若不及于古而又取讥于今，则其何以立身乎！"[⑦] 从时俗、从行宜，使礼在践履中得到完善和走向民族化。退溪又与子书中说："汝有非轻之病，不可固执，况疟疾本因脾胃受病而作，今送干脯数脡，令汝从权开素，汝不可违吾闷恳之意。今日即用肉汁，虽开

---

① 《增补退溪全书（五）》，成均馆大学校，大东文化研究院1985年版，第270页。
② 《增补退溪全书（五）》，成均馆大学校，大东文化研究院1985年版，第270页。
③ 《增补退溪全书（四）》，成均馆大学校，大东文化研究院1985年版，第222页。
④ 《增补退溪全书（四）》，成均馆大学校，大东文化研究院1985年版，第222页。
⑤ 《增补退溪全书（四）》，成均馆大学校，大东文化研究院1985年版，第223页。
⑥ 《增补退溪全书（四）》，成均馆大学校，大东文化研究院1985年版，第220~221页。
⑦ 《增补退溪全书（四）》，成均馆大学校，大东文化研究院1985年版，第220~221页。

素仍带绖带不妨，但不可对人饮食或与众坐，当有饮食之事则起避之，此非饰伪，讳食而然，乃自贬以示不敢齿人之意也，盖为病开素，不得已从权故耳。”① 服丧期间应食素，这是礼，但恰遇生病须食肉，只得开素而从权变，可见，易学时中思想在民族化过程中得到灵活运用。

礼的韩民族化过程，亦是其创造的过程。创造就是在以往礼的损益中转化出新的礼如：“‘问葬后考妣合祭。’曰：丧有先后，则吉凶有异，不可更援已吉之主而混祭。今世之俗葬后必合祭，此礼古所未有也。”② 礼的创造不是简单地从“今世之俗”或迎合“今世之俗”，而是视其是否具有其现实合理性和合法性。譬如“祭时当立，据礼文无疑。但对国俗生时子弟无侍立之礼，祭时不能尽如古礼，如墓祭、忌祭皆循俗为之，惟于时祭则三献以前，皆立侑食后乃坐，此家间所行之礼也，未知令意如何?”③ 韩民族习俗无侍立之礼，可以按习俗来践履，这就是与古礼的不同之处。又如退溪答问：“‘丧三年不祭礼也，朱子独废此一事，恐有未安之论，尤有以合今之宜，得礼之正，卒哭之后当依朱子之说，行之可也。但我国俗，本不制墨衰出入，只有丧服，著衰入家庙，既云不可，况服所谓丧服而行祭于庙乎？坐此废祭尤未安，其有不悖礼而可以行之者乎？为此俗追制墨衰以为庙祭之服，则既有丧服，又有墨衰事涉繁乱，当如何而可也?’答曰：‘今制未有墨衰，恐未易论至此也，或只用白衣，无妨；但对冠带用纯白以祭，亦极未安，权用玉色，未知何如？或令子弟代行亦可。’”④ 依“今制”不制墨衰，而用白衣，冠带用玉色，这是可行的，是从时俗、从行宜。改造已有之礼，使之符合民族的国俗；再者把循俗与中国之礼融合起来，也是一种创造的形式。“问：‘中国人家皆有正寝，故告请神主，有出就正寝之文，我国之人无正寝而袭称正寝，颇为未安，今俗改称正堂，不知可否?’答：‘正寝谓前堂，今人以家间设祭接宾处通谓之正寝。”⑤ 正寝不必改为正堂，正寝就是前堂，使今俗与正寝结合，以前堂设祭接宾处为正寝。

礼的民族化创造的基本点是“缘仁情”，即缘韩民族之人情。“既曰朔望奠，则固当不比于朝夕之略，世俗所为，合于高氏礼，斯为得之。朱子谓如朝奠仪者，谓只一献无其他，三献节文耳。非谓设馔只如朝奠也，但礼缘仁情，设馔有加于朝夕而只献

---

① 《增补退溪全书（四）》，成均馆大学校，大东文化研究院1985年版，第221页。

② 《增补退溪全书（四）》，成均馆大学校，大东文化研究院1985年版，第222页。

③ ［韩］《退溪学文献全集（九）》，启明汉文学研究会研究资料丛书，学民文化社1991年版，第4560页。

④ ［韩］《退溪学文献全集（九）》，启明汉文学研究会研究资料丛书，学民文化社1991年版，第4352页。

⑤ ［韩］《退溪学文献全集（九）》，启明汉文学研究会研究资料丛书，学民文化社1991年版，第4565页。

一杯，近于欠略。”[①] 退溪认为礼缘仁情，即人的情感。这是制定礼的出发点。朱熹讲朝奠仪只献一杯，近于欠略，在仁情上过不去，所以做了新的变化。这也体现了礼的“与时偕行”。问“华藻之荐，簠簋之用，古人所尚，而朱子之时已不能复，今之时又与朱子时不同，何时?”退溪曰：“温公《书仪》已不能尽依古，朱子《家礼》的古礼，《书仪》而又简于《书仪》，今俗又异于朱子时，安得一一依得。”[②] 礼依时代的变化而变化，司马光的《书仪》，已不泥于古礼，朱熹的《家礼》又酌古礼和《书仪》，比《书仪》又简易，韩国的今俗异于朱子，所以不必都依朱子之礼。这也是礼的民族化创造的依据——“与时偕行”。

退溪先生是醇儒，其贯通礼仪，纵横深究，无可比者。退溪一生所为乃性理之学，圣贤之学，别无旁骛。其为学的规模甚大，“宁学圣人而不至，不欲以一艺一行成名”[③]，素以“学不践履，虽有所知，奚贵”[④] 自励。学问之重点在“四书”和《心经》，而重点之重点在于持敬进修，反躬践履。然而于易学功夫极深，至熟至精。《荀子·大略》说：“善为《易》者不占。”即是认为真正懂《易》的人是不用卜筮的，直接用《易》的卦和辞认识世界，指导行动，退溪恰是善为《易》的人。

---

① ［韩］《退溪学文献全集（九）》，启明汉文学研究会研究资料丛书，学民文化社 1991 年版，第 4493 页。

② ［韩］《退溪学文献全集（九）》，启明汉文学研究会研究资料丛书，学民文化社 1991 年版，第 4177 页。

③ ［韩］《退溪学文献全集（七）》，《李子粹语（卷一）》，启明汉文学研究会研究资料丛书，学民文化社 1991 年版，第 181 页。

④ ［韩］《退溪学文献全集（七）》，《李子粹语（卷二）》，启明汉文学研究会研究资料丛书，学民文化社 1991 年版，第 201 页。

越南儒家文化之消极方面与当前社会的发展

越南胡志明市国家大学社会科学与人文学院文化学系　阮玉诗

一、汉字文化圈中之越南儒家文化的特殊性

从1986年至今共有二十多年改革的时间内，越南文化研究界以“温故知新”作为目标对于越南传统文化进行探索、研究、评价已经获得莫大的成就。在上述成果的基础上，笔者偏重于讨论越南儒家文化的负面，力图开启所需的解法，使得越南社会能稳定而和谐地发展起来。此篇文章所采用的是文化学入法，并不是经典学。

在经济文化类型（形态学）分类中，越南文化研究学界都承认越南文化属于东南亚水稻农业的传统文化类型。

文化区域	越南及东南亚	东北亚、南亚、中亚	西方
依照经济条件区分的文化类型	水稻农业来源	旱田农业及/或游牧来源	游牧来源
依照文化本质区分的文化类型	注重于静	静、动走向和谐	注重于动

论到越南的传统文化就有五大特征，即集体性（社群性）、爱好和谐、偏重阴性、综合性以及灵活性。上述的那些特征则是越南文化的封闭式农村村落居住方式的文化基层与儒学思想系统之多元融合的产品。

越南拥有一种封闭式农村村落居住方式的文明，其中，联合胶则是乡约与儒学之并存。一幢传统的越南村庄一般以村落竹城围绕起来，唯有村口才真正是能使村内（家庭、村落）与村外（田野、邻村）沟通的渠道。古时的越南人都要在村中生活以便收受公民权并得到保护。只有草寇、江湖黑人、犯人才被流赶到村外。越南村落以乡约运行，以伦常道理拘束个人的道德，因此，每一村皆被比喻为小型的共和国。几千年的时间里，越南村落就以此种方式而存在。同一个村落的个人之间的关系更紧密，各村落之间或者不同村落的个人之间的关系则松散。结果是，集体性（社群性）在越南传统文化中就与自治性并行存在。此种集体性并不是以中华式或者朝鲜式的家族文化基层建造的，它单纯以百姓个人之间在平等、民主基础上所固结而成的。换句话说，越南传统文化不会充满体现出儒家国家的典型尊卑性。可是，这并不是说越南人没有全民族的团结。民族意识是通过反抗侵略的斗争风潮被熏陶出来，而不是通过传统文化、宗教信仰或者风俗庙会所建造。

越南人的生活就受到上述的村落体制支配，故酝酿出一个纯粹作水稻农业的民族的典型价值系统。这就是与大自然偏重和谐的精神、注重阴阳及因果规律、注重三才及五行哲理、在生活中偏重感情、偏重关系、偏重才与德的并存、文比上武，特别的就是提高妇女的地位。同时也有负面，包括喜爱保持平衡之势（均平生活）、拉平态度、对于时代新颖的运动有痴呆的反应等。

在越南式水稻农业文化基层与儒学价值系统之间则存在了越南人曾经相处的莫大距离：

特征	越南文化特征	儒家特征
文化的本质	偏于阴性	偏于阳性
结果	注重感情	仁治（=德治），而后改为法治（注重理性）
空间上的视线	村落视线（乡村文化）	“修身、齐家、治国、平天下”
女性的地位	尊重女性	男尊女卑
民主性/尊卑性	偏重集体的平等、集体民主	偏重社会尊卑性

从此可以看到，越南的传统文化与儒家之间在性质、内容以及表现方式上所存在的差异已经推动越南文化进行运动、筛选并融合，最终造出主导的面目。在积极方面上，进入越南的儒家已经满足了当时的越南社会的一些实际要求：一、思想统一；二、国家组织并运行；三、人才培养及教育振兴；四、博学文化之补充。

儒家的确受到阴性化的折射以合乎传统的东南亚社会背景（民族性）。偏重感情及集体的平等、民主传统（轻视尊卑性）已经强烈地影响到儒家，使它变得与汉字文化圈所剩下的部分存有一定的差距。若是中国人着重忠与孝、朝鲜人独尊顺与敬、日本人着重忠与勇，越南人却以义作为核心。与忠、孝、顺、敬、勇相比之下，义就最少提到尊卑性的。

儒家把君臣关系置于人与人之间五大关系中的最高位置，越南儒家也偏重此种关系，但不至于像别地儒士常见的愚忠。李朝末世到陈朝初时（12—13世纪），越南人民已经完全支持 Tran Thu Do（陈守度）以陈朝换李朝（因为李朝已经衰退），不过，人们并不责怪陈守度是不忠者。在 Luc Van Tien（《陆云仙传》，19世纪）中，乔月娥尚未得到父母的同意却甘心情愿与陆云仙结婚，但没有谁视之不孝（因为谁都懂得他们为义而相遇），仁义在孔教中是臣子对于君王的深刻感情、神圣化的义务，而在越南的仁义则是“为了安定民心”的。

来到有三百年开垦的南部新地，义字已经达到了高峰。从北部及中部迁移到南部开垦的流民并不充分携带儒家价值系统作为行李，因此，身在新地的自然条件的刻薄及在社会历史的面前，他们为了仁义而相聚，这就是四顾无亲、避开故乡伦常道理所束缚的人之纯洁的义。Ngo Duc Thinh（吴德盛）写道："不如前辈北部越人十四五世纪南迁到中部时往往以全村或者全宗族的方式移民过来，只要找到新定居的地方，他们把原有的传统价值带来，包括村庄起名，信仰宗教，伦常道理等等；但是移民到南部的人士通常是以单个个人的方式进行，一去就把所有的传统留下给老家。"

Huynh Lua（黄卢）先生写道："当移民们留步下来就马上成立村庄，他们之间需要新界邻居互相依傍，共同面对艰难恶劣的场合例如凶恶的老虎、鳄鱼、大蛇等野荒动物以及盗贼、贪官、外国敌人等社会危机"。吴德盛说："……新到南部的人士通常是个人对个人，离开故乡就放弃了旧俗，特别是犯罪的人或者贫困的流浪者。因此，开始的时候，来自不同背景的众人，一个跟个人，一群跟一群团体一起，互相依傍，互相关联，这样才能超越这块陌生领土上的挑战而生存下去"。

南部人道"见义不为无尚者"，他们可以喜爱为君王舍身的英雄，但比较喜欢的还是为大义而活的起乱英雄：宋江、林冲、晁盖。甚至，依照韩国研究者 Choi Byung Wook（2011）所说，明命时，在总镇大官黎文阅统辖之下的南部几乎成为了与越南剩下的部分完全差异的国家。

把上述的价值归结起来，中国台湾大学的哲学家 Tran Van Doan（陈文团）认定这就是越南式儒学（简称"越儒"），它从公元前汉朝经过越南式折射后就立即扎根。管辖的汉族官员们已经在越南群众中放出儒家思想嫩芽来，儒家从此就成为在越南文化中难以全面驱逐的统治力量。反过来，越南人习惯只接受自己要用的东西以满足实际的需求，因此，所谓越南的儒家并未成为完整的儒家。越南的儒家把权力集中于统治阶级，意味着它要与政治联合起来。上述的分析给我们解答了与中华以及区域内其他国家的儒家大大差异的越儒传统此一问题。可以说，传统的儒家当来到越南北部时就被东南亚化趋向给改变了，来到南部时就完全破碎。

二、越南中近代的儒家发展中的迟滞

跟中国和日本儒家在历史上经常得到革新比较，越南儒家经过近千年的封建朝代几乎都没变化。具体地说，中国儒家从汉唐宋各朝都经过诸贤的琢磨而弄新，到了宋朝就成了新儒家（Neo - Confucianism）。后来虽然受蒙古、满清外族统治但在明朝时代还进行改革了（王阳明当代表）。在日本，常指唐朝长安留学的日本学生回国之后一直以创新态度运用儒家到日本社会去，从此给日本带来了主动的新面貌，推动整个社会的发展，从而使日本走向自由化。任何人都不能否定日本人的灵活创新之能力。

在东亚世界中，日本是最早懂得把孔教与资本主义结合起来，即把《论语》与算盘结合起来的民族。

越南学者 Tran Quoc Vuong（陈国旺）曾说“越南传统儒家君主制度早就显示出来了一种落后过时的政治社会文化组织模型，它压迫社会生产能力的发展，官僚机制就在封闭村落体制上深深扎根，各个封建集团被动地保持第十一世纪引进的宋儒原则”。

为何越南中近代的儒家变得如此迟滞？

越南学者 Vu Khieu（武跳）已经肯定：“含有教条性以及官僚体制与越南农村经济的越南儒家已经成为使越南长期落后的一个三角架”，此意见实在很有说服性。在上面提到越南传统文化的特殊时，读者在一定程度上了解了越南传统农村经济的封闭性质，因此，这里所剩下的只有两点：越南儒学的教条性以及在越南中近代社会中的官僚体制。

1. 教条性

依照陈文团的认定，儒家进入而无创造，只有借贷、只有采用、只有适宜，这就是越南封建正统思想的真面目。虽然在越南的陈朝，陈明宗、陈艺宗等陈朝君王已经高唱道“不模仿唐宋”、“建设国家，自有独立法度”等标语，但实际上可不完全是这样。甚至到15世纪，黎利及黎家已经赶走了明军但仍留下完整地模仿独尊儒家的意念，连 Zenryo Tsukamoto 也描述出越南人在接受儒家方面与朝鲜人、日本人相比显得完全被动的态度。Brandly Womack 就强有力地认定：“总之，没有任何国家比上越南像中国，所以，没有任何国家比上中国像越南。”（In general, there is no country similar to China than Vietnam, and there is no country more similar to Vietnam than China）

在科举制度上，从本质来说，时时跟着越南封建时代的教育历史，依照儒学的培训内容则是辞章儒学（科举儒学）。古时的越南儒士之所以学习四书、五经主要是为了做官，只有少数的名儒才专心把儒家学说进行研究且补缺之或者进行改进以符合地运用到越南。与词章儒学固结不解的越南科举制度早已显得非常落后、充满教条性。在884年时间内，越南的儒学培训方面几乎完全无变。书、诗、礼、义以及儒家的大多内容一直到20世纪初仍保留着中国宋儒的原本，不管连中国儒学都改变了甚多，从宋儒到明儒以及清儒。这一点就证明了越儒非常保守、迟滞。越南儒士在考卷中、在编撰著述中、在送上皇帝的奏章中以及由皇帝传下的敕令中总会喋喋不休那些破旧的东西。陈朝大司徒陈元旦在考场唱和所得的一首诗中已经如此感叹：“汉唐二宋又元明，例设词科选俊英。何似圣朝求实学，当知万世绝讥评。”越南儒家已经把汉儒、明儒等要素融于自己，形成了依照越南人在斗争生存过程中所得的思维模式之特殊转接。John Kremes Whitmore 认为，中近代的越南人所接受的儒家思想多大部分的是含有实用、应用、实验性的而少有思维、理论、哲学性的。在所留下的书籍中，理论式的儒学著作很少。Phan Dai Doan（潘大尹）也认为关于经学，越南儒士经常简要、略论；大部分就实用性地接受了伦理道德的内容以便运用于建设家庭、社会之中。

14世纪末为儒家独尊的时期，陈艺宗皇帝（1321—1394）也受不了儒士的教条痼疾，感叹："前朝立国自有法度，不要依照宋朝制度，因为南土北地统统属于我国，故不要模仿之。大治间年，白脸书生得了受用，不懂得立法之深意，把祖宗的旧法换取北方风俗，一连衣服到乐章，可数不清。"

读书者只背诵古时故事而不懂得现今故事，他们只懂得在中国存在的问题而不是在越南的。除了汉字文化圈之外，他们几乎完全不懂得外边的世界，对于人类在科技、工业、商业、交通及社会组织等领域上所得到的莫大成就却完全陌生。

阮朝的嗣德皇帝（1829—1883）面对西方文明的影响压力时对于禁止还是不禁止天主教，开放还是不开放给西方人交流贩卖等问题也显得举棋不定，就把这些问题载于廷试考题中，不过，皇帝本身也没有政见（实际上是偏于封闭的态度），那么，考生、臣子也不敢另有其言。黄帝曰："最近，有很多人追求西方科学方法，但依照他们的立说法而看就显得缺少了相生相克的五行，这样说，他们的学术已经违背了道理并且与古人不合法了，岂能继续推崇他们。"

教条性还表现在越南传统的文学及艺术的方面。虽然孔子在诗歌及音乐中也看到了艺术的美及其深刻的感化力量，越南传统的文学及艺术也不能超出儒学人生观的束缚。诗家、艺术学家也同时是儒家，他们又习惯琢磨书籍，无趣寻找新颖的，老是使用一种语言、老是依照早已存在的形式或者内容的一些题目以谈论之。罕见新颖的意念。以文学为证，Tran Dinh Huou（陈廷佑）感慨认定：虽然"也有名作，有伟大的作者"，但"文学在20世纪内全是淡淡的灰色"。"评价经典、书籍此一方面本来是平平淡淡的，不希望显出创造、独到之处。新的只能在对抗儒家文章、对抗空想那一途径上得了诞生"。"科举制度若仍然存在，就没有某一种非正统文章能对上赋录文章的尊贵地位"。18世纪末，当Nguyen Du（阮悠）为了称赞一种高尚而人文的爱情故写出的喃字诗史《金云翘新传》问世时，连爱国的儒家Ngo Duc Ke（吴德继）也直率地批判其为"淫书"，通通只有"哀淫仇怨，盗欲憎悲"，是一种"只能吟咏、消遣的文章而不是追求正学并且教训人世的正统文章"。在另一方面，"从来，老庄以及佛教的思想已经使人类日益靠近了大自然，从而寻觅自由自在及超脱的美。更早以前，民间文学总会提到实际的生活、实际的感触"。幸亏拥有丰富类型的民间文学未受到儒学规则的捆绑，给民众创造了一片清新的气氛，这也许给了他们避免窒息的出路。

也有一些新进的成分，如Nguyen Truong To（阮长祚）、Dang Huy Tru（邓辉著）、Nguyen Lo Trach（阮路泽）等人士，不过，他们的思想渗不进官宦及儒士的脑中，因此，此种保守主义已经纠缠了皇帝并把国家推入殖民制度的奴役之中。儒家的保守主义的城廓当得到下列的三柱时就变得非常坚固：一、知识中的教条主义；二、执政中的官僚主义；三、劳动人民中的平均主义。

2. 官僚制度

如上述第一项谈到，越南文化是从村落文化形成的，越南国人是从同说一种语言、同有东南亚水稻文化基层、同有自然条件（抗红河平原的洪水）与社会历史背景（抗侵略者）的越南人所住的村落在历史中连接起来所构成的。可以说，国家组织模型与中华相比大大不同，这就在于村落与国家的中间要素（区域、州、府等）的位置是很模糊。国有国法，不过，村落的乡约与国法相比也有可能相同或不相同。民众几乎只懂得乡约罢了。所以，皇帝治国就要通过所在的官员力量，主要的就是村落官员（包括由皇帝指定并身在村内的儒士官员以及由民众选举的领导班子，这与朝鲜的两班形式完全不同）。因此，所在的官员阶层在村落社会运行上就有了举足轻重的位置。

辞章科举在近千年中产生了一生陪伴书籍知识而缺少创造力的众多儒士，故不能灵活把知识运用于生活中。反过来，为了护卫自己阶层的权利，他们就奠定了富有官僚性的当地级统治机构系统并且与民众故意保持了某一种距离。

在中近代的越南，除了皇帝之外，官员则居上首位，地主或商人不管有多少田地还是有多少金钱也比不上。越南儒家式的官僚制度在近两千年来已经产生了名位的思想、尊卑的精神、媚上欺下的态度。日益腐败的官僚制度在实际上已压制了越南社会各个方面的发展。凭着儒家“重农抑商”的精神，公家经常过分粗暴地对待商人。1481年，朝廷下令把杂居而领有商店的贩卖者赶出城外。

在越南社会的迟滞背景下，儒家越来越走进唯心与保守之途。至十六七世纪，儒士们开始多谈到天命之说、因果之说以及巫术。他们唯心地运用易经，凭着占卜来断定国家的盛衰以及人类的祸福。黄帝及贵族家庭在佛教、道教暂且复兴的时期中则多加到寺庙礼拜。

Tran Quoc Vuong（陈国旺）曰：“18世纪是儒家破碎的时期，儒家的任何价值都崩溃并无法挽救”。此时，皇帝问科甲进士 Pham Cong The（范公世）：“你身为科甲，为何跟着敌人?”他道：“名分早就不明，顺与逆凭何物而辨别?”或者 Nguyen Trang（阮庄）的徒弟向他说：“老师比敌人不可怕，主公比本身不可贵。”

至19世纪初，阮朝的各位皇帝力图重建儒家的价值系统，但没有挽救多少。本来笨重的官僚制度当时碰上西方民主思想故变得更加刻薄。Minh Menh（明命）皇帝编撰《十条劝勉》，Tu Duc（嗣德）皇帝将之喃演成《十条演歌》以使儒家传播并复兴起来，而后建设旧式的德治社会。当时，人文主义的思想在民间已经强烈地萌芽，打击封建礼教的苛刻的故事已经在民众中猛烈地爆发，如阮悠的《金云翘新传》、阮廷炤的《陆云仙》等作品。

到法属时，保守的儒家与官僚制度在众多儒家想法中已经成为社会的重担。他们开始抛弃儒家，提倡消灭官僚，依照彻底的维新思想倾向创办了东京义塾。民间当时常道：“此时剃发当僧侣，到诵维新独立经。”

在西方思想的推动之下，越南的儒学教育于1918年已经告终①。不过，儒家负面的残余在现今的社会中仍然存在，这就是着重名誉、狂爱职权、官僚贪污、局部主义、迟滞保守、教育系统重视理论而轻视实验、“鹦鹉学舌”的态度、为了文凭而学习，等等。

三、从儒家的负面至当代的越南社会之发展

20世纪见证了在越南所发生的抗法（1930—1954）及抗美（1954—1975）两场伟大的对抗侵略战争。与系列西方思想（其中有马克思的思想）进入的同时，越南社会得到了从来未有的强度及幅度的改变运动。许多思想家已经挑选传统的价值并把传统投入到现在以寻到合乎实际的思想发展之路，其中有胡志明主席。

胡志明主张把绝对忠诚于已经腐败的封建主义此一思想通通删除，把忠君转为爱国，把忠君爱国与解放人民的革命精神结合起来。其实，此种精神从后黎朝时期即16世纪已经出现了，如今在删除封建及对抗殖民帝国的事业上得到了彻底运用。

1975年解放后，越南进入了因为死板地把苏联模型运用于越南而产出来的刻薄的包给经济阶段。到1986年，革新（doi moi）的思想被开始提出，到1991年得到正式实施。经过25年革新，越南经济蓬勃发展，物质经济生活得到提高。不久，越南人又见证了一部分居民中所产生在历史上从未有过的严重的社会道德败坏行为。因此，富与礼的关系就在越南文坛上十余年来总被提出谈论。

孔子当时曾曰：“贫而不怨难，富而无骄易”，“安贫乐道”、“贫而不怨”。孔子早就注重到和谐社会中的德，厌恶奢侈。

先人从“为富不仁，为仁不富”一句中就看清了富与礼、义与利、道德与经营等关系。不过，孟子也认为百姓若饿社会则乱，“民以食为先”。从此可以看到，古人在兴盛时期的社会中也关心到生活的道德。

Le Thanh Tong（黎圣宗）时期（1442—1497）乃是封建社会在越南极盛发展的时期。黎圣宗巧妙地把德治与法治结合起来的。一方面，他提高儒家的伦常道德，另一方面颁布《洪德法典》并以此作为安民的工具。黎圣宗时期之后，后黎朝的各位皇帝不依照此主张，从德治到法治都不如昔年的严明，社会混乱，国家被分成北河与南河两地。

到20世纪初，许多维新风潮已经启发，虽然不成功但仍及时给社会思想留下了众多的影响。在胡志明正式介绍马克思主义之前，东京义塾、维新等风潮已经给越南的

---

① 之前，儒学教育于19世纪末在南部已经告终，在北部则于1914年告终。拉丁国语自从20世纪初就被全面普及。

思想运动带来了不少促进剂。

至今，不管政治体制是社会主义，为了造出合乎越南社会的价值系统之思想运动过程仍将继续进行下去。越南的人文研究界非常激烈地讨论到现代的越南价值系统，其中，已经得到统一的观点如下：

（一）古为今用，把爱国、孝义、廉正、勇气等若干价值守护并发挥出来，同时也要依照新的情况来运用之。有许多作者在谈论到仁、义、智、勇、廉等价值时也回归了胡志明主席的观点。仁者被视为对于祖国与同胞且对于世界上全部劳动人民的无限爱情。忠者则密切接连到爱国，使社会拥有尊卑秩序但也要以人民利益为本。孝者则效法古人，分为大孝（对于江河孝敬）及小孝（对于祖先父母孝敬）。义者则是尽力实现要做的事以便给祖国及百姓服务之责任感（相应于公民的社会责任）。智者则要求人们探索、提高科学知识，赶上世界的发展潮流。勇者则要把革命决心以及尽力实现为国家在新时期内得到独立、自由、发展的决心聚合起来。廉者则要求人们维护个人品质，实现至公无私的精神，反对贪污浪费，一生清白、谦逊、朴素。

（二）要对在中近代一直到现在本来已成为社会发展的笨重阻力之传统文化性格指明其负面影响。这些负面影响就是缺少分明尊卑、缺少尊重法律的精神、偏于感性而轻视理性、平均主义的生活方式、不分高低上下的态度、局部的思想、面对新来东西显得保守而迟慢的思想等文化传统。

（三）为了达到法治与德治的和谐社会的教化，要在如下三个级别同步展开：一、个人道德的教育；二、家庭与社会生活方式的教育；三、关于文化、文明的国家意识教育。

在被命名为亚洲四龙之二的新加坡及韩国，经济发展则要站在社会发展的旁边。在那里，家庭、宗族的道德传统对于国家发展的过程有举足轻重的位置。家庭、宗族已经培养了家庭中各成员之间以及家庭与社会之间的感情。上述列国已经把传统关系留下来以便把人们捆于社会秩序中。而越南社会本来偏偏注重核心家庭，反而使宗族的位置显得模糊①。

在社会中，越南学者们特别重视礼的位置。孔子曾曰："未若贫而乐，富而好礼者也"，意味着社会虽然繁荣但人们仍要守礼以便达到幸福及精神的升华。

政府需要注重开放社会的知识，提高学习与求进的精神。一个善于学习的社会一定是一个文明的社会。管理者要拥有美好的道德并作为民众的榜样。关于此点，我们完全赞同 Vu Khieu（武跳）的认定：当管理者懂得把德治结合于仁治与礼治时，越南社会方可得到和谐而稳定的发展。

---

① 因此，越南的宗法制度以及家谱系统则显得薄弱。北往南来，此传统越来越模糊而后渐渐破碎。

余 论

身为在汉字文化圈中能接受并采用儒家思想的唯一东南亚国家，越南已经在把土著水稻农业文化基层及儒家思想系统共有两个基本来源进行融合起来之下造出了自己特有的传统文化价值来。传统经济关系的纯粹水稻农业性质以及富含封闭农村村落性质已经使越南儒家文化拥有了与其他儒家社会相比之下似同似异的特征。

虽然越南儒家对于正统思想系统及渊深古典文化系统定型上已经作出了莫大的贡献，但同时也暴露了直接支配越南社会运动及发展的过程的不少基本弱点。这就是儒家的教条性，官员、儒士阶层的官僚性以及越南传统的自给自足式封闭村落农业经济的关系共有这三种的聚会。

迟滞的越南传统社会从中古时期末端至近现代是一个复杂的运动过程，其原因是，这里有新的与旧的、本地的与外来的互相交叉，此过程至今仍然继续下去。越南文化与思想研究界期望达到一种法治、德治、仁治的和谐配合，建造一个文明、和谐的社会。

参考文献

[1] 段黎江：《日本儒学与越南儒学》，http：//khoavanhoc - ngonngu. edu. vn，2005 年版。

[2] 阮雄厚：《越南式儒学的特点》，《宗教研究》第 31 期，2005 年。

[3] 陈廷佑：《儒家与越南中近代文学》，河内：文化通讯出版社，1995 年版。

[4] 武跳：《越南儒家与发展》，河内：社会科学出版社，1997 年版。

[5] Huynh Lua：*The history of land reclamation in Southern Vietnam* (Vietnamese version)，Ho Chi Minh City Publisher 1987.

[6] Tran Van Doan：“The ideological essence of Vietnamese Confucianism”，*Confucianism in Vietnam*，VNU - HCMC Publishing House 2002.

[7] 陈玉添：《越南文化特色的寻根》，Ho Chi Minh City Publisher 2004.

[8] 吴德盛：《区域文化与越南文化分区》，青年出版社 2004 年版。

[9] 阮玉诗，黎氏玉蝶：《越南科举制度》，《中国上海师范大学儒学国际研讨会论文集》，2012 年版。

[10] 阮玉诗：《儒家与越南文化特征》，《哲学天地》，中国浙江儒学研究学会，2011 年。

[11] 阮玉诗：《越南南部文化中的儒家道德之变迁》，《台湾师范大学跨文化视角下的

儒家伦常国际研讨会论文集》，2012 年 3 月。

[12] 陈国旺：《儒家与越南文化》，《越南文化》，民族出版社 2000 年版。

[13] Choi Byung Wook, *Southern Vietnam under the Reign of Minh Mang* (Hoang Anh Tuan translated), The Gioi Publisher, 2011.

[14] Zenryo Tsukamoto 1973: "Korea, Japan, Vietnam and Tibet", *Half of the world*, Anord Toynbee edited, London: Thames and Hudson.

[15] Tsuboi Yoshiharu 1992: "Confucianism in China, Japan, Korea and Vietnam" *The history and future of Han script cultural zone* (Japanese version, Doan Le Giang translated into Vietnamese)，东京：大修馆书店出版。

[16] Brandly Womack 2006: *China and Vietnam: the politics of asymmetry*, Cambridge University Press.

儒家经济伦理及其公正思想研究

同济大学马克思主义学院教授、
比较文化与道德教育研究所所长　邵龙宝

经济伦理是一个现代概念，探讨儒学的经济伦理思想有其深刻的意蕴，因为现代经济伦理思想离不开历史和文化传统的演化，儒学作为传统文化的表征和主流，在中国历史的长河中对社会经济文化产生了深远的影响。要想明智而有效地解释当下中国社会的经济现象和经济行为中的伦理价值意蕴，用以指导中国的经济实践的健康发展，决不能忽视对儒学中的经济思想的审视、批判、辨析和发掘。经济伦理源自近代西方，这一概念是以知识论形式出现的，儒家的经济伦理思想则没有这样一套知识论的表现形式，但并不能据此认为儒学没有经济伦理思想。在阐释儒学中的经济伦理思想时借用西方的经济伦理的概念范畴加以诠释和阐发，亦即将西方的经济伦理的概念范畴以及理论作为一个比较的参照系或坐标是十分必要的，然而这种借鉴必须跳出西方的思维模式和框架，以便超越“自我中心的经济学与无我的伦理学”[①] 以及我国长期以来经济学界和哲学界各说各话、交流与融通不足之弊端。

儒家的义利之辨归根结底是服务于宗法家族、国家和天下的秩序稳定的。儒家以诚信为基础的信用规则与现代信用体系在个体人的德性层面相比或许儒商更高，现代信用体系的优势主要表现在形式上和技术层面，它的实质是个体人的诚信德性的水准和制度的双向互动。儒家也有类似于契约精神的立信、征信、结信的制度规范。儒家的礼乐教化的治政智慧源于家族的族规和家教，除了用调均来防止社会分配的严重不均，还在养老、救济弱者、赈灾与社会保障等方面进行制度设计，由此引发解决传统社会最基本的民生问题。本文就“义利与秩序”、“诚信、契约与效益”、“贫富、调均与公正”三个方面辨析诠释儒家经济伦理及其公正思想。

一、“义”、“利”与秩序

众所周知，儒家并不反对个人正当的获利行为，不对“求利动机”以负面的道德评价，承认人人都有谋求生活富足的愿望，无论性善性恶论都关注人的生存状态，都

① 阿马提亚·森：《作为自由的发展》，美国纽约 1999 年版。

认为一个符合人性的社会首先要保障每一个体人的生存权。只是儒家的个人局限在家庭这一血缘共同体中，家族不仅是生活、生育的机构，还是生产单位、经济实体，承担着各种社会功能。作为最主要的生产资料——土地无法由个人独立占有，只有依靠血缘组织共同占有。宗法社会里是没有“个人”的，一个人的存在是为他的种族而存在的。在义利之辨问题上儒家归结为家族的利益和社会的秩序。孟子肯定耳目口鼻之欲与生俱来，是人的自然性情，强调“有恒产才能有恒心”，考虑的是社会秩序。荀子也是就社会各种资源的合理调适来思考如何建立合乎道德的社会秩序问题。孟子对求利而不顾道义者，称为小人，对“见利思义”、以义驭利者称为君子；认为“养心”为贵、为大，“养身”为贱、为小，利欲为“养身”之事；陶冶德性、提升人格境界为“养心”之事，都是以家族的利益和社会秩序为旨归。儒家注重道德生命，认为德可以生利、生名、生望，而且在整个道德生命的链条中，子孙后代环环相扣，使先祖存留下来的事功、道德、修养得以完整、长久地延续下去。孟子告诫人们要注意自己的行为“无以小害大，无以贱害贵”(《孟子·告子上》)，指出“养心莫善于寡欲”(《孟子·尽心下》)，特别看重心性对人的重要性，而利欲对人相对次要。相比较而言，荀子对人的欲望的满足要看重得多，他认为“人生而有欲”，应“各遂其欲”，“饥而欲食，寒而欲暖，劳而欲息，好利而恶害，是人之所生而有也。(《荀子·非相》)”荀子并不主张一定要“去欲”、“寡欲”，主张要“导欲”。因为欲望乃是人性普遍的特性，无论“尧舜之于桀跖，其性一也；君子之于小人，其性一也”。(《荀子·性恶》)在荀子看来性的本质是情，情的具体呈现是欲，三者均受制于天，“无待而然”，“人之情为欲多而不欲寡”(《荀子·正论》)，然而“欲恶同物，欲多而物寡，寡则必争矣”。(《荀子·富国》) 荀子道出了宗教、道德和法律产生的原因，与西方近代功利主义价值观十分相似。为解决物寡而相争的矛盾时，荀子给出的义利标准也是很清晰的：“先义而后利者荣，先利而后义者辱。荣者常通，辱者常穷。通者常制人，辱者常制于人，是荣辱之大分也。”(《荀子·荣辱》) 荀子着力于为人设计调节和规范求利活动的习俗和制度，即以礼义为内涵的“礼制”，并认为唯有“得礼义然后治”。(《荀子·性恶》) 追溯礼制的源起，发轫于周公制礼，传扬于孔子的仁政德治思想，集成于荀子的礼法思想。孔子为礼崩乐坏的春秋时代创立了名分大义，即君君臣臣父父子子，试图想让社会秩序井然和谐，对仁和义、礼都做了极其深刻的阐发，特别是对“政”、“刑”、“德”、“礼”的辨证关系进行了独到的论说。孟子着力于让人们从心性修养用力，通过“内圣”着力于“大丈夫”的理想人格、浩然之气等心性论的修养学说的阐发。荀子则是着力于“外王”即试图对礼仪制度的建设来达到解决社会财富的有限性和人的欲望的无限性的矛盾。礼的功能看上去是为解决经济问题，以解决供给和需要的矛盾，实际上其本质是为了使社会发展、有序与和谐。

荀子的礼制思想归根结底是为了维护宗法专制主义社会的等级结构，“救患除祸，则莫若明分使群矣”。(《荀子·富国》) 从而形成一种上下有别、贵贱不同的等级制度。人人按照礼义来约束自己的“欲”，使自己的逐利活动不逾越“礼”的范围，便可“化性而起伪”，“伪起而生礼义，礼义生而制法度”（《荀子·性恶》）。孔子开平民教育之先河，内含着为下层百姓通过学圣可以获得向上流社会提升的可能性，孟子的“人皆可以为尧舜”和“天爵”高于“人爵”的观念同样暗示了下层民众向上走的可能性，荀子所设计的“礼制”进一步在制度层面开启了转化人的社会地位的调节功能。他说：“我欲贱而贵，愚而智，贫而富，可乎？曰，其唯学乎！”（《荀子·儒效》）这种制度设计不能不说对后世的科举考试在实践层面一定程度上实现了“朝为种田郎，暮登天子堂”产生过影响。还应指出的是，礼制之于法制有其敖损财物少且具有“软约束机制”的功能。礼制不同于“礼治”和“礼教”，“礼治”重道德感化，强调人的主观能动性，“礼教”是一种教条化的吃人的工具或类似宗教的戒律，“礼制”则既有意识形态的作为非正式约束所具有的“软化”的功能，又有制度约束的“硬化”功能。

礼制的内涵之本质还是宗法等级制度。礼制强调国家是由一个大的血缘集团构成的，皇帝是血缘集团的最高家长和国家的最高代表，社稷是以家族和宗族为单位而设置的，中国社会的实质是家族结构式的社会。希腊社会在历史的演进中是由氏族到私有制到国家，个人私有制的强大力量瓦解了血缘氏族制，由国家代替了氏族，中国则是从原始氏族直接进入到奴隶制国家，整个社会结构保留了以血缘为纽带的氏族遗制，由此形成了家国统一。国家通过家族统治来实现，父权与君权相统一且可以互相转换，用治家的方式来治国，即用家族内部的伦理道德用于治国，产生了儒家的德治主义和仁政德治的治国方针。家族伦理的政治化加大了王权统治的安全系数，有利于大一统的政治格局的形成和“天下太平”的理想的实现。在漫长的宗法专制主义中国社会，中央集权的大一统国家的国家形态有利于经济的发展和繁荣，这一传统的遗存亦已被实践证明有它许多有利于经济加速度发展的内在因素，可见，中央集权的大一统国家在国家形态上未必就一定比联邦制国家和邦联制国家落后，采取何种国家形态归根结底是由不同时期的国情决定的。儒家的“家国同构”在政治上倾向于保守稳健，避免社会因过激而毁灭，加之农家、商家、计然家、医家、水家、工家等实业思想体系，成为中国古代经济稳定发展的思想前提和基础。诚然，礼制等级结构的负面效应直到今天并没有因为建立了新中国，改革开放30余年且置身在全球化、信息化和网络化的世界背景中被钉在棺材里，埋葬在坟墓中，其影响之深远和广大是每一中国公民在日常生活中都能体悟和感受到的。一个文明的现代社会，知识的分层化应该比阶层的分层化速度要快，而且知识的分层化应该真正起到决定性作用。而事实上远不是这样，制度创新的成果往往被看不见摸不着的文化传统的负面的东西所左右，这正是我们需要进一步进行改革和文化创新的重大课题之一。然而，我们的改革只能在传统的土壤上改，我们无法拽着自己的头发离开这个地球，无法脱离“大一统”、“仁政德治”、“家国同构”等传统的遗存奢谈改革和借鉴西方的积极思想因素。

二、诚信、契约与效益

“诚”是儒家思想中的一个核心概念，“诚”贯穿天道、地道与人道，可成已、成人、成物。《中庸》曰“唯天下至诚为能化”，“至诚如神”，意为至诚可以达到神明的状态，这是中国文化和中国人所追求的一种道德和人格的境界。《中庸》开篇说“天命之谓性，率性之谓道，修道之谓教”。“道也者，须臾不能离也，可离非道也”。言简意赅地揭示了中庸之道这一主题思想的核心是自我教化的重要性，而自我教化的根本在诚信。“道也者，不可须臾离也，可离非道也。是故君子戒慎乎其所不睹，恐惧乎其所不闻。莫见乎远，莫显乎微。故君子慎其独也”。慎独的精义是思诚。《孟子·离娄上》所言“诚者天之道也，思诚者人之道也”，此语重点在“思诚”，“思诚”的关键在实践。“信”在汉代被立为“仁义礼智信”五常之一，可见其地位之崇高。“信”与“诚”可以相互诠释、相互说明、相互印证。“信”的本质是诚实不欺、遵守诺言、言行一致、恪守信用，“一言既出，驷马难追”，都是强调做人的根本是不欺天、不欺人、不自欺，“言必信，行必果”。孟子著名的道德修养六境界如是说：第一境界是“可欲之为善”，“可欲”是指道德和法律的底线，“诚”是其基石。第二境界是“有诸己之为信”，孟子把“信”看作比“善”高一个境界，“信”是对天地人都不欺骗之意。第三个境界是“充实之为美”，努力学习不断充实自己的知识学养并在实践中修养自身的德性，就会变得美丽起来。第四个境界是“充实而有光辉之为大”，“大”是通假字，为泰然自若的“泰”，充实而有光辉的程度就显出泰然自若的神态。第五个境界是“大而化之之为圣”，第六个境界是“圣而不可知之为神”，这是更加神圣的境界。孟子在这里告诉我们人格境界的“美”、“泰然自若”、“圣”和“神”都以“诚”“信”为前提和基础。及至宋代，周敦颐以“正性命”为“立诚”，二程突出“无妄之为诚”，朱子在无妄之前还加上一个“真实”，“诚者，真实无妄之谓”（《四书章句集注》），“君子诚之为贵，指实心而言”。（《朱子语类》卷六十四）诚信是人之为人的表征，区别于一切动物，是一种社会资本，是协调人与人关系、和谐社会的一种精神质素，也是一种社会心态和凝聚社会的一种无形的力量。诚信在社会上的实现归根结底要靠每一主体自身的修养功夫，且将这种修养功夫落实在日常家庭生活、公共生活、职业生活、市场买卖生活之中。待人之“诚敬”，恋爱婚姻生活中的“忠诚”，公共生活中的慎独，职业生活中的切己省察、涵养持敬，买卖生活中的坚守信用、童叟无欺，都要从每一个体自已的一言一行的思诚和信守诺言做起。

全球化时代的市场经济呼唤法治和契约，诚信似乎成了奢侈品，因为在追逐利润的最大化的过程中，不少人以为“只要不违背法律和契约，诚信不诚信是无所谓的”，事实上抽调道德的法规是徒劳的，缺乏民众对法律信仰尊崇的法规也只能是徒具空壳。

在资本向全球扩张的商业时代，虽然没有触犯法律但属于缺德的行为则比比皆是，例如前些年发生在美国的“辛普森世纪大案”——杀人犯亦可在所谓程序公正的幌子下逍遥法外。信用的丧失不能不说是前不久美国金融风暴的根本原因。现代信用制度的内在品质是每一行为者主体的诚信品格，儒商以诚信为基础的信用规则与现代信用体系在个体人的德性层面相比或许儒商更高，现代信用体系的优势主要表现在形式上和技术层面，它的实质是个体人的诚信德性的水准。中国古代也有契约精神，古人把约定当作契约，认为契约是一种立信、征信、结信的制度规范。“敬畏约定是对契约的敬畏，将约定等同于法律；是对契约的尊重，古人往往视约定优先于规定。”① 古代中国社会与国家的结构方式是等级结构、亲缘关系，这是一种建立在人对人的依附关系上（即对权力的依附关系）的契约社会，它与现代意义上的西方的契约精神有很大的区别，但这是民族性、母体性的一种法律精神，认识和反思批判它才能成为构建现代法治中国的元素。

契约是正式的行为的约束范畴，违背契约要承担责任，它与诚信的区别在于，诚信是一种品质，而契约是一种以书面或其他形式订立的协议、合同或约定。契约的观念来自于资产阶级的社会政治学说，一般都以天赋平等观念为基础。契约往往是建立在平等协商、自主、自愿和互利的基础上。契约与诚信目的相同但手段和形式不同。在市场经济社会中契约已经上升为一种基本制度，但是其运作的好坏归根结底还在个体人的德性修养。现代社会与传统中国社会的最大区别在于前者个体人的主体性得到张扬，后者人的主体性受到压抑。契约自由原则是现代社会的产物，前述的中国传统社会的契约不是真正意义上的契约。在近现代社会，契约的缔结和订立完全依据订立者双方的意志自由，以合意为基础，无论在选择合同伙伴、决定契约内容、订立契约的形式、类型，或变更和解除合同、选择法律的形式等诸方面都应体现主体意志自由。这种契约自由的思想可以追溯到罗马法，但因古代私法主体的自然人没能摆脱宗法社会统治的人身依附关系，所以真正完备的契约自由原则产生于近代民法，从身份到契约的转变不仅获益于代议制民主和市场经济的政治、经济环境和条件，还得益于以亚当·斯密为代表的自由主义经济思想和西方的自由平等的文化传统。按照基督教在上帝面前人人平等的理念和西方近代的天赋人权思想，每个人生而平等，享有幸福、自由的权利，人的自由意志不仅是自身权利义务的来源，而且是权利义务发生的根据。按照亚当·斯密的观点，理性人在依照自己的自由意志追逐私利的同时不自觉地促进了社会利益，不仅使商品的价格与其价值相适应，而且使生产与需求相适应，亚氏主张政府应采取和奉行不干涉经济事务的政策。契约自由原则就是这一自由主义经济思想在合同法上的反映，强调在经济行为中尊重当事人的自由选择。当自由资本主义进入到垄断资本主义之后，凯恩斯的国家干预主义取代了自由主义，以强制缔约来限制

① 霍存福：《吉林大学社会科学学报》，2008 年第 5 期。

契约自由，不仅加强了对合同的监管，还出台了一系列强制缔约和所谓公平、诚信、公序良俗条款等，在这里实际上强调了个体人和传统道德的重要性。凯恩斯看到了自由主义淡化道德的弊端，是对自由主义的纠偏。然而，对契约自由的限制并没有也不可能完全否定契约自由的意义和价值，在无论中西方民法中这一原则仍然是经济合同中的主要原则和法律精神，独立于自由的意志永远是推动人类文明的根本动力源之一。契约自由的经济原则在不同的社会经济结构和文化传统中应当有符合自己国情的特点，修正它的目的是为了使这一理论更趋完善，使其更好地发挥契约自由的法律精神。然而，真正的现代法律精神的内涵是道德、是诚信，所以说儒家的诚信传统和资源在现代化的中国经济发展中不仅有资源价值，还有超越时代和国界的普适价值。儒家的义利思想由于注重社会和谐和秩序，所以在落后国家启动现代化时表现为作用不明显，但是在高度现代化的国家面临现代性危机时就应该重新估量它的价值和意义。过分注重社会秩序与和谐，有其难以克服的弊端。它的一个极端是道德至上，认为德可以生利、生权、生名。道德价值与经济价值的关系是义利关系；道德价值与政治价值的关系是内圣外王；道德价值与社会价值的关系是德望关系，但在市场经济的社会现实中道德价值的生利、生权、生名的转化关系不具有现实可能性，实际情况或许正好相反，过于注重道德价值有时反而会妨碍其他价值的实现。现实的逻辑与理想化的设计不同：财富和权势才是最重要的价值，名望和品德要受到它们的制约，道德并不具备孕育出财富、地位、名望等价值。甚至在社会上还有不少人赞成“不行奸诈难为富商，不用欺诈难成权贵，不得虚张难得伟名”的说法。与道德价值相反，经济价值和政治价值却神通广大。由此，难道我们可以得出这样的结论：不讲信用、契约精神的个人、企业会产生可观的经济效益？讲信用、契约精神的个人、企业反而不会产生经济效益？我的看法是，就个别人、个别企业在市场经济不规范的某种时段（时期）不讲信用、契约精神有可能会产生可观的经济效益，（但他（它）的盈利是建立在对他人和社会侵害的基础之上）而讲信用、契约精神的个人、企业反而不能产生很好的经济效益。但是就整个社会和民族的长期而言，只会产生一时的虚假的经济繁荣，绝不可能产生真正的经济效益和良好的社会效益。倘若个人的发财可以不顾环境的污染甚至是万劫不复的大破坏，而且这种破坏已经侵入人类文化，甚至植入人体内直至毁坏了人性本身。儒家的诚信理念讲求和注重道德的内在超越，它反对凭借集权——财富——技术招摇过市，认为即便得到了这一切，也依旧生活在幸福门外。就一般意义上看，信用和契约精神能给个人、企业带来长久的经济效益，对整个社会和国家、民族来说，更是可以带来真实的经济繁荣和社会的和谐与进步。儒家传统道德所信奉的德能生利、生权、生名在现实社会的今天并不具有普遍的必然性，这是因为：一则，这一道德价值即使在中国古代也未必都能变成现实；二则，在传统的中国社会也有与此相左的不同看法和观点，如叶适所主张的以功利原则来体现道义，而不是用道义去限制利益就很富启示性；三则，这一命题本身较多地带有实用理性和功利主义的价值观色彩，为什么讲道德就一定要获利、获权、获名呢？讲道德有时候的确是需要放弃利益、权力和名声，犹如康德的义务论的观念：唯有为义务而义务的道德才是真正的德性。无论如何，讲诚信和契约精神不管在什么时候对社会的进步、经济的发展总是会带来最大的效益的。儒家还主张回归自然、亲近自然；主张适度地回归亲情、人情、家庭和社会，认为与家人、朋友和谐融洽地相处，比功利和金钱的获得更有价值，在人情冷漠的今天显得更有意义。回归自然、亲情、人情、家庭和社会都需要诚信这种人之为人的德性作为基础和前提。

传统儒家的诚信道德的开掘一定要与现代的信用制度和契约原则或精神有机结合才有可能获得创造性转换。例如订立契约（合同）时，儒家的中庸之道是一套对人、事、物的极其高明的德性、思维模式和感知框架：你不能将自己的利益设计得过于大，以至于别人无法与你合作；经商是为了盈利，无可厚非，具有中庸思维的商人会细察自己的行动所可能涉及的所有其他人和可能带来的后果，他们会在赢利多少的两极即过多和过少之间掌握一个适当的度，最终达成一个动态和谐之状态。人类社会在利益的驱动下正在引发种种灾难，各种现代病诸如生物灭绝、生态失衡、能源危机、资源枯竭、家庭解体、政治腐败……日益使人类的自然家园、社会家园和精神家园遭到破坏。儒家强调人是自然之子，是整体社会中的一员，人应该与自然、社会和谐相处，民胞物与，在与他者和谐相处、在“主客相容为一”中来尽一份责任，实现自身。儒家的生态资源可以转化为经济资源，在人类文化的转型中，儒家的生态思想和经济思想可以将与“自然为敌”转化为“与自然为友”，从而将“传统人”——“政治人”——“经济人”朝“现代——文化人”转化。总之，儒家诚信资源的价值实现具有极大的应用空间。宇宙、天地、社会、人世，无论宇观、宏观、中观、微观、渺观；历史、当下、未来；自然、社会、他者，它（他）们的本性都要讲诚信。唯有诚信才能和谐共融、共同生存，在对付现代性的“虚”、“假”、“轻”、“狂”的危机中，儒家诚信的德性资源有着无价的功用。

三、贫富、“调均”与公正

孔子曾说：“富而可求也，虽执鞭之士，吾以为之。”认为求富是人之常情，但并不以财富的多寡来评价人。孔子赞赏颜回“一单食，一瓢饮，在陋巷，人不堪其忧，回也不改其乐，贤哉，回也！”这是对“君子固穷”，为实现自己的理想而“发愤忘食，乐以忘忧”的赞赏。在孔子眼里，财富与求“道”相比，“道”远比财富更高贵，他的理想是“老者安之，朋友信之，少者怀之”。（《公冶长》）在价值取向上，认为“不义而富且贵，于我如浮云”。（《论语·述而篇》）因为真正的君子“忧道不忧贫”。至于求富的途径，在当时不是种田，而是“学而优则仕”，他说：“耕也，馁在其中矣；学也，禄在其中矣。”（《论语·卫灵公》）孔子主张均贫富，《论语》中记载：“丘也闻有国有家者，不患寡而患不均，不患贫而患不安。盖均无贫，和无寡，安无倾。”孔子反对当官的利用手中的权力巧取豪夺，通过不义的手段获取暴利，主张以行政和法制手段来打击和制衡“诈”、“伪”等“与民争利”的不法行为。儒家主张民本、民有、惠民、富民、教民、保民、养民、与民同乐、民贵君轻、载舟覆舟、扶助社会弱势群体等思想，其社会政治理想和制度设计都是针对当时的时弊提出来的。今日之中国全国上下最为关注的问题是民生问题，在民生问题当中最最关心的是基本民生，即公共卫生、基础教育、物价、医疗保险（因病致贫）、就业、房价、环境生态。亟待解决一方面 GDP 在加速上升，另一方面社会冲突愈益严重等社会结构性问题。儒家的治政智慧中就有用礼乐教化和各种制度规范来解决最基本民生问题的传统，除了用调均来防止社会分配的严重不均，还在养老、救济弱者、赈灾与社会保障等方面进行制度设计，以维护、保障老幼鳏寡孤独等贫弱者的利益不致受到较大损害，尤其是在“荒政”中对灾民的救济形成制度化；在养老恤孤扶弱上也有制度安排；“颁职事及居处、土地、赋税、商业之制度与政策；选贤与能的主张与制度诉求；以德教为主，强调刑罚的慎重与刑罚的程序化，隐私与私人领域的保护问题等”① 都出台了一系列政策和规定。

儒家的家族主义在救济贫弱族人上自认有义不容辞的道德义务和责任，救济资金来源于全族集资，还有族人向本族捐赠义庄、义田或现金等。北宋范仲淹是最早创设义田的人之一，他认为创设义田的目的是为赡养宗族，不分亲疏，“若独享富贵而不恤宗族，异日何以见祖宗于地下，亦何以人家庙乎？”② 孤儿、鳏寡老人和残疾人被视为长期救助的对象。在儒家看来，救助族内弱势人群是实现合族聚族、稳定人伦秩序的重要保证。为此，许多家族通过制定家规对乐善好施者予以奖励，对为富不仁者予以制裁，务求一族之富人能保全一族之贫民。在婚丧嫁娶上讲求相互扶持，尤其是有族人遇到水火、盗贼、疾病、死人、孤儿寡女和贫困状态，同族人均应有无相通，尽心尽力，协力出资，绝不懒怠。这个相扶相助的过程即是合族亲族，敦厚人伦的过程。家族还根据需要设置临时救助和奖励及中榜奖励，在祭祖活动中宣讲宗法伦理、重申祖先制定的家法族规，已形成稳固的伦理品格和道德观念，从童蒙始进行职业道德教化，要求子女处世应崇德重义，经商要重义轻利，为官要清廉忠良。与之相对应，针对不良言行还采取一系列措施惩戒违反家族伦理规则的不孝子孙，祠堂是主要场所，许多家族还设置“劝惩牌进行舆论抨击、训责请罪，责令过失者反思。请罪最为严厉的处罚是剥夺权利，先是革除获得祖先庇荫的权利，这是在经济上的一种制裁。其次

① 郭齐勇：《再论儒家的政治哲学及其正义论》，《孔子研究》2010 年第 6 期。

② 渭阳系黄氏续谱理事会编印：《福建莆田渭阳系黄氏族谱》“金墩黄氏族谱序”1997 年版，第 2 页。

是除籍出族，从家谱中除名。上述种种规定和做法都是为加强家族的凝聚力，同时也象征地表达了对公共财产的权利和责任的维护。家族中的家长是要在各方面作出表率和榜样的。

以上可以得知，家族的礼的放大即是国家的礼。国家的礼的实施首先是通过家族展开。礼本身是有双重意蕴的。一方面孔子为维护周礼为中国人定下了“名分大义”，要求人们遵从宗法制度的“礼”制，另一方面，孔子认为如果统治阶级骄奢淫逸，无德无才，不仅可以不辞而别，而且可以设法罢免他，这就蕴含了权利的分配应根据人的德性、才能和为社会所作出的贡献的大小等差进行安排。特别是孔子的“有教无类”思想开平民教育之先河，使教育公平在一定程度上成为现实，也为平民参与政治创造了机会公平的前提条件，这为打破世卿世禄制、为后世的“举贤才”打下了坚实的基础，其实质是主张尊重一切人的生命权和幸福权。所以，儒家一方面是为宗法专制主义政体服务，另一方面又与专制主义政体保持了一定距离。这是我们诠释儒家公平正义观时必须要掌握好的一把钥匙和一种历史唯物主义的尺度。

孔子肯定藏富于民，把老百姓的生存权和受教育权看做是为政之本。主张“因民之所利而利之，斯不亦惠而不费乎？择可劳而劳之，又谁怨?”（《尧曰》）孟子主张让老百姓有恒产而后才能有恒心，他对齐宣王说：“无恒产而有恒心者，惟士为能。若民，则无恒产，因无恒心。苟无恒心，放辟邪侈，无不为已。及陷于罪，然后从而刑之，是罔民也……是故明君制民之产，必使仰足以事父母，俯足以畜妻子，乐岁终身饱，凶年免于死亡；然后驱而之善，故民之从之也轻。”（《孟子·梁惠王上》）孟子无论在土地、赋税、养老、赈灾等方面的制度设计和社会保障等方面都体现了平等观和正义的思想。孔孟的均贫富思想是为等级结构的宗法社会服务的，使财富的分配有等级、有节度、有秩序，并导之以整体和谐。荀子的“礼制”更是进一步使分配符合等级社会的“贵贱有等，长幼有差，贫富轻重皆有称”（《荀子·礼论》）。但在荀子看来，“‘礼’又是‘道德之极’、‘治辨之极’、‘人道之极’，因为‘礼’的目的是使贵者受敬，老者受孝，长者受悌，幼者得到慈爱，贱者得到恩惠。”① 荀子也十分重视扶贫济困，认为是治政的要义，主张“兴孝弟，收孤寡，补贫穷，如是，则庶人安政矣”。（《王制》）朱熹也曾努力劝农赈灾，宽恤民力，为减轻贫困县的赋税，多次奏请皇上。

事实上在宗法专制主义社会，有权有势的官宦人家“众其奴婢，多其牛羊，广其田宅，博其产业，畜其积委”，而老百姓则“贫者穷急愁苦，穷急愁苦而上不救，则民不乐生。民不乐生，尚不避死，安能避罪！”（《汉书·董仲舒传》）董仲舒进一步探究了“不患贫而患不均”的问题。他认为一小部分人富了，必然导致一大部分人穷了，两极分化严重，就必然导致社会不安定，要消除不安定，就要“调均”。经过调均，

---

① 郭齐勇：《再论儒家的政治哲学及其正义论》，《孔子研究》2010 年第 6 期。

"使富者足以示贵而不至于骄，贫者足以养生而不至于忧"（《春秋繁露·度制》）。调均的根本途径和方法是设法制止官家与民争利，主张凡"所予禄者，不食于力"，官家"食禄而已，不与民争业，然后利可均布而民可家足"。当官的廉洁奉公，民风自然纯朴。事实上早在周代统治者就已有尊重民意、民利的"以德配天"、"敬德保民"的道德自觉意识，认为国家的兴亡和个人的得失并非取决于天帝的裁决，而是取决于当政者的行为是否尊民和利民。文王的"明德慎罚"，周公的"我不可不监于有夏，亦不可不监于有殷"，都是对统治者自我权力的限制和对"以民为本"政治实践的道德觉醒。自秦汉以来两千多年，历代统治者始终摇摆于历史尺度与道德尺度两者之间，历史尺度是讲生产力发展，道德尺度是讲公平均等，贫富问题一直是历代朝政关心的民生问题。宗法专制主义社会的本质决定了富者越富，穷者越穷，两极分化是基本趋势，但有时也采取"调均"的办法来打击贪官污吏的巧取豪夺及鱼肉百姓的行径，因调均不当往往导致农民起义。儒家通过礼仪教化和"调均"等措施来扶助弱小，防止贫富差距拉大。"秦政之后，儒家与政府不断地斗争与联合，代表平民利益的儒家的政治诉求不断被吸纳到国家制度法典之中，董仲舒起了很大的作用，而从《盐铁论》到《白虎通》则代表了这一过程。汉代以后的礼制保留了相当大的民间空间，为汉代及日后的开明专政起了一定的保障作用。"① 正是在此意义上，正像徐复观所言，儒家是"为人民而政治"的"天下为公"的政治伦理与伦理政治的政治学说。儒家往往站在"士"即知识分子的立场上"为民请命"，代老百姓提出利益诉求。为老百姓谋利益也叫"从道"，在"从道"与"从君"尤其是所从之君为荒淫之君时，真正的儒者会作出"遵其道而忘人之势"、"从道不从君"的抉择。可见儒家传统包含了关注民生、缩小贫富分化，尊重人权、平等，主张公平正义的理论预设和思想资源，问题的关键是要用历史唯物主义和辩证唯物主义的世界观和方法论来分析和创造性转换儒家传统中的经济伦理精华。

---

① 郭齐勇：《再论儒家的政治哲学及其正义论》，《孔子研究》2010 年第 6 期。

乾嘉义理中的“一以贯之”诠释及其现代意义

铭传大学应用中国文学系助理教授　田富美

一、前　言

自五四运动以来，有关传统文化与现代化的讨论，始终是考察近代中国儒学转变者无法忽略的主题之一。现今多数学者大都已指出，现代化的成果固然值得肯定，但现代化亦同时产生了负面的影响，故而应就传统与现代化进行“双轨”的讨论①；并强调传统文化不可能与现代生活分为两橛②。换言之，建构现代化的文明秩序，除了借鉴西方价值之外，进一步检视传统文化以因应现代化过程中出现的问题，诚属当代论者探究传统与现代化关系的共同取向。

作为传统文化主道的儒学，遭致挑战而产生动摇并造成深远影响，应是在清末民初接触西方军事势力后，由曾国藩（1811—1872）、张之洞（1837—1909）等人所主洋务运动；其后经康有为（1858—1927）、谭嗣同（1865—1898）对儒家传统价值的批判，到五四的新文化运动对传统伦理纲常进行激烈抨击，促使近代诸多知识分子对传统儒学的价值重新定位③；时至今日，引进西方的新价值观尤其科技观念系统，更是现代化发展的趋向。在此趋向之下，传统儒学所能发挥的作用为何？这是值得进一步细究的课题。随着现代科技所带来丰硕的物质经济与知识成果，亦同时产生新时代必须克服的危机与困境，尝试掘发传统儒学思想以作为解决的参酌途径，即是本文撰写的目的。

二、现代科技意识的社会隐忧

有关“现代化”（modernization）或“现代性”（modernity）概念及议题的探讨十分繁复且多样，众多问题的争议或厘清，至今仍未停歇。即使如此，多数学者颇受德国社会学家韦伯（Max Webber）的“理性化”（rationalization）解释范式所带来的深远

---

① 张灏：《幽暗意识与民主传统》，台北：联经出版公司2006年版，第117～138页。

② 余英时：《知识人与中国文化的价值》，台北：时报文化出版公司2007版，第9～68页。

③ 同上，第138页。

影响。其揭示出，贯穿西方文明的是一种不断理性化的过程，亦即人类以其理性透过一系列的安排以征服或控制自然、社会的种种作为。① 这样的理性化历程，普遍表现在近代科学、艺术、政治、经济活动，而科技正是带动此一历程走向普遍化的最重要之环节与动力。当然，科学与技术推动理性化的结果，不仅扩及到所有知识层面，甚至延伸至道德文化领域，虽创造了丰裕的物质文明生活，却也造就出精神难以安顿的焦虑世界，故而遭致不少诟病，如对自然生态的破坏、政治经济的压迫等，更严重的是科技取代了昔日宗教信仰、传统文化，成为现代社会的意识主流；科学的理趣也成为指道政治、社会政策的主要依据，而科技更是合理性（rationality）的唯一判准。② 依此而言，过分崇尚科技主义，进而形成一种意识形态③，其所造成的时代课题是非常广泛的，以下尝试就“实践价值”与“社群关系”两面向说明此课题之一隅。

基本上，现代科技的高度发展，必然使“工具理性”（instrumental rationality）过度膨胀，而使“价值理性”（value rationality）逐渐萎缩④，反而让人忘了最初发展科技的目的。于是，一切事为包括人本身都以“工具理性”来评定，也就是以能有效达到某一特定目的之步骤与手段来衡定其合理与否，因此，外在感官经验成为基础的验证，至于人们在宗教信仰、艺术感受、伦理生活等抽象的内在层面，则高度化约，进而淡化，于是逐渐丧失了主体和行动者的价值意义。沈清松先生指出：

> 由于科技必然关系到权力，而且基本上要尽可能对人群和自然采取控制，终究不可避免地会使得意义的问题日益模糊。正如模控学的创立者维纳（N. Wiener）

---

① 参见金耀基：《中国现代化与知识分子》台北：时报文化出版公司 1987 版；《中国社会与文化》，香港：牛津大学出版社 1992 版；Wolfgang Schluchter 原著，顾忠华译：《理性化与官僚化——对韦伯之研究与诠释》，台北：联经出版公司 1986 版；顾忠华：《韦伯学说》，广西师范大学出版社 2004 版。

② 沈清松：《解除世界的魔咒——科技对文化之冲击与展望》，台北：时报文化出版公司 1992 版，《序》第 1 ~ 2 页；第 12 ~ 14 页。

③ 科技所提供的理性观念，其本身应是中性的。但社会以科技为借口而滥用此种理性观念，使人们相信在经济、政治层次所采行的各种办法，都是合乎此种理性的要求，进而使一切自命为具有科技之理性者亦似乎顺理成章地变成合理的了。“合理性”由科学转换到经济，再由经济转换到政治，于是就产生了把科技扭曲为意识形态的后果。参见沈清松：《解除世界的魔咒——科技对文化之冲击与展望》，第 181 ~ 182 页。

④ “工具理性”可溯源韦伯“Zweckrational”一词，本意为“目的理性”，许多学者即按原意作论述，意指表现在对于手段与目的关系的合理评估，因着眼于功效或效果，故亦被称为“功效理性”。“价值理性”（Wertrational）或称为“实质理性”（substantive rationality），是指人类理性所共许的终极价值的选择与衡量，而不计较其效果得失。参见张灏：《幽暗意识与民主传统》，台北：联经出版公司 2006 年版，第 119 页；李明辉：《当代儒学的自我转化》，中国社会科学出版社 2001 年版，第 17 页。

> 所说："我们学会回答'如何'的问题，但我们再也不能回答'为了什么'的问题"。"为了什么"——目的——之问题即为意义的问题，而"如何"的问题却是研究对象的客观结构和运作程序的问题。……德国大哲海德格（M. Heidegger）论科技之本质时曾指出，科技人员不但遗忘了意义，而且不知道自己遗忘了意义。[①]

这里所谓的"意义"，指的就是人们内在的价值信念（faith）层面，这应是在心性幽微处的逆觉或体证中开展，并非科技系统所能涵括。"遗忘了意义"正是科技意识发展下，人的整体性受到限制与扭曲影响所及，包括主体实践价值的丧失与社群关系的疏离。首先，就实践价值而言，在科技意识广泛影响之下，人的行动往往成为机械运作的延伸，在极端的情形中，人成为一个个可以换置的螺丝钉，人变成抽象化的单位；那么，当人的生命中螺丝钉成分的比重大幅增加，势必压缩了每一个体所担任其他角色的空间，亦化约了每一个体的特性，造成一种精神虚无感，诚如金耀基先生所言：

> 在现代复杂分化的社会结构中，个人在生活上，从一个结构（如经济）转移到另一个结构（如政治），而其存在亦由一个"角色"转到另一个"角色"，人始终是一移动的"分裂的"存在，而不是一"整全的"存在，同时，在不断的社会转移过程中，更产生一无根可着之感；社会学者勃格等称之为"飘荡的心灵"（Homeless Mind）实是很深透的观察。[②]

由这段评论看来，这种"无根可着"或勃格（Berger）所说"飘荡的心灵"的虚无感受，实是现代科技生活下的隐忧，此一隐忧已危害人们创造或掘发实践价值的潜能，反映于生活之中，则是言语、行为的机械化与物质化，消费型的休闲活动取代了个体意识的沉潜与追求，传播媒体运用一连串夸张、耸动的文字与画面压抑了人们的思维运作，盲目的争议、暴力的使用、感官的刺激成为情绪释放的途径，借由物质量化、强度来麻醉内在的空虚以及由此引发的焦虑。科技意识的扩张使得人们实践价值的丧失正彰显于现代人生活俗化之中。

其次，就社群关系来看，"工具理性"的过度膨胀，不仅使得人们主体实践价值丧失；在理性的计算、科技工具的使用以及社会规划性的变迁之下，同时也造成社群关

---

① 沈清松：《解除世界的魔咒——科技对文化之冲击与展望》，台北：时报文化出版公司 1992 年版，第45~46页。

② 金耀基：《中国现代化与知识分子》，台北：时报文化出版公司 1987 年版，第 246 页。

系的变质，以技术理性为主轴的原则中，“形式合理性”取代了“实质合理性”的要求[①]，人与人之间的互动虽因科技发展而日趋密切，但却成了某种理性行动的格局，以目的价值作为衡量彼此的标准，往来的基础则建立在现实利益上，契约关系、竞争关系、甚至宰制关系，成为科技时代常见的人际关系，至于个人情感的联系、心灵的交流则被忽略，所谓“熟悉的陌生人”，即是现代生活中社群关系的写照，此种“疏离”（alienation）感受亦是现代人难以安顿精神世界的原因之一。从另一个角度看，科技的进步不仅使人能接触更多不同的人，同时互动的频率倍增，反映在伦理关系上，必当更加错综复杂，牵涉的范围也更加广泛，如职场上之人际关系便是一新时代社群课题，因而在未能建构或转化出一足以切合当前庞杂的伦理关系与道德行为时，便会造成社会秩序的危机以及各伦理关系间的冲突。

综合上述的讨论，可归结出现代科技意识对当前人们影响之一隅，包括实践价值的丧失、社群关系的疏离。这些心灵的桎梏已引发诸多回应，并以多种面貌呈现，如缅怀失落的过去：人类学家探索原始民族、民俗学者致力保存古物，文学作品所缅怀之野性呼唤……[②]等；或者采取“反现代化”、“去现代化”（demodernization）运动，表现在各种宗教活动、环保运动等。这些对现代化发展的回应实际提供许多反思现代化问题的线索。在此，或许可进一步从传统义理来反省现代化所产生的问题，并作为弥补或转化现代科技的基础，探讨儒家思想以发挥借鉴功能，在科技时代重建一个富有人文意义的社会。

三、乾嘉义理中“一以贯之”意涵

按《论语》所载，孔子（前551—前479）一生志于“道”的追求，曾有朝闻夕可死之慨[③]，然却未曾明言所求之“道”的实质内容，仅两度以“一以贯之”示之弟子[④]，故而引发后世儒者许多诠释空间。其中以朱子（1130—1200）按其自身所建构之义理的诠释最受瞩目，当然也由此成为后儒尤其清儒据其思想体系之不同的攻诘对

① 现代性表现于政治社会，即是“科层化”（bureaucratization）或称为“官僚化”的建制，其特征在于依据纯形式的法律规范或程序以建立一个具有技术专长的官吏阶层或形式化法律系统为基础的社群组织，至于某些特定价值衍生出来的法律或伦理原则，并非其要件。换言之，它所表现的合理性属于“形式合理性”（或称为“形式理性”）而非“实质合理性”（或称“实质理性”）。参见李明辉：《当代儒学的自我转化》，中国社会科学出版社2001年版，第17～18页。

② 参见沈清松：《解除世界的魔咒——科技对文化之冲击与展望》，台北，时报文化出版公司1992年版，第49页。

③ 刘宝楠撰，高流水点校：《论语正义》，《里仁第四》第146页、《述而第七》第257页，台北：文史哲出版社1990年版。

④ 刘宝楠撰，高流水点校：《论语正义》，《里仁第四》第612页、《卫灵公第十五》第151～153页，台北：文史哲出版社1990年版。

象，这些论述，不仅彰显各时代、各学派的义理系统，同时亦是体现儒家经典生命力与时代性的丰富意义。[①] 本文则择取乾嘉时代（1736—1820）儒者对于“吾道一以贯之”的诠释，论析其中所蕴含之深义。

有别于宋明儒者重视自我体证、回复人性初始状态的道德修养，清人讲求的是个体实际的践履行为，在现实生活中逐步积累的成德工夫，这是由于清儒认为代表着价值意义的“理”、“道”并不是先天完满地超越于实体实物而存在，必须由形具的世界中探求。因此，躬行实践成为清代道德修养的普遍准则。这样的精神充分表现于经典的诠释之中。首先，就“显诸行事的践履”分析。关于“一以贯之”的训释，多数清儒均释“贯”字为“行”[②]，强调孔子以行事为教之旨。戴震（1724—1777）论《论语》中“一以贯之”之义，曰：

> 曰：“一以贯之”非言“以一贯之”也。道有上学下达之殊致，学有识其迹与精于道之异趋；“吾道一以贯之”，言上达之道即下学之道也；“予一以贯之”不曰“予学”，蒙上省文，言精于道，则心之所通，不假于纷然识其迹也……圣人仁且智，其见之行事，无非仁，无非礼义，忠恕不足以名之，然而非有他也，忠恕至斯而极也。故曾子曰：“夫子之道，忠恕而已矣。”下学上达，然后能言此。[③]

戴震认为孔子论学“一以贯之”的方式，是就实有事物的层面而论。言“上达之道即下学之道”，则指出言圣人之道是由问学（即“识其迹”）而至贯通（即“精于道”）行事的工夫，“下学”与“上达”均是躬行层面之事。戴震这段话虽是在抨击程朱理学本于其“一本万殊”的架构下进行理解：释“一”为天理赋予圣人内在的本体义[④]，但戴震的这段论述却也同时凸显出人们于具体世界中合乎义理的行事作为实是体现“圣人之道”；换言之，具体躬行本身即具价值意义。阮元（1764—1849）则将戴震之意更明确的呈现，其言：

> 贯，行也，事也。……孔子呼曾子告之曰：“吾道一以贯之”，此言孔子之道皆于行事见之，非徒以文学为教也，“一”与“壹”同，壹以贯之，犹言壹是皆

① 黄俊杰：《孔子心学中潜藏的问题及其诠释之发展：以“吾道一以贯之”的诠释为中心》，《法鼓人文学报》，创刊号（2004.7），第 19 ~ 37 页。

② 参见程树德撰，程俊英、蒋见元点校：《论语集释》，中华书局 2008 年版，第 258 ~ 259 页。

③ 戴震：《权》，《戴震集·孟子字义疏证》，台北：里仁书局 1980 年版，卷下第 324 ~ 326 页。

④ 朱熹：《论语集注·里仁第四》：“盖至诚无息者，道之体也，万殊之所以一本也；万物各得其所者，道之用也，一本之所以万殊也。”收于：《四书章句集注》，中华书局 2003 年版，卷 2 第 72 页。

以行事为教也。弟子不知所行为何道，故曾子曰："夫子之道，忠恕而已矣。"①

对于阮元而言，"圣人之道"必须透过践行才得以呈现，因此，孔子言"吾道一以贯之"，正是道出修养工夫"以行事为教"之旨。这样的解释，显然完全剥除了理学家赋予"一贯"的超越面向意义，纯就客观世界的实践而立论。诚然，戴震、阮元的诠释角度与宋明理学家的理解，有着极大的差异，从二者本身理论系统的梳理，自有清晰的脉络可寻。本文要说明的是，清儒强调躬行践履的义理体系，虽遭致疏略内在超越面向的批评，然而，这种由经验世界的践履以彰显价值意识，实不能排除于儒家所论成德之学中。在《论语》中孔子面对不同弟子问"仁"时所作的各种解说，即已透露出孔子对弟子个别差异与客观环境的观照，具体的实践活动得以呈现价值意识的普遍义。也就是说，成德之学势必于躬行践履中得以整全，而人作为实践的主体，亦得以证成其存在意义。

其次，就"人我之见的会通"来看，多数清儒解"一贯之道"为"忠恕"，凸显成己成物的精神。全祖望（1705—1755）言：

一贯之说，不须注疏，但读《中庸》，便是注疏。一者，诚也。天地一诚而已矣。其为物不贰，则其生物不测。"维天之命，于穆不已"，天地之一以贯之者也。诚者，非自成己而已也，所以成物也。成己，仁也；成物，知也，性之德也，合外内之道也。故时措之宜也，圣人之一以贯之者也。忠恕违道不远，施诸己而不愿，亦勿施于人，学者之一以贯之者也。②

焦循（1763—1820）谓：

孔子言"吾道一以贯之"，曾子曰"忠恕而已矣"。然则一贯者，忠恕也；忠恕者何？成己以及物也。孔子曰："舜其大也与！舜好问，而好察迩言，隐恶扬善，执其两端，用其中于民。"孟子曰："大舜有大焉。善与人同，舍己从人，乐取于人以为善。"舜于天下之善，无不从之，是真一以贯之，以一心容万善，此所以大也。……《易传》曰："天下何思何虑？天下同归而殊途，一致而百虑。""何思何虑"言何为乎思，何为乎虑也；以途既殊，则虑不可不百，虑百则不执一也。③

---

① 阮元撰，邓经元点校：《论语一贯说》，《揅经室集·一集》，中华书局 2006 年版，卷 2 第 53～54 页。

② 全祖望：《经史问答》，台北：广文书局 1971 年版，第 147 页。

③ 焦循：《一以贯之解》，《雕菰集》，台北：鼎文书局 1977 年版，卷 9 第 132～134 页。

上述引文中，无论是全祖望或焦循，均明确指出“一贯之道”即是“忠恕”，也就是成己以成物的笃行实践。这里所指出的“善与人同”、“舍己从人”或“施诸己而不愿，亦勿施于人”的观点，展现在成德过程里，不能单就一己的内省或体证而完成，必须在社群中统合、整全人我之见中，才得以达到“合外内之道”、“以一心容万善”之境地。更进一步来说，人与他人之间存有不容隔绝的共通关系，不应也不能疏离。

再看黄式三（1789—1862）论“一以贯之”之义，言：

> “一”者，总词。道散见于天下，而人己内外之交有可总以贯之者，故曰“一以贯之”，下文所言“忠恕”是也。……诚身为忠，本诚接人为恕，己与人合为一贯，一贯不外乎忠恕。……后儒喜言“一贯”，不言“忠恕”；甚或分颜子、曾子之学为二，以曾子由忠恕入不如颜子之高，不知颜子之不远复，曾子之慎独，颜子之若无若虚，曾子之战战兢兢，颜子之博约，曾子之守约，颜子之不违仁，曾子之仁为己任，皆尽乎忠恕之道而已。①

这里的“一”，是指数量之“总词”；而所谓的“一以贯之”，是指能作为一切人己所有会通、相涉的共同原则者，此原则即是后面曾子所应答的“忠恕”，是以，黄式三同样是将“一贯”置于修养工夫的畴域中，而“忠恕”俨然才是更为明确、具体者。个己透过忠恕实践的工夫以达到通同于他人、群体一切事物而无碍，即是“一贯”，此即黄氏所言“一贯不外乎忠恕”之意。按此“一贯不外乎忠恕”的理路，黄式三指出《论语》中所载有关颜渊或曾子等言行，皆为忠恕之道的体现，以证“忠恕”即圣人一贯之道。黄氏的理解，实隐含了自戴震以来所主张探求“理”（或“道”）的途径：“理”是存在于经验世界中，必须借由客观的实证、博览而获得，即落实于具体实事实物的理解、人际关系的发展、人我之见的汇通等工夫中呈现。这样的理路，在清代尤其乾嘉儒者的论述中广泛受到重视，成为乾嘉义理的基本特色。相较于宋明理学体系先预设有先天完备之“理”于人心，透过内省、体物来呈现的修养工夫，乾嘉儒者在“一以贯之”的诠释中所标揭显诸行事的践履，人我之见的会通等观点，实应具有深刻的学术价值，而且更应能跨越时代，对现代社会发挥其作用。

四、结　语

以现今诠释学理论发展成果来看，由于“理解活动的意义境域”的开放性说明了

---

① 黄式三著，张涅、韩岚点校：《论语后案》，凤凰出版社2008年版，第94～95页。

文本的意义是不可穷尽的[①]，因此，每个时代每一次对《论语》的诠释、重构思想体系，都是《论语》新的生命与时代性等丰富意义的体现。是故，即使从历史学、文献学的角度来看，清儒的“一以贯之”诠释似乎不尽然可靠[②]，不过，若从思想体系下新构的《论语》诠释范型研究而言，则清儒这个与宋明儒者观点差异极大的释读，意味着清代义理型态中所自有的意识已然建立，且亦能作为寻求解决现代化发展困境的参酌对象，这是极具意义的。

面对现代化发展，“工具理性”的过度膨胀使人们在行事上的考虑纯粹以效果最大化为唯一衡量，致使个人内在的价值信念逐渐萎缩，遗忘了自我实践的意义为何，造成生活的盲目及无穷的虚无感受。此种困境，从乾嘉儒者诠释“一以贯之”的意涵中，似可提供一思索路径。清儒认为“一贯”即是实行实事的践履，其本身即具价值意义，其强调在一切实践中方能验证自我的存在及价值意义，这对于自我整全性的要求上，当有一定的效用。其次，现代讲求“形式合理性”所带来的功利化行动导向，使传统的伦理关系发生变化，职场的伦理关系甚至取代传统家庭伦理，造成社群的疏离感、社群间的相互影响及冲突，将是亟待解决的尖锐问题。而乾嘉学者在诠释“一贯之道”中所显豁的“忠恕”精神在于“善与人同”、“舍己从人”以至“成己成物”的终极关怀，实可作为克服上述困境的基础，使个体与群体有内在关联性，将证成自身价值意义建基于群体的融通之上，则个体发展其自我认同并成为具有沟通、互动能力者，建造出深具传统文化特色的新伦理秩序。

总而言之，现代科技的发展虽然制造了许多问题，但同时也开辟出一新的生活世界，其正面的效应在人们取用之际亦明白显示这是必须接续发展之路。因此，面对现代化发展的问题，除了有赖科技的进一步研究寻求解决之道，更重要的是结合社会、文化的探讨，了解科技与社会、文化的关系，使科技发展与传统思想得以恰当的融合，建构一个更加健全的现代化社会。

---

① ［德］汉斯-格奥尔格．加达默尔（Hans-Georg Gadamer）著，洪汉鼎译：《真理与方法：哲学诠释学的基本特征》，台北：时报文化出版公司1993年版，第1卷第483页。另参刘笑敢：《经典诠释与体系建构：中国哲学诠释传统的成熟与特点刍议》，收于李明辉编：《儒家经典诠释方法》，台北：喜马拉雅基金会2003年版；张鼎国：《“较好的”还是“不同的”理解》，收于黄俊杰编：《中国经典诠释传统（一）通论篇》，台北：喜马拉雅基金会2002年版，第17~25页。

② 如徐复观先生即曾批评，清儒所训释的“一以贯之”，“是以主观的成见，歪曲了客观训诂的学风。”参见：《论语“一以贯之”语义的商讨》，《孔孟月刊》1968年第8期，第14~18页。

儒家道德规范论与人的行为范导

山东社会科学院文化所研究员　涂可国

儒家道德规范学说在儒学中占有核心地位，它对人的道德发展造成极其重要的影响，可以对人的行为进行有效范导。

一、儒家道德规范学说的地位与内容

规范是指用以调节人的行为的文化指令，它规定人应该做什么、不应该做什么以及如何做。广义的规范包括规则、原则、准则、条例、规约、制度等。据此，道德原则也是适用性最广的道德规范，而某些较为根本的规范也是一种道德原则。但狭义上说，规范又同原则、准则有一定的细微差别。一般说来，规则更为凸显人的行为方式，而规范则强调行为所应遵循的一般准则。至于道德原则和道德规范的关系，可以表述为：道德原则规定着道德规范的主要内容，道德规范则体现着并服务于道德原则。就儒学而言，学术界有的把"仁"、"礼"、"诚"分别视为儒家道德原则，而把仁、义、礼、智、信、忠、孝、悌、恕、诚、耻、勇、廉、直、节、志、俭等看作儒家的道德规范和道德品质。[1] 在当代西方伦理学领域，存在着所谓德性伦理与规范伦理之争。德性伦理也即是美德伦理，它是由亚里士多德所开创，20 世纪后被情感主义伦理学和元伦理学所取代，20 世纪 70 年代在罗尔斯的倡导下，规范伦理成为占主导地位的思想倾向，而近年来德性伦理大有复兴之势。[2] 很显然，儒家伦理不存在德性伦理与规范伦理之分离与冲突问题，儒家众多伦理范畴（如仁义礼智信）和伦理判断（如和而不同、见利思义、约之以礼等），这些既是一种品德（要求、修养、诉求）同时又是一种指导人如何待人处世、安邦定国的道德要求。实际上，在儒家那里，有时德性伦理也可看作一种品性规范。以致有的学者提出可以从形式分析的角度将道德分为品德规范和行为规范。[3]

---

① 参见牟钟鉴：《儒学价值的新探索》，齐鲁书社 2001 年版，第 135 ~ 146 页。

② 对义务规范的认同是德性的基本要求，而对善价值的认同，则是一种更高的德性即美德，德性总是与仁爱、勇敢等具体德性相联系，这些德性既是道德的规范，也是道德品格。参见倪素襄编著：《伦理学导论》，武汉大学出版社 2002 年版，第 128 页。

③ 王润生：《现代化与现代伦理精神》，广西人民出版社 1989 年版，第 59 页。

众所周知，历代儒家并未提出明确而又系统的道德规范学说，但是，一则因为在中国文化史上出现了如《洪范九畴》、《弟子规》等同道德规范极为接近的规范伦理文化；二则自从孔孟儒学产生以来不同时期的儒家提出并阐发了丰富多彩的纲常伦理，因而可以说，道德规范论构成儒学的重要内容；三则对人伦关系的探讨构成儒家道德人文主义的重要特点，儒学中蕴藏着许多道德功能论、道德关系论、道德价值论、道德人格论、道德境界论和道德工夫论等，但其核心则是道德规范论。

历代儒家对纲常伦理分别作了阐释。《左传》提出了“五教”：“……舜臣尧……举八元使布五教于四方：父义，母慈，兄友，弟恭，子孝……”①。作为儒家创始人的孔子虽未对伦理规范进行非常系统、充满哲理的理性建构，但在《论语》中，孔子不仅提出了大量旨在对人的行为进行范导的道德范畴如仁、义、礼、智、信、忠、和、孝、悌、敬、直、恭、宽、敏、惠、正等，同时还阐发了大量用以处理人与自然、人与人、人与社会、人与自身关系的行为规则如克己复礼、安贫乐道、和而不同、约之以礼、敬事而言、群而不党等。尤其是孔子率先提出了“君君臣臣父父子子”这一纲常伦理和仁义礼智信五常德，它对后世儒家的伦常学说产生了深远影响。孟子坚持仁义并举，依据人皆有之的恻隐之心、羞恶之心、辞让之心、是非之心四端，他提出了仁、义、礼、智四德，并把五伦即“父子有亲，君臣有义，夫妇有别，长幼有序，朋友有信”视为道德的基本内容。马王堆帛书《五行》篇和郭店楚墓竹简《五行》篇提出了仁、义、礼、智、圣“五行”，郭店楚墓竹简《六德》篇还提出了圣、智、仁、义、忠、信“六德”。《大学》以修身为治国平天下之本，不仅提出了“五止”，这就是“为人君止于仁，为人臣止于敬，为人子止于孝，为人父止于慈，与国人交止于信”，还开宗明义地阐发了影响甚巨的“三纲领”（明德、亲民、至善）和“八条目”（格物、致知、正心、诚意、修身、齐家、治国、平天下）。《中庸》将伦理纲常概括为“五达道”，此即“君臣也，父子也，夫妇也，兄弟也，朋友之交也，五者天下之达道也”。《礼记·礼运》则鲜明地提出了“十义”：“父慈，子孝，兄良，弟悌，夫义，妇听，长惠，幼顺，君仁，臣忠，十者谓之人义”。

到了汉代，出现了以礼治天下、以孝治天下的社会政治局面，儒家的纲常伦理得到极大重视。董仲舒则对以“三纲五常”为核心的政治伦理和家族伦理规范作了总结。② 他在贤良对策中说：“夫仁、谊、礼、知、信五常之道，王者所当修饬也。”《白虎通》借助《易传》阴阳刚柔之说和天尊地卑、干坤定位的思想，全面发展了董仲舒的三纲五常学说。它阐述了“三纲六纪”之说，指出：“三纲者，何谓也？谓君臣，

---

① 《左传·文公十八年》。

② “三纲”最初由《中庸》提出，它说：“所求乎子，以事父未能也；所求乎臣，以事君未能也；所求乎弟，以事兄未能也；所求乎朋友，先施之未能也”。韩非进一步加以明确，他说：“臣事君，子事父，妻事夫，三者顺天下治，三者逆则天下乱，此天下之常道也。”

父子，夫妇也。六纪者，谓诸父，兄弟，族人，诸舅，师长，朋友也。故《含文嘉》曰：'君为臣纲，父为子纲，夫为妻纲。'""君臣、父子、夫妇，六人也。所以称三纲何？一阴一阳谓之道，阳得阴而成，阴得阳而序，刚柔相配，故六人为三纲。"认为"三纲法天地人，六纪法六合"，"君臣法天，取象日月屈信，归功天也。父子法地，取象五行转相生也。夫妇法人，取象六合阴阳，有施化端也。""六纪"是从"三纲"而来，是"三纲"之纪。同时，《白虎通》又讲到了五常，指出："《经》所以有五何？经，常也，有五常之道，故曰《五经》。《乐》仁、《书》义、《礼》礼、《易》智、《诗》信也"，"人情有五性，怀五常，不能自成，是以圣人象天五常之道而明之，以教人成其德也"。从此，"五常之性"成为历代儒者的共识。东汉马融将"三纲"同"五常"相提并论，合称为"三纲五常"。如果说五常体现了孔孟之道的话，三纲就是法家观念的嵌入。孔子从没要求"君要臣死，臣不得不死；父要子亡，子不得不亡"，他有言："君待臣以礼，臣事上以忠。"孟子则更进一步阐述："君之视臣如手足，则臣视君如腹心；君之视臣如犬马，则臣视君如国人；君之视臣如土芥，则臣视君如寇雠。"

宋明理学家对三纲五常作了形而上的论证。程颐讲："道之大本如何求？某告之以君臣父子夫妇兄弟朋友，于此五者上行乐处便是"①，朱熹也说："吾之所谓道者，君臣、父子、夫妇、昆弟、朋友，当然之实理也。"② 除了继续在全社会大力推崇三纲五常外，明清时期还先后流行"忠孝节义"新四德说和"孝悌忠信礼义廉耻"旧八德说。虽然到了中国封建社会后期，戴震、谭嗣同等人先后批判过儒家纲常，指斥它"以理杀人"，认为名教是"以上制下"的工具，但并没有完全终结儒家纲常伦理，三纲五常仍被清儒当成道之大本加以强调。

综上所述，如果说伦理思想是儒学的核心的话，那么，道德规范则构成了儒家伦理的主干。

二、儒家道德规范论的重诠重构

仁、义、礼、智、信、忠、孝、勇、中、和十德在儒家经典文本中论述最多，也最受推崇，孔子曾分别对仁、义、礼、智、信作过大量论述，孟子更是提出了"仁义礼智"四德，董仲舒则发展成为"仁义礼智信"五常，从而成为道德规范的主干，成为长期影响中国人社会伦理的基本范型和行为准则。同时，孔子不仅提出"敬事以忠"等倡导"忠"的精神，他还注重"四教"，即文、行、忠、信。至于"孝"，更是

---

① 《二程集·河南程氏遗书》卷十八。

② 《论语或问》卷四。《朱文公文集》卷十七，《读大纪》。

受到孔孟的大力推崇，认为“孝”是“仁之本”，汉代还以孝治国。孔孟还极力宣传“勇”，并作了大量论述。而“中”和“和”更是被视为自尧舜以来相传的“大道”。

围绕有关儒家规范及其对人发展所产生的影响的研究还相对薄弱。毫无疑问，从孔子的“君君臣臣父父子子”到《中庸》的“五达道”、《大学》的“五止”以及“三纲领”和“八条目”，从《礼记》的“十义”到孟子的“五伦”，最后由董仲舒较为系统地提出“三纲五常”以至宋元明清时期流传的“新四德”和“古八德”，儒家的纲常伦理经历了不断的变革、发展过程，历代儒家也曾进行过不懈探索。不过，真正自觉从伦理学角度去探讨儒家的道德规范还是始自 20 世纪。在五四新文化运动时期，一些激进人士如吴虞、鲁迅、胡适、陈独秀就对儒家礼教进行过批判，不过，由于种种原因，他们只是停留在封建纲常层面，而未触及到其核心。相反，倒是对传统儒家伦理持同情态度的冯友兰、贺麟等先生则对儒家规范作了较深入的探究。冯友兰先生在《中国之社会伦理》一文中，分析了中国传统伦常问题，阐明了纲常的类名和提法，重点论述了三纲之说，诠释了三纲的形而上根据（如阴阳学说）；针对当时一些人批评儒家“只教人重视个人”之谬论，冯先生指出历来中国多数忠臣、孝子、节妇都只是忠于君、父、夫的名和概念，而不管其事实上是怎样的人。贺麟先生则对五伦观念的是非优劣作了透彻剖析，从中发现其最新的现代精神，指出“五伦”的四种基本要素：注重人与人之间的关系、维系人与人之间正常永久关系、以等差之爱而善推之以及以常德为准而竭尽片面之爱（义务）；贺先生提出应从以“五伦”为核心的礼教破瓦颓垣中寻找不可毁坏的永恒基石，以重新建立起新人生新社会的行为规范和准则。[①] 应当说，贺先生这篇早期论文是迄今对“五伦”作出精辟解读最好的文章之一。

新时期，学术界对儒家的每一个德目或范畴、每一个道德规范均作了专门研究，傅永聚等还主编出版了一套《中华伦理范畴》大型丛书。有的学者还从伦理学维度对儒家某些伦常作了探讨。王钧林在《论“五常”的现代价值》一文中指出，取代“六纪”而与“三纲”组合的是“五常”，“五常”完全不同于“六纪”，它不是人伦关系及其处理原则，而是普遍的道德理念；孟子讲的父子有亲、君臣有义、夫妇有别、长幼有序、朋友有信“五伦”因为各有其明确的针对性而很难普遍化，一旦脱离或超越了具体的人伦关系，“亲”、“义”、“别”、“序”、“信”将失去根底，成为无本的东西；“五常”之所以是普遍的道德理念，在于“五常”是以人性为基础而发生的道德原则；“三纲”不合时宜，应该抛弃，“五常”却有其永恒的价值，应树立新“三纲”，组合成新的“三纲五常”，新“三纲”是：自由为立人之纲，正义为立社之纲，民主为立国之纲。何怀宏在 2011 年“天则双周论坛”上也提出了新“三纲”和新“五伦”。新“三纲”即民为政纲、义为人纲、生为物纲；新“五伦”即是：一是天人关系；二是族群关系；三是社会关系，就是狭义的个人对社会的关系；四就是人人关系，

---

① 贺麟：《文化与人生》，商务印书馆 1988 年版。

也就是陌生人和陌生人之间的关系；五是亲友关系。徐儒宗也对以“五伦”为核心的儒家人伦思想作了较为系统的阐释。[①] 弓克先生提出了以“一元六本十德”为主要内容的新纲常：“一元”——道；“六本”——人、德、善、诚、真、世；“十德”——仁、义、礼、智、信、忠、孝、易、勇、和。“一元六本十德”是人生信仰，是心灵原理，是做人准则。不过，从总体上说，目前国内外对儒家道德规范及其对人发展的影响的研究还是初步的，还比较零散，更少站在道德哲学层面全面深入地去探讨儒家道德规范的起源、内容、特征、作用、意义及其发展等问题。这就要求我们在新的历史时期进一步深刻审视儒家伦常及其作用和影响。

儒家道德规范论的内容十分丰富，学界大多从类型学角度去把握它，且按照个人与社会两条线路加以归类。王润生把道德分为协调性道德和进取性道德：前者属于用以调整人与人之间关系的社会道德（广义的），它又分为狭义的社会道德（包括社会公德、民族道德、阶级道德、行业道德、朋友道德……）和家庭道德（包含夫妻、父母子女、兄弟姐妹等之间的道德）；后者又称为个人道德，它是指用以维持人类生存和发展的个人品质修养，包括刚毅、勇敢、明智、节制、勤奋、热情、坚忍等。[②] 由于儒家伦理范畴具有极为广泛而深刻的规定性，譬如，儒家的“义”不仅有义务、正义的意蕴，还有情义、无私等内涵，它尽管有时表示人们应追求的某种德性（德目），但它同时又是比大部分命题更具普遍性的道德规范，因而，许多儒家倡导的道德准则如诚实守信具有较大的适用范围。有时还仅仅限于特定的社会人际关系如“朋友有信”。因此，学术界更习惯用道德范畴（一个字的如“仁”或两个字的如“中和”）来表达儒家道德规范。牟钟鉴《儒学价值的新探索》一书中论及儒家的主要道德规范与道德品质时，就列举了仁、义、礼、智、信、忠、孝、悌、恕、中庸、诚、耻、勇、廉、直、节、志、俭等 18 个范畴，而弓克在谈到新纲常时，把仁、义、勤、勇、智、忠、孝、礼、信、和归结为“十德”。李英华把儒家基本范畴分为五组：一是仁、义、礼、智、诚、信；二是忠、恕、孝、悌、谦、敬；三是正、直、勇、节、廉、耻；四是中庸、经权、慎独、理欲、和同；五是纲常、公私、荣辱、苦乐、勤俭。傅永聚等人主编的《中华伦理范畴》丛书实质上也是对儒家道德规范的研究。在该丛书总序中，张立文按照和合学的“三观”说，把中华伦理（主要是儒家伦理）范畴看成是由人心—家庭—人际—社会—世界—自然的顺序构成的逻辑系统。应当说，根据个人和社会的路径来划分儒家道德规范和伦理范畴，在一定意义上是合理的，也是可以接受的。但这样做会带来一个最大的问题，就是儒家许多范畴和判断具有极为广泛的适应性、层次性和多样性，如果把它们硬性划归到社会道德、公德或者个人道德、私德之中，

① 徐儒宗：《人和论——儒家人伦思想研究》，人民出版社 2006 年版。

② 王润生：《现代化与现代伦理精神》，广西人民出版社 1989 年版。《社会科学战线》2007 年第 05 期。

就会将它丰富的内容加以割裂。这一点，张立文也作了认真分析。他在总序中指出，中华德目群的划分是相对的，而非绝对，其间许多伦理范畴德目是互渗、互补、互换、互转的，例如“和”，作为人心伦理范畴为和善，作为家庭伦理范畴为和睦，作为人际伦理范畴为和顺，作为社会伦理范畴为和谐，作为世界伦理范畴为和平，作为自然宇宙伦理范畴为和美。我们认为，不妨根据重要性——包括在儒学体系中的学术重要性和现实生活中的实践重要性，把儒家道德规范分为三类：一是核心道德规范，包括仁、义、礼、信、忠、孝、和、勇、中等；二是基本道德规范，包括耻、慈、温、诚、悌、勤、俭、惠、节、恕、直、恭、宽、敏、廉等；三是普通道德规范，包括毅、让、顺、博、刚、贞等。在每一个德目下面，实际上又包括许多较为具体的道德规范。

三、儒家道德规范论的行为范导作用

从直接意义上，“礼”最能代表儒家倡导的道德规范，在儒家伦理思想史上，“礼”首先具有作为外在约束力的“规范”意义，甚至可以说儒家道德规范体系是以“礼”为基点而建构起来。犹如荀子所言：“礼者，法之大分，类之纲纪也，故学至乎《礼》而止矣。夫是之谓道德之极”。[①]“礼”是诸种德目的大宗：“礼也者，贵者敬焉，老者孝焉，长者弟焉，幼者慈焉，贱者惠焉。”[②] 在儒家看来，礼具有“辨群臣上下长幼之位”、“别男女父子兄弟之亲”、“经国家，定社稷，序民人，利后嗣”等多种功能。当然，儒家的道德规范又不能简单归结为“礼”，它的内容要丰富得多，可以说儒家所倡导的各种德目和戒律都属于伦理规范。儒家道德规范虽然设定了某种“天命”和“心性”作为产生的根源，但它也是对中华民族在共同生活中逐渐形成的风俗、习惯、传统的集中反映，是通过某种观念文化形式传达了对调整各种人际关系的行为要求，因而它是现实性和理想性的统一。迪尔凯姆在谈及伦理规范的社会作用时指出：“我们可以这样认为，一般而言，道德规范的特点在于它们明示了社会凝聚的基本条件。”[③]

《左传》“五教”、孟子的“五伦”、《大学》的“五止”尽管属于调节特殊人伦关系的行为规范，不及马王堆帛书《五行》篇和郭店楚墓竹简《五行》篇的仁、义、礼、智、圣“五行”和圣、智、仁、义、忠、信“六德”、董仲舒的仁、谊、礼、知、信“五常”更具有普遍性，但它们作为调整各种人际关系的行为规范，至今仍具有一定的作用。以礼教为基石、以五常德（仁义礼智信）和五常伦（君臣父子夫妇兄弟朋友）为主要内容的儒家道德规范，不只具有建构社会秩序、约束个人行为的功能，它

① 《荀子·劝学》。

② 《荀子·大略》。不过，我们不同意把“礼”视为人的行为的道德规范的总和与总称。

③ 参见杨国荣：《道德形而上学引论》，五南图书出版公司2002年版，第43～44页。

还有激励人、感召人、凝聚人、教育人、指导人的多种作用，它能够培养人在社会实践中学会进行合理的角色定位，学会正确的待人处世。

首先，儒家道德规范可以塑造人的基本德性。由儒家所倡导的德目规范如仁义礼智信和戒律规范如约之以礼虽然是外在于人的普遍性东西，但借助于个体的社会化（包括教育、学习、社会生活的参与等）过程，而逐渐内化为个人的内在文化心理结构，被个体所接受和认同，并转化为个人内在的德性。在某种意义上可以讲，儒家对人发展产生的影响主要是借助于儒家伦范对中华国民品性长期模铸而展现出来的。反过来，这些德性又在一定程度上影响着个人对儒家道德规范的认可和遵循。可以说，只有具有仁义礼智信等德目的人，才能较好地遵从仁者爱人、约之以礼、讲信修睦、见义勇为等道德规范。千百年来，正是在儒家道德规范的不断熏陶、教育、激励和指导下，中国人逐渐培养出乐善好施、恭敬有礼、诚实守信、贵和尚中等品格。

其次，儒家道德规范对于提升人的精神境界和调节人的行为发挥着重要作用。儒家所提出来的各种道德规范具有中心与非中心、高低层次之别，具有适用范围之不同，例如“己所不欲，勿施与人”是做人的基本道德底线，而“己欲立而立人，己欲达而达人”则是积极的较高层次的为人之道，这就使得儒家的道德规范被赋予较广泛的适用性，使其对人起着普遍的范导作用。与此同时，儒家的任何道德规范虽然都是对当时宗法社会关系的反映，在一定时期适应了封建统治者维持社会秩序的政治需要，正因如此，它们才成为调整传统中国社会人际关系的行为准则，支配和制约着以往中国人的道德关系和道德活动。然而，儒家道德规范又是人所应当做的社会要求，并不是人人都能做到的，它们均具有某种理想性特征，故此，它们对人又具有提高行为层次和道德境界、锻造理想人格（内圣外王）的作用。

再次，儒家道德规范塑造了中国人特有的民族品格。不错，儒家的许多道德规范，即使是其核心三纲五常、三从四德，在其他文化中（如摩西十戒）均能找到，因而是全人类所共同拥有的，但是，中国特殊的宗法小农社会和封建专制制度决定了儒家道德规范具有独特的社会历史规定性，并为它的现实转化设定了不同的历史条件，使其打上泛伦理主义、人情主义、家族主义、人文主义等民族烙印。同时，历代儒家也根据不同的价值观念、思维方式、学术旨趣、社会地位等而赋予道德德目和道德命题以不同的解释和内涵，例如宋明理学家就把义利之辨转化成公私之分，这些使得儒家道德规范在实际上模塑了独特的中华民族国民性。若说日本把输入的儒家之“忠”转化为对企业（公司）忠诚的话，那么，在中国，“忠”更多地是导向对封建帝王的忠诚不二。

新达尔文主义视角下的儒家人性伦理观[①]

美国康涅狄格大学历史系副教授、山东大学兼职教授　王冠华

引　言

儒家先哲最关心的问题之一是伦理道德秩序的建立。他们凭经验和直觉把伦理问题追溯到人的本性。但在近代，人性论却成为儒家思想最受诟病论点之一。马克思主义以及西方社会学、文化理论的主流，长期认为社会存在（特定历史阶段和民族文化）而不是人的生物性才是道德的本源。举凡社会地位意识、性别角色认同、礼仪习俗等都被认为是Socially constructed。

然而自20世纪初期以来，特别是50年代DNA双螺旋结构的发现，生物学的飞跃发展终于促使社会人文学者重新认识动物乃至人类生物性特征的社会文化意义。一般认为，1963—1974年间四位生物学家的几篇论著，导致了人文社会科学的范式更新。[②]新派学者重新把人的生物性—或人性（human nature）引入意识、情感、伦理道德和文化的研究。他们由许多不同的学科的学者组成，包括人类学、进化心理学、行为遗传学和神经生物学，等等。为方便起见，本文将他们统称为“新进化论学派”或“新达尔文主义学派”。[③]

在西方，从人的生物性视角观察社会、文化、心理现象受到了来自左翼、右翼学术和政治乃至宗教势力的猛烈攻击。[④]但新派观点还是得到了越来越多的专业和公众的瞩目。中国20世纪80年代关于人道主义、人性论的讨论，在某种程度上，是对儒家

---

① 由于本人视力障碍，引文资料多为有声版。如需查找原文请参考印刷版。

② William Hamilton, (1964) "The genetical evolution of social behaviour. I". Journal of Theoretical Biology 7 (1): 1－16, "The genetical evolution of social behaviour. II". Journal of Theoretical Biology 7 (1): 17－52; George Williams, *Adaptation and Natural Selection*. Princeton University Press, 1966; Robert Trivers, (1971). "The Evolution of Reciprocal Altruism". The Quarterly Review of Biology 46 (1): 35－57, (1972) Parental investment and sexual selection. In B. Campbell (Ed.) Sexual selection and the descent of man, 1871－1971 (pp 136－179). Chicago, Aldine; John Maynard Smith, (1968) *Mathematical Ideas in Biology*. Cambridge University Press, (1972) *On Evolution*. Edinburgh University Press.

③ Melvin Konner, *The Tangled Wing: Biological Constraints on the Human Spirit*, Library of Congress audio book, ch. 1.

④ Steven Pinker, *The Blank Slate: the Modern Denial of Human Nature*. Audible edition, ch. 1.

传统人文精神的重新认识和认可，但缺乏系统的理论和经验性研究的支持。[①] 本文尝试从新达尔文主义的视角，重新评判、发掘儒家人性伦理思想资源，认为现代科学虽不能替代古人长期的经验智慧积累，却可以检验之，从而发扬之。

儒家基于人性的伦理观

道德教化是孔子政治社会理念和理想的核心。《论语》多为孔子道德信条的直述，涉及仁义礼让、忠恕孝信等多方面。这些品德虽是修身（个人）、齐家（人际）、治国（社会）不可或缺的，但孔子的着眼点不是个人，也不是社会，而是个体角色间的关系。由于每个人生涯角色的转变，其道德责任和要求也发生相应的变化。所以，孔子的伦理观是动态的，而非刻板僵死的。在实践上表现为动态的复杂道德规范，在理念上却是至为简单的——将心比心而已。孔子所谓，“己所不欲，勿施于人”这句名言，隐含着对人性相同和相通的预设。

孔子没有专门探讨伦理道德的来源问题。但他认为，天道（自然）和人性是密不可分的，并意识到人有好色与贪图安逸享乐的天然倾向。孔子深刻理解“克己复礼”之不易，但通过主观努力并非不可能。他认为，人间差别主要在后天努力与否，所谓“性相近也，习相远也”[②]。

至于“性相近”的“性”是什么，孔子语焉不详。孟子指出恻隐之心人皆有之，并由此推出人性善的结论。同是孔子信徒的荀子，则看到人性恶的一面，强调教化和学习的不可或缺。[③]

不管如何看待人性——善、恶、兼善恶、无善恶——只要将之当作道德规范的基础，就有一定的宽容、变通性。而儒家初期的思想——“爱有差等”、“推己及人”——因是人之常情（人性）的推演所致，更具有持久、强劲的生命力。一个“推”字把两种爱——自然而然的亲情之爱与逻辑推理兼及他人的爱——区分开来。在儒家看来，这两种爱一以贯之，并没有本质的区别。两者都符合人的本性，也都同样需要教化而完善。

从神性、人性到社会性

在西方历史上，道德观念经历了从神性到人性论的转变，而道德戒律来自神

---

① 北京大学哲学系编：《人道主义和异化问题研究》，北京大学出版社 1985 年。

② 《论语·阳货篇》，杨伯峻：《论语译注》，中华书局 1980 版。

③ David Nivison and Bryan Van Norden, *The Ways of Confucianism: Investigations in Chinese Philosophy*, Open Court Publishing Company; 1st Ed. edition, 1996, ch. 13。

谕——圣经——的信念一直延续至今。近代以来，道德伦理从神谕那里解放出来，得到了人性的世俗理性解释。早在古希腊亚里士多德那里，道德就被追溯到人性。[①] 亚当·斯密第一次把人的私欲从不道德的诅咒中拯救出来，认为追逐私利的本性，恰恰是经济发展的动力，会达到人们互利的结果。[②] 之后，是马克思把人的贪欲——乃至其他社会意识——从人的生物本性转为其特定社会和历史阶段的表现。

而自然科学首次震撼、乃至左右人文社会科学视角，始于19世纪中叶达尔文《物种起源》的发表。“物竞天择、适者生存”曾在一个时期里被包括种族主义者和极端民族主义者在内的人滥用到人类社会历史的领域。[③] 进化论的复杂的含义被曲解并遗忘，而社会达尔文主义的弱肉强食之声成了一个时代的主旋律。

20世纪初期以来乃至两次世界大战后，一批文化人类学家，特别是F. 博亚兹（Franz Boas）及其学生M. 米德（Margaret Mead），R. 本尼迪克特（Ruth Benedict）等，以他们卓越的田野研究，指出人类族裔间生物性上并没有多少差异。他们间的差异，主要是文化上的。[④] 而文化差异只是不同而没有高下、先进和落后之分。他们的研究和结论对后来少数民族研究、性别研究（gender studies）以及弱势群体研究，都有极大和持久的影响。Socially contracted 几乎成为不可置疑的人文社会科学领域的天条。人的生物性跟其社会意识和行为之间的关系则被认为微不足道、以至于可以忽略不计。[⑤]但只谈人的社会文化性，等于把人脑看作白板，可以任意塑造。

基因人性论——新达尔文主义

近年西方人文社科学者在研究道德行为时，再次引入人性概念。[⑥]他们的研究基于新近生物学、生理学和脑科学的发现，把人类意识、行为建立在更可信的物质基础上。新达尔文主义人性论和道德观给我们提供了研究儒家思想的新知识框架和视角。

新达尔文主义继承了传统进化论的主要观点，认为所有生物都是同源的，其进化乃是“自然选择”的结果。二者不同在于自然选择的单位。新达尔文主义认为，所谓

① “Nicomachean Ethics,” Aristotle’s Collection, Kindle edition.

② Adam Smith, *Wealth of Nation*, audible edition.

③ Robert Bannister, *Social Darwinism: Science and Myth in Anglo – American Social Thought*, *Temple University Press*, 1979.

④ Margaret Mead, *Coming of Age in Samoa: A Psychological Study of Primitive Youth for Western Civilisation*. Library of Congress audio book. Ruth Benedict, *The Chrysanthemum and the Sword*. Library of Congress audio book.

⑤ Steven Pinker, *The Blank Slate: The Modern Denial of Human Nature.* Audible edition.

⑥ Francis Fukuyama, *Our Post – human Future*. Library of Congress audio book. E. O. Wilson, *On Human Nature*. Audible edition.

“适者”，并不是生物个体A，或者B，而是基因a，或基因b。新达尔文主义者指出，任何看起来强悍的、富于生命力的一个人、族裔或其他群体都是短命的，转瞬即逝。流传下来的是他们的后代更确切地说是他们后代身上承载的基因。而那些使得他们特别强悍的基因（表现为发达的肌肉、强健的脏器、发达的免疫力或脑力），由于其子嗣的相对繁多，在人类整个基因库（gene pool）中的比例增高。①

于是，物种（包括人类）的进化就是其基因构成的变化。而人性就是不断变化着的人类基因的综合表现。虽然新达尔文主义者似乎和存在决定意识论者一样，认为没有永恒不变的人性。但由于基因的高度“保真性”及物种进化的极度缓慢，人性就具有了超越其社会文化形态变化的稳定性。在新达尔文主义者看来，相比社会文化变迁的速度，生物进化的时间几乎是静止的。人类学家的跟踪研究表明，西南非洲的! Kung San原始部民至今以采集狩猎为生，在文化上与文明社会相距万年，但有许多和现代西方社会人们同样的心理和行为特征。而! Kung San人之间的互助，也不是被美化了的大公无私，而仅限于亲族之间；这些表面“淳朴”的丛林人也同样怀有性别和部落间的歧视和偏见；在看起来和睦的! Kung San人之间，凶杀率与西方城市中的同类犯罪不相上下。②

新达尔文主义者的研究表明，人类有着共同的本性——人类特有的心理和本能。他们指出，诸如嫉妒、自恋、仇恨、同情、怜悯、荣誉感和羞愧等心理人皆有之。而人的进攻性、自私、利他等行为也同样有其基因的基础。而儒家对人性各方面的把握——性善、性恶或兼善恶说与新达尔文主义并无根本矛盾。人性无善恶说，或人性白板说，则为新达尔文主义所摈弃。如果说儒家强调人性的潜能——可调教和可塑性，建立在生物学上的新人性论则着重说明人类意识和行为的限度（constraints）。

人的天性虽然善恶兼有，但其自私性——所谓恶——却是更本质的。更确切地说，人的自私基因远比利他基因更具遗传优势，在人群中更为普遍。相反，利他基因——特别是促使舍己救人行为的基因，则是稀有的。原因很简单，利他基因携带者不具有生存和传宗接代的优势。③

相比自私性，新达尔文主义者更需花力气解释的是人性善的部分，即利他行为。正是在这一点上，新达尔文主义的发现与儒家一贯的主张——有等差区别的而非泛泛之爱相吻合。传统进化论者曾以“群选择”理论解释一些动物的利他行为。他们指出，具有个体为全体牺牲精神或本能的物种和群体有生存优势。但在20世纪60年代中期，

---

① Richard Dawkins, *The Selfish Gene*. Audible Edition.

② Konner, *The Tangled Wing*, ch. 1. Wilson, *On Human Nature*, ch. 3.

③ Richard Dawkins, *The Selfish Gene*. Audible edition. 道金斯的大部分例子来自动物，但他关于基因“自私”性的推理同样使用于人类。如道金斯所阐明的，所谓“自私的基因”是个比喻。制约特定行为的往往不只是一个基因，而是一组基因及其与特定环境的互动。

G. 威廉姆斯在《适应与自然选择》一书中令人信服地阐明，每个生物个体都无情地与他个个体——不论它们间多么亲近——竞存，群选择不能成立。①

那么，生物（包括人类）中普遍的利他行为是如何发生的呢？新达尔文理论给出了两种解释。第一，亲族选择（Kin selection）：由于近亲间共有一些、甚至大部分基因，生物个体牺牲部分自己的利益乃至生命以保障其基因通过亲族得以传递给后代。由于近亲间共有基因比例最高，随血缘关系渐远而递减，因此人们把近亲的利益置于远亲之上，亲族利益置于无血缘关系的他人之上，得到了生物学的解释。②

然而，超越亲族血缘关系的利他行为（基因）也会被自然选择，否则人类社会将不可能。新进化论者为利他行为作出了第二种解释：互惠利他（Reciprocal altruism）。论者指出，所谓（对环境的）适应，乃相对与个体所处的独特环境——不只是生态自然环境，而且包括（如以人类为例的话）人文社会环境。虽然在一般情况下，自私基因会被自然选择所青睐，但当人群中自私基因过多时，利他基因会因互惠得到优势，从而被自然进化选择。③

血液中的道德分子

基因不过是遗传密码，而关于人类基因仍有许多未知。我们并不知道哪个或哪些基因是如何通过蛋白质的合成产生何种生理现象，并最终影响人的意识和行为的。好在相关学科特别是脑科学和神经生物学的研究表明关于利他基因的存在并非仅仅是想象和推测。

脑科学家在人体内发现了也许我们可以称为利他基因的物质——Oxytocin——后叶催产素（脑下垂体后叶荷尔蒙的一种）。这种一般被称为女性荷尔蒙的脑分泌物，男性也有，但较少。实验表明，当大脑分泌 oxytocin 时，一个人往往比较慷慨，愿意与人交往合作。而人与人之间相互亲近如拥抱、爱抚时，血液中的 oxytocin 会骤增。据此，宾州大学教授 P. 赞克把这种荷尔蒙称为“道德分子”。他指出，受虐待的孩子，遭遇过性侵犯的女性，精神压力过度者，会减少甚至停止 oxytocin 的分泌。他认为，呵护和养育孩子会使他们正常发育，生成较多的道德荷尔蒙。自然进化显然也给予人类特别是女性呵护和养育孩子的本能。妇女生育时会大量分泌 oxytocin。P. 赞克的实验还表明，人体道德荷尔蒙的分泌受环境的影响很大。多种感官刺激会导致 oxytocin 的大量分泌，如相互间的爱抚、目睹感人的场面甚至动人的电影场景都会有良好效应。而当人

---

① George Williams, *Adaptation and Natural Selection: A Critique of Some Current Evolutionary Thought*. New Jersey: Princeton University Press, 1966.

② “文革”时期揭发父母，是否可以理解为自保行为。

③ Dawkins, *The selfish Gene*, ch. 10.

把生命托付给他人时，oxytocin 会骤增。[1]

反之，人体内的睾酮（testosterone）则抑制 oxytocin 的分泌。[2] P. 赞克的实验表明，体内睾酮大量分泌者更易于采取报复行动。这类研究说明，在我们身上同时含有道德和非道德的物质元素。[3]

从进化角度看人性恶

古人所谓“恶”的情感特征和行为有许多，如自私、嫉妒、phobia（包括仇外在内的非理性恐惧）、虚荣心、偏心、偏见、狡诈、进攻性甚至残暴倾向。从自然进化角度看，人类的这类与生俱来的心理和行为特征可以分为两类。一类不妨看作是“缺陷”，如同人体解剖和生理学意义上的缺陷（如视网膜上的盲点）一样。自然选择留给我们的并不都是人类生存和繁衍所必需的。自然从来不可能设计和创造出完美的物种。[4]另一部分则是自卫、自保和生存必需的。其中最为典型的是人类的进攻性和暴力倾向。前述人类学家对！Kung San 部族的研究表明，人的暴力倾向和潜能无论在什么社会、文化和族群中都存在。道金斯在《自私的基因》一书中精辟地阐明了物种进化的“暴力逻辑”。他指出，生物个体不过是基因的生存机器。对于每个生存机器来说，自然界和其他生存机器都是它的环境。生物个体必须与所有其他个体竞争生存所必需的资源。因此诉诸暴力（和自卫）的能力必然是生物个体生存的条件。[5]

人性中的恶和善一样既有先天的生物基础，又受到后天环境的影响。强调人性的生物性基础并不等于基因决定论。这和儒家的基本观点并没有什么不同。所不同的是儒家强调道德行为的主观意志方面，而新进化论的研究重在说明“好人”为什么常常会“不由自主”地做坏事。前者注重改造人；后者强调改善环境。

自然选择赋予人类的情感和行为倾向并不总是对我们的现实生活有利，但却是根深蒂固的。这种认识有助于我们明了道德行为的限度，更现实地把握自己，要求别人，调节人际关系，促进社会稳定。下面我们进一步从新进化论的视角，简要分析儒家最为关心的以及当今社会极为重要的家庭伦理关系。

---

① Dawkins, *The selfish Gene*, ch. 10.

② 男女都会分泌 testostrone。

③ 这当然是一种极简单的说法。睾酮对于人的意识和行为有极其重要的积极作用。它不仅能够提高竞争力而且能够平衡 oxytocin，不至于使人与人间产生过度信任和亲密感。

④ Harris, “moral science”, *The Moral Landscape*.

⑤ Dawkins, *The Selfish Gene*. Steven Pinker, *The Better Angels of Our Nature*. Audible edition, ch. 2.

自然选择与世代关系

“孝”——儿孙对长辈的尊重、关爱与赡养——是儒家伦理至为重要的部分。[①] 但在新达尔文主义字典中，却没有这个概念。这也许是由于动物中很少反哺行为。进化论研究给予比较充分说明的是父母对子嗣的养育，以及同胞手足之间的关爱。在儒家看来，亲情之“爱”是天然的，后天教养不过是把人类本性中固有的种子浇灌长成并加以理顺而已。在新进化论者那里，“爱”（与恨）一样是自然选择的结果，是生存竞争的武器。即便是在至亲之间也必须使用，只是要用得巧妙和适度——亲属间毕竟有生物遗传上的共同利益。

R. 赖特（Robert Wright）在《道德的动物》一书中，精炼地概括了这方面最为重要的研究，分析了父母与子女间的情感博弈。从进化的角度看，爱——无论是动物间还是人间的——不再是纯粹高尚的情感，而是可以被利用达到自私目的的资源。[②]赖特指出，子女会矫揉造作地骗取父母的特别关照，以期得到多于其他同胞的奶水和其他宝贵资源。而适时断奶则是进化赋予母亲的回应策略。父母的利益在于使各自基因繁衍的最大化，因此必须合理分配有限资源，保障所有直接子嗣甚至孙辈的存活。这种利益关系的复杂性通过自然选择表现为不同世代间的明争暗斗和欺骗与反欺骗本能的进化。人类从孩提时代就会“自欺欺人”。

没有得到说明的是，父母期盼子女回报的心理即孝行要求是否也是自然选择的结果？如果说，孩子依恋父母的情结是常人间没有的，那么“爱恋父母基因”如果存在的话，也会在成年时候“关闭”（turn off），被“远走高飞基因”所替代，而不会延续下去成为“孝的基因”。否则人类便难以得到更多的生存机遇与空间。

凭直觉和经验，古人发出“痴心父母古来多，孝顺儿孙谁见了”的感叹。[③]在今天的中国，更有“孝子孝子，孝顺儿子”的哀叹。在西方，有诸如巴尔扎克笔下的《高老头》悲剧。[④]在当今的美国，一种颇为普遍的看法是，子女没有赡养和照顾年老父母的责任和义务。这是从契约角度否定孝道。尽管人们承认父母对子女有养育之恩，但是却认为，子女没有回报的义务，因为孩子的出生（以及必要的养育）是父母的单方决定，而不是孩子们的选择。这个观点大概符合进化法则：基因是单向传递的。自然

---

① When people were asked “regardless of qualities and faults of one’s parents, one must always love and respect them” 95 percent of Asians and Hispanics agree. Only 31 percent of Dutch and 36 percent of Dants respondents agree. SOCIAL ANIMAL, ch. 9, culture.

② 又见，Dawkins，*The Selfish Gene*，ch. 8，“Battles of the Generations”.

③ 《红楼梦》有声版。

④ ［法］巴尔扎克：《高老头》，有声版。

规律仅仅关心更有生命和繁殖力基因载体——年轻人。中国俗语“久病床前无孝子”不也是对自然现象的无奈和认可吗?

世代关系的另一面是长辈们的自私行为。在过去(甚至今天的某些地区),弃婴是常见的。进化论的解释是父母的投资选择。即,把有限资源用在更有生命力的子女身上。如果这种解释成立,在今天的中国,父母的“投资”本能,则产生了史无前例的问题。独生子女改变了世代间博弈的投入和回报实况。父母的全部爱和资源都只能投在独子、独女身上。“小皇帝”和“啃老族”的出现,表明谁是世代间博弈的胜者。而实际上,这是一种双输的结局——被溺爱的孩子多很难发展竞存的能力。

面对这种社会文化发展的现实,儒家文化的弘扬特别是孝道教育也许更为困难。也许,长辈更需要做的是与时俱进,发展独立的精神和能力。从另一方面说,防止溺爱孩子是一项更为急切和重要的工作。而这方面儒家传统教诲如“子不教父之过”之类特别值得为人父母者重温。

“性选择”与儒家两性伦理

儒家伦理中比较简略的是性爱和配偶关系讨论。“夫为妻纲”排在“父为子纲”之下。相比之下,进化论强调两性关系在生物繁衍中的第一性位置。原因很简单,没有两性交合便没有后代(低级生物的无性繁殖除外)。从很大程度上说,理解人性进化的核心在于理解生育。人之秉性大都与生育和性本能相关。①从生物进化的角度看,两性繁殖比单性繁殖有更大的优势——物种的数量、复杂性、免疫力及进化速度都高。两性间的相互适应先于世代关系的进化发展。

达尔文首先提出性选择的概念,用以说明自然选择所无法解释的现象——如雄性孔雀的华美羽毛。精美但累赘的羽毛显然不利于生存,但却会吸引异性,从而作为雄性标志性状传递给后代。在动物界,雌性多为雄性争夺的“稀有资源”,故雄性一般比雌性高大。两性身材大小比例影响到配偶关系形态——一雄多雌、一雌多雄或一雄一雌——进而影响到两性对后代养育投入的差异。人类两性身材略有差别,在近代以前一夫多妻是许多社会的常态。一般说来,女性对孩子的投入高于男性。

对于人类来说,两性间合作的成功与否,对后代的养育起至关重要的作用。所以,夫妻和睦无疑有助于孩子的养育。性选择理论解释了两性博弈关系的进化发展。性快感是人类特有的生物快感之一。② 特别是男性,性高潮带来的快感促使他们追逐并争夺异性繁衍后代。相比女性,男性在生理上可以使多数女性受孕,而女性生育则受生理

① Matt Redley, *Red Queen: Sex and the Evolution of Human Nature.* audible edition. ch. 1.

② 两种荷尔蒙 testosterone 和 dopamine 导致性快感。

限制。前者追求后代的数量，后者追求质量。在两性博弈中，男性倾向追逐多个女性；女性则尽量守住有能力提供养育后代资源的男性。于是，男性往往不安分。而性快感则是自然选择平衡两性博弈的生理功能。处于劣势的女性用性快感迷惑和拖住男性。男女交媾不像许多动物那样只在发情期，而是无定时地能够体验性高潮带来的满足。这样，男子很难确定孩子是不是自己的，可以一走了之。①

新进化论学者分析解释了配偶间的复杂博弈关系，但很少说明，对于人类来说，什么才是两性间的道德行为?② R. 赖特是少数例外之一。他在《道德的动物》一书中，讨论了人类性爱的生物性与社会文化环境间的关系。他指出，现在西方特别是美国的“系列一夫一妻制”（serial monogamy）是最不道德的。这种制度建立在贫富悬殊的社会经济基础上，加上男性争夺女性的生物遗传特征，导致有钱人不断用结婚和离婚合法占有处于生育期高峰的多数年轻女性。而处于社会下层的男性则难以找到同龄配偶，建立稳定的家庭。③

关于配偶关系，孔子所述不多。孔子在《礼记》说“饮食男女，人之大欲存焉”，承认性爱与餐饮一样乃人之本能。孟子更主张“内无怨女，外无旷夫。王如好色，与百姓同之……”后世一些卫道士多强调妇女贞操的守护。而无论民间习俗和官方意识形态都讲男女大防，“万恶淫为首”显然是对性爱关系不近人情的遏制和扼杀。在实践上，纳妾和娼妓等于认可男子的多偶性要求。但传统道德的鼓吹与封建多妻制的矛盾不能仅用“伪善”一词斥责了之。如 R. 赖特所指出的那样，达尔文生活的维多利亚英国情形也差不多。那个时代母亲对女儿贞洁的规劝和守护有重要的实用意义，也的确起到了守护家庭稳定的作用。④

毕竟，传统社会的性关系已经不符合今天的道德理念，即少数富人凭借权力和财富占有多数年轻女性。新进化论视角也许能使我们从不同侧面理解 20 世纪那场革命。从两性博弈和遗传资源的争夺角度来看，林道静（《青春之歌》）和王大春（《白毛女》）的故事就有了新的典型意义。林道静参加革命的直接动机不是反抗经济剥削而是男性占有（被军阀逼做小老婆）。王大春之类穷棒子闹革命，为的也不只是土地，而是保住“喜儿”——原本属于自己的女人。社会学家 J. 斯忒西（Judith Stacey）指出，20 世纪中国革命的原因与其说是农业危机，不如说是传统家庭破产。⑤

但正如 R. 赖特指出的，只要有巨大的财富两极分化，法律上的一夫一妻制就不可能真正维持。这是不是今天中国家庭社会不稳定的深层原因？由此看来，两性关系的

---

① Jared Diamond, *Why is Sex Fun? the Evolution of Human Sexuality*, Kindle edition, 1997.

② Wright, *Moral Animal.* Ch. 5.

③ Wright, *Moral Animal.* Ch. 5 - 6.

④ Wright, *Moral Animal.* Ch. 5 - 6.

⑤ Judith Stacey, Patriarchy and Socialist Revolution in China. Berkeley: University of California Press, 1983。

生物性表现，与特定的社会关系性质是彼此相关的。新达尔文主义并不否认这点，只是指出，人类两性关系的进化逻辑——博弈和适应——并不因社会制度的变化而消失，但会因社会文化的不同而形成良性或恶性的表现状态。

余论：科学能解决伦理问题吗？

作为科学，新进化论还处于初期发展阶段。新达尔文主义的核心是基因视角。这一视角把人类的生物乃至社会现象归结为生命的繁衍特别是两性关系和性本能冲动，最终归结为男女解剖学意义上的不同，以及由此产生的生存和繁衍战略不同。人性的各种复杂表现最终不过是男女性生殖战略的派生物。但强调生物性对人类行为的影响，很难解释当今发达国家人们的生育状况。在发达国家，一般情况不是富人和权势者多子女，而是穷人多子女。显然经济社会因素更为直接地决定了人们的婚姻与传宗接代与否的选择。自私的“个人”而不是自私的基因似乎在主导人类这个物种的进化。同性恋、单身、丁克家庭显然无法简单地用基因最大化的逻辑解释。

如果进化论者把研究限制在生物科学内，基因视角就没有什么问题。而如果把人的意识和行为也包容进来，就产生了基因的进化规律与生物个体的自主欲求的矛盾。作为行为主体的个人，能否挣脱基因的操纵，按自己的意志生活？按照生物进化的逻辑，答案只能是否定的。许多学者认为，（生物）科学研究和人文社会科学研究本质不同。前者回答“是什么”的事实判断问题；后者兼顾回答“应该是什么”的价值判断问题。

但近来也有学者明确主张，道德问题能够而且必须用科学来解决。S. 哈里斯（Sam Harris 在他的近著《道德景观》一书中系统地表达了这一观点。针对不同文化有不同道德标准的观点，他指出，道德高尚跟体魄健全没有什么区别。正如肺结核没有新几内亚的或是美国的之分一样，偷窃和抢劫也不因文化差异而不同。他认为，各种文化间的差异仅仅在于追求人类福祉的手段和效能。

哈里斯认为，所谓道德就是增进人类福祉。他不否认人类福祉是一个模糊概念，没有确切的衡量标准。但他指出，身体健康的标准也是不确定的。健康标准的不确定，不等于不能以科学方法来改善社会（道德）和增进人们的健康。人类福祉也是一样。

那么，人的道德意识和行为与人的健康是否可以类比？对此，哈里斯的回答是肯定的。他援引大量脑科学和神经生物学研究指出，人们的嫉妒心理、进攻意识、愤怒、同情感等都有对应的大脑神经和腺体活动部位。他甚至认为，伦理意识和道德行为差别因人而异，跟各人先天大脑结构差异和发育状况关系很大。正如人有体魄强健和纤弱的差别一样，人也有天生的道德（感）上的差异。他认为，跟有生来智力超常者一样，也有天生的道德高人（Moral genius）。哈里斯坚信，随着科学的发展，我们会对人的意识和活动有更多和准确的认识。这类知识可以帮助人类克服不道德意识和行为，建立更加文明和健康的社会。

无疑，近代科学给人类文明带来了巨大进步（和问题甚至灾难）。但近代历史告诉我们，科学研究本身受制于政治和道德规范的制约。人类社会出于道德考虑总是给自己设下科学研究的禁区如克隆研究、人体实验、甚至智商测试和研究等等。更为重要的问题是，人类在科学发明之前的数万年的智慧积累是可以被轻而易举地替代的吗？而且，用科学的普世性取代人类文化的多样性是走向人类进步还是毁灭？至少有学者已经从植物进化的例子指出单一文化（monoculture）的危险。①

在今天诸如儒家那种直接观察和体验得到的智慧和科学的发现是什么关系？科学本身是不是一种文化？如果是，那科学就不能凌驾并取代它种文化；如果不是，科学又如何能解决文化（道德伦理）问题？科学是求同的；文化是多元的，两者如何统一？凡此种种，都有待进一步研究和思考。

---

① Michael Pollan, *Botany of Desire*: *A Plant's Eye View of the World*. Audible edition.

隋唐儒学的复兴与拓展

曲阜师范大学历史文化学院教授　王洪军

唐代统治者在思想文化上采取儒、释、道三家并行的政策。李唐王室为抬高自身门第与道教创始人李耳攀上了亲缘关系，因此，道教在唐代得到统治者的优宠和扶持，有唐一代，道教无论是在宗教组织结构、宗教礼仪制度、宗教理论建构与创新，还是在贵族社会、士人、民众中的影响等方面均得到前所未有的发展；由印度传入的佛教，历经汉魏南北朝时期的发展，至隋唐时期完成了其自身中国化过程，佛教内部众多宗派的成立与分疏，内陆边疆寺院佛塔林立，无论是在风景秀丽的青山绿林，还是在平原大地村镇，木鱼声声，香烟缭绕，男女信徒众多，说明了佛教在这一时期的繁荣与兴盛。与佛、道二者相比，儒学在唐代则显得有些冷落和沉寂，其独尊的政治文化地位无可争辩地让位于三教鼎立之格局，甚至一度遭遇"道先，释后，儒末"的尴尬境地。虽然如此，儒学作为中国传统文化的底色，却是其他文化难以替代的，它依然是历代统治者治国安邦的基本国策，并在隋唐时期又有新的拓展。

一、隋唐时期以儒治国的基本国策

1. 隋唐时期的尊孔兴儒政策

儒学是中国传统文化的代表，重视纲常伦理、礼乐教化，它以宗法亲亲、尊尊原则，别贵贱，辨亲疏，致力于建立上下有序、尊卑分明的社会等级伦理关系，以此保持家族的和睦，进而维护社会的统一和稳定，因而儒学具有很强的社会治理功能，是维护一个社会正常运转的基本理念。自汉武帝"罢黜百家、独尊儒术"之后，儒学便成为中国古代社会的正统思想。西汉以后佛教传入并得到较快发展，魏晋玄学盛行，思想界逐渐形成儒、佛、道三家并立的局面。隋唐统治者顺应这一历史发展趋势，采取平衡三教、以儒治国的基本国策，并以多种途径倡导儒学，积极把儒家思想贯彻到经邦治世之中。

隋朝统一之后，为巩固自身统治，建立伦理纲常次序，隋文帝多次下诏提倡儒学。开皇九年（589），针对丧乱以来君臣无道、伦理丧失，隋文帝下令"延集学徒，崇建庠序，开进仕之路”[①]。隋炀帝继位之后，继续推行鼓励儒学发展的政策，扩大学校规模，征辟儒生，实行科举取士。致使隋代儒学较前获得一定程度的复兴。正如《隋书 · 儒林传》所载，高祖平一寰宇，四海九州强学待问之士，靡不毕集。天子率百僚，遵问道之仪，观释奠之礼。博士罄悬河之辩，侍中竭重席之奥，考正亡逸，研核异同，积滞群疑，涣然冰释。于是超擢奇秀，厚赏诸儒，京邑达乎四方皆启黉校。齐、鲁、赵、魏，学者尤多，负笈追师，不远千里，讲诵之声，道路不绝。中州儒雅之盛，自汉魏以来，一时而已。

唐初二帝也是推崇儒学，以儒治国的典型。唐高祖“颇好儒臣”[②]，新中国成立之初，便置国子学、太学、四门学，合三百余员。武德二年（619）下诏：“朕君临区宇，兴化崇儒……宜令有司于国子学立周公、孔子庙各一所，四时致祭。仍博求其后，具以名闻，详考所闻，当加爵士。”[③] 不仅“兴化崇儒”，而且褒奖孔子及其后人。唐太宗对儒学更是有着深厚的感情，在其即位之前，便“于秦府开文学馆。广引文学之士，下诏以府属杜如晦等十八人为学士，给五品珍膳，分为三番更直，宿于阁下。及即位，又于正殿之左，置弘文学馆，精选天下文儒之士虞世南、褚亮、姚思廉等，各以本官兼署学士，令更日宿直。听朝之暇，引入内殿，讲经论义，商略政事，或至夜分乃罢”[④]。他曾说：“朕今所好者，惟在尧舜之道，周孔之教，以为如鸟有翼，如鱼依水，失之必死，不可暂无耳。”[⑤] 贞观二年（628），“始立孔子庙堂于国学，稽式旧典，以仲尼为先圣，以颜子为先师”[⑥]。四年（630），令全国州县皆立孔子庙。十一年（637），诏尊孔子为宣父[⑦]。唐太宗在褒崇孔子的同时还大力支持儒学的发展，他“以经籍去圣久远，文字多讹谬，诏前中书侍郎颜师古考定《五经》，颁于天下，命学者习焉。又以儒学多门，章句繁杂，诏国子祭酒孔颖达与诸儒撰定《五经》义疏……令天下传习”。并于十四年（640）、二十一年（647），两次下诏褒奖先代儒家学者，尊其道，传其业，“与颜子俱配享孔子庙堂”[⑧]。唐代儒学教育，以贞观为盛。《新唐书 · 儒学传序》载：太宗“大征天下儒士，以为学官。数幸国学，令祭酒、博士讲论，毕，赐以束帛。学生能通一大经已上，咸得署吏。又于国学增筑学舍一千二百间，国学、四门博士亦增置生员，其书算各置博士、学生，以备艺文，凡三千二百六十员。其玄武门屯营飞骑，亦给博士，授以经业，有能通经者，听之贡举。是时四方儒士，多抱负典籍，云会京师。俄而高丽及百济、新罗、高昌、吐蕃等诸国酋长，亦遣子弟请入于国学之内。鼓箧而升讲筵者，八千余人，济济洋洋焉，儒学之盛，古昔未之有也”。

---

① 《隋书》卷二《高祖本纪》下。

②③④ 《旧唐书》卷一八九上《儒学列传序》。

⑤ 《贞观政要 · 慎所好》。

⑥ 《贞观政要 · 崇儒学》。

⑦ 《唐会要》卷三五《学校 · 褒崇先圣》。

⑧ 《旧唐书》卷一八九上《儒学列传序》。

唐玄宗在开元二十七年（739）诏书说："弘我王化，在乎儒术。孰能发挥此道，启迪含灵，则生人已来，未有如夫子者也。所谓自天攸纵，将圣多能，德配乾坤，身揭日月。故能立天下之大本，成天下之大经，美政教，移风俗，君君臣臣，父父子子，人到于今受其赐。"认为儒学的功能是"立天下之大本，成天下之大经，美政教，移风俗"，孔子"德配乾坤，身揭日月"，使得世世代代受其赐。所以，唐玄宗下令对其圣德进行褒奖，封孔子为"文宣王"，并让孔子弟子也进庙堂享受后人祭奠与瞻仰。

唐后期，藩镇割据，宦官专权，社会动荡不安，然而当政局稍有稳定之时，统治者也不忘适时褒崇孔子，推崇儒学。永泰二年（766）正月，国子祭酒萧昕上言："崇儒尚学，以正风教，乃王化之本也。"其月二十九日敕曰："朕志求理体，尤重儒术，先王大教，敢不底行……今宇县攸宁，文武兼备，方投戈而讲艺，俾释菜而行礼。四科咸进，六艺复兴，神人以和，风化浸美。日用此道，将无间然。"①

2. 科举取士制度

隋唐选官采科举制度。它有别于汉魏以来的"九品中正制"，打破了世家大族垄断仕途的局面。这种制度始于隋，发展于唐。《新唐书·选举制》云：唐制，取士之科，多因隋旧。其大要有三：由学馆者曰生徒，由州县者曰乡贡，皆升于有司而进退之。其科之目，有秀才，有明经，有俊士，有进士，有明法，有明字，有明算。有一史，有三史。有开元礼，有道举，有童子。而明经之别，有五经，有三经，有二经，有学究一经。有三礼，有三传，有史科。此岁举之常科也。其天子自诏者曰制举，所以待非常之才焉。

唐代科举分常科和制科两种。常科定期举行，有很强的稳定性。所谓"天子自诏"的制举，是皇帝按需或个人爱好即兴设立的考试门类，具有一定的随意性，且取士人数不多，所以两举中以常举为重。常举科目，是以明经和进士两科为主。二科考试内容和考试办法足以证明唐朝政府科举考试中以儒为主的价值取向。

首先是明经科。既称明经，当然与经书有关，而此"经"主要是指儒家经典。《新唐书·选举制》云："凡《礼记》、《春秋左氏传》为大经；《诗》、《周礼》、《仪礼》为中经；《易》、《尚书》、《春秋公羊传》、《谷梁传》为小经。通二经者，大经、小经各一，若中经三。通三经者，大经、中经、小经各一。通五经者，大经皆通，余经各一。《孝经》、《论语》皆兼通之。"可见这些儒家经典在当时是指《诗》、《易》、《尚书》、《礼记》、《周礼》、《仪礼》、《春秋左氏传》、《春秋公羊传》、《春秋谷梁传》九经。明经中所细分的五经、三经、二经、学究一经、三礼、三传等科目，是指要通习这九种不同类别的经书。另外，明经各科都必须兼通《论语》和《孝经》。这些经书是儒家的代表作，是儒家思想的集中体现和文化结晶，涵盖了儒家尊卑有序、忠孝

① 《旧唐书》卷二四《礼仪志四》。

仁义等伦理政治思想，唐代明经科考试以这些经书为准，就是要选拔那些受过儒家思想洗礼的士子为自己的统治服务，更好地维护古代社会尊卑有序的统治秩序。唐代科举考试重视儒家经典，反映出唐代统治者重视儒家思想的治世功用。

明经科的考试办法，据《新唐书·选举制》载："凡明经，先试文，然后口试，经问大义十条，答时务策三道。"明经科考试分帖经、经义、时务策三场。帖经主要考察考生对经文的记诵能力；经义考察对经文的理解能力，时务策主要考察对儒家思想的应用能力，也就是如何利用儒家思想为现实社会服务。《唐六典》卷三《尚书吏部》注曰：诸明经试两经，进士一经，每经十帖。《孝经》、《论语》八帖。每帖三言。通六已上，然后试策，《周礼》、《左氏》、《礼记》各四条，余经各三条，《孝经》、《论语》共三条，皆录经文及注疏为问，其答者须辨明义理，然后为通"。"辨明义理"就是要考生精通经文深层含义，明了儒经的社会治理功用。也正是通过对考生的全面考察，才能选拔出唐朝政府所需的精通儒家治世之道的人才。唐代明经科录取率很高，"进士大抵千人得第者百一二，明经倍之，得第者十一二"①。虽然明经科及第不予高官或仅予出身，但正是因其录取人数多，才显其作用。众多通习儒家经典的士子充实到各地官府，从而在更大范围内发挥儒学训教生民的教化作用。

其次是进士科。进士科在唐代科举考试中最贵。进士科始于隋大业中，盛于贞观、永徽之际，缙绅虽位及人臣，不由进士者，终不为美，以至岁贡不减八九百人。其推重，谓之"白衣公卿"，又曰"一品白衫"，其艰难，谓之"三十老明经，五十少进士"②，可见进士科在唐代享有至高的地位。

唐代进士科考试内容及办法多有变化，但其基本脉络仍大致可见：起初只试策一项，贞观八年（634），诏加经史一部；神龙元年（705），进士科考试改为帖经、杂文（诗赋）、时务策三场试。随着这种考试办法的推行，进士科取第出现了唯重诗赋的弊端，这违背了唐代科举考试选拔文儒之士的初衷。至唐文宗太和七年（833），进士科停考诗赋及时策，只考帖经和问义，并以明经例考试。不过这一改革只持续了一年，到太和八年（834），又恢复了三场试。不论唐代进士科经历了怎样的变化，但进士科考试内容，从贞观八年起就规定要考帖经，而且这项内容一直被保留下来。"帖经"一项，除武则天时改《臣轨》，玄宗时加《老子》外，其余则专指儒家经典。

进士科三场试的次序是，帖经在前，诗赋杂文在中，时务策在后。唐代科举考试规定每场必定去留，只有通过第一场帖经考试，才有资格进入下一场考试。由此可见，熟习儒家经典，具备一定的文史底蕴，是唐代进士科的基本要求。唐朝统治者正是通过加试"帖经"来加强对应试举子的儒学要求，而及第士子将会成为当时社会的管理精英，他们充任政府各要职部门。这些受过儒家思想洗礼的士子将会在无形中按照儒

---

① 《通典》卷一五《选举三》。

② 《唐摭言》卷一《散序进士》。

家宗法伦理思想帮助统治者安邦治国，这也正与唐朝政府科举取士的初始愿望相契合。

唐代科举的其他诸科，也要求具备基本的儒学素养。如童子科亦是考查儒家经典，“大历三年敕，童子举人取十岁以下者，习一经兼《论语》、《孝经》，每卷诵文十科全通者，与出身，仍每年冬本贯申送礼部，同明经举人例考试”[①]。明法科也对儒经有一定要求，“贞元二年敕，明法举人，有能兼习一经者，小帖义通者，依明法例处分”[②]。

科举考试的目的是为了选取适合国家需要的人才，通过以上所述可以看出，对仕子的基本要求是要具备儒家的基本理论素养，这一要求也明显反映出隋唐统治者重视儒学的价值取向。唐代科举考试固然不是为儒学发展而设，但科举取仕则以儒经为基础，无疑表明唐代以儒治国的基本国策。

二、经学的统一

隋唐统治者以儒治国，采取了多种鼓励儒学发展的政策，并把儒学思想贯穿到经邦治国之中，使儒学在这一时期获得了发展与复兴，其突出的表现就是《五经正义》的颁行。《诗》、《书》、《礼》、《乐》、《易》、《春秋》六部经书，经孔子之手已成为儒家基本的经典文本。这些经书又经后儒的整理与诠释，逐渐成为儒家思想的集中体现与文化结晶。《乐》经汉时已经亡佚，其他五经流传于世。魏晋南北朝时期，由于南北学风的差异，对儒家经学的解说也各不相同，“南人简约，得其精华；北学深芜，穷其枝叶”[③]。隋朝统一之后，也曾试图消弭经学南北门户之畛域，但这种差异决不可能在短暂的时间中消除，至唐朝贞观时期，经过颜师古、孔颖达对于儒家经典的整理，才结束了南北经学义例的分歧，在形式上完成了儒学内部的统一。

针对长期以来儒家经典版本文字不一，师法、家法不同，经学形态变异等现实状况，自贞观四年（630）始，唐太宗就“以经籍去圣久远，文字多讹谬，诏前中书侍郎颜师古考订《五经》”[④]。颜师古利用秘书省珍藏的大量经籍图书，以晋宋南朝以来古今本为依据，悉心加以校正。先后校勘了《周易》、《尚书》、《毛诗》、《礼记》、《左传》等儒学经典。《五经》修撰完成以后，唐太宗复遣诸儒重加详议讨论，将其所定《五经》颁行于天下，令学者依此为准进行修习。由此完成了唐初儒家经典版本文

① 《唐会要》卷七六《贡举中·童子》。

② 《唐会要》卷七六《贡举中·明法》。

③ 《北史》卷八一《儒林传》；又见《隋书》卷七五《儒林列传序》；《世说新语》卷上之下《文学第四》25条云：褚季野语孙安国云：“北人学问，渊综广博。”孙答曰：“南人学问，清通简要。”支道林闻之曰：“圣贤固所忘言。自中人以还，北人看书，如显处视月；南人学问，如牖中窥日。”《北史》、《隋书》皆本于此。此语大致言之当时南北学术之差别犹可，若细细研寻史料，其状也不尽然。

④ 《旧唐书》卷一八九上《儒学列传序》。

字的统一，这在中国儒学发展史上具有划时代的意义。

贞观十一年（637），太宗又以“文学多门，章句繁杂”不利于思想的统一为由，又“诏国子祭酒孔颖达与诸儒撰定《五经》义疏”①。十二年，书成奏上，太宗视为儒学盛事，下令褒奖，“卿等博综古今，义理该洽，考前儒之异说，符圣人之幽旨，实为不朽”，并为书命名曰《五经正义》。《五经正义》书成仓促（仅一年时间），且成于众人之手，讹误之处在所不免，当时的太学博士马嘉运“以颖达所撰《正义》颇多繁杂，每掎摭之，诸儒亦称为允当”②，于是，太宗于贞观六年，又令孔颖达组织人手重新进行审定。这一工作异常繁琐而复杂，直到二十三年孔颖达病逝，《五经正义》的修订“功竟未就”。永徽二年（651），唐高宗又下诏让儒臣对《正义》进行修订，到永徽四年（653）这一工作才最终宣告完成，“颁布于天下，每年明经，依此考试”③。《五经正义》既保留了两汉经学传统，又吸纳了魏晋玄学的精华，表明了唐代儒学融合各家学术的趋向。

三、中唐以后儒学的拓展

《五经正义》的颁行，经义无异说，使传统的儒家思想失去了创新的动力，成为一种既定的僵化义疏之学，在此情况下儒学的发展陷入了困境。面对这种困境，一些儒家有识之士，开始尝试一种新的解经方法和在理论层面上融合贯通其他学说来振兴儒学，这股清新的力量，先有以啖助为代表的疑经学派，后有以韩愈、李翱为代表的对传统儒学心性理论的发展，还包括柳宗元、刘禹锡在天人关系问题上对儒学的推进。

1. 疑经学派的兴起

疑经学派是唐中期兴起的重新解释《春秋》及“三传”的儒家学术流派，以啖助为代表，其门人赵匡、陆质随之。因其敢于怀疑并且勇于打破《五经正义》对儒家经典的法定解释，主张各抒己见，所以被世人称为疑经学派。疑经学派主要围绕《春秋》及“三传”做文章，以经驳传，大胆怀疑和否定汉唐学者对《春秋》所做的传注，通过对《春秋》的重新解释树立新的经学观念。认为“微言久绝，通儒不作，遗文所存，三传而已”。提倡要以己意解经，“考究三传，舍短取长”④。“所注经传，若旧注理通，则依而书之，小有不安，则随文改易；若理不尽者，则演而通之；理不通者，

① 《旧唐书》卷一九八《儒学列传序》。
② 《旧唐书》卷七三《马嘉运列传》。
③ 《唐会要》卷七七《贡举下·论经义》。
④ 《春秋啖赵集传纂例》卷一《啖氏集传集注义第三》。

则全削而别注；其未详者，则据旧说而已”[①]。对于啖助的观点，赵匡、陆质等人又作了进一步发挥，对《春秋》及“三传”多有新的解释，阐发了异于前儒的新见解。在唐代“经学统一时代”，他们的议论可谓是“离经叛道”，所以啖助、陆质等人又被时人称为“异儒”[②]。而疑经学派的出现打破了儒学发展停滞不前的沉闷局面，为儒学的发展迎来了一缕清新的空气。正如《四库全书·总目提要》所说：“舍传求经，实导宋人之先路。生臆断之弊，其过不可掩，破附会之失，其功亦不可没也。”

疑经学派对《春秋》及“三传”探讨的主要目的是为社会现实服务。唐代后期藩镇割据，中央式微，当时社会的主要任务是维护唐朝大一统的政治局面，尊崇皇权。以此为出发点，指出《春秋》的宗旨“在尊王室，正陵僭，举三纲，提五常，彰善瘅恶，不失纤芥，如斯而已”[③]。就是说“尊王室，整纲纪”，是疑经学派研究春秋学的深层原因。他们摆脱汉儒章句之学，开始关注社会现实问题，学以致用。并对唐以前儒学经典文本及经义进行大胆的否定和批判，提倡依据自己的理解去发挥经义，开创了儒学以经驳传的风气，使经学从《五经正义》既定的笔疏笺注中走了出来，成为宋初自由解经的先声，同时为韩、李新说开辟了道路。

2. 心性理论的发展

在唐代佛、道发展的逼迫之下，儒家学者亦在自我反省中求索儒学重新昌明之路。其中做得比较突出者有韩愈、李翱等人。生活于中唐时期的韩愈（768—824），在佛、道发展兴盛之时，为捍卫儒家思想的正统地位，提出了道统论与性三品学说。

韩愈立足于《孟子》、《大学》等儒家经典树立儒道、阐发自己的新儒学。为与佛教“法统”相对抗，在其《原道》一文中，他提出一个由尧、舜、禹、汤、文、武、周公、孔、孟儒家古代圣贤一脉相传的“道统”体系[④]。他利用改造了儒、释、道共同使用的“道”的概念，并对其进行了儒家思想的填充与解说。他首先说明，儒家之“道”非佛、道之“道”，儒家之道，乃先王之教。“博爱之谓仁，行而宜之之谓义，由是而之焉之谓道，足乎已无待于外之谓德。仁与义为定名，道与德为虚位”。就是说，儒家的道是由内容和形式两部分组成，“道”是形式，仁与义才是“道”的内容。而儒家的仁义思想载之经典，体现在社会的政治法律制度以及社会日常生活中，用它来修己待人治天下，则无往而不利。他并在儒家经典中找到《大学》作为理论依据，阐述儒家所强调的正心诚意、修齐治平的理论。

心性学说，是儒家“内圣”学说的基本修为方式。孔子言“性”与“习”，孟子

---

① 《春秋啖赵集传纂例》卷一《啖氏集传集注义第四》。

② 《旧唐书》卷一八九下《儒学下·陆质列传》。

③ 《春秋啖赵集传纂例》卷一《赵氏损益义第五》。

④ 《韩昌黎全集》卷十一。

道“性善”，荀子言“性恶”，这些都是心性方面阐述儒家的内心修为，具有很高的思辨色彩。但自汉武帝“罢黜百家、独尊儒术”之后，儒家志向多趋向于义疏考证，至唐义疏之学达到鼎盛，而心性之说却没有得到很好的发展。所以，面对佛、道日盛，在理论方面儒家不能给出强有力的反驳，这也是儒学在唐代门庭冷落的原因之一。

在这种局面之下，韩愈重新倡导儒家传统的心性学说，引导儒学朝着心性义理的方向发展。他首先指出传统的人性论各自存在的缺陷，进而在承继汉代董仲舒人性论基础上，提出“性三品”说。他认为，所谓“性”是与生俱来的，而“情”则是人与外界事物接触时产生的。“性”的内容即儒家所讲的“仁、礼、信、义、智”；“情”的内容是人与外物接触时产生的七种情感，即“喜、怒、哀、惧、爱、恶、欲”。性分为上中下三品，在不同品性的人身上表现出五种道德的不同搭配。上品之人至善，下品之人纯恶，中品之人可善可恶。以此为基础，情的表现也分为上中下三品，上品之人表现上品之情，可“动而处其中”，中品之人表现中品之情，有时符合，有时不符合，但是通过努力，也可以实现“中”的境界，而下品之人对于情则是放任自流，“直情而行”[①]。在此韩愈不仅说明了性、情关系，性决定情，注入了儒家道德伦理内容，而其更为重要者，乃是将儒学发展引向心性义理之路。

李翱的复性说。李翱师从韩愈，沿着韩愈的思想继续探讨人性问题，他把儒家人性论思想又向前推进了一步。他著《复性书》三篇，以《周易》、《中庸》、《大学》、《孟子》为依据，提出一个由孔子创立，子思、孟轲、公孙丑、万章等人相继传承的儒家“心性道统”谱系；他提出了性情二元说，认为凡人之性犹圣人之性；性无不善，情有善有不善；人之所以惑其性者，情也。喜、怒、哀、惧、爱、恶、欲，皆情之所为也。情既昏，性斯匿矣。人性本善，这是人皆可以成圣的根本，但若受情之干扰，则会变为恶。因此，他综合儒、释、道的心性论与功夫论，以“开诚明，致中和”为至义，以去情复性为旨归，以“弗虑弗思”、“寂然不动”、“斋戒其心”、“诚明”为复性之方法，以“虚明变化”、“感而遂通天下”、“与天地参”为致用，以昏昏然肆情昧性为可悲。并以儒家思想为基础，对天台“止观”、“无性有情”说、禅宗“人人皆有佛性，人人皆可成佛”、“明心见性”论以及老庄“虚静”、“心斋”、“坐忘”、“反性”、“复初”以及唐代道教司马承祯的《坐忘论》进行了吸收、改造，进而形成一个系统的新儒家心性论思想体系。

李翱的性情论，在坚持传统性善论的同时，力图从理论上弥补它的缺陷，为现实之恶设立了“情”这个内在的根据。他的这个观点在人性论发展史上，有着十分重要的地位。他第一次在主体自身设置了善和恶的双重根源，实开宋明理学人性二元论的先河，是汉唐人性论向宋明人性论转变的重要环节[②]。

---

① 张跃：《唐代后期儒学》，上海人民出版社1994年版，第127页。

② 参见张怀承：《中国学术通史》（隋唐卷），人民出版社2004年版，第166页。

3. 天人关系问题的演进

天人关系一直是儒家重视和关心的问题。传统儒家重视“天人合一”，但并不否认“天人相分”。汉代的谶纬神学，受到后世学人的批判，至唐代中后期，一些儒学思想家们在社会现实的推动下，又积极探讨天人关系，并把这一问题的认识逐渐深化，其中较为杰出者有柳宗元和刘禹锡。

柳宗元的天人关系论是建立在对两汉以来谶纬神学批判基础之上的。他在《贞符》中批评道：“自司马相如、刘向、扬雄、班彪、班子固，皆沿袭嗤嗤，推古瑞物以配受命，其言类淫巫瞽史，诳乱后代，不足知圣人立极之本，显至德、扬大功，甚失厥趣。”他认为王者得天下不是凭借天命和神的护佑，而是要依靠仁德和民心。“受命不于天，于其人，休符不于祥，于其人”，强调了人与仁德的重要性。在宇宙起源问题上，柳宗元主张“气”形成说。认为一切自然现象的运动变化均由气的运行所致，并没有外在超自然的力量主宰，进而提出“天人不相预”的观点，“生植与灾荒，皆天也；法制与悖乱，皆人也。二之而已，其事各行不相预”，由此发展了荀子“明于天人之分”的思想，强调天和人平等独立，互不干预，各行其道，并进一步指出人类社会发展有其自身的动力。

刘禹锡则进一步发展了柳宗元“天人不相预”的观点，不仅指出天、人有别，而且认为自然与人各有所能，有所不能。天与人之间可以“交相胜”、“还相用”。他详细论证了天是一种有形的物质实体，不是神灵一类的虚假存在。认为天是由“三光”的元气构成，元气在两仪的交互作用下，生成天地万物，形成了世界。他以问答的形式进一步阐释自然界的运行，有其自身发生发展的规律——“势”和“数”。“言数存而势生，非天也”；“天形恒圆而色青，周回可以度得，昼夜可以表候”；“恒高而不卑，恒动而不已”；“万物之所以为无穷者，交相胜而已，还相用而已矣”。“天，有形之大者也；人，动物之尤者也。天之能，人固不能也；人之能，天亦有所不能也”。“天之道在生植，其用在强弱；人之道在法制，其用在是非”。“故曰：天之所能者，生万物也；人之所能者，治万物也”[①]。就是天是自然界的代表，人是动物界的代表，天之能在于使万物自然而然生长变化，人之能则在于发挥自觉地能动性，建立法制，协调社会关系，天与人各有自己的作用和发生作用的范围，在一定条件下，天与人可以交互为用。由此刘禹锡把传统的对天人关系的认识向前大大推进了一步，丰富和发展了儒家天命观思想。

总之，在唐代中期以后，在韩愈、李翱、柳宗元、刘禹锡等儒家学者的努力下，使得儒家思想在如下几个方面得以拓展：一、积极吸收与融合佛、道的一些概念、方法和理论，充实与发展了儒学的思想学说；二、儒学由汉代以来的经疏之学逐渐转向

---

① 以上所引皆见刘禹锡《天论》篇。

心性义理之学，开启了宋明理学之路；三、重视儒家元典，向先秦儒学中寻求思想源泉，以经驳传，开以己意解经之先河，抬高孟子的地位，掀起一股“孟子升格”运动；四、批判汉代以来的天命神学，积极探讨天人关系，提出“天人不相预”和天人“交相胜、还相用”思想，促进了儒学思想的发展。

先秦儒家正义观探析

云林科技大学汉学资料整理研究所所长、教授　吴进安

一、前　言

“正义”这个概念及其在哲学问题上的讨论，在中国哲学的发展史上虽不似“心性”、“德行”议题那样引起哲学家的重视，但却也不能忽略它是人们追求人间合理生活的“终极关怀”（Ultimate concern）。因此，儒家对于“正义”议题的关切，亦可解读为是关注于生命意义的终极关怀。儒家的精神与诉求，如恢复周文制度与重建现实世界的伦理秩序等，无不围绕着“正义”而发挥，进而重建“人”的意义与价值。

“正义”是一个复合词，二字连用时其意涵即呈显其具有指导性的意义；首先从“正”字来加以解析。《说文解字》云：“正，是也，从止，一以止。”由此引申出“正”的另外两种含义：一是立其正，即确立标准，二是矫正，即是使偏离标准的恢复到标准。其次，对于“义”字的阐释，《说文解字》云：“义，已之威仪也。从我羊。臣铉等曰：此与善同义，故从羊。”就其字面之意而言，义，是要求人行正路，只有人行正路，人才有威仪，也才有德，有德才有义。威仪，是从宜来的。正义二字合二为一来说，“义者，宜也”，便是：“守一，行宜”。总而言之，正义即落实在如下两方面：一是政义，即为政之义。二是行义，即个人之行为应当依据这个准则，行为必符正义原则之义。因此无论是就个人或社会的角度而言，一是守一，即坚持原则，持之以恒；二是行宜，根据具体境遇采取最适当的方法，选择合理而又不违背此原则的方略。

相对于西方哲学对于正义（justice）的理解①，中国哲学所关切的正义议题，显示出不仅强调个人道德意识，抑且落实在政治的终极关怀方面的独特性；西方哲学在古希腊时代，将公平正义设想为一种美德，并且是一种人格特质，正义被认为与友善、博爱、仁慈、慷慨、同情等概念不同且更为重要，并且广泛地被认为是代表“社会和谐”与“神圣命令”的含意。

---

① 西方在古希腊时代的哲学家，苏格拉底（Socrates 470— 399 B. C.）的伦理学中对于“知”与“德”的辩证，已隐喻了“正义”的观念。柏拉图（Plato 427— 347 B. C.）延续其师的观念，对于“善”有更进一步的讨论。亚里士多德（Aristotle 384— 322 B. C.）除了对于精神理想之追求外，对真理与德行发展之兼顾亦表重视。参考邬昆如：《西洋哲学史》，台北：正中书局。

二、价值根源与理想社会的浮现

先秦儒家的正义观可溯本推源至《尚书》所记载的在殷、周之际的政权变迁中，政权稳固与否或政权转移的一套“天命观”。这个论点证明对神秘宗教氏族神的信仰虔诚与政权是否维持并无必然性，而是取决于超乎氏族之上的至上神。在周人所获得的天命观中，天命系护佑万民而非专佑一家的。曾春海教授认为：“赏善罚恶乃天命的道德本质，前者属天命不偏不私的博爱特征，后者表示了天命是无上正义的根据。”[①]因此而有“天命靡常”、“帝命不时”的观念产生，如：“为天监下民，典厥义。”（《尚书·高宗肜日》）因此，天命之意涵进入另一层面，“天命有德”（《尚书·臯陶谟》），成为能否持有统治之合法性之关键，系因文王用能、敬贤、明德慎罚、讨罪……一听于理等。此处之王德包含了各种政教作为方面的善、善行、应然的行为及施予人民的一切恩泽与奖赏。如是，天是大公无私的，其大公无私性就表现在绝对正义上；而人君是否能受此天命，则端视其行为是否符合绝对正义的要求。

儒家的创始者孔子（前551—前479），其生活的年代正值中国历史上大变迁的乱世，他所关切的议题是围绕着人的生命意义与价值而发，并由此发展至有秩序的社会制度面的构想。孔子从对“周文”的肯定出发，以“全面安排人间秩序”、“重建人文价值”为目的，这样的主题切入点是从个人的道德内涵的充实入手，因而有了如下的评价：

> 孔子的对治之道根本上是一种“返本救弊”的取向，他的思想基础是奠定在周文背后的那种结合伦理与政治为一体的理念上，这就是“道”。“道”以“德”为内容，以“礼”为形式。德之本在仁，以仁含摄众德。[②]

因此，思考儒学的基本意向与其发展性的议题，借用劳思光先生的见解，即可清晰地看到“正义”问题的脉络，亦是从这个基本意向发展出来。劳思光先生认为：

> 孔子生当周室衰微之际，其时周之礼制已经失去规范力；社会中各阶层的人，都随着自己的野心和欲望而行动。整个趋势可说是古文化崩溃的趋势。孔子幼年习礼，很早即自觉到人生必须有一“秩序”，所谓文化的意义，在孔子看来，即在于秩序之建立及发展。因此，面对秩序之崩溃，孔子的基本意向即是要将生活秩

---

① 曾春海：《儒家的淑世哲学——治道与治术》，台北：文津出版社1992年版，第19页。
② 林义正：《孔子学说探微》，台北：东大图书公司1987年版，第59页。

序重建起来。这种秩序，具体地说，即是制度；抽象地说，则可以包含一切节度理分在内。①

“郁郁乎文哉；吾从周”是孔子经过深思熟虑之后而发的赞叹。如果这是他所认为的价值理想之所托，我们应可把握其珠玑字语所流露出的一种理想国度的描绘，曾春海教授即从人性的角度加以剖析孔子对此方向之肯定：

孔子深植了对人性的信心，他坚信人性中潜藏着一种能创造价值活动的存有。人类能锲而不舍地固执之，以发用在生命活动中，则能承先启后地接续人类在历史活动的脉络中所创造出来的文化生命，且能层层推进整体人类的进步，丰实人文生命的内涵及意义。②

三、孔、孟、荀三人的正义观

（一）孔子的正义观

在《论语》中对于“正”与“义”的阐述，较少将二字连结，而《论语》的重点乃是落在“义”上，并且二字可以互相含摄。在《论语》中，孔子对“义”有如下的理解，譬如：“喻义”、“好义”、“闻义”、“徙义”、“行义”、“义以为上”、“义之与比”乃至于“义以为贵”等等的观念，这是把“义”看作是面临富贵贫贱、穷困患难、辞受取予、出处去就时所应遵守的原则。但何谓“义”？“义”的内涵为何？在《论语》里没有直接定义其意涵，起初是指“以时使民”的观念，泛指使民以时而不扰民。但进一步言，有如下之意涵。

1. 从义利对举之形式，证成权衡判准的依据。

孔子言：“富与贵，是人之所欲也，不以其道得之，不处也。”“不义而富且贵，于我如浮云。”“见得思义”、“见利思义”、“义然后取，人不厌其取。”以上之言，均是就义与利二者冲突的场合而言义。君子所思者在于此利是否我所应得，若为应得则取之；若为不应得，则不取，此处即是以“应该”或“不应该”为义。此种“应不应该”的价值判断，孔子还将它引申到个人之出处去就的价值判断上，如：“笃信好学，守死善道。危邦不入，乱邦不居。天下有道则见，无道则隐。邦有道，贫且贱焉，耻

---

① 劳思光：《中国文化要义新编》，香港：中文大学出版社 2002 年版，第 14 页。

② 曾春海：《儒家哲学论集》，台北：文津出版社 1989 年版，第 16 页。

也；邦无道，富且贵焉，耻也。”这说明君子以行道为志，天下有道则当见，不见则为不义；无道则当隐，不隐则为不义。这便是以“义”为“道”，义是道的化身。

2. “义”是得其宜且不过当的行为，又是君子的道德人格的必要条件。

曾春海教授认为由《论语》观孔子“义”概念有如下两要点：

> 一指得宜而不过当的行为，亦即有节度的合理行为，“君子于天下也，无适也，无莫也，义之与比。”（《里仁》）在面对义与利的冲突时，应采“见利思义”之原则。其二，孔子将“义”视为实现君子的德性人格之一项必要条件，“君子义以为质。”孔子并未排斥人性之好利，而是要求人应该“义然后取”（《宪问》），才不致流于“放于利而行，多怨。”（《里仁》）①

透过上述之分析，得知在论语中的“义”可汇归为行为的准则，也是道德判断的依据，它是各分殊之德，所以为德的内在原因所在。由此可知“义”是德之所以为德的原理，它不仅是德行之一，亦是君子义以为质的内在基础。

（二）孟子的正义观

孟子对于正义的追求，是透过义与利的对照辨析，相较于孔子更为严格与强调，包括正义的个人道德素养；整体社会生活的正义追求与规范，尤其强调正义的政治目标及其附属的次要目标。其主要的诉求与意向系不满于统治者违背应有的分际，聚敛民财，滥用民力，以致剥削了人民合理的生存权益。换言之，孟子所主张的“义”是节制统治者过度的滥权，力求“势尊于道”的理念，以保障百姓应有的权利，以及公利如何可能的问题。孟子对正义问题特有的见解，在于点出羞恶之心是发生正义感的人性内在依据，这即是“羞恶之心，义也”的诠释与发扬。孟子的正义观重在如何有效落实之层次，进一步言，即是如何将正义化身的“王道”有效地具体实践。

孟子对于正义的王道思想之实践有其次第与步骤。叶海烟认为王道之实践步骤有如下的脉络：

> 至于孟子的“王道”思想，则由“民本”的原理推扩而来。而所谓“王”者，期极致乃指以德一统天下者，而其所以能为王者，则端在其能爱民保民养民，孟子乃明言：“养生丧死无憾，王道之始也。”由此看来，“王道”自必落实在“王政”之上，而王道与王政之合而为一，即是“仁也者人也，合而言之，道也”。人而能行仁道，此“人”是“仁人”，此“道”是“仁道”，而此“政”亦

---

① 曾春海：《儒家的淑世哲学——治道与治术》，台北：文津出版社 1992 年版，第 21 页。

即“仁政”。对此一政治之推动必须顺道德理则发展之方向的基础的伦理观，孟子显然完全相信。[①]

1．生存权

为建立正义的社会，孟子提出一个循序渐进的步骤，首先是确立“民之为道”的第一要务：

> 民之为道也，有恒产者有恒心，无恒产者无恒心。苟无恒心，放辟邪侈，无不为己。及陷乎罪，然后从而刑之，是罔民也。(《孟子·滕文公上》)

儒家务实之处，即在于建立人民是王道正义受惠的对象，要能加惠于民，必先保障其生存权。有恒产才会有恒心，这是生存权的保障，有恒产方有生存的基本动力，也才能养父母及让其家人求得温饱，也才能避免战争凶年之伤害。继之要实践的第二步骤便是“教”，亦即是受教权的普遍实施，使之能摆脱兽性，发现人性。

2．教育权

> 设为庠序学校以教之。庠者，养也；校者，教也；序者，射也。夏曰校，殷曰序，周曰庠，学则三代共之，皆所以明人伦也。人伦明于上，小民亲于下。有王道起，必来取法，是为王者师也。(《孟子·滕文公上》)

这说明教育权的重要，人民经过教育之后方能获得人文化、社会化以及结合“成人之道”与“成德之教”，如此才能有助于提升人格的养成与提升，意即是对“正义”概念有明确而正确的把握。孟子说：

> 仁言不如仁声之入人深也，善政不如善教之得民也。善政，民畏之；善教，民爱之。善政得民财，善教得民心。(《孟子·尽心上》)

对于正义社会的形成，孟子更重视的是善教，善教才是积极目的，是终极目的，善政仅是消极作为。从正义必要实现的途径来说，善教才是稳健而长期的关注，孟子这样的关怀，正是“道之以德，齐之以礼，有耻且格”的真实写照与发挥。

---

① 叶海烟：《孟子人权观的哲学意涵》，《哲学与文化》第34卷第7期，2007年7月，第15~16页。

此段话说明儒家对理想落实的高度期待，而落实此种理想，必须仰赖教育以化育百姓，导入德治。依德治而行的政治，才是符合正义的政治。

3. 善政

孟子固然对于善教之关注十分迫切，但他很务实地理解到“善政”的必要。“善政”所指的是政治实然面的作为，也就是导向于正义之政，而“善教”则是导入于文化的理想面，是应然的规范。由个人之个体生活与经济生活的满足，经由制度面、技术面及生活世界中各种具体的实践策略，结合“以民为本”、“以人为尊”为其本质，是建构群体生活合于秩序的基础，经由此步骤的运作，这种王道的理想性与正义社会之实践或有可能实现，其关键点即是在肯定在此社会中，每个人皆有生存权、受教权、经济权与社会权等。

“王道”所显示的正义价值观念起于殷周之际，这是对正义政治的高度期待，此乃是周王室的政治动机和对政权延续的合理性与统治合法性之假设。儒家便以德治观念处理王霸之分，而在孟子身上得到进一步的阐扬，这个逻辑是建立在“天下之本在国，国之本在家，家之本在身”。(《孟子 · 离娄》) 儒家以理性的态度和道德心灵贯通个人、社会与国家三个层面，而有了哲学的突破 (philosophical breakthrough)。

(三) 荀子的正义观

荀子（前298—前238）是战国时代继孟子而起的大儒，其学养依刘向《孙卿新书 · 叙录》之记载为：“孙卿善为诗、礼、易、春秋。”可见其秉持儒家之学。荀子所面对的政治、经济与社会之变迁与失序更甚于以往。

由于王权礼制出现变化，旧式权威不再拥有令人慑服的威权，社会的失调必然加剧，作为儒者的荀子，看到政治面的动荡与混乱，经济面的中下层的贵族夺室、夺田、聚敛以富其身之作为，必有反思而拨乱反正之心，但此时从人心、人性面切入，恐已缓不济急，但该当如何重建一个富有正义价值的秩序社会便成为他思考正义问题的线索，《荀子 · 君道》给了这样的答案，从中可看出荀子的眼光确实独到：“至道大形，隆礼至法则国有常，……然后明分职，序事业，材技官能，莫不治理。”此处荀子所提出的“隆礼至法则国有常”的观念，已可看出荀子对于乱世的针贬和对治之方，因为人性之故，所以才会有“生而好利辞让亡”的说法，由是他看到一个社会若处处充满着不公平的现象，社会正义必无由实现，所以荀子提出了他的人性假设：

> 今人之性，生而有好利焉，顺是，故争夺生而辞让亡焉；生而有疾恶焉，顺是，故残贼生而忠信亡焉；生而有耳目之欲有好声色焉，顺是，故淫乱生而礼义文理亡焉。然则从人之性，顺人之情，必出于争夺，合于犯分乱理而归于暴。(《性恶》)

荀子的社会正义观是置于“以礼义运行的社会体系”中，他对于正义、平等等观念的主张与追求，也表达出他确有原创性与先知性的见解：

故先王案为之制礼义以分之。使有贵贱之等，长幼之差，知愚能不能之分，皆使人各载其事，而各得其宜。然后使悫禄多少厚薄之称，是夫群居和一之道也。故仁人在上，则农以力尽田，贾以察尽财，百工以巧尽械器，士大夫以上至于公侯，莫不以仁厚知能尽官职。夫是之谓至平。(《荣辱》)

再如：“天下之要，义为本”(《强国》)、“以义制事”(《君道》)

又如对于孟子很强调的“义利之辨”之说，荀子则主张：“义与利者，人之所两有也。……故义胜利者为治世，利克义者为乱世。”（《大略》）因此，“公道达而私门塞矣，公义明而私事息矣。”(《君道》) 尤其是他关于“人与社会阶层流动关系”上更具开明的主张，如：“论德而定次，量能而授官，皆使人载其事，而各得其宜。”再加上“无德不贵，无能不官，无功不赏，无罪不罚”（《王制》)。此即意谓着赏罚得宜，使社会报酬的正义得以实现。曾春海对荀子的正义观作出如下的评价，并称荀子之正义观为“维齐非齐”的社会正义观：

社会正义落在社会层级结构而言，合乎社会正义的一层社会层级结构应当是一套客观的理性架构。唯有如此，生活于其中的人才能建立真正的共识，且愿接受随之而有的公共规范，舒缓、平息人与人因自私自利所造成的冲突。

吾人再进一步体会《王制》的这一段话当更能领悟到正义与平等的真谛：

先王恶其乱也，故制礼义以分之，使有贫富贵贱之等，足以相兼临者，是养天下之本也。书曰：“维齐非齐。”此之谓也。

荀子将正义的概念转向社会政治与经济领域的公共生活层面，提出公道和公义的说法，他说：“公义明而私事息矣。”（《君道》）“公道通义”（《臣道》），至于“公义”、“公道”的内在依据，荀子谓：“义循理，循理故恶人之乱之也。”（《议兵》）为建立群体生活的纲纪秩序，荀子主张循理依义以建立一套礼法来厘清人际位分，节度行为规范以安定群体共同的生活。

四、对儒家正义观的反思

作为儒家政治哲学的核心价值，也是鼓励统治者朝向实现正义的价值导向，正义思想形成一种政治权威性与统治合法性的预设，也是督促统治者奉行的目标。而儒家在政治现实面，亦以“君之师”之姿态出现，但是对于正义的实践，是否符合了儒家的原先预设，是吾人必当关注的议题，以反思针贬这样的“理想国”有无可能实现。

（一）传统政治权威合法性转化成为现代理性与道德精神的挑战

中国哲学的发展中，政治哲学中的权威合法性是历朝各代所关注的重点，如下所述：

> 中国哲学的特性在求现实人生的安顿，政治是人类生活相当重要的一面，中国哲人对这一面自然多所用心。他们所提出的最高人生理想是内圣外王，修养的德目不仅包含修身、齐家等私德，更揭橥治国、平天下的究竟目标。“圣王”因此成了人伦的极致。①

儒家对天命的理性反思产生了意义的转换，以“道”取代统治的“势”，至此王道的原始意义进入理性的转换，正义的理念从最古老的天、君德与人民三者，转向君德与保民，天命的标准是统治者之德行是否能行仁政，而德行的基本内涵即在于爱民、保民，透过道德约束君王，只要君王能爱民、保民，便能获得享有天命，维持其统治，其统治的合法性即获得保障，此种合法性的观点，蕴含了“理性精神与道德精神”，亦具体体现在“其身正，不令而行；其身不正，虽令不从”（《论语·子路》）。“苟正其身矣，于从政乎何有？不能正其身，如正人何？”（《论语·子路》）鲁哀公为政治权威的丧失、政令不能行而感到苦恼，他问孔子：“何为则民服？”孔子的回答是：“举直措诸枉，则民服；举枉措诸直，则民不服。”（《论语·为政》）这说明了正义的道德是使人心服的最终根据。儒家从孔子开始，经孟子的仁政思想、民心向背是天命的表征，确立了君王以本身德行达成养民、教民的目标，以这样的正义观建立统治的合法性，儒家认为是最有效，所建立的统治也是最为稳固的形态。

如果理性被认可为近代以来追求现代化的指标之一，我们自不能背离此一原则，吾人观察儒家哲学亦具有浓厚的理性精神，从孔、孟、荀三子的思想中亦充分展现。

---

① 张端穗：《天与人归——中国思想中政治权威合法性的观念》，收录于黄俊杰主编：《中国文化新论思想篇——理想与现实》，台北：联经出版公司 1982 年版，第 99 ~ 100 页。

因此，在迈向现代化的过程中，理性精神与道德精神自不能予以忽视，不仅要保存此种哲学智慧，更要发挥其影响力，是此一转化过程中不能偏废的课题。

（二）儒家重视人的内在关系性，但更应重视外在客观制度的建构

中国文化肯定人和自然之间、人和人之间、人和天之间有内在的关系，能够彼此相互感通，因此人间才能有仁爱，社会、宇宙才不致分崩离析，而能具有内在的统一性。此种内在的统一性，又缘自于对人格可完美性的追求。反观西方自近代科学发展以来，皆认为关系是外在的，可以透过理性的结构予以机械性地控制。而透过知识方法所证明的种种理性的结构，便是用来管理这种外在的关系，为此，西方文化重视科技的规则性和效率性，以及社会制度的客观性和合理性。目的是为了达成控制个体与个体之间的外在关系。在西方科学观和社会观之中，自然界的、社会的组成及结构，皆缘自于外在关系而形成。

现代化过程中，西方科技已经产生许多违背人性、破坏自然生态的弊端：法治制度程序化、官僚化，缺乏人性的彼此感通；宗教形式化，失去内在虔诚而虚有其表。在这种情况下，中国文化若能发挥其内在感通之优点，加强传统稳而不彰的正义关怀，辅之以建构外在制度面、客观性的科技与法制，必能内外相合，平衡发展，亦可赋予儒家思想义理的统整以及匡补阙遗注入新的活水。

（三）公平与正义的有机联结，超越个人道德意识与内倾文化之局限

由个人正义到群体正义是儒家所欲展开出来的视野与格局，这也是重德文化的儒家之特色，即如劳思光先生评析儒家价值与现代文化的意义时，他认为儒学的根本要求是：

> 作为一个观念讲，它的内容是：承认超利害的价值规范；作为一种风气讲，它的内容是：鼓励人们对价值共同规范之遵守，即对利害之轻视。这种观念与这种风气，是儒学的根本要求，也是对治现代文化病态的主药。①

儒家由重德文化出发，要求人的道德生活植基于道德意识，而道德意识之产生，系来自于以自觉心为根源，而非诉诸于外在的权威或存在为其根源。孔子对人的普遍性要求是“为仁由己”，孟子的“四端”、“尽其心者知其性，知其性者知天”是一种以自觉心走入内向的超越，和西方外在的超越成为鲜明的对比。

但是，从对比的角度而言，却也让我们发现奠基于“人权化上帝”的西方文化，是树立了“上帝面前人人平等”的终极价值，纵使基督宗教曾经腐败而改变，但追求

① 劳思光：《文化问题论集新编》，香港：中文大学出版社 2000 年版，第 182 页。

平等价值的基督教精神仍然存在，并且影响深远。受外在的超越文化影响之故，使得公平与正义产生有意义的联结，无人可在上帝面前取得令牌，“上帝之法”的观念，使得法律（具有公平与正义的客观社会规范）得到一个超然的地位，法律之前人人平等响彻云霄。法律建立了它的神圣性，一种客观存在的价值有善发的建立，可以提供借鉴与反思的是，儒家把人当作目的而非手段，道德意识的自觉心灵，凸显了对每一个主体的尊重与尊敬，“人人皆可以为尧舜”已具有平等的意识，这些儒家的价值是基础，也是向外拓展现代法制结构的精神凭借，问题即在于如何通过现代的法律（公平与正义）之熏染与规约，而转化成为客观的存在，并有其尊严与地位。若不选择外在的宗教途径，显然就必须扩充个人道德意识而成为社会道德意识，纳入建构客观存在的思考。

五、结 语

先秦儒家的正义观侧重于公私、利义、理欲之辨，有助于发现在人际脉动中，个人的动机、意向是否有正义概念，构成了儒家“君子”必要之德。孟子的耻恶之心有利于引发人内在的正义感。荀子的规制之礼开展了分配的正义感。然而，这一切似由政治的上层阶层操控主导权，忽视了一般人民在理性和意志上的自尊和行使权。因此，一般人民既无法参与实现社会、政治、经济正义之制度规划，亦无从表达要求其正义的理念和实践方式，则诸般社会、政治、经济资源所涉及的分配正义在统治阶层垄断与忽视之下，正义如何落实国计民生和形成伦常典范，即成为一个令人不能不面对的课题。

参考文献

[1] 林义正:《孔子学说探微》，台北：东大图书公司 1987 年版。
[2] 威尔·金里卡（Will Kymlicka）著，刘莘译:《当代政治哲学道论》，台北：联经出版公司 2003 年版。
[3] 徐复观:《儒家政治思想与民主自由人权》，台北：时报文化出版公司 1984 年版。
[4] 陈大齐:《孔子学说》，台北：台湾商务印书馆 1978 年版。
[5] 许倬云:《西周史》，台北：联经出版公司 1984 年版。
[6] 曾春海:《儒家哲学论集》，台北：文津出版社 1989 年版。
[7] 曾春海:《儒家的淑世哲学——治道与治术》，台北：文津出版社 1992 年版。
[8] 劳思光:《中国文化要义新编》，香港：中文大学出版社 2002 年版。
[9] 劳思光:《文化问题论集新编》，香港：中文大学出版社 2000 年版。
[10] 张端穗:《天与人归——中国思想中政治权威合法性的观念》，收录于黄俊杰主编:《中国文化新论思想篇——理想与现实》，台北：联经出版公司 1982 年版。
[11] 叶海烟:《孟子人权观的哲学意涵》，《哲学与文化》第 34 卷第 7 期，2007 年 7 月。
[12] 邬昆如:《西洋哲学史》，台北：正中书局。
[13] 熊十力:《原儒》，台北：明伦出版社 1971 年版。
[14] 罗尔斯:《正义论》，何怀宏、何包刚、廖申白合译，中国社会科学出版社 1988 年版。

●中华元典与现代文明

《论语·学而》首章与曾子“三省”

曲阜师范大学儒学研究中心教授 陈 东

一

《论语》二十篇第一篇为《学而》篇。《学而》篇十六章，首章即：“子曰：学而时习之，不亦说乎？有朋自远方来，不亦乐乎？人不知而不愠，不亦君子乎？”三句话。此为《论语》开篇第一章，自然分量非同一般。历代《论语》注释者解释甚多，分歧也不小。三句看似非常简单的话，其实至今还没有确切的解答。

总结历代有关《学而》首章的分歧，大致可以归纳为三种不同的意见。经学家传统注释的分歧主要集中在对“人不知而不愠”的理解上，已然分为两派，如皇侃(488—545)《论语义疏》所言：

> 此有二释。一云：古之学者为己，含章内映，他人不见知而我不怒也。一云：君子易事，不求备于一人。故为教诲之道，若人有钝根不能知解者，君子恕之而不愠怒也。

第一种解释为“我不为他人所知而不愠”。这一解释为朱熹《论语集注》所采纳，成为宋以后主流见解，一直延续到今日。第二种解释为“他人有所不知，我则诲之不倦”。最早持此见解的为东晋学者李充。清代学者毛奇龄（1623—1716）《四书賸言》发挥此说：

> 《论语》“人不知而不愠”，孔疏原有二义：一是不知学，一是不知我。今人但知后说，似于本章言学之意反未亲切。何叔平云：“凡人有所不知，君子不怒。”其云“有所不知”者，言学有所不解也。“君子不怒”者，犹言“君子易事不求备“也。盖独学、共学、教人以学，皆学中事。

焦循（1763—1820）《论语补疏》予以附和。这种解释在现代还有一定的市场。①

第三种解释认为全章重点主要集中在“学”字上，而此处的“学”当作“学说”解。“学而时习之”解释为“学说为时代所采用”。“人不知而不愠”解释为“其学说不为世人所认知而不愠”。此说李启谦先生（1932—1997）率先倡导②，得到了杨朝明等学者的大力推介。③

上述三种解释各有得失，结论虽不尽一致，但论证方法大致相同。都是从字词训诂入手，然后解释各个句子，然后再将全章关联起来。其着重点倾注在如“学”、“时”、“习”、“朋”、“人”等字词的训释上。在字意解释的基础上，然后再引“诲人不倦”或“不患人之不己知”等类似语句解释各分句的意思，最后再贯串起来。这种传统的训诂方法有其优点，即字词解释比较充分。也有其弱点，就是容易以偏概全，以点盖面，以个别词语的解释阻碍全章文意的理解。所谓只见树木，不见森林。

二

本文反其道而行之。在确认《学而》首章的整体与连贯性的基础上，放弃对《论语·学而》首章个别字词等枝叶问题的纠缠，确定本章三个句子的三个关键词语，分别为“学”、“朋”与“人”。以这三个相互关联的关键词，查找早期文献资料中三点皆备的有关章节。采用校勘学“本校”与“他校”的方法，排列对比有关类似章节，从而总结出每个分句的大意。再根据分句大意，最后再确定关键词语的具体含义。

查找的结果，发现早期文献中与《学而》首章类似的章节并不少见。我们首先发现同样是《学而》篇的曾子“三省”章与首章非常相似。《论语·学而》篇第四章：

> 曾子曰：吾日三省乎吾身，为人谋而不忠乎？与朋友交而不信乎？传不习乎？

“传不习乎”里面有“习”字，显然与“学”有关。“与朋友交而不信乎”里面有“朋”。“为人谋而不忠乎”句中也提到了“人”。三个关键词顺序虽然不一样，但所指内容应该是一样的。再往下看，同样是《论语·学而》篇第七章：

> 子夏曰：贤贤易色。事父母能竭其力，事君能致其身，与朋友交，言而有信。

---

① 如萧民元就认为“这三句话是孔子自叙他‘为学’（求学、教学、论学，等等）的心境和态度”。萧民元：《论语辩惑》，中国社会科学出版社2001年版。

② 李启谦：《关于“学而时习之”章的解释及其所反映的孔子精神》，《孔子研究》1996年第4期。

③ 杨朝明：《从〈穷达以时〉看孔子的“时遇”思想——兼谈〈论语〉“学而时习之”章的理解问题》，刘大钧编：《儒学释蕴》，上海古籍出版社2007年版。

虽曰未学，吾必谓之学矣。

其中“贤贤易色”，历来没有令人满意的解释，暂且放置不理。“虽曰未学，吾必谓之学矣”，虽然没有说出具体内容，但显然是在变相解释“学”的问题。“与朋友交，言而有信”句中有“朋”。“事父母能竭其力，事君能致其身”，虽然分成了两句，所言正是曾子所谓“为人忠”的问题，亦即“人”的问题，不过是将其具体化了而已。

如上述理解不误，《论语·学而》篇就有三章内容基本一致。孔子、曾子、子夏都在分别重申“学”、“朋”与“人”相关的内容。这意味着相关内容对孔门私学非常重要。如果然如此，其他儒家典籍中肯定还会有相似的记载。

果然我们在《孔子家语》、《荀子》、《说苑》、《韩诗外传》等古籍中也找到了不少相似的章节。先看《孔子家语·子路初见》篇：

孔子兄子有孔蔑者，与宓子贱偕仕。孔子往过孔蔑，而问之曰：“自汝之仕，何得何亡?”对曰：“未有所得，而所亡者三。王事若誉，学焉得习，是学不得明也；俸禄少饘粥，不及亲戚，是以骨肉益疏也；公事多急，不得吊死问疾，是朋友之道阙也。其所亡者三，即谓此也。”孔子不悦，往过子贱，问如孔蔑。对曰：“自来仕者无所亡，其有所得者三。始诵之，今得而行之，是学益明也；俸禄所供，被及亲戚，是骨肉益亲也；虽有公事，而兼以吊死问疾，是朋友笃也。”孔子喟然，谓子贱曰：“君子哉若人。若人犹言是人者也鲁无君子者，则子贱焉取此。”

《说苑·政理》篇也有同样的记载。孔蔑所答的“所亡者三”和宓子贱所答“所得者三”答案虽然相反，但主题内容同样是“学”是否得明、“朋”友之道是否得笃、骨肉是否益亲（也就是上文子夏所谓“事父母”是否能竭其力）三点。同样是围绕“学”、“朋”、“人”三点展开的。再看《孔子家语·致思第八》：

孔子适齐，中路闻哭者之声。其音甚哀。孔子谓其仆曰：“此哭哀则哀矣，然非丧者之哀矣。”驱而前，少进，见有异人焉，拥镰带索，哭音不哀。孔子下车，追而问曰：“子何人也?”对曰：“吾丘吾子也。”曰：“子今非丧之所，奚哭之悲也?”丘吾子曰：“吾有三失，晚而自觉，悔之何及。”曰：“三失可得闻乎？愿子告吾，无隐也。”丘吾子曰：“吾少时好学，周遍天下，后还，丧吾亲，是一失也；长事齐君，君骄奢失士，臣节不遂，是二失也；吾平生厚交，而今皆离绝，是三失也。夫树欲静而风不停，子欲养而亲不待，往而不来者年也，不可再见者亲也。请从此辞。”遂投水而死。

《韩诗外传》卷九、《说苑·敬慎》篇也有类似的记载。这显然是一篇寓言性故事，但巧的是丘吾子（暗指孔丘本人）“三失”原因：“少时好学”、“平生厚交”、“长事齐君”，正是分别强调了“学”、“朋”、“人”三个基本点。《韩诗外传》卷九还记载：

> 子夏过曾子。曾子曰：“入食。”子夏曰：“不为公费乎?”曾子曰：“君子有三费，饮食不在其中；君子有三乐，钟磬琴瑟不在其中。”子夏曰：“敢问三乐?”曾子曰：“有亲可畏，有君可事，有子可遗，此一乐也。有亲可谏，有君可去，有子可怒，此二乐也。有君可喻，有友可助，此三乐也。”子夏问：“敢问三费?”曾子曰：“少而学，长而忘，此一费也。事君有功，而轻负之，此二费也，久交友而中绝之，此三费也。”

其中“三乐”涉及“亲（君）”、“友”，无“学”。其所言“三费”则是紧扣中心主题，“少而学”、“事君有功”、“久交友”是专就“学”、“人”和交“朋”发表议论。同样是《孔子家语·三恕》篇：

> 孔子曰：君子有三思，不可不察也。少而不学，长无能也。老而不教，死莫之思也。有而不施，穷莫之救也。故君子少思其长则务学，老思其死则务教，有思其穷则务施。

《荀子·法行》篇所载基本相同。阜阳汉墓出土竹简《儒家者言》，其有篇章题作“□□□君子有三务”，当是同一内容。这里的“三思”、“三务”，“少思其长则务学”明显是在讲“学”的问题；“老思其死则务教”即孟子所谓“得天下英才而育之”。郑康成注“同门曰朋，同志曰友。”这里所谓“教”自然也和“朋（友）”有关。至于“有思穷则务施”自然包括“施政”，也属于曾子所谓“为人谋”的范畴，也即与“人”有关。“务学”、“务教”、“务施”的中心内容仍然是与“学”、“朋”、“人”三点密切相关。

推论至此，我们不难联想起《论语·公冶长》篇中孔子的话：“子曰：十室之邑，必有忠、信如丘者焉，不如丘之好学也。”孔子所言“忠”、“信”、“学”，其实也指向“学”、“朋”、“人”三点。“好学”之“学”与“学而时习之”之“学”同义；“忠”，就是曾子所谓“为人谋而不忠乎”的“忠”，与“人”相关。“信”就是子夏所谓“与朋友交，言而有信”的“信”，与“朋”有关。

由此，我们可以推论《论语·述而》“子曰：默而识之，学而不厌，诲人不倦，何有于我哉?”也是说的同样的内容。“学而不厌”是“学”的问题；“诲人不倦”是“教”的问题，也就是“朋”的问题；“默而识之”其实是“默而人识之”，朱熹《论语集注》“一说‘识’，知也，不言而心解也”。也就是“人”的问题。

如此，上述所谓“三省”、“三失”、“三费”“三思”、“三务”，其实都和《论语·学而》首章内容相类，都是孔门师徒就“学”、“朋”、“人”三点的具体发挥。归纳上述内容，可以列表如下：

文献出处	学（习）	朋（友）	人（知）
《论语·学而》	学而时习之	有朋自远方来	人不知而不愠
《论语·学而》	传不习乎	与朋友交而不信乎	为人谋而不忠乎
《论语·学而》	虽曰未学，吾必谓之学矣	与朋友交，言而有信	事父母能竭其力，事君能致其身
《论语·公冶长》	不如丘之好学	信	忠
《论语·述而》	学而不厌	诲人不倦	默而识之
《孔子家语·子路初见》	学焉得习，是学不得明也	不得吊死问疾，是朋友之道阙也	不及亲戚，是以骨肉益疏也
《孔子家语·子路初见》	始诵之，今得而行之，是学益明也	兼以吊死问疾，是朋友笃也	被及亲戚，是骨肉益亲也
《孔子家语·致思》	少时好学，周遍天下	平生厚交，今皆离绝	长事齐君，君骄奢失士，臣节不遂
《韩诗外传》	少而学，长而忘	久交友而中绝之	事君有功而轻弃之
《孔子家语·三恕》	少思其长则务学	老思其死则务教	有思其穷则务施

三

通过上述类似章节的排比与对照，我们对《论语·学而》篇首章有了比较一致或相对准确的理解。可以说《论语·学而》篇："子曰：学而时习之，不亦说乎？有朋自远方来，不亦乐乎？人不知而不愠，不亦君子乎"三句话，与同篇第四章"曾子曰：吾日三省乎吾身，为人谋而不忠乎？与朋友交而不信乎？传不习乎"三句话，在顺序上虽稍有不同，内容主旨基本上是一致的。

"学而时习之"其实就是"学而不厌"，也就是"务学"、"好学"，也就是曾子所谓"传不习乎"。"传不习乎"也就是子夏所言"日知其所亡，月无忘其所能，可谓好学也已矣"（《论语·子张》）。先秦时期孔门私学的学习内容以诵习礼乐为主，也包括"周遍天下"的游历访学。孔子非常重视"好学"，强调"君子食无求饱，居无求安，敏于事而慎于言，就有道而正焉，可谓好学也矣"（《论语·学而》）。孔子甚至认为"好学"是修习各种德目的前提，所谓"好仁而不好学，其蔽也愚；好知而不好学，其蔽也荡；好信而不好学，其蔽也贼；好直而不好学，其蔽也绞；好勇而不好学，其蔽也乱；好刚而不好学，其蔽也狂"（《论语·阳货》）。

在孔门弟子那里似乎"学"的顺序要靠后一些。子夏认为实践出真知，"事父母能竭其力，事君能只其身，与朋友交，言而有信。虽曰未学，吾必谓之学矣。"如此才是真才实学。子路甚至主张"有民人焉，有社稷焉。何必读书，然后为学？"曾子认为"学"为学做人，即所谓教书育人，更重视言传身教。《说苑》卷二十记载：公明宣学于曾子，三年不读书。曾子曰：“宣，而居参之门，三年不学，何也？”公明宣曰：“安敢不学？宣见夫子居宫庭，亲在，叱吒之声未尝至于犬马，宣说之，学而未能；宣见夫子之应宾客，恭俭而不懈惰，宣说之，学而未能；宣见夫子之居朝廷，严临下而不毁伤，宣说之，学而未能。宣说此三者学而未能，宣安敢不学而居夫子之门乎？”曾子避席谢之曰：“参不及宣，其学而已。”足见孔门儒家“学”的内容和方式非常宽泛。

“有朋自远方来”，亦即“弟子弥众，至自远方，莫不授业焉”（《史记·孔子世家》）。对孔子而言即是“老则思其死，务教”，即所谓“诲人不倦”。对曾子、子夏等众弟子而言则是“君子以朋友讲习”（《周易·兑卦》），即所谓“君子以文会友，以友辅仁”（《论语·颜渊》）。

如子夏所言“与朋友交，言而有信”。同门同志之间的“信”非常重要，因此曾子每日反省“与朋友交而不信乎”。孔门私学重视同门朋友之间的“信”，既有相互之间信任之意，更有信仰相同，相互信道、传道、辅道之意，即所谓“安其学而亲其师，乐其友而信其道”（《礼记·学记》）。孟子所谓“责善，朋友之道也”。

朋友之间的主要交往是“吊死问疾”，在礼节上也有许多讲究。《礼记·奔丧》说：“哭父之党于庙，母妻之党于寝，师于庙门外，朋友于寝门外，所识于野。”《礼记·檀弓上》记载：“曾子曰：朋友之墓，有宿草而不哭焉。”当然也有像子路一样“愿车马、衣轻裘，与朋友共，蔽之而无憾”（《论语·公冶长》）的侠义之士。孔子强调“主忠、信”，将朋友之间的“信”与“忠君”的“忠”并列。子游也认为事君与交友同理，“事君数，斯辱矣。朋友数，斯疏矣”（《论语·里仁》）。子贡曾询问交友之道，孔子告之曰：“忠告而善道之，不可则止，无自辱焉。”（《论语·颜渊》）

“人不知而不愠”亦即“不患人之不己知，患其不能也”（《论语·宪问》）。其所谓的“人”与曾子所谓“为人谋而不忠乎”的“人”相同。子夏将“人”具体化为“事父母能竭其力，事君能致其身”，孔子将其界定为“出则事公卿，入则事父兄，丧事不敢不勉”（《论语·子罕》）。孔子“疾没世而名不称焉”（《论语·卫灵公》），主张“学而优则仕”，激励门徒在政治社会中有所作为。“默而识之”，自然而然而能为君主所理解和赏识，是孔家门徒最理想的出仕方式。因此，孔子说：“予欲无言。”（《论语·阳货》）孟子说：“予岂好辩哉？予不得已也。”（《孟子·滕文公下》）

同时，孔门私学又强调即使不为人君所赏识，也要保持自己独立的人格。如《大戴礼记·曾子立事》所言：“君子不绝小，不殄微也。行自微也，不微人。人知之，则愿也。人不知，苟吾自知也。”孔子的“人不知而不愠”亦即“不怨天，不尤人”（《论语·宪问》）。在孟子那里则是“人知之，亦嚣嚣。人不知，亦嚣嚣……得志，泽加于民；不得志，修身见于世。穷则独善其身，达则兼善天下”（《孟子·尽心上》）。孔子所谓“人不知而不愠，不亦君子乎”，强调的是孔门儒家出仕前的心态；曾子所谓“为人谋而不忠乎”，强调的是出仕后的处世原则。

需要说明的是，孔门私学的“为人谋”在为人谋国、谋政，强调事君以忠的同时，还有对下“务施”的成分，即孔子所谓“丧事不敢不勉”，也就是要尽心尽力为人处理好丧葬事宜。所谓“丧礼，忠之至也”（《礼记·礼器》），治丧相礼也在儒家“忠”的范围之内。正如胡适先生所指出的那样，先秦时期的“儒”其实是以“治丧相礼与教学”为主业的职业集团。[①] 孔子曾自称是供食于丧家的“丧家之犬”，《礼记》中保留有不少孔子及其弟子为人治丧相礼的记录，《墨子·节丧》甚至以“为人谋者”指代主张厚葬的儒者[②]，皆由此故。

综上所述，《论语·学而》篇“子曰：学而时习之，不亦说乎？有朋自远方来，不亦乐乎？人不知而不愠，不亦君子乎”三句话，与同篇第四章“曾子曰：吾日三省乎吾身，为人谋而不忠乎？与朋友交而不信乎？传不习乎”三句话，就“学”、“朋”、“人”三点而言，虽然前后顺序不同，所强调的重点也稍稍不同，但中心内容思想非常一致。“学”、“朋”、“人”这三点，不仅孔子时常强调，曾子、子夏、子张、宓子贱等孔门弟子也曾多次言及。因此，它不仅表达了孔子的思想态度，更是表达了孔门私学的集团意志。正如张富祥先生所指出的那样，《论语·学而》首章应该说是先秦私学（尤其是孔门私学）的纲领。[③] 如同当今高等院校以教学、科研与服务社会为高校三大职能一样，先秦时期孔门私学也以“（好）学”、“教（朋）”、“（为）人（谋）”三者为其“三务”，即三项基本职能。《论语·学而》首章及曾子“三省”等，皆是围绕这三项职能而发。“学而时习之”与“传不习乎”，都是就孔门私学的“学习”而言。“有朋自远方来”与“与朋友交而不信乎”，都是就孔门私学的“教（诲）”与“朋友”（同学、同志之间的集团团结）而言。“人不知而不愠”与“为人谋而不忠乎”，都是在关切孔门私学的社会服务功能。总之，《论语·学而》首章是先秦私学（尤其是孔门私学）的办学纲领。孔子以此劝勉诸弟子，曾子等诸弟子也时常以此警戒自己。

---

① 胡适：《胡适文集》卷五《说儒》，北京大学出版社 1998 年版。

② 《墨子·节丧》：“我意若使法其言，用其谋，厚葬久丧实可以富贫众寡，定危治乱乎，此仁也义也，孝子之事也，为人谋者不可不劝也。仁者将兴之天下，谁贾而使民誉之，终勿废也。意亦使法其言，用其谋，厚葬久丧实不可以富贫众寡，定危理乱乎，此非仁非义，非孝子之事也，为人谋者不可不沮也。”

③ 张富祥：《先秦私学的纲领——〈论语·学而〉篇首章释义及其他》，《孔子研究》2001 年第 1 期。

“颖悟”与“笃实”

——朱熹《四书章句集注》孔门系谱之建构考察

台湾政治大学中文系教授　陈逢源

一、前　言

推究孔子学术之究竟，乃是历代哲人共同思考课题，只是仁智互见，言人人殊，未必有一致的答案，宋儒另开方向，于孔门弟子论列检讨，详加推究，开展新的思考，北宋诸儒寻孔、颜乐处[①]，正是此一氛围下开展的结果。近人杨儒宾先生考其渊源，指出孔、颜乐处成为北宋诸儒关切议题，触发所在，乃是孔子四十七代孙孔宗翰任胶西太守，访求颜渊故居，浚井建亭，名公钜卿纷纷撰诗题记，“颜乐”成为诸儒关注焦点。[②] 情形一如仁宗景祐五年（1038）孔子四十五世孙孔道辅（985—1039）出知兖州，于邹县四墓山找到孟子墓，去其榛莽，建成孟庙，以孔子子孙寻出孟子之墓，在北宋诸儒间，也形成颇受关注事件。[③] 孔子后人的活动，极具象征意义，名门仕宦热切响应，事件触发讨论，讨论形成气氛，相互激荡。孔子作为圣贤核心，成为诸儒关注的焦点，此一发展，开启儒学孰得其传的讨论，孟子、荀子、扬雄、王通、韩愈五贤，成为经常列举的词汇。[④] 此后历经熙宁变法，王安石为求彰显儒学主体精神，标举孟子上承孔子，孟子遂从荀子、扬雄、王通、韩愈贤者系谱中脱颖而出。[⑤] 题称的改变，牵涉北宋儒学发展，对于朱熹形构“道统”论述，建构四书体系，如何形塑孔子、孟子

① 黄宗羲原著、全祖望补修：《宋元学案》，台北：华世出版社1987年版，卷十三“明道学案上”，第559页。

② 孔元措：《孔氏祖庭广记》，台北：台湾商务印书馆1966年版，卷九载“熙宁间，尝构亭井之北，曰‘颜乐亭’，士大夫闻之，如司马温公、二苏辈二十余人，或以诗，或以文，或以歌颂，皆揭以牌。”第98页。详见杨儒宾：《孔颜乐处与曾点情趣》，黄俊杰编：《东亚论语学——中国篇》，台北：台湾大学出版中心2009年版，第19页。

③ 参见陈逢源：《从“政治实践”到“心性体证”：朱熹注〈孟子〉的历史脉络》，《东吴中文学报》2010年11月第20期，第136～137页。

④ 依孙复：《上孔给事书》所载，孔道辅于家庙中祀有孟子、荀子、扬雄、王通、韩愈五贤之像，强调“彼五贤者，天俾夹辅于夫子者也”，《孙明复小集》（文渊阁《四书全书》册1090，台北：台湾商务印书馆1986年版《上孔给事书》，第172～173页。

⑤ 参见陈逢源：《宋儒圣贤系谱论述之分析——朱熹道统观渊源考察》，《政大中文学报》2010年6月第13期，第85～90页。

之间宗传线索，成为朱熹思考的方向，孔子、曾子、子思、孟子“道统”相传，既是四书体系化之关键，孔子之传也成为必须补强的重点，为求了解朱熹用心所在，笔者整理朱注内容，草撰《朱熹论孔门弟子——以四书章句集注征引为范围》有初步之观察[①]，而按核《大学》、《论语》、《中庸》、《孟子》“道统”建构情形，回应北宋圣贤系谱的思考，遂有进一步的分析与观察。

二、对孔门弟子的检讨

朱熹对于孔子弟子往往有过度的批评，于此细节，前人已有察觉，毛奇龄（1623—1716）撰《四书改错》列“贬抑圣门错”一门，举出四十七条，批判朱注违反客观原则[②]，《四书章句集注》成为“圣门冤狱”[③]。毛氏驳朱学，流于意气，但朱熹以“有罪推定”方式来诠释孔子弟子，毛氏观察确实相当敏锐。朱熹过度诠释的原因，来自于宋代诸儒讲论习气，但回应北宋重构孔门系谱的思考，形塑“道统”结构思维，才是值得关注的重点。汉代司马迁为孔子撰《孔子世家》，为弟子作《仲尼弟子列传》，由世家而及列传，完成儒学传续的历史描述，史迁引孔子之言，“受业身通者，七十有七人，皆异能之士也。”[④] 然王充（27—97）《论衡·问孔篇》却质疑“孔门之徒，七十子之才，胜今之儒”这个命题，强调古今智慧无异[⑤]，反对过度推崇孔门，宋人将此推之更过，考察《四书章句集注》所举孔子弟子三十一人[⑥]，除注解姓氏基本资料，说明相关事迹外，其他关乎诠释部分，确实显露批判立场，检查所及，可以分出（一）贬抑弟子的说法，（二）批评弟子的言行，（三）对于弟子仕宦的检讨，（四）对弟子质性不佳的推断，（五）未说明理由的批判等五类。《论语》当中，原本就有孔子指点弟子，改正缺失的言论；弟子之间，也有相互切磋，彼此期勉的情况，孔门之间，以道相尚，原本是极为自然之事，朱熹留意其中，延伸经旨，无可厚非。但《论语》当中也有许多申明普世价值，提供众人共同准则之处，一概视为“发其病

---

① 参见陈逢源：《朱熹论孔门弟子——以四书章句集注征引为范围》，《文与哲》2006 年 6 月第 8 期，第 279 ~ 310 页。

② 毛奇龄撰、张文彬等辑：《四书改错》（嘉庆十六年学圃重刊本）卷 20，第 1 ~ 22 页。及卷 21，第 1 ~ 18 页。

③ 毛奇龄撰、张文彬等辑：《四书改错》卷 21，第 7 ~ 8 页。

④ 司马迁撰、泷川龟太郎考证：《史记会注考证》，台北：洪氏出版社 1982 年版，卷 67《仲尼弟子列传》，第 877 页。

⑤ 王充：《论衡》，台北：世界书局新编《诸子集成》1983 年版，《问孔篇》，第 86 页。

⑥ 统计朱熹《四书章句集注》注解孔门弟子，包括：颜渊、闵子骞、冉伯牛、冉雍、冉求、子路、宰我、子贡、子游、子夏、子张、曾子、澹台灭明、宓子贱、原宪、公冶长、南宫适、曾点、颜路、高柴、漆雕开、司马耕、樊迟、有子、公西华、巫马施、申枨、琴牢、陈亢、孟懿子、孺悲等，共三十一位。不仅介绍生平，阐发经旨，对于其中学养高下，更是多所留意。

而药之”，难免有超乎诠释分际的推断，例如冉求（前522—?）“心术不明”、“逡巡畏缩”，子路（前542—前480）“行诈欺天”、“刚强，有不得其死之理”、子贡（前520—前446）“徒事高远”、“以货殖为心”、子夏（前507—?）“规模狭隘”、“病常在近小”、子张（前503—?）“少诚实”、“不务实”、“无诚心爱民”、“外有馀而内不足”、“过高而未仁”、司马耕“多言而躁”、樊迟“粗鄙近利”、“志则陋矣”等，迥异于汉、唐之时，孔子、弟子儒门一体的概念，批判性字眼，形成孔子弟子品行不佳的刻板印象。对孔子弟子言行品德检讨，乃是出于孔子与弟子应有高下之分的区隔，以及弟子之间相互比较的结果，但以批判取代说明，并不符合客观原则，比较而言，《论语·学而篇》“子夏曰：贤贤易色”章，朱熹引吴氏曰：“其流之弊，将或至于废学。必若上章夫子之言，然后为无弊也。”[①] 分别之意，十分清楚，彰显孔子学术崇高，原是诠释者努力的方向，也是注家本分，朱熹于此多所着力，十分可贵，但如果勉力于弟子言论中，寻求不及孔子的地方，细节之处，无法平情检讨，尤其针对孔子指道弟子的内容，皆为弟子的缺失，《论语·阳货篇》“六言六蔽”章，朱熹引范氏曰：“曰勇、曰刚、曰信、曰直，又皆所以救其偏也”[②]，针对子路过于刚直的调整，诠释尚不失分际；但角度一偏，过执“发其病而药之”主张，以因其失而告之的方向来思考，《论语·阳货篇》“子张问仁”，孔子言“恭、宽、信、敏、惠”一章为例，朱注：“五者之目，盖因子张所不足而言耳。”[③] 五者之目，孰人可言足，孔子申明仁者宏大，出于期勉之意，原非人人可及，但朱熹注解，却让人以为子张质性不佳，以《韩非子·显学篇》“儒分为八”，子张位居其首[④]，传续儒学，未可言其无功，但于朱熹诠释当中，贬抑为多。朱熹回应宋人儒学重构问题，遂使孔子弟子学行成为检讨的重点。于是孔子弟子，子路勇而无礼，宰我昏惰，子张不务实，樊迟志陋粗鄙，成为特殊的诠释样态，孔子仁德为圣，群弟子却是仁德有缺，儒学传衍有一个空缺性的发展。或许出于“因材施教”的过度推衍，但朱熹对于孔子之后的儒学发展有一个全新的思考，才是值得注意之处。

三、形塑孔门颜渊、曾子地位

朱熹过执“因材施教”所形成的“药病”观点外，朱熹诠释孔子弟子，还有一个

---

① 朱熹：《论语集注》卷一《学而篇》，《四书章句集注》，台北：长安出版社1991年版，第50页。

② 朱熹：《论语集注》卷九《阳货篇》，《四书章句集注》，第178页。

③ 朱熹：《论语集注》卷九《阳货篇》，《四书章句集注》，第177页。

④ 王先慎：《韩非子集解》，台北：世界书局新编《诸子集成》本，1983年版，卷19《显学篇》，第351页。

十分特殊之处，有关颜渊（前521—前481）的评论不仅分量最丰，诠释面相亦最广，明显突出于孔门弟子之上，除生平事例的说解外，归纳相关讨论，有（一）彰显孔子的指引，（二）与孔子德行比较，（三）与其他弟子相比，（四）对于德性的称扬，（五）对于修养工夫的表彰等五类。颜渊之德，出于孔子本身的称扬，以及孔门同侪的推崇，孔子与颜渊，情谊既深；孔门之中，求道之笃，皆可见于《论语》当中，《先进篇》有四章“颜渊死”的记录，子曰：“噫！天丧予！天丧予！”① 呼天之痛，哀恸之深，不仅感动门人②，也激励后世学者，颜渊于孔门中的地位，自无可疑。③ 孔子之时，颜渊在孔门之中地位已经确定，宋儒对此颇为关注④，阐发孔子指引，借此申明师生情谊，以及孔门以道相尚的精神，传授之间，既是学问相投，更是生命的相互契合，孔子与颜渊学行相比，颜渊“好学不倦，合仁与智，具体圣人”⑤，与孔子是“未达一间者”⑥，与门人相较，则是“群弟子所不及也”⑦。宋儒甚至推断“夫子不幸而遇难，回必捐生以赴之矣”⑧，虽是假设，却表现宋人对颜渊的信心，以及师生情谊的重视。此一立场，落实于诠释当中，凡是孔子对颜渊的指引，朱熹一反“药病”观点，极力阐扬，以问政为例，对于冉求、子路，是不假辞色，多所批评；对于子张更是言其“未仁”，然而颜渊问“为邦”，朱注：“颜子王佐之才，故问治天下之道。曰为邦者，谦辞。”⑨ 颜渊既无事功，朱熹甚至以比喻方式，云：“故使禹稷居颜子之地，则亦能乐颜子之乐；使颜子居禹稷之任，亦能忧禹稷之忧也。”⑩ 颜渊未能行道于天下，却反而留下许多的想象空间，“王佐之才”的评价，更可见对于颜渊的偏爱。相同情形，以弟子们问仁，颜渊问仁，朱熹认为孔子所授是“心法切要之言”⑪；仲弓问仁，朱熹认为“主敬行恕，坤道也”，“颜、冉之学，其高下浅深，于此可见”⑫；司马牛问仁，朱

---

① 朱熹：《论语集注》卷六《先进篇》，《四书章句集注》，第125页。

② 朱熹：《论语集注》卷六《先进篇》“颜渊死，子哭之恸。从者曰：‘子恸矣。’曰：‘有恸乎？非夫人之为恸而谁为！’”《四书章句集注》，第125页。

③ 朱熹：《孟子集注》卷三〈公孙丑上〉载“昔者窃闻之：子夏、子游、子张皆有圣人之一体，冉牛、闵子、颜渊则具体而微。”同注11，第233~234页。郭象注、郭庆藩集释《庄子集释》，台北：世界书局1983年4月版，《人间世》载孔子传颜渊“心斋”，第67~68页。庄子援取孔子与颜渊的应对情境，乃是有取儒家传道事例，对等比喻，可见孔子传道颜渊，已是诸子共有之认识。

④ 杨儒宾：《孔颜乐处与曾点情趣》，黄俊杰编《东亚论语学（中国篇）》，第5页。

⑤ 朱熹：《孟子集注》卷十四《尽心下》，《四书章句集注》，第370页。

⑥ 朱熹：《论语集注》卷五《子罕篇》，《四书章句集注》，第112页。

⑦ 朱熹：《论语集注》卷五《子罕篇》，《四书章句集注》，第114页。

⑧ 朱熹：《论语集注》卷六《先进篇》，《四书章句集注》，第128页。

⑨ 朱熹：《论语集注》卷八《卫灵公篇》，《四书章句集注》，第163页。

⑩ 朱熹：《孟子集注》卷八《离娄下》，《四书章句集注》，第299页。

⑪ 朱熹：《论语集注》卷六《颜渊篇》，《四书章句集注》，第132页。

⑫ 朱熹：《论语集注》卷六《颜渊篇》，《四书章句集注》，第133页。

熹认为“以彼之躁，必不能深思以去其病，而终无自以入德矣”[①]，偏颇更甚矣。“雍也仁而不佞”一章，朱熹更是以颜渊作为标准，云：“如颜子亚圣，犹不能无违于三月之后；况仲弓虽贤，未及颜子，圣人固不得而轻许之也。”[②] 有关仁德厘清，孔子施以指引，相同施教情境，朱熹却认为彼此高下有别，特意彰显颜渊得孔子所传，《论语·颜渊篇》“克己复礼为仁”一章，引录程子“视、听、言、动”四箴，更视此章问答是颜渊得闻的心法之言。[③]

然而颜渊短命而死，事功未显，学行之间，有赖诸多想象与补充，所谓“深潜纯粹”[④]、“明睿所照，即始而见终”[⑤]、“惟知义理之无穷，不见物我之有间”[⑥]、“王佐之才”[⑦] 等，才学德行深厚，甚至直言“如颜子地位，岂有不善?”[⑧] 宋儒对于颜渊的褒扬与重视，成为朱熹思考基础。但孔子学术之究竟，有赖弟子高下的分判，才能确定所传线索，因此对于孔门弟子学行进行梳理，建立“颖悟”与“笃实”两系的观察，云“盖孔门自颜子以下，颖悟莫若子贡；自曾子以下，笃实无若子夏”[⑨]。朱熹并且据以说明《子张篇》多记子夏、子贡之言，正是反映孔门弟子分别发展情形。孔门分系问题，关乎先秦儒学脉络的厘清，并非本文所能深究，不过以诠释而言，朱熹推断并非出于臆测，《论语·卫灵公篇》“赐也，女以予为多学而识之者与”章，朱熹引尹氏，云：“孔子之于曾子，不待其问而直告之以此，曾子复深论之曰‘唯’。若子贡则先发其疑而后告之，而子贡终亦不能如曾子之唯也。二子所学之浅深，于此可见。”[⑩] 同样言及“一以贯之”，宋儒留心对话情境的差异，《里仁篇》孔子对于曾子是直接陈述旨趣，曾子不仅心领神会，更据以回答门人“忠恕而已矣”[⑪]；相较之下，子贡似乎未达一间，两则关乎孔子一生学术宗旨，但对于曾子与子贡，说明方式并不相同，两人反应也有差异，其中细节，千载之下，已难考究，宋儒却据以分出两人学术高下，子贡作为孔子重要学生[⑫]，司马迁《史记·仲尼弟子列传》载“存鲁乱齐，破吴强晋

---

① 朱熹：《论语集注》卷六《颜渊篇》，《四书章句集注》，第133页。
② 朱熹：《论语集注》卷三《公冶长篇》，《四书章句集注》，第76页。
③ 朱熹：《论语集注》卷六《颜渊篇》，《四书章句集注》，第132~133页。
④ 朱熹：《论语集注》卷一《为政篇》，《四书章句集注》，第56页。
⑤ 朱熹：《论语集注》卷三《公冶长篇》，《四书章句集注》，第77页。
⑥ 朱熹：《论语集注》卷四《泰伯篇》，《四书章句集注》，第104页。
⑦ 朱熹：《论语集注》卷八《卫灵公篇》，《四书章句集注》，第163页。
⑧ 朱熹：《论语集注》卷三《雍也篇》，《四书章句集注》，第84页。
⑨ 朱熹：《论语集注》卷十《子张篇》，《四书章句集注》，第188页。
⑩ 朱熹：《论语集注》卷十五《卫灵公篇》，《四书章句集注》，第161~162页。
⑪ 朱熹：《论语集注》卷二《里仁篇》，《四书章句集注》，第72~73页。
⑫ 参见陈逢源：《瑚琏之器的子贡》，收入赵中伟等合撰：《孔子弟子言行传（下）》，台北：万卷楼图书公司2010年版，第1~25页。

而霸越。子贡一出，使势相破，十年之中，五国各有变”[①]，以一人之力，翻转时局。《孟子·滕文公上》载孔子没，门人守三年丧后，子贡又独守三年，对于孔子孺慕之情，胜于父子[②]，让人感受深切的哀思，子贡应是孔门当中最具声势与影响力人物。不过朱熹重构孔门系谱，却贬抑子贡，建构曾子地位，成为孔门“笃实”一系重要弟子，对于曾子学术德行，多所论述，对于曾子诠释上的偏爱，至为明显，《论语·先进篇》“参也鲁”一句，实非赞美之辞，但朱熹却是多所回护，所谓“以鲁得之”、“诚笃而已”、“才鲁，故其学也确”，后文虽言为“性之偏”，但朱熹言“鲁”不仅采正面表述，甚至认为“鲁”之为诚，正是曾子得以超越其他弟子的胜出条件。[③] 不同于宋儒特意彰显颜渊学行，朱熹更加留意曾子可以得孔子之传的原因，屡屡言及“夫子知其真积力久，将有所得，是以呼而告之”[④]、“惟曾子为能达此，孔子所以告之也”[⑤]，“传”之一字，成为诠释的重点，孔子教诲弟子，原本就是期以有所得而告之，宋儒以“将有所得”、“能达此”来加强曾子得传孔子学术的印象，曾子回答门人“夫子之道，忠恕而已矣”一节，成为曾子得孔学之传的证明。朱熹甚至特别阐述曾子孝亲，认为“启予足！启予手”，对于受之父母身体的看重，固然有其一生的坚持，但言其“非有得于道，能如是乎！”[⑥] 至于“三省吾身”的工夫，朱熹直言是“为学之本”，并且引谢氏曰：“专用心于内，故传之无弊。”[⑦] 而《孟子》强调曾子学术“反身循理，所守尤得其要也”[⑧]，儒学多门，了解孔子传道的内容，似乎有了新的方向，甚至以往孔门四科之说，朱熹引程子之言，认为“曾子传道而不与焉，故知十哲世俗论也”[⑨]，宋儒扬弃“四科十哲”，正可见对曾子的重视。有趣的是朱熹引谢氏之言“观于子思、孟子可见矣。惜乎！其嘉言善行，不尽传于世”[⑩]，其中的遗憾，正是朱熹于四书之中，努力建构的地方，《论语·述而篇》“子温而厉，威而不猛，恭而安”一章，朱熹引程子之言，以为是曾子之言[⑪]；《论语·泰伯篇》“君子笃于亲，则民兴于仁；故旧不遗，则民不偷”。朱熹引吴氏曰：“君子以下，当自为一章，乃曾子之言也。”[⑫] 于《论语》

---

① 司马迁撰、泷川龟太郎考证：《史记会注考证》，台北：洪氏出版社 1982 年版，卷 67《仲尼弟子列传》，第 877 ~ 883 页。

② 朱熹：《孟子集注》卷五《滕文公上》，《四书章句集注》，台北：长安出版社 1991 年版，第 260 页。

③ 朱熹：《论语集注》卷六《先进篇》，《四书章句集注》，第 127 页。

④ 朱熹：《论语集注》卷二《里仁篇》，《四书章句集注》，第 72 页。

⑤ 朱熹：《论语集注》卷二《里仁篇》，《四书章句集注》，第 73 页。

⑥ 朱熹：《论语集注》卷四《泰伯篇》，《四书章句集注》，第 103 页。

⑦ 朱熹：《论语集注》卷一《学而篇》，《四书章句集注》，第 48 页。

⑧ 朱熹：《孟子集注》卷三《公孙丑上》，《四书章句集注》，第 230 页。

⑨ 朱熹：《论语集注》卷六《先进篇》，《四书章句集注》，第 123 页。

⑩ 朱熹：《论语集注》卷一《学而篇》，《四书章句集注》，第 48 页。

⑪ 朱熹：《论语集注》卷四《述而篇》，《四书章句集注》，第 102 页。

⑫ 朱熹：《论语集注》卷四《泰伯篇》，《四书章句集注》，第 103 页。

疑似之处，补缀线索，努力发掘曾子的“嘉言善行”，用心十分明显。朱熹甚至将《礼记·大学》一篇，分出经一、传十的架构，经是“盖孔子之言，而曾子述之”；传是“曾子之意而门人记之”[①]，经、传之分，引起后人质疑，日后学者争执不休，成为明清学术史上重要议题[②]，甚至刺激乾嘉考据学兴起。[③] 推究原因，朱熹固然有意梳理《大学》的义理脉络，但背后重要的因素是补强曾子传道线索，儒学相传，曾子成为朱熹联系孔子道统传诸子思、孟子的关键，朱熹称孔子、曾子、子思、孟子为“四子”[④]，《大学》、《论语》、《孟子》、《中庸》正是圣人传续“道统”的证明。[⑤] 朱熹建构孔门二系，颜渊与曾子两分，儒学从“笃实”而出，宋儒从孔、颜之乐的追求，进一步思索孔子传道系谱，圣人气象遂有更具体的内容，其意义并非疏解大义而已，更有儒门分系的反省与儒学有传的思考。

四、从孔门之传到道统之传

北宋诸儒义理讲论，成为朱熹诠释四书基础，《论语·先进篇》“参也鲁”章，朱熹引程子曰：“圣门学者，聪明才辩，不为不多，而卒传其道，乃质鲁之人尔。”[⑥]“颖悟”让位于“笃实”，曾子脱“颖”而出，由曾子而及子思，孔学有传，曾子乃是四书体系成立的关键，朱熹于《中庸章句序》云：“若吾夫子，则虽不得其位，而所以继往圣、开来学，其功反有贤于尧舜者。然当是时，见而知之者，惟颜氏、曾氏之传得其宗。及曾氏之再传，而复得夫子之孙子思，则去圣远而异端起矣。”[⑦] 颜氏虽及见孔子之道，却未能有传，传道重任，由颜渊而让位于曾子。朱熹一生思索四书心得，得以妙契千古以来圣贤相传线索，标示追寻圣学，学术终于有定见。自此一改汉儒尊师法家法的经学传统，开启宋学直究圣人的学术主张，“四子”指孔子、曾子、子思、

---

① 朱熹：《大学章句》，《四书章句集注》，第4页。

② 事详见李纪祥：《两宋以来大学改本之研究》，台北：台湾学生书局1988年版，附表“从朱子经传之分表”、“反对朱子经传之分表”，第331～339页。

③ 张岱年主编：《戴震全书》，黄山书社1995年版，第七册“附录”洪榜《戴先生行状》、王昶《戴东原先生墓志铭》，第4页、第30页。

④ 朱熹：《朱子文集》第五册，卷四十五“书”《答杨子直二》，第2011～2012页。“四子”之说，见于淳熙十三年（1186）虽然杨方（字子直）有所不满，朱熹自称仅是“一时偶见”，但“四子”之说，呼应“道统”之传的线索，与《大学》置于《论语》之前的观点，似乎已经形成。

⑤ 朱熹于光宗绍熙元年（1190）改知漳州，刊行《书》、《诗》、《易》、《春秋》四经，以及《大学》、《论语》、《孟子》、《中庸》四子，并撰《书临漳所刊四经后》、《书临漳所刊四子后》。朱熹：陈俊民校编《朱子文集》第八册，卷八十二《书临漳所刊四经后》、《书临漳所刊四子后》。第4069～4073页、第4078～4079页。

⑥ 朱熹：《论语集注》卷六《先进篇》，《四书章句集注》，第127页。

⑦ 朱熹：《中庸章句序》，《四书章句集注》，第14～15页。

孟子，所列书序是《大学》、《论语》、《中庸》、《孟子》，由《大学》而入《论语》，朱熹《大学章句》引程氏之言云：“《大学》，孔氏之遗书，而初学入德之门也。”[①] 确实有结构与顺序上的暗示，为求明晰，朱熹甚至以“经”领“传”来落实此一概念[②]，《朱子语类》载弟子李儒用所录读《论语》云：“孔门问答，曾子闻得底话，颜子未必与闻；颜子闻得底话，子贡未必与闻。今却合在《论语》一书，后世学者岂不幸事！”[③] 弟子质性不同，与闻不同，但同尊孔子，一方面可见孔子恢宏伟大，无所不包的气度，又可见弟子适性发展，共期于道的想望。[④] 门人对于孔子气象的揣摩与观察，成为后世儒学追寻的学术典型。

五、结 论

朱熹分析弟子学行高下，重构孔门系谱，《论语》是了解孔子言行的典籍，更是检视儒学之传的重要材料，《大学》、《论语》、《中庸》、《孟子》彼此衔接，圣贤之间，“道统”相传，饶富义理进程，朱熹表彰颜渊学行，只是颜渊早亡，“道统”之传，有待曾子承继，门人“颖悟”与“笃实”两分，《论语·公冶长篇》“盍各言尔志”一章，朱注引程子言孔子“如天地之化工，付与万物而已不劳焉，此圣人之所为也”[⑤]。弟子特质不同，孔子适性教道，一如天地长养万物，各得其所，所以才有如天地化工的成就，如何日用之间，见其伟大，本是义理诠释之困难所在，《论语·子罕篇》言“仰之弥高，钻之弥深，瞻之在前，忽焉在后”的境界[⑥]，圣人之道究竟如何言诠，朱熹由孔子门人得见儒学内涵角度已从文字之中，深入于传道情境，进而掌握孔门以道相尚的学术情怀。揣摩其中高下，究析文外之旨，遂有更大的思考空间，至于“药病”之说，缘由并非“贬抑圣门”，反而是强化孔门系谱，建构共期于道的学术氛围所产生的结果。检核朱熹《四书章句集注》中有关孔门弟子的讨论，推究“颖悟”、“笃实”两分的依据，以及儒学“道统”相传线索，可以了解朱熹建构圣贤传道线索的安排，列举观察，不敢自是，尚祈博雅君子不吝赐正。

---

① 朱熹：《大学章句》，《四书章句集注》，第3页。

② 黎靖德编：《朱子语类》，卷十九“《论语》一”，第428页。

③ 黎靖德编：《朱子语类》，卷十九“《论语》一”，第433页。

④ 参见陈逢源：《圣与凡之间——孔门弟子轶事传说》，《东华汉学》2009年6月第9期，第118~120页。

⑤ 朱熹：《论语集注》卷三《公冶长篇》，《四书章句集注》，第82~83页。

⑥ 朱熹：《论语集注》卷五《子罕篇》，《四书章句集注》，第111页。

从经学到儒学

华中师范大学历史文献学研究所教授、所长、国学院副院长　董恩林

20世纪中国近一百年的内斗外侮、文化自戕，导致了传统文化的严重断裂，造成了今天人们对传统文化的许多误解。如经学与儒学的关系，就有许多似是而非的看法。“儒学经学化”的命题即其中之一①，其实这是个伪命题，因为所谓“儒学”即儒家解经之学，本来因六经而生，离开经学便无所谓儒学，后分为儒家考据训诂一派、微言义理一派。有经学儒学化的事实，而不存说儒学经学化的问题。又如“儒家十三经”等提法也是不准确的，因为它容易使人产生十三经为儒家所有的理解，实则十三经特别是其中的“六经”乃中华民族的“圣经”、中华学术文化之源，儒家则是春秋战国诸子百家中唯一全面地忠实地恪守“六经”思想的学派，故儒家学说成为历代社会主流意识形态和中华传统文化的主体。下面，笔者就中国历史上经学与儒学的关系作些辨正，以就教于专家。

一、经学是中华民族的根本之学

“六经”饱含中华民族先祖改造世界、创造生活的思想与经验，数千年来直到清代末年，一直被人们奉为“圣经”，视作修身、齐家、治国平天下的基本准则。故围绕“六经”而产生的经学，即整理、考证、训释六经字词章句，讨论、演绎六经思想义理的学术，是中华民族的根本之学、传家之学。

《周礼·地官司徒》大司徒“教万民”以六德（知、仁、圣、义、忠、和）、六行（孝、友、睦、姻、任、恤）、六艺（礼、乐、射、御、书、数）；“以五礼防万民之伪而教之中，以六乐防万民之情而教之和”。“保氏掌谏王恶，而养国子以道，乃教之六艺：一曰五礼，二曰六乐，三曰五射，四曰五驭，五曰六书，六曰九数；乃教之六仪：一曰祭祀之容，二曰宾客之容，三曰朝廷之容，四曰丧纪之容，五曰军旅之容，六曰车马之容。”《周礼·春官宗伯》：大司乐“以乐德教国子：中、和、祗、庸、孝、友；

① 如王鸿生：《儒学向经学转变的意蕴及超越》，《中国人民大学学报》2010年第4期。朱冠艾、陶立明《两汉儒学经学化的历史启示》，《淮南师范学院学报》2011年第6期；尹颖群《刍议儒学经学化与中国古代政治》，《文史博览》（理论）2010年7月；等等。

以乐语教国子：兴、道、讽、诵、言、语”。太师掌“教六诗：曰风，曰赋，曰比，曰兴，曰雅，曰颂”。这分别是品德教育、语言教育、诗歌教育。“大卜掌三易之法：一曰连山，二曰归藏，三曰周易，其经卦皆八，其别皆六十有四”。“簭人掌三易，以辨九簭之名：一曰连山，二曰归藏，三曰周易。”这是《易》经的来源。“大史掌建邦之六典，读礼书而协事。小史掌邦国之志，奠系世，辨昭穆。外史掌书外令，掌四方之志，掌三皇五帝之书。”这是先秦《春秋》、《史记》的源头。《礼记·王制》也详细记载了当时教育的主要内容：“司徒脩六礼以节民性，明七教以兴民德。”“顺先王《诗》、《书》、礼、乐以造士，春秋教以礼、乐，冬夏教以《诗》、《书》”。《礼记·文王世子》：“凡学，世子及学士，必时，春夏学干戈，秋冬学羽籥，皆于东序。”“秋学礼，执礼者诏之；冬读书，典书者诏之；礼在瞽宗，书在上庠。”“凡学，春官释奠于其先师，秋冬亦如之。”（郑注：“官，谓《诗》、《书》、礼、乐之官也。”）“凡三王教世子，必以礼乐，乐所以脩内也，礼所以脩外也。”可见，三代以来，中国是以《诗》、《书》、礼、乐为学术与教育核心的，尤其是“礼乐”可谓教化之本，“天下资礼乐焉”，凡教“必以礼乐”。[①] 此外，先秦经史子典籍，对《诗》、《书》、《夏书》、《周书》、《商书》的广泛而大量的引用，“诗书礼乐”并称、“诗书”并称、“礼乐”并称以及“礼乐之仪”、“礼乐之器”、“礼乐之化”、“礼乐之说”、“礼乐之道”、“礼乐之事”、“礼乐之原”、“合礼乐”、“用礼乐”、“礼乐刑政”等提法的俯拾即是，都充分说明了《诗》、《书》、礼、乐在先秦学术思想中的核心地位。应注意的是，先秦典籍中的“礼乐”除礼乐典籍之义外，多指礼乐教化、礼乐制度，但有礼乐教化、礼乐制度，必然有礼乐典籍，否则其教化、其制度就是无本之木，故先秦“礼乐”一词始终都含有礼乐经典、礼乐制度两义。因此，从后世经学角度讲，西周《诗》、《书》、《礼》、《乐》的经学性质与意义是非常明显的，不管它当时是否被称为“经”。

至于《易》、《春秋》二经。据《国语·楚语》载申叔时对楚庄王太子的教育建议说：“教之《春秋》（大事记之类典籍），而为之耸善而抑恶焉，以戒劝其心；教之《世》（《世系》之类典籍），而为之昭明德而废幽昏焉，以休惧其动；教之《诗》，而为之道广显德，以耀明其志；教之《礼》，使知上下之则；教之《乐》，以疏其秽而镇其浮；教之《令》（官府法令之类典籍），使访物官；教之《语》（语录之类典籍），使明其德而知先王之务用明德于民也；教之《故志》（史书），使知废兴者而戒惧焉；教之《训典》（《尚书》之类典籍），使知族类行比义焉。”孔子也说过：进入一个邦国，就知道其教育状况如何，“其为人也，温柔敦厚，《诗》教也；疏通知远，《书》教也；广博易良，《乐》教也；絜静精微，《易》教也；恭俭庄敬，《礼》教也；属辞比事，《春秋》教也。”[②] 申叔时是春秋初楚庄王时的贤大夫，去西周未远，早于孔子一百多

---

① 分别见《礼记·明堂位》、《礼记·文王世子》。

② 见《礼记·经解》。

年，他和孔子所说《春秋》显然都不是孔子所修《春秋》。可见，《春秋》最晚在春秋初已作为学校教材使用。《周易》虽然早已产生，并掌握在太卜之手，但它属占卜之书，易传“十翼”未出现以前，无法作为教材使用，应该是最晚进入六经系列的，这也可能是孔子“晚而喜《易》”的原因。

总之，“六经”在孔子之前即已产生，在春秋战国诸子中有广泛应用，是先秦学术与教育的根本所在。李学勤先生在谈到经学、儒学问题时，有一段话很值得我们深思。他说：首先，经的成立是非常早的，即使当时不用“经”这个词。经是什么意思啊，经者常也，常读必读的为经。从考古资料来看，《诗》、《书》、《礼》、《乐》等的成立绝不晚，把它们称为六经已经证明在先秦。有人说先秦只有五经，没有六经，《乐》不成为经，现在从马王堆帛书可以看到，《诗》、《书》、《礼》、《乐》不及百篇不算熟悉，可见乐有经。上海博物馆的楚简有《乐记》的内容，有经才有记，没有经哪有记呢?《诗》、《书》、《礼》、《乐》、《易》、《春秋》作为当时教育的基本读本一直是如此的，怎么能说没有经呢？楚简中六经的名称和次序与《庄子·天下篇》、《天运篇》记载是完全一致的。这样看来实际上“经”在当时早就存在，经和经学早就存在。[①]《左传》记载：昭公二年，韩宣子“观书于太史氏，见《易象》与《鲁春秋》，曰：周礼尽在鲁矣，吾乃今知周公之德，与周之所以王也”。李学勤先生从考古学角度认为这里的《易象》应该是论述卦象的书。[②] 当时孔子只有十二岁，可见，在孔子之前已有论述六经的学术。李先生在其《出土文献与〈周易〉研究》一文中还指出：所谓易学是从一种哲学高度，从阴阳学说分析卦象，得出哲学的认识、人生的道理，所以马王堆帛书《要》篇中孔子跟他弟子强调研习《周易》不是为占卜，而是为了其中的哲学道理，是哲学学术研究。从易象研究《周易》，研究其中的哲学道理，至少从春秋就开始了，《左传》、《国语》里很多例子已经讲得很清楚了。[③]

不仅李学勤先生如此认识，其他许多知名学者都有过类似结论。如任继愈先生指出：“《诗》、《书》、《礼》、《乐》，后世以为出于儒家，实际是西周以来数百年的文化积累。”[④] 据陈鼓应先生研究，孔子论“仁”的几个方面的内容，在孔子之前都有人讲过了。连“克己复礼”这句名言也是孔子之前的人说的。《左传·昭公十二年》载仲尼曰：“古也有《志》：‘克己复礼，仁也。’”[⑤] 蒙文通也指出：“周公是儒家的始祖。”[⑥] 故章学诚所谓“六艺非孔氏之书，乃《周官》之旧典也：《易》掌太卜，《书》

---

① 李学勤：《国学与经学的几个问题》，《湖南大学学报》2006 年第 2 期。
② 李学勤：《走出疑古时代》，辽宁大学出版社 1994 年版，第 72 页。
③ 载《齐鲁学刊》2005 年第 2 期。
④ 任继愈：《中国古代哲学发展的地区性》，《中华学术论文集》，中华书局 1981 年版，第 465 页。
⑤ 陈鼓应：《老庄新论》，上海古籍出版社 1992 年版，第 78 ~ 79 页。
⑥ 蒙文通：《经学抉原·经学导言·诸子》，世纪出版集团 2006 年版，第 35 页。

藏外史，《礼》在宗伯，《乐》隶司乐，《诗》领于太师，《春秋》存乎国史”①，是有道理的。

二、儒学生于子学而非子学

到了春秋时代，学在官府的局面被打破，私学兴起，王官之学散而为诸子百家所瓜分，各持一端。

其中，孔子“闵王道将废，乃修六经，以述唐虞三代之道”②。“乃论百家之遗记，考正其义，祖述尧舜，宪章文武，删《诗》述《书》，定《礼》理《乐》，制作《春秋》，赞明《易》道，垂训后嗣，以为法式”③，坚持夏、商、周三代以来的正统学术思想，并通过整理、研究六经和私学教育来传播、弘扬这种正统学术思想，从而形成儒家学派、儒家学说。故史称：“孔子修成康之道，述周公之训，以教七十子，使服其衣冠，修其篇籍，故儒者之学生焉。”“孔子，习周公者也。”④ 孔子自己也说：“丘治《诗》、《书》、《礼》、《乐》、《易》、《春秋》六经，自以为久矣。”⑤ 可见，孔子所开创的儒家学说实质上是儒家解经之学，是经学的社会形态，经学则是儒学的学术内核。孔子及其弟子对经学的研究、整理、阐释逐渐形成了两大方式与方向，一是训解六经字词句意，二是阐释六经思想义理，核心是内圣外王之道。前者即“儒术”、“经术”，后世所谓“汉学”由此成；后者即“师道”，后世所谓“宋学”、“理学”由此起。两者既有联系又有区别：“经术”“汉学”为宋学、理学所倡导的内圣外王之道提供经典依据；宋学、理学则将六经所含王道、仁学作为教育内容传播于社会、应用于政治。孔子之后，儒分为八，综合起来看，仍然不外上述两方面。

正因为儒学是儒家解经之学，恪守“六经”主旨，完全继承了中华民族创生以来的主体思想，故自春秋以后逐渐取代王官之学的地位，成为全社会主流意识形态，西汉以后更是独尊诸子。这首先表现在中国传统文献分类同时又是学术分类中，从刘向《七略》到《汉书·艺文志》的《六艺略》、《诸子略》、《诗赋略》、《兵书略》、《术数略》、《方技略》六分法，从《隋书·经籍志》等正史到《四库全书》的经、史、子、集四部分类法，中国历代正史《艺文志》、《经籍志》和各种公私书目文献都把儒家学说赖以为据的十三经专列为一部，为中华学术文化之首；另列“儒家”于诸子类之首，列入“儒家”类的都是孔门后学及其信徒论述儒家内圣外王理论的专著如《荀子》、

---

① 《校雠通义·原道》。

② 《汉书》卷二十八下《地理志下》。

③ 《孔子家语·本姓解》，杨朝明《孔子家语通解》本，齐鲁书社2009年版，第459页。

④ 分别见《淮南子·要略》、扬雄《法言·学行》。

⑤ 《庄子·天运》。

董仲舒《春秋繁露》、《二程全书》、《朱子语类》、《新语》、《法言》、《潜夫论》等等；即把传统经典与儒家区分开来，经学之名由此而生。换句话说，中国传世文献的分类法，自汉代以来变化不断，但无论哪一家目录，变的都是子、史、集之间的分合，经部区别于、高于子部的地位始终都是不变的。同时，历代正史《儒林传》，从《史记》到《隋书·经籍志》所列人物全是经学大家，从《旧唐书·经籍志》到《清史稿·艺文志》所列人物绝大多数为经学家。其中，《元史》明确指出："前代史传，皆以儒学之士，分而为二：以经艺专门者为儒林，以文章名家者为文苑。"所谓"经艺专门"即指经学专家。《宋史》则分《儒林传》、《道学传》，前者专列经学家，后者专列理学大家周、张、程、朱等。同时，自汉代起，凡史称"好儒学"、"明儒学"、"尚儒学"、"以儒学称"、"以儒学名"、"儒学起家"者，绝大多数是指精通经学。如《后汉书》卷二八下《冯豹传》："豹字仲文，年十二……长好儒学，以《诗》、《春秋》教丽山下。"又如《旧唐书》卷一一九《杨绾传》载当时科举考试情况："试日，差诸司有儒学者对问，每经问义十条，问毕对策三道。""有儒学者对问"就是请精通经学的官员担任考官面试考生经义。考《汉书》卷八十八《儒林传》载："古之儒者，博学乎《六艺》之文。《六艺》者，王教之典籍，先圣所以明天道、正人伦、致至治之成法也。及高皇帝诛项籍，引兵围鲁，鲁中诸儒尚讲诵习礼，弦歌之音不绝，岂非圣人遗化好学之国哉？于是诸儒始得修其经学，讲习大射乡饮之礼。"这些说明，其一，包括儒家圣经《论语》、《孟子》在内的十三经是中华民族思想文化的基本经典，是国家和民族意识形态的体现，与诸子不在一个文化层面上；其二，秦汉以来所谓儒学，包括六经整理注疏之学、内圣外王之道的理论阐释两个基本内涵，前者即所谓"儒术"，后者即所谓"师道"，两者既有联系又有区别；其三，由于儒学处于中国思想文化体系之首，故"儒家"虽列于诸子，其学说却不能视为一家一派之学。实际上，《清史稿》卷四百八十《儒林传》"叙"扼要分析了这种"师道"、"儒术"历夏、商、周迄于明末的来龙去脉和分合演进，很值得我们注意：

> 昔周公制礼，太宰九两系邦国，三曰师，四曰儒；复于司徒本俗联以师儒。师以德行教民，儒以六艺教民。分合同异，周初已然矣。数百年后，周礼在鲁，儒术为盛。孔子以王法作述，道与艺合，兼备师儒。颜、曾所传，以道兼艺；游、夏之徒，以艺兼道。定、哀之间，儒术极醇，无少差缪者此也。荀卿著论，儒术已乖。然六经传说，各有师授。秦弃儒籍，入汉复兴，虽黄老、刑名犹复淆杂。迨孝武尽黜百家，公、卿、大夫、士、吏，彬彬多文学矣。东汉以后，学徒数万，章句渐疏。高名善士，半入党流。迄乎魏、晋，儒风盖已衰矣。司马、班、范，皆以《儒林》立传，叙述经师家法，授受秩然。虽于《周礼》师教未尽克兼，然名儒大臣，匡时植教，祖述经说，文饰章疏，皆与《儒林传》相出入。是以朝秉纲常，士敦名节，拯衰销逆，多历年所，则周、鲁儒学之效也。……至隋、唐

> 《五经正义》成，而儒者鲜以专家古学相授受焉。宋初名臣，皆敦道谊，濂、洛以后，遂启紫阳，阐发心性，分析道理，孔、孟学行不明著于天下哉！《宋史》以《道学》、《儒林》分为二传，不知此即《周礼》师、儒之异，后人创分，而暗合周道也。……终明之世，学案百出，而经训家法，寂然无闻。揆之《周礼》，有师无儒，空疏甚矣。……是故两汉名教，得儒经之功；宋、明讲学，得师道之益：皆于周、孔之道，得其分合，未可偏讥而互诮也。

其次，司马迁及其父亲司马谈的思想无疑是倾向于黄老道家之学的，但他们在《史记》中仍然将孔子及其弟子之事系之以《世家》，其他诸子包括老子在内则用《列传》体例；历代正史均有“儒林传”记载经学家的生平事迹及其经学著作，其他诸子则没有这样的专传。这些表明，在历代正史中，在历代官方思想和主流意识形态中，儒家与其他诸子同样是处于不同层次和位置的。

最后，中国历代学校，从中央到地方，学校教育都以儒家经学为主，都把五经、十三经及由此而派生的《三字经》、《弟子规》等童蒙读物作为学校主要教材。《宋史》卷一五七《选举志》：“崇宁间，诸州置武学，立《考选升贡法》，仿儒学制。”可见最迟从宋代开始，已直接把学校称为“儒学”。从元代开始，更是直接将地方各级学校改称“儒学”，设各级儒学提举司，置儒学正堂、儒学教授等师职，并推广到边疆地区，在各民族地区都普遍设立了儒学。明清两代沿用不改。

正因为儒学传承了经学所包含的中华民族传统的意识形态和核心价值观，在中国历史上始终处于国家思想文化与教育的正统地位，所以它有一个“一以贯之”的道统说。从孔子、孟子开始，便十分强调这种道统，即强调自己思想理论的继承性、传统性。《大戴礼记·五帝德》：“孔子曰：‘予！禹、汤、文、武、成王、周公，可胜观也！’”《大戴礼·用兵》：“子曰：‘今之道尧、舜、禹、汤、文、武者犹依然，至今若存。’”故《礼记·中庸》说：“仲尼祖述尧舜，宪章文武，上律天时，下袭水土。”至“孟子道性善，言必称尧舜”。如《孟子·尽心下》：“孟子曰：由尧舜至于汤，五百有余岁，若禹、皋陶，则见而知之；若汤，则闻而知之。由汤至于文王，五百有余岁，若伊尹、莱朱则见而知之；若文王，则闻而知之。由文王至于孔子，五百有余岁，若太公望、散宜生，则见而知之；若孔子，则闻而知之。由孔子而来至于今，百有余岁，去圣人之世，若此其未远也；近圣人之居，若此其甚也，然而无有乎尔，则亦无有乎尔。”与孔子是一脉相承的，故后世称为“孔孟之道”。

至唐代，韩愈在《原道》中特别对这种“道”之统绪作了归纳：“夫所谓先王之教者，何也？博爱之谓仁，行而宜之之谓义，由是而之焉之谓道，足乎己无待于外之谓德。”“其文：《诗》、《书》、《易》、《春秋》；其法：礼、乐、刑、政；其民：士、农、工、贾；其位：君臣、父子、师友、宾主、昆弟、夫妇；其服：麻、丝；其居：宫、室；其食：粟米、果蔬、鱼肉。”“斯吾所谓道也，非向所谓老与佛之道也。尧以是传之舜，舜以是传之禹，禹以是传之汤，汤以是传之文、武、周公，文、武、周公传之孔子，孔子传之孟轲。轲之死，不得其传焉。”

到了宋代，二程、朱子都曾总结儒家思想的传承统绪，朱熹在《中庸章句序》里对这种道统作了细致的演绎，说：“夫尧、舜、禹，天下之大圣也。……自是以来，圣圣相承，若成汤、文、武之为君，皋陶、伊、傅、周、召之为臣，既皆以此而接夫道统之传。”朱子得意门生兼女婿黄干对此作了简明总结：“尧、舜、禹、汤、文、武、周公生，而道始行；孔子孟子生，而道始明；孔孟之道，周、程、张之继之；周、程、张子之道，文公朱先生又继之。此道统之传，历万世而可考也。”[①] 中国历代王朝都是承认这种道统的，连民国之父孙中山也曾说过：“中国有一个道统，尧、舜、禹、汤、周文王、周武王、周公、孔子相继不绝。我的思想基础，就是这个道统，我的革命，就是继承这个正统思想，来发扬光大！”[②]

儒家强调这个道统，目的就是为了说明其思想、其理论是中华民族的、国家的意识形态和核心价值观，而不是一家一派一时之学。这是有其充分的合理性、科学性和史实依据的。

总之，在中国历史上，儒学与经学是相辅相成的，是可以相互替代的两个概念，儒学虽是子学却早已取得经学的地位，与其他诸子学不可同日而语。故称“儒家”为一派尚可，称“儒学”为一派是不全面的。

---

① 黄干：《徽州朱文公祠堂记》，《黄勉斋先生文集》卷五。

② 王升：《领袖与国家》第六章。

《尚书·洪范》中与“国民幸福指数”相关的概念——五福

政治大学中文系名誉教授、国际儒学联合会副理事长　董金裕

一、前　言

每隔一段时间，新闻媒体就会报道与“国民幸福指数”相关的讯息，或者是某个国家或某个执政者，将国民幸福水准列为施政的重要目标；或者是某个学术团体对全球各国进行国民幸福感调查并作排名；或者是某位学者提出对国民幸福指数的相关研究；……林林总总，不一而足，“国民幸福指数”俨然已经成为当代的显学。

按所谓“国民幸福指数”最早是由不丹王国的前国王吉格梅·旺楚克（Jigme Singye Wangchuck）于1972年提出，他认为长久以来世人习于以“国民平均所得”或“国民生产毛额”之类的指数，来评估某一国家或地区的生活水准或经济发展阶段，但这类指数与国民主观的幸福感以及居民的生活品质，并不见得有绝对的关系。

为扭转既有的看法，旺楚克乃提出“国民幸福指数”的概念，并以“环境和资源保护”、“公平和可持续的经济发展”、“传统文化的保留”、“优良的治理制度”四项为支柱，再将之细化为“心理幸福”、“生态”、“卫生”、“教育”、“文化”、“生活标准”、“时间使用”、“社区活力”、“良好的管理状态”九大区域，每大区域又有相应的指数标准，据此而开发出七十二个幸福指标。比如“心理幸福”区域，就包括了人们祈祷的频率、冥思、自私自利、嫉妒、镇静、同情、大方、挫折及自杀念头等。每隔两年，不丹政府都会对这些指标进行评估修正，以期与实际情况保持一致。

依据最初所订定的指标，不丹的国民幸福指数高达97%，亦即有97%的人民感到幸福，一时之间成为万国列邦称羡的对象。不少国家也纷纷地依各自的国情民俗制订幸福指标，并将国民幸福水准列入官方统计。如日本即于2011年年底公布“国民幸福指数试行方案”，准备依据“经济社会状况”、“身心健康”、“家庭与社会关联性”三大方向，分11个领域及132项指数（包括工作满意度、贫困率、自杀率、育婴环境、有薪假期、国民内心的幸福感，等等）调查出来的数据，推估国民幸福总值。

对于当初旺楚克所提出不能纯以“国民平均所得”或“国民生产毛额”作为评估生活水准的依据，也应关注非物质层面的生活品质问题等，笔者深表赞同。但对于不丹政府调查其国民幸福指数竟高达97%，却深不以为然，脑海中甚至于浮出了两个成语：“夜郎自大”、“野人献曝”。夜郎之所以自大，乃是自认为自己很优秀，所以才会

妄自尊大，其实是处在一个封闭的系统内。野人之所以认为向君王献曝太阳的计策，乃是一个很了不得的计策，所以才会自以为得计，其实是处于一个无知的状态。实际上两者是密切相关的，因封闭而无知，也因无知而封闭，彼此互为因果。

果然不出笔者所料，在全球化的冲击下，不丹人民在逐渐开放之后，其生活方式与价值观已开始转变，根据2012年5月19日《联合报》头版报道，不丹总理曾公开感叹，不丹国民已逐渐背离传统价值观，重视物质享受带来的欲望上升，使国民幸福感的认知出现偏差，其国民幸福指数，根据去年的调查，已降到41%，指出："我们辟建道路把服务带进村庄，然而村民反而借此离去；有些人宁愿在城市边缘搭棚居住，形成贫民窟。"为此不丹政府正大力提倡乡村生活的认同，盼能遏止乡村人口的外移，重建昔日的净土。但依笔者的判断，大势所趋，恐怕已难以挽回。

从上举不丹所订72个幸福指标，以及日本所订132个指数，可以看出因国俗民情的不同，所谓国民幸福指数实难有其共同的标准，因此某个调查报告所作的排名，即难免受到很大的质疑，其可信度也就不甚可靠了。

本文写作的目标并不在于为"国民幸福指数"订定指标，而是认为"国民幸福指数"既然已经成为显学，而国民的幸福确实也是人类社会所应追求的目标。就儒家的思想而言，为生民谋福利为其无可旁贷之责，则在儒家的典籍应该也含有可以作为我们订定指标的成分在。经笔者考察，发现《尚书·洪范》中"五福"概念，虽然不能直接拿来作为指标，但其所蕴含的概念其实可以作为订定指标的重要参考值，故以下即先对"五福"的内涵先加说明，进而对如何落实"五福"提供浅见，显现从古典中也可发掘合乎时代需求的新义。

二、《尚书·洪范》中的"五福"及其内涵

根据《尚书·洪范》记载，周武王于平定天下以后，拜托商朝遗臣箕子，向其请教治国平天下的至理要道。箕子感其诚意，乃向武王陈述九项治理天下国家的大法则，武王接纳其说，封赐诸侯，以治国理民，使上下尊卑各有等份，天下因而复得安定太平。此九项治理天下国家的大法则，即《洪范》"九畴"：

> 初一曰五行，次二曰敬用五事，次三曰农用八政，次四曰协用五纪，次五曰建用皇极，次六曰乂用三德，次七曰明用稽疑，次八曰念用庶征，次九曰向用五福，威用六极。①

① 孔安国传，孔颖达疏：《尚书注疏》，台北：艺文印书馆影印嘉庆二十年江西南昌府学开雕本，第168页。

其第九畴为“向用五福，威用六极”，其义，孔安国传云：

言天所以向劝人用五福，所以威沮人用六极。[①]

孔颖达疏曰：

福者人之所慕，皆向望之。极者人之所恶，皆畏惧之。劝，勉也，勉之为善。沮，止也，止其为恶。[②]

蔡沈《尚书集传》曰：

五福曰向，所以劝也。六极曰威，所以惩也。[③]

孙星衍《尚书今古文注疏》曰：

《五行志》注应劭曰：“天所以向乐人用五福，所以畏惧人用六极。”案向俗字，当为飨。《汉书·谷永传》：“经曰：‘飨用五福，畏用六极。’”[④]

以上各《尚书》的重要注家所解，大抵皆认为五福是用来劝勉人为善，六极则是在使人有所畏惧以惩戒人为恶。[⑤]

“向用五福，威用六极”中，与本文相关的“五福”，其确实内涵为何？《尚书·洪范》曰：

五福，一曰寿，二曰富，三曰康宁，四曰攸好德，五曰考终命。[⑥]

---

① 孔安国传，孔颖达疏：《尚书注疏》，台北：艺文印书馆影印嘉庆二十年江西南昌府学开雕本，第168页。

② 孔安国传，孔颖达疏：《尚书注疏》，台北：艺文印书馆影印嘉庆二十年江西南昌府学开雕本，第168～169页。

③ 蔡沈：《尚书集传》，台北：世界书局1969年版，第75页。

④ 孙星衍：《尚书今古文注疏》，台北：广文书局，1975年版，卷十二洪范第十二，第118页。

⑤ 各家所释，大旨相同，惟对于“向用五福”中的“向”字，孔颖达曰：“福者人之所慕，皆向往之。”孙星衍曰：“天所以向乐人用五福。”又曰：“向俗字，当为飨。”孔颖达以“向”为向往羡慕，孙星衍则以“向”为“飨”，并以“飨乐”解之，意谓享有其乐。

⑥ 孔安国传，孔颖达疏：《尚书注疏》，台北：艺文印书馆影印嘉庆二十年江西南昌府学开雕本，第178页。

孔安国传于“一曰寿”下注曰：“百二十年。”“二曰富”下注曰：“财丰备。”“三曰康宁”下注曰：“无疾病。”“四曰攸好德”下注曰：“所好者德福之道。”“五曰考终命”下注曰：“各成其短长之命以自终，不横夭。”①

孔颖达进而解释道：

> 五福者，谓人蒙福祐有五事也。一曰寿，年得长也。二曰富，家丰财货也。三曰康宁，无疾病也。四曰攸好德，性所好者美德也。五曰考终命，成终长短之命，不横夭也。②

蔡沈《尚书集传》虽然把重点置于五福的先后次序上，但也对五者的内容有所解释，曰：

> 人有寿而后能享诸福，故寿先之。富者，有廪禄也。康宁者，无患难也。攸好德者，乐其道也。考终命者，顺受其正也。以福之急缓为先后。③

孙星衍《尚书今古文注疏》亦以为五福有其先后之序，五者之中其尤为人所欲者在先。另对五者的内容也略有说明，曰：

> 福是人之所欲，以尤欲者为先。……以下缘人意轻重为次耳。康宁，人平安也。攸好德，人皆好有德也。考终命，考，成也，终性命，谓皆生佼好以至老也。此五者，皆是善事，自天受之，故谓之福。福者，备也，备者，大顺之总名。④

以上各《尚书》的重要注家对五福的内容，所解虽然不尽相同，但大同而小异。⑤兹综合其说，并参以己意，述之如下：

“一曰寿”，指享有高寿，但所谓高寿并无定准，随时代、地区之不同而有异。笔者以为能高于当时该地区人民之平均寿命始足以称高寿。

“二曰富”，指生活富裕，但所谓富裕亦无定准，亦随时代、地区之不同而有异。

① 孔安国传，孔颖达疏：《尚书注疏》，台北：艺文印书馆影印 嘉庆二十年江西南昌府学开雕本，第178页。

② 孔安国传，孔颖达疏：《尚书注疏》，台北：艺文印书馆影印 嘉庆二十年江西南昌府学开雕本，第179页。

③ 蔡沈：《尚书集传》，台北：世界书局1969年版，第79页。

④ 孙星衍：《尚书今古文注疏》，台北：广文书局1975年版，卷十二洪范卷十二下，第14页。

⑤ 蔡沈、孙星衍皆认为五，或“以福之急缓为先后”，或“缘人意轻重为次”，排其先后的次序。但细看其所言，并未清楚说其“缓急”、“轻重”者何在？故笔者对其说未敢苟同。

笔者以为能高于当时该地区人民之平均所得始足以称富裕。

“三曰康宁”，前人以“无疾病”、“无患难”解之，嫌太消极，以“人平安”解之，庶几近之，但过于笼统。笔者以为“康”指身体健康，偏于生理层次；“宁”指心神安宁，偏于心理层次；故“康宁”者，身心健全之意，此意最耐人寻味。

“四曰攸好德”，诸家或解“攸”为“所”，或解为“皆”。“好”则诸家皆读为去声，指喜好、爱好。此句重点在道德涵养，或能推己及人，施德于人皆康之。

“五曰考终命”，考，老也；终命者，终其天年也。现代人或因天灾，如风灾、旱灾等而死于非命，或因人祸，如环境污染、食品不卫生……等而罹患恶疾，病痛缠身而死，凡此皆非考终命。古人云寿终正寝，即是考终命的适切诠释。

进而言之，诚如孙星衍所言“福者，备也”[①]。所谓五福，必须五者齐备才能称之为福。举例而言，虽享有高寿，但生活贫苦，或体弱多病、心神烦忧，或为非作歹，或死于非命，无非是一个孤苦无依、身心受创、遑遑终日的老头而已，即不属于福。又如生活富裕，但缺乏其他四者，亦不属于福。推之，任何一种福，如无其他各种福的搭配，皆不能谓之福。

如此，五福并臻，享有高寿以延续生命的长度，生活富裕以充实生命的内涵，身心健全以提升生命的品质，修德劝人以扩大生命的境界，乐享天年以享受生命的本真，则生命将会充满喜乐而有其意义。今人所谓的“国民幸福指数”，追求的目标其实并不外乎此，因此五福的概念对制订“国民幸福指数”的各项指标时，应属重要的参考项目。

三、五福的概念有待于制度落实

《尚书·洪范》“九畴”中的第五畴为“建用皇极”，经文在阐述此畴时，曾曰：

> 五皇极，皇建其有极，敛时五福，用敷锡厥庶民。[②]

意谓君王应建立法制，以聚合此五福，用以施布贵赐众多百姓。已隐约告诉我们，所谓五福乃是一种法则，或者说是一种概念。此法则或概念必经加以聚合，才能造福庶

① 见前引孙星衍《尚书今古文注疏》对五福内容的说明，孙星衍：《尚书今古文注疏》，台北：广文书局 1975 年版，卷十二洪范卷十二下，第 14 页。其说本于许慎《说文解字》：“福，备也。从示，畐声。”见许慎撰，段玉裁注《说文解字注》，台北县树林镇，汉京文化事业公司 1983 年版，第 3 页。

② 孔安国传，孔颖达疏：《尚书注疏》，台北：艺文印书馆影印嘉庆二十年江西南昌府学开雕本，第 172 页。

民，所谓聚合，即是要有具体的措施以落实法则或概念。

另据《史记·宋微子世家》的记载，周武王采纳箕子所陈述的《洪范》“九畴”后，用以理国治民而达到天下太平的地步。[①] 理国治民必有其道，亦即一定会设立某些制度，采取某些措施，以落实理念。

可惜的是周武王当年设立了哪些制度，采取了哪些措施，目前已文献难证而无从具体了解。但即使有文献可证，但时移势异，国情民俗已大不相同，也不宜加以复制，否则即有食古不化之嫌，甚至于还造成胶柱鼓瑟的困境，带来莫大的弊害。

不管如何，五福究竟只是一种概念，尽管多么美好而被人向往羡慕，如果没有配套的制度使其落实，到头来无非是画饼充饥或望梅止渴而已，对于国民的幸福难有确实的助益，而只能徒托空言。因此五福的概念最重要的是，制订相关的制度，使其能具体实施，如此才能真正地增进国民的幸福。以下即就笔者思虑所及，参考各国所已实施者，各举若干具体做法以说明之。

就“一曰寿”而言，要使国民享有高寿，治本之道在注重卫生，从个人卫生到公共卫生，都要透过教育宣道其重要性。并提供适切的保健之道，使每个人以致整体的生活环境都合乎卫生的要求。可是由于种种不同的原因，个人难免生病，或者社会发生传染病，则在治标方面，相关的医疗水准平时固然也需要提升，到了有急需的时候，更能发动其有效功能，对有待医治者提供必要的治疗。前者如建立卫生观念，后者如建立医疗保险制度等皆属之。总之，包括事前的保健之道，以及必要的医疗补救之方，都是应兼筹并顾，以保障国民的健康。健康有了保障，国民的寿命自然就可以提高了。

就“二曰富”而言，要使国民生活富裕，首先必须通过教育，充实国民的知识水准与技术能力，以便投入职场后能研发出高价值的产品，或制造出高品质的成品，争取较大的利润。其次政府要从事各项建设，营造有利的投资环境，促使大家乐于投入资金，兴办各种企业，大量增加工作机会，使国民能充分就业。此外，还要建立廉能的政治，不至于让贪污腐败侵蚀经济的成果。国民有足够的知识与技术，自然能够赚取较高的所得。国民充分就业，既可善用人力资源，又能增加产能，自然能够创造出较高的利润。政治清明，官员廉洁，不会掠夺人民所得。如此兴利与防弊双管齐下，国民的生活自然可以充足富饶了。

---

① 司马迁《史记·宋微子世家》曰：“皇极，皇建其有极，敛时五福，用傅锡其庶民，维时其庶民于女极，锡女保极。凡厥庶民，毋有淫朋，人毋有比德，维皇作极。凡厥庶民，有猷有为有守，女则念之。不协于极，不离于咎，皇则受之。而安而色，曰予所好德，女则锡之福。时人斯其维皇之极。毋侮寡而畏高明。人之有能有为，使羞其行，而国其昌。凡厥正人，既富方谷。女不能使有好于而家，时人斯其辜。于其毋好，女虽锡之福，其作女用咎。毋偏毋颇，遵王之义。毋有作好，遵王之道。毋有作恶，遵王之路。毋偏毋党，王道荡荡。毋党毋偏，王道平平。毋反毋侧，王道正直。会其有极，归其有极。曰王极之傅言，是夷是训，于帝其顺。凡厥庶民，极之傅言，是顺是行，以近天子之光。曰天子作民父母，以为天下王。”台北：鼎文书局 1981 年版，卷三十八，第 1613 ~ 1614 页。

就“三曰康宁”而言，前已述之，“康”指身体健康，偏于生理层次，“宁”指心神安宁，偏于心理层次，但身心本为一体，身体健康有助于心理健全，心理健全又可促进身体健康，彼此互为因果。就身体健康方面来说，培养运动风气，普遍设置运动场馆，经常举办运动竞赛等，皆属政府及民间皆应努力推动的事情。就心理健全方面来说，培养艺文欣赏能力，普遍设置艺文活动场馆，经常举办艺文展览或表演，以至于有裨改善社会风气的各种宗教、民俗活动等，都属于应该鼓励的措施。总之，凡有益于身心健全的各种举措皆宜多方进行，让国民能针对兴趣或嗜好所近有所选择取舍。

就“四曰攸好德”而言，在教育上，知识与技能固然重要，但道德修养更属我们最应该追求者，因为有良好的道德修养，知识与技能才能发挥正面的效用，否则反而会成为济恶的资借。故教育应以道德为尚，培养国民的良好品格，形成社会的良好风气，促进整体的和谐进步。在此前提下，除了个人的私德外，更应该培养公共道德，鼓励大家发挥服务的精神，能力愈大则愈能为大众谋福兴利。举凡个人参与志愿工作，赞助公益活动，或者集结众人之力，成立公益团体，本着“己欲立而立人，己欲达而达人”的精神，对急需济助者及时施予援手，故其能渡过难关。如此社会即能充满温情，生活于其中，将可充分感受到其美妙而倍觉幸福。

就“五曰考终命”而言，人之所以会死于非命而不能享其天年，或因天灾，如台风、地震、海啸等，则事先建立预警系统，提供正确讯息，采取防范措施，以至灾害过后的修复、补助等工作，皆不能怠慢延误，期使损害程度降至最低。或因人祸，如过度开发造成土石乱流，或毒务控管不严造成环境污染，或卫生讲求不够造成食品不洁等，都该建立严格的检核标准，并确实依此标准定期检核，做好事前的防范工作。一旦发现有违标准而造成伤害者，则应严格惩罚，使其有所警惧而不敢再犯。如此标本兼顾，天灾的损害或许尚难以完全避免，但人祸的产生绝对可以控制。

以上所举，挂一漏万，而且也较偏重原则性，具体的做法，可能还需要参酌各时期、各地区的特殊性而制订其适宜的制度，才能收到真正的功效。

前已指出，五福并非各自独立，彼此息息相关，必须相互搭配而行。如因“康宁”才能“寿”，也才能“考终命”。又如“富”则可以提供充分的营养，注重养生，才能“寿”而“康宁”。又如“攸好德”因涵养好，又乐于助人，在精神上十分充足，则又有助于“康宁”而“寿”。诸如此类，则上述各有关五福的落实措施，虽仅针对某一福而言，但影响所及可以挹注于其他各福。总之，五福属于一个整体，在概念上如此，在以制度落实时也是如此。

四、结　语

“国民幸福指数”为目前世界许多国家所关注者，纷纷为其订定评估的指标，并且常以提高其指数作为施政的一大目标，成为现代的一项重大议题。

《尚书·洪范》“九畴”中的“五福”，本为劝勉人向善而设定的，为人所向往羡慕的目标。曰寿，曰富，曰康宁，曰攸好德，曰考终命，皆属有助于使生命充满喜乐，使生命具有意义的概念。为儒家经典中用以鼓舞劝诱人修德的项目，属古典中由先民智慧凝聚而成的主要命题。

“国民幸福指数”与《尚书·洪范》“九畴”中的“五福”，乍看之下，似乎毫无关系，也因此并未见有人将之相提并论。但笔者于2012年6月底，应中华孔孟学嘉南地区推广中心邀请，在“儒家伦理与国民幸福感”座谈会中，与研究儒学及经济、外文等共六位学者担任引言人。① 在事先准备发言内容时，发现彼此实有相当密切的关联，前者既然被大多数国家所重视，并努力追求达到较高的指标，以增进国民的幸福感。后者更属众所向往羡慕，而可以用来劝勉人向善者，也属于大家所努力追求的。因而不揣浅陋，将两者加以联系，试图从儒家的经典中发掘其蕴含的深意，并与现代的议题结合，以期能成为重要的参考值，为生民谋求更大的幸福。

由于是属于新开发的议题，笔者的思虑也不够周详，文中疏漏之处在所难免。但本文之写作，主要的目的乃借抛砖以引玉，希望引发大家的兴趣，共同探讨研究，以期从古典中找新义，并与当代需求相结合，故儒学的义理能历时常新，利济生民。

---

① 该次活动名称为“2012年国际儒学论坛”，于2012年6月21日、22日在台南举行，除邀请曾昭旭教授作专题演讲外，另举办两场座谈会，主题分别为“儒家伦理与振兴社会教育”、“儒家伦理与国民幸福感”，各由华梵大学校长朱建民、前台湾大学校长孙震主持，每场座谈会又各邀请来自各领域的学者担任引言人。会中发言讨论颇为热烈。会后并安排了茶道艺术、古琴文化展演，参观台湾文学馆、奇美博物馆等活动，内容相当充实。

从民国时期《左传》珍贵版本的递藏看藏书家的儒家情怀

国家图书馆研究院副研究馆员　梁葆莉

民国时期，中国社会经历巨大转型，在“民主”、“科学”的旗帜下，西方文化进入中国。铅印、石印、影印等印刷技术陆续传入中国，雕版工艺渐次消退，书籍装帧形式也由线装变为平装或精装，古籍成为传统文化的代表性存在，收藏古籍则成了民国时期颇有意味的举动。本文以儒家经典《左传》在民国时期递藏过程为切入点，考察藏书家的儒家情怀。

珍本捐献与儒家精神的延续与变化

民国的藏书家很多将书捐出去。1947 年，周叔弢收得岳刻《春秋经传集解》首册，岳刻本在他手中配成完书，于是将原来配此书的抚州本的前两卷让给故宫，故宫的抚州本遂成完书也：

> 丁亥春，余既获岳刻首册，作延津之合，遂检前得宋抚州本《左传》二卷，宋汀州本《群经音辨》二卷，送之故宫。此二书纸墨精美，宋刻上乘。《群经音辨》犹毛氏旧装，所谓宣绫包角藏经笺者宛在目前。然故宫所佚，得此即为完书。余岂忍私自珍秘，与书为仇耶！去书之日，心意惘然，因记其端委于此。弢翁。[①]

周叔弢此跋，作于 1947 年新中国成立之前，闪烁着儒家“君子成人之美”[②] 的思想光辉。

周叔弢并不是单一的儒家士大夫，在时代的浪潮里，他的举动更耐人寻味：

> 宋鹤林于氏刊《春秋经传集解》，为海内孤本，世所罕见，不仅纸墨莹洁，光彩夺人，为可贵重。丙寅岁，余始见四卷于北京瀚文斋（卷二、卷十七、卷十八、卷二十一），时初从临清徐氏散出，议价未成，卒为德化李氏所得，时时念之，不

---

① 晋杜预撰、唐陆德明释文：《春秋经传集解》，元初相台岳浚荆谿家塾刻群经本，周叔弢跋。

② 杨伯峻：《论语译注》，中华书局 1980 年版，第 129 页。

能忘。而项成袁氏所藏一卷（卷廿六），则辗转归庐江刘氏，未之见也。乙亥夏，杨君敬夫忽以残本二十三卷见示，为之惊喜过望，以重值收之。此书杨氏先德光绪辛丑年得于北京，当时已逸七卷，制椟时乃为预为之地，盖以期他日之复合也。余于是亟从李氏购所藏四卷，其值倍于杨氏。十一月，游北京，偶过文禄堂，见第十四卷影片，询知原书藏石氏，因挽文禄堂主人王晋青图之，复驰书伯兄上海，乞商刘晦之丈让所藏第廿六。丙子正月，王晋青以石氏书至，已改易旧装，而值更高于李氏，若刘氏之一卷，则秘为鸿宾，坚不肯让，数年来屡以为请，皆拒而不允。其第十卷更无从踪迹，噫！此书或将不能终完耶?！余前数年收宋岳本《春秋左氏传》，亦偶然配合，凡历三年，其第一卷则失之交臂，且闻毁于壬申上海闸北之变。今刘氏书散佚过半，剑合珠还之愿更不可期，得失聚散，固有定数，非人力所能强，第衷心耿耿，终不能不为此书深婉惜耳。壬申四月初一日弢翁记于自庄严堪（壬午误写壬申）①

周叔弢此跋，详细说明了他辛苦搜集鹤林于氏本《春秋经传集解》的过程。此书卷二十六民国时期藏于袁克文处，后辗转归刘晦之，周叔弢几年间数次请求，晦之坚决不肯转让手中的这一卷书。饶是刘晦之如此坚执，新中国成立后此卷终归上海图书馆，同样，周叔弢耗费巨大精力搜求的二十八卷，也已捐给北京图书馆，书的归路背后是人心的变化。1952 年，周叔弢时任天津市副市长，得知此卷藏在上图，在上海开会时，请求上海市长陈毅协助调拨，得到支持，此卷调拨北图。周叔弢终以自己之力，让此书的卷二十六与另二十八卷相聚在北京图书馆。孔子一生进德修业，奉行“知其不可而为之”② 的人生信条，成为后世儒家士大夫的楷模，孔子及儒家先贤所遵循的克己为公、重责任义务也就成为儒家精神的重要内容，“天无私覆，地无私载，日月无私照”③，在儒家先贤看来，天地无私，后世儒家推之于人道。程颐强调公心的价值，“君子之学，莫若廓然而大公”④，千百年来，中国士大夫秉持“克己为公、大公无私”的精神，一批勇于对社会承担责任、义务，为国家贡献个人力量的士大夫践行着儒家精神。周叔弢聚书、捐书就是儒家精神的延续。

周叔弢收藏元初相台岳氏荆溪家塾刻本的过程同样不易：

宋岳刻《左传》，自临清徐氏散出后，予于庚午、辛未之际，辛勤搜集，徐氏散出后，予于庚午、辛未之际，辛勤搜集，竟获廿九卷，仅缺首册，予前跋已详

① 晋杜预撰、唐陆德明释文：《春秋经传集解》，宋鹤林于氏家塾栖云阁刻元修本，周叔弢跋。
② 邢昺：《论语注疏》，北京大学出版社 1999 年版，第 200 页。
③ 阮元校刻：《十三经注疏 礼记正义》，中华书局 1980 年版，第 1617 页。
④ （宋）程颢、程颐撰，王鱼点校：《二程集》，中华书局 2004 年版，第 461 页。

之矣。甲申十二月廿六日北平书友陈济川函来告云：嘉定徐氏藏岳刻《左传》一卷，近在谢刚主先生处求售；予闻之，不禁惊喜过望，此正予本所逸，曩日传为毁于兵燹者，今岿然犹在人间也。因驰书刚主为我谋之。书甫发，刚主已介徐氏子于小除夕携书至津，开函展阅，意豁神怡，惟索价出人意表，留斋中五日，乃复还之。此二年中，时时谐价，与日俱增，皆不能成。丙戌十二月姊文孙静厂卒为我黄金一两易得之。珠还剑合，觖面复完，实此书之厚幸，岂仅予十余好古之愿旦得偿为可喜哉！丁亥正月弢翁志　男一良书

庚午春余从文友堂先得《春秋年表》及《名号归一图》，是年秋从藻玉堂得是书卷十二、十三、卷廿七至卅，计六卷。越岁辛未冬复从肄文堂得卷二至十一、卷十四至廿六，计廿三卷，旧装未改，居然璧合。闻卷一前十年归嘉定徐氏，因急访之北平，乃前日为一龚姓用六百圆买去，故都人海，渺不可追矣。延津之合，或有所待耶。每展卷与叹，殊不可能自已也。壬申十二月弢翁[①]

周叔弢如此辛苦集得古籍，最终捐给新生的共和国。新中国成立前夕，他向新生政权捐献孤本《经典释文》第七卷一册，此册可与故宫博物院二十三册配成完整一部，受到董必武表扬。在任天津市副市长之时，他开始酝酿捐献藏书。1951 年，向北图捐献《永乐大典》一册。1952 年，又将 700 多种珍贵精品捐献给国家，这部他耗费巨大精力的孤本《春秋经传集解》即在此列。

宋龙山书院刻本也是《春秋经传集解》的珍贵版本之一。此书雍正时由卢址家藏，民国时期被袁克文收入囊中，后来流入潘宗周手中，潘氏宝礼堂的后人亦有不俗之举。1951 年 5 月，潘宗周之子潘世兹，毫无保留地捐献了自家的藏书。元刻明修本《附释音春秋左传注疏》六十卷，此书也是《左传》珍本。明末清初，藏于毛晋汲古阁，后归铁琴铜剑楼的第一代主人瞿绍基。新中国成立后，铁琴铜剑楼第五代主人瞿启甲子炽邦（济苍）、耀邦（旭初）、熙邦（凤起）遵照先人遗志，1950 年 1 月 7 日，将其家藏宋、元、明善本书 52 种 1776 册，通过文化部文物局捐献给了北京图书馆。此后不久，又向北图捐献宋、元、明善本书 20 种，据《北京图书馆瞿捐书目》，北京图书馆当年共接受瞿氏藏书 242 种，2501 册。1950 年 1 月 11 日，中央文化部副部长郑振铎在致瞿济苍、旭初、凤起先生的公函中说："铁琴铜剑楼藏书，保存五世，历年逾百，实为海内私家藏书中最完整的宝库。先生们化私为公，将尊藏宋元明刊本及钞校本……捐献中央人民政府，受领之余，感佩莫名。此项爱护文物、信任政府之热忱，当为世人所共见而共仰。"

---

① （晋）杜预撰、（唐）陆德明释文：《春秋经传集解》，元初相台岳浚荆谿家塾刻群经本，周叔弢跋。

聚拢珍本：走出入仕的传统道路

民国时期，一些藏书家背离了儒家士大夫读书入仕的传统道路，但是，他们用自己的行为诠释着儒家的道与义。

张元济（1867—1959），光绪壬辰（1892）进士，经历戊戌变法，被革职。自此离开他寒窗苦读换来的正统体制。此后，南下赴沪，逐渐进入出版业。张元济南下主持商务印书馆期间，动用国内外50余家公私藏书影印出版《四部丛刊》、《续古逸丛书》、百衲本《二十四史》3种丛书，约610种书。他还创建涵芬楼，专门收藏古籍善本，这是我国有文字可据，最早使用“图书馆”三字，最早实行对外开放的图书馆。民国的时代成就了他，他借着民众的精神需求，走入了一个时代深层。后来，1904年，汪康年转告清廷拟请张元济出任外务部职事，但张拒绝了。1913年又辞熊希龄内阁教育总长职。他彻底将自己从传统士大夫的形象中解救出来了。

两千年的传统教育，所有的读书人似乎一直要贴着科举，粘附在国家机器上，让自己捆绑上这台庞大的机器，从古至今，谁又能真正超脱呢？仕与隐，进与退，像挥之不去的雾霾，笼罩在几千年读书人的心头。纵使身在江湖，心亦在其君。然而张元济勇敢地离开这条轨道，而且愈走愈远。当他因变法被清政府永不叙用时，摆在他面前的那条路上瞬间就堵上了。于是，他离开了京城。转身走上另一条道路，进入了民间，还好，民国的社会里有很多人已从封建王朝的机器中剥离出来了。他用自己充裕的能量，让商务印书馆成为中国现代出版的开端。

当我们谈到偏离传统时，不得不提及龙山书院版《纂图互注春秋经传集解》的收藏者袁克文。1916年，袁克文购得此书，题跋曰：

> 《纂图互注春秋经传集解》三十卷，序后有龙山书院木记，审为南宋建本，精完可宝。四明卢氏抱经楼藏书历二百余年，乙卯始为沪贾诱出。宋本精者惟开庆《四明续志》与此二书，今皆归予箧中。时丙辰九月赫人袁克文记于沪寓。[①]

看起来，袁克文对此书非常倾心，其实，袁克文对珍籍的占有欲并不强烈。袁克文曾收有宋刻本《鱼玄机集》，此书本是黄丕烈旧藏，颇为珍贵，后来袁克文急需现款时，将此书和同样辛苦收来的一箧古钱币抵押得三千圆。后来，傅增湘欲得此书，袁克文又不惜重金，赎回后让归傅增湘。收藏于它，说到底，只是一种消遣。

对于普通人来说，生活的主业不是玩乐，玩是消遣；对袁克文来说，玩却是主业，

---

① （晋）杜预撰、（唐）陆德明释文：《纂图互注春秋经传集解》，宋龙山书院刻本，袁克文跋。

玩收藏、玩鉴定、玩诗词、玩戏曲……每一项他都玩得兴致勃勃，他的生活走偏了，但偏得成绩斐然，偏得让人心服口服。仔细想来，不能不佩服他内心的力道。走偏了，如果不用力，自然了无成绩，要将生活玩成艺术，体内旁逸斜出的力量自非常人可比。袁克文颇受其父器重，他放弃了儒家治国平天下的人生道路，他的人生如一株树，一开始就旁逸斜出，侧边的枝条越来越多，反倒有了一种崎屈的韵致。

前面提到的宋鹤林于氏家塾本《春秋经传集解》，曾为山东聊城海源阁藏品。海源阁与铁琴铜剑楼双峰并峙，称“南瞿北杨”。“九一八”事变后，第四代主人杨敬夫欲投资工矿业，将92种宋元珍本，抵押天津盐业银行，也许他把这些先人的辛苦积累的书交给他人时，就已经想过日后没有财力赎回的结局，杨敬夫放弃了书香之家的人生理想，转身面对巨变的时代，在风急浪高的社会中寻找实利的机会，他也许挣扎过、动摇过，然他最终从海源阁纸墨氤氲的生活中出走了。1935年，冀察政务委员会成立，杨任此组织参议，时年三十五岁，他走上了另一条道路，用银钱兑换商业或政治利益，这是商业精神。

珍本的流失：被挑战的儒家情怀

近代中国经历了很多磨难，珍本古籍亦不能幸免，在藏与卖的抉择中，藏书家的儒家情怀亦经历着考验。

宋嘉定九年兴国军学刻本《春秋经传集解》也是重要的《左传》版本。日本静嘉堂文库现存十五卷残本，此书经毛氏汲古阁、汪士钟收藏，后被归安皕宋楼收藏。皕宋楼主人陆心源嗜书如命，在他的经营下，皕宋楼成为江南著名藏书楼之一。陆心源去世后，藏书由其子陆树藩掌管。

陆树藩对于藏书，并没有其父的热忱与兴趣，他的志向在于实业。20世纪初，中国民族工业受到冲击，陆家的瑞纶缫丝厂难逃此劫倒闭，陆树藩想售书以补亏损，1904年左右，他托人在日本放出消息，想以50万卖书。日本汉学家岛田翰从中周旋，此书最终售予日本静嘉堂文库。静嘉堂文库创建于19世纪末期日本明治维新时期，由三菱财团第二代社长岩崎弥之助及其子小弥太创立的，三菱财团以矿业、造船业和银行业为支柱，弥之助继任后，又扩大到房地产、综合商社、铁路等很多方面。明治时期，西学传入，汉文古籍被忽视，明治二十五年左右（1892），岩崎弥之助开始大力收购中日古籍。1907年，岩崎小弥太任职时，静嘉堂文库建成，并委托汉学家重野安绎博士管理，大力收购古籍。

了解陆树藩售书细节，更能让我们理解传统藏书思想受到的挑战：

他（按：张元济）知道这些书的价值，估计依靠他自己和商务印书馆的能力是无法收购的，只有依靠清廷购买。而且张认识到若不收购，很有可能被日方买去。因此于1906年春，张曾去京活动，请清廷购买。因张在戊戌政变后被革职永不叙用，无法亲自上奏，只能请学部尚书荣庆代为奏禀，但清廷却置之不理。张无法，只好自己与陆树藩商量以代商务印书馆购买。陆开价二十五万元，张仅能凑足六万元，相差甚巨，终未谈成。时值重野过沪，而斯时树藩急需还债，若不售出恐再难找到售家，最后以上述数成交。当时，当张元济知以十万元售与日，张又托人找树藩公，讲明他将急筹此款，叫树藩公勿售书给日本。但此时树藩公已与重野谈妥转让，为对外保密，未与张元济说明，反虚允张元济。及至张集款前来时，书已为日方售去。张元济对此事颇有看法，一则为大量历史文化外流而感叹，二则对陆树藩允而变卦大有意见，三则张以前拟登皕宋楼看书而被婉拒，而却允岛田数次登皕宋楼，更有看法。因而张在与他藏书界友人、文人、旧官员等通信时均详谈此情和吐露对陆树藩的不满，因而使一些人鄙薄陆树藩之人。但如知此说明，有些情况必然会为人所谅解。①

这段史料比较全面地回顾售书事件，较清楚地展现了以张元济为代表的藏书家铁肩担道义的儒家情怀，也较真实地勾勒出陆树藩在这起敏感事件中的境况。在清末民初激烈变化的时代浪潮中，陆树藩为家藏古籍，的确做了很多努力。据陆树藩的玄外孙徐桢基《藏书家陆心源》和上海图书馆藏《陆纯伯文稿》所载，陆树藩为防书楼不测，曾在湖州协助办团练。1899年，陆树藩与上海工部局商议，拟将家藏捐赠并建陆氏藏书楼，并愿意支付协建款，甚至还提交了章程。后因庚子事变爆发，时局渐变，此事未果。1902年，陆树藩上书端方，建议在沪建博物院性质的藏书楼，捐藏图书，此事因端方调任而未成。陆树藩想给这批书找到一个合适的藏所，但都没有成功。

陆氏书售出后，社会引起了轩然大波：

皕宋楼藏书售出后国内学子对此深感惋惜，相互转告，甚为大量历史文物的外流而悲哀。特别是当岛田翰联系购书事归日后，于光绪三十三年六月写就《皕宋楼藏书源流考》一书，并同时请董康译成中文，并由王仪通题诗十二首（颇多悲叹），曹广权题书名在上海发行。而岛田翰书中写有“昔遵义黎莼斋驻节我邦，与宜都杨君惺吾购求古本，一时为之都市一空。数穷必覆，陆氏之书，虽缺其四库附存本、道藏及明季野乘，不无遗憾。而予知今之所获，倍蓰于昔日所失也。然则此举也，虽曰于国有光可矣”。这一段话对以经史为本的国内学子的自尊心是极大的伤害。

由于岛田的得意忘形刺激了国内学子，而大量历史文化遗产（有的尚是国内

① 徐桢基：《潜园遗事——藏书家陆心源生平及其他》，上海三联书店1996年版，第111～112页。

孤本）的流日，对国内学子在心理上也是巨大的冲击。特别是此事是秘密进行的，因而学子知此时已成事实无法改变，特别是还有张元济为此事奔波，其他学者写文，论及私家藏书事均未能引起清廷的重视，因而国内学子及藏书界均对此事极为愤慨和震动。学界内部、舆论上，以及在小报上，不断对清廷提出批评，批评清廷的无能，在知陆氏登报愿赠书新藏书楼时未能及时收集私家藏书建京师图书馆，而在知陆氏经商失利后，未能给以重视及补救，而当知售书给日本时，又未能出资购买阻挡外流。当然在批评清廷的同时，对陆树藩也有所指责。①

在众多的声音中，交织着中国与西方、清廷与民间、书与商、学与仕等各种复杂的情绪，而传统儒家价值观与现代商业思想的冲突，导致了陆氏珍籍流失海外。

在今天台北的中央图书馆中，还有两本明刻《左传》，即《春秋经传集解三十卷》和《春秋左传不分卷》，虽未在海外，但这两本书乃是由美赴台，是一场文化苦旅。

“九一八”事变后，北平图书馆善本图书与文物一起南迁。经过天津、南京，到达上海。后上海沦陷，胡适、袁同礼等决定将其中102箱珍贵的善本书运往美国，他们与驻渝美大使、驻沪美总领事、重庆国民政府、陈立夫等交涉，未能成行。官方的途径委实不通，最终解决问题的却是一位海关外勤，钱存训夫人的同学，有一个在海关任外勤的兄长，他的职位自然不高，顾虑也少，提议将这102箱书化整为零，分成十批交商船运送。作为代美国国会图书馆购买的新书，用一个书报社的名义开发票报关。等张君值班时，便送十箱书过去，由他检查，不开启，直接签字放行，前后经过两个月，这批书于1941年12月5日全部运到上海开往美国的商船上，安全躲过了日本人的搜查。

当官方商谈未果，当高层人士多次沟通也没有结果时，出来解决问题的，却是一位小人物。当钱存训请他相助出关时，张君一口答应。官场有责任、有禄位，牵涉中美两国，更是责任重大，谁能担当得起？于是，一场外交途径解决不了的事件，在海关外勤张君的帮助下，102箱书就顺利运出上海了。在动荡的岁月里，长期奉行的传统文化规则渐渐无力应对，儒家传统文化露出了裂痕。

《左传》是重要的儒家典籍，历代多精良版本，故受藏书家重视，在诸家手中流转，见证了时代的变化，亦见证了传统藏书家儒家情怀的变迁。

---

① 徐桢基：《潜园遗事——藏书家陆心源生平及其他》，上海三联书店1996年版，第113～114页。

帛书《周易》“川”卦名当释“顺”字考

曲阜师范大学孔子文化学院教授　刘　彬

今本《周易》“坤”卦之名，马王堆帛书《周易》经传皆写为“川”字。廖名春先生认为：“‘川’（实质是巛）是最基本的‘顺’，坤卦本为巛卦，‘巛’就是顺。”① 认为“川”是“巛”的别写，而“巛”为顺，故“川”当释为“顺”，不能释为“坤”，“川”卦当释为“顺”卦。与此观点不同，绝大部分学者认为“川”当释为“坤”，如梁韦弦先生《易学考论》：“川字被用来书写卦名‘坤’当属假借。”② 张立文先生《帛书周易注释》：“川、坤可互相通假。”③ 张政烺先生《马王堆帛书周易经传校读》：“川、坤古音近通假。”④ 丁四新先生《楚竹书与汉帛书〈周易〉校注》：“‘川’读作‘坤’。”⑤ 此以“川”为别字、借字，以“坤”为本字，而释“川”为“坤”。可见，学界对帛书《周易》“川”卦之名的释读形成两种观点：第一种认为“川”卦当读为“顺”卦，不能释为今本的“坤”；第二种是以“川”、“坤”为假借关系，而读为“坤”。笔者认为，帛书《周易》作为卦名的“川”字，对其释读的分歧，绝不是细枝末节的小问题，而是易学史上的重大问题，应该在对以往研究反思的基础上，进一步进行深入扎实的考察，而得出更坚实的结论。

反思以往对帛书《周易》“川”卦名的研究，有两个特点：第一，从使用材料上，学者主要选用传世文献，以及少量出土文献。第二，一般是从文字学、训诂学的角度，进行论证后，就得出结论。这种研究方法是必须的，但也是简单的，还远远不够，因为在论证的充分性方面有其严重不足。笔者认为，为保证论证的充分性和严谨性，我们应该坚持这样两个研究原则和思路：其一，在使用论据材料方面，应主要选用石刻史料和出土文献，再辅之以传世文献。因为石刻史料和出土文献排除了后人改动的可能性，在真实性、有效性方面，是传世文献难以比拟的。因此，本文主要使用有关石刻史料和出土文献。其出土文献和石刻史料的范围，其上限追溯至战国，其下限则确定在唐末，因为对本文论证充分性而言，这已经足够了。其二，在研究方法上，在训

① 廖名春：《〈周易〉经传与易学史新论》，齐鲁书社 2001 年版，第 32 页。

② 梁韦弦：《易学考论》，黑龙江人民出版社 2005 年版，第 37 页。

③ 张立文：《帛书周易注释》，中州古籍出版社 2008 年版，第 235 页。

④ 张政烺：《马王堆帛书周易经传校读》，中华书局 2008 年版，第 80 页。

⑤ 丁四新：《楚竹书与汉帛书〈周易〉校注》，上海古籍出版社 2011 年版，第 351 页。

诂学研究的基础上，将本文个案问题放在一个较长的历史时段下，对今本《周易》“坤”卦卦名应作何字，经历了何种变化过程，从先秦至唐代进行仔细考察，得出一个宏观的结论。在此结论下，确定帛书《周易》“川”卦之名到底作何解，从而最终得出本文结论。

下面，本文就按照这样的思路，展开论证。

一、先秦至汉魏石刻史料今本《周易》“坤”卦名皆作“顺”

首先，我们考察今本《周易》“坤”卦作为卦名，在先秦至汉魏时期是如何写的，作何字。据笔者对现存先秦至汉魏时期石刻史料的考察，相当于今本《周易》“坤”卦名的史料，在东汉以前没有发现，最早至东汉桓帝建和二年（148）才出现，随后不断涌现。这些相当于今本《周易》“坤”卦卦名的石刻史料，从桓帝建和二年（148）至三国魏黄初元年（220），约有三十四条，具体为：桓帝建和二年（148）《司隶校尉杨孟文石门颂》“惟巛灵定位，川泽股躬”、“上顺斗极，下答㐬皇”、桓帝和平元年（150）《张公神碑》“乾刚川灵，何天之休”、“乾川传亿万兮”、《县三老杨信碑》“□□辟世，乾川不□”、桓帝永兴元年（153）《孔庙置守庙百石孔龢碑》“孔子大圣，则象乾㐬”、《益州太守无名碑》“失明哲兮入川户”、桓帝永寿三年（157）《韩敕修孔庙后碑》“孔圣素王，受象乾巛”、桓帝延熹七年（164）《蜀郡属国辛通达李仲曾造桥碑》“□□我邦，乾川垂极”、桓帝延熹八年（165）《西岳华山庙碑》“乾巛定位，山泽通气，云行雨施，既成万物，《易》之义也”、桓帝永康元年（167）《孟郁修尧庙碑》“魏魏之盛，乾川见征”、灵帝建宁元年（168）《卫尉衡方碑》“恩降乾太，威肃剥川”、灵帝建宁二年（169）《鲁相史晨祠孔庙奏铭》“孔子乾巛所挺，西狩获麟”、灵帝建宁五年（疑为171）《成阳灵台碑》“则乾川之象，通三光之曜”、《李翕析里桥郙阁颂》“□□□□兮川兑之间，高山崔隗兮水流荡荡”、灵帝熹平元年（172）《故民吴仲山碑》“乾㐬盖载，八十有长”、灵帝熹平三年（174）《桂阳太守周憬功勋铭》“乾㐬剖兮建两仪，刚柔分兮有险夷”、灵帝熹平四年（175）石经《周易》“㐬”、“乾㐬定矣”、“㐬道成女”、“㐬作成物”、“㐬以简能”、“效法之谓㐬”、“㐬其静也”、“㐬之策”、“㐬以臧之”、“致役乎㐬”、灵帝光和二年（179）《樊毅修华岳碑》“㐬灵既定，□□兆民”、《酸枣令刘熊碑》“清和穆铄，寔惟乾㐬”、灵帝光和四年（181）《三公山碑》“□□分气，建立乾川，乾为物父，川为物母”、灵帝中平五年（188）《巴郡太守张纳碑》“□□乾巛，其润如雨”、魏黄初元年（220）《魏受禅表》“若夫覆载简易，刚柔允宜，乾㐬之德，阴阳□□”、“若夫覆载简易，刚柔允宜，乾㐬之德，阴阳□□”、“上降乾社，下发𡿧珍”、《魏修孔子庙碑》“崇配乾𡿧”。①

从上述三十四条汉魏石刻史料，可以看到相当于今本《周易》“坤”的卦名，在当时有三种写法：“巛”、“𡿧”或“川”，其中作“巛”字5例，作“𡿧”字19例，作“川”字11例，但没有写为“坤”字的。

“𡿧”不见字书，但很明显，应是“巛”的变体。因此，“𡿧”实为“巛”字。

作为卦名的“川”，是否即山川的“川”字呢？我们仔细考察上表所列汉魏石刻碑文，可以发现，在同一碑文中，如果既有作为卦名的“川”，也有作为山川的“川”，二者的写法是有明显区别的。如上表所列《成阳灵台碑》“乾川之象”的“川”，和同碑文“颍川”的“川”；《张公神碑》“乾刚川灵，何天之休”以及“乾川传亿万兮”的“川”，和同碑文“激川”的“川”；《卫尉衡方碑》“恩降乾太，威肃剥川”的“川”，和同碑文“颍川”的“川”，其写法的区别是明显的。这说明，汉魏石刻中作为卦名的“川”，并不是山川之“川”，而是另一个字。

此“川”字，实为“巛”字。古“川”字写法与“巛”字形非常相近，如夨簋川作、五祀卫鼎作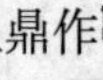，《说文》作，银雀山竹简《孙膑》109作、西陲简5·3作，故“川”“巛”古人常互为通用。如《说文》“川部”收有下列文字：

> 巠，从川在一下。一，地也。壬省声。
>
> 𡿨，从川，或省。
>
> 𡿪，从川，曰声。
>
> 巤，从川，列省声。
>
> 邕，从川，从邑。
>
> 巛，从一雝川。

上述诸字“巛”字形，许慎皆以从“川”而收入“川部”，说明古人将“巛”字常写为“川”。因此，古字有些“川”字实为“巛”字，正如廖名春先生所论：

> 《说文·页部》：“顺，理也，从页从巛。”《广雅·释诂》：“巛，顺也。”可知在许慎、张揖等文字学家看来，“顺”字所从之“川”，实即“巛”。由此可以推知，帛书和汉碑中的“川”，作为卦名，实质都是“巛”的别写。②

所论甚是。又，西汉扬雄（前53—18）所作《太玄》，其《难》次六曰：“大车川川，上轸于山，下触于川。”司马光《太玄集注》：“宋、陆、王本‘川川’作‘巛巛’。”

① 国家图书馆金石组《中国历代石刻史料汇编》，北京图书馆出版社2000年版。

② 廖名春：《〈周易〉经传与易学史新论》，齐鲁书社2001年版，第30~31页。

可见“大车川川”之“川川”，东汉末宋衷、三国吴陆绩、唐王涯皆作“巛巛”。晋范望注：“川川，重迟之貌。”说明“大车川川”之“川川”与“下触于川”之“川”不同，“大车川川”当从宋、陆、王本作“大车巛巛”。“巛巛”当从《广雅·释诂》“巛，顺也”而训“顺顺”，《太玄》此乃言大车行走有顺从地势的特点，欲上则逆反地势，被山势所碍，而难上[①]，欲下则顺从地势，极为顺畅，而下触于河川。由上可证，汉魏石刻史料中作为卦名的“川”字，并非山川之“川”，实为“巛”字。

由此可见，汉魏石刻史料中相当于今本《周易》“坤”卦的卦名，其三种写法——“川”、“𡿦”和“巛”，实质上都是“巛”字。换言之，汉魏石刻史料中今本“坤”卦之名皆作“巛”字。

那么，此“巛”字，是否即“坤”的借字呢？我们只要考察上图所列东汉熹平四年（175）所立石经《周易》“巛”卦之名，就可得出否定的答案。

首先，我们看熹平石经所设立的背景，这在《后汉书》有详细记载。《后汉书·儒林列传》曰：

本初元年，……自是游学增盛，至三万余生。然章句渐疏，而多以浮华相尚，儒者之风盖衰矣。党人既诛，其高名善士多坐流废，后遂至忿争，更相言告，亦有私行金货，定兰台漆书经字，以合其私文。熹平四年，灵帝乃诏诸儒正定五经，刊于石碑。[②]

又，《后汉书·宦者列传》曰：

巡以为诸博士试甲乙科，争弟高下，更相告言，至有行贿定兰台漆书经字，以合其私文者，乃白帝，与诸儒共刻五经文于石，于是诏蔡邕等正其文字。自后五经一定，争者用息。[③]

又，《后汉书·蔡邕列传》曰：

邕以经籍去圣久远，文字多谬，俗儒穿凿，疑误后学，熹平四年，乃与五官中郎将堂谿典、光禄大夫杨赐、谏议大夫马日磾、议郎张驯、韩说、太史令单飏等，奏求正定六经文字。灵帝许之，邕乃自书丹于碑，使工镌刻立于太学门外。

① 吴秘注：“铉，碍也。”转引自司马光《太玄集注》，中华书局1998年版，第170页。
② 《后汉书》，中华书局1997年版，第661页。
③ 《后汉书》，中华书局1997年版，第658页。

> 于是后儒晚学，咸取正焉。及碑始立，其观视及摹写者，车乘日千余两，填塞街陌。①

可见，熹平石经设立的背景是经籍文字屡遭篡改、谬误颇多、异文淆乱，设立的目的是“正其文字”，使学者“咸取正焉”。换言之，熹平石经的设立，乃是从国家的层面上，为五经颁布标准文本，其文本必须使用标准的、正确的文字，绝对不可能使用不规范的借字、异文。而熹平石经设立的结果，也达到了“五经一定，争者用息”的目的。因此，熹平石经《周易》作为卦名的“巛”字，绝不应该是“坤”的别字、借字，而应该是被学者取为标准正确用法的“正”字，故“巛”字不能释为“坤”。既然标准文本都作“巛”字，汉魏碑文中其余作为卦名的“巛”字，自然也不能认为是“坤”的借字，而释为“坤”。

那么，汉魏石刻史料中作为卦名的“巛”字，当释为何字？按唐陆德明（约550—630）《经典释文·周易音义》释“坤”卦之名曰：“坤，本又作巛。巛，今字也。同困魂反。《说卦》云：‘顺也。’”虽其谓“巛”为今字未必正确，但显然已有以“顺”释“巛”之意。清儒俞樾（1821—1907）认为“巛”当训为“顺”字，其曰：

> 疑巛当读为顺。《说卦》：“乾健也，坤顺也。”而乾卦古即谓之健，《象传》“天行健”，即天行乾也。乾卦谓之健，故坤卦谓之顺矣。此作巛者，乃顺之假字。顺从川声，古文以声为主，故顺或作川。《说文·臤部》曰：“臤，古文以为贤字。”《可部》曰：“哥，古文以为歌字。”然则以川为顺，犹以臤为贤、以哥为歌矣。②

按俞氏此论甚确。今本《周易·象传》“地势坤”，王弼注：“地形不顺，地势顺。”以王注，推想“地势坤”本当作“地势顺”。而以《象传》“卦象 + 卦名”的体例，“顺”当为卦名。因此，坤卦本当名“顺”。

对“巛”当释为“顺”，廖名春先生有更详细的论证，兹录如下：

> 徐灏云：“马部：‘驯，马顺也。从马川声。’引申为凡鸟兽驯服之称。顺与驯声近义同，人之恭谨、逊顺曰顺，故从页。页者，稽首字也。恭顺之意也。川当为声。”《诗·大雅·皇矣》“王此大邦，克顺克比。”《礼记·乐记》《史记·乐书》都将“克顺克比”引作“克顺克俾”。而《中山王譽鼎》就有“克㐖克卑”

---

① 《后汉书》，中华书局1997年版，第521页。

② 俞樾：《群经平议一·周易一》，王先谦编：《清经解续编》第五册，上海书店1988年版，第1025页。

之句。《礼记·缁衣》引《诗·大雅·抑》"四国顺之"，郭店楚简《缁衣》篇作"四方𢘓之"，上海博物馆最近从香港收购的一批楚简中，也有《缁衣》篇此句，作"四或川之"。战国行气铭："巡则生，逆则死。""巡"实即"顺"字，故释者读"巡"为"顺"。所以，不论顺也好，驯也好，𢘓也好，巡也好，它们都是同源辞，其共同的语源是"川（巛）"，而页、马、心、辵这些义符仅表示它们各自的区别而已。因此，我们可以说，"川"（实质是巛）是最基本的"顺"，坤卦本为巛卦，"巛"就是顺。[①]

所论甚是。由此可见，汉魏石刻史料中相当于今本《周易》"坤"卦的卦名，当时皆作"顺"卦之名，并不存在"坤"卦之名。

上述结论，是我们通过对先秦至三国魏末石刻史料的考察而得出的，因此，更全面准确的结论是：先秦至汉魏石刻史料中相当于今本《周易》"坤"卦的卦名，皆作"顺"卦，而无"坤"卦之名。

二、先秦至汉魏出土易学文献有"顺"卦之名

通过以上考察，可知在先秦至汉魏石刻史料中，相当于今本《周易》"坤"卦的卦名皆作"顺"字，而无"坤"之名。下面，我们再对出土的先秦至汉魏易学文献进行考察，看今本《周易》"坤"卦之名在其中作何字。

现在所出土的先秦至汉魏易学文献，共有四种，即湖北江陵王家台秦简《归藏》、上海博物馆藏战国楚竹书《周易》、安徽阜阳双古堆汉简《周易》以及湖南长沙马王堆帛书《周易》。楚竹书《周易》五十八简，涉及三十四卦，"坤"卦名不存。[②] 双古堆汉简《周易》残损严重，可见三十二卦名，"坤"卦名亦不存。[③] 马王堆帛书《周易》"坤"作"川"，实为"巛"，即"顺"卦，本文最后要专门讨论。秦简《归藏》有相当于今本《周易》"坤"卦的卦名，是出土的先秦易学文献唯一所见者，我们要仔细着重研究。

1993年湖北省江陵县王家台15号秦墓出土的《归藏》，其文字接近楚简文字，应为战国末年的抄本。[④] 在其保留的五十四个卦名中，相当于今本《周易》的"坤"卦

① 廖名春：《〈周易〉经传与易学史新论》，齐鲁书社2001年版，第31～32页。

② 马承源主编：《上海博物馆藏战国楚竹书（三）》，上海古籍出版社2003年版，第13～70页，第133～215页。

③ 韩自强：《阜阳汉简〈周易〉研究》，上海古籍出版社2004年版，第3、47页。

④ 王明钦：《王家台秦墓竹简概述》，艾兰、邢文编：《新出简帛研究》，文物出版社2004年版，第28页。

作[1]，廖名春先生认为：此“字上从大，中从目，下从分，但不知是何字。疑摹写有误”。[2] 连劭名、蔡运章先生皆释为“寡”。[3] 按此字构型可分为两部分，其一从，不过上面两折在整个字的字头，下一折穿插在另一部分字形的中间。其二似为“頁”字的省写，这一点，我们对比秦系古文字之“頁”字形就可判断，如

临潼秦墓陶文、秦陶文、诅楚文、泰山刻石、说文

上面诸“頁”字旁省去字头，即与秦简《归藏》之除去“”旁的另一字形很相近，故此字旁可以释为“頁”。这样，秦简《归藏》之可视为由上“”下“頁”组成，而“”可视为“巛”的横写，因此此字可以看做上从“巛”、下从“頁”，即“”字，此乃順（即顺）字异构。按中山王鼎“順”字，即上下结构，与此同，只不过下从“心”，不从“頁”。因此，秦简《归藏》之，可以释为“順”，今本《周易》之“坤”卦，《归藏》称为“順”卦。

因此，在出土的先秦至汉魏易学文献中，我们看到了“顺”卦之名，至今还没有发现“坤”卦之字。结合上面所考先秦至汉魏石刻史料亦只见“顺”卦之名，而不见“坤”卦之字，可以得出两个结论：其一，从先秦至汉魏的实物材料上，今本《周易》“坤”卦都是作“顺”卦，还没有发现“坤”卦之名。其二，汉魏时期所称的“顺”卦之名，应是承自于先秦。

三、至唐末石刻史料仍存“顺”卦之名

上面我们通过考察三国魏末以前的石刻史料和出土文献，发现了“顺”卦之名。那么，“顺”卦之名在三国魏后是否还存在？就此，笔者对三国魏末以后的石刻史料进行了考察，发现“顺”卦之名经南北朝、隋、唐一直沿用，如：北魏太安二年（456）《中岳嵩高灵庙碑》“光济乾巛”、北魏正光五年（524）《元昭墓志》“缉熙巛绪，拨乱乹纲”、北魏建义元年（528）《元毓墓志铭》“乹巛降德”、北魏普泰元年（531）《南阳张元墓志》“三河奄曜，巛堰丧烛”、北齐武平四年（573）《临淮王像碑》“庶永永於乹巛”、隋开皇六年（586）《仲思那等造硚碑》“身比乹巛”、隋开皇十二年

---

① 王明钦：《王家台秦墓竹简概述》，艾兰、邢文编：《新出简帛研究》，文物出版社2004年版，第30页。

② 廖名春：《王家台秦简〈归藏〉管窥》，《周易研究》2001年第2期，第17页。

③ 连劭名：《江陵王家台秦简〈归藏〉筮书考》，《中国哲学史》2001年第3期，第5页。蔡运章：《秦简〈寡〉、〈天〉、〈蚩〉诸卦解诂》，《中原文物》2005年第1期，第43页。

(592)《豆卢通造弥勒大像残碑并阴》“巛灵”、唐景龙三年（709）《澧州司马魏体元墓志》“毕乾巛兮修短”。[①] 而最迟至唐中宗景龙三年（709）以后，“顺”卦之名就不再被使用。

由此可以推测，“顺”卦之名自先秦出现，一直使用至唐中期，方完全被“坤”卦之名所取代。

四、“坤”卦之名当出现于西汉中期

那么，今本《周易》所使用、被后世所熟悉的“坤”卦之名何时才出现、并被广泛使用呢？对这个问题，我们可从两个方面去探讨，首先考察石刻史料，然后研究传世文献。

考察石刻史料，可以发现，“坤”卦之名最早出现于三国吴天玺元年（276），当时所立《禅国山碑》曰“以对扬乾命，广报坤德”，但似乎昙花一现，在以后的近二百四十年里消失不见。至北魏、东魏“坤”卦之名才得以大量采用，如北魏延昌三年(514)《大魏高宗文成皇帝嫔耿氏墓志铭》“嫔禀坤灵之秀气”、北魏正光三年（522)《张猛龙清颂碑》“鼠倾乾覆，唯恃坤慈”、北魏孝昌元年（525)《元焕墓志铭》“乾义中断，坤仁横绝”、北魏太昌元年（532)《元文墓志铭》“体乹坤之粹精”、东魏武定五年（547)《冯太妃墓志铭》“二姊并入主坤宫”、东魏武定八年（550)《萧正表墓志铭》“王诞乾坤之灵和”等等。至隋、唐“坤”卦名被广泛普及使用，如隋大业七年（611)《元钟墓志》“摸象乹坤”、唐贞观六年（632)《九成宫醴泉铭》“亦坤灵之宝”、唐永徽四年（653)《史夫人墓志》“与乹坤而永固”、唐上元二年（675)《孝敬皇帝叡德纪》“坤元下辟”、唐垂拱二年（686）《白鹤观碑》“穆穆坤元”、武周长安二年（702)《马举墓志》“乹坤诞秀”等等。至唐中期景龙三年（709）以后，则完全取代“顺”卦之名，而皆作“坤”卦。如唐开元十年（722)《崔湘墓志铭》“乾坤载合”、唐天宝十年（751)《陪戎副尉雷询墓志》“道叶坤顺，德配乹刚”等等。[②]

可见，从石刻史料上看，“坤”卦之名最早出现于三国吴末，至北魏才得以大量采用，至隋唐被广泛普及，至唐中期方完全取代“顺”卦之名，而以后皆作“坤”卦。

但从传世文献看，“坤”卦之名的出现可能比三国吴末更早。考《说文·土部》有“坤”字，其释曰：“坤，地也，《易》之卦也，从土从申，土位在申。”按《说文》成书于东汉和帝永元十二年（100）至安帝建光元年（121），这说明当时已存在“坤”卦之名。值得注意的是，许慎在《说文》中，只对“坤”字作了易卦的解释，而对八

---

① 国家图书馆金石组：《中国历代石刻史料汇编》，北京图书馆出版社2000年版。

② 国家图书馆金石组：《中国历代石刻史料汇编》，北京图书馆出版社2000年版。

卦其他卦名，皆以常字释之，没有特别点明易学涵义，如释“乾”曰：“上出九，从乙。乙，物之达也，倝声。”释“震”曰：“震，劈历振物者。从雨，辰声。”释“巺”曰：“具也。从丌，巳巳声。”释“坎”曰：“陷也。从土，欠声。”释“离”曰：“山神，兽也。从禽头，从厹，从屮。”释“兑”曰：“说也。从儿，㕣声。”“艮”无释。这说明：“坤”作为卦名，当时为一般人还不熟悉，还没有被普遍采用，所以许慎要特别说明。

按许慎易学乃来自于孟喜，《说文解字叙》许慎明言自己“偁《易》孟氏”，孟氏即孟喜。孟喜为西汉中期人，生当西汉昭帝、宣帝之世。据《汉书·儒林传》：“喜从田王孙受《易》。喜好自称誉，得易家候阴阳灾变书，诈言师田生且死时枕喜郄，独传喜，诸儒以此耀之。同门梁丘贺疏通证明之，曰：‘田生绝于施雠手中，时喜归东海，安得此事?’又蜀人赵宾好小数书，后为《易》，饰《易》文，以为‘箕子明夷，阴阳气亡箕子。箕子者，万物方荄兹也’。宾持论巧慧，易家不能难，皆曰‘非古法也’。云受孟喜，喜为名之。后宾死，莫能持其说。喜因不肯仞，以此不见信。……博士缺，众人荐喜，上闻喜改师法，遂不用喜。”① 可见孟喜易学有两个特点：其一，讲求阴阳灾变；其二，改易师法。这与当时严遵师法、不得擅改经文、“训诂举大谊”的主流易学绝然不同。许慎“坤，《易》之卦也，土位在申”这种讲求阴阳的易学说法，应该是来自于孟喜，而为孟喜易学所本有。从孟喜“好自称誉”、“诈言”、“改师法”的特点，可推测称“坤”卦之名、以“土位在申”释“坤”的做法，很可能是孟喜“得易家候阴阳灾变书”后，直接取用于候阴阳灾异书，而加入到自己的易学内容中的。孟喜的再传弟子京房（前77—前37），有坤主立秋的说法。《太平御览》卷二十五引《京房占易》曰：“立秋坤王，至凉风用事。”立秋在申月，立秋坤王即坤在申。京房以坤配申的做法，可能承自于其祖师孟喜，而来自孟喜易学。因此，孟喜易学很可能存在“坤”卦之名，并以“土在申位”而释“坤”。

由此可见，在西汉中期的孟喜易学中，很可能已经出现“坤”卦之名。但由于孟喜改“古法”、“改师法”的行为，不被当时主流易学界所信任，其“革新派”的易学，也并不被当时的主流易学界所承认，因此其称“坤”卦的做法，也没有被当时主流易学所采用，一般人是不熟悉的。当时易学界主流，仍然严遵师法而称“顺”卦。故至东汉末年，蔡邕等人在写定石经《周易》时，仍然写为“顺”卦，而不是“坤”卦，“顺”卦仍然是当时的标准用法。直到三国吴末，称“坤”卦的做法可能得到更多的采用，故在碑刻中出现。

综合以上研究，可以推论：今本《周易》“坤”卦之名，在先秦至西汉中期方出现，后来流传于“变革派”的易学之中，影响有限，没有被主流易学所采用，一直至北魏方流传较广，被大量采用，至唐中期获得广泛使用。

---

① 《汉书》，中华书局1997年版，第914页。

但一些传世文献似乎证伪我们上述结论，如《左传·昭公二十九年》："其《坤》曰：'见群龙无首，吉。'"又曰："《坤》之《剥》。"其称"坤"卦，似乎证明先秦已经存在"坤"卦之名。但《左传》之"坤"，《释文》作"巛"。估计《左传》原本，当同《释文》作"巛"，即"顺"卦。据学者考证，《左传》成书于公元前403年魏斯为侯之后，周安王十三年（前389）以前。[①] 其可见版本，最早为敦煌本（残卷），约抄写于南北朝至初唐[②]，已在"坤"卦流传较广的时期。故现所常见版本称"坤"，当为后人所改写。又贾谊（前200—前168）《新书·胎教》："《易》曰：'正其本而万物理，失之毫厘，差以千里。'故君子慎始。《春秋》之元，《诗》之《关雎》，《礼》之《冠》《昏》，《易》之《乾》《坤》，皆慎始敬终云尔。"其称"坤"，似乎西汉初期已经存在"坤"卦之名。按贾谊《新书》此言，亦见于《大戴礼记·保傅》："《易》曰：'正其本，万物理。失之毫厘，差之千里。'故君子慎始也。《春秋》之元，《诗》之《关雎》，《礼》之《冠》《昏》，《易》之《乾》《巛》，皆慎始敬终云尔。"估计二书此言同出一源，其《新书》之"坤"，与《大戴礼记》之"巛"，当以"巛"即"顺"卦为是。《新书》可考最早传本乃为宋刻[③]，已在"坤"卦取代"顺"卦之后，故其"坤"之名当为后人所改。又《大戴礼记·易本命》曰："此乾坤之美类，禽兽万物之数也。"按《大戴礼记》现可考最早版本为宋本[④]，也在"坤"卦取代"顺"卦之后，故此"坤"名亦当为后人所改写。因此，这些传世文献与我们的上述结论并不矛盾，而是符合的。今本《周易》"坤"卦之名至西汉中期方出现的结论，应是可以成立的。

五、结论：帛书《周易》经传"川"卦当为"顺"卦

通过以上考察，对于今本《周易》"坤"卦从先秦至唐作何字，以及经历的变化，我们可以得出宏观的结论："坤"卦本作"顺"卦之名，自先秦至唐中期一直被使用。"坤"卦之名为后起，西汉中期方出现，至东汉末还没有被主流易学所使用，到唐中期方取代"顺"卦。从此宏观结论，本文所研究的马王堆帛书《周易》经传"川"卦名的问题自然就很容易得到解决，我们可从两个方面作出论证：

其一，帛书《周易》出土于马王堆三号墓，其下葬时间为公元前168年，此为西

---

① 杨伯峻：《春秋左传注》之"前沿"，中华书局1990年版，第34~41页。

② 李索：《敦煌写本〈春秋经传集解〉残卷校正阮刻本十则》，《古籍整理研究学刊》2009年第4期，第30页。

③ 阎振益、钟夏：《新书校注》之"前言"，中华书局2000年版，第2页。

④ 曹建墩："今可考最早版本为淳熙二年（1175年）建安郡斋韩元吉刻《大戴礼记》十三卷。"见《据上海博物馆藏竹书校读〈大戴礼记〉一则》，《中原文物》2009年第1期，第100页。

汉初期，“坤”卦名还没有出现，易学中只有“顺”卦之名，故帛书《周易》当然称“顺”卦。

其二，帛书《周易》的“川”卦之字，实为“巛”，论证如上，“巛”卦即“顺”卦。故帛书《周易》经传“川”卦，实为“顺”卦。

因此，帛书《周易》经传“川”卦名当释为“顺”，而非“坤”，这就是本文的最终结论。

复原隋唐时期《古文孝经》的可能性

——通过分析日本出土的漆纸文书和古抄本

日本九州产业大学国际文化学部　石川泰成

一、日本与《孝经》

日本颁布的《大宝律令》（701），还有《养老律令》（722年前后）之学令中规定："凡经、周易、尚书、周礼、仪礼、礼记、毛诗、春秋左氏传，各为一经。孝经、论语，学者兼修之。"其意指《礼记》、《左转》各为大经，《周易》、《尚书》各为小经，大经内通一经，小经内通一经，《孝经》、《论语》皆须兼通。

现已无现存原物，但有记录说：元正天皇（715—724在位）抄写《孝经》一卷，后于天平胜宝八年（756）被收藏于东大寺正仓院（皇家的宝仓）。从此事不难推想《孝经》流传到日本渊远已久，随着《养老律令》的施行，在奈良时代得以被广泛地抄写。

出土的漆纸文书《古文孝经孔氏传》正是《养老律令·学令》里所指的孝经。因为《养老律令》中规定了《孝经》要并行采用孔安国和郑玄的注释书。

日本公元七八世纪，上至元正天皇亲手抄写《孝经》献纳给东大寺，下至东北地区的官衙里甚至也备有《孝经》一事表明，日本在效仿隋唐整顿律令体制之中，儒教也在这个体制中被赋予了正式的地位。不难想象，这个时期举国上下人们学习儒教经典。比如就《论语》而言，《论语》的木简在日本全国各地出土了30多件。其中有不少是官吏写的习作。

进入公元9世纪后，在学问领域大江家、中原家、清原家成立了博士家，被称为纪传家、明经家。他们把学问当成"家学"，以此来保持朝廷官吏的地位。家学的内容包括：执行宫中仪礼（侍书、书始仪式、释奠仪式）、改年号、讲解中国典故的由来、从事教育贵族子弟学习各种儒教经典，等等。所以在博士家，古老的经典文本或各家秘传的"训读"等都传给子孙后代。博士家注重秘传、承传，以此来提高自家权威声望的同时，还出借家传的儒教经典，让人进行抄写、校对、移点（记入训读符号或读音）等工作。就《孝经》而言，即使在采用了《御注孝经》以后，他们也作为家学把《古文孝经孔氏传》保留了下来，并且让人反反复复抄写下来。这种依靠抄写来继承经典的做法，从经文保存这一角度讲，对保留古字形起到了很大的作用。本文所使用的三种早期古抄本就是经由上述过程被抄写保留下来的文本。

二、抄本《古文孝经》中使用的异体字、俗字所包含的意义

在中国《古文孝经》由孔子旧宅发现后，历史上经历了三次的再度编辑而至今日。第一次是由三国·魏的王肃编辑复原的，第二次是由隋朝的刘炫编辑复原的，第三次是太宰纯（号春台）的校订本从日本传入中国，被收入鲍廷博的《知不足齐丛书》第一集。由于太宰纯的校订本的校订工作十分缜密，所以今天被广泛使用于《丛书集成初编》等现行本的都属于太宰纯校订本之系统。理所当然他的校订内容包括了把俗字、讹字改写成正体字这一作业。为了确定经文，改字是必不可少的校勘作业，可同时另一方面它也减少了汉字信息的数量。假设要考察根据王肃、刘炫的编辑复原工作到底编辑成了什么样的经文的话，那么就必须参考保存了当时的原形的文本。特别是被冠称为“古文”的经典，针对“今文”除了在经文上有异同和章节不同以外，使用隶定古文也是一个特征。因此，如能确定王肃所编辑复原的经典文本、刘炫所编辑复原的经典文本使用了怎样的隶定古文，这在经学研究上具有重大意义。

比如以同样书名上冠有“古文”的《尚书》来做例子，参看张涌泉编写的《敦煌文献合集》（第一册，中华书局2008年版）中收纳的《古文尚书》的校勘记，就能确认唐代使用了很多隶定古文。直到现在使用的《尚书》是唐代天平年间进行改字后的文本。于是《孝经》本身也被看做是与今文并用为前提的经典，这样一来不得不允许进行订正后世讹误的工作。清代阮元的《十三经注疏校勘记》就是一例代表。如我们看到的《校勘记》那样，参照各种善本来辨别经文字句的正误这一校订作业，在结果上反而导致了无法为古文的真伪作出答案。然而由于敦煌文献《古文尚书》的出现，其所使用的隶定古文到底是正确反映了秦汉以前的文字，还是后世伪造的古文，我们只要对各个隶定古文加以分析，就能为我们提供判断《古文尚书》真伪的依据。

此外，被使用的隶定古文也会随着时代而出现变体，产生俗字或别的形体。例如，上述所举张涌泉编写的《敦煌文献合集》（第一册，中华书局2008年版）中收纳的《古文孝经》的校勘记，本文从中举出一例这样写道：〔一八〇〕庿、底一原作“庿”（注曰：原作“廇”的字形，不能削点，造字无暇，以此注充之，读者谅之），刊本作“廟”，“庿（‘廇’）”乃“廟”的古文“庿”之俗误，兹处以改正。（第348页）

在《古文尚书》中可以确认到“廟”字使用的是隶定古文“庿”字。问题是，其古文“庿”字如果有“廇”这一省略了一点的字形的话，那么作为一种校勘态度就应该将其改正过来。另一方面，这个俗误的字体给我们提供了怎样的汉字信息呢？我们可以推想抄本本身反映了“廇”这一俗字的使用年代。这里的“廇”，底本是“底一”、伯2748号，属于唐玄宗以后年代抄写的文本。因此可以说“廇”的字形是在唐

玄宗（712—756在位）以后被使用的。加之笔者查寻同时代的碑文等使用例，发现了唐·张轸墓志（733）上有近似字形。另外还有根据蔡忠霖氏的《敦煌汉文写卷俗字及其现象》（文津出版社）一书指出：敦煌出土的唐代写卷上所有的“广”字傍都省略了一点，在伯2005号《沙洲都督府图经》（抄写于690年）中有“盾”的例子。

综上所述可以推定“盾”的字形是初出于690年以后唐代所使用的俗字。使用了“盾”这个俗字的各种经典或书籍的抄本为我们提供了这样的文字信息：假定“上限”年代为690年，那么即使是其后的年代作为假设也是成立的。

话题再回到《古文孝经》。关于《古文孝经》，目前中国既没有刊本以前时代的孝经，也没有抄本时代的“古文”《孝经》，所以只能以日本的古抄本为底本。如太宰纯那样为确定经文而进行校勘是一种途径。还有一种途径，就是如上所述，根据各种抄本的俗字使用状况反映出了其抄写年代或成书年代，利用这一观点也能进行考察。特别是对被质疑的《古文孝经孔氏传》是否是王肃或刘炫的伪作一事，为了判定其真伪，复原接近当时的经文、包括字体十分重要。因此，需要再度探讨研究太宰纯校订本以前的经文，这即使时至今日也是非常必要的。

从上述观点出发，胆泽城遗址、多贺城遗址出土的漆纸文书《古文孝经孔氏传》，其抄写年代被推定为8世纪中叶，最迟下限不超过公元860年这一点来看，它是属于和唐代同一时代的史料，具有刊本以前的原本面貌，所以可以说史料价值极高（见图1~图5）。笔者在已发表的论文《再考证旧抄本〈古文孝经〉中的“古文”性——通过分析日本东北地区出土的漆纸文书〈古文孝经〉》〔《第四届 韩中日汉字文化国际论坛 学术大会发表论文集》韩国汉字研究所（庆星大学）·中国文字研究与应用中心（华东师范大学），第102~112页〕中，针对两份漆纸文书《古文孝经孔氏传》中已经使用了隶定古字的事实，并且在字形上与日本现存的三种早期古抄本《古文孝经孔氏传》有着连续性和延续性进行了论证。接着上次的论证，此次本文使用12、13世纪的三种早期古抄本《古文孝经孔氏传》，从字形上来论证传入日本当时的《古文孝经孔氏传》具有哪个时代的特征。

在这里首先要叙述说明一下本文使用的漆纸文书以及早期古抄本《古文孝经孔氏传》的概况。

漆纸文书是什么文书呢。保存漆的液体时通常在漆液上覆盖纸张以防止漆液接触空气硬化。可是在古代纸张非常珍贵，即使是衙门里也不使用新纸覆盖，而是使用废弃的文书纸来覆盖漆液。这样文书沾上漆液的部分即使被埋在土里也不会腐烂，被考古发掘出来的漆纸文书虽然残缺不全，但是成为了古代遗留下来的珍贵文字资料。大多数是无法用肉眼辨认的，需使用红外线相机才能进行辨别。

胆泽城遗址的漆纸文书《古文孝经孔氏传》是于1972年出土的。此断简包括士章第五的孔氏传的一部分、庶人章第六、孝平章第七、三才章第八的经文、孔氏传的一部分，可辨认的文字共有228字（参照字释篇）。推测此简原为卷子本，本文一行27

字，附有双行注解，不分章节。它的抄写年代被推定为8世纪中叶至后半，但是最迟不超过日本贞观二年（860）。因为日本贞观二年采用了《御注孝经》，而那时《古文孝经》已经被废止了。

多贺城遗址的漆纸文书《古文孝经孔氏传》是于1978年出土的。此简包括庶人章第六的孔氏传的一部分、三才章第八的经文、孔氏传的一部分。抄写年代的上限不超过公元8世纪中叶，下限的年代与胆泽城出土的文书一样，不超过日本贞观二年（860）。

在此本文使用的日本早期古抄本为以下三种：

1. 猿投本……承安四年（1174）的抄本，后被复抄录于建久六年（1195）。这是有准确抄写年代的最古老的古抄本。由爱知县猿投神社收藏。本文使用的是它的微缩胶片。
2. 三千院本……抄写于建治三年（1277）。收藏于京都三千院。本文使用的是古典保存会的影印本。
3. 弘安本……抄写于弘安二年（1279），文政六年（1823）摹刻本。本文使用的是《孝经五种》的影印本。

上次我在拙论上论证了，虽然三种早期古抄本《古文孝经孔氏传》抄写于12、13世纪，但是在字形上与公元8世纪的漆纸文书《古文孝经孔氏传》有着连续性和延续性。所以对三种早期古抄本我们可以推断保留了公元8世纪前后经典的原貌。

这次，三种早期古抄本的异体字、俗字从可能性上分为两类如下：

（1）此文本保留有传入日本时的《古文孝经》祖本里所使用的异体字、俗字。

（2）由抄写人的时代或个人的书写癖好而造成的异体字、俗字。

本文以（2）为判断基准并进行列举来推断传入日本的祖本的年代。

三、日本三种早期古抄本《古文孝经》异体字、俗字的一览

日本三种早期古抄本《古文孝经》异体字、俗字与具有同一字形的碑志类，如下表所示：

№	章	汉字	写本名	具有同一字形的碑志·写卷名
1	1	坐	猿投·三千·弘安	（隶）隋·段济墓志、唐·陈泰墓志
				（楷）北魏·侯刚墓志、唐·于士恭墓志
2	1	怨	猿投·三千·弘安	斯6453“老子道德经”(701)、唐·樊悦墓志

				（隶）隋·尔朱端墓志
3	1	席	猿投·弘安	（楷）北魏·僧静明造像、唐·吕氏墓志
4	1	毁	猿投·三千·弘安	唐·李仲绚墓志、唐·刘妙美墓志、唐·崔千里墓
5	2	后	猿投·三千	斯341大楼炭经（513）、伯2643古文尚书（759）
6	3	制	猿投·三千	唐·葛亮祠堂碑、唐·王震墓志、后梁·萧符墓志
7	3	节	猿投·弘安	北魏·王翊墓志
8	3	谨	猿投·三千	（隶）唐·王泠然墓志（724） （楷）北魏·耿寿姬墓志（518）
9	4	懈	猿投·三千	伯2536春秋谷梁传（663年）
10	8	因	猿投	北魏·姚伯多供养碑（496）、隋·沣水石桥碑（591）、谢岳墓志。［日］圣德太子“法华义疏”（615）
11	8	肃	猿投·三千·弘安	张整墓志（503）、北魏·郭显墓志（524）
12	9	欢	猿投	唐·暴贤墓志、唐·李君妻裴墓志
13	9	祭	猿投·三千·弘安	齐·逢哲墓志、北魏·卢令媛墓志（522）、北魏·唐耀墓志（528）
14	10	严	猿投·三千·弘安	唐·苗弘本墓志、唐·玄秘塔碑（841）、唐·石浮图铭（713—721）

15	10	配	猿投·弘安	斯2838维摩诘经（637）
16	10	养	三千	伯2179诚实论（514）、胆泽城出土漆纸文书（？—860）。
17	12	尊	猿投·弘安	贤劫经卷二（610）、阿毗达磨大毗婆(705—781)。
18	12	淑	猿投·三千·弘安	贤劫经卷二（610）
19	13	备	三千	隋·景略墓志（591）、隋·刘德墓志(612) 斯2423瑜伽法镜经（712）
20	20	救	三千	北魏·吐谷浑玑墓志（516）、隋·董美人墓志（597）

四、结 语

以上，本文列举了日本的三种早期古抄本《古文孝经孔氏传》中出现的异体字、俗字。进行这项工作时，笔者排除了在日本由抄写人的时代或个人的书写癖好而造成的异体字、俗字，还有已经被认定为是隶定古字的文字以及各类字书中记载着“古字”“古文”的字形也都被排除在外。这样剩余的只有上述二十例，将它们再进行分类整理：

(a) 起源于北魏，隋唐时期仍旧继续使用的俗字例……7例

(b) 渊源于隋唐时代的俗字使用例……13例

并且更进一步将（b）中拥有确定抄写年代的碑文·写卷按年表排列，可得出如下结果：

公元 500　　　600　　　700　　　800

…②701→→→

…⑤513→→→　　　→→→⑤759→→

…⑨663→→→

…⑩496→→→⑩591→→→

…⑭713—721→→→⑭841

…⑮637→→→

…⑯514→→→

…⑰610→→→⑰705—781→→→

…⑱610→→→

…⑲591⑲612→→→⑲712→→

根据上述年表，如果以出现最晚的 No. 14 作为考察基准的话，那么就可以看作 714 年以后的经典内容状况保存着日本的《古文孝经孔氏传》祖本的原貌。如果设想作为依据所使用的碑文在这个俗字被使用前后有着相当长的时期，那么寻求从上图上的最厚的群体，以这群体的年代为祖本的时代是比较合理的。根据这样的解析法可以从年代上类推公元 600—700 年。

从而可以说日本的漆纸文书以及三种古抄本《古文孝经孔氏传》保存了大约公元 600—700 年、最迟不晚于 715 年的隋唐时期的面貌。隋文帝开皇十四年（594），秘书监王劭在京师发现了《古文孝经孔氏传》，将其送给河间的刘炫，刘炫写了解说经典的书并进行了讲义。因此如果说上述资料是公元 600—700 年的文本，那么正好离刘炫的时代不远，几乎是同一时代的文本。

附带说一下今后的展望，《古文孝经孔氏传》是魏朝的王肃及其弟子所写的伪作之说也好，还是隋朝的刘炫的伪作之说也好，过去都是以探讨研究孔安国传来判断经典传文的真伪，所以众说纷纭。今后，以包含了与刘炫同一时代的文字信息（隶定古文、异体字、俗字）的文本为起点，可以再次探讨研究王肃、刘炫的伪作之说。

参考文献

[1] 卷末图版（图 1 ~ 5）关于 1972 年胆泽城遗址出土的漆纸文书《古文孝经孔氏传》，参考《岩手县水泽市佐仓河胆泽城——昭和五十八年度发掘调查概报》〔岩手县水泽市教育委员会、昭和五十九年（1984）3 月〕。1978 年多贺城遗址出土的漆纸文书《古文孝经孔氏传》，参考加地伸行《孝经》（讲谈社 2007 年版，第

388 ~ 389 页）登载的断简临摹。

[2] 有关各时代字形，参考如下：

臧克和主编《汉魏六朝隋唐五代字形表》（南方日报出版社 2011 年版）

《异体字字典》（中国台湾“教育部” http：//140. 111. 1. 40/）

《汉字字体规范 DB》（汉字字体规范 DB 编纂委员会 http：//www. joao - roiz. jp/HNG/）

[3] 蔡忠霖《敦煌汉文写卷俗字及其现象》（文津出版社 2002 年版）

本论考为 JSPS 科研费 23652007（研究课题名：“利用漆纸文书对有关汉代至唐代初期《论语》的改观进行文献学研究”，研究代表人：薮敏裕）研究成果的一部分。

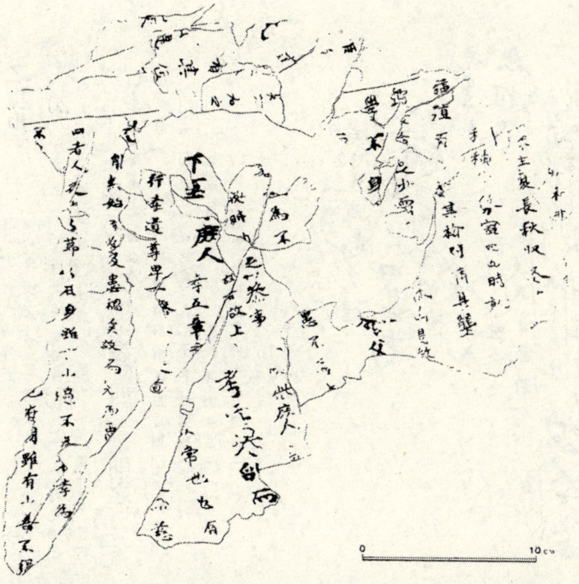

图1　胆泽城遗址出土漆纸文书《古文孝经孔氏传》断简复原图
（《岩手县水泽市佐仓河胆泽城——昭和五十八年度挖掘调查概报》第37页）

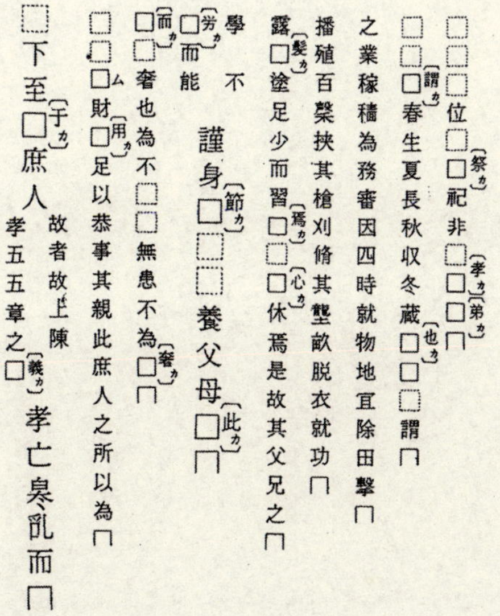
□□□位□□〔祭カ〕祀非□□〔孝カ〕□〔第カ〕⎾
□□□〔謂カ〕春生夏長秋収冬藏□〔也カ〕□□謂⎾
之業稼穡為務審因四時就物地宜除田撃⎾
播殖百槃挟其槍刈脩其壟畝脱衣就功⎾
露□〔髪カ〕塗足少而習□〔焉カ〕□□〔心カ〕休焉是故其父兄之⎾
學　不　謹身□〔節カ〕□□養父母□〔此カ〕⎾
□〔労カ〕而能
□〔而カ〕□奢也為不□□無患不為□〔奢カ〕⎾
□□□ム財□〔用カ〕足以恭事其親此庶人之所以為⎾
故者故上陳
□下至□〔于カ〕庶人孝亡皃乱而⎾
孝五五章之□〔義カ〕

图2　胆泽城遗址出土漆纸文书《古文孝经孔氏传》断简释文（1）（《岩手县水泽市佐仓河胆泽城——昭和五十八年度挖掘调查概报》第16页）

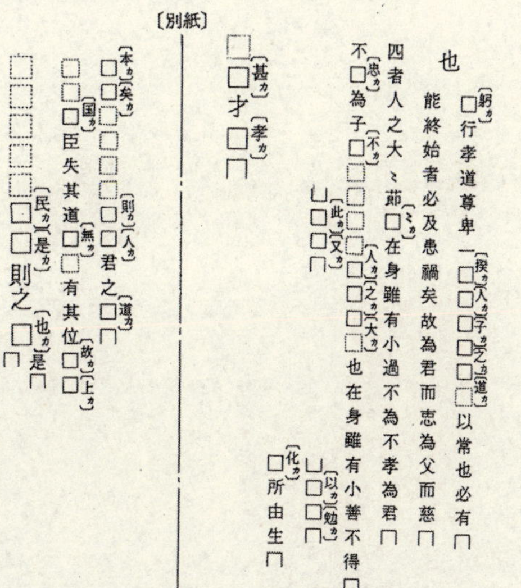
也
□〔躬カ〕行孝道尊卑一□〔挨カ〕□〔人カ〕□〔子カ〕□〔之カ〕□〔道カ〕以常也必有⎾
能終始者必及患禍矣故為君而恚為父而慈⎾
四者人之大々節□〔々カ〕在身雖有小過不為不孝為君⎾
不□〔忠カ〕為子□〔不カ〕□□□□□〔人カ〕□〔之カ〕□〔大カ〕□也在身雖有小善不得⎾
⊔□〔此カ〕□〔又カ〕⎾　⊔□〔以カ〕□〔勉カ〕⎾
□〔化カ〕所由生⎾
□□〔甚カ〕才□〔孝カ〕⎾
〔別紙〕
□〔本カ〕□〔矣カ〕□□□□□〔則カ〕□〔人カ〕君之□〔道カ〕⎾
□□□〔国カ〕臣失其道□〔無カ〕□有其位□〔故カ〕□〔上カ〕
□□□□□□〔民カ〕□〔是カ〕則之□〔也カ〕是⎾

图3　胆泽城遗迹漆纸文书《古文孝经孔氏传》断简释文（2）（《岩手县水泽市佐仓河胆泽城——昭和五十八年度挖掘调查概报》第17页）

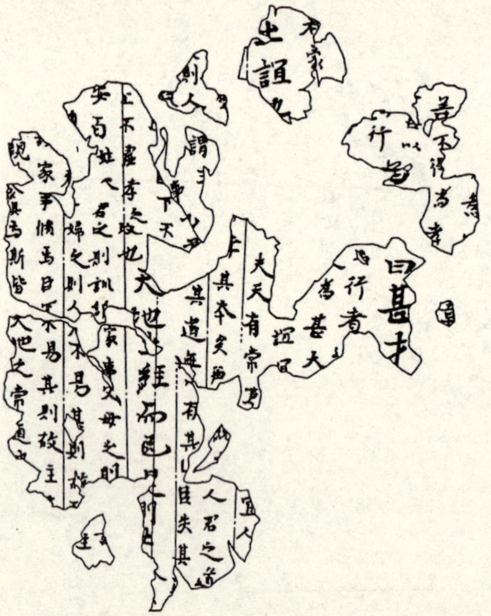

图4　多贺城遗址出土漆纸文书《古文孝经孔氏传》断简复原图（加地伸行：《孝经》，讲谈社2007年版，第388页）

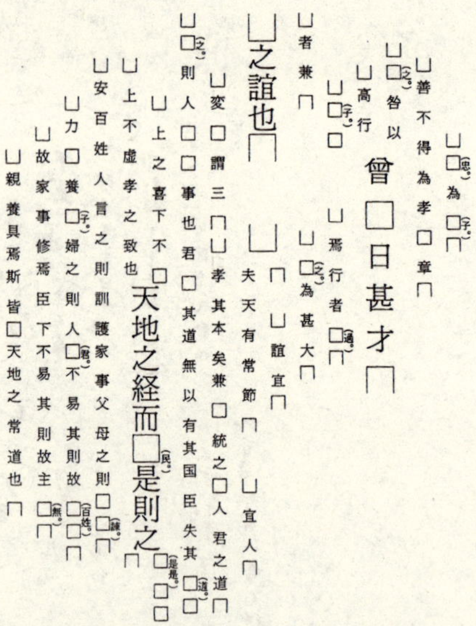

图5　多贺城遗址出土漆纸文书《古书孝经孔氏传》断简释文（加地伸行：《孝经》，讲谈社2007年版，第389页）

上海博物馆藏战国楚竹书《孔子诗论》所引《诗》的理解
——以《周颂·清庙之什·清庙篇》为中心

日本岩手大学教育学部教授　薮敏裕
（翻译：日本岩手大学平泉文化研究中心准教授　刘海宇）

一、绪　论

近年来涌现出了数量众多的新出土资料，从数量和内容上来说，无视或轻视这些材料就无法进行新的中国古代文化研究。当今时代，研究先秦到东汉时代中国文化的学者，进行综合研究者自不必说，即使是分析个别年代不同课题的学者，不研究这些出土资料也不会取得新进展。

但是，并不能因此就认为以往的文献资料变得毫无意义而无甚必要了，新出土资料仅仅是在以往文献的意义和必要性上附加一些限定条件。因此，对于今后的中国古代文化研究，把这些新出资料和传世文献资料进行对照勘验才是方今最为紧要的课题。也就是说，我们必须正确认识这些新出资料在传世文献和以此为基础建立起来的中国古代文化体系中的位置和意义，立足于新出资料的视野，全面地重新探讨以往的文献资料和以此为基础建立起来的中国古代文化研究，这确实是当今之要务。

基于对这个问题的关心，本文着重探讨上海博物馆藏战国楚竹书《孔子诗论》[①]中有关《诗》的理解，并考察这种理解对于研究《诗》的成立给予了我们怎样的智见。但是，本文难以全面阐述这方面的事实关系，在此我们仅以《诗》清庙篇的原始意义为线索，通过比较战国楚竹书《孔子诗论》对《诗》的理解，考察战国楚竹书《孔子诗论》和《毛传》、《毛序》的成立情况。

二、《孔子诗论》第五简所引《清庙》篇的原始意义

战国楚竹书《孔子诗论》大多引用《诗》的篇名或者正文内容的一部分。根据上海博物馆原馆长马承源的研究，推测下葬年代是运用碳14所测定的2300年±68年前（前300±68）。如果弄清了楚竹书所引《诗》的理解、下文所述的原义以及《毛传》

---

① 马承源主编：《上海博物馆藏战国楚竹书（一）》，上海古籍出版社2001年版。

《毛序》对于《诗》的理解，就可以全面地重新讨论仅仅使用传世文献而建立起来的中国古代文化研究。也就是说，可以在中国古代文化中正确评价战国楚竹书《孔子诗论》对于《诗》的理解以及《毛传》、《毛序》等文献资料对《诗》的解释。本文就上海博物馆藏战国楚竹书《孔子诗论》第5简所引用的《清庙》篇加以探讨。《孔子诗论》第5简以下面的形式引用了《周颂·清庙之什·清庙》。

> 清审（庙），王悳（德）也。至矣，敬宗审（庙）之豊（礼），㠯（以）为丌（其）杳（本），秉旻（文）之悳（德），㠯（以）为丌（其）𣛭（业），肃雝（雍）……

清庙篇是由一章八句组成的诗篇。

> 於穆清庙，肃雍显相。
> 济济多士，秉文之德。
> 对越在天，骏奔走在庙。
> 不显不承，无射于人斯。

在考察《孔子诗论》第五简对《诗》的理解之前，本章首先探讨一下战国楚竹书出现以前也就是战国时期以前《清庙篇》的原始意义。

以清代考证学为基础，利用诗的类型比较研究、兴的意义的确定、社会学以及宗教学等方法，《诗》的原始意义研究近年来取得了显著的进展。葛兰言（Marcel Granet）开风气之先，继之而后闻一多、松本雅明、白川静、赤塚忠、家井真等的研究也属于这一范畴。关于其原始意义属于哪个时代这一点上诸说各有不同，如果认同《鲁颂·閟宫》篇“周公之孙、庄公之子”是鲁僖公（前659—前627）的话，颂的成立正如松本雅明所说“那么，可以说《诗经》中含有年代线索的诗，从8世纪末到6世纪初叶”，具有相当的说服力。[①] 当然不能推定年代的诗篇有很多，从一定数量的诗归纳成组这一形式上看，大概可以说原《诗》形成于公元前6世纪初叶以降。

这么说来，战国时期成立的《孔子诗论》第五简很有可能位于公元前6世纪初叶以降形成的《诗》的原始意义与战国末期以后成立的《毛传》、《毛序》的中间位置。如果分析《孔子诗论》第五简对诗的理解与诗的原始意义以及《毛传》、《毛序》对诗解释的之间的相互关系，就可以全面地重新探讨仅仅立足于传世文献的有关《诗》以及《诗经》成立方面的研究。也就是说，可以正确认识诗的原始意义、战国楚竹书对

---

① 松本雅明：《詩経諸編の成立に関する研究（下）》，东洋文库1958年，第632页。

诗的理解以及《毛传》《毛序》等文献资料对诗的理解在中国古代文化中所处的位置。

随着论述的深入，虽然稍显繁杂，立足于上述的问题意识，我们认为有必要梳理一下《清庙》篇的原始意义。因为《诗经》的解释历来众说纷纭，如果不弄清如何释读它，我们的立论就会变成空中楼阁。

○於穆清庙　“於”，如《毛传》所释“叹词也”，是感叹词，通“呜”，训为“啊”。与《大雅·文王》篇“於昭于天”的“於”相同。“穆”，在这里如《毛传》所说为“美”，是形容天子、天命等政治或者文化宏伟美好的词语。本来是称颂祖灵美德的用语，形容宏大而光辉。同于《大雅·文王》篇以及《假乐》篇“穆穆皇皇”的“穆”字。

○肃雍显相　“肃雍”是畏惧谨慎而又和谐安静的样子。参照《召南·何彼禯矣》篇的“肃雍”以及《大雅·思齐》篇的“雍雍在宫，肃肃在庙”。“显”为显明、显赫之意，表示明亮光辉。同于《小雅·湛露》篇“显允君子”的“显”字。“相”，《毛传》训为“助也”，高亨曰“助祭之人”，助祭者说比较有力，但林义光认为“相读为爽。相爽古同音。井人钟云：宪（显）圣丧（爽）疐（惠）处宗室。宪丧亦显爽之假借。处宗室而显爽，与诗言在宗庙而显相，语意正同也。《思齐篇》雍雍在宫，肃肃在庙，是肃雍为处清庙之容。推之显相亦当然矣。”形容处于清庙的样子，表示清爽之意。依据《金文常用字典》“丧，通‘爽’，明也”[①]，训为“明”。

○济济多士　威严而优秀的众多贤士。同于《大雅·文王》篇的“多士”、“济济”。

○秉文之德　“秉”，正如《毛传》曰：“执文德之人也”，陈奂云：“秉，操也，把也。秉训执。”训为执。“文之德”，与《大雅·江汉》篇“矢其文德”的“文德”相同，是为人们所信服的文化、宗教、政治的品德。虽然林义光认为此说错误，但《郑笺》以后“文王之德”亦是很有力的说法。

○对越在天　“对越”，王念孙据《尔雅·释言》改“越”为“扬”，“对越”即为“对扬”，可从。“对扬”同《大雅·江汉》篇“对扬王休”的“对扬”，意为报答。

○骏奔走在庙　“骏”，《毛传》曰“长也”，意为长时间。可以参照《小雅·雨无正》篇的“不骏其德”，马瑞辰云：“诗每借天以刺王，言昊天不骏其德，犹节南山云‘不弔昊天，乱靡有定’也。”一说，《集传》云“大而疾也”，意为迅速，屈万里、高亨亦从此说。“奔”为出走之意（《王风·大车》篇），《大雅·緜》篇“奔奏”，一本作“奔走”。

○不显不承　《大雅·文王》篇“有周不显”，《毛传》曰：“不显，显也。显光也。”此处两个“不”字，如王引之《经义述闻》所说“引之谨按，不显不承，即丕

① 陈初生编纂：《金文常用字典》，陕西人民出版社2004年版，第132页。

显丕承”，应读为“丕”字，没有否定的意义。“不显”为光辉之意。“不承”的“承”，《毛传》云“见承于人矣”，释为继承意。但是，马瑞辰认为《文王》篇“帝命不时”的“不时”为“不承”的假借，“时当读为承。时、承一声之转。……王尚书释周颂‘不承’曰：‘承者，美大之词，当读文王烝哉之烝。释文引韩诗曰：烝，美也。’今按此诗‘帝命不时’，时读承，亦当训为美。”美好之意。马瑞辰说可从。

○无射於人斯　“无射”，《大雅·思齐》篇“无射亦保”，《毛传》曰“无厌也”，不厌倦、不嫌弃之意。“斯”为语气助词，同于《召南·殷其雷》“何斯违斯”的“斯”。

根据上文的解释，我们按照整体的诗意改写成现代汉语如下。

啊，宏大而清洁的宗庙。（祖灵）庄严而和谐，光辉而明允。

威严而优秀的众多贤士，秉承（祖灵的）美好品德。

报答于天，不敢懈怠，一直奔走在宗庙。

光辉而美好（的祖灵），永远不会被人们所嫌弃。

《清庙》篇首先描写的是祭祀祖先神灵的人们，同时也是叙述参祭的人们对于祖先思慕之情的诗篇。

三、《毛传》与《毛序》对《清庙》篇的解释

《清庙》篇一章八句，再次抄写如次。

於穆清庙，肃雍显相。
济济多士，秉文之德。
对越在天，骏奔走在庙。
不显不承，无射於人斯。

对于《清庙》篇整体的解释，《毛传》注曰：“於，叹词也。穆，美。肃，敬。雍，和。相，助也。执文德之人也。骏，长也。显于天矣，见承于人矣，不见厌与人矣。”《毛传》把第二句的“相”解释为助祭者。“显”本来是形容降临祖灵的词语。但是，《毛传》释“显相”为“美好的助祭者”，把“显”理解为形容助祭者们的词语（作为原义，这种解释是错误的）。据此，《清庙》篇的解释就变成下面的情况。

啊，宏大而清洁的宗庙。有德的助祭者庄严而和谐。

威严而优秀的众多贤士，秉承（祖灵的）美好品德。

对于在天的祖灵，（众多的贤士）一直奔走在宗庙。

光辉显耀而被人们继承下来（的祖灵之德），不会被人们所嫌弃。

在原始的解释中，“济济多士”自始至终执行祭祀活动，与此相对，在《毛传》的解释中，“相”与“济济多士”两类人物参与了祭祀活动。

另一方面，《清庙》篇《毛序》曰：“祀文王也。周公既成洛邑。朝诸侯，率以祀文王焉。”认为是周公在文王死后建造洛邑祭祀文王时制作的《诗》。虽然无法明确《毛序》怎样理解《清庙》篇的全体意义，但至少可以确认是把“济济多士”解释为周公及其家臣，“文之德”解释为文王之德。

四、《孔子诗论》第五简对《清庙》篇的理解

如上文所述，我们探讨了《周颂·清庙之什·清庙》篇，极力排除了《毛传》及《毛序》的附会，《诗》的原始意义得到很大程度的复原。另一方面，也阐述了《毛传》及《毛序》对于《周颂·清庙之什·清庙》篇的解释。

这里，我们把视线转向《孔子诗论》第五简。如果能够明确《孔子诗论》第五简引用诗的理解与上述原始意义和《毛传》及《毛序》对诗的理解有什么样的关系，就可以全面地重新探讨使用传世文献建立起来的中国古代文化研究。

《周颂·清庙之什·清庙》篇在《孔子诗论》第五简中引用为下述方式。

> 清宙（庙），王悳（德）也。至矣，敬宗宙（庙）之豊（礼），㠯（以）为丌（其）沓（本），秉旻（文）之悳（德），㠯（以）为丌（其）䕻（业），肅雝（雍）……多士，秉旻（文）之悳（德），虐（吾）敬之。

这段文字的大意是“清庙篇歌颂的是王德。尽善尽美。慎行宗庙之礼，以此为根本，实践美好的品德，以此为要务。(《诗》清庙篇)‘肃雍……’……‘……多士，秉文之德’，我敬之。”据广濑薰雄的研究，《孔子诗论》中指文王的时候用“文”字，加口的“旻”字为文德之文，表示文化教养方面的意义。因此，《孔子诗论》第五简的“文德”可以理解为“美好的品德”，与原始意义近似。

在闻一多以及葛兰言以降的研究中，逐渐明确了的原始意义还残存在《孔子诗论》第五简里面吗？《孔子诗论》第五简显示《清庙》篇是宗庙祭祀行为的描写。第五简中，如果“济济多士”指的是主祭者的话则与原始意义基本相同，如果不是主祭者则会是助祭者吗？不论怎样，都可以看做与祭祀相关人物的描写。“不显不承”的“不”在原始意义中与“丕”同，尚不清楚《孔子诗论》第五简是怎么解释的。

那么，《孔子诗论》第五简与《毛传》、《毛序》的关系是怎样的呢？《孔子诗论》第五简与《毛传》释“文德”为“美好的品德”，《毛序》则释为“文王之德”。另一

方面，关于“相”字，《毛传》释为“助祭者”，《毛序》中虽没有明言，因为解释为“周公与诸侯共同祭祀”，大概与《郑笺》“又诸侯有光明著见之德者，来助祭”相同，释为“助祭者＝诸侯”。因此，《毛传》、《毛序》同样把“相”与“济济多士”解释为两类人物参与了祭祀活动。在这一点上，与《孔子诗论》第五简有很大的不同。

五、结　语

现在以中国为中心，中国古代文化研究的再探讨非常兴盛。究其主要原因，是由于近三十年间出土了数量众多的新资料，有必要重新探讨仅仅使用传世文献建立起来的研究成果是否还正确无误。

战国时期成立的楚竹书《孔子诗论》很有可能位于公元前 6 世纪初叶以降形成的《诗》的原始意义与战国末期以后成立的《毛传》、《毛序》的中间位置。如果分析战国楚竹书《孔子诗论》对诗的理解与诗的原始意义以及《毛传》、《毛序》对诗解释之间的相互关系，可以期待全面地重新探讨仅仅立足于传世文献的、有关《诗》以及《诗经》成立方面的研究。也就是说，可以正确认识诗的原始意义、战国楚竹书《孔子诗论》对诗的理解以及《毛传》、《毛序》等文献资料对诗的理解在中国古代文化中所处的位置。

战国楚竹书《孔子诗论》的出现，一般认为可以得到自孔子以来《诗》传承的线索，在学界产生了很大的影响。但是，通过探讨《诗·周颂·清庙之什·清庙》篇，可以知道《孔子诗论》第五简与《毛传》、《毛序》在主祭者祭祀祖灵还是主祭者和助祭者同时祭祀祖灵这一点上存在不同。仅就《清庙》篇的理解来说，《孔子诗论》与《毛传》、《毛序》之间存在很大的隔阂。今后，我们认为有必要进一步详细探讨战国楚竹书《孔子诗论》引用《诗》全体的解释与《毛传》、《毛序》对《诗》解释之间的关系。

孔教儒学的当代意义

——在山东省曲阜市“第五届世界儒学大会”上发言

孔教学院院长　汤恩佳博士

尊敬的各位专家、各位嘉宾：

一百年前，孔教学院创始人陈焕章先生在上海成立孔教会，这是孔教发展史上的里程碑。百年来，孔教事业虽然经历挫折，但在世界各国同道的共同努力下，孔教大业慧命长存，现正已回归到中国本土，正走向复兴之路。在孔子的故乡曲阜圣地，来自世界各地的儒学专家汇聚一堂，共同研讨儒家思想的现代意义，探索儒家文化复兴之路。在此，我代表香港孔教学院祝会议取得圆满成功！

1913 年，陈焕章诸先生便向参议院和众议院提交了《孔教会请愿书》，提出孔教为国教的历史依据：“周、秦之际，儒学大行，至汉武罢黜百家，孔教遂成一统。自时厥后，庙祀遍于全国，教职定为专司，经传立于学官，敬礼隆于群校。凡国家有大事则昭告于孔子，有大疑则折衷于孔子。一切典章制度、政治法律，皆以孔子之经义为根据。一切义理学术、礼俗习惯，皆以孔子之教化为依归。此孔子为国教教主之由来也。”（《孔教会资料》，中华书局 1974 年版，第 33 页）尽管孔教在历史上成为国教是有无可争辩，但是，在现实中，我们的主张是平和的，我们主张用渐进的方式推动孔教的复兴，我们目前只是要求孔教在祖国内地享有与佛教、道教同等的宗教政策，同基督教、天主教享有同等的宗教自由权利。如果孔教作为本民族的宗教竟然在自己的土地上不能享有同外来宗教同等的政策，这岂不是天大的悖论！

在这里，我要同各位探讨一下孔教儒学的现代意义。

一、复兴孔教儒学，重建道德观

孔教既是“人道之教”，又是“神道之教”，两者相辅相成。对神的信仰，是儒家道德的基础。按孔教的观念，神所看重的，不是祭品的丰俭，而是人的德行的高低。人道来源于天道，人必须按上天的道德命令去做。《论语》：“惟天为大，惟尧则之。”《孝经·应感章》道：“事父孝，故事天明；事母孝，故事地察。”孟子提出这样的命题：“存其心，养其性，所以事天也。”（《孟子·尽心上》）明代大儒王守仁在《传习录上》中讲：“事天如子之事父，臣之事君，须是恭敬奉承，然后能无失。”

孔子是人类历史上最早的人本主义思想家。孔子尊重人的生命，重视人的价值及人伦道德。人的生存、价值、尊严、教育，以至家庭和社会组织成了儒学一贯关心的课题。儒学明确断言，管理、治理的核心是人，管理的主体和客体都是人。以性善论为基础的人性管理模式，充分体现了儒家管理思想的人本主义性质。孟子认为，人具有先天的“善端”，即善的萌芽，人的善端表现出来就有善心和善德。人所具有的这种善德是人从事一切有利于社会行为的内在依据。“仁者爱人”，是孔子关于“仁”的最本质的概括。儒家认为治国以民为本，因此，施仁政就必须“修己以安人，修己以安百姓”，孔子认为“修己”是手段，“安人”才是目的，这说明仁政的实质应为天下百姓谋求利益。

孔子主张“君子义以为上”（《论语·阳货》），将正义作为君子的最高行为标准。有人把儒家说成只要义不要利，而商人只要利不要义，互不相容，这完全是一种误解。儒家的“以义制利”将这两者很好地统一起来。当“义”和“利”发生矛盾时，应该把“义”放在首位，按照“见利思义”（《论语·宪问》）的原则去做，不能“见利忘义”，不能为了个人私利而不顾社会的整体利益。信，则是人的立身之本。

儒学是人类精神文明的宝贵遗产，载负着人类最完善的精神价值体系，在经济全球化的今天，仍然是人类精神文明建设的基础。在孔孟思想里，早已经有了民主、科学、人权、和平等普世价值的萌芽。我们应当弘扬儒学，通过文明对话、交流与传播，使之成为全球人类精神文明的重要组成部分。《论语》就是全人类的圣经，《论语》中的许多至理名言，诸如：“和为贵”、“和而不同”、“仁者爱人”、“己欲立而立人，己欲达而达人”、“己所不欲，勿施于人”等等，成为中国乃至全人类共同的道德信条。只要我们深入研读《论语》，理解和贯彻实践孔子儒家的道德精神，在中国复兴孔教儒家思想，就一定能彻底消除左倾思潮的后遗症。

二、复兴孔教儒学，建设大同世界

在宗教领域，儒教就是孔子贡献给人类的精神珍品。儒教是属于全人类的，因为，儒教是最符合人性的宗教，因而可以超越国界，超越时空，超越民族，成为全人类宝贵的精神财富。陈焕章先生认为，“人道之教”重在人伦道德，“神道之教”重在神灵的信仰。“孔教兼明人道与神道，故乐记曰：‘明则有礼乐，幽则有鬼神。’是孔教之为宗教，毫无疑义。特孔教平易近人，而切实可行，乃偏重人道耳。”（陈焕章《论孔教是一宗教》）孔教的神灵系统是非常完备的，这就是中国大江南北供奉的“天地君亲师”或“天地国亲师”之神位。可以说，凡在家中供奉此牌位的家庭，就是孔教信徒。孔教有众多神灵，正如《礼记·乐记》讲“明则有礼乐，幽则有鬼神”，此牌位是根据大儒荀子的理论而来的，《荀子·礼论》道：“礼有三本：天地者，生之本也；

先祖者，类之本也；君师者，治之本也。无天地，恶生？无先祖，恶出？无君师，恶治？三者偏亡，焉无安人。故礼，上事天，下事地，尊先祖，而隆君师。是礼之三本也。”陈焕章认为，孔教主张灵魂不灭，在此前提下自然有“孔教之报应”。作为宗教，孔庙就是“孔教之庙堂”，曲阜则是“孔教之圣地”：“凡宗教必有教堂。孔教之教堂则学校是矣。或曰文庙，或曰圣庙，或曰学宫。要而言之，则孔教之教堂而已。不能谓惟佛寺道院清真寺福音堂等始可谓之教堂，而夫子之庙堂独不可谓之教堂也。”“耶教之耶路撒冷、回教之麦加、孔教之孔林，皆教主之圣地。”（《论孔教是一宗教》）孔子就是教主，在孔子时代，就已完成了政教分离：“孔子以前，中国政教合一，凡为开创之君主，即为教主。包牺、神农、黄帝、尧、舜、禹、汤、文王是也。自孔子以匹夫创教，继衰周而为素王，政教分离，实自此始。盖至是而宗教始能独立，为教主者不必兼为君主，教统乃立于政统之外矣。”（《论孔教是一宗教》）

孔子儒家思想“和而不同”的原则，不强求各种文化在内容上和形式上的相同，而是承认各种文化在内容上和形式上各自具有不同的特色，只要坚持“和为贵”的原则，采取宽容的态度，就能保护和发展世界各族人民的民族文化，避免世界文化的单一化和平面化，按照“和实生物”的原理，达致世界多元文化共存共荣。

解决国与国的利益冲突、民族与宗教矛盾等全球危机，最为重要的乃是要有一种能够真正代表人类根本利益，能够超越国家、地区、民族、宗教领域而又为世界大多数人所接受，从而能够化解仇恨，缓和矛盾，促进对话，和平共处，共同进步的根本原则。我们认为，这些根本原则就是孔子的“仁者爱人”、“忠恕之道”、“和而不同”。这三大原则是中国传统儒家人文精神的精髓，是孔教的基本教义，也是治理世界错综复杂的各种矛盾，维持人类和谐安宁的灵丹妙药。

建设“大同”世界是孔教儒家的最高理想。“大同”世界是和平、公义的世界。要明白孔子思想，当会发现，“大同”世界是可以在人世间实现的。然则，“大同”世界是怎样建成的呢？其实，“大同”世界就是“大道”的体现，“大道”成则“大同”世界现；而孔教的“大道”，却可以用“忠恕”两字一以贯之。“忠”即“诚意”、“正心”、“尽己”、“敬事”，所谓“君子敬而无失，与人恭而有礼”。如果每个人都以“忠”为行事准则，则人人手足情深；每一国如果都以“忠”为外交原则，则国与国之间便可以和睦互助。而“恕”即是孔子所说的“己所不欲，勿施于人”。

我们提倡“和而不同”的精神，目的是要解决当今世界的各种矛盾冲突，发挥它在维护民族团结，促进世界和平的重大作用。在地球村里，任何一个民族的利益都不能离开人类的共同利益。当今世界的政治、经济、生态的发展都是全球性的，人类在互爱中共存，在互仇中俱损。发达国家与发展中国家，都要互相依赖。同样道理，同一地区相近或相邻的各国各族之间，也是共同利益大于它们之间的分歧与矛盾。和则两利，斗则两伤。真正为本民族利益着想的人，必定是主张睦邻友好的人。冤家宜解不宜结，历史的纷争只能通过谈判、妥协、谅解来解决，而不能诉诸武力。历史大儒张载说过："仇必和而解。"离开此理，仇恨解决永无出路。

三、复兴孔教儒学，重建经济秩序

陈焕章先生认为，西方诸国之所以兴盛，是由于其内在的精神不自觉地符合孔教的精神，而中国之所以落后，却是因为背离了孔教。"欧美之强，亦最近之事耳。其所以强之故，皆暗合于孔教者也。我中国所以积弱之由，实显悖于孔教者也。欧美所以强之故，在养民、保民、教民、通民气、同民乐。"（《论中国今日当昌明孔教》）陈焕章所著《孔门理财学》是中国人在西方正式出版的第一本经济学著作。此书提出了德本财末的理财观，将经济问题置于伦理和政治的框架之中来谈论，讲经济活动的根本目的是"义"。此书的中文译者翟玉忠先生在《译序》中指出："20 世纪西方经济学开始摆脱伦理学走向独立，本书让我们意识到，当代西方经济学摆脱伦理学可能会导致的灾难性结果。在物欲横流、环境灾难频发的时代，《孔门理财学》让我们重新考虑经济学与伦理学相和谐的重要意义。"

市场经济离不开道德建设。1997 年爆发金融风暴，2008 年爆发全球金融海啸，现阶段的欧债危机及中国的房地产危机，病症是"经济"，其病因却是"道德"。单靠法治与知识并不能确保一个社会的正常运行，还必须是按儒家的"仁智统一"的思想，在法治基础上，加上孔教儒家道德的力量，才足以使社会处于健康的状态。以利益挂帅的核心价值，以物欲为动力的市场机制，以破坏环境、攻伐自然为目标的发展模式，以金融衍生为特色的虚拟经济策略，这些都需要彻底反思。

如欲解决上述危机与问题，我们认为必须以孔儒思想中"天地人三才贯通"作基础去改革世界经济秩序，重建人类核心价值；用"义利合一"的商业伦理来取代西方的利益挂帅价值观；用儒家"兼济天下"及"内圣外王"的儒商互利原则来取代西方"理性经济"及民族主义和国族主义背景底下进行扩张和霸道式的市场侵占。在战胜经济危机的过程中，弘扬儒家的仁者爱人、以义制利、诚实守信、以人为本、以德为重、以和为贵、中庸之道等精神。只有立足在儒商文化的模式基础上，才能创造出和平及良性的共融双赢的商业规范和秩序；也只有这样，人类社会建设才能走上真正可持续发展的道路。当全世界人民遵守孔子儒家的道德，就不会发生严重的经济危机，若不幸发生了经济问题，世界人民按照孔子儒家的教导，也能及早走出经济困境。

四、复兴孔教儒学，促进中国统一

通过孔子儒家思想教育包括香港人在内的全体中国人，可以培养中华民族的民族认同与中国的国家认同。孔教是中国人之所以成为中国人的根本标志："儒教是中国的特有的国性，剥夺了它，国家将会灭亡，民族也不会继续存在。”①

孔教会之所以以“保教”，并非只为孔教本身，而是通过孔教而达到“保国”、“保种”之目标。“焕章等敢大声以告国人曰：中国若果不亡，则孔教必为国教；孔教若不为国教，则中国必亡。……故吾民之请定国教也，非独尽忠于孔教也，其尽忠于中国尤挚。”②

中华民族要实现伟大复兴，首要的问题就是要保持国家的团结与统一。保持国家的团结与统一，就需要国家认同。美国哈佛大学亨廷顿教授说，要用英语和基督教来形成美国的国家认同。相应的，我们也应当认识到，要用孔子儒家思想与汉语来构建中国的国家认同。统一的中华民族需要有一个强有力的精神轴心，这个精神轴心就是孔子儒家思想。海峡两岸的和平统一大业面临诸多分歧，但有一点却是共同的，即两岸同胞都是炎黄子孙，都有着共同的儒家文化传统。如果孔教儒学在海峡两岸得到广泛传播，两岸各阶层民众在孔教的信仰与交流的互动中，想到彼此共同的炎黄祖先，流着同一祖先的血液，从而加深彼此了解，捐弃前嫌，有利于形成中华民族的向心力和凝聚力。宋楚瑜说，台湾有些人是忘了本，去了根，这是根本不对。任何一个中国人，如果丧失了中华儒家文化这个根，就会犯根本性的错误。有了孔子儒家思想这一精神轴心，两岸终必团结，达致全国统一的局面。儒家“大一统”的观念为和平统一树立了目标，任何偏离这一目标的行为，都会遭到全国人民的共同反对。儒家的“和而不同”是和平统一的指导思想，这种思想具体实践下来，就是“一国两制”方案的提出。

祖国和平统一大业，是整个中华民族炎黄子孙共同参与的伟大事业。包括儒教、儒学、儒官、儒商、儒将、儒医在内的六类儒家，遵照孔夫子及历代各位贤者的教道，按照仁、义、礼、智、信五常去参与社会活动，手中掌握着促进中国和平统一的精神武器，以孔子儒家思想作为中华民族团结的精神纽带，理所当然地成为中国和平统一大业的积极推动者。儒学阐释孔子儒家文化，儒教以多种途径向广大群众传播孔子儒家信仰，从而建立中华民族的民族精神，培养中华民族的民族认同意识，形成中华民族团结的精神纽带。儒商则是以儒家理念推动中华经济圈的形成，建立联结海峡两岸的经济纽带。儒官、儒将在儒家仁爱、和平理念的指道下，推动两岸关系向着和平统一的方向发展。

回顾人类历史，世界上每个国家、每个民族，都有自己的传统文化、传统思想、传统宗教信仰、民族精神轴心。唯有这样，国家民族才有根基，才能自立于世界民族之林。否则，就会走向民族虚无，最后被外来势力颠覆，不战而败。

本人坚信孔子儒家思想有六大主要功能：

---

① 列文森：《儒教中国的现代命运》，中国社会科学出版社 2000 年版，第 163 页

② 中国社会科学院近代史研究所编：《孔教会资料》，中华书局 1974 年版，第 38 页

一、能促进世界和平；

二、能提升全人类道德素质；

三、能与世界多元文化共存共荣；

四、是中国56个民族、13亿人民的精神轴心；

五、能促进中国和平统一；

六、能达致与世界各宗教文化平起平坐。

本院现在及将来要做的重点工作是：

第一，筹建孔子纪念堂，以此作为向海内外宣传孔教儒学的基地。

第二，孔教学院已经向香港特区政府申请定万世师表孔圣诞日为公众假期及教师节。

我们恳请在座各位给予精神上的大力支持！如同心同德表示赞成，则请热烈鼓掌。

谢谢各位，并祝各位：

事业进步，身心康泰！

《中庸》早出的义理推断

华侨大学哲学与社会发展学院副教授　杨少涵

这里的“早出”是就《中庸》的思想而非文字来说的。所谓义理推断，即不局限于《中庸》的个别章句、字词及文风等文本上的时代性，而是专注于《中庸》的义理，并把《中庸》的义理放于儒学内部的发展脉络之中，以考察推定其出现时间。与先秦很多典籍一样，从文献考订上对《中庸》的作者和成书作出任何确定的断言，都是具有一定危险性的。[①] 但从义理上推断，却不致如此。即使哪一天有好事者突然从秦汉的一座古墓中“真的”挖出一篇《中庸》来，也不能完全确定今本《中庸》晚出，更不能断定《中庸》的思想就是秦汉人的手笔。这是显而易见的。先秦的很多典籍都是经过后人多次整理编订才保存下来的，在每次整理的过程中，我们不敢保证整理者就不会掺入他那个时代的语言习惯和文字风格。所以，一本书的语言是后代的，但思想是前人的，这种情况也是极有可能的。

一、总问题：孔孟之间还是孔孟之后

《中庸》的整个思想是孔孟之间的一个必要环节还是孔孟之后的一种必然发展？这是从义理上推断《中庸》作者及其时代的总问题。很明显，这一问题蕴含着两个结论，一是认为《中庸》的思想应居于孔孟之间，二是认为《中庸》的思想应在孔孟之后。

胡适曾主张第一种结论，认为“大概《大学》和《中庸》两部书都是孟子、荀子以前的儒书”[②]。胡适从儒家思想的内在发展上看出，孔子与孟、荀之间存在一些断裂，而《中庸》、《大学》就是弥补这些断裂的纽带。由此，他认为《中庸》与《大学》应该在孔子以后，孟、荀以前。当然，从胡适在孔子与孟、荀之间的思想关系中所找到的问题来看，他的眼界仍然是宏观的，尚不细致。说得刻薄一些，胡适对儒家哲学的主脉仅具有一种朦胧的意识，尚点不出孔子以降儒学发展的真正问题所在。

在义理推断上的第二种结论中，有一种形态是所谓“回应说”。这种说法认为，

---

① 参见杨少涵：《〈中庸〉成书之辩难焦点综说》，《孔子学刊》2011 年第二辑。

② 胡适：《中国哲学史大纲》卷上，商务印书馆 1947 年版，第 280～281 页。

《中庸》是孔、孟、荀以后的儒家对道家形上思想之挑战的回应，因此《中庸》应该在孔孟之后而非孔孟之间。[①] 但这种“回应说”最终可能只是一种想当然。首先，如果《中庸》的形上思想的确是对道家形上思想的回应，但道家的形上思想究竟从谁算起？从老子还是从庄子？如果从庄子算起，那么《中庸》当然应该是在庄子以后。但是，如果《中庸》是对老子所代表的道家形上思想的回应呢？那就不能必然证明《中庸》晚出于庄子了。其次，如果《中庸》的形上思想不是对道家形上思想的回应呢？一般认为，宋明儒学的超越追求是由于佛老的逼迫。“回应说”正是基于这一认识，认为《中庸》的形上思想也是受了道家形上思想的逼迫。但《中庸》形上思想的集成是儒学内在理路的必然发展，与道家形上思想并没有必然的关系。如果说有关系，也应该是道家对儒家的回应，而不是相反。

不过，从“回应说”的关注焦点来看，从义理上推断《中庸》思想的形成时间，其实就是把《中庸》放于儒家形上思想的逻辑发展过程中来讨论。《中庸》形上思想中最核心的要素是仁、天道、性命、诚、中、情等概念，而以仁为基点。我们知道，孔子创立仁学以后，仁在三个维度上同时向前发展。一是向上的维度，仁与天相接，形上之天是仁的终极根源。二是向内的维度，仁与性逐渐结合，仁的内容得到确实，性的性质得到明确。三是向外的维度，情的激动作用和心的感知功能逐步凸显，从而，仁性能够更加自觉地在道德实践中逐步得到实现。[②] 第一个维度是仁的超越发展的维度，第二个维度是仁的主观内在发展的维度，第三个维度是仁的客观外化发展的维度。但无论哪个维度，《中庸》的思想都居于孔孟之间。以下就从儒学发展的内在理路上对这一结论作具体推证。

二、天道性命的上达与下贯

我曾经详细论证：孔子以后，儒家面临两个形上课题，一是建立道德的本体，一是寻找道德的终极根源。[③] 前者是性命之学，后者是天道之论。儒家的理想是两者打通为一，这就是天道性命相贯通。天道性命打通为一有两条线路可走，一条是自下而上地贯通，这是上达的线路；另一条是自上而下地贯通，这是下贯的线路。具体到《论

---

① 比如王邦雄、高柏园两先生即持此说。参见王邦雄《中庸在中国思想史上的地位》，《儒道之间》，台北：汉光文化公司 1985 年版，第 64、69 页；高柏园：《中庸形上思想》，台北：东大图书公司 1991 年版，第 2 页。

② 儒学的分化，最早的说法是韩非的“儒分为八”。但其说过于简略，许多人名难以对号入座，现在已难窥其旨。而且，就韩非所划归的孔门传人来看，其学术特色亦不甚明朗。比较而言，“儒分为三”倒更符合儒学发展事实。参见梁涛《郭店竹简与思孟学派》，中国人民大学出版社 2008 年版，第 86 页。

③ 参见杨少涵《〈中庸〉哲学研究》第一章，复旦大学 2009 年博士论文。

语》、《孟子》和《中庸》，《论语》、《孟子》走的是自下而上的上达线路，《中庸》走的是自上而下的下贯线路。但是，上达的问题是孔子殁后立即提出的，还是晚至孟子始提出的？如果上达的问题是孔子创立仁学之后就立即提出了，那么《中庸》的下贯思想是对这一问题的直接解答，则《中庸》早出于孟子。如果上达的问题是在孟子创立性善论之后才提出的，那么《中庸》的下贯思想只是对孔孟仁性学说的归结，则《中庸》晚出于孟子。

在义理上认定《中庸》晚出于孟子，除了上面所提到的"回应说"之外，还有一种理论形态，就是牟宗三的"调适上遂说"。牟宗三说认为，儒家的道统是自孔子下传直至《易传》，儒家形上学的基本线路是从孔子的仁到孟子的性再到《中庸》的天。孔子是践仁知天，孟子是尽心知性知天，《中庸》是天命谓性。这是一条由内在到超越，先上达再到下贯的线路，而且这条线路是不可颠倒的。只有对内在的道德本性先有自觉以后，才能进而上推至天命源头。《中庸》由天命说性，正是由孔孟的仁性自然上推的结果。儒家形上学的这种自然上推，自我圆成的发展趋势，牟宗三称之为"调适上遂之发展"①。根据这个调适上遂的发展走势，牟宗三判定孔孟的仁性在先，《中庸》的天道在后，所以"《中庸》在时间上本后于孟子"②。

这里涉及一个关键的问题，即孔子开创仁学之后，儒学面临的最重要的课题是什么。孔子之后，儒学最重要的哲学课题有两个，即建立道德本体，寻找道德终极根源。孔子虽然提出以仁作为道德的内在根据，但孔子并没有将仁内化为性，这就为后人提出了一个仁之内在化为性成为道德本体的课题。与此同时，还有一个课题，就是追问仁的终极根源到底在哪里。这两个课题结合在一起，就是性与天道的问题。也就是说，在孔子之后，上达的问题已经提上儒学形上学建构的日程，而不是要等到孟子性善论之后。

上达的问题就是"性与天道"的关系问题。"性与天道"的问题最早由子贡提出："夫子之文章，可得而闻也；夫子之言性与天道，不可得而闻也。"（《论语》5.13③）《中庸》首句"天命之谓性"就是对这一问题的解答。徐复观认为："上引子贡的话，实际上包含了两个问题。第一个问题是，性与天命，究竟如何而会连贯在一起？第二个问题是，孔子的文章（实践），和他的性与天道，又是如何而会连贯在一起？……子贡所提出的大问题，由曾子这一系统的子思，继续加以简述，在情理上到是很自然的。《中庸》一开始便说'天命之谓性'，这是解答前述的第一问题。'率性之谓道'，这即

---

① 牟宗三：《心体与性体》第三册，《牟宗三先生全集》（7），台北：联经出版公司2003年版，第55页。

② 牟宗三：《心体与性体》第三册，《牟宗三先生全集》（7），第54页。

③ 本文引用《论语》、《孟子》、《荀子》，分别采用杨伯峻《论语译注》、《孟子译注》和张觉《荀子译注》的篇章标示。

是解答前述的第二问题。所以《中庸》上篇，是直承《论语》下来的孔门文献。”[①] 子贡那句话涉及三个概念：文章、性、天道。朱子说：“文章，德之见乎外者，威仪文辞皆是也。”[②] 牟宗三的解释更为明白：“所谓‘文章’，当然不是文学作品，而是成文而昭彰的东西，其中最典型的应是实际的工作或事业。”[③] 可见，子贡所说的“文章”就是礼文章制，统统属于“行”的范围。徐复观直接用“实践”来统指“文章”，也是完全可以的。仁的进一步内化就是性。天道就是天命流行之道。这三个概念存在两对关系，即文章与性的关系，性与天道的关系。文章与性的关系是道德实践与仁性的关系，性与天道的关系是仁性与天命的关系。这两个关系到底又是一种什么样的关系呢？这是孔子之后的儒家所亟待解决的大问题。

《中庸》用天命下贯解答了孔子仁学中性与天道的内在理论关系，同时这一解答也为孟子性善论提供了有力的合法性基础。一方面，孟子说：“仁义礼智，非由外铄我也，我固有之也。”（《孟子》11.6）仁不是由外在的力量强加给人的，而是每个人本来就有的。孟子凭什么敢于放言说为仁是本来就有的呢？原因就在于《中庸》的“天命之谓性”。仁是性，是天之所命。这个天不是人格天，而是由自然天转化来的形上天，是天然自然、必然定然的意思。[④] 天然自然、必然定然就是“我固有之”。仁性的终极根源已经被《中庸》解决了，孟子直接拿来用就是了，不需要再有什么理论上的顾忌。另一方面，孟子又说：“仁，人心也。”（《孟子》11.11）孟子用人心来规定仁，以心论性，以良心论性善。孟子凭什么把仁性直接等同于人心呢？最重要的一条就是良心是“天之所与我者”（《孟子》11.15），良心是天所赋予的，是天所命给的。良心与仁性的总根子都在天，都是天道流行，都是天之所命。孟子以良心论性善，正是从两者的终极根源和本来面目来说的。从终极根源处来看，良心就是仁性，仁性就是良心，两者是同一的；从本来面目来说，天道流行，天命下贯，人同此心，人同此性，两者当然也是同一的。以心论性、以良心论性善是孟子性善论非常重要的一个理论进路，而这个进路能够行得通的理论前提就是“天命之谓性”。所以，从义理上说，《中庸》决不能晚出于孟子，否则孟子这一核心思想便没来由了。由此可见，“调适上遂说”对《中庸》与孟子之关系的判定，是有违于儒学发展内在理路之实际的。[⑤]

---

① 徐复观：《中国人性论史·先秦篇》，台北：台湾商务印书馆1987年版，第110～111页。

② 《论语集注》卷三，《四书章句集注》，中华书局1983年版，第79页。

③ 牟宗三：《中国哲学的特质》，《牟宗三先生全集》（28），第28页。

④ 杨少涵：《天作为道德终极根源的成因》，《青海社会科学》2010年第2期。

⑤ 当然，这并非说牟宗三“调适上遂”的说法应该是想当然之神来一笔。事实上，《中庸》晚出于孟子只是《心体与性体》中的定论。“调适上遂说”的形成经历了两个阶段。第一个阶段是1962年的《中国哲学的特质》。在这个阶段，牟宗三非但不肯定《中庸》在孟子之后，甚至可以说他倾向于认为《中庸》思想应该早出于孟子。第二阶段是1966年到1968年的《心体与性体》。在这个阶段，牟宗三正式提出“调适上遂”，判定《中庸》晚出于孟子。《中庸》晚出于孟子只是《心体与性体》中的定论。

总之，从儒家形上思想的内在发展来看，从孔子经《中庸》再到孟子，《中庸》“天命之谓性”是孔孟之间的必要环节。天道与性命之间有一个上达与下贯的过程，在这个过程中，《中庸》应该居于孔孟之间而非孔孟之后。由仁性上达至天道的问题，在孔子创立仁学之后就已经提上日程，《中庸》通过“天命之谓性”的天道下贯对这一问题作了解答。这一解答又为孟子以心论性提供了理论支撑。

三、仁的内化与性的明确

根据儒学的第二个形上课题，孔子之后，仁必然要往上发展，直到与天相接，从而找到自己的终极根源。根据儒学的第一个形上课题，仁还要往内发展，内化为天命之性。仁与性打并为一有双重意义。从仁的方面来说，仁得到彻底的内化，仁的全部价值和精神内容凝聚、沉淀在一个内在的实体上。从性的方面来说，性获得了道德价值，性的道德性质得以明确。具体地说，仁内化为性的发展过程就是从孔子的仁者“爱人”到《中庸》的“仁者人也”再到孟子的“以人性为仁义”的过程。

面对礼崩乐坏、文灭节绝的严酷现实，孔子拈出一个仁字作为礼文章法的内在血脉，为人生立世寻找到了永恒的道德价值。孔子对仁的陈说很多，但最直接的一个说法是孔子答樊迟的“爱人”（《论语》12.22）。众所周知，孔子论仁的基本方式是随宜指点，针对不同的人和不同的情景，孔子对仁的具体内容和言说方式都会不同。这种陈说方式是一种发散性、铺张性的方式，仁的内容随着这种发散性的陈说方式铺张到人生的角角落落，布满于人身的上上下下。人在切身的生命体验中感受到爱的力量，体会着仁的活力。但也正是这种陈说方式的发散性、铺张性特点，对一般人来说，是不易把捉、难于理会的。

孔子之后，首先对仁进行明确规定的是《中庸》。《中庸》第廿章说：“仁者，人也。”这是对仁的一个定义性概括。仁不是生理的、物质性的人，而是人之普遍的精神本质，是人之所以为人的本质规定性，也就是人之内在的道德本性。《中庸》第廿章还说：“思事亲，不可以不知人；思知人，不可以不知天。”“事亲”是人伦道德之事，这里的“人”与“仁者人也”的“人”是相同的，都是人之所以为人的本质规定性。人何以能事亲呢？因为人是人，不是动物。动物也有一定程度的“事亲”，但动物的“事亲”是具体的暂时的，动物早晚要离开具体的父母且与之成为并列的独立个体，独立后的动物不但不再认识父母，而且可以与之为敌。而人的事亲是本质的永恒的，人并不因为离开了父母而成为并列的独立个体，一个人任何时候在面对父母的时候，都是以子女的身份出现的，即使面对的是父母的遗像，仍如面对活生生的父母。同时，事亲的具体实践中必然体现着人的本质规定性，能够自觉到这种本质性，就是“知人”。仁是人之所以为人的本质规定性，“知人”就是“知仁”。“仁者人也，亲亲为大”，“亲亲”、“事亲”在五达道中就是父子之道，也就是孝悌。有子说：“孝弟也者，其为仁之本与！”（《论语》1.2）《中庸》“仁者人也”正是对有子关于仁是仁爱孝悌的深化。《中庸》通过“仁者人也”一句话，以人之所以为人的本质规定性来说明仁，来规定仁，仁与性的关系进一步靠拢，大大深化了孔子论仁的内涵。但是，《中庸》仍然没有直接说仁就是性，性的道德性质仍然没有得到最终的明确，没有直接说仁就是性，没有对天命之性的性质直接用仁来规定。

把仁与性直接打并为一，这是孟子的工作。这从《孟子》的以下两句话可以看出来。第一句话是“仁也者，人也，合而言之，道也”（《孟子》14.16），第二句话是“以人性为仁义”或“人性而以为仁义”（《孟子》11.1）。可以说，第一句话“仁也者，人也”是对《中庸》“仁者，人也”的继承，第二句话“以人性为仁义”是对《中庸》“天命之谓性，率性之谓道”的发展。“仁者，人也”是说仁是人之所以为人的本质规定性，其中虽然暗含着仁就是性的意思，但《中庸》毕竟没有直接说出仁就是性，没有直接把仁与天命之性打并为一。这个问题在孟子这里得到了彻底的解决。孟子“以人性为仁义”，直接用仁来规定性，仁与性就打并为一了，“仁性”也就跃然而出。孟子把仁和性打并为一，其功至伟。具体说来，它有双重的意义，一方面，孔子所创发的仁的价值内涵得到高度的凝聚和沉淀，最终内化为一种道德的实体，即天命之性；另一方面，《中庸》所提炼出来的天命之性也得到一种价值上的认定和明确，天命之性不是恶性，也不是什么可善可恶的性、有善有恶的性或无善无恶的性，而只是仁性，只是善性。所以，《中庸》所说的天命之性只能是至善无恶的。

四、仁性实现方式的逐步自觉

仁是人之所以为人的本质规定性，所以仁又可称为仁性。仁性需要时时持护才能不断呈现，由此而言，仁性是一种“潜在”的道德性。仁性由潜在变为现实，就是仁性的实现。实现要有实现的方式和途径。仁性的实现也有其方式和途径。孔子求仁得仁实现仁，仁的实现是以直接的伦理实践方式来进行的。在《中庸》这里，仁的实现通过道德情感之未发已发来进行，道德情感是仁性本体的动力系统，仁性就在情感的未发到已发中呈现，尽性以知仁。到了孟子，尽情尽心以知性，四端之情是道德动力，良知之心是道德直觉，情与心共同作用，彰显天命之性。从孔子经《中庸》到孟子，仁性的实现经历了一个逐步自觉的过程。

孔子讲究求仁得仁，求仁得仁就是实现仁。《论语》中关于求仁得仁实现仁的记载很多，求得仁、实现仁的方式和途径巨细不一，样式众多，但总体来看，它们有一个共同的特点，这就是直接性。这些求仁得仁实现仁的直接方式，按孔子自己的说法就是“能近取譬”。子贡曾问孔子：“如有博施于民而能济众，何如？可谓仁乎？”孔子说："何事于仁，必也圣乎！尧舜其犹病诸！夫仁者，己欲立而立人，己欲达而达人。能近取譬，可谓仁之方也已。"（《论语》6.30）"能近取譬"是"仁之方"，就是践行仁、实现仁的方法和途径。"能近取譬"体现的就是一种直接性原则。仁的实现就在切身的事实中，不待远求，也就是孔子所说的"仁远乎哉？我欲仁，斯仁至矣"（《论语》7.30）。仁的实现只能靠自己来实现，不可外求，也就是孔子所说的"为仁由己，而由人乎哉？"（《论语》12.1）

《中庸》对孔子"能近取譬"的践仁方式有直接的继承。《中庸》第十一章至第十五章都是引用孔子的话，而且这几章都是在说道不远人，求道于己。第十三章说，"道不远人。人之为道而远人，不可以为道。"正因为这样，第十五章接着说："君子之道，辟如行远必自迩，辟如登高必自卑。"君子之道即"率性之谓道"的道，也就是天道、仁道。"仁者，人也"，仁是人之所以为人的本质规定性，仁道就是切己近身的必由共行之道，行道即是对仁性的践行，就是对仁性的实现。仁性是内在的本有的，仁道是切己近身的，实现仁性，践行仁道也必然不可远求，就像行路始自足下，就像登山起于脚底。《中庸》第十四章对此进一步概括说："素其位而行，不愿乎其外"，"正己而不求于人"。这简直是孔子"为仁由己，而由人乎哉"一句话的翻版。

孟子紧接《中庸》，以心论性，把这种自觉推至极致。《中庸》虽然以道德情感的未发已发来实现仁性本体，使仁性的实现方式得以紧凑，获得一定程度的自觉。但《中庸》论性不论心，而且已发之内除了道德情感，还有感性情感，良心不明，性根不稳者很容易流于情感激动的不冷静而陷于盲目的道德狂热。这也正是《中庸》何以在功夫论上强调正负两套路线的内在原因。孟子以心论性就有效解决了这一问题。因为孟子所说的心既是良心，又是形上的理性感官，良心所标志的是道德的高度自觉。孟子在道德情感与仁性的关系上，与《中庸》的态度相同。仁性与道德情感是同一的，仁性是通过情感来实现的，但孟子在论情与性的关系时，是通过另一个核心概念来贯通的，这就是心。仁性不但是道德的情感，而且是人心。心是良知之心，是"不忍人之心"，是"四端之心"（恻隐之心，羞恶之心，辞让之心，是非之心）。"不忍"和"四端"既是道德情感，又是良知之心，心与情和性也是同一的，心情性三位一体，浑然为一。在心性情浑然为一的同体关系中，性是实体自身，是从实体之静的方面来说的，情是动力系统，是从实体之动性的方面来说的，心是理性感官，是从实体之所在处，从对性的感应和储存的方面来说的。在具体的伦理情景中，心以感知，情以激动，仁性就睟面盎背，见于形色，施于四体，布满全身，一时俱现。于是，仁性就在心与情的共同作用下，得到自觉而完整的实现。仁性实现的过程，就是孟子所说的尽心知性。孟子以情论心，所以尽心也就意味着尽情。而且，孟子尽心与《中庸》尽性是相同的。[①]《中庸》至诚尽性，诚即是情，重在情之激动；孟子尽心知性，知是良知，重

① 袁俊翁：《四书疑节》卷十二《尽心尽性同否》，《景印文渊阁四库全书》203/886～887。

在知之自觉。尽性与尽心的最终目的都是为了性的实现，两者仍然是一脉相承的。相承是继承，更是发展地继承。“孟子发《中庸》之所未尽”，孟子之有进于《中庸》之处，就在于尽心。尽心重在知上说，尽性、性的实现也便更加自觉。

从孔子、《中庸》到孟子，仁性实现达到了完全的自觉。孔子以“能近取譬”的方式，在礼仪三百、威仪三千的具体事实中直接求仁得仁实现仁。这尚是一种淳朴的直接的实现方式。《中庸》说至诚尽性，诚既是性，又是情，尽性就是性的实现。至诚尽性即以情感为中介，把仁性本体与万端事实暂时隔开，仁性本体通过道德情感得以实现，这不但避免了万端事实的万般无耐，也促进了仁性实现的自觉。孟子以情论心，以心论性，情是道德的动力，心是道德的自觉，心性情三位一体。孟子由“所不忍达之于其所忍”，强调四端之情的扩充，这就是尽情。孟子又强调尽心知性，知性是通过尽情和尽心来完成的。知性之“知”，一方面意味着性的实现，一方面又意味着性之实现的自觉。所以，从儒学的义理发展来看，孟子必在《中庸》之后，而《中庸》必早出于孟子。

《作雒》研究

——兼论周公篇章的制作与流传问题

河北师范大学历史文化学院教授　张怀通

《作雒》是今本《逸周书》的第四十八篇，记载了周公营建成周雒邑的史实。对于这篇重要的历史文献，学者进行了深入研究，但所得结论却有较大差异，刘起釪先生认为《作雒》是“西周文献”，是“周公建国的文献”。[①] 赵光贤先生认为《作雒》“决非西周作品，而是春秋或战国时人的伪作”。[②] 将两位学者所作论证进行对比，我们发现前者的依据主要是《作雒》所载部分史实，后者的依据虽然有七条，但较为可靠的主要是语言文字。同时，我们还发现两位学者的推理都存在一些问题：所载部分史实可靠，并不一定就是西周文献；语言文字浅显固然不是西周文献，但也不一定就是伪作。

《作雒》的问题较为复杂。《作雒》既不像《世俘》，从语言到史实都是西周时代的，也不像《明堂》，语言是战国时代的，史实也是战国时人构拟的。《作雒》的语言文字较为浅显与所载史实较为可靠的矛盾，向我们表明其形成途径较为特殊，不能用“真”或“伪”来简单定性，因此有必要从实际情况出发，对《作雒》的形成问题重新进行研究。

一、《作雒》语言文字的时代特征

《作雒》的语言文字确实较为浅显，大家只要将其与今本《逸周书》中的《世俘》、《尚书·周书》中的《康诰》等西周篇章对读，可以自然地感觉出来，但在本文笔者计划于“辞气”这一传统的标准之外，更采用历史语言学的研究方法对《作雒》的语言文字进行定量分析，以便确定其时代。

首先，《作雒》对于指示代词“其”的使用。“其”作为指示代词在《作雒》中共出现了两次，即“其壝东青土”与“将建诸侯，凿取其方一面之土”。与“其”出现两次的同时，同样是指示代词的“厥”，却一例也没有出现。

“其”原本是副词，处于指示代词“其”位置的原本是“厥”；在古文字中，西周

① 刘起釪：《尚书学史》，中华书局1989年版，第96页。

② 赵光贤：《〈逸周书·作洛〉篇辨伪》，《文献》1994年第2期，第267~269页。

早期及其以前其与厥的词性词义泾渭分明，互不相涉；到了西周中晚期之交，即恭王、夷王时期，副词的其出现了作代词的用例，并出现了取代厥的趋势；到了西周后期，其对厥的取代完成了大约50%；春秋时代完成了大约80%，战国时代是95%，秦汉时代是100%。在古文献中其取代厥的发展趋势是，今文《尚书》其对厥的取代完成了大约20%，《诗经》的“三颂”大约是65%，《大雅》大约是77%，《小雅》、《国风》、《左传》，以及《论语》等诸子著作大约是100%。①

将《作雒》放到古文献中其取代厥的发展趋势里面来观察，我们可以很轻易地得出结论：《作雒》对于指示代词的使用与《小雅》、《国风》、《左传》、《论语》完全相同，因此也就可以轻易地作出判断：《作雒》的语言文字是春秋战国时代的。

其次，《作雒》对于介词“于”与“於”的使用。“于”作为介词在《作雒》中共出现了12例，“於”作为介词共出现了3例，“於”占“于”、“於”总数的20%。为了节省篇幅，此处不再一一列举《作雒》中“于”与“於”的例证。

清代的语言学家段玉裁认为，于与於是古今字，“凡《经》多用‘于’，凡《传》多用‘於’”。② 当代语言学家王力先生认为，于与於是骈词，他说：“‘于’是‘於’是“的”较古形式，甲骨文的介词用‘于’不用‘於’，《书经》和《诗经》、《易经》也以用‘于’为常。由此看来，‘于’和‘於’是骈词。‘於’字后起，除了继承‘于’的原始意义外，它还兼有后起的一些意义，而这些后起的意义就不用‘于’来表示。”③ 古今学者的主张虽然有别，但都注意到了“于”、“於”在使用上有着时代的差别，在此我们主要着眼于“于”、“於”的历时性，其他问题暂且存而不论。

据笔者统计，在古文字中，西周时代的於占于、於总数的0.3%，春秋时代是6.7%，战国时代大约是46%。据久竹先生统计，古文献中於占于、於总数的百分比，《尚书》是1.9%，《诗经》是4.7%，《左传》是55%，《国语》是85%，《论语》以下诸子著作都在93%以上。④

将《作雒》放到古文献中于与於的发展趋势里面来观察，《作雒》对于、於的使用，介于《尚书》、《诗经》与《左传》、《国语》之间，其时代大约在春秋范围之内。这个判断也与古文字中于、於的发展变化规律相符合。

第三，《作雒》对于“时”与“月”联书纪时方式的使用。《作雒》使用时（季节）与月（月份）联书的纪时方式有一处，即“元年夏六月，葬武王于毕”，赵光贤先生已经指出：“西周书及金文中无记四时者，至春秋时期始用四时，此‘夏六月’

---

① 唐钰明：《其、厥考辨》，《著名中年语言学家自选集·唐钰明卷》，安徽教育出版社，2002年版，第180~188页。

② 段玉裁：《说文解字注》，上海古籍出版社1988年版，第157页。

③ 王力：《汉语史稿》，中华书局2004年版，第386页。

④ 久竹：《也从虚词文法考〈左氏春秋〉的年代与作者——兼评高本汉“‘左氏’非鲁人”说》，刘丽文、赵雪主编：《古代语言现象探索》，北京广播学院出版社2003年版，第159~170页。

足证其非西周作品。"① 赵先生的观点是正确的。可能是篇幅的限制，赵先生没有列出证据。在此笔者列举两条古文字与古文献的例证，以使这个结论能够成为定谳。

(1) 正月季春，元日己丑，余畜孙书也。

(栾书缶，春秋，《集成》16.10008)

(2) 唯正月仲春，吉日丁亥，越王者旨於赐择厥吉金，自铸……

(越王者旨於赐钟，1.144，战国早期)

将两个例证作综合考虑，我们判断时与月联书的记时方式很可能出现于春秋时代的后期。如果这个判断能够成立，那么春秋时代后期应该是《作雒》形成时代的上限，也就是说《作雒》的形成只能在春秋时代后期以后，而不可能在春秋中期以前。

以上对于《作雒》中代词"其"，介词"于"、"於"，以及"时"与"月"联书的纪时方式进行了考察，现在将由三项标准衡量所得结果综合在一起，得出总的结论：《作雒》的语言文字具有明显的春秋战国时代特征，其成篇大约在春秋时代的后期。

二、《作雒》所载史实的证明

《作雒》形成于春秋时代的后期，但所载史实较为可靠，其中有一些已经得到了西周青铜器铭文的证实。

第一，周公东征。《作雒》记载的周公东征大约经历了两个阶段，一是"临卫政殷"，二是"征熊、盈族十有七国，俘维九邑"；周公东征对象有："三叔及殷、东、徐、奄及熊、盈"。对此，西周青铜器铭文都有所记载：

(3) 王后返，克商，在成师。周公赐小臣单十朋，用作宝尊彝。

(小臣单觯，西周早期，《集成》12.6512)

(4) 王伐盖［奄］侯，周公谋，禽祝，禽有振祝。王赐金百锊，禽用作宝彝。

(禽簋，西周早期，《集成》7.4041)

(5) 王征盖［奄］，赐冈劫贝朋，用作朕高祖宝尊彝。

(冈劫尊，西周早期，《集成》10.5383)

(6) 惟周公于征伐东夷，豐 伯、薄姑，咸𢦏。公归䙴于周庙。戊辰，饮秦饮，公赏塱贝百朋，用作尊鼎。

(塱鼎，西周早期，《集成》5.2739)

(7) 惟四月既死霸，虢仲令柞伯曰："在乃祖周公繇有共于周邦，用昏无及，

① 赵光贤：《〈逸周书·作洛〉篇辨伪》，《文献》1994年第2期，第267~269页。

广伐南国。今汝其率蔡侯左至于昏邑。”（西周晚期）[①]

例（3）、（4）、（5）、（6）所载东征的主持者各有侧重，有的是周公，有的是成王，有的是周公与成王，这说明周公与成王一同参加了东征，唐兰先生说：“这件铜器铭文（禽簋——引者注）证明伐奄虽是周公摄政时事，但成王确是去了，名义上还是归于成王。”[②] 唐先生的观点是正确的。尽管有的器铭中提到成王，或成王与周公并举，但“周公谋”、“公归𢦏于周庙”等寥寥数语，还是透露了周公是东征的实际负责人的事实。

例（3）中有一个“后”字，朱凤瀚先生说：“小臣单觯铭文中的‘后’是相对武王克商而言，即史载周公二次克商。”[③] 所谓二次克商就是周公东征的第一个阶段，即“临卫政殷”。例（4）、（5）、（6）记载征伐的对象有：东夷、奄、豊伯、薄姑，这些对象有的是国的称号，有的是族的称号，有的是人的称号，都属于东夷族系，都位于泰山南北地区。这三例铭文所载是周公东征第二阶段的前期战事，即征讨属于东夷的奄、豊、薄姑。例（7）中的“柞”就是“胙”，胙国的始封君是周公之子，所以虢仲在命令柞伯时才称“乃祖周公”。虢仲所提周公事迹有一项内容是“广伐南国”，朱凤瀚先生认为周公的“广伐南国”，就是《作雒》记载的周公征伐位于淮河中下游一带的熊、盈之国，因为当时嬴姓、熊姓国家，如徐、楚、群舒等，分布在今淮河中下游地区。这一地区与今河南东南部（信阳地区）、河南西南部（南阳地区）、湖北北部地区等，即淮河流域、南阳盆地、汉淮之间平原等，在西周时代统称为“南国”。[④] 虢仲之所以强调周公“广伐南国”，可能与“昏邑”所处位置有关。这例铭文所载是周公东征第二阶段的后期战事，即“征熊、盈族十有七国，俘维九邑”。

五例器铭所载周公东征对象：商（三监）、奄、豐、薄姑（东夷）、南国（淮夷），与《作雒》记载的周公东征对象“三叔及殷、东、徐、奄及熊、盈”，大体能对号入座，说明《作雒》对周公东征史实的记载非常真实可靠。

第二件史实是“俾康叔宇【宅】于殷”。请看下举青铜器铭文。

（8）王来伐商邑，诞令康侯鄙于卫。沬司徒𨖪眔鄙，作厥考尊彝。

（沬司土𨖪簋，西周早期，《集成》7.4059）

康叔封卫，尽管有周公所作诰命《康诰》的印证，但明确记载了康叔被周公封于

① 朱凤瀚：《柞伯鼎与周公南征》，《文物》2006年第5期，第67~96页

② 唐兰：《西周青铜器铭文分代史征》，中华书局1986年版，第39页。

③ 朱凤瀚：《〈召诰〉、〈洛诰〉、何尊与成周》，《历史研究》2006年第1期，第3~14页。

④ 朱凤瀚：《柞伯鼎与周公南征》，《文物》2006年第5期，第67~96页。

殷人故地建立卫国史实的文献，还是以《作雒》为最早。据《作雒》记载，周公封建康叔大约是在东征胜利之后，是周公加强对殷人故地统治的重大政治举措。这一政治举措，既是巩固东征成果的后续措施，也是实行大封建统治方式的前奏，意义非常深远。现在这项史实得到了西周早期的沬司土疑簋的证实，说明《作雒》的作者对相关史实的叙述有根有据，而不是凭空虚构。

周公东征，以及东征的后续措施——封建康叔，是雒邑得以营建的前提，所以《作雒》对于周公东征的史实着墨较多。除了这项重大史实之外，与周公东征相关联的一些史实也可以得到同时代材料的证实。

比如："武王（伐纣）既归，乃岁十二月崩镐"。其中的"乃"应读为"仍"，"仍"是"再"的意思，所谓"乃【仍】岁"，就是"再岁"，就是武王伐纣之后的第二年。[①] 武王崩于伐纣之后的第二年，与《多方》记载周公的话"今尔奔走臣我监五祀"相互协调。周公对多方讲话是在东征之后，周公东征三年加上武王的二年，正好是五年。[②]

再如："葬武王于毕。"西周早期的段簋（《集成》8.4208）云"唯王卄又四祀十又一月丁卯，王真毕烝"。烝乃烝祭之省，《尔雅·释天》云："冬祭曰烝。"段簋是昭王时器，说明至少康王以前的周王，当然包括武王，其陵寝确实在毕。

再如："俘殷献【贤】民，迁于九毕【里】"。西周晚期的𦆺簋（《集成》8.4215）云："唯王正月，辰在甲午，王曰：𦆺，令汝司成周里人，眔诸侯大亚。"由此可见，成周雒邑确实有"里"的组织。

再如："周公召公，内弭父兄，外抚诸侯"。张亚初、刘雨二位先生说，这句话反映了西周初年中央王朝卿士寮与太史寮联合执政的实情，与西周青铜器铭文记载的西周初年的政治体制相符合。[③]

除了上举史实之外，还有雒邑中的"大庙"，能得到西周晚期敔簋（《集成》8.4323）的证实；三监有霍叔，与新近发现的清华简《系年》相照应，诸如此类，就不一一例举了，总之《作雒》对于西周初年史实的记载非常可靠，是无可争辩的事实。

三、《作雒》与雒邑的关系

《作雒》的语言文字较为浅显，有春秋战国时代特征，成篇较晚，大约在春秋后期，但所载史实能得到西周青铜器铭文的证实，都较为可靠，这是为什么呢？笔者认为原因就在于《作雒》所赖以成篇的成周雒邑的特殊历史地位。

---

① 唐兰：《西周青铜器铭文分代史征》，中华书局1986年版，第4页。

② 顾颉刚、刘起釪：《尚书校释译论》，中华书局2005年版，第1640页。

③ 张亚初、刘雨：《西周金文官制研究》，中华书局1986年版，第101～102页。

成周雒邑营建于周公东征之后、致政之前，建成之后周公受成王之命留守，并以此为重心经营东方，在整个西周时代与宗周镐京东西相对，成为并列的都城。在宗周镐京毁于犬戎攻掠之后，雒邑成了东周王朝的唯一都城，直至东周灭亡的战国时代的后期。雒邑作为西周东周都城的历史表明，在长达七八百年的时间里，其文化命脉一直延续。

春秋时代的后期，也就是《作雒》成篇之时，雒邑作为都城的历史有五百多年，可以想见其城邑及建筑的设施仍然存在，保藏在雒邑的记录周公言行的档案文书仍然存在。孔子曾经因为向往西周礼乐文明而多次游历成周，可能成为上述推测的证据。城邑及建筑的设施的存在，使得《作雒》对于雒邑的描写非常具体，“立城方千七百二十丈，郛方七十里。”“乃位五宫：大庙、宗宫、考宫、路寝、明堂”。记录周公言行的档案文书的存在，使得《作雒》对于以周公东征为代表的西周初年的史实记载得非常可靠。①

与成周雒邑文化命脉的长期延续相比，宗周镐京的文化命脉则短暂得多，大约只有近三百年的历史。当镐京在犬戎的劫掠下成为废墟的时候，其文化命脉也随之断绝。历史上宗周、岐周一带经常出土窖藏西周青铜器，学者认为是西周灭亡时仓惶出逃的世家大族于匆忙间掩埋于地下的结果；凤雏等建筑遗址中有因房屋焚毁而形成的红烧土，学者认为是这些建筑在毁灭时经大火焚烧的结果，再参考西晋东晋、南宋北宋朝代更替的情势，我们可以想见原先保存在“盟府”、“周府”中的档案文书必然随着西周灭亡而遭到大规模毁坏。

如此一来，我们便在“周书”中看到了一个特殊现象，那就是文王、武王的篇章较少，而周公的篇章却较多。有学者认为产生这种特殊现象的原因，一方面是由于周公在西周初年的作为较大，另一方面是由于孔子对周公非常服膺。对此，笔者深表赞成，但同时认为这只是原因之一，而更为基础性的原因则是雒邑在西周东周都保持了都城的地位，保存其中的记录周公言行的档案与文献较少散佚，从而为春秋战国时代的学者追溯周公事迹，像《作雒》、《金縢》等，为孔子或其后学在编纂《尚书》时较多地选辑周公篇章，像《召诰》、《雒诰》等，提供了客观条件。②

---

① 王国维先生在谈到《商颂》的流传时说：“（宋）戴公之三十年，平王东迁，其时宗周既灭，文物随之，宋在东土，未有亡国之祸，先代礼乐，自当无恙，故献之周太师，以备四代之乐。”见氏著《说〈商颂〉下》，《观堂集林》，河北教育出版社 2001 年版，第 66 ~ 67 页。王先生的论述对于我们理解那些记载周公事迹“周书”的制作、保存、流传问题有启发作用。

② 据《左传》定公四年载，鲁国封建有“典策”。这些典策或许也是“周书”的重要来源，可与之相互参照、补充。

四、余　论

《作雒》与雒邑有密不可分的关系，《作雒》成于雒邑已经有了五百多年都城历史的春秋时代后期，这一特殊历史背景，既决定了《作雒》的语言文字较为浅显而所载史实却较为可靠的矛盾统一，也决定了《作雒》的文体特征与形成于西周时代的“周书”有较大区别。

形成于西周时代的叙事类型的“周书”，有较多档案文书的痕迹。其文本格式是：开头一般有由年、月、月相、干支四要素或其中一两相要素组成的纪时词语，然后进入正题，直接叙述事件，对于事件的起因一般不作交代。当叙述完事件后，戛然而止，没有结尾。没有结尾正是“周书”改编自档案文书的文本标志。

转过头来看《作雒》。《作雒》没有结尾，与西周叙事类型的“周书”一样；但开头没有纪时词语而有“序言”，与西周叙事类型的“周书”大相径庭。《作雒》的主题无疑是记叙雒邑的营建、雒邑的规模布局、雒邑的建筑设施，但《作雒》在进入正题之前，在开头用了大量篇幅交代营建雒邑的起因，从武王死、葬，成王继承王位，武庚、三监叛乱，再到周公平叛，康叔封卫，几乎将西周初年的重大事件都一一数到。作者这样做的目的很明确，就是为了说明周公营建雒邑是西周初年政治形势的必然。

广泛地取材，高屋建瓴地组材，对事件起因的刻意交代，表明《作雒》的作者有明确的写作意图，有较为成熟的写作技巧，这就决定了《作雒》能够在一定程度上突破档案文书格式的限制，突破原始记录的时空限制，从而成为一篇具有明显“写作”迹象的“周书”。

有明显的写作迹象，成篇于春秋后期，语言文字较为浅显，这是《作雒》不同于制作于西周时代的“周书”的地方，但叙事有据可依，有案可查，真实而可靠，这又是《作雒》与制作于西周时代的“周书”相比毫不逊色的地方。

总起来说，《作雒》不是西周篇章，但也不是伪作，而是一篇形成于春秋后期的“周书”，因此在西周历史与先秦文献的研究上有很高的价值。

屈万里先生之石经研究及其现代意义

台湾大学中文系副教授　赵飞鹏

一、前　言

所谓“石经”，即是将经典的文字刻在石碑上，供读者阅读。也是中国古代印刷术发明以前，书籍存在的形式之一，其中又以儒家经典最早刊刻成石经，历来研究者也较多。刊刻石经，始于东汉时期，兹先简述石经发展及研究之史实。

《后汉书·儒林传序》云[①]：

> 昔王莽、更始之际，天下散乱，礼乐分崩，典文残落。及光武中兴，爱好经术，未及下车而先访儒雅，采求遗文，补缀漏逸。四方学士，自是莫不抱负坟策，云会京师。……建武五年，乃修起太学，稽式古典，笾豆干戚之容，备之于列。……自是游学增盛，至三万余生。然章句渐疏，而多以浮华相尚。儒者之风盖衰矣！党人既诛，其高名善士，多坐流废，后遂至忿争，更相言告。亦有私行金货，定兰台漆书经字，以合其私文。

由此序言可知，东汉晚年学术界风气败坏，虚浮成风，甚至有人贿赂官员，偷改政府藏书的文句，以证明自己根据的本子无误。其主要症结在于汉代儒者说经，有师法、家法之分，五经博士各有师承，又有今、古文之争，官民不同。导致经书版本繁多，经文漫无标准，人各异辞。解决之道首先即是由朝廷颁行“标准本”，确立经典文字内容。《后汉书·儒林传序》又云：

> 熹平四年，灵帝乃诏诸儒正定五经，刊于石碑，为古文、篆、隶三体书法[②]，以相参检，树之学门，使天下咸取则焉。

---

① 《后汉书集解》卷六十九上，台北：艺文印书馆1978年版，下册第908页。

② 案：汉石经字体皆隶书，并非古、篆、隶三体，前人多有考辨，《后汉书》所云，乃误将曹魏所刻之三体石经作为汉石经。详见张国淦：《历代石经考》，收入《历代石经研究辑刊》，北京图书馆2005年）版，第4册，第78～92页。

然而汉灵帝之下诏刊刻石经，是经过大臣建议的，《后汉书·蔡邕传》云[①]：

邕以经籍去圣久远，文学多谬。俗儒穿凿，疑误后学。熹平四年，乃与五官中郎将堂溪典、光禄大夫杨赐、谏议大夫马日磾、议郎张驯、韩说、太史令单扬等，奏求正定六经文字，灵帝许之。邕乃自书册（一作丹）于碑，使工镌刻，立于太学门外。于是后儒晚学，咸取正焉。

又据《后汉书·宦者传》云[②]：

（李）巡以为诸博士试甲乙科，争第高下，更相告言。至有行贿定兰台漆书经字，以合其私文者。乃白帝，与诸儒共刻五经文于石，于是诏蔡邕等正其文字。自后五经一定，争者用息。

可知当时向灵帝提出此议的，除了蔡邕（132—192）等儒者之外，尚有地位显赫的宦官。又熹平四年（175）只是开始书写经文、刊刻立碑之时，其完成则在光和六年(183)，据《水经注·谷水》云[③]：

汉灵帝光和六年，刻石镂碑，载五经，立于太学讲堂前，悉在东侧。

熊会贞《疏》引《隶释》云：

盖诸儒受诏在熹平，而碑成则光和年也。

熹平石经所刻经书为：《周易》、《尚书》、《鲁诗》、《仪礼》、《春秋》、《公羊传》、《论语》等七种，《后汉书》通称五经，是据汉人的习惯讲法。

至曹魏正始年间（240—247），又有刊刻三字（体）石经之事，三字为古文、篆书、隶书，《晋书·卫恒传》："至魏正始中，立三字石经。"刊经内容为《尚书》、《春秋左氏传》（至庄公中叶止）二经，所立位置亦在洛阳太学之前，因此历代战乱中亦受到波及，其残存情况比汉石经更为稀少。

汉代熹平石经刻成后，未几即毁于东汉末年的董卓之乱（190），经过魏晋南北朝的不断破坏，到了唐代几已完全毁灭。然而从宋代以后陆续有汉代石经的残存石碑出

---

① 《后汉书集解》卷五十下，台北：艺文印书馆 1978 年版，下册第 706 页。
② 《后汉书集解》卷六十八，台北：艺文印书馆 1978 年版，下册第 904 页。
③ 《水经注疏》卷十六，江苏古籍出版社 1989 年版，第 1427 页。

土，引起学者的注意而加以研究，浸浸然形成了“石经学”[①]。张国淦（1876—1959）分析历来学者研究石经，可分为两派[②]：

自来言石经者，一考原流，一考文字。其考原流者，如顾氏炎武《石经考》、万氏斯同《石经考》、杭氏世骏《石经考异》、桂氏馥《历代石经略》、瞿氏中溶《汉石经考异补正》、刘氏传莹《汉魏石经考》等皆是也。其考文字者，如黄氏伯思《东观余论·论书论语字》、洪氏适《隶释隶续·诸经残碑字》、顾氏炎武《唐国子学石经》、翁氏方纲《汉石经残字考》、孙氏星衍《魏三体石经残字考》、严氏可均《唐石经校文》、王氏昶《后蜀毛诗石经残字》、吴氏骞《蜀石经毛诗考异》、冯氏登府《石经考异》等皆是也。

近代以来研究石经之风仍然延续不断，如王国维《魏正始石经残石考》、章太炎《新出三体石经考》等。

本文则旨在对于台湾当代重要学人屈万里先生在石经方面的研究，做一探讨，并尝试诠释其现代意义，以敬申景仰前贤，发潜阐幽之意。

二、石经研究著作

屈万里先生（1907—1979），字翼鹏，山东省鱼台县谷亭镇人。历任山东省立图书馆编藏部主任（1932—1939）、台湾中央图书馆特藏组主任、馆长（1966—1968）、台湾大学中文系所教授兼系主任（1968—1973）、台湾中央研究院院士兼历史语言研究所所长（1973—1978）等重要职务。[③] 由于屈先生曾于民国二十八年（1939）担任大成至圣先师奉祀官孔德成先生（1920—2008）的文书主任，到台湾后，孔先生亦在台大中文系任教，因此与屈先生成为终身挚友。屈先生过世后，其墓志铭即由陈盘先生（1905—1999）撰文，孔德成先生手书。2002 年，山东省图书馆设立“屈万里纪念室”，也曾特地派专人到台湾，请孔德成先生题写室名。2009 年 6 月，山东省图书馆曾举办“王献唐、屈万里、路大荒学术研讨会”以纪念三位先生，可知屈先生之学术成就，早已深得两岸学界之肯定。

屈先生生平治学之主要范畴为经学、上古史、古文字学、版本目录学等，皆有专

---

① 王献唐：《汉魏石经残字叙》云：“石经之在今日，已蔚为专学。”屈万里：《汉魏石经残字二卷校录一卷》书前，台北：联经出版事业公司 1985 年版。

② 张国淦：《历代石经考》，收入《历代石经研究辑刊》，北京图书馆 2005 年版，第 4 册，第 1 页。

③ 参见：《屈翼鹏先生行述》，收入《屈万里先生文存》第六册，台北：联经出版事业公司 1985 年版，第 2143 页。

门著作行世。1972年，先生荣膺中央研究院院士时，其当选之理由即为："对先秦史料之考订，中国古代经典（《诗》、《书》、《易》等）及甲骨文之研究，均有成就。尤精于中国目录、校勘之学。"[①] 1979年2月，先生逝世后，其门生编纂遗著，刊行《屈万里先生全集》，凡16种22册。[②] 其中经学类有10种；古文字学类有2种；版本目录学类有4种。尚有单篇论文、随笔、访谈录、古体诗等若干篇，汇集为《屈万里先生文存》1种。

在屈先生的治学过程中，无论经学、史学、图书文献学等，对于考古资料的重视与纯熟运用，是屡见不鲜的，这当与屈先生非常重视辨伪之学有关。[③] 所谓考古资料即是考古学家由地下发掘而得的文献或文物资料，现代学界称之为"出土文献"（屈先生称之为"文物资料"），与其相对的是"传世文献"（屈先生称之为"图书资料"）。汉、魏所刻的石经，亦属于文物资料。

屈先生于民国三十一年（1942），因王献唐先生（1897—1960）[④] 之推荐，以"借调"方式进入中央研究院历史语言研究所，担任助理员，开始接触甲骨文。在此之前，屈先生于山东省图书馆服务时，也是受到王献唐先生的影响[⑤]，已大量阅读金文方面的书籍，屈先生与考古资料终身为伍，也是自此开始。[⑥]

除了甲骨文、金文之外，屈先生对石经也有深入研究，尤其是汉代熹平石经的辑佚与考辨，更为学界所称道。

屈先生曾于1962年撰《汉石经周易残字集证》、《汉石经尚书残字集证》二书[⑦]，

---

① 刘兆佑：《不平凡的书佣》引，收入《屈万里先生文存》第六册，台北：联经出版事业公司1985年版，第2231页。

② 据费海瑾女士：《写在屈万里全集出版前》一文，当时参与"屈万里先生遗著整理小组"的有龙宇纯、丁邦新、张以仁、陈瑞庚、黄沛荣、李伟泰、周凤五、刘兆佑等先生。至于整理编辑《屈万里先生文存》者，则以刘兆佑、林庆彰二位先生为主。见《读易三种》书前，收入《屈万里先生全集》第一册，台北：联经出版事业公司1985年版。

③ 参见林庆彰：《屈万里先生与图书辨伪》，收入《屈万里先生百岁诞辰国际学术研讨会论文集》，台北：大安出版社2006年版，第93～107页。

④ 王献唐（1896—1960）字献堂，初名家驹，后改名献唐，号凤笙，又号向湖老人，山东省日照市人。青岛特别高等专门学校土木工程系毕业，通晓德文。曾任记者、国民党中央党部秘书。1929年，出任山东省图书馆馆长。着意搜集文物典籍，扩充馆藏，使山东省图书馆成为当时全国收藏文物典籍最丰富的图书馆之一。其父王廷霖颇好金石之学，献唐先生一生亦致力于此。著有《山东古国考》、《炎黄氏族文化考》、《双行精舍题跋》等。

⑤ 屈先生曾自述云："进入山东图书馆后……由于馆长王献唐先生是金石学的名家，我当时受到他的影响，也读了不少的金文书籍。"见《书佣论学集·自序》，收入《屈万里先生文存》第四册，台北：联经出版事业公司1985年版，第1330页。

⑥ 刘兆佑：《屈万里先生年谱》，台北：台湾学生书局2011年版，第35页。

⑦ 《汉石经周易残字集证》中央研究院历史语言研究所1961年排印本，收入《屈万里先生全集》第11册，台北：联经出版事业公司1985年版；《汉石经尚书残字集证》，中央研究院历史语言研究所专刊之四十九，1963年，收入《屈万里先生全集》第10册，台北：联经出版事业公司1985年版。

对《周易》、《尚书》二经传世的汉石经残石加以汇整、复原及文字考释。

《汉石经周易残字集证》三卷，卷一“论证”（汉石经之刊刻及经数碑数；汉石经之毁废与隋唐时代所传之旧拓本；唐宋时代汉石经之发现与著录；汉石经《周易》残字之发现与著录；汉石经《周易》之篇第；汉石经《周易》为梁丘氏本），卷二“校文”，卷三“汉石经碑周易部分复原图”。书前《汉石经周易残字集证自序》云：

> 汉石经所刊七经，除《论语》为诸家所通习，汉时不专置博士外；其余诸经，皆立于学官之本。惜石经历经摧毁，至唐初已十不存一；武后而后，竟毁废净尽。宋代虽有汉石经残石之发现，然未见《周易》只字。民国十一年（1922）后，汉石经《周易》残石，始陆续出土。迨抗战军兴之前，众家所著录者，已达千字以上。一千七百余年前之故物，沈霾亦复千有余年，一旦复出人间，宜学林诧为奇缘而珍为瑰宝也。
>
> 欲知今本《周易》与汉石经本篇第章次之异同及有无衍文、夺文，必先从事汉石经碑图之复原。而此乃最为繁剧之工作。幸有张氏《汉石经碑图》一书，俾为蓝本，乃省却不少日力。然校核修正，亦颇费经营。

屈先生并指出整理《周易》汉石经，对于易学研究有四项贡献：

一、确定汉人所称《易经》十二篇之内容为：经上、下；彖上、下；象上、下；系辞上、下；文言；说卦；序卦；杂卦，与宋人吕祖谦所定本正同。

二、确定汉石经《易经》之底本为“梁丘氏易”。

三、汉石经《易经》之篇第章次均与王弼注本不同，可据以订正传世本之误。

四、汉石经《易经》每碑之行数、字数皆有一定，据此可推知其他各经应亦相同，且可用以校勘唐石经（开成石经）之误。

《汉石经尚书残字集证》三卷，卷一“论证”（汉石经《尚书》之发现与著录；汉石经《尚书》所占碑数；旧雨楼本汉石经《尚书》残字之伪；汉石经《尚书》篇数及篇第；《泰誓》问题；汉石经《尚书》为小夏侯本），卷二“校文”，卷三“汉石经碑《尚书》部分复原图”。书前《汉石经尚书残字集证自序》云：

> 《尚书》在群经中，最为繁剧难理。但就其传本言之：自汉以来，则有伏生所传二十九篇本；有欧阳、大小夏侯增入《泰誓》且并《康王之诰》于《顾命》本；有孔壁古文本；有张霸百两篇本；有东晋伪古文本。……然伏生本既经欧阳、大小夏侯所增并，而此三家之本又皆亡于西晋。后人但凭传述之文献，以推断汉代今文家传本之原面目。倘无汉代直接材料为之佐证，究未能必其悉符汉世传本之真象。
>
> 盖以残石证之，知汉石经《尚书》确为二十九篇，《康王之诰》确合于《顾

命》，确有后出之《泰誓》，《泰誓》及《盘庚》皆确为一篇；伪古文本之《舜典》确自《尧典》析出，而又妄增二十八字；伪古文本《益稷》确自《皋陶谟》析出。凡此皆清人所曾考定，而可以汉石经残字证实者也。

肇治石经者，必当以复原工作为先务也。惟《尚书》复原工作，煞费日力。《隶释》所著《尚书》残字，虽达五百五十以上，然以不着原石行款，又未注明孰在碑阳，孰居碑阴。近出残字，多零碎小石，其中必有一石两面有字者，而著录家亦未明言。以是而定其在原碑之位置，殊费周章。往往沉吟竟日，而不能安一拳石；亦或布置既定，又牵一发而动全身。稿经数易，终改张氏碑图《尚书》部分之五碑十面为四碑八面，然已否与原碑相符，亦未敢遽定。

他如汉石经《尚书》所据者究为何家之本？宋代及清中叶以前之治汉石经者，都未言及。皮锡瑞氏首谓其为夏侯氏本，而语焉未详。陈梦家氏曾申皮氏之说，而论多未谛。吴维孝据汉石经叙残石"《尚书》小夏侯"等字，定为夏侯建本，又因片辞孤证，未为学林所注意。今参考三家之说，而以《尚书》残字及《石经叙》残字证之，知汉石经《尚书》所据者，确为小夏侯本。

屈先生整理汉石经《尚书》残字，证实清人对《尚书》的考证，许多结论是可信的，又据以复原石经的形制，给后人研究石经《尚书》提供可靠的依据。更进一步证明其底本为夏侯建本，凡此都对《尚书》研究贡献良多。

三、伪刻石经考辨

在实际进行石经文献的研究方面，屈先生最著名的贡献应是对所谓"旧雨楼藏汉石经"真伪的考辨。[①]

民国三十四年（1945），抗战胜利，中央图书馆复员还京，屈先生当时正担任中央图书馆特藏组主任，奉命接收伪汪精卫政府"内政部长"陈群（1890—1945）"泽存书库"藏书。[②] 其中有一部题为《旧雨楼藏汉石经拓本》的书，是汉代熹平石经残字

① 鲁生：《中国上古史权威——屈万里教授访问记》云："想当年抗战胜利后，屈教授从'诘'、'诰'一个误字之差，而断定旧雨楼所藏号称一万多字的拓本汉石经之伪，堪称学术界的一大盛事！"收入《屈万里先生文存》第六册，台北：联经出版事业公司1985年版，第2082页。

② 陈群（1890—1945），字人鹤，福建长汀人，早年就读于福州私塾，辛亥革命后赴日本早稻田大学留学，参加中华革命党。1922年，出任广东大元帅府党务处处长，1927年，奉命前往上海，主持清党事宜。其后，相继出任上海法政学院总务长、首都警察厅厅长、内政部政务次长等职。抗战爆发后，受日本人的引诱，于1938年出任伪内政部长兼教育部长。1942年，陈群在南京颐和路2号建成一座三层楼的"泽存书库"，以收藏他搜罗的40多万册新旧图书。1943年接任江苏省省长。1945年8月日本投降，服毒自杀。参见苏精《近代藏书三十家》，中华书局2009年版，第175页。

的拓片，线装裱褙册叶四册，共计约一万两千字以上。屈先生曾先后请徐森玉[①]、蒋谷孙[②]两位先生鉴定，皆谓其非伪。1962 年，屈先生撰《汉石经周易残字集证》，曾使用这批资料，但始终觉得其字体、行款太过一致，似出于一人之手，而觉得可疑。不久屈先生继撰《汉石经尚书残字集证》时，才因其中一个错字而证明此《旧雨楼藏汉石经拓本》确是伪刻。后来屈先生再撰《旧雨楼藏汉石经残字辨伪》一文，分别从四个方面详细论证其伪[③]：

一、"字体不合"：宋·洪适《隶释》卷十四已云："今所存诸经字体不同，虽邕能分善隶，兼备众体，但文字之多，恐非一人可办。"再据民国以后发现确实是汉石经残石的字体，各经多不相同，即使同为《周易》一经之中，笔法也不一样。而《旧雨楼藏汉石经》字体完全出于一手，足知其伪。

二、"碑数不合"：王国维据《洛阳记》推定汉石经共四十六碑，张国淦作《汉石经碑图》即据王氏之说。然而屈先生复原《尚书》时，发现其每碑行数与张氏之图所定不合，张氏每碑之行数相差甚大，显然有误。今《旧雨楼藏汉石经》、《尚书》部分之碑数与张氏全同，足证其乃依据张氏之说伪刻而不知其误，并非真品。

三、"部位不合"：屈先生根据自己复原的《尚书》残石碑图，发现《旧雨楼藏汉石经》竟将应分属两块石碑的文字刻在同一块石碑上，甚至有石碑正面与背面行数相差达三分之二的现象，作伪之迹显然。

四、"经文误字"：如《微子》篇"小民方兴，相为敌雠"。其中"方"字旧雨楼本据段玉裁之说改为"旁"，然此字皮锡瑞《今文尚书考证》卷九已订正为"并"；又《吕刑》篇"度作刑以诘四方"，其中"诘"字旧雨楼本据孙星衍《尚书今古文注疏》卷二七改为"诰"，然而孙氏之说乃是根据错误的《困学纪闻》的本子，一误再误，使得旧雨楼本之伪迹证据确凿。

案：旧雨楼，民国初年方若的藏书楼名。方若（1869—1955），字药雨，号劬园，浙江定海人。清末曾任知府，因倡议维新，与康、梁等人同遭清廷追捕。入民国后，

---

① 徐森玉（1881—1971），名鸿宝，字森玉，浙江省吴兴县人。近代著名之文物鉴定专家、文献学家，清末就读白鹿洞书院，曾中举人，后入山西大学堂习化学。民国后历任教育部佥事、故宫博物院古物馆馆长，抗战期间参与抢救古籍善本之工作。1949 年以后，历任上海博物馆馆长、中央文史研究院副院长。

② 蒋谷孙（1902—1973），名祖诒，浙江湖州南浔镇人，近代大藏书家蒋汝藻（1877—1954）之子，以其家学深厚，亦长于文物鉴别、善本收藏。1949 年后，辗转随国民政府迁台，曾任教于台湾大学中文系所，开设书画鉴定等课程。参见《台湾大学中国文学系系史稿 1929—2002》，台北：台湾大学中文系 2002 年版，第 40 页。

③ 《旧雨楼藏汉石经残字辨伪》，收入《屈万里先生文存》第一册，台北：联经出版事业公司 1985 年版，第 25 ~ 35 页。

以经商致富。生平喜收藏古钱币，又善书画。今传有方若所撰之《旧雨楼汉石经残石记》[①] 一文，记其事甚详。今检《旧雨楼汉石经残石记》，文分三部分：（一）得石先后；（二）三经校文；（三）碑刻辑证；又附续记、再续记。兹节录其中与石经残字之发现有关的部分文字，排比如下：

> 岁癸酉（1933）四月，客持《论语》两小石来归，因予晚年喜读《论语》，犹时人之好佛经，遂留之。两小石灭一面者，《宪问篇》之文也。……五月续得一石，则大两面完具，……此《泰伯篇》、《子路篇》、《宪问篇》之文也。……九月复得二石，与两小石同《子路篇》之文也。……十一月复得一石，尤大，两面完具，《述而篇》、《泰伯篇》、《宪问篇》、《卫灵公篇》之文也。……十二月复得一石，但表面，《学而篇》、《为政篇》之文也。……综七石字数，残余并计得一千零八字。
>
> 《鲁诗》二石得于同年九月、十一月，先《大雅》而后《国风》，皆灭一面者……综二石字数，残余并计得二百十五字。
>
> 《公羊传》一石，石最大，得于同年十月，两面完具。……此《桓公》、《定公》、《哀公》之文也。……残余并计，得一千一百八十四字。
>
> 岁甲戌（1934）三月，得汉石经《尚书》残石，……一石大两面完具，残余并计得六百二十八字。……五月初，又得汉石经《仪礼》残石，……一石，石之大与先得《公羊》等，两面完具，《乡射礼》、《大射仪》之文也。……残余并计得一千一百六十七字。

据方氏自言，其所得仅《论语》、《鲁诗》、《公羊传》、《尚书》、《仪礼》等五经，字数也不过3574字。然而据笔者目验，今台北图书馆所收藏《旧雨楼藏汉石经拓本》，共收7部经书，约13926字。则其多出的部分何时、如何得到，不得而知；又据方氏所言，其入藏此书之拓片，也是得自他人，虽然是伪书，但是否如屈先生所言，全书皆出于方氏伪作，还是另有其人？目前资料不足，尚有待全面研究。

四、结论

从屈先生研究石经的动机来看，并不是仅以校勘文字异同为目的，也不是仅考察石经的形制、辑佚等问题，而是将研究成果运用于经学研究，可说不属于前述石经研

---

① 方若：《旧雨楼汉石经残石记》，收入《历代石经研究资料辑刊》第五册，北京图书馆出版社2005年版，第33~63页。

究之两大派。如屈先生研究经学，以《周易》为主，其早在民国三十五年（1946）撰《周易集释初稿》时，即已采用汉石经之数据，考察易经十二篇之次序。[①] 又如屈先生撰《汉石经周易为梁丘氏本考——跋张溥泉先生藏汉熹平石经周易残石》一文，考证汉石经《周易》之底本应为梁丘贺本[②]，其文略云：

客岁（1944）张溥泉先生获汉熹平石经《周易》残石一，正反两面，正面为经文，存二十八字，反面为校勘记，存二十四字。……此石正面为经文《蒙卦》至《比卦》之残字，熹平石经《周易》每行73字，以是推证，知此乃《周易》第一碑经文第五行至第九行之残字也。

山东省立图书馆藏有《比卦》至《履卦》残石，亦反正两面，反面为《杂卦传》及校勘记残字。……罗振玉氏因其有"易经梁"三字，曾谓熹平石经《周易》所据者为梁丘氏本。惟罗氏无他左证，学者未之信也。反之，自马叔平（衡）先生谓熹平石经《周易》所据之祖本为京氏本后，学者靡然风从，几成定谳。……马氏云："熹平石经之例，以一家为主，而着他家异同于后。"曾列举《诗》、《公羊》、《论语》诸经之校记为证，其说至当不易。且谓熹平石经《周易》如为京氏本，则"其碑末校记中，当着施、孟、梁丘之异同，如《诗》、《公羊》、《论语》之例"。今此石反面之校记寥寥二十四字中，"施、孟、京氏"语凡三见，乃有京氏而无梁丘。后汉《周易》之立于学官者，既仅施、孟、梁丘、京四家，校记中既已出施、孟、京三家，则其主本必梁丘氏本，断然无疑。复证以山东图书馆藏石，其校记开首为"易经梁"三字，知其语当为"《易经》梁丘氏本"之意，又必无疑也。熹平石经《周易》为梁丘氏本之说既定，则由于误以为京氏本，又从而引申之，以证《说卦传》及《系辞传》中"尚象制器"一章为京房之徒所伪作等说[③]，其是非亦可以不待烦言而解。

案：张继（1882—1947），字溥泉，河北省沧县人。早年追随孙中山先生，宣传革命思想。民国建立后，历任党政要职。马衡（1881—1955），字叔平，别号无咎、凡将斋主人，浙江省鄞县人。曾任北京大学教授、故宫博物院院长等，为近现代著名之金石、考古学家。在此文中，屈先生先从"用字之异同"，再从"石经校勘之义例"等两方面，一一对马衡之说提出辩驳，从而得出正确结论，展现了屈先生实事求是，不

① 参见《读易三种》，台北：联经出版事业公司1985年版，第465页。

② 《汉石经周易为梁丘氏本考——跋张溥泉先生藏汉熹平石经周易残石》，收入《屈万里先生全集》第14册《书佣论学集》，台北：联经出版事业公司1985年版，第1~6页。

③ 案：屈先生此处所指的当是《古史辨》第三册上编（上海古籍出版社1982年重印本）所收的几篇文章：顾诘刚：《论易系辞传中观象制器的故事》；钱玄同：《论观象制器的故事出自京氏易书》；胡适：《论观象制器的学说书》。

拘泥于权威之说的学术精神。

再者，与古籍辨伪的精神一致，屈先生对于出土数据与传世数据，也是采“中道”的立场，主张二者应一视同仁，不可偏废，此一精神也表现于其石经研究。屈先生云：

> 文物几乎全部是原始数据，图书大部分是传述资料。在学术研究方面来说，原始资料自然远胜于传述数据，这是文物胜过图书的地方。但文物数据很多是没有文字的，有文字的，也多是简略的记述某些特定的事项。而这些记载，则远不如图书数据之详备。这是图书胜过文物的地方。因此，文物和图书，适足以相辅相成，而不可偏废。①

自从王国维（1877—1927）提出“两重证据法”的研究方法论之后②，“出土文献”的重要性已毋庸多言。近半个世纪以来，地不爱宝，出土文献大量问世，无论研究文学、思想、古代史，如果不能运用出土文献，以证成其说，几无不被讥为“不懂学术行情”！然而，随着学术观念的进步，愈来愈多人体认到出土文献固然有其重要性，但是也不能完全取代传世文献的地位，甚至仅仅根据出土文献，而没有其他资料来研究问题，其局限性仍然是很大的。目前已有学者提出“三重证据法”甚至“四重证据法”③ 来补充王国维的说法，这说明仅据出土文献以从事文史研究还是不够的。现在重读屈万里先生当年的主张，不能不指出这是非常具有前瞻性的、值得后学者深思的中肯意见。

后 记：

屈万里先生是笔者的业师潘美月先生的指导教授，说起来是笔者的“太老师”，因此笔者虽生也晚，未能亲聆屈先生的教诲，却是景仰已久。此次应孔子奉祀官孔垂长先生之命，代表台湾“中华大成至圣先师孔子协会”，参加“2012 年世界儒学大会”，发表论文。特以与孔府交谊至深的屈万里先生之学术为讨论重

---

① 《文物资料和图书资料的关系》，收入《屈万里先生文存》第三册，台北：联经出版事业公司 1985 年版，第 883 页。

② 此说见于王国维：《古史新证——王国维最后的讲义》，清华大学出版社 1996 年版，第一章·总论，第 2 页。原文略记如下：“吾辈生于今日，幸于纸上之材料外，更得地下之新材料；由此种材料，我辈固得据以补正纸上之材料，亦得证明古书之某部分全为实录，即百家不雅驯之言，亦不无表示一面之事实。此‘二重证据法’，惟在今日始得为之。虽古书之未得证明者，不能加以否定；而其已得证明者，不能不加以肯定，可断言也。”

③ “三重证据法”有不同界定，多是在王国维的基础上，再加别的材料，如口述史料、民族学史料、田野调查资料等等，总之是取得更多的资料佐证之意。“四重证据法”亦无非是此意的延伸扩大而已。参见锺佩煖《三重证据法的运用——〈左传〉“少昊以鸟名官”为鸟图腾说之商榷》，花莲教育大学学报 2006 年，第 22 期，第 39 ~ 54 页。

心，撰成本文。一方面是符应主办单位的要求，与经学、儒学研究有关的主题；另一方面，也是表彰屈先生在经学研究方面的贡献，并展示中国台湾经学研究的一个侧面。

畏天命　敬鬼神

——论孔子的天命观和鬼神观

中国人民大学国学院教授　诸葛忆兵

天地、祖先、鬼神的崇拜和信仰，构成华夏先民宗教生活的主体，进而演为某些基本的哲学范畴。承天之佑、先祖有灵、鬼神赐福，是先民宗教活动的主要目的，也是他们生存价值之依据。这种先古宗教观，形成于生产力低下的原始社会。至春秋时，已深入人心。先秦诸子著书立说，或以其为依托，或纵横评说，各有阐述，成一家之言。其中，孔子的阐述却有含混、暧昧之处，变现为十分矛盾的世界观。后人对孔子的天命观和鬼神观的把握，也莫衷一是。匡亚明先生言孔子“不迷信鬼神而又主张祭祀鬼神和敬畏‘天命’”[①]。这样的粗线条描述大致上是正确的。然匡先生将其归结为“二元论”，又是受“唯心”与“唯物”论争的框框束缚，对孔子思想缺乏深入细致的理解。

一、孔子的天命观

天命论是先秦最根本、最重要的一个宗教观念和哲学范畴。对“天”的崇拜起源于远古。先民对身外的自然世界无力把握，充满恐惧 、惊叹之情，便以“万物有灵”的观念解释周围世界，以求得与自然界的和谐共存。《尚书·尧典》云：“舜在璇玑玉衡，以齐七政，遂类于上帝。”马融注曰：“上帝太乙神，在紫微宫，天之最尊者。”[②]出现这样的类似记载之前，先民对“天”的崇拜和信仰，应该已经初步建立起来。在先民心目中，“天”是具有意志的人格神，它与人世间相通，并赋予人世间以秩序。后世的“天人合一”思想，即萌发于此。随着等级社会的出现，人世间的统治者必然以为自己“有命自天”（《诗经·大明》），是“天”的意志在人世间的体现。从现已刊行的甲骨文与金文资料来看，殷人尚未将“天”与“王”紧密联系起来，没有出现“天子”一类的名词，观念上尚不太清晰。[③] 周人代殷而起，以小国革大国之命，完全改

---

① 匡亚明：《孔子评传》，南京大学出版社 1990 年版，第 54、55 页。

② 孙星衍：《尚书今古文注疏》卷一，中华书局 1986 年版。

③ 详见丁山：《中国古代宗教与神话考》，上海书店出版社 2011 年版，第 202 页。

变了现存的秩序。为了强调自己的行为符合“天”的意志，周人特别突出“天命”，《尚书》中屡屡言及。《多士》云：“旻天大降丧于殷，我有周佑命，将天明威，致王罚，敕殷命，终于帝。肆尔多士。非我小国敢戈殷命，惟天不畀。”《康诰》云：“天乃大命文王，殪戎殷，诞受厥命。”《多方》云：“我周王享天之命。”等等。《诗经》中亦多有此类句子，《文王》曰：“穆穆文王，于缉熙敬止，假哉天命！”《大明》曰：“有命自天，命此文王，于周于京。”周人“天命”论的依据是“以德配天”，统治者如违“德”，必受上天惩罚，“天命”就会转移。这就是周盛殷衰的理论根据，故周王始自称“天子”。这种“天命”观被先秦不同流派的思想家所接受，作为解释一家之说的立论依据。《庄子·天地》云：“君原于德而成于天。”《天道》又云：“天道运而无所积，故万物成；帝道运而无所积，故天下归圣；道运而无所积，故海内服。”墨子也以“天”来论证其“兼爱”、“非攻”说。《天志》云：“天意曰：此之我爱兼而爱之，我所利兼而利之。”又云：“天之意，不欲大国之攻小国也，大家之乱小家也。”

孔子的天命观，就是在这样的社会和思想背景中形成，并得以发展。孔子曾多次这样表述：“周监于二代，郁郁乎文哉！我从周。”（《论语·八佾》）从后人记载的孔子大量言行中也可以看出：孔子主要是继承和发展了殷周思想，侧重于周。以《论语》为例做一统计，书中出现“天”字19次、“天命”3次、“天道”1次；还有数次言“命”，语意亦同。其中没有一次是纯粹意义上的自然之天。“天”的意义在孔子心目中是清晰的，是至高无上的人格神，他赋予当下社会以“合理”次序。在这一点上，孔子从未动摇，从未出现“二元”的模糊。所以，顺应“天”意是孔子思想的核心内容之一。“获罪于天，无所祷也。”（《论语·八佾》）《春秋繁露·郊语》云：“天者，百神之大君也。事天不备，虽百神尤无益也。何以言其然也？不祭天而祭地神者，《春秋》讥之。孔子曰：‘获罪于天，无所祷也。’是其法也。”

对“天”的绝对推崇，是孔子学说的立足点。君权神授，是天意，自古而然。推论远古，孔子曰：“大哉！尧之为君出。巍巍乎！唯天为大，唯尧则之。”（《论语·泰伯》）《史记·五帝纪》载：尧有子丹朱不肖，故以君权授舜。“尧曰：‘咨！尔舜！天之历数在尔躬，允执其中，四海穷困，天禄永终。’舜亦以命禹。”（《论语·尧曰》）尧舜之所以不私相授受，乃唯“天命”而从。得“天命”者，必是崇德之辈。“为政以德”（《论语·为政》），“天”必佑之。将《论语》的片断语录联系起来，“以德配天”的思想十分明确。

这种对“天命”的解释，又矛盾地包含着对“君权神授”说的威胁。因为天子或诸侯失德，天命就会转移。孔子就是用这样通变的观点来解释现实社会之变迁。子路对“桓公杀公子纠，召忽死之，管仲不死”表示疑问，以为管仲“未仁乎”？孔子答曰：“桓公九合诸侯，不以兵车，管仲之力也！如其仁！如其仁！”（《论语·宪问》）对子贡同样的疑问，孔子再次解释说：“管仲相桓公，霸诸侯，一匡天下，民到至今受其赐。微管仲，吾其被发左衽矣！”（《论语·宪问》）孔子“民本”思想源于这样的天命观。施惠于民而得民心，即为“德”，即能“承天之佑”。这种天命观自然包含着对统治者的规范和警戒之意。孔子期望自己学说，能够很好地发挥这方面的作用。

然而，孔子对这种“天命”观的贯彻是不彻底的。他以此解释诸侯之纷争，却始终拒绝思考周室衰微是否周王无“德”而失去“天意”引起的问题。孔子认定周王统治，如同“天命”，不可动摇。孔子所言配“天”之“德”，内容之一就是对周室的绝对忠诚与顺从。这种思想，在周室衰微、诸侯争霸的现实社会中，显得苍白无力。所以，孔子便坚定地信仰“天”，以“天”来支撑自己的理论框架。孔子一生奔波，克己复礼，知其不可为而为之，都是为了复兴周室。季氏越份用八佾，孔子云：“是可忍也，孰不可忍也!”(《论语 · 八佾》)鲁仲孙、叔孙、季孙三家祭祀祖先，用天子礼，唱《雍》诗以撤除祭品，孔子又批评说：“‘相维辟公，天子穆穆。’奚取于三家之堂?”(《论语 · 八佾》)因此，孔子特别倡导“畏天命”(《论语 · 季氏》)。即应该约束自我，自觉遵循“君君、臣臣、父父、子子”的等级次序。孔子思想，在正统衰落、异端并起的时代，显得落寞无奈，并不为当时诸侯大臣看好。当大一统王朝建立之后，维护专制独裁政体，孔子思想就能发挥巨大作用。后世君主“罢黜百家，独尊儒术”，亦因孔子天命思想能够作为他们专制政体的理论基石。

孔子毕生，为实现政治理想，追求不已。于是，他又赋予“天命”第二层意义，即：“天”意还可以表现为“仁以为己任”之仁人志士的不懈努力。孔子所建立的以“仁”为主体、“礼”为形式的思想体系，以及孔子积极“参与”意识，都是秉承“天”意，替天行道。所以，孔子始终有“天降大任于斯人”的使命感和责任感。孔子中年后出仕鲁国，为中都宰，迁司空、司寇。志不得伸，则自动离职，周游列国，过卫、陈、曹、宋、郑、蔡诸国。“至是邦，必闻其政。”(《论语 · 学而》)晚年居鲁，参政意识仍很强烈。云：“如有政，虽不我以，吾其与闻之!”(《论语 · 子路》)齐陈桓弑其君简公，孔子便“沐浴而朝”，请求伐齐(《论语 · 宪问》)。孔子自我描述说：“其为人也，……不知老之将至。”(《论语 · 述而》)为求用世，孔子有时不惜委曲求全。如，孔子过卫，见卫灵公夫人南子，引起弟子中最为耿直者子路的猜疑；公山不狃据费地叛季氏、佛肸据中牟拒赵简子，皆以下犯上，招孔子，孔子便欲出仕，再度引起子路的不满。孔子自我解释说：“吾岂匏瓜也哉? 焉能系而不食?”(《论语 · 阳货》)且“如有用我者，吾其为东周乎?”(《论语 · 阳货》)此心此志，唯天可表，故誓曰：“予所否者，天厌之! 天厌之!”(《论语 · 雍也》)正是因为自我感觉到“维天之命”，所以孔子非常自信，仿佛天下可运于掌，曰：“苟有用我者。期月而已可也，三年有成。”(《论语 · 子路》)

推崇孔子学说者，也以“天”意相许。孔子适卫，仪封人求见，出则云：“天下之无道也久矣，天将以夫子为木铎。”(《论语 · 八佾》)木铎是一种铜质木舌的铃子，上古官方有事公布，便摇铃聚集民众。仪封人意谓“天”将命孔子制作法度，以引导天下百姓。这样的推许和孔子的自我认识是一致的。孔子为自己确定的行为准则是

“不怨天，不尤人”（《论语·宪问》）。“天”是不容怀疑的，“天”意的体现则视个体的努力程度而定，亦不得推诿责于他人。“天”成为孔子的最后精神支柱和心理安慰，使他屡遭挫折，终不灰心。孔子适宋，宋司马桓魋欲杀孔子，弟子催促孔子速去，孔子则曰：“天生德于予，桓魋其如予何?”（《论语·述而》）面对死亡威胁，镇定自若，便是有“天”意的依托。孔子引“天”为知己，曰：“知我者其天乎!”（《论语·宪问》）恐怕不是一种泛泛设辞，而是一种心理认定。孔子喜欢将自己的才能、学问、品德等，与“天”联系起来，就是这种心理定势的表现。子贡评价孔子说：“固天纵之将圣，又多能也。”孔子便予以肯定，云：“太宰知我乎!”（《论语·子罕》）孔子“欲无言”时，便引“天”为证，云：“天何言哉？四时行焉，百物生焉，天何言哉?”（《论语·阳货》）

这种自我意识中的与“天”默契感，以及生发出来的积极“用世”精神，对后代仁人志士影响深远。“先天下之忧而忧，后天下之乐而乐”、“国家兴亡，匹夫有责”等等，即为其精神之继承。这是孔子“天命”观中最具积极意义的。后儒将其演绎为“达者兼济天下，穷者独善其身”的圆滑处世哲学，已经歪曲了孔子的思想实质。

“天命”解释权的下移和仁人志士亦可“维天之命”的理解，不断削弱着“天”的神秘色彩，动摇了“天”的绝对地位，这是孔子“天命”观自然生发出来的第三层意义，非孔子意识所及。先秦有的政治家自觉疏远“天道”，郑子产曰：“天道远，人道迩。”（《左传》）随之而来的是对“天”意是否公正的怀疑和一股“怨天”的情绪。面对动荡、黑暗的社会现实，人们意识到“天命不彻”（《诗·十月之交》），对“天”的怨恨情绪不可抑制地喷发出来。《诗·小雅》中便多次出现这样的诗句：“昊天不佣，降此鞠讻。昊天不惠，降此大戾”（《节南山》）；“浩浩昊天，不骏其德”（《雨无正》）；“悠悠昊天，曰父母且！无罪无辜，乱如此怃”（《巧言》）。孔子一生四处碰壁，至晚年难免一时灰心，偶尔流露对“天”的失望情绪。他路过匡，被匡人拘囚，便发出“天之将丧斯文也”（《论语·子罕》）的感叹。孔子最喜爱的学生颜渊去世，孔子则悲叹曰：“天丧予！天丧予!”（《论语·先进》）这种态度与上述社会思潮隐隐相应，是时代变更所赋予孔子的。而孔子“天命观”中自然生发出来的对“天命”绝对地位的瓦解，才是从实质上与上述社会思潮造成呼应之势。不过，孔子“天命”观中悖论式的矛盾，被后世有意识或无意识的忽略，而从未得到真正的重视。

二、孔子的鬼神观

先秦的鬼神崇拜由两方面内容构成：自然崇拜和祖先崇拜。先民观察外界自然，鬼神无处不在，如社稷神、日月神、风雷神、四方神，等等。《史记正义》释曰：“鬼之灵者曰神也。鬼神谓山川之神也，能兴云致雨，润养万物也。”农耕社会重经验，故重孝道，祖先去世后必受祭祀，被推尊为鬼神。《礼记·祭义》中有一段孔子向宰我解释鬼神的话，云："众生必死，死必归土，此之谓鬼。骨肉毙于下，阴为野土；其气发于上，为昭明，焄蒿凄怆。此百物之精也。神之著也。"《礼记·祭法》又曰："大凡生于天地之间者皆曰命，其万物死皆曰折，人死曰鬼。此五代之所不变也。七代之所更立者，禘郊、宗祖，其余不变也。"很显然，去世的祖先是鬼神的一部分。先民奉黄帝、尧、舜等为神，就是一种祖先崇拜。

有关鬼神在社会现实中应起的作用，墨子的论述最为明确、详尽。墨子认为当时天下大乱的原因是人们"疑惑鬼神之有与无"。所以，"今若使天下之人，偕若信鬼神之能赏贤而罚暴也，则夫天下岂乱哉！"（《墨子·明鬼》）鬼神是冥冥之中监视人们言行举止的道德神，他通过赏贤罚暴，使得"善有善报，恶有恶报"，督促人们趋善避恶。

孔子没有表达过如此明确的鬼神观，他对鬼神的态度最为矛盾。首先，孔子从来没有否定过鬼神的存在，言及鬼神时大都带有敬意。古今中外之原始族民，必然经历过多神崇拜、图腾崇拜等发展阶段，先古文献中必多鬼神崇拜之记载。孔子学说推尊上古，无法完全否定上古记载，所以，必然也不能否定鬼神的存在。其次，孔子又在心理上疏远鬼神，对鬼神采取一种实用主义的态度，所谓"子不语怪、力、乱、神"。（《论语·述而》）这与周文化的发展相关。周人已经逐渐意识到自身的能力，不是完全靠天吃饭了。所以，周人疏远鬼神，"敬鬼神而远之"，这成为孔子鬼神思想的来源。其三，鬼神崇拜涉及祖先，与孔子再三强调的"孝"密切关联，孔子的态度是极其庄重的。（详见下文"祭祀"论述）比较明确体现孔子鬼神观的一句话，是樊迟问知孔子的解释，曰："务民之义，敬鬼神而远之，可谓知矣。"（《论语·雍也》）这是周人思想的直接概括。孔子曾自述其思想渊源，《礼记·表记》载曰：

> 子曰："夏道尊命，事鬼敬神而远之，近人而忠焉。先禄而后威，先赏而后罚，亲而不尊。其民之敝，蠢而愚，乔而野，朴而不文。殷人尊神，率民以事神，先鬼而后礼，先罚而后赏，尊而不亲。其民之敝，荡而不静，胜而无耻。周人尊礼尚施，事鬼敬神而远之。近人而忠焉。其赏罚用爵列，亲而不尊。其民之敝，利而巧，文而不惭，贼而蔽。"

孔子比较夏、商、周三代的鬼神观与其得失利弊，取其"敬鬼神而远之"。然所侧重的仍是"周人强民而未渎神"（《礼记·表记》）。"强民"，则"务民之义"，专心于民众有实际利益的事；"未渎神"，则"敬鬼神而远之"，不得罪于神灵。当子路问及"事鬼神"时，孔子的态度更加明朗，回答说："未能事人，焉能事鬼？"（《论语·先进》）孔子另一次回答樊迟问仁问知，对"务民之义"或"事人"解释得十分具体，曰："举直错诸枉，能使枉者直。"（《论语·颜渊》）即应该选拔、任用像孔子一样的、得“天”意的仁人志士，实行仁政，重建伦理，使社会走向有序，感化邪枉之徒，亦归之于直。显然，孔子鬼神观也受他积极用世精神的支配，并与先秦逐渐发展起来的“民本”思想相适应。《左传》云：“民，神之主也。是以先王先成民而后致力于神。”又云：“国将兴，听于民；将亡，听于神。”孔子对此有更多的保留，采取“多闻阙疑”、“知之为知之，不知为不知”的现实态度。

然而，“敬而远之”和“焉能事鬼”的态度已不自觉地包含着怀疑和否定的因素，孔子的实用精神在时时补充和说明着这种因素的存在。传说中黄帝本来有四张脸，却被孔子巧妙解释为黄帝派遣四人去分治四方。①“夔”在《山海经》里本是一只足的怪兽，孔子对鲁哀公解释说：夔“独通于声，尧曰：‘夔一而足矣，使为乐正。’②”因此，鲁迅先生在《中国小说史略》里解释中国神话只存在零星片断时，将“子不语怪、力、乱、神”列为原因之一。

孔子对鬼神采取回避态度，还有一点原因值得注意，即孔子生活的年代，鬼神崇拜和祭祀过于泛滥，上层和民间泛漾着一股妖妄之气。《国语·楚语》载观射父答楚昭王问，云：“及少皋之衰也，九黎乱德，民神杂揉，不可方物。夫人作享，家为巫史，无有要质，民匮于祀而不知其福。垂享无度，民神同位，民渎斋盟，无有威严；神押民则，不蠲其为，嘉生不降，无物以享，祸灾荐臻，莫尽其气。”鬼神对子民们不但失去了高高在上的警戒意义，而且有时还成为祸乱的动因，并引导着一种不求事功的虚诞风气。或“持丧葬、筑盖、嫁娶、卜数、文书，使民悖礼违制”；或“妄陈邪术，恐惧于人，假托吉凶，以求财利③。”故《礼制·王制》有这样严酷的规定：“假于鬼神、时日、卜筮以疑众，杀。”

孔子不能否定鬼神的存在，又不愿这股妖妄之气弥漫，故“敬鬼神而远之”，且告诫曰：“非其鬼而祭之，谄也。”（《论语·为政》）人们可以祭祀各自的祖先，以及被一致认可的神灵。而“非其所祭而祭之，名曰淫祀，淫祀无福”（《礼记·曲礼》）。孔子对“淫祀”的驳斥极为用力。《国语·鲁语》载：“海鸟日爰居，止于鲁东门之外，三日，臧文仲使国人祭之。”孔子评曰：“臧文仲……作虚器、纵逆祀、祀爰居，三不知也。”（《左传》）

仔细辨析，孔子所“不语”的是与“怪、力、乱”联系在一起的鬼神。“黄帝四面”和“夔一足”的神话都属于“怪”，“淫祀”则属于“乱”。对农耕社会所依赖的社稷神或先民的祖先神，孔子是崇敬的。他盛称大禹功德之美，罗举三条，“非饮食而致孝乎鬼神”（《论语·泰伯》）即为其中之一。展禽也批评臧文仲“淫祀”海鸟，然后罗列出应该祭祀的神灵就可分为二类：黄帝、尧、舜等属祖先神灵，社稷、山川、

---

① 详见《尸子》卷下，华东师范大学出版社 2009 年版。

② 《韩非子·外储说左下》，《韩非子校疏》，上海古籍出版社 2010 年版。

③ 孙希旦：《礼记集解》卷四，中华书局 1989 年版，第 35 页。

天之三辰等属自然神灵。展禽的解说为公认的鬼神崇拜划定了大致范围。①

然而，即使对“怪、力、乱”之鬼神，孔子也经历了一个“不语”、“不事”有保留的怀疑向“有所语”相信转变的过程。这个过程与孔子的年龄渐长、用世之志屡遭挫折、晚境衰颓有关。虽然孔子在竭力奋争，成功地控制了这种衰颓情绪的全面爆发，但时时仍情不自禁地流露出来。《论语》载孔子言“怪”一则，就是晚境不得用世之感叹。子曰：“凤鸟不至，河不出图，吾已矣夫!”（《论语 · 子罕》）凤为传说中的瑞鸟，《论语正义》云：“凤鸟至，为圣王之瑞。”② 河图据说是八卦图，亦为圣王将出之天瑞。《易 · 系辞》上云：“河出图，洛出书，圣人则之。”

“天命”与“怪、力、乱、神”是紧密结合在一起的，“天命”时常通过“怪、力、乱、神”表现出来，又是“怪、力、乱、神”的依据。汉代谶纬学就是根据两者关系制造出来的妖诞之学。孔子力图将其割裂对待，但割不断它们思想根源上的一致性。故孔子在屡屡碰壁的晚年，奋争意识稍微松弛，潜伏的鬼神信仰就浮现出来，就违背自己“不语”的主张。先秦文献资料，多次记载孔子言“怪、力、乱、神”之事，清孙星衍纂集的《孔子集语》辑得十多则。部分可能出自后世腐儒的编造，也不排斥部分属史实记载，尤其是其中有关“西狩获麟”一则，《春秋》、《左传》、《孔子家语 · 辨物》、《史记 · 孔子世家》皆有记载。宋胡仔在《孔子编年》中对这些文献资料做一综述，大意如下：叔孙氏西狩获麟，孔子观之，曰：“麟也！胡为来哉！胡为来哉!”乃涕泣沾襟，并对子贡云：“麟之至，为明王也。出非其时而见害，吾是以伤焉!”遂绝笔于《春秋》。此事发生在鲁哀公十四年，孔子 71 岁。《史记》将“河不出图，吾已矣夫”的悲叹也系于此。

最具讽刺意义的是孔子自身也不断地被后世腐儒编织成种种“怪、力、乱”的神话。如《拾遗记》载：“孔子生于鲁襄公之世，夜有二苍龙自天而下。”《论衡 · 纪妖》载：“孔子当泗水而葬，泗水却流。”《演孔图》载：“孔子长十尺，大九围，坐如蹲龙，立如牵牛，就之如昴，望之如斗。”③

用孔子的鬼神观来印证其“天命”观，更能见出其矛盾。

三、孔子的祭祀观

“天命”思想和鬼神信仰的一种具体表现就是举行庄重肃穆的祭祀活动。孔子格外注重祭礼，《论语》中频频提及。先秦司祭仪是一项专门的职业。《墨子 · 非儒》云：“富人有丧，乃大说，喜曰：‘此衣食之端也。’”据此，先秦之儒应该是常为人办

---

① 详见《国语 · 鲁语》。

② 刘宝楠：《论语正义》上册，高等教育出版社 2009 年版，第 90 页。

③ 所引三条，皆转引孙星衍《孔子集语》，文艺时代出版社 2008 年版。

丧事、司祭仪的。“孔子为儿嬉戏，常陈俎豆，设礼容”（《史记·孔子世家》）。便是一种幼儿模仿学习。成人后，自言“出则事公卿，入则事父兄，丧事不敢不勉，不为酒困，何有于我哉?”（《论语·子罕》）可见，孔子做过司祭仪一类的事。幼小时的耳濡目染和成人后的职业需要，都会给孔子造成特有的心理定势：即对祭礼的亲近感和认同感。祭礼在孔子力图重建的礼制中占据极为重要的地位，《礼记》以绝大部分的篇幅规定丧事、祭仪全过程之繁文缛节，儒家礼仪制度比较完整地体现于此。

《礼记》的系统介绍，源自孔子。《论语·尧曰》言尧“所重：民、食、丧、祭”，丧和祭占古圣王所重四件大事中的一半，这是孔子借古人表述自己的思想。《礼记》亦不断转述孔子言行。对照《论语》，孔子有关祭祀的思想十分明了。

其一，孔子对待祭祀的态度极其郑重，丝毫不容马虎。“祭如在，祭神如神在。子曰：‘吾不与祭，如不祭。’”（《论语·八佾》）祭祀时，就是面对着祖先魂灵或众神，对待祭祀的态度就是对待鬼神的态度。必须恭恭敬敬，告慰神灵，祈祷赐福。所以，孔子如因事或因病不能参加祭祀，决不让他人代替。[①]《春秋繁露·祭义》载孔子另一段话，可为此注释。子曰：“吾不与祭，祭神如神在，重祭事如事生。故圣人于鬼神也，畏之而不敢欺也。”孔子平日居处，“虽疏食菜羹，必祭，必斋如也。”（《论语·乡党》）礼制上的一些更变，孔子有时持通达态度，云：“麻冕，礼也。今也纯，俭，吾从众。拜下，礼也。今拜乎上，泰也。虽违众，吾从下。”（《论语·子罕》）唯独于祭祀不可从俭从众，《论语·八佾》载：“子贡欲去告朔之饩羊，子曰：‘赐也，尔爱其羊，我爱其礼。’”因此，与祭礼有关的诸多事情，孔子都有很严肃、刻板的规定。如：“祭于公，不宿肉。祭肉不出三日，出三日，不食之矣。”“朋友之馈，虽车马，非祭肉，不拜。”“侍食于君，君祭，先饭。”（皆见《论语·乡党》）即使乡里的一些类似风俗，孔子也非常恭敬地对待。《论语·乡党》载：“乡人傩，朝服而立于阼阶。”傩，是乡人迎神驱鬼的风俗活动，孔子穿戴庄重整齐的朝服，肃立于台阶之上，以见其恭敬慎重之态度。

其二，通过祭祀仪式，孔子试图将自己的伦理观念移植到他人心中，这套伦理观念从“天命”和鬼神信仰中生发出来。《礼记·礼运》云：“圣人参于天地，并乎鬼神，以治政也。处其所存，礼之序也。”那么，对“天地”、“鬼神”的祭祀，当然是“礼之序”的重要内容。

孔子重建的伦理规范中“孝”是最根本的范畴之一，孝之礼仪，则是以“丧、祭”为主要表现形式。孔子对樊迟解释“孝”的伦理含义，曰：“生，事之以礼；死，葬之以礼，祭之以礼。”（《论语·为政》）祷祠祭祀，供给鬼神，更多的时候是面对祖先神位。“慎终追远，民德归厚焉。”（《论语·学而》）不真正地从内心培养人们的顺

---

① 此处取杨伯峻:《论语译注》“我不与祭，如不祭”的解释，云：“我若是不能亲自参加祭祀，是不请别人代理的。”中华书局1980年版，第27页。

从感和敬仰感，“孝”便无法实施或体现。当顺从和敬仰由外在的伦理说教转化为内心的自觉时，自然也就稳固了人们对如同父母的君主的绝对服从，社会便可由无序走向有序。故曰：“其为人也孝悌，而好犯上者，鲜矣；不好犯上者，而好作乱者，未之有也。君子务本，本立而道生。孝弟也者，其为仁之本与！”（《论语·学而》）在这种社会思想的规范过程中，孔子往往借助祭祀仪式的规范和频繁，培养人们对“天命”和鬼神的崇敬，引导人们的思维走向，从而形成相应的伦理观念。

因此，孔子赋予祭祀形式以伦理学和政治学的重大意义。仲弓问仁，孔子所列举的重要内容之一是“使民如承大祭”（《论语·颜渊》）《论语·八佾》又载：“或问禘之说。子曰：‘不知也。知其说者之于天下也，其如示诸斯乎！’指其掌。”禘，是古代一种极为隆重的大祭之礼，只有天子才能举行。孔子认为如果真正掌握禘礼，天下便可运于掌。孔子不但反对“淫祀”，而且对祭祀仪式方面的僭越更加深恶痛绝。鲁君用禘礼，子曰：“禘自既灌而往者，吾不欲观之矣。”（《论语·八佾》）《礼记·礼运》载孔子语曰：“鲁之郊禘，非礼也。周公其衰矣！”正是对同一件事发表的感慨，痛心疾首之情溢于言表。

祭祀仪式，是天地崇拜和鬼神信仰的寄托形式。前人论及孔子的“天命”观和鬼神观，往往孤立地突出孔子的某一句话，或将其简单地归之于“宿命论”的唯心行列，或推尊其为不迷信鬼神的原始唯物者。这种研究观点，除了受社会环境所提供的理论范式的影响外，还由于孔子思想上的自相矛盾和模糊等所带来的。只有将孔子有关“天命”、鬼神、祭祀三方面的论述联系起来研究，将与此有关的言论全部综合起来分析，且注意孔某种言论表达的特定社会和心理背景，捕捉其思想前后期的变化，方能大致理清孔子的思维脉络。本文就是做这样的努力，以求教于大方之家。

●儒学与国民教育

先秦儒家对祭礼的理论阐释及其现代意义

河南大学历史文化学院副教授　曹建墩

祭祀之礼源于原始崇拜和宗教，是一种崇拜祖先、自然神的礼典。西周以后，祭祀礼仪逐渐摆脱原始祭祀的宗教意义，被赋予了现实的社会意义与人文精神，成为一种具有人文精神的文化体系。春秋以降，儒家对祭礼进行了人文意义上的阐释，将宗教意义上的祭祀转化为人文色彩的礼仪。

一、儒家的祭祀理论建构

儒家从祀典的设置、祭祀的原则以及祭祀的社会功能等角度对祭祀进行了全面的诠释，散见于《礼记》、《论语》以及相关的出土简帛文献中。下面对儒家的祭祀理论作一宏观的考察。

(一) 崇德报本

关于儒家祀典设置的基本原则，可以概括为一句话——崇德报功。儒家主张，凡是有利于人类文明生存和发展的人或物，都可以成为祭祀对象。人们不只祭祀那些生前“有功烈于民”的祖先，而且要祭祀那些能对人们生存、发展有利的自然物，如日月星辰、山林川谷等；人们不只是祭祀自己的血缘祖先，还要祭祀那些在社会文明发展史上作出了重大贡献的祖先、才能的先贤、有道德的先圣、先师。①

从宗教学角度看，基于万物有灵的观念，人类相信鬼神具有超人类的力量而能够施以祸福影响，故而产生了各种形式的祭祀。但儒家则逐渐抽离神灵的宗教特性，而是赋予其以“道德”属性，从人“报本反始”、“崇德报功”等道德情感的角度来诠释祭祀行为的动因。

儒家认为，礼有三本，是为天地、亲、君师，《大戴礼记·礼三本》云：“礼有三

① 《礼记·祭统》：“夫圣王之制祭祀也：法施于民则祀之，以死勤事则祀之，以劳定国则祀之，能御大患则祀之，能捍大患则祀之。……及夫日月星辰，民所瞻仰也；山木川谷丘陵，民所取财用也：非此族也，不在祀典。”

本：天地者，性之本也；先祖者，类之本也；君师者，治之本也。”所谓本，是指事物形成的本原。万物的本原于天地，四时代序，人类所需要的物用民材皆天地所生。甚至人性亦来自于天地，人性为天命之下贯，如《左传·成公十三年》：“民受天地之中以生，所谓命也。”郭店简《性自命出》云：“性自命出，命自天降。”《礼记·中庸》：“天命之谓性。”儒家认为，天是人类社会秩序的来源，礼的制作缘自效法天地之德而制定。可见儒家阐释祭祀天地的原因，并未从宗教意义上来论证对天地的宗教情感，而是从天地对于人类的价值之源这一角度来解释。① 先祖不仅是血缘种族的生命之本，无先祖则无后代子孙，在儒家的观念中，先祖更是因为具有功烈、美德，所谓“祖有功，宗有德”，是人间道德、事业、功绩的至高至善的代表与象征，足为后世子孙所效法，故而受到后人的祭祀。儒家认为君师为伦理教化之本，历代帝王圣贤如伏羲、炎帝、黄帝、尧、舜、禹、汤、周公、孔子等圣贤德行深厚，生前功烈卓著，泽被后世，祭祀他们是为了缅怀他们的功绩，以激励后人奋发有为。

儒家的祭祀是一种报本崇德之形式。《礼记·郊特牲》云：“万物本乎天，人本乎祖，此所以配上帝也。郊之祭也，大报本反始也。”“王者天太祖”，“所以别贵始，德之本也”。按照以类比类的原则，郊天时以先祖配食，以回报天地生生之德与先祖之功。又《礼记·郊特牲》论述社稷祭祀的目的云：“地载万物，天垂象，取财于地，取法于天，是以尊天而亲地也，故教民美报焉。家主中溜而国主社，示本也。唯为社事，单出里；唯为社田，国人毕作；唯社，丘乘共粢盛，所以报本反始也。”中溜之神为居室之主，有功于人；社为国家之神，具有保护神的性质，社之祭，是报答财用生成之本与人道取法之本。儒家并不相信人的生命来自于神灵的创造，而是认为父母对人有生养抚育之恩情，祭祀他们为报本反始之意，“一曰报功，二曰修先。报功以勉力，修先以崇恩”（《论衡·祭意篇》）。此种祭祀，冯友兰先生尝谓：“根于崇德报功之意，以人为祭祀之对象……则此已为诗而非宗教矣。”②

儒家主张，报本之旨在于反本，“反始”乃为“厚本”。《礼记·祭义》云：“致反始，以厚其本也。”人们对于神灵的感恩馈报是内心的欲求，这种回报之情属于自然而然的外发之情，它是一种质朴的情感。《礼记·祭义》云：“君子反古复始，不忘其所由生也。是以致其敬，发其情，竭力从事以报其亲，不敢弗尽也。”通过祭祀的形式，让人们返回人的天然本心，培养人们的报本反始观念，在日常行为潜移默化中培养人的伦理意识和价值观念，提升世俗生命的意义与价值，这有助于“民德归厚”，维护社

① 《礼记·孔子闲居》：“天有四时，春秋冬夏，风雨霜露，无非教也。地载神气，神气风霆，风霆流行，庶物露生，无非教也。”《礼记·礼运》：“故祭帝于郊，所以定天位也。祀社于国，所以列地利也。祖庙，所以本仁也。山川，所以傧鬼神也。五祀，所以本事也。”《礼记·郊特牲》：“天垂象，圣人则之，郊所以明天道也。”

② 冯友兰：《中国哲学史》上册，中华书局1984年版，第428页。

会的稳定与和谐。

（二）鬼神飨德不飨味

中国古礼的基本精神，是主张礼要建立在人的内在德性基础之上，儒家称之为“仁”，“仁”为礼乐文化的内在精神。“礼”的实施，是表达人本思亲等“仁”爱情感的有效途径。《论语·八佾》记载孔子云：“人而不仁，如礼何？人而不仁，如乐何？”孔子又感慨说：“礼云礼云，玉帛云乎哉？”孔子主张在行礼时要有内心的真实感情，要具有爱人之情，礼乐的制作，乃是基于人的自然情感，当被抽离了礼的精神，外在的礼文也不过是作秀的仪式，并没有实际意义。《礼记·礼器》主张君子行礼“非作而致其情也”，祭祀之礼不是人为故意的做作，儒家认为祭祀乃是一个人内心情感的需要，而不是对鬼神的崇拜与畏惧使然。《礼记·祭统》云：“夫祭者，非物自外至者也，自中出，生于心也。”祭祀行为是内心自然生成的，《礼记·祭义》具体阐发道：“霜露既降，君子履之，必有凄怆之心，非其寒之谓也。春，雨露既濡，君子履之，必有怵惕之心，如将见之。”由此来看，儒家主张之所以要祭祀，非他律性的外在强制使然，更非出于世俗之功利目的，而是出于自然之人情。

这种内心的自然之情受到儒家最大限度的关注与重视，要求祭祀时参与者必须“敬享”、“贵诚”。《礼记·祭统》对于诚敬在祭祀中的重要性论述说：“身致其诚信，诚信之谓尽，尽之谓敬，敬尽然后可以事神明，此祭之道也。”儒家将祭祀者的“诚信”、“忠敬”提升至“祭之本”的层次，认为祭祀的根本在于诚敬。若无此诚敬，则自然之真情无由表达，祭祀礼仪也成为一场作秀，也就达不到祭祀的目的。据此而言，祭祀已内化为人的一种心理需要和感情依托形式。

中国古代的祭祀一个特征就是它与人的道德密切联系在一起，将道德的内涵注人到祭祀行为中。儒家将祭祀的道德内涵概括为“鬼神飨德”，主张祭祀的根本在于祭祀者内在的诚敬之德。《礼记·礼器》论道：“君子曰：祭祀不祈，不麾蚤，不乐葆大，不善嘉事，牲不及肥大，荐不美多品。”是说祭祀的根本不在于那些祭器的高大华丽，祭牲的肥大和祭品的丰富佳美，这些都不是祭祀真正的意义所在，因为鬼神飨德不飨味。《谷梁传·成公十七年》亦云：“祭者，荐其时也，荐其敬也，荐其美也，非享味也。”明确提出祭祀的根本在祭祀者的恭敬之情。在古代祭祀中，越是尊贵的神灵，其祭品、仪式越是俭约、质朴。《礼记·郊特牲》说：“礼也者，反本修古，不忘其初者也。故凶事不诏，朝事以乐，醴酒之用，玄酒之尚，割刀之用，鸾刀之贵，莞簟之安，而槁鞂之设。”祭祀上天时，献给神的是清水，进献不加盐、梅等调味的“大羹”；天子祭祀上天以荐献血、腥（生肉）为尊贵；祭祀时用的圭不加雕琢；郊祀的场所也没有什么富丽堂皇的建筑，只是在南郊打扫出干净的地面，即可设祭；祭祀用的席子也不华丽，而是用禾秆编织的粗糙之席。天子郊祭时乘坐不加彩绘的车，祭器用质朴无文的陶器与葫芦做的瓢，不用华美的祭器。这些都体现出大祭“贵质”、“反本修古”的特点。礼是让人们返回人的本心，遵从古来的传统，不忘先人的原始状态的，即所谓“礼也者，不忘其初者也”。

先秦儒家“反本修古”的祭祀理论，体现出儒家对人类文明异化的深刻认识与忧虑。东周社会政治的危机伴随的是文化的危机，社会越来越脱离人自然的一面，越来越与自然的质朴之情疏离。人心为外物所诱惑，人为外物所化，从而导致“人化物也者，灭天理而穷人欲者也。于是有悖逆诈伪之心，有淫泆作乱之事。是故强者胁弱，众者暴寡，知者诈愚，勇者苦怯，疾病不养，老幼孤独不得其所”（《礼记·乐记》）。人心贪婪，为追逐利益而争斗不已。儒家提出“反本修古”，希望人们能够通过祭祀形式，深刻认识人类社会、文化的存在之本。这种“本”，乃是人类文化存在的道德之本，是人类文化之所以确立的情感之本。祭祀中的诚敬之情、素朴之心、内在德性，形式上施用于人神之间，其实，它更是人作为社会的人所必须具备的高贵品质，是“人之所以为人”的根本。通过形式上“修古”而显得朴略的祭祀仪式，让人们从世俗奢华的生活中暂时脱离，回归人的诚敬本心与仁人之情，这就是祭祀的意义。

（三）重视自求，德性求福

儒家并不相信真有所谓的鬼神存在，素来主张“不语怪、力、乱、神”。儒家在阐述祭祀的功能时，不仅重视祭祀中个人内心修养与外在礼文的协调，以及祭祀对于一个人德性的培养，而且非常重视祭祀的群体教化功能，强调“慎终追远”、“民德归厚”，至于所祭的鬼神是否真实存在倒在其次，其作用不过是作为祭祀主体内在诚敬之心的体现而已。[①] 基于此，儒家提出祭祀“不求其为”、“祭祀不祈”等超越传统宗教性诉求的主张。《礼记·祭统》曰：“是故贤者之祭也，致其诚信，与其忠敬，奉之以物，道之以礼，安之以乐，参之以时，明荐之而已矣，不求其为。此孝子之心也。”“不求其为”，即祭祀不是为了世俗的祈福。《礼记·礼器》则明确提出“祭祀不祈”，就祭祀主体而言，祭祀的目的乃自尽其心，主观目的不是为了求福。

儒家主张为政者首先修身进德，君子求福之道并非是向外祈求，而是自己修身进德，向内而求，“福由己作”、“自求多福”。马王堆帛书《要》篇记孔子曰：“君子德性焉求福，故祭祀而寡也；仁义焉求吉，故卜筮而希也。”[②] 意思是说，君子注重以德义求福，所以祭祀就很少；注重以仁义求吉，所以卜筮就很少。孔子强调，君子具备深厚的德行才是求福之道。

（四）敦睦人伦、教化百姓

儒家祭礼，和西方的宗教祭祀不同，它蕴涵了礼制的基本精神，涵括道德、伦理

---

① 《礼记·檀弓下》：“唯祭祀之礼，主人自尽焉尔，岂知神之所飨？亦以主人有齐敬之心也。”

② 马王堆帛书《要》篇的释文参陈松长、廖名春：《帛书〈二三子问〉、〈易之义〉、〈要〉释文》，《道家文化研究》第三辑，上海古籍出版社1993年版，第435页。

准则，统摄古代社会亲亲、尊尊、贤贤、男女有别的价值观念，是父子、君臣等家庭、社会外在秩序的象征。

在儒家看来，祭礼可以很好地协调夫妇、父子、兄弟、君臣、朋友五伦关系，从而实现“父慈、子孝、兄良、弟悌、夫义、妇听、长惠、幼顺、君仁、臣忠”的十义目的。《礼记·祭统》云：“见事鬼神之道焉，见君臣之义焉，见父子之伦焉，见贵贱之等焉，见亲疏之杀焉，见爵赏之施焉，见夫妇之别焉，见政事之均焉，见长幼之序焉，见上下之际焉。此之谓十伦。”祭礼“十伦”基本涵括了周人的政治伦理观念和家族伦理观念。其中，鬼神、父子、亲疏、夫妇、长幼五者皆内之伦；君臣、贵贱、爵赏、政事、上下五者皆外之伦。十伦之中，“夫妇、父子、长长、君臣”为最基本的人伦，而其他则是在此基础上推阐而成。儒家祭礼虽然是宗教的形式，而所关心的却是人世间的现实秩序，具有延续孝道、推行道德教化、构建社会政治秩序的功能。论者对此阐述已多，兹不再详细展开。

（五）备德垂教

儒家认为，在礼制体系中，祭礼为治人之道中的首要之事情，祭祀是实现礼乐教化之根本，而实现礼乐教化的关键则在于执政者的道德垂范。因此，要求君王在祭祀中必尽诚信之道，正祭祀之义，《礼记·祭统》云：“尽其道，端其义，而教生焉。是故君子之事君也，必身行之，所不安于上，则不以使下；所恶于下，则不以事上。非诸人，行诸己，非教之道也。”这里所强调的是人君亲自垂范的重要性。祭礼的垂教意义，郭店简《唐虞之道》论述道：

> 夫圣人上事天，教民有尊也；下事地，教民有亲也；事山川，教民有敬也；亲事祖庙，教民孝也。大学之中，天子亲齿，教民悌也。先圣与后圣孝，后而归先，教民大顺之道也。[①]

圣人祭祀的目的，在于教化民众，引导其尊尊、亲亲、敬孝而顺。类似祭祀之垂教功能的论述，故书记载在在多有，如《礼记·祭义》云：“立爱自亲始，教民睦也。立敬自长始，教民顺也。”《大戴礼记·朝事》谓：“率而祀天于南郊，配以先祖，所以教民报德不忘本也。率而享祀于太庙，所以教孝也。”

鉴于祭礼在儒家礼乐教化体系中的重要性，儒家更是要求君王需具备深厚的德性，并深刻了解祭祀之“义”，方可确保实现教化的目的。祭祀的“义”，乃是祭祀的人文意义和社会功能，而不是宗教意义上的祈鬼祷福功能。儒家对“祭义”推崇之至，将之视为“治国之本”。《礼记·祭统》云：“禘、尝之义大矣，治国之本也，不可不知

---

① 刘钊：《郭店楚简校释》，福建人民出版社2005年版，第148页。

也。明其义者，君也。能其事者，臣也。不明其义，君人不全。不能其事，为臣不全。”《礼记·中庸》甚至言：“明乎郊社之礼，禘尝之义，治国其如示诸掌乎。”儒家认为德性的确立是治道之始，祭祀与治道的关系，亦在于此。故而儒门处处强调“唯圣人为能飨帝，孝子为能飨亲”，“贤者能尽祭之义”，“是故仁人之事亲也如事天，事天如事亲，是故孝子成身”，其原因即在于君子道德人格的成就是治国行政之前提，在祭礼中，它对于礼乐教化的实现具有关键作用。

通过以上的论述，可以看出，儒家的祭祀是人文的，而非宗教的，它指向现实的世界，关注于现实世界的道德伦理与政治社会秩序；祭祀目的不是世俗功利性的，而是一种道德的践履和慰藉人情感的方式；它是一种利用宗教形式而实现人文教化，具有深刻道德内涵的的礼仪文化体系，与西方的宗教祭祀截然不同。

二、儒家祭祀理论的现代意义

改革开放后，尤其是21世纪以来，传统祭祀逐渐受到重视，当前，中国越来越多的地方举办有对炎黄二帝、孔子等先圣先贤的大型公祭活动，清明节民间祭祀也逐渐升温，如何从儒家传统思想文化资源中汲取营养，赋予当前的公祭、民间祭祀以积极而健康的文化理念，反本开新，从而提升祭祀的文化品位与层次，发挥祭祀凝聚人心、“慎终追远，民德归厚”的社会功能，促进社会主义精神文明建设，是一个亟待研究的课题。很遗憾，由于百余年的文化自戕，当前社会的祭祀存在不知祭，不知如何祭，不知祭谁，不知为何而祭？缺乏对祭祀意义的深刻理解。我们看来，儒家的祭祀理念对于当今祭祀具有多方面的意义。

第一，儒家祭祀理念可以从内在精神上赋予现代祭祀以人文内涵，塑造现代祭祀的人文特质，使之向人文化方向发展。

儒家的祭祀并不是基于对神灵的宗教性崇拜。宗教祭祀仪式从本质上讲是对神的崇拜，相信神灵的神力可以禳灾和赐福，人神之间似是一种交换关系。需要说明的是，儒家的祭祀并无宗教性的诉求，而是着眼于现实秩序与道德伦理的建立，从这一意义上说，不宜将儒家祭礼看做是一种人神之间的交换关系。

儒家的祭祀抽离了原始宗教的宗教内涵，而着眼于成就祭祀者的内在德性，将祭祀视作人的道德践履，视为人成就德性之进路，祭祀成为一种“成人”之道，是人向自我本质回归的超越之道。[①] 儒家的祭祀亦是人一种心灵的净化，是推行教化的人文礼仪，而不是宗教性践履，不同于宗教消灾祈福的仪式。祭祀是生者和逝者的交流，“恍

---

① 儒家有关祭祀对于个人成德意义的论述，参曹建墩：《从“以德事神”至“尽心成德”——两周祭祀观念之嬗变》一文，载《孔子研究》2009年3期，第69~77页。

惚以与神明交”(《礼记·祭义》),但这种对话是单向的,生者“事亡如事存”,建构一套繁复的祭祀礼仪系统,而鬼神不过是“庶或飨之,庶或飨之”,完全是活人建构起来的系统,借助这套体系,为现实世界服务,以达到现实的目的。儒家祭祀是“人道”,具有人文教化功能是祭祀的本质之所在。

新时期,必须塑造祭祀的人文道德内涵,以儒家理论为基础,赋予其深刻的人文意义。现代的社会公祭以及民间性质的家祭不能当做“封建迷信”和“宗教活动”,而是有其深厚的道德内涵与情感意义,它以儒家“孝”、“敬祖”、“仁爱”等观念为内在理论基础,成为表达情感的一种方式,祭先祖是为表达对祖宗的缅怀,祭炎黄二帝、孔子等圣贤是为表达对先贤的崇敬之情,追念先祖之功德,勉励自己继承先贤的优秀品德,为建设美好社会而努力奋斗。

第二,儒家关于祭祀社会功能的论述,对于现代祭祀仍然具有理论指导意义;儒家祭礼所具有的道德特性在现代祭祀中仍需提倡,以防止祭祀行为成为并无内涵与道德情感的作秀。

当今社会公祭有祭孔子、祭炎黄二帝、祭祖先、祭奠革命英烈,等等,祭祀之礼往往比较隆重或严肃,这正是为勾起人们内心对祖宗、先贤、革命英烈等人的敬意。这类祭祀能够培植人们内心的诚敬,使祭祀之礼不流于外在的形式,而是一种“仁爱”、感激、感恩之心从内到外的发扬。这种内在的情感可以转化为道德的自觉,成为提升道德修养的一种方式。因此,健康文明的现代祭祀仍然具有道德教化功能,可以承载伦理道德价值观念的灌输与社会成员道德人格的塑造等社会功能。

中国古代祭礼的一个重要特质就是它具有道德内涵,德是祭祀的根本。其中重要的体现,就是祭祀成为孝道的展现方式。中国社会是一个重视“孝道”的社会,孝道是践行仁义的方式,徐复观先生指出,“以儒家为正统的中国文化,其最高的理念是仁,而最有社会实践意义的却是孝(包括悌)”①,仁是最高理念,孝悌却是仁的具体体现。《礼记·祭统》说:“祭者,所以追养继孝也。孝者,畜也。顺于道,不逆于伦,是之谓畜。是故孝子之事亲也,有三道焉:生则养,没则丧,丧毕则祭。养则观其顺也,丧则观其哀也,祭则观其敬而时也。尽此三道者,孝子之行也。”时至今日,家庭作为社会的细胞,其稳定与否仍然是社会稳定的重要根基。儒家传统祭祀突出地体现了以“孝”为中心的伦理精神,这对于当今社会仍然具有积极意义。以“孝”为核心的祭祖文化由于其在共同的社会生活中萌生出的巨大亲和力,能够大大促进人与人之间的亲情认同,以及家庭、社会的稳定。

第三,重视心祭与形祭的结合,现代祭祀可从儒家祭祀的内在精神上深入把握儒家祭祀的精义,反本开新,重塑祭祀的现代精神,制定新时代的祭祀礼仪。

---

① 徐复观:《中国孝道思想的形成、演变及其在历史中的诸问题》,《中国思想史论集》,上海书店出版社2004年版,第131页。

儒家礼学体系是一种开放的文化体系，《礼记·礼器》提出，“礼，时为大”，即反映了礼与时俱进的特征。从礼学的发展来看，儒家对于古礼的诠释与建构也并非是一成不变，礼制的发展也是与时迁移，因革损益。儒家对于礼的内在精神非常重视，《礼记·郊特牲》称“礼之所尊，尊其义也”，时代在变化，而礼亦在进行损益，儒家之所以重视祭祀之义，一个方面是因为“礼可义起”。①

儒家祭祀礼仪是在农耕文明的背景下，适应封建宗法社会形态的需要而形成并发展起来的，在当今中国社会步入工业社会和信息社会之后，其所赖以生存的社会土壤已消解。时移世易，当今社会与先秦社会已不可同日而语，今日社会公祭、民间祭祀欲完全恢复传统的儒家祭祀形式，似乎也不太可能。但是儒家对祭礼精神的论述，仍然值得我们重视，今人可以深入领会儒家对于祭祀的论述，把握祭祀之“义”而重塑祭祀的现代精神，强化祭祀的人文精神内涵。另一方面，先秦儒家的祭祀理论，不仅可为现代祭祀提供一种人文精神的超越，更可为祭祀礼仪提供一种形而上的理论支撑。如上所述，儒家的祭祀礼仪不能视作一种“无心”、“无情”的仪式化表演，而是一种道德的践履，是承载人性情中崇高与善良的仪式载体。因此，现代祭祀礼仪规范是非常有必要的，但如何实现礼仪精神与礼仪规范在现代文明语境下的结合，尚需有识之士作出更多的努力。

总之，先秦儒家对祭祀的理论诠释，儒家关于祭祀意义与功能的论述，可以为当今祭祀提供借鉴。在构建社会主义和谐社会的进程中，弘扬优秀的传统祭祀文化，反本开新，充分发挥传统祭祀文化的积极作用，对实现社会的和谐无疑有积极的作用。

---

① 《礼记·礼运》云：“协诸义而协，则礼虽先王未之有，可以义起也。”

以《论语》对治现代人的价值迷失

香港城市大学专业进修学院讲师　邓立光

《论语》是对历代中国人影响最大的中华元典，其内容观点不但未有过时，还成为现代文明不可或缺的智慧泉源。《论语》乃言德之书、孔子思想之总汇、传统文化精神之大宗。本文就《论语》若干章节举隅，以开展为学成德之义，为学者之进德修业提供方向与思考空间。

（一）“学而时习之”令人愉悦

子曰：“学而时习之，不亦说（悦）乎？”（《学而》）

孔子重视“学”，透过“学”才使人有文化，懂礼义，并且产生理想，有所追求。孔子发愤忘食，乐以忘忧，不知老之将至，说“十室之邑，必有忠信如丘者焉，不如丘之好学也”。（《公冶长》）好学是孔子成为仁者智者的重要原因。

“好学”，其意义不在于知识量的增加，而是明白事理，做个通情达理的人。“好学”可开启理性及加强道德自觉，这些都是成就君子的必要条件。可以说不通过“好学”便无法成就有深度的人生。

“学而时习之”即反映了好学的情态。“时习”是按时研习的意思，“温故而知新”（《为政》）就是时习的效果。“知新”不是获得新知识，而是指新的体认，对于所学到的知识技能，定时复习，以消化吸收至生命中，从而提升自身的认知和判断能力。

由学习带来的喜悦，属理性反应，与情绪作用而来的快乐不同。通过努力为学，不断复习，使自身成为有教养的人，明白生命的意义与价值，决不做动物式的生存，这样内心便自然产生理性的愉悦之感。

（二）进德修业不离学习

子曰：“君子食无求饱，居无求安，敏于事而慎于言，就有道而正焉，可谓好学也已。”（《学而》）

时下言“学”就是读书，“好学”就是勤奋学习。先秦儒家古义，好学在涵养德性，安顿生命，而不止于读书。《论语》开篇所言之学，是成己成人，修身立德的必要手段。

孔子清楚说出何谓“好学”。“食无求饱”表达不贪图口腹之欲，“居无求安”显示不讲究居所舒适。好学之人的心志不在追求物质生活，饮食能维持生命即可，居所可避风挡雨即可。这种甘于淡泊的生活态度，可用一“俭”字形容，“俭”也是道家所主张的重要人生态度。儒道二家对于物质生活都明确主张知足寡欲，因为生命的精彩不在追求生活享受与名成利就，而是在精神层次的提升，故孔子说“朝闻道，夕死可矣”。(《里仁》)

“敏于事”指积极投入做事，“慎于言”则不轻于许诺，然有诺必积极处理。这种“敏于事而慎于言”的人生态度是何等稳实而精进。“就有道而正焉”是接近有德行的人以求纠正自己的偏失。能有这种坐言起行的处事态度以及努力端正自己品德的责任感，就是《易传》所云自强不息的君子。

颜渊不迁怒，不贰过，孔子赞为好学。(见《雍也》) 可见“学”的功用在提升德性，而“好学”则是从努力修德以践行于生活而言。修德当然不止于读书，但读书当为根本。子路使未有行政经验的子羔为费邑之宰，孔子反对，子路却说“有民人焉，有社稷焉，何必读书然后为学?”就是说在实际的管治中吸收学习，不一定读书才称为学。孔子痛批子路油嘴滑舌，以偏概全，令人十分讨厌。(见《先进》) 由此可知，读书为学重在修德，然离开了读书为学而言修德，则缺乏文化深度，入于朱子所说的“徒行不明，则行无所向，冥行而已。”(《续近思录·为学》) 故为学一在涵养德性，一在开启理性，使知伦类而行有一贯，则谓之善学。

(三) 学习与思考并重

子曰：“学而不思则罔，思而不学则殆。”(《为政》)

孔子学思并重（见《为政》)，而所言之“思”，其义不止于思考一层，并寓有对道德内容的体认义。因物欲而起念，为生理本能所牵引的种种计度，不是孔孟所言之“思”。明末清初三大师之一的王夫之（船山）对此有深切体认，他说：“只思义理便是思，便是心之官；思食思色等，直非心之官，则亦不可谓之思也。”(《读四书大全说》)“思”是对生命中的道德本质逐步体会和肯定的过程。

“学而不思则罔”的意义自然不是指学习而不思考，学的过程即包括思考，除非是识字背诵的童蒙之学。因此本句意思是指如果对学习所得的知识技能没有好好体会，没有想想怎样在生活中实践，那么对所学得的知识便不知有何作用，“罔”（迷惑）这就是指这个意思。

“思而不学则殆”是说在体认（道德）上用功，却疏于学习，“学”的内容在传承民族经验与智慧，以避免行事出现偏差。因此，思而不学很容易出现过犹不及的结果，“殆”的意思指此。有时我们对事情虽有体会，但有疑惑不解之处，会请教有见识的人或翻查资料，用以释疑，这便是“学”的表现。孔子曾说：“吾尝终日不食，终夜不寝，以思，无益，不如学也。”(《卫灵公》) 这所谓“困而学之”是也，可见孔子对学思关系的深切体认。

孔子言君子有九思，都是从道德角度而言。“视思明，听思聪，色思温，貌思恭，言思忠，事思敬，疑思问，忿思难，见得思义”（《季氏》），这里所列九种言行举止，要表现合度便要通过“思”。“思”的重点在于决定如何表现才最有道德价值，因此，“思”属于道德修养方面的内省功夫，即所谓慎独，慎独不能缺少“思”，否则无法有效反省。有了自我检讨的能力，才能成就德性。

孔门弟子之言“思”，义同于孔子。子张说：“士见危致命，见得思义，祭思敬，丧思哀，其可已矣。”以及子夏说：“博学而笃志，切问而近思，仁在其中矣。”（俱见《子张》）此中之“思”，作道德反省解，意思便完足了。

（四）“绘事后素”之治学态度

子夏问曰：“‘巧笑倩兮，美目盼兮，素以为绚兮’，何谓也？”子曰：“绘事后素。”曰：“礼后乎？”子曰：“起予者商也！始可与言《诗》已矣。”（《八佾》）

子夏读《诗·卫风·硕人》至“巧笑倩兮，美目盼兮，素以为绚兮”三句时，不甚明了。前二句是描绘绝世美人庄姜（春秋初齐庄公之女）的笑靥含蓄甜美，眼眸流转迷人，然而第三句的“素以为绚”与前两句有甚么关系？子夏想不明白，便请教孔子。孔子说在白色的素绢绘上文采，绘画是在素绢上开始的。这原本是在解释绘画的技巧，而《诗》要表达的，是神韵动人的美女形态，在素绢上的画像展现出来。

子夏举一反三，说礼文是否后起的呢？这一问，显示子夏对“礼”的价值意义及形成曾有深入的思考，故念兹在兹，这也是孔子以《诗》、《书》、礼、乐设教的必然结果。孔子对子夏的触类旁通十分赞赏，并说子夏启发了自己。“素”喻人人皆然的生命本质，有属情感层次的，有属心性层次的。礼文无论如何细致周到，都须本于人心才有时效；所谓称情而立文，礼文如此才有生命力，否则便成虚文，甚至成为行恶的借口，如篡夺他人政权而称之为禅让，真是“人而不仁如礼何”了。

子夏能举一反三，以此得到孔子认可其有能力说《诗》。这反映孔子以《诗》、《书》教学，目的不在博闻强记，而是触类旁通，学以致用，只有自利、利他的学问才是活学问。我们的文化传统强调读书在明理，明理而用世；真正有学问的人都有思想与办事能力。读书是培养心志与能力的手段，所以孔子说：“诵《诗》三百，授之以政，不达；使于四方，不能专对；虽多亦奚以为？”（《子路》）《诗》熟读了，如政府授以职权却无法贯彻政令，出使外国又不能维护国家尊严，这样子读书再多又有何用？好学而能切磋琢磨，并尊贤敬长，畏天命畏圣人之言，才是儒家治学真精神。今天攻习儒籍者，高言学术之价值自足，这是孟子所言富贵不能淫，贫贱不能移，威武不能屈的“大丈夫”无法出现的重要原因。

（五）儒家治学心法：以道德驾御知识

子曰：“参乎！吾道一以贯之。”曾子曰：“唯。”子出，门人问曰：“何谓也？”曾

子曰："夫子之道，忠恕而已矣。"（《里仁》）

子曰："赐也。女以予为多学而识之者与?"对曰："然，非与?"曰："非也，予一以贯之。"（《卫灵公》）

孔子学问很大，好古敏求，多学而识。这样的大学问究竟如何成就? 孔子对此曾有整体的思考，把自己作为客观对象而审视其学问人品，这需要高度的自觉和反省能力方可。就常情而论，成就学问是因为好学和博学，这当然是不可或缺的条件，但如局限于这一层，则最多只是知识丰富，认识面广。大学问是在这一层之上，有道德和识力作引道，然后化知识为智慧以解决问题。

孔子的大学问，极高明而道中庸，当中为学心法，是孔子要传予合适弟子的。子贡聪明好问，然于孔子学问似未有好好体会，因此孔子提点说："赐也，女（汝）以予为多学而识之者与?"子贡回答说："然。非与?"（当然是这样了，难道不是吗?）孔子复说："非也，予一以贯之。"直接指出自己的学问并非由博学强记而得，而是有一价值原则为机括，把知识贯串起来。这一提点，教导了后世一个大原则：治学如果没有价值观的支撑，是没法成就大学问的。

孔子同样向曾参言治学心法："参乎！吾道一以贯之。"这与子贡的对话有别，对子贡言"学"，对曾子则言"道"。此应与曾子属道德践履之士有关，亦见孔子因材施教之一斑。曾子明白孔子所言，故应诺不语，然在场的曾子学生却不明白，故孔子离开后，便问刚才孔子所言是甚么意思? 曾子回答说："夫子之道，忠恕而已矣。"忠与恕都是德性的表现。从正面言之，尽己之谓忠，指不含私心地尽力帮人；从反面言之，推己及人之谓"恕"，即己所不欲，勿施于人。

常人行事，虽有欺人，却不能自欺；在己之心，是非善恶，历历分明。因此由良知作主，则人性中的道德内容便自然流露，忠恕之行自在其中，此时如孟子所言"扩而充之"便是了，故修德之要在使良知呈现。"一以贯之"是就道德驾驭知识而言。因此，知识是道德践履的载具，是成就德性的助缘。如以知识丰富及价值中立为高尚，就孔门儒家思想而言，皆属舍本逐末、买椟还珠之举。

（六）修德之最高表现在懂得"行权"

子曰："可与共学，未可与适道；可与适道，未可与立；可与立，未可与权。"（《子罕》）

人的气性各不相同，这是因材施教为必须的原因。人从受教的起步点开始，就出现分歧。"可与共学，未可与适道"，学生共同学习，接受同样的教诲，但不一定都能对所学有所践行。听明白而不实行，便体会不到道德价值的意义。

"可与适道，未可与立"，学生共同学习，对于教诲都能存心践行，却不一定都能有所立。"立"表现出生命与道德价值的融合，自身已然是道德价值的实践者才能有所立，而表现出来的言行合乎礼节，所以说"立于礼"（《泰伯》），只有立于礼，才有客观的言行标准，人伦与社会才能稳定。

“可与立，未可与权”，学生共同学习，能共同立于礼，却不一定都能有权衡轻重的意识。“权”是使道德原则在不同环境中保持应有的价值与作用，而不入于一偏。因此孟子说：“执中无权，犹执一也。所恶执一者，为其贼道也，举一而废百也。”（《孟子·尽心上》）仁者与智者的区别，在于能否行权，有坚定的道德原则而不作任何妥协者，是为仁者之道；能于事行因势利道，以适应局面者，是谓智者之道。仁者行权即成智者。

行权是修德的助缘，其价值自古以来已得到圣贤明确的肯定。孔子对改善世道人心怀有极大的心力，说“天下有道，丘不与易也”（《微子》），然而不热中权位，“危邦不入，乱邦不居”（《泰伯》），又说：“邦有道，危（正也）言危行；邦无道，危行言孙（谦逊）。”（《宪问》）孔子赞美蘧伯玉为君子，以其“邦有道则仕，邦无道则可卷而怀之。”（《卫灵公》）这些都反映了孔子的行权思想。孔子对照上古隐士的表现而自谓：“我则异于是，无可无不可。”（《微子》）这就是执中行权的表现，也是孔子对自身行谊的评价。

（七）修德讲学与迁善改过

子曰：“德之不修，学之不讲，闻义不能徙，不善不能改，是吾忧也。”（《述而》）

子曰：“群居终日，言不及义，好行小慧，难矣哉?”（《卫灵公》）

修身立德如不能坚心定志，则必不能贯彻道德原则于生活之中。孔子忧虑的，是缺乏道德意识而产生的严重后果。

“德之不修”，则不能在心态思想与言行方面确立德性的规范作用。修德是依循道德价值，反之则悖礼犯义，这自然是小人行径。“学之不讲”属于教育的范畴，学而时习，温故知新，仍须切磋琢磨，方能有成。“讲”是研习讲论的意思，所重者在价值层面的探索。讲学的重要，如《礼记·学记》所云：“独学而无友，则孤陋而寡闻。”因此，“论学取友”是儒家教育的重要方法。“闻义不能徙”，是对合情合理合宜合度的事情置若罔闻。人犯此过，因私欲太盛，凡事只为一身谋所致。“不善不能改”指没有改过的决心。

修德是一个人如何面对生命价值的问题，如若有意为君子则必走上达之路，为小人则所走必为下达之途。决意修德是选择过道德的人生，然提升德性必须有师友的辅助，所以学习的要事是研讨，研讨内容必与修德相关，如果“群居终日，言不及义，好行小慧”，则难有修成之日。如能修德讲学，仍须检验自已是否真正受用，则看看能否在日常生活中迁善改过，能则为君子，不能则仍是小人。

《中庸》有云：“博学之，审问之，慎思之，明辨之，笃行之。”前四者须与师友切磋琢磨，而笃行一项指身体力行与迁善改过。前四者属“知”的层次，第五项为“行”的功夫。自古以来，已有“非知之艰，行之唯艰”（《尚书·说命中》）的体认，故成德之教最终必须落实到日常生活，从言行方面自我检查，故孔子在讲及修德与讲学以后，还带出“闻义不能徙，不善不能改”两项针对具体生活的弊病，足见修德是要落实在具体人生方面。由此可见，孔子对于修德不但在认知上明了，有精神上的体会，更重要的，是如何在生活中表现出善言善行；而今天之言道德者，或则言而不行，或则变成知识，空言概念，如此等等，衡诸儒门，俱属堕落。

（八）博文约礼，成德之方

子曰：“君子博学于文，约之以礼，亦可以弗畔（叛）矣夫！”（《雍也》）

一个人学问渊博，固然是聪明且好学的结果，但不能就此而言其人之道德水平亦高。知识是成就德性的众多条件之一，而学历高的浅人多的是。孔子说：“群居终日，言不及义，好行小慧，难矣哉！”正中浅人通病，这类人心术不正，与人聚谈，言不及义，说人短长，卖弄小聪明，实在难与入德之门。

儒家重视学习，并且要好学以至于博学，孔子也以好学自喻，然要成就君子，则必有具体的修为工夫，“君子博学于文，约之以礼，亦可以弗畔（叛）矣夫！”这里有三层意思需要分疏，其一是“文”与“礼”的关系；其二是“博”与“约”的关系；其三是前两项与“弗畔”的关系。

“文”在这里是指文献，六艺之学俱有文献。孔子好学不倦，大量阅读文献。“礼”在此指动作威仪与言行规范，然“礼”的根本精神是使人养成自律自制的心态，由阅读文献而获得的知识，必须有此心态才能用诸利己利人之事。行之以礼，其作用诚如《大戴礼记·礼察》所云：“凡人之知，能见已然，不能见将然。礼者禁于将然之前，而法者禁于已然之后。是故法之用易见，而礼之所为者难知也。”此不止明“礼”的作用，并且比较“礼”与“法”的异同了。

知识虽然愈多愈好，但知识类别不同，应用有别，如果没有统御能力，兼收并蓄，则只是驳杂无统，难以成就学问。有学问必有条理，有条理就是“约”，所谓一以贯之，即可执简御繁，此谓之善学，否则处世原则时行时废，道德表现时隐明显，便是博而不能约所致。

一个人能博之以文，约之以礼，在生活上自然安分守己，不违道德。“博文”成就理性，言之有文，明辨是非，是为有才；“约礼”培养德性，自律自制，是谓有行。合此二者，便是既有学问又能自律自制的贤人君子，如此才德兼备，诚由中出，谓之弗叛。颜渊受教于孔子，不违如愚，却喟然而叹：“夫子循循然善诱人，博我以文，约我以礼。”（《子罕》）美哉斯言！颜渊善学，孔子善教，共成儒门立教之宏规。

（九）志道据德依仁与游艺

子曰：“志于道，据于德，依于仁，游于艺。”（《述而》）

孔子提出“志于道，据于德，依于仁，游于艺”作为成德之学的步骤。“道”、

“德”、“仁”、“艺”的内涵及相互关系，借由“志”、“据”、“依”、“游”反映出来。

“道”是价值根源，对道的亲切体验属于精神层面的事。“志于道”是明确指出修德的方向并持之以恒，使人明了正邪善恶与是非黑白，这是修德第一步。如心之所向为追名逐利，则必然走“小人下达”的方向，如此则种种施为只能趋此而无法得其正。

有得于“道”者谓之“德”。对“道”有透彻体认，则知“道”不离于生命。“道”既内在于生命，则成为安身立命的价值源头，即孟子所说的良知性善，这是人性中最可贵的内容。“据于德”是执持由体道而来的道德价值，以之作为自己立身行事的道德原则。

孔子言“仁”，如“仁远乎哉？我欲仁，斯仁至矣”（《述而》）。“仁”既指一颗善心又指表现道德行为的动力。由“德”而出的道德动力谓之“仁”，故“仁”即体即用，既是道德本体，又是道德行为的动因。恻隐之心、辞让之心、羞恶之心、是非之心都是“仁”的表现，而孟子以之为“仁义礼智”的开端，其实与孔子所言之“仁”辞异而义同。“道”、“德”、“仁”都是生命内部同一道德根源的不同指称。

德性分为“道”、“德”、“仁”，而与“志”、“据”、“依”等修为对应，反映孔子对生命中的道德根源有体认清晰，这是长期作内省功夫的结果。能志道据德依仁，则心智坚定，力行不惑，然现实生活的种种问题，以持平得中，无过不及最为重要，而亦最不易为，这就凸显了“游于艺”的价值。“游于艺”是从修德角度言学习六艺（礼、乐、射、御、书、数），“艺”属知识层次，用以提升生活的质素，而格物致知、读书明理都从这里说。在现实生活中必须通权达变才能好好处世，“游”则表示修习六艺而不执守一方。因此，修德必须坚定，处世则可行权。修德与为学做人的关系如此，故君子之道，立身原则不变，行事则有权宜。

（十）“达”与“闻”，二者情近而理悖

子张问：“士何如斯可谓之达矣？”子曰：“何哉，尔所谓达者？”子张对曰：“在邦必闻，在家必闻。”子曰：“是闻也，非达也。夫达也者，质直而好义，察言而观色，虑以下人。在邦必达，在家必达。夫闻也者，色取仁而行违，居之不疑。在邦必闻，在家必闻。”（《颜渊》）

子张问及士人怎样表现才能称为“达”？孔子不直接回答，而是反问子张：“你所言的‘达’是甚么意思？”这是用了反诘法来教学，由关键词着眼，要提问者先厘清自己的问题。孔子没有读过语意学，但圣人的智慧就是如此光芒闪耀。孔子顺随子张之说而予以诱道，反诘之后是正面指点，有破必有立，立于道德无可争辩之地，这是圣人护持人伦的不容已之情，也是中国传统文化的正大处。

子张认为“达”是声名四处流播，在邦国之中以及在卿大夫家（有领地与百姓）中人人皆知。孔子回答这只是声闻（即指虚声）而已，然后说“达”所指的，是“质直而好义，察言而观色，虑以下人。”就是说其人品性正直（质直），当为则为（好

义），能洞悉别人说话的真实意涵（察言），能鉴别他人意态的情实（观色），能思虑如何谦虚处下以成就人（虑以下人）。这样有德性有智慧的人，必然人人皆知（在邦必达，在家必达）。

孔子对“闻”作正面解释，谓这类人矫情造作，貌似善人，行为却与之相反（色取仁而行违）；表里不一，德性薄弱，却居之不疑，自以为是，诚《中庸》所谓“愚而好自用，贱而好自尊”。这类沽名钓誉、专务虚声的行为，当然也能使自己在邦在家人人皆知。

孔子的反诘与正答，借“闻”、“达”二字阐发成己成物的道德人品，意思逐层深入和开展，显示“君子上达”与“小人下达”的归趋及表现。孔子教导弟子，于道理必毫分厘析，是非黑白，不容混淆。因此孔门弟子、儒家之徒多立身持正，不媚俗阿世，这是孔子思想教化对中华民族的一大贡献。

结　语

本文透过《论语》，表述孔子所重的“学习”，带出儒家“学习”的意义及其与道德修养的关系，而成德是“学习”的原因和目标。“学习”既然是成就人德才的方法与手段，则学习什么内容便十分重要了，什么样的教材决定培养出什么样的人物。我们祖先有文化自信，能分清主客位置，故兼容吸收异质文化如佛教；然民初以来的西化，是全方位的，而且是两手空空，什么都要，反客为主，本末倒置，抛却自家无尽藏，沿门持钵效贫儿，导致今天中华民族的严重失德失范与忘本。剥极而复，否极泰来，今天复兴中华传统文化成为我们民族的时代使命，然文化复兴与传承必须研习自己民族的典籍才可达致。《论语》是中国传统文化的总代表，是历代中国人的必读书，只有《论语》回归中华大地，而人心融入《论语》，才会出现真实意义的文化复兴。

孔子之道与现代生活

——陈独秀儒学观述论

漳州师范学院闽南文化研究院 邓文金

陈独秀是中国近代史上反儒学运动的主将之一，他的许多反儒学言论在当时的思想文化界产生了极大的影响。胡适1921年在《吴虞文录序》中曾把他和吴虞称作“近年来攻击孔教最有力的两位健将”，对他们激进的反儒学、孔道思想大加赞赏。然而，陈独秀反儒学言论只是其总体儒学观中的一个基本面，他在排孔和批判儒学的同时，也对儒学、孔道产生的社会根源、历史与现实价值作了较为冷静的考察和客观的分析，从而构成了其总体儒学观的另一面。过去，学术界对其反儒学的这一基本面论述、研讨较多，而对其肯定儒学价值和优点的另一面分析、探讨不够，以致引起许多误解。鉴于此，本文拟对陈独秀总体儒学观作一系统探讨。

一

陈独秀对儒学孔道的批判，从时间上考察，主要集中在五四时期，且大多具有现实针对性，政治色彩强烈，其主要内容，概括起来，有两个方面：

（一）批判以尊君为中心的孔教，并指出其封建专制主义的实质。

首先，关于孔教的本质问题。陈独秀认为，孔教有一个完整的思想体系，贯穿在这个体系之中的中心思想是“别尊卑、明贵贱”。他在《吾人最后之觉悟》一文中指出，儒家三纲之说，是我国伦理政治之大原，而“三纲之根本义，阶级制度是也。所谓名教，所谓礼教，皆以拥护此别尊卑，明贵贱制度者也”[①]。五四时期，有一个尊孔派，认为孔教不应否定，因为三纲学说为宋儒伪造，非原始孔教的本义。陈独秀列举史实，驳斥了这种观点。他说，三纲五常之名词，虽不见于经书，但其学说之实质已显于言辞之中，所以，他认为，“三纲说不徒非宋儒所伪造，且应为孔教之根本教义。”[②] 作为一种系统的伦理学说，孔教经历了一个较长的发展过程，它既是封建时代的产物，又与封建时代相始终，维系着封建帝制的存在，即他所说的“孔教与帝制，

① 《陈独秀文章选编》上册，三联书店1984年版，第108页。

② 《陈独秀文章选编》上册，三联书店1984年版，第147页。

有不可离散之因缘"①。所以，他认为，反对封建专制统治，消除封建余毒的影响，首先必须反孔，而且必须"有彻底之觉悟，猛勇之决心"，对孔教进行系统的、彻底的清算，否则，"不塞不流，不止不行"②。只有攻破这一学说，我国的政治、法律、社会道德等等，才能走出黑暗而步入光明。

其次，关于定孔教为国教的问题。陈独秀对康有为上书总统、总理请将孔教定为国教的言论进行了有力批驳。他认为，从宗教的实质来看，孔教是教化之教，非宗教之教。"宗教的实质，重在灵魂的救济，出世之宗也。孔子不事鬼，不知死，文行忠信，皆入世之教，所谓性与天道，乃哲学，非宗教。"③ 根据对宗教实质的考察，陈独秀指出："孔教"之名都不能成立，因为"儒以道得民，以六艺为教"，儒者以孔子为中心，"其为教也，文行忠信，不论生死，不语鬼神。其称儒行于鲁君也，皆以立身行己之事，无一言近于今世之所谓宗教者"④。既然孔教之名都不能成立，强将其定为国教，岂不荒唐？从宗教的功用看，宗教几近虚诞。"一切宗教，无裨治化，等诸偶像。""人类将来真实之信解行证，必以科学为正轨，一切宗教，皆在废弃之列。"⑤ 宇宙、人生的奥秘，只有通过发展科学才能得以解决，如果迷信宗教以求解脱，不过是自欺欺人的把戏，终究是"欲速不达"。因此，陈独秀提出了"以科学代宗教"的论断，否定了宗教存在的基础，更不用说把孔教定为国教了。从宗教信仰来看，定孔教为国教以显尊崇，实际上是否定了宗教信仰自由。所谓宗教信仰自由，就是不管信不信教，信何种宗教，任人自由选择，信教自由已成为近代政治的定则，任何强迫信教，不独不能行诸本国，且不能施诸被征服之属地人民。因此，以专横的态度，"欲以四万万人各教信徒共有之国家，独尊祀孔氏"，势必引起宗教战争。⑥ 同时也会引发各种社会矛盾。例如，如果定孔教为国教，学校中信奉佛、道、耶、回各教的学生，不祀孔则违背校规，祀孔则毁坏其信仰，以至于无所适从。可见，定孔教为国教，蔑视他宗，独尊一孔，严重地侵害了宗教信仰自由。

再次，关于孔教与宪法问题。袁世凯将孔教之文附于天坛宪草，导致了其后是否将孔教写进宪法之争。陈独秀对此持否定的态度，并申诉了不能将孔教写进宪法的理由。其一，"宪法纯然属于法律范围，不能涉及教育问题，犹之不能涉及实业问题，非以教育实业为不重也。"⑦ 故于宪法中加以孔道修身之说，较之定孔教为国教，尤为荒

---

① 《陈独秀文章选编》上册，三联书店 1984 年版，第 162 页。
② 《陈独秀文章选编》上册，三联书店 1984 年版，第 148 页。
③ 《陈独秀文章选编》上册，三联书店 1984 年版，第 138 页。
④ 《陈独秀文章选编》上册，三联书店 1984 年版，第 166 ~ 167 页。
⑤ 《陈独秀文章选编》上册，三联书店 1984 年版，第 166 页。
⑥ 《陈独秀文章选编》上册，三联书店 1984 年版，第 145 页。
⑦ 《陈独秀文章选编》上册，三联书店 1984 年版，第 168 页。

谬。其二，“法律与宗教教育，义各有畔，不可相乱也。”[①] “盖政教分途，已成定例，宪法乃系法律性质，全国从同，万不能涉及宗教道德，使人得有出入依违之余地。”[②] 宪法中不能规定以何人之道为修身大本，否则就会闹“万国所无之大笑话”。不仅如此，将孔教写进宪法里，还有可能导致天下大乱。因为把孔教写进宪法里，“倘发生效力，将何以处佛、道、耶、回诸教徒之权利？倘不发生效力，国法岂非儿戏？政教混合，将以启国家无穷之纷争。”[③] 其三，“宪法者，全国人民之保证书也，决不可杂以优待一族一教一党一派人之作用。”[④] 以法立国的最根本精神是在法律面前人人平等，绝无尊卑贵贱之分。而孔教以三纲为本，别尊卑、明贵贱，与民主法制国家的精神大相径庭，怎么能将其写进宪法里呢？所以他认为，“以宪法而有尊孔条文，则其余条文，无不可废，盖今之宪法，无非采用欧制，而欧洲法制之精神，无不以平等人权为基础。吾见民国宪法草案百余条，其不与孔子之道相抵触者，盖几希矣，其将何以并存？”[⑤]

最后，关于尊孔与复辟的关系问题。纲常名教是封建统治的思想基础，复辟帝制者必以尊孔为先导。在《袁世凯复活》一文中，陈独秀指出：“袁世凯之废共和复帝制，乃恶果非恶因；乃枝叶之罪恶，非根本之罪恶。若夫别尊卑，重阶级，主张人治，反对民权之思想学说，实为制造专制帝王之根本恶因。”[⑥] 如果不将这根本恶因铲除殆尽，则有因必有果，今后还会出现废共和复帝制的“袁世凯第二”。陈独秀的话不幸而言中，张勋拥帝复辟，再一次证明，要防止复辟，必须先反孔教，因为“主张尊孔，势必立君，主张立君，势必复辟”，这是天经地义的道理，所以陈独秀一再强调，信仰共和，必须排斥孔教。

（二）批判儒学中以三纲为中心的封建伦理道德，初步论述了现代民主共和社会的新道德和新的人生价值观。

首先，陈独秀认为，儒学孔道是封建时代的产物，和现代民主共和的生活之道不符合，他说：孔子之道是“封建时代的道德礼教、生活、政治，所心营目注，其范围不越少数君主贵族之权利与名誉，于多数国民之幸福无与焉”[⑦]。所谓“礼不下庶人，刑不上大夫”，这都是孔子之道封建精神的铁证。而共和时代注重民治民权，注重人与人平等，不只是关心少数人的权利、荣誉和幸福。陈独秀认识到，孔子之道的封建精神和现代民主平等精神所关注的对象和目的是不同的。陈独秀还进而认为，孔子之道

① 《陈独秀文章选编》上册，三联书店 1984 年版，第 167 页。
② 《陈独秀文章选编》上册，三联书店 1984 年版，第 167 页。
③ 《陈独秀文章选编》上册，三联书店 1984 年版，第 145 页。
④ 《陈独秀文章选编》上册，三联书店 1984 年版，第 145 页。
⑤ 《陈独秀文章选编》上册，三联书店 1984 年版，第 148 页。
⑥ 《陈独秀文章选编》上册，三联书店 1984 年版，第 159 页。
⑦ 《陈独秀文章选编》上册，三联书店 1984 年版，第 155 页。

的教育精神，是教人忠顺、服从，而民国的教育精神是人权平等。孔子之道以孝为人类教化和治化的大原，“儒教莫要于礼，礼莫重于祭，祭则推本于孝。”[①] 忠孝并列，是孔门立教的大则，用这种精神去进行社会教化，只强调人必须片面尽义务，就会加强人与人的不平等。这是与现代西洋国以法治国，其国民教育贯彻人权平等的精神不相容的。

其次，陈独秀对儒学孔道所倡导的“三纲”之说进行了集中的批判。他认为“三纲”之说培养的是缺乏人格的奴隶道德，而现代民主社会需要独立自主的人格精神，因此必须彻底批判并坚决抛弃。陈独秀在《一九一六年》一文中，就认为新青年的形象之一应是“尊重个人独立人格，勿为他人之附属品”。认为只有倡导独立自主的人格，平等自由的人权，这样集人成国，个人的人格高了，这个国家的人格也就高了，个人的权利巩固了，国家的权利也就巩固了。而儒者的三纲之说抹杀了个人的独立人格。他说：“儒者三纲之说为一切道德政治之大原”，君为臣纲，臣是君的附属品；父为子纲，子是父的附属品；夫为妻纲，妻是夫的附属品，都无独立自主的人格，“率天下男女，为臣、为子、为妻，而不见有一独立自主之人者，三纲之说为之也。”[②] 由此生出的很多道德名词，如忠、孝、节都不是“推己及人之主人道德，而为己属人之奴隶道德也”[③]。这样就使封建压迫成了必然，造成了种种社会罪恶。他揭露批判了中国人像男女那样分裂的生活，礼教的祭祀教孝，男女防闲，君对臣，政府官员对人民，父母对子女，夫对妻，男对女，主人对奴卑的绝对权，“一方无理压制，一方盲目服从，都是这三样道德教训出来的，中国历史上，现社会上种种悲惨不安的状态，也都是这三样道德在那里作怪。”[④]

再次，陈独秀批判了儒学孔道的妇女家庭婚姻观，并初步论述了现代社会的妇女家庭婚姻观。陈独秀认为，儒学孔道有“妇人者，伏于人者也”，“女不言外”，“夫死不嫁”等教条，而现代西方社会提倡妇女参政、婚姻自由；儒学孔道有“男女不杂座”，“嫂叔不通问”等男女有别的戒条，而今日的文明社会男女交际是正常现象，就是不相识的男女经主人介绍，“接席并舞，不以为非”；儒学孔道主张“妇人，从人者也”，夫为妻纲，妇女不能自己独立生活，而现代西洋社会妇女多是独立自营生活；在婆媳关系上，儒学孔道有“戒之敬之，夙夜毋违命”，“妇顺者，顺于舅姑”等戒条，造成了无数恶姑虐媳的悲剧。而现代西洋社会婆媳之间亲如子。[⑤] 陈独秀批判了儒学孔道对妇女的极为惨烈的禁锢，以西方为参照论述了现代的妇女观，是有利于妇女解放

---

① 《陈独秀文章选编》上册，三联书店 1984 年版，第 47 页。
② 《陈独秀文章选编》上册，三联书店 1984 年版，第 103 页。
③ 《陈独秀文章选编》上册，三联书店 1984 年版，第 103 页。
④ 《陈独秀文章选编》上册，三联书店 1984 年版，第 144 页。
⑤ 《陈独秀文章选编》上册，三联书店 1984 年版，第 154～155 页。

的。针对有些明知孔子的上述教条不合于现代社会，却主张遵孔的人，陈独秀以讽刺的口吻批判道，这些尊孔的人，明知礼教的上述戒条，却自己干出很多违反礼教的事，如居然大倡其女权，大倡男女平等；自己竟和寡妇结婚；男女搂腰跳舞，男子生病会请女医诊脉，女子产儿会请男医收生，这些不是反了吗？“孔子若活到现在，看见这些现象，岂不要气炸了肺吗。”①

综上所述，陈独秀从当时现实政治斗争的需要出发，对儒学孔道尤其是以尊君为中心的孔教，以三纲为中心的封建伦理道德进行了猛烈的冲击和尖锐的批判，沉重地打击了孔学和当时尊孔复古以及复辟帝制的逆流。他把非儒反孔提高到反对整个封建旧制度旧思想和保卫民主共和的高度。他揭露了三纲之说和封建礼教是二千多年来中国封建社会政治、伦理的根本，指出“孔教与帝制，有不可离散之因缘”。他揭露批判了孔子所主张的政治和所宣扬的道德都是为了“少数君主贵族之权利与名誉”。他还论证了儒学孔道根本不适用于现代生活，如此等等，在思想内容上都是比较深刻和丰富的，从而能够比较有力地帮助广大知识青年从封建旧礼教旧道德和旧传统的思想束缚中解放出来，掀起了追求真理和追求新知识新思想的热潮，这样就为中国先进分子接受十月革命的影响，为马克思主义在中国的传播创造了思想上的条件。

二

陈独秀在抨击和批判儒学孔道时，并不是不加分析地全盘否定，而是随着批判的深入，逐渐意识到对儒学孔道的历史与现实价值必须冷静分析、客观评价，这是陈独秀总体儒学观中应引起我们注意的另一个重要方面。

首先，陈独秀据以评判儒学孔道的价值标准，随着时间的推移和批判的深入，逐渐趋向合理和客观。陈独秀早期批判儒学孔道的主要理论武器是进化论。他以进化论为武器，认为任何学说都是随社会组织状态的变迁而兴废的，儒学孔道也应随时间变化而变迁。他说：“其欲独尊一说，以为空间上人人必由之道，时间上万代不易之宗，此于理论上决不可能之妄想，而事实上惟于较长时期不进化之社会见之耳。若夫文明社会，其学说之兴衰，恒时时视其社会之生活状态为变迁。”② 这里的关键词语是“时间”问题，即时间过去了，社会进化了，学说就不一定要尊奉了。他后来又根据这种思想提出了“世界上定没有万世师表的圣人，推诸万世而皆准的制度和包医百病的学说这三样东西”③ 的著名论断，依照这种理论，他在《孔子之道与现代生活》、《旧思想与国体问题》等文中，首先就是要说明孔子之道是过时的旧学说，实质是封建时代

---

① 《陈独秀选集》，天津人民出版社1990年版，第230～231页。

② 《陈独秀文章选编》上册，三联书店1984年版，第152页。

③ 《陈独秀文章选编》中册，三联书店1984年版，第288页。

的奴隶道德，与现代的新精神民主平等毫不相容，必须抛弃。这里批判的价值标准之一是依据进化论而得出的新与旧标准。但是，陈独秀的这一思想是有发展和变化的，在之后不久，他又发表了以是否“需要”、“有益”的实用主义价值标准对待古今中外一切学说的思想。他说：“本来没有推之万世而皆准的真理，学说之所以可贵，不过为他能够救济一社会一时代弊害昭著的思想和制度。所以详论一种学说有没有输入我们社会底价值，应该看我们的社会有没有用他来救济弊害的需要。输入学说若不以需要为标准，以旧为标准的，是把学说弄成了废物；以新为标准的，是把学说弄成了装饰品。”“学说重在需要，装饰品重在时新”。① 这篇写于1920年10月1日的《学说与装饰品》所表达的思想，显然与前面所述思想不同，学说是否有价值不能以时间新旧为标准，而应以社会需要为标准，虽然有实用主义色彩，但比进化论以时间的新与旧为标准显然是一种进步。

其次，对于孔子学说与后儒的关系，陈独秀的论述也逐渐合理化。在五四时期，陈独秀强调不能把孔教与后儒分开。因为当时的复辟派认为，孔教本来是好的，只是因汉、唐、宋诸儒所破坏，从而使孔子真训丧失。其目的在于高扬孔教，为把孔教立于宪法张目。针对这一现象，陈独秀驳斥道：汉唐以来诸儒为什么“不依傍道法杨墨”，为什么“独与孔子为缘而复败”他的学说呢？事实是孔子的文史政教、伦理道德诸学说，正是经汉儒、宋儒传之后代，使之发扬光大，成为中国思想界的主导，孔子儒学与后代儒学陈陈相因，绝不能以诋丑宋儒而颂扬孔子。② 但在1937年10月1日写的《孔子与中国》一文中，陈独秀经过深思熟虑，指出孔子学说经后人的阐发，确有所损益变革，尤其在“重人事而远鬼神”方面，仅至东汉就经过了四次变化，而使孔子学说与阴阳家联系起来，这样就把一个非宗教迷信的孔子搞得面目全非。③ 陈独秀后期主张对孔子、孔教、宗教和后儒应有所界定，这一看法，应该说与其早期的某些论述相比是有其合理性的，因为这四者之间既有联系，又有区别，如果只看到其联系，未看到其区别或者看到区别而无视联系，都不能真正把握孔子的思想实质。

再次，陈独秀比较深刻地揭示了儒学孔道产生的社会历史根源。他说：“孔子学说的产生、发展是时代的产物，孔子的学说思想所以发生在中国也决非偶然之事，乃是中国土地气候造成中国的产业状况，中国的产业状况造成中国的社会组织，中国的社会组织造成孔子以前及孔子的伦理观念。”④ 陈独秀还把中国的孔子、印度的释迦牟尼、欧洲的耶稣三位在世界思想史上影响巨大的人物作了比较，指出他们各自的学说无不根植于各自的社会。释迦牟尼的厌世悲观主义是与“印度地居热带，酷暑如焚，

---

① 《陈独秀文章选编》中册，三联书店1984年版，第25页。
② 《陈独秀文章选编》上册，三联书店1984年版，第162~163页。
③ 《陈独秀文章选编》下册，三联书店1984年版，第525~526页。
④ 《陈独秀文章选编》中册，三联书店1984年版，第75页。

人人皆抱厌世悲观之思想”有关。“耶教重自由与进取”，是因为“欧洲多岛，交通便利，人民轻于迁徙往来，故无家族观念。且其地属北温带，气候温和，故无厌世悲观思想。”孔子重人伦之道，乃因中国“为最大农业国，其人皆为土著之民……重迁徙，鲜往来，其种种风气，皆足以养成人之家庭思想。”① 如果耶稣或释迦牟尼生于中国，也必然会重家庭主义，如孔子生于欧洲或印度，则必然重自由进取或厌世悲观。陈独秀的这种分析虽过于简单，且易导致地理环境决定论，但他认为，一种思想和学说与社会物质生活条件有着必然而紧密的联系，这一看法则是合理的。孔子重家族，重伦理的思想与中国是一个农业大国，一家一户的小农经济确实有关，在这样的生产方式下，家庭既是生活单位，又是生产单位、教育单位，家庭既是自然组织，又是社会组织，家庭、家族在中国是一支十分重要的力量。因此，养成了中国人重家族的伦理观念。

最后，对于孔子及其学说的价值，陈独秀认为必须根据具体情况给予适当肯定，主要有：一、孔子非宗教迷信思想。在陈独秀看来，多言人事，罕言鬼神是孔子思想的一大特色。孔子本人生活于宗教迷信较为盛行的时代，但他却一概弃之，而以文、行、忠、信设教，表明其不语怪力乱神，即使有时也谈天言鬼，也只“不过假借古说，以隆人治”②。“孔子之言天命，乃悬拟一道德上至高无上之鹄的，以利躬行。”③ 这就是说，从孔子的思想实质看，他是不语怪力乱神等宗教迷信说教的，其偶尔言天命，讲鬼神仍然是为其政治思想、伦理学说服务的，是根据民众的文化心理，对世人的警策。正是从这个意义上，陈独秀说：“孔子不言神怪，是近于科学的。”④ 并主张将孔子这一思想光大发扬。二、孔子的伦理学说也不无可取之处。陈独秀认为，孔子所倡导的纲常礼教固然要进行批判，予以否定，但孔子所倡导的一些传统美德则有可取之处。他说：“记者之非孔，非谓其温良恭俭让，信义廉耻诸德及忠恕之道不足取……士若私淑孔子，立身行己，忠恕有耻，固不失为一乡之善士，记者敢不敬其为人。”⑤ 这就是说，孔子提倡的有些道德原则是人们应该遵循的，不但不能废弃，而且应该弘扬。如果能去践履这些道德，就会成为受人尊敬的“善士”。还有，当《中华新报》攻击他倡导“废德仇孝”的“禽兽学说”时，他反驳说，“孝”并非是万恶之源，“我们虽然不主张为人父母翁姑的专拿孝的名义无理压迫子女儿媳底正当行为，却不曾反对子女儿媳孝敬父母翁姑，更不能说孝是万恶之首要去仇他。合乎社会需要的道德，提倡

---

① 《陈独秀文章选编》上册，三联书店 1984 年版，第 75 ~ 76 页。
② 《陈独秀文章选编》上册，三联书店 1984 年版，第 210 页。
③ 《陈独秀文章选编》下册，三联书店 1984 年版，第 525 页。
④ 《陈独秀文章选编》下册，三联书店 1984 年版，第 526 页。
⑤ 《陈独秀文章选编》上册，三联书店 1984 年版，第 222 页。

犹恐不及，如何言废。"[①] 陈独秀在《我的爱国主义》一文中，还把"勤"、"俭"、"廉"、"洁"、"诚"、"信"等传统道德原则视作新时期爱国主义的基本内容。在《孔子与中国》一文中，他还把"建立君、父、夫三权一体的礼教"视作孔子的第二个价值，说："这一价值，在两千年后的今天固然一文不值，并且在历史上造成无穷的罪恶，然而在孔子立教的当时，也有它相当的价值。"[②] 三、孔子"均无贫"思想。《论语》中记载了一次孔子与其弟子冉求的对话，孔子说，如果财富平均，便无所谓贫穷，主张财富要尽可能做到分配均匀，不要把差距拉得太大，这样社会就会安定。陈独秀对孔子这一观点持肯定态度，把它同许行的"并耕"思想，历史上的"限田"主张和"自食其力"的格言一起称为含有"经济的民治主义成分"的学说。而且认为，经济上的民治主义是政治民治主义的基础，社会经济问题不解决，政治问题不可能真正解决。陈独秀的这一看法不无合理之处。但是，把"均无贫"说成是"民治主义"的经济思想之一，则显牵强。因为孔子是根据当时"礼乐崩坏"的情况，要求统治者尽可能收敛自己的剥削胃口，不要激化矛盾，以免危及政权，很难看出有多少"民治主义"的"高远思想"。而且仅从分配领域去解决贫富悬殊问题，是无法达到目的的。四、孔子的教育方法。他说："中国古代教授方法也是有启发的，例如孔子答弟子问孝问仁没有一个相同，这不是他滑头，也不是他胸无定见，正是他因材利导启发式的教授方法。"[③] 因材施教，启发教学，的确是孔子运用得十分熟练的方法之一。陈独秀认为孔子的这种教育方法应当肯定，并且要发扬下去。

三

由上述可见，陈独秀的儒学观是由其对儒学孔道的否定批判和肯定评价这两部分构成的，前者为主，后者为次，主次分明。我们在论述和评价其历史意义和作用时，必须以此为基本出发点。

首先，从其反儒学孔道这一方面来看。陈独秀对儒学孔道的批判反映了当时历史发展的要求，是中国近代史上反帝反封建这两大民主革命任务在新的历史条件下的具体化，对当时中国人民的思想解放和社会变革起了极大的促进作用。同时，陈独秀对儒学孔道的批判，比同时代其他急进民主主义者深刻、有力。胡适曾说吴虞和陈独秀

---

① 《陈独秀文章选编》中册，三联书店 1984 年版，第 115 页。
② 《陈独秀文章选编》下册，三联书店 1984 年版，第 526 页。
③ 《陈独秀文章选编》中册，三联书店 1984 年版，第 180 页。

是当时“攻击孔教最有力的两位健将”。其实吴虞主要是攻击了封建家族制度和儒学的“孝”、“悌”。他认为“儒家以孝、悌二字为两千年来专制政治与家族制度联结之根干”①。他的言词是激烈的，但思想理论内容比较贫乏。李大钊对于当时的尊孔复古逆流，对康有为的《致总统总理书》，也发表文章严词痛斥。他指出：“孔子者，数千年前之残骸枯骨也。……以数千年前之残骸枯骨，入于现代国民之血气精神所结晶之宪法，则其宪法将为陈腐死人之宪法，非我辈生人之宪法。”坚决反对宪法中列入尊孔条文。他又说：“孔子者，历代帝王专制之护符也。宪法者，现代国民自由之证券也。专制不能容于自由，即孔子不当存于宪法。今以专制护符之孔子，入于自由证券之宪法……此专制复活之先声也。”② 明确指出孔学是历代帝王专制的思想武器。李大钊此时虽然和陈独秀一样还不是一个马克思主义者，但他反孔反封建伦理道德是坚决的，他对孔子之道和封建伦理道德的批判在同代人中也是比较深刻的，但是没有超过陈独秀。李大钊只是到了十月革命以后，才比陈独秀更早一点接受马克思主义，同时也比陈独秀更多、更正确地宣传了马克思主义。

其次，陈独秀批判儒学孔道，不是否定其全部学说，而只是重点批判其对社会发展阻碍和危害最大的礼教及尊孔派们对孔子儒学的利用。同时，陈独秀对儒学孔道的批判也尽量做到全面，即在批判其消极思想时，也不否定其历史价值，并一再肯定孔子在其时代的地位和作用。就这方面而言，陈独秀比同代人也要高明得多。众所周知，五四时期，新文化人士在批孔反儒的斗争中，出现了一些全面否定儒学，否定传统文化的论点，在社会上产生了极为不良的影响。如 1919 年 5 月出版的《新潮》发表毛子水的《国故和科学的精神》，认为：“我们中国民族，从前没有什么重要事业，对于世界的文明，没有重大的贡献，所以我们的历史，亦不见得有什么重要。有这些缘故，所以国故在今日世界学术上，占不了什么重要的位置。”针对上述这种对传统文化过激的批判态度，陈独秀提出必须反对绝对的怀疑主义和虚无主义。他说，新青年同人“不取虚无的，不着边际的，没有信仰的，没有主张的，超实际的，无结果的绝对怀疑主义”③。在《虚无主义》一文中他批评中国思想界存在虚无主义，指出：“可怜许多思想幼稚的青年，以为非到一切否定的虚无主义，不能算最高尚最彻底，我恐怕太高尚了要倒下来，太彻底了要漏下去啊！”④ 他在《青年底误会》一文里重申凡是一种主张，都不能太过于激烈，要有个限度，否则会适得其反。⑤ 从这些思想可以看出，陈独秀是反对全盘否定的虚无主义的，并认为这是当时思想界的危机。陈独秀的这种态度

---

① 《吴虞集》，四川人民出版社 1985 年版，第 62 页。

② 《李大钊文集》，人民出版社 1978 年版，第 77、79～80 页。

③ 《陈独秀文存》，亚东图书馆 1922 年，第 246 页。

④ 《陈独秀文章选编》中册，三联书店 1984 年版，第 13 页。

⑤ 《陈独秀文章选编》中册，三联书店 1984 年版，第 125 页。

和主张，无疑对当时新文化运动和思想解放运动朝着健康的方向发展起了积极的引导和促进作用，对此，我们应给予充分的肯定。

当然，由于时代和个人经历及思想理论素质限制等原因，陈独秀的儒学观是有其历史局限的。主要有：一、由于陈独秀批儒反孔主要是在五四新文化运动前期，当时他在政治上还是一个激进民主主义者，而不是马克思主义者，因此他批儒反孔时所使用的思想武器，是西方资产阶级上升时期的社会政治学说，民主平等自由的学说，而不是马克思主义，因此，他不可能对儒学孔道进行全面、深入、科学的批判和总结。二、陈独秀对儒学孔道的批判，主要着眼于当时现实政治斗争的需要，严格地说，他的批判只是一种政治批判，而政治批判往往采取攻其一点，不及其余的策略，因此，陈独秀把进攻的火力集中到儒学孔道所倡导的封建伦理道德上，对以别尊卑、明贵贱为基础的三纲五常进行了无情的揭露和批判。这种批判涉及思想领域，比戊戌变法时的维新派和辛亥革命时期的革命派对封建制度的批判更进了一步，但其始终关注的仍是反击当时出现的"尊孔读经"、复辟封建帝制的反动逆流。由于受到这种政治批判的限制，陈独秀认为"在孔子积极的教义中，若除去'三纲'的礼教，剩下来的只是些仁、恕、忠、信等美德，那么，孔子和历代一班笃行好学的君子有什么不同呢"。[①] 由此，他认为，"三纲的礼教"就是儒家区别于其他各家的独特主张，除此之外，孔子无任何主张。这是孔子被奉为万世师表的原因。陈独秀的这种见解未免偏颇。我们知道以仁为中心的人生哲学和道德规范体系，是孔子之道区别于其他各家的特色，虽然其中的一些内容发展成为对当时和后世都有害的礼教，但其中有价值有生命的人生哲学思想仍有借鉴的价值，抛弃其中封建的、不平等的、反民主反科学的成分，其中宝贵的精神财富将具有永久的价值，而陈独秀缺乏深入的研究和挖掘，只是把这些思想看成是与其他各家并无区别的思想，甚至把孔子与一班笃行好学的君子相提并论，这在某种程度上抹杀了孔子这些思想的独特价值。正由于陈独秀对儒学孔道存在着这种狭隘的理解，因此当他一涉及中西文化的取舍问题时，就形成了孔教与欧化根本对立的认识。他说：孔教的根本伦理道德，"与欧化背道而驰，势难并行不悖。吾人倘以新输入之欧化为是，则不得不以旧有之孔教为非。倘以旧有之孔教为是，则不得不以新输入之欧化为非。新旧之间，绝无调和两存之余地。吾人只得任取其一。"[②] 那么，在陈独秀的价值观中，他认为应该取何种文化呢？他说："无论政治学术道德文章，西洋的法子和中国的法子，绝对是两样，断断不可调和牵就。""若是决计革新，一切都应该采用西洋的新法子。"[③] 很显然，陈独秀是主张用西化来取代传统文化的，从而在中西文化的问题上，形成了一种对传统文化的单向批判。

---

① 《陈独秀选集》，天津人民出版社 1990 年版，第 288 页。

② 《陈独秀文章选编》上册，三联书店 1984 年版，第 186 页。

③ 《陈独秀文章选编》上册，三联书店 1984 年版，第 270 页。

尽管陈独秀的儒学观存在着上述种种历史局限性，但是，他在中国处于社会发展的转型期，敏锐地抓住了当时社会发展的主题，勇猛地高举起民主与科学的大旗，批判和冲击封建的旧思想、旧道德、旧文化，促进了中国人民的民主觉醒，提高了中国人民的思想觉悟，把中国近代社会变革和救亡运动推进到了一个新阶段。因此，总体而言，我们对陈独秀批判和重估儒学孔道的历史作用应予积极的肯定。

现代新儒家境界理论的价值与困境
——以唐君毅为中心

《华东师范大学学报》(哲学社会科学版) 副主编、哲学系教授 付长珍

境界理论是最能体现中国哲学特色的精髓之一，也是儒家哲学在现代展现其生意的重要方面。境界学说可以说是现代新儒家最重要的理论创获。面对佛老泛滥和儒学衰微的局面，宋明新儒家致力于重续儒家道统和境界追寻，将儒学的发展推进到一个新的历史阶段。现代新儒家面对的则是西学东渐、欧风美雨的浸染所带来的种种社会问题，传统的价值体系不断遭到破坏而解体，人文价值失落，人际关系疏离、人与自然对立，特别是人生价值和意义的迷失，促使新儒家在终极关怀的层面上开始反思形而上学的重建以重构人的意义世界和精神家园。以此为背景，为了克服精神的迷失状态[①]，重建国人的价值信仰，几乎所有的现代新儒家都提出了自己关于境界问题的思考和看法，但最为系统地建构了境界理论的当属冯友兰、唐君毅等人。他们的境界理论各具特色，且自成体系，在现代中国哲学史上留下了浓墨重彩的一笔。鉴于学界对冯友兰的境界说已有大量研究成果问世，本文将主要通过深入剖析唐君毅的心灵境界说，展示现代新儒家在境界理论重建和深化方面的主要贡献，检视新儒家的境界理论在当代社会所遭遇的困境与迷失。

一、“心”、“境”关系的独特诠解

唐君毅是20世纪最富悲悯意识和宗教情怀的新儒家学者，他的境界理论架构是以心本体为中心，面向人类精神的各个层面勾连延展，它将生命存在的忧患、民族文化的悲情和个体生命的体验相融会，成就了两巨册的《生命存在与心灵境界》，既是他道德自我反省、超验唯心论发展的必然归宿，又是其在重新诠释中西传统哲学的基础上、重建人文精神世界的集中展示，被称为是唐君毅的“晚年绝唱”。“此乃吾一生之学问之本原所在，志业所存。”在此书的《导论》中开宗明义道：

---

① 张灏指出：在现代中国，精神迷失表现为道德迷失、存在迷失和形上迷失的同时并存。位于现代中国之“意义危机”的底部，是此三种迷失的融合。张灏：《新儒家与当代中国的思想危机》，载《张灏自选集》，上海教育出版社2002年版，第88页。

> 今著此书，为欲明种种世间、出世间之境界（约有九），皆吾人生命存在与心灵之诸方向（约有三）活动之所感通，与此感通之种种方式相应；更求如实观之，如实知之，以起真实行，以使吾人之生命存在，成真实之存在，以立人极之哲学。[①]

这可以看做唐君毅心灵境界说的理论总纲。具体说来，一方面是由人生体验的沉思和道德自我的反省，以及对中国传统哲学人性论的深刻透视和对西方理性主义思潮的呼应，而体证合一生命与心灵的人生之内涵；另一方面是以理智思辨的形式析疏中西印三大思想系统中的有关知识、伦理、宗教等问题，而将所有的人文层面都融摄于一超验心灵的序运流转之中。生命存在是心灵的物质基础，而人生的真实意义则在于精神的不断扩充和永恒超越，以成就一无限丰富的心灵世界。[②] 唐君毅肯定道德生活的价值，认为人内在的仁心本性即是价值的创造之源。这是贯穿其一生的信念。他晚年曾引志勤禅师的诗句“三十年来寻剑客，几回叶落又抽枝；自从一见桃花后，直到如今更不疑”。这首诗表明了唐君毅终其一生都是在执著于心灵本体与生命境界的超越之路。

在唐君毅那里，“境”与“境界”所指相近，即心之所对、所知、所显。中国哲学语境中，境界之原义，则兼通虚实，于义为美。唐君毅说：“……言心灵之境，不言物者，因境义广而物义狭。物在境中，而境不必在物中，物实而境兼虚与实。如云浮在太虚以成境，即兼虚实。又物之‘意义’亦是境。以心观心，‘心’亦为境。此‘意义’与‘心’，皆不必说为物故。于境或言境界者，以境非必混然一境，境更可分别，而见其中有种种或纵或横或深之界域故。然以境统界，则此中之界域虽分别，而可共合为一总境。则言境界，而分合总别之义备。”[③]此处所言之“心”，不是先验的道德之心或抽象的理性之心，而是与人的生命存在相合一的心灵。“‘心’自内说，‘灵’自通外说。合‘心’‘灵’为一名，则要在言心灵有居内而通外以合内外之种种义说。”[④]正因为心灵具有“居内而通外以合内外”的感通能力，才能依此建构起不同的境界。

“境”与“心”的关系，正是这样一种相互涵摄感通的关系。心与境的感通包含两层含义：其一，心之感通于境，不能简单等同于境为心所知，知境而即依境生情、起志，才是心境感通的结果；其二，心与境相互为用，不能只言心变现境。心之所通，不限于特定境，而是恒超于此特定境，永不滞于此所通。“境与心之感通相应者，即谓

---

① 唐君毅：《生命存在与心灵境界》，中国社会科学出版社 2006 年版，第 1 页。
② 景海峰：《新儒学与二十世纪中国思想》，中州古籍出版社 2005 年版，第 224 页。
③ 唐君毅：《生命存在与心灵境界》，中国社会科学出版社 2006 年版，第 2 页。
④ 唐君毅：《生命存在与心灵境界》，中国社会科学出版社 2006 年版，第 2 页。

有何境，必有何心与之俱起，而有何以起，亦必有何境与之俱起。此初不关境在心内或心外，亦不关境之真妄。”①心境因感通而有主客，但主客并非二分，而是彼此相应不离，俱起俱息。不必说境由心造，也不必说境先在于心外。求通乃心灵之本性，无论此境虚实，心灵皆可次第通过。因心灵活动有种种不同的表现，故心灵与境的感通也有种种不同的方式。根据种类、次序、层位的不同，即有所谓的横观、顺观与纵观之“观法”。横观是生命心灵活动往来于内外左右向，在观种类；顺观是生命心灵活动往来于前后向之次序，在观次序；纵观是生命心灵活动往来于上下向，在观层位。他把这种横观、顺观、纵观称为“生命心灵活动的三道路或三方向”，或“心灵生命之三意向或三志向。”

心灵每一向之活动亦可分向于体、相、用之不同而别为三。不同的体、相、用三观相应于客观、主观、超主客观三界，以此展示出心灵活动的九种境界，以明心灵观照的客观对象和心灵自身的主观活动。故三向即可通于九境。此九境依次是：万物散殊境，依类成化境，功能序运境，感觉互摄境，观照凌虚境，道德实践境，归向一神境，我法二空境，天德流行境。这就是唐氏著名的“三向九境”之说。唐君毅曾这样总结道：“此九境者，只是吾人之心灵生命与其所对境有感通之一事之原可分为三，而此中之三，皆可存于此三中之一，所开出。故约而论之，则此九可约为三，三可约为‘吾人之心灵生命与境有感通’之一事而已。”② 也就是说，心灵九境的形上学体系，可以归结为心灵感通之境这一点上。唐氏认为，心灵活动与感通之境，为人人俱有，但是活动的范围和境之感通的程度，则有所不同。程度越高，活动范围越大，所通之境越广，越近于生命的无限。唐君毅哲学之目标，并非教人陷溺于他的哲学，而是归于成教以立人极，使世人对自己的心灵活动与其所感通之境，能够如实知，真实行。同时希望自己的哲学成为接通与超越诸异彩纷呈之哲学的桥梁和道路，希望世人的心灵在经历他所构建的这九个境界之后，能沟通古今中外诸大哲的哲学境界，从而成就生命的悠远和无限。

二、心灵世界意义的开掘

唐君毅一生驰骋于东西哲学领域中，为建立一道德理想主义的人文世界而殚精竭思。他曾这样描述自己的治学经历：“读了黑格尔之《精神现象学》，才知除新实在论者一往平铺的哲学境界外，另有层层向上升高之哲学境界。”“三十左右，便走到喜欢西方唯心论的路上去”了。③向唯心论的归依确立了他的哲学基本立场和超验心路历程

---

① 唐君毅：《生命存在与心灵境界》，中国社会科学出版社 2006 年版，第 3 页。

② 刘梦溪：《中国现代学术经典·唐君毅卷》，河北教育出版社 1996 年版，第 752 页。

③ 唐君毅：《我对于哲学与宗教之抉择》，见《人文精神之重建》，台北：台湾学生书局 1984 年版。

之方向，对人生之精神活动的超越性和道德生活的自律性的身心体悟，更坚定了他探寻内在而超越的心之本体与道德自我的信念，可见，唐君毅在肯定人的一切文化创造活动皆统摄于道德自我的同时，更注重通过客观地疏解人类文化生活的不同方面和中西学术思想的巨大成就，来探索生命存在的本质与心灵境界的巨大建构，从而揭示了心灵境界的丰富意义和包容性，为人们指出了一条通过提升心灵境界来找寻生命价值的途径。

在唐君毅看来，九境之开出，都是顺应心灵的自然转变而生。心灵有自求超越义，可从前一境中超拔而出，所以由客观世界转至主观世界，再超越主客观之对立，归向天德流行，自有其心灵活动之层层开展之根据。因此，此九境得以建立与升进的依据，就在于一超越的心灵主体的存在。心灵主体从经验的我到理性的我再到超越的我不断实现超越，从而使心灵境界由主观境到客观境再到超主客观境次第升进。他说："人之观其生命存在与心灵及其所对之世界或境界，初必视其所对之世界或境界，为一客观存在之世界；次乃视此客观存在之世界，属于一主观之心灵；再次乃谓有一超主观心灵与世界，统于此主客之上，或更超于主客之分别之外，以通贯此主与客、心灵与其世界。此即吾人之论生命存在与心灵之境界，所以开为次第九重，而说其中之初三为客观境，次三为主观境，后三为超主客境之故也。"①这里所说的三界九境，均是由心灵依不同的观照而显，皆为一超验的心灵世界所含摄，故所谓主观、客观之分，并不是认识论意义上的，而是同属于一心本体的层面。生命境界的提升正是心灵活动由浅而深，由易而难，由渐而顿的结果。这是生命成长之教，亦是学思之升进；学者所以成学，教者所以成教，全在其心灵智慧之所运。

唐君毅认为，通过了解人的心灵活动的不同方面即可对人类学术有一通贯的了解，因而一切宇宙的、社会的、人生的问题，一切有关科学的、政治的、伦理道德的、文学艺术的或宗教的理论和思想，都可以归入他的不同境界。在人类心灵的种种表现中，应以道德的表现为首出。其弟子李杜曾这样评价乃师："他对于宗教形而上学、逻辑、知识论、科学知识等无不用心，但他在对它们从事分辨与了解之后，最后皆纳入儒学中去，而成为以道德心灵为主导的儒学所应具有的内容。"②将儒家的成德之教看做人类文明中最具终极意义的安身立命之所。他从心本体论出发，用生命心灵活动的种类、次序、层位的不同，去说明何以会有种种境界的不同。心本体的存在虽然不能由经验直接加以证明，但生命心灵在感通时，所以有种种的精神表现，亦必有它的源头和根本。

唐君毅立足于道德理性的层面，将科学世界与神灵世界相统一，理性与信仰相结合，从而在整全的意义上把握人的超越性的生命存在本质。在唐君毅那里，外在的、

---

① 刘梦溪：《中国现代学术经典·唐君毅卷》，河北教育出版社1996年版，第745页。

② 李杜：《唐君毅先生的哲学》，台北：台湾学生书局1983年版，第135页。

客观的东西很少被当做思想的缘由。他说:"人之研究哲学与宗教之原始动机与终极目的,毕竟在解决其在生活中所真切感到的问题,以使其生活有一最后的安顿寄托。……也必须有所主张,有所信仰,而以其自己之觉悟或信仰,启发人之觉悟或信仰。他之主张信仰可以自己变,亦可与他人,古人之信仰冲突。"哲学之活动并非为了成哲学,而是为了成教,使精神生命得以开辟上升。唐君毅建立此种融通统摄的心通九境判教系统的目的,"就是要把科学上的知识、哲学上的智慧、道德上的修养以及宗教上的信仰,用高明而广大的'大心灵'融摄起来,并且把它们如其所是地归纳入这一宏大的系统中来,从而避免人类社会'道术将为天下裂'——因为文化的差异造成的人类心灵上的分崩离析、毁坏破灭之危局。"他把人生在实践和理论上所可能经历的境界或者说生活内容,各安其位,让它们各得其所,充分体现了一个儒者心灵的开放与包容。性命之德流行,即是天德之流行、天人合一。"从根本上说,这体现了唐氏把本体或形上真实还原为人的生命、生活的致思取向,这无疑使本体论充满生命活力,更贴近人们的现实生活。然而吊诡的是,因'三向九境'架构的过分精细,它所指示的成就真实存在的道路缺乏现实保障,而仅仅寄托于人的感通、自觉,因而它又是远离现实生活的。"①唐君毅通过尽性知命地道德实践,容许各种超越的信仰,转入人的生命的核心,以消解人的生存与文化危机,为应时而生的宗教、道德与哲学置一大方向。这种努力也容易导致恢复到对儒学的忠诚信仰,而消解对儒学的批判。

三、宗教性意识的凸显

近代以来,随着西方文化特别是基督教的传入,宗教问题幽灵般在中华大地上盘旋。现代新儒家为了对抗和回应来自西方基督教传统的挑战,挺立和维护儒家思想的价值理想,开始挖掘传统哲学中的宗教性因素。不断强调和凸显儒家思想的超越意识和宗教精神,成为"五四"以后新儒学发展中的一个重要趋势。强烈宗教性意识的融入构成了现代新儒家境界理论的重要面相。

现代新儒家大都认同儒学是一种具有宗教性特征的文化形态,并努力开掘儒学内部所蕴含的宗教精神。② 唐君毅是现代新儒家中最富宗教情怀的一位。在西方宗教意识的启发下,基于与西方文化抗衡与守护中国文化精神的心结,他通过论证儒学与宗教

---

① 单波:《心灵九境:唐君毅哲学的精神空间》,人民出版社2001年版,第76页。

② 例如,牟宗三从宗教哲学的高度创造性地阐释了"性与天道"的内圣之学,融摄康德,将超越与内在相贯通,明确提出了儒学即是宗教的看法。在方东美的境界理论中,也同样把宗教境界作为人生境界的极致。在宗教观念上,方东美持泛神论的立场,但是这种泛神论仍是以传统儒学为内在根基的。在冯友兰的境界理论中,虽然没有给予宗教很高的位置,但他指出儒家足以取代宗教而又高于宗教者,正在于儒家理性的理想主义的人生境界说,明确提倡以哲学代宗教。

的关系来肯定儒家的价值系统，同时也阐明宗教的积极意义。1958 年元旦，由唐君毅起草，与牟宗三、徐复观、张君劢联名发表了《为中国文化敬告世界人士宣言》，宣言指出："中国民族之宗教性的超越感情及宗教精神，因与其所重之伦理道德，同来源于一本之文化，而与其伦理道德之精神，遂合一而不可分。"[①]在唐君毅心灵九境的宏大建构中，超主客的三种境界都与宗教直接相关。归向一神境是以西方基督教境界为核心，我法二空境则以佛教境界为核心，天德流行境则指向了传统儒学。在此三境中，知识皆化为智慧或属于智慧，运用于人的生活世界，以成就有真实价值的生命存在，其中又以儒教为最高圆满之教。他说："儒家有所进于一般宗教家者，则为儒家除可信一些超越的存在外，还信仰能发出此信仰之当下的本心本性，即为一切庄严神圣之价值之根源。……人之本心本性即天心天性之天人合一之教，终将为一切宗教之结局也。"儒家重天人合德，尽人之性，成人之德，通贯天人上下、物我内外之隔，以融合主观客观之对立，达于超主客之境。是为至极之道德实践境或立人极之境。由此他将儒学的天德流行境视为生命心灵超越所能达到的最高境界。他认为儒家的道德伦理思想与西方宗教思想之间有着本质上的契合。"人之一切道德生活之根源，皆在自己对于自己的超越，而面对自己的过失。"这种精神就是"儒家之真精髓所在"。

唐氏把儒者所求之天人合德看做人生的最高境界，也表达了他与传统儒者极为相近的理想追求。同时，理想的人文世界必定留有宗教生活的地盘。唐君毅指出："愿意相信有神，建立一神灵之世界，即可以使我们不致只以物的世界，自然的世界为托命之所，即可以平衡我们之精神之物化自然化，而背离人文之趋向"[②]，对于人生而言，相信有一神灵世界，可以提升其精神境界，自觉地了解人文的价值意义。唐君毅旨在促进人文与宗教间的相济相融，发掘了宗教的价值及其与人文相结合的可能性、现实性，在中西文化的互释和比较中，彰显了儒家境界理论中蕴含的宗教精神。对此，刘述先深刻指出："现代新儒家的一大贡献就在指出儒家的宗教意涵，既然吾道自足，可以安心立命，那就是一种终极关怀。而且所谓天人合一，就是说儒家思想绝非寡头人文主义，也传达了某种超越的信息，虽然与基督宗教纯粹超越的形态不同，乃是属于内在超越的形态……但儒家既不是一组织宗教，由孔子开始更已淡化了位格神的观念，难怪很多人不把它当做宗教看待，以致忽视了其宗教意涵，直到当代新儒家才逐渐廓清了这样的误解。"[③]因此，儒学虽不是一严密的宗教形式，但实含有类似宗教的超越精神，可以与世界上的各大宗教在终极的意义上开展沟通和对话，共同为构建全球普遍伦理提供理论资源。

现代新儒家虽然极为重视境界理论的宗教因素，但他们所关心的问题仍集中在心

---

① 唐君毅：《中华人文与当今世界》，台北：台湾学生书局 1980 年版，第 881 页。

② 唐君毅：《人文精神之重建》，台北：台湾学生书局 1984 年版，第 54 页。

③ 刘述先：《全球伦理与宗教对话》，台北：立绪文化事业公司 2001 年版，第 163～164 页。

性之学和知识精英的信仰层面，对于宗教的设施、仪式、组织等制度性生活疏于探讨，对儒学宗教性的负面影响少有关注，因此，如何在当代情境下进一步发挥儒学境界的安身立命价值，力避其空疏玄远，仍是摆在当代新儒家面前的重大课题。

四、境界重建，路在何方？

方东美说："生活在二十世纪的人类，最大的一个精神危机是什么呢？就是把我们幼弱的心灵、青年的心灵到壮年的心灵一起使之色盲，使他再也看不出任何价值理想。"[①]面对西方主客二分思想导致人的意义价值世界和客观物质生活的分离，面对近代科学主义、实证主义导致的人的意义世界的丧失，面对人类精神的空虚及诗意生活的破坏，方东美主张从传统天人合一的思维出发，以生命本体的生生之德护持人之为人的根本，将人的超越向度和追求与现实生活融为一体。唐君毅的人生境界理论"心灵九境"，讨论了从常识、理智到理想、信仰，即从生活世界到意义世界的超拔过程。这座逐级拔高的九层灵台的终端是"天德流行境"，它超越主客对待、打通物我间隔，直达"天人合一"。简言之，是一个超凡人圣的绝对道德境界。以此为人生价值，唐君毅志在重树人类的道德理想，拯救人类精神之颓丧。[②]冯友兰更是以系统完备的人生境界说回应了来自西方文化和宗教传统的挑战，彰显了中国哲学人生境界理论的精神和特征。

现代新儒家境界理论的提出和建设，其主要目的并不是为了理论本身的圆融和自洽性。面对现代社会中的道德衰落、价值沦丧的局面，新儒家诸贤希望通过人文精神的开掘，提高人们的生活品位和精神层次，使人们从普遍的道德怀疑主义、道德相对主义和虚无主义中解脱出来，确立国人的价值依托和终极信仰。然而，良好的愿望并不能不弥补其理论的缺失和困境。其一，现代新儒家的境界理论，主要注重的是心灵世界的开掘，将理想人格的形成归结为人的自我修养与提升，将人性的丰富性、复杂性作了简单化、狭隘化的理解，将境界的实现看做是道德心灵不断地追求自我提升的过程，对人生的现实层面及其问题少有关注，缺乏现实的指向性和应有的历史感。其二，片面强调儒家思想中既内在又超越的一面，把儒家思想讲得圆满自足，既感受不到西方那种人性与神性的紧张关系，也缺少先秦儒家那种"舍我其谁"的强烈担待意识。儒家思想对神圣性的向往缺乏应有的力度，从而导致前进的动力不足的情况。忽视了超越的现实基础，因而使得其超越性丧失了对现实的批判性。正如第三代新儒家刘述先所说，终极理想和现实世界的悖谬，使得"儒家的传统与现代化的要求并不一

---

① 方东美：《中国大乘佛教》，台北：黎明文化事业公司1999年版，第293页。

② 高瑞泉：《新儒学与民族价值的重建》，《开放时代》1995年第5期。

定是完全合拍的。而新儒家思想在当代之缺乏真正的影响，是由于它在现实上始终提不出可行的办法来"[①]。因此，必须超越偏狭的道统观念，走出历史主义的阴影，以富有前瞻性的视野，追寻儒学发展的现代性前景，重新发现它应有的当代意义。

对此，刘述先认为必须分清儒家思想中与时俱朽的成分与万古常新的成分，"古老的宗法社会、汉儒的宇宙论、政治化的儒家，朝廷的典章制度，这些东西都一一地倒塌了。但儒者所体证的生生之仁心，到现在还新鲜活跳着——当代新儒家正因为能够紧紧地握到这一点，所以还能在世界学林中占一席地位。"[②]可见，刘述先与此前的新儒家看法是一致的，都认同儒学的永恒价值在于生生之仁心的体证，心性之学的再阐释与"境界形上学"的重建。韦政通、林毓生、傅伟勋等人则扮演了重要的批评者的角色。针对儒学发展的当代困境，傅伟勋提出了一系列针对性很强的矫正措施，主要为两个方面：一是要彻底扭转儒家知识观的偏向，重新理清知识的意义；二是要修正儒家泛道德主义倾向，重建儒家伦理学，将道德问题置于可操作情景下的现实考量之中。他指出，现代儒学必须要超越传统过分乐观且理想化了的成圣成贤老调，面对大多数人既不愿也不会去做圣人的经验事实，尽量吸纳"最低限度的伦理道德"到原有的儒家伦理系统之中。[③]从而为儒家道德理想在现实生活中的扎根生长找到适宜的土壤。儒学既是一种历史既成，又始终关联着当下的境况，"当下性"才是实现儒学创造性转化的动力与源泉，或许这才是我们重新审视儒学时所应坚守的基本立场和价值尺度。

---

① 刘述先：《大陆与海外——传统的反省与转化》，台北：允晨出版社 1989 年版，第 250 页。
② 刘述先：《大陆与海外——传统的反省与转化》，台北：允晨出版社 1989 年版，第 191 页。
③ 景海峰：《新儒学与二十世纪中国思想》，中州古籍出版社 2005 年版，第 309 ~ 311 页。

韩愈与儒家文教传统的反思

中国社会科学院文学研究所　刘　宁

儒家的教化传统有丰富的内涵，而其中诗文教育扮演着重要的角色。韩愈及其古文创作是儒家文教的核心典范，理解韩愈古文对儒家文教的贡献，对于深入认识儒家教化传统有重要意义。在现代社会，儒家的教化传统如何在国民教育的建设中发挥积极作用，是一个值得深入思考的问题，本文即试图通过反思韩愈对儒家文教传统的贡献及其现代意义，对这一问题作出讨论。

一

韩愈的“文道观”是其倡导古文运动的核心纲领，在儒学文论的发展史上，这一观念究竟有着怎样的理论创新，有关的研究从韩愈赋予“道”新的时代内容，以及继承孟子心性之学等角度，对这一问题作出了回答；然而作为一个内涵丰富的古文理论，韩愈的“文道观”与先秦以来儒学文教传统之间的区别和联系，该如何认识，其理论创新对文学实践的具体指导意义如何体现，这些问题还多有深入思考的空间，也是我们反思其现代价值的重要前提。

先秦汉唐时期的儒家文学观念，其理论基础主要是荀子哲学的礼教、乐教思想。荀子认为人性本恶，因此需要通过礼义的教化来“化性起伪”，而乐教则是极为重要的教化手段。《荀子·乐论》云：“乐者，乐也，人情之所必不免也，故人不能无乐，乐则必发于声音，形于动静，而人之道声音、动静、性术之变尽是矣。故人不能无乐，乐则不能无形，形而不为道则不能无乱，先王恶其乱也，故制雅颂之声以道之，使其声足以乐而不流，使其文足以辩而不思，使其曲直繁省廉肉节奏，足以感动人之善心，使夫邪污之气无由得接焉，是先王立乐之方也。”《礼记·乐记》也表达了类似的乐教思想。先秦两汉时期所形成的儒家诗教观念，与乐教有密切的关系，《毛诗大序》就有与《荀子·乐论》、《礼记·乐记》十分接近的论述，如论诗、乐、舞一体，所谓“情动于中而形于言，言之不足，故嗟叹之，嗟叹之不足，故咏歌之，咏歌之不足，不知手之舞之，足之蹈之”；论乐与政治的关系，所谓：“治世之音，安以乐，其政和；乱世之音，怨以怒，其政乖。亡国之音，哀以思，其民困。”

立足荀子哲学的儒家文教观念，强调“礼”的规范和约束，而儒家经典作为风雅正声，正是“礼”之典范，因此，先秦汉唐时期的文教观提倡对经典的遵循与取法。“礼”的中和精神，也成为最为核心的美学追求。孔子称赞《诗经》之《关雎》“乐而不淫，哀而不伤”，南朝著名文学思想家刘勰于《文心雕龙·宗经》中，认为儒家经典是为文之典范，创作者“若禀经以制式，酌雅以富言，是仰山而铸铜，煮海而为盐”，而儒家经典正体现了中和的精神，所谓“文能宗经，体有六义：一则情深而不诡，二则风清而不杂，三则事信而不诞，四则义直而不回，五则体约而不芜，六则文丽而不淫。”

韩愈讨论“文”、“道”关系，呈现出与以往儒家文教传统的诸多差异。首先，韩愈的“文道观”深受孟子哲学的影响，强调主体对于“道”的积极体认，肯定主体的能动意义，改变了以往文教传统侧重礼的外在规范和约束的理论侧重。韩愈讨论学“道”，鲜明地体现出“仁义”内化的特点，如其《答李翊书》云：“将蕲至于古之立言者，则无望其速成，无诱于势力，养其根而俟其实，加其膏而希其光。根之茂者其实遂，膏之沃者其光晔。仁义之人，其言蔼如也。”这种仁义的内在长养，与孟子的“养气”之论十分接近，其“无望其速成，无诱于势力”之意，与孟子论养气之“而毋正，心毋忘，毋助长也”之论若合符契。先秦荀子哲学虽也十分关注学道与修身的问题，但其讨论，更加偏重礼的调整与约束，如《荀子·修身》云：“治气养心之术，血气刚强，则柔之以调和；知虑渐深，则一之以易良。勇胆猛戾，则辅之以道顺，齐给便利则节之以动止。狭隘褊小，则廓之以广大；卑湿重迟贪利，则抗之以高志；庸众驽散则刦之以师友；怠慢僄弃，则炤之以祸灾；愚款端悫，则合之以礼乐，通之以思索。凡治气养心之术，莫径由礼，莫要得师，莫神一好。夫是之谓治气养心之术也。”修身之术，是以礼调整人性之偏而达于中和，与孟子涵养扩充内在善端之论，颇为异趣。值得注意的是，柳宗元虽与韩愈同为古文运动之倡导者，但论及为文明道的心理状态，柳宗元更接近荀子，所谓“故吾每为文章，未尝敢以轻心掉之，惧其剽而不留也；未尝敢以怠心易之，惧其弛而不严也；未尝敢以昏气出之，惧其昧没而杂也；未尝敢以矜气作之，惧其偃蹇而骄也；抑之欲其奥，扬之欲其明，疏之欲其通，廉之欲其节，激而发之欲其清，固而存之欲其重，此吾所以羽翼夫道也。”（《答韦中立论师道书》）。

可见，韩愈强调主体对“道”的内在体验与积极体认，在古文阵营中，也是有着显著的理论创新特点。其“道”论，带有鲜明的主体特点，也包含了丰富的时代内容，对儒家经典的学习，也不是单纯的遵循和取法，而是更多地体现出主体的内在理解，认为要“师其意，不师其辞”（《答刘正夫书》）。

其次，韩愈的“文道观”改变了以往文教观追求中和的美学旨趣。在韩愈看来，圣人的创作，之所以堪为典范，不在于它体现了“中和”之美，在于其体现了不因循故常、卓荦奇伟的精神境界，所谓“圣人之道，不用文则已，用则必尚其能者。能者非他，能自树立，不因循者是也”。（《答刘正夫书》）韩愈最推重先圣百家之文卓荦不群的个性，其《进学解》借太学生之口述其取法先圣百家之道云："先生口不绝吟于六艺之文，手不停披于百家之编。……作为文章，其书满家，上规姚姒，浑浑无涯，《周诰》、《殷盘》，佶屈聱牙，《春秋》谨严，《左氏》浮夸，《易》奇而法，《诗》正而葩，下逮《庄》、《骚》，太史所录，子云相如，同工异曲，先生之于文，可谓闳其中而肆其外矣。"可见，韩愈之取法，正着眼其独擅之特性。

这里需要特别辨析的是，韩愈对"文"、"道"关系的理解，与先秦汉唐儒家的"文质论"，以及"文质彬彬"的美学理想，有明显区别。"文质彬彬"是先秦汉唐时期儒家文论的核心美学追求，其理论基础是儒家的"文质观"。儒家所论之"文"与"质"，就其本义而言，"文"指外在的修饰，"质"指本性素质。《论语·颜渊》："棘子成曰：'君子质而已矣，何以文为?'子贡曰：'……文犹质也，质犹文也，虎豹之鞟犹犬羊之鞟。'"何晏《集解》"孔曰：'皮去毛曰鞟，虎豹与犬羊别者，正以毛文异耳；今使文、质同者，何以别虎豹与犬羊邪?'"邢昺疏："此章贵尚文章也。……此子贡举喻，言文章不可去也。……言君子、野人异者，质文不同故也。……今若文犹质，质犹文，使文质同者，则君子与鄙夫何以别乎?"孔安国、邢昺的解释是将质与文视为本性素质与修养文饰，认为两者当并重，不当重质而轻文。

以"文"为外在修饰，"质"为本性素质，这个解释与今天文论中所谓"形式"和"内容"有些接近，但在绝大多数场合，儒家论"文"、"质"是从"修饰"、"本性"这一本义引申为"富有文华"和"质朴无文"两种表现风格，"文质彬彬"并不是"形式"要符合"内容"的意思，而是"文华"、"质朴"两种风格应当彬彬相济，达于中和。《论语·雍也》中的论述，即为此意："文胜质则史，质胜文则野，文质彬彬，然后君子"。何晏《集解》："包曰：野，如野人，言鄙略也；史者，文多而质少。彬彬，文质相半之貌。"邢昺疏："言文华、质朴相半彬彬然，然后为君子也。"邢昺的疏发挥了包咸的意见，这个解释是将文质视为文华和质朴两种风格，南朝梁时皇侃《论语集解义疏》曰："质，实也；胜，多也；文，华也；言若实多而文饰少，则如野人；野人鄙略，大朴也。"又曰："史，记书史也；史书多虚华无实，妄语欺诈。言人若为事多饰少实，则如书史也。"皇侃以"质实"来解释"质"，也是将文质理解为"多饰少实"和"质实"两种风格，而"文质彬彬"则是两种风格的中和之美。

在中古文论中，"文"、"质"作为文学批评的重要范畴，也是指"文华"与"质朴"两种风格倾向，而"文质彬彬"作为核心的美学追求，体现了艺术风格的中和之美，而这种中和之美，又与道家的自然之旨获得深入会通，呈现出更为深厚的理论内涵。

因此，先秦汉唐儒家对"文"、"质"关系的讨论，主要是关注如何追求艺术的中和之美，而主要不是讨论"形式"是否要符合"内容"的问题。韩愈的"文道观"提倡"吾所为文，必与道俱"，其所谓"文"与"道"，显然不同于"文质论"中作为两种不同表现风格的"文"与"质"，而"文与道俱"，也不同于"文质彬彬"。韩愈的

"文道观"，相对于"文质彬彬"的美学理想，呈现出显著的差异，这一点和柳宗元相比，就表现得更为突出。柳宗元与韩愈同为古文运动之倡导者，并直接阐发了"文以明道"的追求，但柳宗元在理论上，对中和精神还是有很明显的继承和接受，例如他提出为文当兼擅众长，归于中道，偏至则为逊色，所谓"文有二道：辞令褒贬，本乎著述者也；导扬讽谕，本乎比兴者也。……兹二者，考其旨义，乖离不合，故秉笔之士，恒偏胜独得，而罕有兼者焉。厥有能而专美，命之曰艺成。虽古文雅之世，不能并肩而生也"。（《杨评事文集后序》）在《柳宗直〈西汉文类〉序》中，柳宗元谈到历代文章之优劣："殷、周之前，其文简而野；魏、晋以降，则荡而靡，得其中者汉氏，汉氏之东，则既衰矣。"他认为汉代的文章以其文质兼备而代表了文章完美的中道。与柳宗元相比，韩愈的"文道观"显然更彻底地疏离了中和的美学追求，显示出对先秦汉唐儒家文教观念的显著变革。

二

韩愈"文道观"对文学抒情性的认识，呈现出与传统儒家文教观微妙复杂的关系。

立足于荀子哲学的儒家文教思想，其认为文学的意义只来自其所传达的礼义精神，而抒情内涵如何，则无关紧要，因此，在汉唐时期，对文学之抒情与丽藻的严厉否定与批评，是经常出现的声音，但另一方面，也要看到，对文学抒情内涵有了越来越丰富的认识和肯定。

汉代日趋完善的儒家诗教思想，比乐教更为深刻，它充分关注到道德情感在教化中的意义，对此，毛诗阐述得最为充分。《毛诗大序》提出"诗言志"，这里的"志"，既指诗人的伦理意志，也包含了诗人的道德情感。毛诗所理解的诗人，不是单纯懂得以礼来克制自然情欲的人物，而是有着充分道德自觉的德性主体，因其德性的内在而具有深厚的道德情感，而诗教的力量正体现为这些情志丰富的德性主体对人的风动感化。《诗大序》提出"《关雎》，后妃之德也，风之始也，所以风天下而正夫妇也，故用之乡人焉，用之邦国焉。风，风也，教也，风以动之，教以化之"；"上以风化下，下以风刺上，主文而谲谏，言之者无罪，闻之者足以戒，故曰风"；"吟咏情性，以风其上"。这种风化之力，与乐教思想多有不同。乐教思想，关注的是对自然人情欲望的克制，所谓"先王耻其乱，故制《雅》、《颂》之声以道之，使其声足乐而不流，使其文足论而不息，使其曲直、繁瘠、廉肉、节奏，足以感动人之善心而已矣，不使放心邪气得接焉"。虽然《乐记》也提到"感动人之善心"，但这种感动，并不是立足于内在主体德性的基础，至少《乐记》没有深刻地阐发这一问题，而它的重点，更在于"不使放心邪气得接焉"。毛诗所提倡的风化，则立足在教化者与被教化者内心德性的呼应。因此"上以风化下"，强调的是德性的感召；"下以风化上"，强调的是"主文而谲谏”，即通过彼此内在的道德主体发挥交互的影响。由此我们再来看《毛诗序》所谓“主文而谲谏”，这种温和婉转的方式，正与其风化的诗教十分协调。《礼记·经解》有“温柔敦厚，诗教也”之说，后人亦多以“温柔敦厚”为诗教精神。这个意见是出于先秦，还是出于汉代，学者有不同的意见，但至少可以说在汉代，此说已经流行，而毛诗的“主文而谲谏”，其所强调的风化观，当是对温柔敦厚之诗教精神的独特阐发。

毛诗诗教观对道德情感的强调，其理论基础与先秦的思孟哲学有密切关系，而诗教对道德情感的推重，使得儒家的文教思想对文学抒情品质的认识更为丰富，当然，这种认可是以道德情感为限度的。西晋陆机提出“诗缘情而绮靡”（《文赋》），其“缘情”之“情”偏重自然人情，因此和儒家的诗教观还是不无矛盾的，诗教推重道德人情，但认为自然人情是需要节制和约束的对象。渊源于诗骚，而在中古诗文中获得深入发展的比兴、寄托等表现艺术，就体现了文学表达道德情感的内在要求，这与儒家的诗教，有着密切的关系。

中古时期，文学和文学思想获得长足发展，对于文学抒情特征的认识更为深入，而“风骨”这一关乎文学抒情品质的核心范畴，也和儒家的文教思想逐渐融合起来。所谓“风骨”，是作品所呈现的独特美学特征，它建立在超越性的精神气局与充沛激越之情感的结合之上，《文心雕龙·宗经》云：“怊怅述情，必始乎风；沉吟铺辞，莫先于骨。结言端直，则文骨成焉；意气骏爽，则文风清焉。”“风骨”显然是对文学作品在表达道德情感时，其抒情特征的一种更为丰富和深入的认识，它涉及作者本人的精神气局，抒情遣辞的特殊美学特征。初唐陈子昂提倡“风骨”与“兴寄”，开启唐代诗文的复兴之路，其著名的《与东方左史虬论修竹篇序》云“东方公足下：文章道弊五百年矣，汉魏风骨，晋宋莫传，然而文献有可征者。仆尝暇时观齐梁间诗，彩丽竞繁而兴寄都绝。每以咏叹，思古人，常恐逶迤颓靡，风雅不作，以耿耿也。一昨于解三处见明公《咏孤桐篇》，骨气端翔，音节顿挫，光英朗练，有金石声。遂用洗心饰视，发挥幽郁。不图正始之音，复睹于兹，可使建安作者，相视而笑。”而陈子昂的朋友卢藏用，则从儒家文教之复兴来认识陈子昂的意义，提出：“道丧五百岁而得陈君，君讳子昂，字伯玉，蜀人也，崛起江汉，虎视函夏，卓立千古，横制颓波，天下翕然，质文一变。”（《右拾遗陈子昂文集序》）卢藏用的意见，说明儒家的文教观进一步容纳了“风骨”这样的抒情内涵。“风骨”的提倡，带来了盛唐文学的伟大成就，显示了儒家文教观对文学抒情性的最丰富的认识。盛唐文坛宗主张说，提倡为文“天然壮丽”，就是对“风骨”的直接继承。

值得注意的是，无论诗教对道德情感的肯定，还是“风骨”观对道德情感之丰富性的认识，都没有从根本上改变儒家文教观的理论格局。文教观以文学为教化之工具，以礼为其核心精神，因此对抒情性的肯定，是以道德情感为其核心，毛诗推重诗人的道德情感，而否定自然人情；“风骨”观也着眼于超迈凡尘的精神气局，不关注普通人情境界。

韩愈的“文道观”也极为重视道德情感内涵，其讨论为文之“气”，正是继承了孟子“养气”之论对道德情感涵蓄长养的传统，因此，韩愈对“风骨”观多有肯定，他高度评价陈子昂，认为“国朝盛文章，子昂始高蹈”，而他对于高蹈奇崛的文学境界的向往，正与“风骨”之论一脉相承。但韩愈的“文道观”，则对情感的复杂状态有了更多的容纳，对道德人情和自然人情之间的复杂联系有新的安顿。韩愈为文，多写个人的穷愁感愤，但他认为自己的“感激怨怼奇怪之辞”，是“不悖于教化”（《上宰相书》）。

三

韩愈“文道观”相对于儒家传统文教观的显著变化，其理论上的萌渐，可以追溯于天宝以后出现的文学复古思潮。

儒家的文教观，在初盛唐时期十分流行，天宝后期出现的文学复古思潮，同样以文学的教化意义相倡导，提倡风雅正声。柳冕提出：“文章本于教化，形于治乱。”（《与徐给事书》）梁肃认为：“文章之道，与政通矣，世教之污崇，人风之薄厚，与立言立事者，邪正臧否皆在焉。”（《丞相邺侯李泌文集序》）

然而，天宝以后的文学复古之论，但在理论上呈现出一个显著的变化，就是将提倡教化从王政大端、王者之责，更多地转向士君子之责任与使命。传统的儒家文教思想，是以教化为王政之根本，是为政者所关注之事，教化能否推行，是王政休明、国家昌盛与否的体现；王勃《上吏部裴侍郎启》提出：“夫文章之道，自古称难，圣人以开物成务，君子以立言见志，遗雅背训，孟子不为，劝百讽一，扬雄所耻，苟非可以甄明大义，矫正末流，俗化资以兴废，国家由其轻重，古人未尝留心。”他认为这是身负朝廷取士重责的裴侍郎“宜深以为念者”。而在复古论这里，士君子自身当以弘扬教化为己任，则是一个很普遍的声音。萧颖士自道己志：“丈夫遇升平时，自为文儒士，纵不能公卿坐取，助人主视听，致俗雍熙，遗名竹帛，尚应优游道术，以名教为己任，著一家之言，垂沮劝之益，此其道也。”（《赠韦司业书》）独孤及赞扬萧颖士“修其辞，立其诚，生以比兴宏道，殁以述作垂裕”（《唐故殿中侍御史赠考功郎中萧府君文章集录序》）。

在复古论者看来，教化的实现，要依靠德行与文学俱备的士君子，李华就提出“六义”之兴，有赖文行兼备之“作者”，所谓：“文章本乎作者，而哀乐系乎时；本乎作者，六经之志也；系乎时者，乐文武而哀幽厉也。”（《赠礼部尚书清河孝公崔沔集序》）士君子的文德修养，显然成为教化兴废的根本做在。柳冕对“养才”与推行教化之关系的论述，更深入地阐明这一旨趣："天地养才而万物生焉，圣人养才而文章生焉，风俗养才而志气生焉，故才多而养之，可以鼓天下之气，天下之气生，则君子之风盛。"（《答杨中丞论文书》）

柳冕大力提倡要培养文行兼善的"君子儒"，他说："尧舜殁，雅颂作；雅颂寝，夫子作；未有不因于教化，为文章以成国风。是以君子之儒，学而为道，言而为经，行而为教，声而为律，和而为音，如日月丽乎天，无不照也；如草木丽乎地，无不章也；如圣人丽乎文，无不明也；……夫君子之儒，必有其道，有其道必有其文，道不及文则德胜，文不知道则气衰。文多道寡，斯为艺矣。语曰：文质彬彬，然后君子，兼之者，斯为美矣。昔游夏之文章，与夫子之道通流，列于四科之末，此艺成而下也，苟言无文，斯不足征，小子志虽复古，力不足也。言虽近道，辞则不文，虽欲拯其将坠，末由也已。"（《答荆南裴尚书论文书》）

复古论者对士君子在教化之道中的重要地位的肯定，体现了士人的新自觉，这与韩愈"文道观"充分肯定士人体"道"之能动性的理论追求，显然有相当密切的联系。所不同的是，复古论者还在很多方面保留了文教观念的影响，例如论文必以教化为本，而韩愈论文，则很少以风雅教化立论。对于传统文教观所推重的中和美学精神，复古论者也多有认同，独孤及提到萧颖士感慨汉世以下，文风衰落，"文质交丧，雅郑相夺，盍为之中道乎？"而他认为萧本人的文章："深其致，婉其旨，直而不野，丽而不艳。"（《唐故殿中侍御史赠考功郎中萧府君文章集录序》）而独孤及本人的文章，则被梁肃誉为"宽而简，直而婉，辩而不华，博厚而高明"（《常州刺史独孤及集后序》）。

韩愈的"文道观"更彻底地淡化了传统文教观的理论影响，追其步武的李翱，讨论文道关系，也同样不着传统文教观之色彩。他们对中和美学趣味的消解，在当时也受到不少批评，但韩愈的"文道观"显示了积极的理论创新意义，把儒家文教传统带入一个新的格局。

结语：韩愈与儒家文教的现代反思

韩愈在中唐到"五四"一千多年的时间里，是儒家文教在诗文领域的核心典范，他对儒家文教的贡献，在历史上产生了巨大的影响。五四运动以后，伴随着对儒学的批评，韩愈也受到质疑。今天，当我们以客观的态度来认识儒学与当代文化建设的复杂关系时，韩愈与儒家文教对当前的国民教育能有何种影响，就成为一个值得严肃思考的问题。

韩愈的古文写作及其"文道观"，充分体现了对道德主体的重视，在反思中和美学，强调个性之传达的基础上，积极地呈现了德性主体的生动面貌，因此，古文写作在一千多年的时间里，成为儒家养育人格、人文化成的重要手段。今天，如果能从韩愈所开创的古文传统中深刻体会儒家的教化方式与教化精神，这对于国民教育中的人格培养，无疑会有积极的启发意义。

论礼义的现代价值

台湾中华孔子圣道会　刘振玮　高秉涵

儒家既讲仁义，也讲礼义。以往，人们多将仁义看做是孔孟之道的核心，因而比较重视仁义，忽略了礼义。仁义与礼义都是儒家宣道的道德理念，二者的内涵有差异，作用也有区别，但是，二者的价值和意义却不分上下。礼义同仁义一样具有普遍的、永恒的价值，值得我们重视。

一、礼义的内涵与作用

儒家讲仁义，以孟子为最早；讲礼义，以荀子为最力。

仁、礼、义三者本来各有各的内涵，各有各的作用；三者合成仁义、礼义两个范畴[①]，它们的内涵与作用随之发生了变化。大致说来，在孟子那里，仁义、礼义并重，以仁义为主；仁义主要指向道德方面。在荀子那里，也是仁义、礼义并重，却以礼义为主；礼义主要指向制度方面。这是仁义与礼义的主要区别。

孟子讲仁义，首先揭示了仁义的起源。他认为仁义是人心固有的。人人都有的“恻隐之心”是仁的根源，人人都有的“羞恶之心”是义的根源。对于仁义的基本内涵，孟子概括为“亲亲，仁也；敬长，义也”[②]。这和《中庸》说的“仁者，人也，亲亲为大。义者，宜也，尊贤为大”[③] 比较接近。孟子以“亲亲”为仁，并不是到此为止，而是以“亲亲”为出发点，进一步发展到“仁民爱物”，达到“博爱之为仁”的境界。义的本意指正当、适宜，它的适用性十分广泛，除了可以引申为敬长、尊贤以外，还可以与许多道德范畴搭配组合，形成新的范畴，比如：除了仁义、礼义之外，还有道义、正义、忠义、信义，等等。汉代大儒董仲舒对仁义有比较正确的理解，他认为仁义是针对人我关系而提出的道德要求：“所以治人与我者，仁与义也。以仁安人，以义正我。”“以仁安人”是“仁之法”，他说：“仁之法，在爱人，不在爱

---

① 仁、义合成仁义一词，与礼、义合成礼义一词，在孔子那里还没有，但似乎在孟子以前，因为《墨子》、《老子》书中已经多次出现仁义、礼义范畴。本文对仁义、礼义的生成过程，不予探讨。

② 《孟子·尽心上》。《离娄下》又说：“仁之实，事亲是也；义之实，从兄是也。”两种说法略有差异。

③ 《礼记·中庸》。

我。……人不被其爱,虽厚自爱，不予为仁”。“以义正我”是“义之法”：“义之法，在正我，不在正人。我不自正，虽能正人，弗与为义。”[①] 先正我，后正人，正是孔子说的“政者，正也。子帅以正，孰敢不正?”[②] 以及“其身正，不令而行；其身不正，虽令不从”[③]。可见，在董仲舒看来，仁义是爱人安人、正我正己的道德要求。无论是爱人安人，还是正我正己，作为一种道德要求无疑都是针对个人而言的。也就是说，仁义的要义是道德，并且多数情况下是指个人道德。后世儒者反复提及仁义道德，把仁义与道德等同起来，将仁义看做是道德的代名词，原因就在于此。

荀子讲礼义，与孟子不同。他认为，礼是人与人之间划定权利与义务的“度量分界”，而并非如孟子所说起源于人的恭敬之心。[④] 荀子指出：

> 礼起于何也？曰：人生而有欲，欲而不得，则不能无求。求而无度量分界，则不能不争；争则乱，乱则穷。先王恶其乱也，故制礼义以分之，以养人之欲，给人之求。使欲必不穷于物，物必不屈于欲。两者相持而长，是礼之所起也。[⑤]

孟子是性善论者，荀子是性恶论者。荀子认为，人为了生存必须组成群体，过群居生活；人在群体之中之所以会发生争夺，是因为人性恶：人人都有欲望，都要求满足欲望，在原始的、野蛮的状态下，为了满足欲望，不得不靠争夺。无休止的争夺，将使人永远处于群居动物的水准。然而，人毕竟是人。荀子将人与水火、草木、禽兽作了比较，指出：

> 水火有气而无生，草木有生而无知，禽兽有知而无义，人有气、有生、有知，亦且有义，故最为天下贵也。[⑥]

因为人有气、有生、有知，亦且有义，所以人能够区别于群居动物。人群中涌现出天才式的人物，他们高居领袖地位，深刻认识到争夺的危害，于是挺身而出，“起礼义，制法度”[⑦]，经由不断的补充完善，最终形成人人有名分、守规矩的社会秩序。礼义就是在这种情况下由圣王制定出来的。与孟子比较而言，荀子是从历史、社会、人

---

① 董仲舒：《春秋繁露·仁义法》。

② 《论语·颜渊》。

③ 《论语·子路》。

④ 孟子说：人皆有恭敬之心，恭敬之心是“礼之端”，也就是礼的种子、萌芽的意思。所以孟子说：“恭敬之心，礼也。”（《孟子·告子上》）

⑤ 《荀子·礼论》。

⑥ 《荀子·王制》。

⑦ 《荀子·性恶》。

性的多层视角探讨礼义的起源，其见解有合理、独到之处。

荀子对义的理解也与孟子不同。孟子认为，义根源于人的“羞恶之心”。义是正当、适宜的意思。一个人做了不正当、不合时宜的事情，必有羞耻之心。荀子则认为，义是人群、社会给予一个人的名分，每一个人根据其名分拥有相应的权利与义务。他说，人与牛马的区别在于：

> 人能群，彼不能群也。人何以能群？曰：分。分何以能行？曰：义。故义以分则和，和则一，一则多力，多力则强，强则胜物。①

荀子所说的“分”，即名分。齐国稷下先生慎到举了一个恰当的例子，解释了什么是“分”：

> 一兔走街，百人追之，贪人具存，人莫之非者，以兔为未定分也。积兔满市，过而不顾。非不欲兔也，分定之后，虽鄙不争。②

一只兔子跑到了街上，大家都来追捕；而市场有许多兔子，人们却不争不夺。为什么？原因在于，跑到街上的兔子不知为谁所有，而市场上的兔子人人知其为谁所有。对于兔子的所有权，即是一个人的“分”，也就是由“分”所划定的所有权。人人都清楚了解彼此的“分”或名分，人人都安分守己，自然就不会发生争夺。名分是安排社会秩序的基础。荀子认为，人人有其正当的名分，人人遵守其正当的名分，这就是义。

可见，在荀子看来，礼义主要是针对社会制度、社会秩序而言的。礼义必须是正当的、适宜的，因而也是道德的。礼义不正当、不适宜、不道德，人们不认可，不接受，便不可能成为安排社会制度、社会秩序的基础，也不可能上升为社会制度、社会秩序的核心。荀子正确指出并一再强调礼义是划定人的权利与义务的“度量分界”，既肯定了礼义的规范性，也肯定了礼义的道德性。

礼义的功能与作用，与仁义有所不同。孟子认为，仁义是指向个人的道德，所以他强调一个人要“居仁由义”：“仁，人之安宅也；义，人之正路也。”③ 后世儒者推崇的“杀身成仁”和“舍生取义”，实际上主要也是针对个人而言的。礼义与此不同。

---

① 《荀子·性恶》。

② 这段引文系《慎子》逸文。《吕氏春秋·慎势》篇最早引用了《慎子》这段逸文，其文略有不同：“今一兔走，百人逐之，非一兔足为百人分也，由未定。由未定，尧且屈力，而况众人乎？积兔满市，行者不顾，非不欲兔也，分已定矣。分已定，人虽鄙，不争。故治天下及国，在乎分定而已矣。”

③ 《孟子·尽心下》。

礼义是社会制度和社会秩序的基石。荀子认为，礼义的功能与作用在于，一在于立制度，二在于治国家。[①] 荀子生活于秦统一的前夜，对于即将到来的“大一统”局面，荀子根据儒家路线提出了他的政治设计：“法先王，统礼义，一制度”[②]，即：效法尧、舜、文、武等先王，以礼义为依据，统一社会制度。立制度靠礼义，治国家也靠礼义。荀子一再指出“礼义者，治之始也”[③]；“礼义之谓治，非礼义之谓乱也”[④]。荀子将礼义看做是治国的基本原则，他所说的礼义往往带有法的意味，比如，他经常提及“礼义法正”和“礼义法度”，有时甚至直接“礼法”并提。荀子讲的礼义治国，与孔子讲的“道之以德，齐之以礼”[⑤] 的精神完全一致；而且，荀子讲的礼法治国，也不违背儒家一贯主张的“德主刑辅”的宗旨。

二、礼义的历史命运

比较而言，在历史上，仁义受重视，礼义受轻视，二者的命运明显不同。

“孔曰成仁，孟曰取义”，仁义出自邹鲁儒学，而且为孟子大力宣道，似乎仁义的“出身”显得醇正而高贵。南宋民族英雄文天祥临终前写的“衣带诏”，充塞仁义正气：“孔曰成仁，孟曰取义，唯其义尽，所以仁至。读圣贤书，所学何事？而今而后，庶几无愧。”文天祥的仁义正气激励了后世无数仁人志士，也把仁义的旗帜插到了道德高地之上。

礼义和仁义一样同出于儒家，然而，礼义的“出身”远不如仁义醇正。礼义虽然也为孟子提及，但是，与荀子相比，孟子对礼义的重视程度远远不够。荀子高度重视礼义，大力宣道礼义，由于荀子本人作为儒者被视为“大醇而小疵”，不入儒家道统[⑥]，所以荀子宣道礼义的思想也就不那么受重视。

荀子长期在齐国稷下学宫讲学，数次担任稷下学宫祭酒（相当于今天的大学校长或研究院院长），是齐国公认的学术领袖人物。齐国的学风是融汇百家，兼取百家之长。荀子深受齐国学风影响，援法入儒，礼法并提，将法的因素糅入了礼义之中。这正是齐国儒学的特点。战国时期，儒墨两家对立，儒法两家并不对立。儒法两家相互吸取对方优点。儒家吸取了法家的法治思想，法家也吸取了儒家的礼义思想。这在齐国学者那里表现得最为明显。由齐国学者编纂的《管子》一书，第一篇《牧民》提出

---

① 荀子论礼义的功能与作用，还有修身一项，这里存而不论。

② 《荀子·儒效》。

③ 《荀子·王制》。

④ 《荀子·不苟》。

⑤ 《论语·为政》。

⑥ 韩愈在其名作《原道》中指出，孟子是“醇乎醇”的醇儒，荀子是“大醇而小疵”的儒者；儒家道统自孟子而后不得其传，将荀子排除在儒家道统之外。

了礼、义、廉、耻是“国之四维”的观点，认为“四维不张，国乃灭亡”，把“四维”提到了关系到国家兴衰危亡的高度。《管子》托名管仲，实际并非管仲所作，而是齐国稷下先生的著作集，其中多数是齐国法家的作品。《管子》重视礼、义，将礼、义置于“四维”第一维、第二维的位置，表明齐国思想家高度认同荀子的礼义思想。荀子作为春秋战国时期儒学最后一位大师，他的思想属于儒家的“齐学”系统，这和孟子思想属于儒家的“鲁学”系统有差异。儒家“齐学”系统重礼义，儒家“鲁学”系统重仁义。由于儒家“鲁学”系统居于儒学正宗地位，它所宣道的仁义受到重视和推崇是自然而然的事情；相反，儒家“齐学”系统宣道的礼义，只能是略逊一筹。

两汉以后，三纲五常逐渐成为中国传统社会的核心价值观。明朝开国皇帝朱元璋盛赞三纲五常是“垂宪万世的好法度”。“五常”是仁、义、礼、智、信。仁义居“五常”之首，借助“五常”而广为人知，又被人们高度认同。礼义远不如仁义幸运。礼义虽然被《管子》一书列入“国之四维”，但是，“四维”不能与“五常”相提并论。无论《管子》一书如何强调“国之四维”的重要性，比如，《管子·牧民》篇指出：“国有四维，一维绝则倾，二维绝则危，三维绝则覆，四维绝则灭”，可是，在从秦汉到明清整个中国社会很少有人认同和接受“四维”的价值观，“四维”几乎成为绝响。礼义居“四维”之首，“四维不张”，礼义消沉。其实，应该看到，《管子》一书将礼、义、廉、耻视为“国之四维”，这已经注定了礼义的命运：出于《管子》而不是出于四书五经，又怎能引起正统儒学的关注和重视！

事实上正是如此。在历史上，汉武帝“罢黜百家，独尊儒术”之后，很少有人认真探讨礼、义、廉、耻“四维”的价值；受此影响，礼义的价值也没有得到应有的表彰。这种不问其价值如何而仅仅因为其不入主流便受到漠视的情况，在各个时代都是司空见惯的。

三、礼义的现代价值

荀子充分认识到礼义的价值，一再要求人们“隆礼义”、“积礼义”、“明于礼义”。荀子的呼吁两千年来犹如空谷足音，一直到了20世纪30年代中期才得到了真正的回应。1934年，国民政府在南昌发起了“新生活运动”，提出了礼、义、廉、耻作为新生活的价值准则，明确规定以礼、义、廉、耻作为国民教育的中心，民族复兴的工具。蒋介石从《管子》书中选取“礼义廉耻，国之四维”的传统理念，给予重新诠释，赋予礼、义、廉、耻以全新的内涵：

> 礼是规规矩矩的态度，
> 义是正正当当的行为，

廉是清清白白的辨别，
耻是切切实实的觉悟。

1939 年，“新生活运动”五周年时，蒋介石又将礼、义、廉、耻的内涵修订为：

礼是严严整整的纪律，
义是慷慷慨慨的牺牲，
廉是实实在在的节约，
耻是轰轰烈烈的奋斗。

蒋介石的新诠释距离礼、义、廉、耻的原意有多远？这并不重要。关键在于蒋介石认识到了礼、义、廉、耻的价值和重要性，他从《管子》书中所说的“四维不张，国乃灭亡”一语中，引申出了“四维既张，国乃复兴”的结论①；企图以礼、义、廉、耻“四维”收拾人心，整合思想，规范社会，振兴民族。

愿望无疑是良好的，然而，“新生活运动”时断时续进行了十几年，几乎没有什么收获。谋事在人，成事在天。1934—1949 年的中国历史没有给“新生活运动”提供一个相对安定的和平时期，蒋介石知其不可为而为之，已属难得，又岂敢望其有成？

今天，我们总结历史，审视礼义的价值，无论如何绕不开 1934 年发起的“新生活运动”，因为，正是这场“新生活运动”第一次揭示了礼义的现代价值，即：礼义对于改造社会生活、对于建设现代国家仍然有其巨大的应用价值。

中国几千年来一向以礼义之邦著称于世，受到世界各国的仰慕和尊敬。可是，近代以来，由于贫弱落后，中国人渐渐失去了自信，迁怒于祖宗，归咎于传统文化，批判旧道德，否定旧制度，特别是五四运动对“礼教”的猛烈冲击和批判，不少的激进革命者认为“礼教”一无是处，必欲尽除之而后快。虽然 1934 年国民政府大力宣道礼、义、廉、耻，无奈受内忧外患的干扰而收效甚微。这一切都使得中国在革故鼎新中改变了国家形象，与礼义之邦渐行渐远。在经历了百年曲折、坎坷之后，我们立足于现在，反思过去，展望未来，越来越觉得有必要重塑中国礼义之邦的国家形象。为此，我们必须重申礼义的价值，表彰礼义的价值。

在传世文献中，我们看到，古人习惯上采用“礼义之邦”的称呼，偶尔也提及“仁义之国”。“礼义之邦”与“仁义之国”分别何在？大概在塑造国家形象方面，“仁义之国”偏重于一国之民的内在道德素养；“礼义之邦”既重视一国之民接人待物恭敬揖让、彬彬有礼，又重视为人处事必须坚持礼义原则，做到了内在道德与外在礼仪的相辅相成。

① 蒋介石：《复兴民族之根本要务——教养卫之要义》，1934 年 2 月 12 日在南昌的演讲词。

值得注意的是，古人从来不称“礼仪之邦”。今人不辨“礼义之邦”和“礼仪之邦”的区别，常常将两者混用；而且，今人称“礼仪之邦”者多，称“礼义之邦”者少。礼义与礼仪，音同形近，含义却有明显区别，不可混用。简单说来，礼义是行为规范和道德准则，礼仪是礼节仪式；礼义是内在的法则，礼仪是外在的形式；礼义是本，礼仪是末。在此辨析清楚，为“礼义之邦”正名，无论在理论上还是在实践上都是有益的。

重塑“礼义之邦”的国家形象，是当今每一位中国人义不容辞的责任。责任在身，我们必须充分认识礼义的价值。礼义虽然是两千多年前提出的道德范畴，而且，在道德教化和道德建设方面，仁义比礼义更受重视；可是，在“礼义之邦”的国家形象的塑造方面，礼义又比仁义更为适宜。所以，秦以后两千多年间，尽管礼义不像仁义那么受重视，但是，人们多称“礼义之邦”而鲜称“仁义之国”。荀子尤其强调指出：

> 人之命在天，国之命在礼。①

荀子把礼提到了“国之命在礼”的高度，是因为：一方面“凡人君者，欲民之有礼义也；夫民无礼义，则上下乱而贵贱争”②；另一方面礼义直接关系到国家形象。战国时期，人们称赞鲁国是“礼义之邦”，批评秦国是“虎狼之国”，原因即在于此。历史的经验值得借鉴，优良的传统值得发扬。我们今天重塑“礼义之邦”的国家形象，宣道礼义、普及礼义是唯一正路，舍礼义别无他途。

礼义不是一成不变的。事实上，两千多年间，礼义一直处于“苟日新，日日新，又日新”的变化之中。到了21世纪的现代社会，礼义的内涵同样应该与时更新，去除不合时宜的东西，发扬具有永恒价值的东西，充实现代文明和符合国家与民族发展方向的东西。礼义中内含的具有永恒价值的东西，是礼义一以贯之于过去、现在、未来的主干，是礼义之为礼义的基本规定，无论礼义的内涵如何更新，礼义的基本内核不变。以礼为例，礼在古代与宗法等级相联系，有定尊卑、别贵贱的功能，这在今天显然不合时宜；然而，礼的具体形式——礼节、礼仪表达的却是恭敬谦让的精神，这在今天值得发扬光大；古代的礼节、仪式有的过于繁琐，有的不合现代生活，这就需要改革，民国成立以来事实上已经做了不少改革，但还不够完善，今后还要继续改革，改革的目的是使礼节、仪式合乎现代文明的要求。

礼义是人之为人的基本要求，也是现代生活的基本要求。礼义在一个社会的实现程度与物质生活密切相关。先哲早已认识到了这一点。《管子·牧民》篇指出：“仓廪实则知礼节，衣食足则知荣辱。”

---

① 《荀子·强国》。

② 《管子·版法解》。

据此可知，努力发展经济，提升人民福祉，是推行礼义教化的经济基础。人民生活幸福，有尊严，再辅以礼义教化，人人明礼义，知廉耻，就会自觉地遵守礼义，按照礼义的准则为人处世。荀子阐述了礼义对于治国的价值，实际上，荀子同时也认识到了礼义对于国民个人修身的价值。修身是为了正身。如何正身？无非是以礼义一类的道德规范约束自己，如孔子所说的“非礼勿视，非礼勿听，非礼勿言，非礼勿动”[①]。除此以外，儒家还提倡“执中”求正的方法，通过“执中”求正，避免左右偏颇，达到中正。中正是儒家正义论的核心内容。“执中”是方法。“执中”必须知道何谓“中”？“中”在哪里？孔子曾经明确告诉他的弟子们：礼就是“中”[②]。荀子进一步发挥说“曷谓中？曰：礼义是也”[③]。荀子以礼义为中，就是要求每一个人坚守礼义，坚守中正，以礼义修身，以礼义正身。礼义是客观化了的普遍适用的道德原则，相当于不成文法，不能随一己之私而任意解释。现代的宪法、法律，是成文法，具有举国公认的客观性，同样不能作私人性的任意解释。套用荀子的思路，我们也可以说宪法、法律是现代的“中”，“执中”就是以宪法、法律为“中”，不偏不倚，坚守中正立场。礼义对于每一位社会成员的重要性，荀子做过一个恰当的比喻：

> 在天者莫明于日月，
> 在地者莫明于水火，
> 在物者莫明于珠玉，
> 在人者莫明于礼义。[④]

礼义如此重要，须臾不可离身。荀子推崇礼义的价值，引发我们深思礼义的历史价值特别是现代价值。三思而后行。今天，重塑“礼义之邦”的国家形象，是全体社会成员的“盛德大业”。我们每一个人都应该从自身做起，坚持以礼义修身、正身，做一个有仁义道德、有礼义教养、接人待物彬彬有礼的人。如此，复兴“礼义之邦”指日可待！

---

① 《论语·颜渊》。

② 《礼记·仲尼燕居》记载孔子与弟子对话，“子贡越席而对曰：‘敢问将何以为此中者也？’子曰：‘礼乎礼！夫礼 所以制中也。’”

③ 《荀子·儒效》。

④ 《荀子·天论》。

美国华裔学者“儒学情结”论析

孔子研究院助理研究员　路则权

“二战”前后去美的华裔学者中，有一种浓厚的“儒学情结”。这种现象的成因，学术界论及较少。有学者认为华裔学者理所应当关注“儒学”。显然，这些认识过于泛泛。笔者结合美国华裔学者的社会经历，分析这种现象形成的因素，为我们今天的传统文化教育提供某些借鉴。

一、“中国情怀”对华裔学者“儒学情结”的积淀

所谓“中国情怀”，是指一种对中国文化的怀念情结，海外华裔学者对此感触颇深。余英时说：“像我这样早年受中国文化陶冶的人，是不可能完全忘情于中国的。”① 他为此写了《尝侨居是山，不忍见耳——谈我的“中国情怀”》一文。

余英时描述的华裔学者的整体心态，反映到学术上就是对传统文化特别是儒家文化的热爱。如，周策纵说：“诗人疾之不能默，丘疾之不能伏。”孔子的这两句话不仅是他的座右铭，也是他在撰写《五四运动史》的精神支柱。② 林毓生指出：“由于种种机缘，这部《中国意识的危机》是用英文撰成，在美国印行；但，基本上，我却是以一个关怀现代中国文化与思想的前途，认同中国文化的知识分子的心情来讨论各项有关的问题的。”③ 汪荣祖题道：“遥望云天故国在，深寻旧梦素心存。”④ 这一中国情怀是十分强烈的。黄仁宇描绘的一幕最能感人：1965 年的一天，他与杨联升、刘子键一起在何炳棣家中共进晚餐。吃饭后，何炳棣唱《霸王别姬》，刘子键唱《四郎探母》，都是慷慨悲歌。杨联升即席说：“我们为中国的母亲同声一哭。”⑤ 可见，他们对家国的怀念感人至深。

华裔学者为什么会有如此深厚的“中国情怀”呢？许倬云说：“文化问题。在外

---

① 余英时：《文化评论与中国情怀》（上），广西师范大学出版社 2006 年版，第 1 ~ 2 页。

② 周策纵：《五四运动史》，岳鹿书社中文译本 1999 年版，著者自序。

③ 林毓生：《中国意识的危机：“五四”时期激烈的反传统主义》，著者弁言，贵州人民出版社 1986 年版。

④ 汪荣祖：《走向世界的挫折——郭嵩焘与道咸同光时代》，中华书局 2006 年版。

⑤ 黄仁宇：《关系千万重》，三联书店 2007 年版，第 90 页。

面是弱者，或者说孤立，就怀念在家乡如鱼得水的状态，而在外面孤立无助。很多老一辈的留学生，在系里永远打不进去，永远交不到真朋友。”钱存训认为居住于美国，主要是生活上的考虑。“而且居留愈久，对祖国的怀念也愈深，在感情上可能比在国内的中国人更中国。”[①] 从文化认同角度看，他的观察有其合理性。中美关系正常化后，张光直希望以个人身份回北京，而不是以美国代表团团员的身份回来，以致放弃了好多次机会。直到他征询夏鼐建议后，才参加了美国代表团回国。[②] 这反映出华裔学者内心的紧张感和思乡情结。即使在梦中，这种情感也不时地迸发出来。1985 年 12 月 9 日，杨联升梦到无回家的路，感觉十分急躁，这样写道：“梦回身尚在天涯，花果飘零哪是家。重庆高堂童最乐，儿孙别辈壮堪察。每因长夜怀师友，更假余年念清华。空裹游尘何处寄，东西南北总恒沙。”[③] 这恐怕是人到晚年潜意识在梦中的显现吧。

中国情怀，在华裔学者的内心深处牢牢缠结，在他们进行学术研究时经常显现，影响久远，这是他们“儒学情结”中不可忽视的文化因素。

二、家庭环境对华裔学者“儒家情结”的熏陶

家庭环境是华裔学者“儒家情结”的内在动因之一。萧公权说：“一个人的性格和习惯一部分（甚至大部分）是在家庭生活中养成的。”[④] 因此，他很难认同五四时期对家庭的偏激攻击。家庭中不同的成员对其影响大小因人而异，其中主要的是其父亲的影响。

何炳棣说：“幼年这种训练使我后来非常容易了解孔子、荀子论祭的要义和‘文革’期间亿万群众经常跳‘忠字舞’的历史和文化渊源。”[⑤] 他认为，“我高中和大一时主修化学的意愿，是绝对无力抗衡从 6 岁起父亲有意无意之间已经代我扎下了的历史情结的。”[⑥]黄仁宇有类似的经历，他说：“他以间接但有效的方式灌输我，革命修辞和行动是有所差别的。就某方面来说，我的历史观来自他的教导。”[⑦] 许倬云受到其父的影响，许倬云十来岁，父亲就建议他好好读读《史记》。[⑧]当父亲发现许倬云有黩武

① 钱存训：《留美杂忆——六十年来美国生活的回顾》，黄山书社 2008 版，第 34 ~ 35 页。

② 李卉、陈星灿编：《传薪有斯人：李济、凌纯声、高去寻、夏鼐与张光直通信集》，三联书店 2005 年版，第 238 ~ 240 页。

③ 杨联升著，蒋力编：《哈佛遗墨——杨联升诗文简》，商务印书馆 2004 年版，第 290 页。

④ 萧公权：《问学谏往录》，黄山书社 2008 年版，第 11 页。

⑤ 何炳棣：《读史阅世六十年》，广西师范大学出版社 2005 年版，第 4 页。

⑥ 何炳棣：《读史阅世六十年》，广西师范大学出版社 2005 年版，第 7 页。

⑦ 黄仁宇著，张逸安译：《黄河青山——黄仁宇回忆录》，三联书店 2007 年版，第 234 页。

⑧ 许倬云口述，李怀宇撰写：《许倬云谈话录》，广西师范大学出版社 2010 年版，第 32 页。

苗头时，则“以仁者用心平衡我的黩武思想”。[①] 任以都对于父亲在自己幼年时的教育记忆深刻。在她五六岁时，他父亲亲手写下自己选的诗，还用铅笔在上面画一些画，订成一本线装的小书，叫做《课儿诗选》，用这个小册子教她读诗，背诗。[②]此外，家庭其他成员对于华裔学者也有影响。萧公权由于其父去世较早，其他几位伯父和弟兄对他影响较深。[③] 何炳棣详细叙述何家一门四房的内情，特别堂哥何炳松和堂侄何德奎资助提携族人的事迹及其限度，纠正近十余年来美国有些中国史界对两宋以降家族功能的误解。[④] 正是这些亲身体验，他在对“绅士”的看法上与美国一些学者不同。对于中国传统文化的体认，何炳棣举出家庭教育的一个细节：在他小时候吃饭时，他的外祖母不止一次地教训他：“菜肉能吃尽管吃，但总要把一块红烧肉留到碗底最后一口吃，这样老来才不会吃苦。”在何炳棣看来，敬始慎终的忧患意识是渗进华夏文化最基本的深层内容。[⑤]

家庭成员对他们生活经历的影响，都是儒家家族或宗族观念的体现，这些学者不断对此相关问题研究，除了学术内在的影响外，其家庭熏陶是不能不考虑的因素。

三、学校教育对华裔学者“儒家情结”的继承

20 世纪以来，中国学校教育的方式转向了西方。但是儒家所强调的“师弟传承”仍在华裔学者中得到体现。

杨联升、何炳棣出身 20 世纪 30 年代的清华大学，他们深受清华国学大师们的影响。杨联升读的经济专业，所以他“除经济系必修诸课外，所选多文史课：国文朱自清、通史秦汉史雷海宗、隋唐史陈寅恪、中国经济史陶希圣。”[⑥] 对他影响较大的是陈寅恪。他在《追忆陈寅恪先生》一文中写道：“联升于陈先生隋唐史课前，每得在教员休息室侍谈，课后往往步送先生回寓，亦当造寓晋谒。[⑦] 杨联升在清华发表的第一篇史学论文《中唐以后的税制与南朝税制之关系》就是陈寅恪指导的，并很快发表在《清华学报》上。[⑧]

何炳棣在清华三年级时开始修陈寅恪的隋唐史和冯友兰的中国哲学史。在他看来：

---

① 许倬云：《问学记》，广西师范大学出版社 2008 年版，第 15 页。

② 访问：张朋园、杨翠华、沈松乔，记录：潘光哲，《任以都先生访问记录》，口述历史丛书（50），中央研究院近代史研究所，1993 年，第 12 页。

③ 萧公权：《问学谏往录》，黄山书社 2008 年版，第 4 页。

④ 何炳棣：《读史阅世六十年》，广西师范大学出版社 2005 年版，第 23 页。

⑤ 何炳棣：《读史阅世六十年》，广西师范大学出版社 2005 年版，第 7 页。

⑥ 杨联升著，蒋力编：《哈佛遗墨——杨联升诗文简》，商务印书馆 2004 年版，第 5 页。

⑦ 杨联升著，蒋力编：《哈佛遗墨——杨联升诗文简》，商务印书馆 2004 年版，第 35 页。

⑧ 何炳棣：《读史阅世六十年》，广西师范大学出版社 2005 年版，第 66 页。

“不管将来专攻哪些历史部门，决不能错过品尝这两位大师治学方法和风范的机缘。”[①]对何炳棣影响最深的是雷海宗。[②]在何炳棣看来，在“北平清华二、三年级时课外虽不无向雷师请教的机会，但使我受益最多的是在昆明西南联大期间与他的经常和专业内外的交谈。”[③]

余英时、陈启云来自香港新亚书院，深受钱穆的影响。尤其是余英时，他在《犹记风吹水上鳞》一文回忆了跟随钱穆学习、生活的经历，可谓感人至深。对于余英时，钱穆具有生命塑造者的作用。他说：“因为这几年是我个人生命史上的关键时刻之一。我可以说，如果我没有遇到钱先生，我以后四十年的生命必然是另外一个样子。”以致余英时“在美国教学和研究已三十年，钱先生的著作当然是和我的工作分不开的”[④]。陈启云进入新亚稍晚于余英时，也深受钱穆的影响。陈启云指出：“我的史学研究是由钱穆师启发的，但我对历史的理解却是从阅读梁启超的著作启蒙的。”[⑤]

台湾大学毕业的许倬云、张灏、林毓生、汪荣祖、李欧梵等人的回忆反映出那一时期在台学者对他们的影响。这里指的在台学者几乎都是从内地过去的。

1949 年，许倬云考取台湾大学外文系，傅斯年认为他应该去读历史系。二年级的时候，许倬云转到了历史系。当时的台大名师云集。因为“‘中央研究院’带去的人马都在台湾大学中文系、历史系和考古人类学系兼课。我从大二开始，基本上就和‘中央研究院’结缘了。我本科历史系为主，考古系为副，到研究生就跨足两系了。在台大，我兴趣广泛，选课加旁听，跨了四个系：历史系、外文系、考古人类系和中文系”[⑥]。因此，从大二开始，许倬云就上李宗侗、董作宾、李济、凌纯声、劳干等老师的课。

林毓生、张灏在台大时受殷海光的影响较大。特别是林毓生，他在《殷海光林毓生书信录》中，除了收录了他们之间往来的书信外，还撰写了《翰墨因缘念殷师》、《殷海光先生对我的影响》，我们不难读出那份难得的师生情谊。张灏也是“殷门余孽”中突出的一个。1953 年张灏考入台大历史系。当时沈刚伯、劳干、姚从吾、张贵永教西洋史，刘崇鋐教美国史，李济教考古，张灏的论文是跟劳干写的。一位朋友介绍他认识了哲学系的殷海光。在 1959 年去美之前，张灏跟随殷海光学习，完全投入到

---

① 何炳棣：《读史阅世六十年》，广西师范大学出版社 2005 年版，第 64 页。

② 何炳棣：《读史阅世六十年》，广西师范大学出版社 2005 年版，第 114 页。

③ 何炳棣：《读史阅世六十年》，广西师范大学出版社 2005 年版，第 115 页。

④ 余英时：《现代危机与思想人物》，三联书店 2005 年版，第 502 页。

⑤ 陈启云：《治史体悟——陈启云文集一》，广西师范大学出版社 2007 年版，代序之二：梁启超的体悟。

⑥ 陈启云：《治史体悟——陈启云文集一》，广西师范大学出版社 2007 年版，第 44 页。

五四运动中去了。①

汪荣祖在初中时就对历史发生了强烈的兴趣，1957 年的秋天考入台湾大学历史系。在台大，主要受到徐子明的影响。尽管徐子明的专长是西洋中古史，但选听的人少，就开了古史选读，主要读《左传》、《战国策》、《世说新语》、《史通》等书。他一个字一个字的讲解，这对汪荣祖帮助很大。② 所以汪荣祖曾说："我今日能读古籍，写些尚称清通的文言，皆徐子明先生之赐也。"③

这种儒家式的师弟传承为华裔学者所看重，老师不仅仅是知识的传授者，更是精神上的导师，成为他们"儒学情结"不可或缺的因素之一。

四、社会体验对华裔学者"儒学情结"的促进

大多的海外华裔学者的记忆深处，难以忘怀的莫过于五四及后五四时期、战争及其流亡，这些深刻的经历影响了他们的"儒学情结"。

萧公权的体验使得他难以认同五四的反传统，他在《问学谏往录》已有说明。余英时指出："萧公权的经验提供了一个相反的例子，他的父母都死得很早，但他的成长反而得力于旧式大家庭的制度。"④ 这也与余英时个人的体验有关。抗战时期，余英时居住在故乡潜山官庄。九年的乡居使他在"在前现代的社会和文化中度过童年和少年时代，亲身体认到中国传统的内在意义……这种直接从生活体验中得来的知识，决不是任何书本上可以获得的。如果我今天对中国传统的价值观念还有一点真切的了解，那便是受了这九年乡居生活之赐。"⑤ 儒家文化仍支配着官庄的日常社会生活。因此，他个人而言，"传统儒家文化并不仅仅是一个客观研究的对象，用人类学的套语说，我曾是这一文化的内在参与者"。这造就了余英时关心和解释儒家文化最初的基础。

与上述学者的体验不同，林毓生从另外一个角度反思"儒家文化"。林毓生在中学时代，"因为喜欢阅读五四人物的著作，已经了解了一些近现代中国悲惨的历史经过及其由来。"⑥ 才有了学习历史和找出中国的病根的努力，因此，五四运动作为"儒学情结"的双重效应在华裔学者影响是不同的。

华裔学者大多都有战争体验。黄仁宇参与了抗日战争，也观察到内战的情况。这些经历对他影响深远。内战对黄仁宇影响更深，让他转而学习历史。"内战在我心中留

---

① 李怀宇：《张灏：在复杂的文史世界中谦虚治学》，《南方都市报》，2008 年 10 月 29 日，B14 版。

② 林华、晓涛：《汪荣祖教授访谈录》，《史学史研究》2004 年第 1 期，第 13 页。

③ 汪荣祖：《从传统中求变——晚清思想史研究》序言，百花洲文艺出版社 2002 年版。

④ 余英时：《现代儒学的回顾与展望》，三联书店 2004 年版，第 118 页。

⑤ 余英时：《现代儒学的回顾与展望》，三联书店 2004 年版，第 126 页。

⑥ 殷海光、林毓生：《殷海光林毓生书信录》，吉林出版集团有限责任公司 2008 年版，第 20 页。

下一些无解的问题，让我有时觉得矛盾不安。我转念历史系，原因之一就是要消除这些疑虑”①。他研究明代历史就与此有关，他以自己在国民党军队的经验得出结论：当代中国的背景必须回帝制时期的过去。哪个时代是中国最近的过去呢？他觉得清代的政治历史受到外族统治的太多扭曲，后期又在与西方冲突阴影的笼罩之下，所以明朝是最后一个汉族统治的朝代，在体制上应该更能代表中国的特色。②

许倬云作为一个“旁观者”，对于战争，尤其是抗日战争有自己的体认。他说：“我真正由记忆，忽然从小娃娃变成有悲苦之想，就在抗战时期一批川军赶赴前线时。抗战是我非常重要的记忆，看见人家流离失所，看见死亡，看见战火，知道什么叫饥饿，什么叫恐惧，这是无法代替的经验。”③ 战争经历已经深刻地留在那一代学人的记忆深处。在他们的“儒学情结”中反对战争，追求和平民主是自然的情感体现。

综上可知，华裔学者的内心深处，是无法摆脱这些社会体验的。何炳棣说：“我一向深信，一部真有意义的历史著作的完成，不但需要以理智缜密地处理大量多样的史料，往往背后还要靠感情的驱力。”④ 当然体验在多大程度上影响学者的“儒学情结”，是因人而异的。

五、异域文化对华裔学者“儒学情结”的反思与发展

异域文化（主要指西方文化）对华裔学者的“儒学情结”的影响是双向的。从趋向上，美国华裔学者大体是从积极方面来反思和发展儒家文化的。

首先，美国中国学的发展成为华裔学者“儒家情结”的主要外力之一。20 世纪 40 年代前，美国中国学研究大体跟随欧洲汉学的研究模式。太平洋战争爆发后，美国中国学在费正清等人的倡导下，开始由传统转向现代研究。由于麦卡锡主义的影响，50 年代初期刚起步的现当代中国研究遭到打击而沉寂。然而，传统中国研究在这一时期相对受欢迎。傅高义指出：“在 20 世纪 50 年代，麦卡锡主义时期，美国拥有众多关于中国历史、语言、文学方面的专家。”⑤ 在传统中国研究中，儒家思想尤其受到重视。⑥研究方法多以“外在理路”为主。⑦ 其中，费正清及其领导下的哈佛东亚研究中心在

---

① 殷海光、林毓生：《殷海光林毓生书信录》，吉林出版集团有限责任公司 2008 年版，第 180 页。

② 殷海光、林毓生：《殷海光林毓生书信录》，吉林出版集团有限责任公司 2008 年版，第 177 ~ 178 页。

③ 许倬云口述，李怀宇撰写：《许倬云谈话录》，广西师范大学出版社 2010 年版，第 11 ~ 12 页。

④ 何炳棣：《读史阅世六十年》，广西师范大学出版社 2005 年版，第 378 页。

⑤ Ezra. F. Vogel, The First Forty Years of the Universities Service Centre Studies, *The China Journal*, No. 53 (Jan, 2005), P2.

⑥ 吴原元：《隔绝对峙时期的美国中国学（1949—1972）》，上海辞书出版社，2008 年，第 56 页。

⑦ 吴原元：《隔绝对峙时期的美国中国学（1949—1972）》，上海辞书出版社，2008 年，第 59 页。

这一发展功不可没，费正清等人意识到，不能因为重视现当代中国而忽略传统中国的研究。[①] 这一点对于美国中国学研究是十分重要的，也影响到了华裔学者的研究方向。

其次，西方异域文化对华裔学者“儒学情结”的比较因素。华裔学者长期在西方文化熏陶中，并在美国大学从教、生活。这种多重体验，反映在他们的“儒学情结”中。

许倬云认为留学给人们开了门户，让人们理解外面的世界和另一种文化，接触另外一种思考方式。最重要的就是突破中国中心论。[②] 他自己就是在美国研究所，才逐渐脱离了以中国为中心的世界观的。[③] 黄仁宇说：“找出这个独特的西方文明如何打破另外一个不遑多让的独特文明——也就是中国文明——的抵抗力，让中国分崩离析，而在中国重新恢复平静时，如何转而影响西方世界，让后者进行调适。也就是说，我的主要任务在于以一己之力密切观察，东方如何和西方融合，直到两者融而为一个完整的世界史。”[④] 这些基本上代表了华裔学者的共同心声：学习西方文化，以便更好地研究中国文明。

有的华裔学者受到西方文化的启发。如何炳棣认为自己跨出明清、开始探索中国文化的起源并不是一时的冲动，“深觉这个研撰方向的大转弯时与芝大校风、人事因缘和自我培养浩然之气的志向都牢不可分的。”[⑤] 再如，许倬云毕业芝加哥大学。芝大的教育方式对他的研究也产生了重要影响。他的博士论文《春秋时代的社会变动》，即他的第一部英文著作《中国古代社会史论》就是芝加哥大学的环境中，孕育而成。他的第二本英文著作《汉代农业》与匹兹堡大学历史系的学风有相当大的关系。他与艾森施塔特（Shmuel Eisenstadt）等人成为朋友，大家聚会讨论文化的起源、文化的转变、文化的衰亡等问题。[⑥] 这对于他后来研究中国文化很有影响。

其他华裔学者也有如此感受。周策纵在回忆《五四运动史》写作时说：“我当时写历史地态度，不但受到了这些中国古代史家的影响，也受到西洋古代和现代史观的启发。”[⑦] 唐德刚说：“因此其后对美洲印第安人历史之研读，总以我国三代史（夏商周）与之互比。以后竟至坚信，不读印第安人在美洲之历史，便无法真正了解我国夏商周之古史也。甚矣比较史学之不可废也。”[⑧] 汪荣祖提到他在华盛顿大学学习经历

---

① 韩铁指出：“福特基金会没有对哈佛中国学研究向历史学倾斜作任何干预，就是因为接受了费正清的欲速则不达的解释。”（《福特基金会与美国的中国学》（1950—1979），中国社会科学文献出版社，第161～162页。

② 许倬云口述，李怀宇撰写：《许倬云谈话录》，广西师范大学出版社2010年版，第67页。

③ 许倬云：《问学记》，广西师范大学出版社2008年版，第17～18页。

④ 黄仁宇著，张逸安译：《黄河青山——黄仁宇回忆录》，三联书店2007年版，第77页。

⑤ 何炳棣：《读史阅世六十年》，广西师范大学出版社2005年版，第369页。

⑥ 何炳棣：《读史阅世六十年》，广西师范大学出版社2005年版，第93页。

⑦ 周策纵：《五四运动史》（香港再版自序），岳鹿书社1999年版。

⑧ 唐德刚：《晚清七十年》，岳麓书店2006年版，第4页。

时，说："曾任俄国史名家屈莱果（Donald W. Treadgold）教授的研究助理，并以俄国史为我的副科之一，所读佳著之中有不少出自史家之笔的俄国历史人物传记，屈教授的《列宁及其敌人》一书，即其中之一。"① 这种借传观史的视野，对于汪荣祖开阔视野是很有启发的。

最后，美国非华裔学者的影响。对华裔学者影响最大的是在美国的中国学的奠基人费正清。据笔者所知，除了刘广京、邓嗣禹、任以都、张春树、郝延平等师从费正清之外，何炳棣、余英时、黄仁宇、李欧梵等也多有受惠。

在哈佛，除费正清外，对华裔学者影响最大的是史华慈。余英时与史华慈多有交往。杜维明、张灏、李欧梵跟随史华慈学习，林毓生、叶文心、王国斌受他的指导颇多。李欧梵回忆说。他不仅将史华慈视为师长，甚至是"替代父亲"（surrogate father）。② 李欧梵回忆了他在哈佛第一学期上史华慈的"中国中古思想史"时，他正是因为史华慈为他展示了一个知识的"新大陆"，即中国的文化传统。从此他"把中国研究作为探讨所有学问的一个新开端"③。张灏自称为"班门弄斧"。张灏的中国思想史得益于其师甚多。如史华慈在课堂上提到"Axial Age"的问题，即中西文化在上古都经历过一个思想上的辉煌时代，张灏在中国近代思想史领域对此问题作了进一步发展。史华慈多次谈及张灏的思想史研究。④ 余英时回忆史华慈的《严复与西方》出版时两人的谈话。余英时看到史华慈原书封面上的副题——"在中国背景下的西方思想"（Western Thought in Chinese Perspective），建议他再写一部关于严复思想和中国古典文化的专书。只有这样观察，严复在中国现代思想史上的位置便完全清楚了。史华慈对余英时的建议很感到兴趣，但他建议余英时去作这一尝试。此番谈话留在余英时的意识深处，撰写了《严复与中国古典文化》一文。⑤

此外，富路特（又译为富路德）和李约瑟也对华裔史家有较深的影响。唐德刚记述说："富路德先生是我们在哥大25年中所遇可爱可敬的一位汉学家。他的汉语比我说得也纯正得多。"⑥唐德刚认为他为人处世简直是传统中国的一位儒家老辈。富路特在哥伦比亚大学主持"明人传记计划"，其中不少华裔学者参与其中。1968年年初，富路特邀请陈学霖回哥大参加编纂《明代名人传》。从1969年春天至1972年夏季，他一直在在哥大"明人传记计划"充任研究员。⑦ 黄仁宇写道："谨以本书献给 富路德博

---

① 汪荣祖：《汪荣祖人物书系——学人丛说》，人物书系序，中华书局2008年版。

② 李欧梵：《我的哈佛岁月》，人民文学出版社2010年版，第36页。

③ 李欧梵：《我的哈佛岁月》，人民文学出版社2010年版，第31~32页。

④ 如史华慈1967年11月1日记载："谈张灏的中国思想史研究。（哈佛档案馆文件，档案号：ACC#14133，BOX2）（朱政惠编著：《史华慈学谱》，上海辞书出版社2006年版，第76页。）

⑤ 余英时：《现代危机与思想人物》，三联书店2005年版，第104页。

⑥ 唐德刚：《晚清七十年》，岳麓书店2006年版，第357页。

⑦ 陈学霖：《刘伯温与哪吒城——北京建城的传说》自序，三联书店2008年版。

士夫妇，恭贺博士九十大寿”。[①] 可见情感之深。对黄仁宇来说，影响最大的是李约瑟。他在 1967 年 7 月接到李约瑟邀请他参加《中国科学与文明》计划的。黄仁宇曾撰写专文《李约瑟给我的影响》说：“他对我的影响无法言喻。假使不是他或者我未曾与他接触的话，我的半生行止很可能与现状有甚大的差别。”[②] 钱存训也参加了李约瑟的《中国科学与文明》计划，撰写了《纸和印刷》一书。[③]

总之，从美国华裔学者“儒学情结”形成的诸多因素中，为我们今天的儒家文化教育提供诸多的启示。其中，国家的认同、家庭的熏陶是潜移默化式的，知行合一式的学校教育也有别于我们今天的课堂讲授方式。社会实践和异域文化无疑可以提供某些参照，加深对儒家文化的理解。我们要改变以灌输为主的教育方式，儒家文化才能深入国民之中，成为我们生活的一部分。

---

① 黄仁宇著，张逸安译：《黄河青山——黄仁宇回忆录》，三联书店 2007 年版。
② 黄仁宇：《关系千万重》，三联书店 2007 年版，第 31 页。
③ 钱存训：《中国纸和印刷文化史》前言，广西师范大学出版社 2004 年版。

孔孟儒学之君子之教的现代意涵

台湾暨南国际大学华语文教学研究所助理教授　齐婉先

一、前　言

数千年中华文化在不断塑形、发展及与他国文化交流过程中，以君子之教为人文教育之核心内容的孔孟儒学始终扮演关键角色，持续发挥重要而显著之影响力。具体事实之一，即是《四书》、《五经》等儒家经典迄今仍然备受推崇而广为流传；其中，尤以《论语》、《孟子》二部经典，揭示出以仁、义为人之存在之真实内容所建立具有高度道德意识之人文精神，以及据此建构具体真切而可为人学习之君子之教。徐复观先生认为此一由孔孟儒学完成建构并彰显之人文精神，是自“神权的精神解放而来”，且是中国古代文化历经自人格神之天命走向法则性之天命，再朝向人身上凝集而为人之性，然后落实于人之心，再由人心之善论说性善，如此长期且曲折发展所得致之总结论。[①] 归纳徐复观先生之见解，其重点有三[②]：

第一，周初人记取殷革夏命，周革殷命之经验教训，主动产生自觉反省之忧患意识，从而时时反省惕励，精神敛抑、集中，并且谨慎、认真以对事，由是发展出“敬”之道德性格，此即周初人文精神之主要内涵。

第二，周初人文精神之内涵，终究未尝脱离以人格神性质之天命作为周人行为规范之根源与保证；即使此后发展出法则性质之天命，并以此作为周人行为规范之根源，仍无法避免连带产生的盲目性运命之命的观念。

第三，至孔子（前551—前479）开辟以“仁”为道德内容之内在人格世界，将人性与天命融合为一，确立“为仁由己”工夫，进而开启人之道德生命无限向上之机后，周初人文精神之内容与实践得以出现突破性开展。至孟子（前372—前289）正式提出“性善”说后，孔子个人通过下学上达工夫，实证性与天命合一之事实，乃得以发展为具客观性、系统性与普遍性之理论，而可为万人万世立教。

徐先生之见解提供一个考察基点，有助于吾人解释孔孟儒家思想作为华人社会与

① 徐复观先生认为中国之人文精神是经过长时间孕育，而且是自“神权的精神解放而来”。参见徐复观：《中国人性论史（先秦篇）》，台湾商务印书馆1969年版，第15、164页。

② 徐复观：《中国人性论史（先秦篇）》，台湾商务印书馆1969年版，第20～24、69～71、161～164页。

文化之核心价值与内容，在21世纪全球化趋势盛行之社会中具有何种意义？其意义应与两件事实相互关联：一、孔孟儒学是自孔子开始之新传统，此一新传统固有承于夏商周三代之道之本统，但并非与之完全等同。事实上，孔孟儒学每每因应当代需要，几经调整、转化而开展出多样面貌，甚至是另一新传统，牟宗三先生即认为宋明理学中之“朱子传统”，就是在儒家传统下别开生面发展出来之一个新传统。[①] 二、《四书》、《五经》作为表述孔孟儒学思想之经典文本，在不同时空下经由不同读者持续不断进行研读、提问、理解、诠释与实践之活动。而每一次活动之进行，就代表该文本再一次被带进儒家经典文本意义建构之进程中，通过每一次所强调新的意义之解释，儒家经典文本之意义就更为丰富、更加充满，所表述之整体意义与价值亦得以进一步说明，并持续发展且产生影响，迄今犹然。

所谓全球化时代，其主要特征即是多元文化对话、融合之情形正普遍且频繁在世界各地中进行。英国社会学家 Anthony Giddens 即以“来自远方的效应”描述全球化趋势，Giddens 说：

> 全球化……可以被定义为联结远处地方之世界性的社会关系的强化，而此种联结方式之进行，就是在地发生的事件被远在数哩地外发生的事件所形塑。反之亦然。[②]

另一位社会学家 Roland Robertson 亦指出：

> 全球化……同时指涉世界的压缩以及世界作为一个整体意识的强化。……这两者凝结了全球的互赖与全球的世界意识。[③]

当人类对于具体世界之理解因物质、科技文明高度发展而转变为平面式概念，当地理国界之意义因各地区相互密切而频繁交流之经济活动、商品流通、消费行为、文化对话及环保意识而逐渐转化，甚或几近消失时，人类关于自身存在始终必须回应之根本问题，即是开创人类生命存在意义，使人之文化意识中向上创造精神得以兴发，建立足以提供支撑与整合基础之内在人文精神，以应对因全球化趋势所产生之诸多问

---

① 见牟宗三：《中国哲学十九讲》，台北：台湾学生书局1983年版，第52页。

② Anthony Giddens, *The Consequences of Modernity* (Cambridge, UK: Polity Press in association with Basil Blackwell, Oxford, UK, 1990), p. 64.

③ Roland Robertson, *Globalization: Social Theory and Global Culture* (London: Sage, 1992), p. 8.

题。唐君毅先生曾指出，作为人文世界成立与开展之精神意识之基础，即是“仁道”。[①] 因此，吾人认为，以“仁道”为思想底蕴之孔孟儒学，有助于在当今之时建立一个人文精神向上昂扬之理想人文世界，而寻求返本开新之道应自孔孟儒学传统特质与儒家经典文本诠释上思量。牟宗三先生尝指出儒家思想之本质意义，在于“开辟价值之源，挺立道德主体”[②]。吾人认为孔孟儒学以君子之教化人，以“仁”为核心思想，面对文化演变现象具有深刻反省力，并能自觉提出新观念及建立新原则，因此足以回应当前全球化趋势及多元社会现象，提出适切应对之道。本文乃通过对儒家经典文本之理解与诠释，掌握孔孟儒学教人为君子之学习内容与实践方法，并将之置于全球化时代视域中进行考察，冀能提出具有现代意涵之儒家君子之教，以作为建立当代人文精神价值之可能参照。

二、“仁”为价值根源之君子之教

牟宗三先生指出“周文疲弊”是先秦诸子兴起之背景，而诸子学说之所以兴起，正是因应“周文疲弊”，对之进行反省。而儒墨道法四家中，仅儒家对周文抱持肯定态度，其他三家则俱采否定看法。[③] 孔子对于周文之遵从及对周公之企慕，于《论语》一书《八佾》、《述而》、《子罕》等篇中清楚可见。[④] 牟先生认为儒家深信周文教化之意义，亦肯定礼乐制度之价值，对于周文后来出现客观效用丧失之问题，儒家将之归于“贵族生命腐败堕落”，导致不能实践周初时期由周公所制订那一套礼乐制度。牟先生解释道：

> 孔子也知道贵族生命堕落，当然周文也成了挂空，但是孔子就要把周文生命化。要使周文这套礼乐成为有效的，首先就要使它生命化，这是儒家的态度。那么如何使周文生命化呢？孔子提出仁字，因此才有“礼云礼云，玉帛云乎哉？乐云乐云，钟鼓云乎哉？”以及“人而不仁，如礼何？人而不仁，如乐何？”这些话。人如果是不仁，那么你制礼作乐有什么用呢？可见礼乐要有真实的意义、要

---

① 唐君毅先生认为人类文化之所以兴盛，究其原因，在于人类在各种文化活动中所展现之向上创造精神，而此亦是人文世界赖以建成之重要基础。相关论述，见唐君毅：《文化意识与道德理性》，台北：台湾学生书局1986年版，第660页。

② 见牟宗三：《中国哲学十九讲》，第62页。

③ 关于先秦诸子起源问题，牟宗三先生认为传统“诸子出于王官”说法，以及胡适之先生自社会学观点将之释为反映当时社会问题以救世之论点，二说俱不尽善，乃提出“周文疲弊”一说。相关论述，详见《中国哲学之重点以及先秦诸子之起源问题》一文，同前注，第52~68页。

④ 各篇原文参见《论语注疏》，《十三经注疏》，台北：艺文印书馆1985年版，第8册，第28、60、77页。本文以下所引《论语》篇章，俱出自《论语注疏》本，为行文简洁，此后不另标版本。

有价值，你非有真生命不可，真生命就在这个“仁”。所以仁这个观念提出来，就使礼乐真实化，使它有生命，有客观的有效性（objective validity）。[①]

牟先生上述分析，重点有二：第一，周代礼乐制度疲弊、失效之真正问题所在，即贵族之生命出现堕落行为，其品格失却价值根源。第二，儒家之所以成其为儒家之本质意义，就在于“开辟价值之源，挺立道德主体”。简言之，孔子对于堕落腐败之贵族生命所进行深刻反省之启示，既是提出能使周文具有真生命之“仁”的概念，亦即是以“仁”作为吾人生命之存在价值根源，以行仁道作为豁显吾人内心之道德主体性之进路。

牟先生之见解至为精辟，其给予吾人之启发是，孔子推崇周文之立场，看似保守，其实深具思辨性与批判性，因为孔子对于周文疲弊进行反思此一过程，实际上就是对吾人生命进行深层反省，由是揭示以“仁”作为吾人生命之价值根源之君子之教。《论语·学而》首章即载言：

子曰：“学而时习之，不亦说乎？有朋自远方来，不亦乐乎？人不知而不愠，不亦君子乎？”[②]

孔子以“人不知而不愠”解释“君子”之品格，其意义有二：第一，“君子”之养成经过人文教化，由是得以贞定个人之生命价值与存在意义，因此，对于世俗声闻，“君子”淡然应对。第二，孔子以“君子”作为具有高尚道德之人的理想图像。“君子”一词并非首出于《论语》，有研究指出，早在西周初年文献中，已见“君子”一词之使用，其原初意义指“尊贵男子”，之后引申为“有地位的男子”，亦即“贵族男子”，后又加入对于道德品质之要求，至孔子则自思想道德上规定君子之意义。[③] 孔子对于“君子”一词意义之创造性诠释，就是在儒家思想体系中进行“君子”典范之建构，“君子”作为一种理想的道德人格典范，不同于“圣人”之处，在于“圣人”不仅是具有崇高道德品格之仁人，而且能实践连尧舜都担心几乎无法完成之“博施于民

---

① 见牟宗三：《中国哲学十九讲》，第61~62页。

② 见《论语·学而》，第5页。

③ 根据吴正南先生之考究，“君子”出现于《尚书·周书》共计7次，在《周易》计有124次，在《诗经》中则共183次，本此推论，“君子”一词最早出现于西周初年，时间约公元前10世纪左右。详细论述，见吴正南：《君子考源》，《武汉教育学院学报》第17卷第5期（1998年10月），第29~37页。

而能济众”之事。[①] 至于“君子”，则是人人可学而成，大凡吾人通过人文教化后皆可以达致，孔子自己就是以“君子”自称，此于《论语》记载中清晰可见。

大宰问于子贡曰：“夫子圣者与？何其多能也？”子贡曰：“固天纵之将圣，又多能也。”子闻之曰：“大宰知我乎？吾少也贱，故多能鄙事。君子多乎哉？不多也。”[②]

由孔子婉拒大宰以“圣人”之称加诸其身，而仍以“君子”自称，可见在先秦儒家思想体系中，“圣人”图像确实神圣崇高，但并不亲切于人，不易为一般人所能达致，更明确言，孔子并不以此望人。反之，“君子”典范之建构则在先秦儒家思想中具有人文教化之重要意义。《论语·述而》即载言：

子曰：“圣人，吾不得而见之矣！得见君子者，斯可矣！”[③]

而孔子希望裁成之“君子”品德，即是“仁者不忧，智者不惑，勇者不惧”[④]，其中，又以“仁”最受孔子重视。孔子尝解释道：

富与贵，是人之所欲也，不以其道，得之不处也；贫与贱，是人之所恶也，不以其道，得之不去也。君子去仁，恶乎成名？君子无终食之间违仁，造次必于是，颠沛必于是。[⑤]

所谓“君子去仁，恶乎成名？”正是以“仁”作为君子之教之价值根源，换言之，“君子”之所以成其为“君子”之本质意义，就是“仁”。当面对富贵贫贱，君子凭借“仁”之核心价值方能实践道德理性从而作出合乎正道之判定。

关于孔子论“仁”之意涵，由孔子向众弟子解说“仁”之言论中，可以发现两个特点：第一，“仁”之内容相当广博，几乎涵盖人伦日用之各个面向；第二，每位弟子向孔子问仁所得之答复内容，不尽相同。面对聪敏之颜渊，孔子回答：“克己复礼为仁。一日克己复礼，天下归仁焉！为仁由己，而由人乎哉？”条目则是“非礼勿视，非

---

① 《论语》中虽未载及孔子针对“圣”或“圣人”进行解释，但孔子对于“圣”或“圣人”之推崇却清楚可见。著名一例即是《雍也》篇中答子贡“如有博施于民而能济众者，可谓仁乎”之问，孔子说：“何事于仁？必也圣乎！尧舜其犹病诸？”第55页。

② 见《论语·子罕》，第78页。

③ 见《论语·述而》，第63页。

④ 见《论语·宪问》，第128页。

⑤ 见《论语·里仁》，第36页。

礼勿听，非礼勿言，非礼勿动。”[①] 对于反应较慢之樊迟，孔子教以“爱人”、“先难而后获”。[②] 而当子贡以“博施于民而能济众”之行事询问孔子果真有行事如此之人是否可以称之为仁？孔子答道：“何事于仁？必也圣乎？尧舜其犹病诸？夫仁者，己欲立而立人，己欲达而达人。能近取譬，可谓仁之方也已！”[③] 再如针对司马牛之问，孔子解释“仁者，其言也讱”[④]。而对于仲弓，孔子则明言：“出门如见大宾，使民如承大祭。己所不欲，勿施于人。在邦无怨，在家无怨。”[⑤] 上述五例说明孔子论“仁”，内容尽管丰富多样，进路却都一致，即吾人当以整个生活为空间场域，整个生命为时间范围确实执礼行仁之实践进路。

具体而言，孔子教道弟子之仁，即人生在世，由己力行，克己爱人，视听言动中礼，并且能近取譬，己立立人，己达达人，临事而敬，先难后获，以至于处家邦俱无怨。实践即为仁之基调，人活一日，即当实践一日，至死方休。然而实践必须以礼为判准，否则容易出错生乱，造成诸多问题，换言之，个人日常生活所有视、听、言、动之进行俱须中礼，如此之实践方得称为仁。[⑥] 因此，孔子言：“仁远乎哉？我欲仁，斯仁至矣！”[⑦] 孔子同时亦强调执礼行仁必须终生践履，造次也罢，颠沛也好，时刻不可放松、轻忽、背离。正因孔子强调人之为学即在执礼行仁之终生践履，而且必须至死方得止息。因此，当子贡曾因对学习产生疲倦感而萌生休息念头，前去请示孔子时[⑧]，孔子之回答即在强调君子之学，就是立志为学之人只要一息尚存，便无停止学习以求休息之立场，而必须持续践履，不可中断，至死方休；而这也就是“博学于文，约之以礼”之行仁过程。[⑨]

三、执礼行仁之君子之教的当代发用

战国时代之孟子持续孔子以来君子之教学说所指引执礼行仁之实践路径，以平治

---

① 见《论语·颜渊》，第106页。

② 同前注，第110页；《论语·雍也》，第54页。

③ 见《论语·雍也》，第55页。

④ 见《论语·颜渊》，第106页。

⑤ 见《论语·颜渊》，第106页。

⑥ 子曰：“恭而无礼则劳。慎而无礼则葸。勇而无礼则乱。直而无礼则绞。君子笃于亲，则民兴于仁。故旧不遗，则民不偷。”又曰：“好勇疾贫，乱也。人而不仁，疾之已甚，乱也。”见《论语·泰伯》，第70~71页。

⑦ 见《论语·述而》，第64页。

⑧ 此事见载于《荀子·大略》篇。原文参见李涤生：《荀子集释》，台北：台湾学生书局1986年版，第628~629页。

⑨《论语·雍也》：“子曰：‘君子博学于文，约之以礼，亦可以弗畔矣夫？’”另外，《子罕》中，颜渊亦喟叹曰：“夫子循循然善诱人，博我以文，约我以礼。”第55、79页。

天下为己任，自言："舍我其谁也?"[①] 针对当时凶年饥岁，民不聊生，君王残贼行事，好战逐利等诸多乱象，发用孔子以来儒家学说所强调行仁之实践力，提出"以不忍人之心，行不忍人之政"之为政进路。[②] 孟子强调人皆有不忍人之心，每个个体在日常生活与不同之人、事、物、境，互动应对过程中，此不忍人之心遂因之而发展出恻隐之心、羞恶之心、辞让之心、是非之心，人本此而有仁、义、礼、智四端。[③] 为人君者亦有四端，自然有能力实行不忍人之政，而无不可行之借口可言。另外，孟子亦揭櫫"发政施仁"之王政内容，并以"仁者无敌"尝试劝勉各国君王"施仁政于民"而王天下。[④] 至于行仁政之实践进路即是"举斯心，加诸彼而已"，亦即"老吾老以及人之老，幼吾幼以及人之幼"。[⑤] 孔子学说"为仁由己"、"己欲立而立人，己欲达而达人"之实践力与自主性，在孟子建构"仁政"主张，肯定"仁者无敌"之政治成就中，已具体将行仁之实践力高度发用，由处家邦俱无怨之仁者气象开阔至无敌于天下之王者气象。换言之，孟子建构君王发政施仁，推恩四海，乐以天下，忧以天下之实践进路并极力倡导之作为，即是践履孔子学说执礼行仁之实践进路；而仁政之必可实行与为人君者无可逃避行仁于天下之实践过程，乃是孔子学说"能近取譬，可谓仁之方也已"实践力之发用。孔孟之后，儒家学说以"仁"为价值根源之君子之教持续发展，经历不同时地之变迁，无数儒者参与努力，而能呈现多样面貌，并且绵延不绝，究其原因，即在众多儒者能确实践履孔孟儒学所强调终生执礼行仁之实践力的儒学特质。

现代科技之快速发展，直接影响人类生活形态与内容。时空距离不再成为阻碍人与人间进行情志互动、意念沟通、文化交流之主要因素。尤其网际网路之出现与广泛运用，更将人类生活推进至一即时而且无国界之领域。近千年前，北宋苏轼（1037—1101）于中秋夜晚千里遥祝思其弟苏辙之挚情，因缺乏可以即时传达思念之媒介，而只能寄语明月，化为词文，写下"但愿人长久，千里共婵娟"脍炙人口之诗句。[⑥] 今日，受惠于现代科技之便捷，吾人虽已不必如古人般受困于时空距离之阻隔，而可轻易与数千里外之亲朋好友即时沟通，宣泄情志。然而，当实际时空距离逐渐不成问题时，人与人心灵间却产生有如鸿沟一般之疏离感。现代生活中"人之问题"似乎较以往任何时代更迫切需要解决。当代学者因此多强调由孔孟开出之儒学乃一重视主体、自觉，强调道德意识，讲求修身功夫，实践人文精神之学说。如此看法，提供孔孟儒

---

① 《孟子·公孙丑下》，见《孟子注疏》，《十三经注疏》（台北：艺文印书馆1985年版），第8册，第85页。本文以下所引《孟子》篇章，俱出自《孟子注疏》本，为行文简洁，此后不另标版本。

② 见《孟子·公孙丑上》，第65页。

③ 同前注，第66页。

④ 见《孟子·梁惠王上》，第23、14页。

⑤ 见《孟子·梁惠王上》，第22页。

⑥ 此二句见于苏轼《水调歌头》词中。收入闵宗述、刘纪华、耿相沅等选注：《历代词选注》，台北：里仁书局2003年版，第160～161页。

学一现代视野与理解基础，可以作为现代人学习孔孟儒学，寻求解决“人之问题”之入手处。

余英时先生曾指出，儒家既强调个人之价值自觉，又重视人伦秩序，二者一以贯之，“人伦秩序并不是从外面强加于个人的，而是从个人这一中心自然地推扩出来的”。而“儒家的‘礼’便是和这一推扩程序相应的原则”，此原则，亦即儒家之“礼”，不仅照应每一个人之特殊处境与关系，目的更在建立并维持人伦秩序上。[①] 杜维明先生亦持有相近看法，认为“一个人自身的存在——他的肉体和心灵——为具体求道提供了基本场合”，而所求之“道”，乃“作为群体行为的、无止境的自我转化过程”。因此，儒家之论做人，在实践意义上，即“人是通过符号交换，通过彼此关系以确认共同体验的真理，从而成为一种有意义的存在的”；而“礼，作为人类交往的一种非言说方式，在儒家文献中受到特别重视，因为他不仅包含着对生命形态的共时性的承担，而且包含者对活的传统的历时性的承担”。[②] 面对现代生活中人伦秩序失常，人文精神低落，生命本质物化，道德情操陷溺，曾昭旭先生主张今日之讲求儒学，不适宜重蹈宋明儒者之路径，虽然宋明儒者对孔孟儒学之发扬在当时确有其时代意义，并产生相当作用。但在“人之问题”较以往任何时代更迫切需要解决之当今之世，孔孟儒学之讲求、学习，“应当还原回真实、具体的生活情境，扣紧现代人的存在苦恼，去重新将儒学讲得活活泼泼、切实有用”，亦即归位至孔孟儒学本质，取径孔孟成人之学之实践进路。[③]

综合诸位当代学者之论见，可以确定一件事，即掌握孔孟儒学之君子之教的实践特质以进行孔孟儒学之学习，较诸就儒家经典进行文献背诵或义理考证更有助于省思孔孟儒学在现代生活之发用。

四、结　论

孔孟儒学之所以能与中华民族并存而绵延发展至今，进而成为中华文化形塑之重要核心，所仰赖者，并非仅是经典文献本身之传承，而是历来儒者终其一生执礼行仁之实践力。孔子曾言：“君子不器。”[④] 既名为器，即有所用，亦有所局限；任何一器，均有其可用处，亦均有其局限处。正因如此，孔子对于君子之学强调“不器”，目的即

---

① 有关余先生之详细论述，参见余英时：《从价值系统看中国文化的现代意义》，收入余英时：《中国思想传统的现代诠释》，台北：联经出版社 1989 年版，第 31 ~ 32 页。

② 相关杜先生之见解，参见杜维明：《先秦儒家思想中的人的价值》，收入杜维明：《儒家思想——以创造转化为自我认同》，台北：东大图书公司 1997 年版，第 69 ~ 73 页。

③ 关于曾先生之看法，参见曾昭旭：《论现代生活之本质即儒学之本质》，收入曾昭旭：《儒家传统与现代生活——论儒学的文化面相》，台北：台湾商务印书馆 2003 年版，第 29 页。

④ 见《论语 · 为政》，第 18 页。

在求君子之用世之无穷。孔子以“不器”作为君子为学宗旨，说明孔孟儒学之君子之教强调无穷之用之本意，而透过终生执礼行仁之实践进路，孔孟儒学超越时空限制之无穷之用乃得因时因地运用得宜。孔孟儒学之发展纵然在不同时间、地域、经济体系下展现不同面貌，但孔孟儒学以执礼行仁之实践进路贯穿而下，具现于历代儒者生命中。身处当今之世，对于孔孟儒学所进行之省思，应当不在思考如何消除因时空久远所造成现代生活与孔孟学说内容二者间之疏离及隔阂，而在掌握孔孟儒学特质，寻索学说内容提供之待人接物处世以及安身立命之普遍原则，然后孔孟儒学在现代社会之发扬方具意义，而孔孟儒学之君子之教在现代生活之践履，方能落实。

参考文献

（一）传统文献

[1]《论语注疏》,《十三经注疏》第8册，台北：艺文印书馆1985年版。

[2]《孟子注疏》,《十三经注疏》第8册，台北：艺文印书馆1985年版。

（二）近人论著（依姓氏笔画排列）

[1] 牟宗三:《中国哲学十九讲》，台北：台湾学生书局1983年版。

[2] 余英时:《从价值系统看中国文化的现代意义》,《中国思想传统的现代诠释》，台北：联经出版社1989年版，第1~51页。

[3] 杜维明:《先秦儒家思想中的人的价值》,《儒家思想——以创造转化为自我认同》，台北：东大图书公司1997年版，第69~83页。

[4] 李涤生:《荀子集释》，台北：台湾学生书局1986年版。

[5] 吴正南:《君子考源》,《武汉教育学院学报》第17卷第5期，1998年10月，第29~37页。

[6] 徐复观:《中国人性论史（先秦篇)》，台北：台湾商务印书馆1969年版。

[7] 唐君毅:《文化意识与道德理性》，台北：台湾学生书局1986年版。

[8] 曾昭旭:《论现代生活之本质即儒学之本质》,《儒家传统与现代生活——论儒学的文化面相》，台北：台湾商务印书馆2003年版，第23~33页。

[9] 闵宗述、刘纪华、耿相沅等选注:《历代词选注》，台北：里仁书局2003年版。

（三）外文著作

[1] Giddens, Anthony. *The Consequences of Modernity*. Cambridge, UK: Polity Press in association with Basil Blackwell, Oxford, UK, 1990.

[2] Robertson, Roland. *Globalization: Social Theory and Global Culture*. London: Sage, 1992.

儒学的新际遇

——从现代新儒家到现代新儒学

中国人民大学哲学院教授　宋志明

现代新儒学是自五四新文化运动时期形成的中国现代学术思想的发展方向之一，以融会中西学术思想为基本特征，以发展人类精神文明为根本宗旨。它一方面面向世界，吸纳、理解、转化包括马克思主义在内的西方各种学术思想，一方面基于时代的要求，反省、充实、推进传统的儒家思想，使儒学在现时代获得新的表达方式。现代新儒学发端于现代新儒家，但不限于现代新儒家。有许多学者并没有沿用现代新儒家的思维模式，以各自的方式研究、诠释儒学，他们的研究成果也属于现代新儒学的范围。

一、转　机

现代新儒学之所以发端于五四新文化运动时期，同当时已经形成具有独立思考能力的新式知识分子队伍有密切的关系。自从鸦片战争以来，先进的中国人抱着“向西方寻找真理”的心态，有意无意地把西学理想化，看成解决一切问题的灵丹妙药。他们常常把中学与西学对立起来，把中学等同于旧学，把西学等同于新学，对儒家思想缺少应有的同情。之所以如此，同他们尚未形成独立的思考能力有关。到五四时期这种情况有了变化。新式知识分子队伍无论在数量上还是在质量上都有很大的改观。从人数上看，一大批留学欧美和日本的学人回国，从中国自己办的新式学校中也走出数量可观的毕业生。从质量上看，有一批在欧美取得高学历的学人回到祖国。由于对西方文化了解得比较深了，中国人发现西方文化并非尽善尽美，也存在诸多弊端。特别是经历了第一次世界大战以后，人们对这种弊端看得更为清楚，逐步破除了对西方文化的迷信，形成独立思考的能力，开始重新思考中国文化的出路问题，重新看待中学与西学的关系、新学与旧学的关系，重新审视固有文化的价值。于是，从新式知识分子的群体中，涌现出第一代现代新儒家，他们就是梁漱溟、熊十力、冯友兰、贺麟等人。继他们之后，又出现唐君毅、徐复观、牟宗三等港台新儒家。

在五四新文化运动时期，中国思想界关注的焦点已由传统社会形态的“破坏”转向现代社会形态的“建设”。在辛亥革命以前，先进中国人关注的焦点是传统社会形态的“破坏”，致力于推翻清王朝的斗争。辛亥革命以后，中华民国成立，废除了统治中国数千年之久的封建帝制，“破坏”的目的应该说基本达到，可是中国的社会状况非但没有改变，反而趋于恶化。打倒了一个清廷小皇帝，冒出了数十个土皇帝，军阀争战，接连不断。“无量黄金无量血，可怜购得假共和”。残酷的现实告诉人们：仅有“破坏”是远远不够的，还必须着眼于“建设”。“建设”既包括经济建设、制度建设，也包括社会建设和精神文明建设。经济建设和制度建设可以借鉴西方成功的经验，至于社会建设和精神文明建设，中国人则不能从西方找到的良方，必须进行独立的探索。现代新儒家可以说是在这方面的探索者。

现代新儒学思潮是对五四时期批孔思潮的反弹。自鸦片战争以来，中国知识分子把挽救中国的希望寄托在西学引进上，并且把传统儒学视为引入西学的思想障碍，形成扬西抑中的倾向。这种倾向到五四时期演化为“打孔家店”的批孔思潮。在新文化运动中，激进派批判传统儒学所包含的封建主义思想因素无疑是正确的，问题在于他们把儒学完全归结为封建主义，全盘否定其正面价值，流露出民族文化虚无主义的情绪。有些人甚至提出一些过火的、不切实际的主张，如废除汉字、把线装书丢到茅厕中去等，这显然有损于民族自尊心的树立和自信心的提升。正是针对激进派的民族文化虚无主义倾向，现代新儒学思潮开始兴起。从新式知识分子队伍中走出来的现代新儒家，认同科学与民主的价值，反对封建主义，接纳现代性，有别于守旧派。他们拒斥全盘西化论，摆脱激进情绪的困扰，以理性的眼光和同情的态度看待儒学的价值，努力推动儒学的现代转化，有别于激进派。在提升民族自尊心和自信心方面，他们是有贡献的。

二、外　境

现代新儒学的出现，同世界性文化批判思潮也有密切的关系。自近代以来，中国哲学走向世界，世界哲学走入中国。我们考察现代新儒学，既要看到它兴起的国内背景，也要看到它的国际背景。第一次世界大战爆发以后，使西方资本主义社会的矛盾和危机更加表面化、尖锐化，暴露出西方资本主义现代文明的弱点，于是形成世界性的文化批判思潮。斯宾格勒在《西方的没落》一书中，用“没落”一词形容当时西方人的思想状态。梁启超考察欧洲之后，在《欧游心影录》中作了这样的报道：“全社会人心都陷入怀疑沉闷畏惧之中，好像失去了罗盘的海船遇着风、遇着雾，不知前途怎样是好。”西方现代文明的一大问题就是工具理性与价值理性严重失衡。在现代西方思想界，批评科学主义的声音越来越强，呈现出人本主义思潮抬头的趋势。中国近代以来，先进的中国人大都把西方看成可以学习的“老师”，听到的只有赞扬西方现代文明的声音，而听不到批判的声音。梁启超把批判的声音传递到中国，自然会引起极大的震动，促使人们重新思考东西方文化关系问题，重新审视中国固有文化的价值。西方思想界中出现的价值迷失感，为以价值理性为中心的儒学获得发展的契机。现代新儒家从非理性主义、人本主义思潮寻找现代转化的资源，创立出儒学的新形态。

三、内 因

形成现代新儒学思潮的根本原因，还在于儒学确实有实行现代转换的可能性，能够成为中国精神文明建设不可或缺的宝贵资源。

儒学作为中国文化的主干，既有时代性的一面，也有民族性的一面。因其有时代性，传统儒学作为农业社会的产物，不能不表现出历史的局限性，甚至被帝王用来作为维护统治的工具。五四时期新文化运动的倡导者们发起对传统儒学的批判，其实并不是对儒学的全盘否定，而是把矛头指向传统儒学的历史局限性。李大钊把“孔子之本身”同“孔子之偶像”区分开来，明确表示只抨击后者，而不是前者。五四时期对传统儒学历史局限性的批判有积极的意义，起到了思想解放的作用，这是不能否定的。新文化运动的倡导者对传统儒学既有批判，也有同情的诠释。令人遗憾的是，长期以来在“左”的话语占主导地位的情况下，人们夸大了五四时期“批孔”的一面，而忽视了“释孔”的一面。五四时期对传统儒学的历史局限性的批判，贡献在于凸显出儒学实行现代转换的必要性。正如贺麟所说，五四新文化运动破除了“儒家的僵化部分的躯壳形式末节和束缚个性的传统腐化部分”，“他们并没有打倒孔孟的真精神、真意思、真学术。反而因它们的洗刷扫除的功夫，使得孔孟的真面目更是显露出来。”①

由于儒学有时代性的一面，必须清除历史灰尘，适应新时代要求不断作出新的诠释，从而促使现代新儒学思潮的形成。由于儒学有民族性的一面，体现中华民族的文化共识，如何发掘儒学体现时代精神的正面价值，将是一个恒久的课题。从这个角度看，现代新儒学思潮的出现也是必然的。从哲学人类学的意义上看，任何社会组织必须有一套全体社会成员达成基本共识的主流价值观念和伦理规范，这是每个民族形成所必不可少的文化共识。这种文化共识可以采用宗教的形式来表达，也可以采用非宗教的形式来表达。儒学有效地组织社会、安顿人生，已形成中国人的文化基因，具有强盛的生命力。儒学有深厚的历史积淀，有广泛的社会影响，并不会因新文化运动的冲击而终结。如何把握民族性与时代性相统一的原则，克服传统儒学的局限性，走出民族文化虚无主义的误区，摆脱“左”的偏见，重估儒学的价值，开发儒学资源，培

---

① 贺麟：《当代中国哲学》，胜利出版公司1947年版，第9页。

育适应时代精神的中华民族精神，将是我们的一项重要的理论任务。

四、走　向

“现代新儒学”是指社会思想动向，“现代新儒家”是指特定的学派，尽管二者的外延有部分重合的情况，但毕竟不是同一概念。现代新儒学的发展并不是一帆风顺的，曾遇到种种困难，但毕竟延续到今天，并且仍然保持着向多重向度进一步发展的态势。“现代新儒家”已经成为历史；“现代新儒学”正在参与创造历史。现代新儒学发展已经进入“后新儒家”阶段，呈现出多元化的态势。许多学者讲论现代新儒学，可以说接着现代新儒家的话题讲的，但并不照着现代新儒家的讲法讲的。他们有各自的讲法，目标仍旧是推动儒学的现代转化。他们基本上放弃了道统的观念，不像现代新儒家那样重视“本体论证明”，试图从多重视角阐发儒学的现代价值。他们不再以“新儒家”自诩，称其为儒学解释者似乎更为合适。

“文革”结束之后，“左”的思潮的干扰得以排除，学术界走出批孔的误区，相当多的学者开始从新的视角诠释儒家思想。张岱年先生给孔子摘掉了“保守主义”帽子，他说：“多年以来有一个流行的说法，认为孔子在伦理学说、教育思想方面有所创新，在政治上却是保守的，属于守旧派，他一生不得志，是由于他的政治活动是违反历史发展趋势的。十年动乱时期，‘批孔’、‘批儒’，更指斥孔子是一个顽固的反动派、复古派、复辟狂。时至今日，这个问题须加以认真考察，分辨清楚。”[①] 他充分肯定孔子对于中国文化的历史性贡献，“第一，孔子是第一个从事大规模讲学的教育家在客观上为战国时代的百家争鸣开辟了道路。第二，孔子提炼并宣扬了上古时代流传下来的关于公共生活规则的处世格言，提出了以‘泛爱’为内容的仁说。第三，孔子重视人的问题而不重视神的问题，提倡积极有为的乐观精神，要求在日常生活中体现崇高理想，从而为中华民族的‘共同心理’奠定了基础”[②]。他把儒学分为深、浅两个层面：维护等级制的思想，属于浅层的儒学；微言大义才属于深层的奥义。儒学的浅层思想应当批判，而儒学深层的奥义具有普适价值。他说：“儒家学说中确实具有一些微言大义，‘微言’即微妙之言，‘大义’即基本含义。微言大义即比较具有深奥精湛的思想，亦就是儒学的深层意蕴。儒学是有时代性的，时至今日，儒学的许多观点（主要是浅层思想）都已过时了，但是其中也有一些重要观点（主要是深层思想）却具有相对的‘普遍意义’，虽非具有永恒的价值，但至今仍能给人们以深刻的启迪。”[③] 张岱年拒绝人们把他称为新儒家，但把他的这些新见解归入“新儒学”的范围，恐怕他

---

① 《张岱年全集》6卷，第114页。
② 《张岱年全集》5卷，第393～394页。
③ 《张岱年全集》7卷，第1～2页。

是不会反对的。张岱年可以说是新的历史时期运用马克思主义观点诠释儒学的杰出代表。这种儒家解释学的讲法，可能代表着今后现代新儒学思潮发展的方向，将为现代新儒学开辟广阔的发展空间。

仁者寿与孔子养生之道

南洋理工大学孔子学院　许福吉

一、引言：修炼心性与锻炼体魄

现代人的寿命越来越长，很多人认为这是拜医学与科学发达所赐，也有人认为长寿是一种遗传，这些我都赞同，但我更支持“仁者长寿”的说法。孔子是中国儒家学派的创始人，也是伟大的教育家、政治家、哲学家等。他一生勤于治学，自强不息，文绩卓著，德侔天地。他活了73岁，在当时那种“人生七十古来稀”的时代来说，可谓身健寿长。孔子之所以高寿，自有他的养生秘诀，我们从《论语》中，可以看出他是通过“修齐治平”的理念、“六艺”的学习等，来完成一个人达到身心平衡的美好人生。

所谓“修身”，具体而言包括修炼心性与锻炼体魄两个范畴，而“养生”的内涵，是修身的衍生与外现，一是如何延长生命的时限，二是如何修行养性，提高生活的质量，也就是我们今天所说的寻求“生理上和心理上的健康与平衡”，与《黄帝内经》所说的“精气安静、精神内守、躁动则易于耗散生命、生存、生长之意、阴阳协调等”观点不谋而合。众所周知，孔子是通过“修齐治平”的理念、“六艺”的学习等来完成一个人达到身心平衡的美好人生（君子）。

《论语》是儒家的经典著作，是由孔子的弟子及其再传弟子编纂而成，它以语录体和对话文体为主，记录了孔子及其弟子言行，集中体现了孔子的政治主张、伦理思想、道德观念及教育原则等。《论语》一书是研究与引用孔子思想的最好材料。

二、仁者寿与孔子养生之道

综观孔子在《论语》的圣言范行，他的长寿之道既是他的养生之道，值得我们学习。孔子提出“君子三戒”，既是对人的品德修养而言，又是对人的养生保健而言的。“少之时，血气未定，戒之在色；及其壮也，血气方刚，戒之在斗；及其老也，血气既衰，戒之在得”。

孔子提倡自强有为、自强不息，强调体力和脑力的运作，认为人生一世，应当树立远大的志向，有所追求，坚持不懈，力求进取，唯有心强才能体健，体健才能保证事业有成，百折不挠，矢志不移！孔子的长寿，正在于将“养其身”与“有作为”密切结合在一起，精神作用于身体，健康的体质保证，激励他完成了超乎常人的成就。

孔子提出：“仁者不忧”、“仁者寿”、“大德必寿”的名言。他注重德性的修养，心地光明，以仁待人，认为这样有益于健康长寿。他说：“君子坦荡荡，小人常戚戚”，主张推行“忠恕之道”，提出“君子成人之美，不成人之恶”，把“恕”和“己所不欲，勿施于人”送给他的学生子贡，因为子贡经营工商很成功，政治外交也很出色，很容易犯不饶恕人、不体谅别人的毛病。劝他布施仁政，待人要宽度随和，而且告诫他：“富与贵，此人之所欲也，不以其道得之，不处也。”不要做损人利己的事。

孔子提出无欲则刚的观点，无欲的人，能刚正无畏，办事公正，心地宽松泰和，才能获得精神上的快乐和健康！他乐观开朗，豁达大度方面的具体例证在《论语》比比皆是：例如：“发愤忘食，乐以忘忧，不知老之将至乃尔。”“君子不忧不惧”、“内省不疚，夫何忧何惧？”“饭疏食，饮水，曲肱而枕之，乐亦在其中矣。”“学而时习之，不亦说乎？”“学而不思则罔，思而不学则殆。”“知之者不如好之者，好之者不如乐之者。”“有朋自远方来，不亦乐乎？”“人不知而不愠，不亦君子乎？”

陶冶情操，修身养性方面则如：“少之时，血气未定，戒之在色；及其壮也，血气方刚，戒之在斗；及其老也，血气既衰，戒之在得”。“仁者不忧”、“仁者寿”、“大德必寿”；“君子坦荡荡，小人常戚戚”。“君子成人之美，不成人之恶。”

三、起居有节、饮食有度、遵循规律

孔子一生生活简朴，安贫乐道。他说：“饭疏食，饮水，曲肱而枕之，乐在其中矣”。他非常赞赏他的学生颜回艰苦朴素的精神，说：“贤哉，回也！一箪食，一瓢饮，在陋巷，人不堪其忧，回也不改其乐。贤者，回也！”孔子在家中坚持食五谷杂粮和蔬菜，居住以简朴舒适为宜，反对铺张浪费，他主张“食不厌精，脍不厌细”，并非是指山珍海味，而是指饭食一定要做得精细，讲究卫生，保证营养。在饮食方面有七不吃：“鱼馁而肉败，不食。色恶，不食。臭恶，不食。失饪，不食。不时，不食。割不正，不食。不得其酱，不食”。意思是说：食物经久变质，鱼、肉腐烂变坏，都不吃。食物变色难看，不吃。食物气味难闻，不吃。烹饪得不好，不吃。不当时，不吃。割得不合规矩的肉，不吃。调味品不恰当，不吃。由于孔子非常注意饮食营养卫生之道，故他一生很少患病。以下为一些具体例证：

1. “著则不孙（逊），俭则固”，“与其不孙（逊）宁固”。意思是说：奢侈就会骄纵不逊，节俭就会固陋，与其骄纵不逊，宁可固陋。

2. “饭疏食，饮水，曲肱而枕之，乐在其中矣”。意思是说：吃粗粮，喝白水，弯着胳膊当枕头，乐在其中。

3. “贤哉，回也！一箪食，一瓢饮，在陋巷，人不堪其忧，回也不改其乐。贤者，回也！”意思是说：颜回多么贤德啊！一小筐饭，一瓢白水，住在狭小的巷子里，别人都不能忍受那种苦楚，然而颜回却不改变他的乐处，多么贤德啊！

4. 七不食：“鱼馁而肉败，不食。色恶，不食。臭恶，不食。失饪，不食。不时，不食。割不正，不食。不得其酱，不食。”

四、心存仁善，慈悲为怀

孔子心地善良，胸怀仁慈，提出“仁”的学说，即要求统治者能够体贴民情，爱惜民力，不要过度压迫剥削人民，以缓和阶级矛盾。他主张以德治民，反对苛政和任意刑杀。他认为明智的人喜欢水，仁慈的人喜欢山；明智的人好动，仁慈的人好静；明智的人快乐，仁慈的人长寿。孔子说：“君子坦荡荡，小人长戚戚。”君子胸怀宽广，小人忧愁悲伤。又说：“智者乐水，仁者乐山；智者动，仁者静；智者乐，仁者寿。”

有一次子贡问孔子：“有没有一句话可以奉行终生？”孔子说：“那就是‘恕’了，自己做不到的事，不要强施加在别人身上。”（子贡问曰：“有一言而可以终身行之者乎？”子曰：“其恕乎！己所不欲，勿施于人。”）

明智的人不会迷惑，仁爱的人不会忧愁，勇敢的人不会畏惧。”子曰：“智者不惑，仁者不忧，勇者不惧。”

子曰：“岁寒，然后知松柏之后凋也。”孔子说：“到了寒冷的季节，才知道松柏是最后凋谢的。”子曰：“君子成人之美，不成人之恶。小人反是。”孔子说：“君子帮助人取得成绩，不促使人陷入失败。小人相反。”

五、音乐与强身健体运动

孔子爱好音乐，并有一定的欣赏能力。他在齐国听到韶乐章，竟“三月不知肉味”，并谓之曰：“尽美矣，又尽善也。”孔子爱好山水，他说：“仁者乐山，知者乐水。”陶冶性情于山水之中。孔子还常习武，精通射御之术。孔子身强体壮，力大过人，是位文武双全的英杰，也为其长寿打下了健康基础。孔子在教学中，主张学生应当“通习六艺，臻于三德”。他所说的“六艺”包括：“礼（礼节），乐（音乐），射（射箭），御（驾车），书（语言书法），数（算数）。”“三德”的内容包括：“智（学识），仁（爱心），勇（勇敢）。”在他的教学宗旨中，已经包括了“德育、智育、体育、美育”等全面发展的内容。孔子经常和学生一起骑马、射箭、习武、游泳，还经常和弟子们一起外出郊游。据说走起路来，像鸟儿长了翅膀，健步如飞。孔子伟岸高大的身躯和强健的体魄，是与他积极倡导并积极参加体育健身活动分不开的。

六、小结：仰之弥高，钻之弥深

孔子的人格高迈，目标远大，从不追逐物欲，不计较个人得失，不为名利所诱惑，不为困难所折服。他不断充实自己，追求自我完善，深得极乐之道，博大包容，安定泰和，浩气独立，无所畏惧，故而身强志坚，一往无前，成就了伟大的事业，以“至圣先师”的形象屹立于世人的心目之中，成为人们“仰之弥高，钻之弥深”的光辉楷模与典范。

中国唐代的著名禅师、寿星石希迁，以处方的形式告诫世人健康长寿的秘诀。他写道：“好肚肠一条，慈悲心一片，温柔半两，道理三分，信行要紧，中直一块，孝顺十分，老实一个，阴骘全用，方便不拘多少。”星云大师与刘长乐在《包容的智慧》一书也提出类似的健康处方。

今天，我们阅读古今中外智者的人生智慧，体悟健康长寿的道理，把养生知识和理念贯彻到日常生活中，并且持之以恒，相信我们的人生也会更加健康充实，延年益寿！

儒家“大学之道”与高校人文教育

中国孔子研究院院长、研究员、博士生导师　杨朝明

当前，人们在面临社会的相关种种问题时，也常常思考高等教育的功能问题。不难理解，作为高素质专门人才的培养基地，高等学校不仅要服务社会，更应当引领社会；不仅传承文化，更要创造文化，在积淀深厚文化底蕴的基础上不断研究、融汇、进取。在当前中国高等教育发展新的历史时期，有必要认真总结以往高等教育的成败得失，反思现代大学的各种办学理念。我们认为，当代大学要培养高素质的尖端人才，在现代社会中更好地发挥服务和引领作用，应该认真反思与借鉴中国传统的“大学之道”。

一

说到“大学之道”，人们自然会想到作为儒家“四书”之一的《大学》，想到其中开宗明义的话：“大学之道，在明明德，在亲民，在止于至善。”此即通常所谓《大学》的“三纲领”。宋代大儒朱熹认为：“人生之初，虚灵不昧，具众理而应万事，但人皆可能为气禀所拘，为人欲所蔽。”所以，学者当因其所发而遂明之，以复其初。首先，人当思革其旧自明其“明德”，进而推以及人，使之亦有以去其旧染之污，努力至于至善之地。就是说，大学教人向善，学人皆要去污迁善，进而影响民众，使人人向善，以达社会的“至善”。

在周代人们的概念中，“大学”乃相对于“小学”而言。“小学”之时学习各种知识，“大学”之时学习做人治世。按照朱熹《大学章句序》的说法，古代学制就是如此，他说：“人生八岁，则自王公以下，至于庶人之子弟，皆入小学，而教之以洒扫、应对、进退之节，礼乐、射御、书数之文；及其十有五年，则自天子之元子、众子，以至公、卿、大夫、元士之适子，与凡民之俊秀，皆入大学，而教之以穷理、正心、修己、治人之道。”朱夫子认为，《大学》之书，乃古之大学所以教人之法。春秋末年，贤圣之君不作，学校之政不修，教化陵夷，风俗颓败，孔子于是独取先王之法，诵而传之以诏后世。三千之徒，盖莫不闻其说，而曾子之传独得其宗，于是作为传义，以发其意。

朱熹时代，道教、佛教影响中国已经很长时间，他通过对中国历史文化的反思，认识到应当倡行儒家的“大学之道”。他认为：“异端虚无寂灭之教，其高过于大学而

无实。其他权谋术数，一切以就功名之说，与夫百家众技之流，所以惑世诬民、充塞仁义者，又纷然杂出乎其间。”（《大学章句序》）与之同时，人们记诵词章，其功倍于小学而无用，要改变当时的现实，应当彰明大学宗旨。古代的大学在于究心穷理，为政治国，所以东汉学者郑玄说：“大学者，以其记博学可以为政也。”① 宋代的陈淳也说：“小学是学其事，大学是穷其理。”（《朱子语类》卷七）用今天的话说，大学之道，乃是为了培养崇高的德性和人格，以便将来治国、平天下。

怎样教行迁善？怎样“明明德”？《大学》在“三纲领”之后，具体论述了如何修身、如何通过修身而治国平天下的“八条目”。对于《大学》的意义，孙中山先生给以很高的评价，他认为，我们应为有《大学》这样的政治哲学而自豪，他说：“中国古时有很好的政治哲学，我们以为欧洲的国家近来很进步；但是说到他们的新文化，还不如我们政治哲学的完全。中国有一段最有系统的政治哲学，在外国的政治家，还没有见到、还没有说得那样清楚的，就是《大学》中所说的格物、致知、诚意、正心、修身、齐家、治国、平天下那一段话，把一个人从内发扬到外，由一个人的内部做起，推到平天下止。像这样精微开展的理论，无论外国什么哲学家都没有见到，都没有说出，这就是我们政治哲学的知识中独有的宝贝，是应该要保存的。”②

《大学》中的“精微开展的理论”实际正是中国上古历史文化的结晶。宋朝学者卫湜所撰《礼记集说》卷二十九说道：“《新书》曰：‘五帝大学，谓之成均；三王大学，谓之辟雍。’经：天子曰辟雍。董仲舒曰：成均，五帝之学是也。盖以天道设教者，五帝也，故大学曰成均。以人道设教者，三王也，故大学曰辟雍。”周代以前，我国已经十分注重做人的教育。根据《周礼》的说法，那时王子八岁而出就外舍，束发而入大学；公卿之世子、大夫元士之适子，十有三始入小学，十八入大学。明朝学者柯尚迁在所著《周礼全经释原》卷四中认为：“国子与王子共学，必稍长，乃知贵贱之礼，上下之分，且使王子有辅仁之益，故其期不同。”《周礼》职官有师氏、保氏，“师氏，德行，大学之教也；保氏，艺仪，小学之教也。”《周礼》中有大司乐，大司乐掌成均之教，成均，就是太学。《周礼全经释原》又说：“太学之教，道德以率先之，《诗》、《书》、《礼》、《乐》以涵泳鼓舞之，故大司乐既掌学政，又延有道有德者教焉，使国子心思向慕既在于道德。”

《大学》中所述的“大学之道”，《礼记·学记》也有阐述。其中说：“古之教者家有塾，党有庠，术有序，国有学。比年入学，中年考校。一年视离经辨志，三年视敬业乐群，五年视博习亲师，七年视论学取友，谓之小成。九年知类通达，强立而不反，谓之大成。夫然后足以化民易俗，近者说服，而远者怀之。此大学之道也。”所谓“大

① （汉）郑玄注、（唐）孔颖达等：《礼记正义》，中华书局《十三经注疏本》1957 年版，第 2343 页。

② 孙中山：《民族主义第六讲》，《孙中山选集》，人民出版社 1981 年版，第 684 页。

学之道”，就是教育由经文入手，培养学生的志向、德行、品质、能力，最终使学生触类旁通、坚强自立。在这样的基础上，培养的人才才能化育人民，移风易俗。这与《大学》所言具有内在的一致性。

《学记》中阐发了一系列教育方法与理论，其中说到了“大学始教”应当以具体的礼仪表示尊师重道、发愤立志等“教之大伦”，说到了“大学之教”的具体方式，还说到了“大学之法”应当注意的具体问题等，这些都足以为近日教育之戒。例如，在《学记》有这样的说法：“大学之法，禁于未发之谓豫，当其可之谓时，不陵节而施之谓孙，相观而善之谓摩。此四者，教之所由兴也。”又如：“发然后禁，则扞格而不胜；时过然后学，则勤苦而难成；杂施而不孙，则坏乱而不修；独学而无友，则孤陋而寡闻；燕朋逆其师；燕辟废其学。此六者，教之所由废也。”

大学教育主要是修道做人的教育，因此，对于道德教育的规律，《学记》的把握十分准确。《学记》认为，邪恶的念头发生之前就应当加以教育，防患于未然，即今之所谓的“适时”教育原则，应当懂得青少年的身心发育特征，具有针对性地做好每一个具体环节，强调系统性，由易而难，循序渐进。采用行之有效的教育方法，以收到最佳效果。

中国古代有关于“成人”的教育，实际正是做人教育的一个重要环节。《左传》昭公二十五年曰：“人之能自曲直以赴礼者，谓之成人。”“成人”不仅仅是年龄、体能和智能的概念，而是有更为重要的内涵。“成人”的重要标志之一，就是能够修正自身，具有分辨是非的能力，并随时纠正自己的行为。任何社会都有一定的道德标准和行为规范，人只有自觉遵守，才算是合格的社会成员，才能承担起自己的义务。中国古代畅行的冠礼，目的在于使年轻人到一定年龄时具有“成人”的意识，正像《礼记·冠义》所指出的，成人之后，不仅要注意“正容体，齐颜色，顺辞令”，更要明白：“凡人之所以为人者，礼义也。”自觉遵守社会规范，担负社会义务和职责，才是“成人”的真意所在。①

二

近代以来，中华民族遭受了太多的屈辱与磨难，由此，不少国人对自己固有的传统道德也产生了怀疑。不难理解，“知识的精神”与“民族精神”是不可分离的。孙中山先生还曾说：“这种正心、诚意、修身、齐家的道理，本属于道德之范围，今天要把他放在知识范围内来讲，才是适当，我们祖宗对于这些道德上的功夫，从前虽然是

---

① 参见杨朝明：《传统的“成人礼”与学校人文教育》，国际儒学联合会编：《儒学的当代使命——纪念孔子诞辰2560周年学术研讨会论文集》卷一，九州出版社2010年版。

做过了的，但是自民族精神失去了之后，这些知识的精神，当然也失去了。所以普通人读书，虽然常用那一段话做口头禅，但是那是习而不察、莫名其妙的。”① 现在的情况已经与孙中山先生时代不同，但就弘扬与培育民族精神的角度而言，所面临的任务同样紧迫而繁重。

现今的时代是文化创新的时代，知识爆炸，学术多元，分工愈加细密，由此，大学的功能也已经悄然发生了变化。一般认为，1097 年意大利的波罗尼亚大学是世界上最早的大学，其实未必。中国古代的大学虽然与现代大学有所不同，但这应当就是世界最早的大学。周代的大学不仅已经有具体的学制，有具体的教育行政管理制度，有具体的学校官员职掌，还具有一系列的教育方式和方法，并形成了相对完备的教育主张和理论。中国先秦时期的大学是培养治国人才的场所，后来古希腊的大学是哲学思维的场所，而直到中世纪，大学仍然是传播人文知识和道德真理的圣殿。从本质上讲，中国古代的大学与中世纪大学在功能上并无二致。

由于长期以来中国盛行疑古思潮，严重影响了对中国的传统文化的认识，同时也严重影响了对中国古代大学及其功能的认识，因此，在对古代高等教育制度的发掘、研究、整理和借鉴方面造成了严重后果，其主要表现是由怀疑古史到怀疑古书，怀疑包括《周礼》等在内的古代文化典籍的记载，从而远离了传统，丢弃了传统，更谈不上给以很好的借鉴。

无论在中国古代还是中世纪的西方，大学都是人文精神的渊薮。可是，我们不得不承认，由于多种原因，我国高等教育中人文素养教育的缺失，已经带来了不少的问题，以至于现在好多高校竟然提出要建设“人文校园”、“和谐校园”！高等学校中出现这种无奈的局面，则恐怕难以承担引领民族与社会的作用。

大学当然是灌输知识、培养能力的地方，而灌输什么样的知识，培养什么样的能力，却是应当认真思索的问题。著名教育家杨叔子先生认为，教育的根本在于育人，学生不仅要有高级的灵性，更要有高尚的人性。大学应当教书，也要育人。学生学习科学知识的同时，应当懂得如何做人，应当具有做人的知识，具有适应社会和与人友好相处的能力。不言而喻，高等学校所培养的是社会的高级人才，大学应当是“高素质”的代名词。培养高素质的人才，要求大学不仅是科学技术知识的摇篮，也同时更应当塑造人类高尚的灵魂，为社会提供源源不断的清流而不是浊水。

中国传统的“大学之道”是个人修身之道，也是社会向善之道。任何时代，任何国家都应当注重学生道德人格的培养。孙中山先生的时代，学者们虽然已经对正心、诚意、修身、齐家的道理习而不察、莫名其妙，但毕竟还是常用的“口头禅”。但废除科举与读经之后，人们可能连这一点也做不到了。孙中山先生认为这些都是我们“独有的宝贝”，“是应该要保存的”，这对于今天应当同样适用。经过长达一个多世纪的

① 孙中山：《民族主义第六讲》，《孙中山选集》，人民出版社 1981 年版，第 684 页。

动荡、探索、研究，人们应该到了走出迷茫，正确认识固有优秀传统文化的时候了。中国高等教育突飞猛进的发展，提出了继续加大充实大学内涵的时代课题，很显然，大学精神与大学文化的培养已经成为高校发展的当务之急。

大学教育是人才培养必须经过的阶段，这一阶段具有的特殊性，使我们不得不切实思考大学精神与大学文化的建设问题。多年以来，中小学教育力图走出应试教育的阴影，取得了一些成绩，积累了不少经验。但由我国特殊的历史发展阶段所决定，在某种程度上，在不少地区的中学特别是高中，还没有摆脱成为“社会分层场所”的怪圈。在这样的背景下，很多中学的课程取舍、教育方法等，不能不受到高考“指挥棒”的影响，因此，在某种程度上，学生的道德教育就会受到影响。进入大学，他们也就进入一个新的教育环境，如果大学不十分重视学生的人格塑造与培养，不仅大学育人的任务不能完成，弥补中学品德教育的缺失更无从谈起。

不难理解，无论国家还是民族，都首先是一个文化概念，除却文化，无从谈国家和民族。大学校园里应当充满着爱国主义精神，大学生应当牢固树立爱国精神与民族精神，大学生应当有“国家兴亡，匹夫有责”的崇高使命感。而要做到这一点，就首先应当自觉修身，自觉向善，学习和熟悉传统文化，具有强烈的民族文化的认同感，从而热爱自己的民族文化。当然，这决不等同于“狭隘的民族主义”，因为大学还应当是不同文化交流的平台，应当是不同文化融合的机器，民族文化也是一个动态变化的概念，她应当在不断的交流中巩固和提升自身，在不断的文化融汇中充实自己。由此，大学中的爱国精神和民族精神培育具有了前沿性，大学生的民族感情认同就具有了更为重要的意义。

三

说到大学精神，很多人会想到“洪堡精神”。19 世纪的德国，洪堡创立柏林大学，提出大学应当真正成为研究高深学问的机构，应成为科学研究的中心，这无疑应当是大学的重要职责和功能。但有一点十分清楚，洪堡认为大学应当保持相对的独立与超脱，不应受到当下社会的约束以及影响，并不是完全脱离社会，它虽然不能“与政府的眼前利益直接地联系起来”，却“不断地开创更广阔的事业基础”，从根本上讲，乃是为了更好地引领和服务社会。

大学里不可缺少科学精神，没有科学精神，就没有大学的灵魂；大学里同时更必不可缺少人文精神，没有人文精神，就好像生活中缺少了阳光，就等于大学丧失了自我。人们不断地说到人文素质问题，那么，何谓“人文”？人文精神当然体现在方方面面，但人文精神的实质是什么？搞不清楚这些，就难以把握大学人文精神培育的真谛。

长期以来，由于对中国传统文化的淡漠，个别人竟然说“教化”一词产生于中世纪的宗教神秘主义，原意是指人性通过不断的精神转变达到神性的完满，并认为欧洲启蒙运动张扬人性，把人们从宗教神学中解放出来，“教化”一词也因此从神学中解放出来。对照中国周代的人文教化传统，我们不能不感慨万千，难怪近代思想家严复在《天演论》的翻译序中说：“顾吾古人之所得，往往先之。”在人文教化传统这一点上更是如此。但是，正如严复的初衷在于使国人更好地了解西方，重新认识中华元文化的深厚底蕴，然后继承之、发展之，却引起了对西方文化的狂热那样，人们对自身文化传统的漠视与陌生，恐怕应当同样大大出乎很多人的意料。

中国有着悠久的人文教化传统。“教化”一词在西汉时期已经被习用，其渊源应当就是《易传》中的“观乎人文，以化成天下”。“文化”、“人化”、“人文教化”来源相同，意义相通，人生活在社会中，与完全的自然状态不同，于是，人文化成的要求应运而生。中华文明在三代时期已经发展到相当高的程度，西周时期，人们走出夏、商时期“尊命”、“尊神”的文化发展阶段，进入了人文理念高度升腾的“尊礼”文化时代，周代是中华传统礼乐文化的形成时期。儒家的仁学思想体系根源于三代时期的传统文化，它以社会的和谐为终极追求，以人的自我修行为基本手段，立足当时的社会现实，总结古代的历史文化，希望按照人生的不同发展阶段，给以礼乐制度的缘饰，从而由自我人格的完善，达至社会整体的至善。儒家的“大同”理想或“大顺”境界虽然始终没有实现，但客观而言，两千多年中国社会历史文化的演进，已经深深打上儒家文化的烙印。

儒家的“大学之道”深深影响了传统中国社会，对社会历史文化的发展起到了不可替代的重要作用。人们高质量的生活追求，不仅需要舒适安逸的物质家园，更要有作为思想皈依的精神家园。思想信仰的真空会导致青少年的迷茫，反过来会影响到知识的学习与接受。人文精神的孕育和提升需要以科学为基础，但科学同样需要人文作为导向。科学的发展离不开人文，人文精神可以为科学提供动力，可以为科学开辟原创性源泉。大学生处在人生观、价值观形成的关键时期，人文素质教育应当走进他们的心灵世界。中国传统的“大学之道”既是方式与方法，也有内涵和内容，它集中体现了上古三代的优秀文化精髓，深深影响了中国的传统教育，深深影响了传统的中国社会。“大学之道”作为我们民族文化中的瑰宝，值得好好珍视；当今社会，学校教育不可抛却不鉴。

据说，在1950年12月，科学家爱因斯坦在普林斯顿收到拉特格斯大学一位19岁的大学生写来的长信，学生在信中说：“先生，我的问题是人活在世界上到底为什么?”爱因斯坦排除了诸如挣钱发财、博取功名或助人为乐之类的答案，认为人活着“什么目的也没有”。但他表示，一个人活着就应该扪心自问，我们到底应该怎样度过一生，这是一个合情合理的问题，也是一个非常重要的问题。他说，在我看来，问题的答案应该是：在力所能及的范围内尽量满足所有人的欲望和需要，建立人与人之间和谐美好的关系。这就需要大量的自觉思考和自我教育。最有意义的是，他特别说道：不容否认，在这个非常重要的领域里，开明的古代希腊人和古代东方贤哲们所取得的成就远远超过我们现在的学校和大学。①

中国的现代大学借鉴的是西方体制，爱因斯坦的话给我们很多启示。当前我们的高校如何开展人文精神培育？这是一个十分紧要的问题！我认为，中国现在的高校发展中，或许不缺乏“世界眼光”，但同时是否该适度加强“中国意识”！

① ［美］杜卡斯、［美］霍夫曼主编，高志凯译：《爱因斯坦谈人生》，世界知识出版社 1984 年版，第 31 页。

宋世宗儒重设科
——从宋诗看宋儒的科举教育观

贵州师范大学文学院副教授，首都师范大学中国书法文化
研究院博士后　周兴禄

科举考试，有人称之为我国古代的“第五大发明”①。然而不同的是，前四大发明皆是在科技领域，而科举考试则属于社会科学领域，它使隋、唐以后的我国古代社会秩序得以一定程度的重建。宋代是科举考试制度规范和发展成熟的时代，出现了一个完全的科举社会；宋代又是儒学兴盛、儒家较多且较有建树的时代，有闻名于世之宋学，以二程及朱熹为代表的宋代大儒更以建立的程朱学说光大儒学，影响后世至深。

科举社会的多数读书人一生主要生活目的是两件事：应举、做官。宋代绝大多数时段内科举考试内容包含诗，出于应对科举考试的需要，加之文人为提高自身文学修养、自适抒情和交际活动等的需要，宋代文人、儒者基本皆学诗、能诗。他们以自己的笔写自己最熟悉的生活，促成宋诗与科举的结合，创作了大量富有特色的文学作品——宋代科举诗。从这些科举诗中可窥见宋代儒家对科举考试与教育的看法较为复杂。

一、儒家的崇高理想与登科出仕的物质利益追求之矛盾

科举入仕、从而实现修身、齐家、治国、平天下的理想，与儒家的目标有一致之处。但如传为真宗、仁宗所作有两首《劝学诗》，乃以物质利益诱导为主。宋真宗诗云：

富家不用买良田，书中自有千钟粟。安房不用架高堂，书中自有黄金屋。娶妻莫恨无良媒，书中有女颜如玉。出门莫恨无人随，书中车马多如簇。男儿欲遂平生志，六经勤向窗前读。

---

① 此称甚多，如刘海峰云：“笔者认为，从对世界文明的影响来说，科举制可称之为‘中国的第五大发明’。”刘海峰：《科举制——中国的第五大发明》，载《探索与争鸣》1995年第8期，第41页。

宋仁宗诗云：

> 朕观无学人，无物可比伦。若比于草木，草有灵芝木有椿。若比于禽兽，禽有鸾凤兽有麟。若比于粪土，粪滋五谷土养民。世间无限物，无比无学人。①

这两首诗从正反两方面劝诫世人读书应举。宋真宗的一首是从正面诱导，诗中虽未明言科举考试，但当时要在“书中”实现“千钟粟”、“黄金屋”、“颜如玉”、“车马多如簇”等，只能是通过科举考试，统治者给予了科举考试登第者获得这些政治、经济和社会地位的特权。诗中没有从所谓忠君、报国、修身、齐家、治国、平天下等崇高但较空洞的儒家理想方面去勉励士子，而是以实实在在的利益诱导人们走上读书应举的道路。传为宋仁宗的一首则近于呵斥，说无学之人还不如草木、禽兽、粪土有用，从反面劝导人们苦读应举。以上两首虽然浅俗，倒也很符合皇帝的口吻，训导对象也是最普通的人，若是在有抱负者看来反倒觉得庸俗。这一正一反的训导，使很多读书人产生了博取科名的思想动力。

追求物质利益虽实在，但亦是短视行径。一般举子读书是为了登第做官，一旦登第，目标达到，便较少读书闻道了。如《鹤林玉露》云：“今世儒生竭半生之精力以应举、觅官，幸而得之，便指为富贵安逸之媒，非特于学问切己事，不知尽心，而书册亦几绝交。如韩昌黎所谓‘墙角君看短檠弃’，陈后山所谓‘一登吏部选，笔砚随扫除’者多矣。”② 宋代统治者不是以这些高大但空洞的理想去激励士子读书应举，而是以世俗的物质追求诱导士子，这与儒家的理想、追求是有区别的。在宋诗中，儒家的科名观一方面是表达崇儒、通过科举考试实现儒家理想的愿望，另一方面是对科举与儒家愿望背离的批判，后者尤为显著。

在北宋，科举考试与儒家要求之正面冲突不太激烈。前引宋真宗虽然针对普通读书人的《劝学诗》虽很庸俗，但他的《又将发榜》诗中却云“旁求文雅振儒风”，表明他理想中还是想通过科举考试振兴儒风。

但还是有不少儒者对以名利诱导举子的科举考试有所抨击。邵雍《试砚》云：

> 富贵傲人人未信，还知富贵去如何？常观静处光阴好，亦恐闲时思虑多。日

---

① 二诗皆见于传为（宋）黄坚编《古文真宝·前集》卷一。该书成书复杂，二诗真伪难定，不同版本亦小有异文，《全宋诗》皆未收。今人对《古文真宝》有专门研究，姜赞洙博士“以绍兴图书馆藏元刻本、中国科学院图书馆藏明刻本及上海图书馆藏明万历十一年司礼监刻本《古文真宝》为主要研究对象”，“推定《古文真宝》的初刊年代为南宋，提出黄坚是元末明初人，他不是《古文真宝》的初编者，只是一位整理者。”但其对二诗真伪仍未断定。姜赞洙：《中国刻本〈古文真宝〉的文献学研究》，复旦大学博士论文，2005 年。

② （宋）罗大经：《鹤林玉露》，乙编卷二，王瑞来点校本，中华书局2008 年版，第154 页。

出自然天不暗，风来安得水无波？世间大有平田地，因甚须由捷径过？

此诗借写砚台而发感，开篇直言“富贵傲人”不足信，对宋真宗《劝学诗》以富贵诱导读书人不赞同。中间两联颇有理趣，“风来”等词隐喻科举的世俗风气。尾联叩问为什么必须由科举唯一的一条“捷径过”？邵雍本是大儒，以治《易》、先天象数之学著称，与周敦颐、程颐、程颢并世齐名。他未应举，仁宗皇祐元年（1049）定居洛阳，以教授生徒为生。仁宗嘉祐及神宗熙宁初，曾两度被荐举，他均称疾不赴。他并没有响应宋真宗的“号召”走进科场，而是精心耕耘自己力行的儒家的那块“平田地”。

进士出身的陆佃有一首《赠王君仪》，诗中云“立身非以利欲诱，至诚惟学义与仁”，正与宋真宗《劝学诗》唱反调；又云“吾尝苦爱孟子语，渊源事业醇乎醇。得君达欲善天下，陋巷穷惟周一身。当时举世谓迂阔，进退何妨吾屈伸？纷纷流俗何足托？以道优游能自遵。瞥然顾彼万钟禄，有如聚散空中云。乃知君子所为学，志将忧道不忧贫”，也表明了与科举目标相异的儒家立场。又如司马光《亨杞下第作诗示之》云“莫叹科名晚，惟忧道谊贫”，思想亦相似。二者皆不是以“利”相诱，而是以儒家的“道”相标榜，勉励读书人。

南宋儒家学说传播更为广泛，但儒家及其拥护者不少卷入了当时的党争，在政治上地位高下不定，曾遭“庆元禁学”，又一度非常得势，在后期基本上还是处于强势地位。王十朋《次韵陈大监（掞）见赠》云“中兴天子尤崇儒，众贤汇进如联珠”，反映了南宋中兴时期儒家地位得到尊崇现象；他的《立高桂坊》诗句云“桂高固可喜，更看名节高”，他所更看重的名节，有儒家的观念，也包含他主张对金作战的立场，此时期儒家多数持此立场。

在这段时期内，儒门弟子待遇不错。李正民有一首《程之徒》，诗长达三百言，写一位程门第子“十年游大学”，“四海驰俊声”，“自言程之徒，高论何峥嵘”，“一日贤诏下”、“先生遂荐之”，“召对趋九陛，一言帝心倾”，颇为得意。但此后禁洛学，儒门弟子便不再得势了。如南宋程端蒙，孝宗淳熙七年（1180）曾领乡贡，补太学生，时禁洛学，遂不复应举。[①] 他有一首《省过》云：

此道从来信不疑，安行何处履危机？无心更与世俯仰，有口不谈人是非。悔吝愆尤须谨细，存亡得失要知几。师门有意无人会，一饷忘言对落晖。

诗中虽表明自己坚定信念，抱道而居，但只能独善其身而不能兼济天下了。

---

① （宋）朱熹：《朱文公文集·程君正思墓表》，卷九十，四部丛刊正编本，台北：商务印书馆，民国六十八年（1979），第53册，第1593页。

二、科举考试命题的多样化与专精儒家经典之矛盾

就考试内容而言，宋儒多是期望科举考试紧密结合儒家经义以阐述。宋代科举考试题目出自儒家经典已较多，但在不同层级与不同时代的科场有所不同。宋代科举考试分发解试、省事和殿试三级，其中殿试为最高一级。殿试又称廷试、御试、亲试等，由皇帝亲自（或以皇帝的名义）主持，宋代以后成为常规考试。前期殿试有以时事为题者，或者部分题目出自道家著作和史学著作，随着国家政治生活常态化，文治渐兴，读书风气日渐兴盛，《文苑英华》、《册府元龟》、《太平御览》几大类书的编订也反映了文化昌明的现象。殿试题目也发生相应的变化，转而多从儒家经典中寻觅考题。宋代科举考试诗作在儒家经典中出题与宋代诗风、文风演变相关。北宋神宗以前和哲宗元祐年间诗赋列为科举考试项目之一，此时宋人的首要任务是重建士风[①]，故诗赋题目多出自儒家经典。宋代殿试题目，半数以上出自儒家经典及注疏，以出自《礼》、《易》者尤多。如：太宗淳化三年（992）试正奏名进士之《射不主皮诗》，出自《礼记》“射不主皮。主皮之射者，胜者又射，不胜者降”；真宗大中祥符八年（1014）之《君子以恐惧修省诗》，出自《周易》“洊雷震，君子以恐惧修省”；真宗天禧三年（1019）《君子居易以俟命诗》，出自《中庸》“君子居易以俟命，小人行险以徼幸”等。[②]

神宗朝殿试罢诗赋论而改试策后，更集中在儒家经典中出题。《续资治通鉴长编》载：“（元祐二年正月）戊辰诏：自今举人程试，并许用古今诸儒之说，或出已见，勿引《申》、《韩》、释氏之书。考试官于经义、论、策通定去留，毋于《老》、《列》、《庄子》出题。”[③]

宋代三级考试中，发解试、省试是其中第一、二级。发解试是指由地方或学校选拔生员参加礼部省试而举行的考试，简称解试，包括各州府军试、国子监试及各种别头试（含锁厅试、漕试、牒试和国子监别头试）等，因一般在贡举之年的秋天举行，又称“秋闱”或“秋试”。省试是指尚书省礼部举行的、对全国各地通过发解试选拔出的生员的考试，因在发解试后第二年春三月举行，又称“春闱”或“春试”。宋初沿袭唐制，省试是最高一级的考试，开宝六年（973）起增加殿试作为最高一级。

宋代发解试、省试诗题及拟作，亦有出自儒家经典者。如宋王禹偁、孔文仲皆有

---

① 参见诸葛忆兵：《范仲淹研究》，第一章，中国人民大学出版社 2010 年版，第 1 ~ 57 页。

② 关于北宋殿试命题详情参见拙著：《宋代科举诗词研究》之“宋代殿试诗赋论题目表”，齐鲁书社 2011 年版，第 57 ~ 61 页。

③ （宋）李焘：《续资治通鉴长编》，卷三百九十四，哲宗元祐二年正月戊辰条，中华书局 2004 年版，第 16 册，第 9593 页。

《玉烛》诗，宋丁度等撰《贡举条式》云："《玉烛诗》以'和'字为韵，限五言六韵成。出《尔雅·释天》云：'四时调为玉烛。'"但与北宋殿试诗题相比，发解试、省试较少在儒学经典中出题。

故宋代科举考试虽多以儒家经典命题，但也时有以道家著作、史书、时事为题，到南宋发解试、省试更是有以前人诗句命题的特点①，可见不是宋儒所希望的仅就儒家经义命题。宋代科举试诗题多出自儒家经典，不易想象发挥，故不可能有佳作。如吕颐浩《元祐甲戌二月省试〈夜分论经理诗〉（以题中平声字为韵）》云："睿圣崇儒治"，颂帝王崇尚儒治，流于谀颂。

当然，不同时期的应试诗题，具有不同的特征。南宋中后期道学兴起，在朱熹等儒家的激烈主张下，科场程文趋向程式化，解试、省试等应试诗趋向经义化。

三、科目设置的变更与科场时文的经义化倾向

宋代科举考试科目设置争论最多、变化最大的是关于试经义与试诗赋之争，始终未有明确结果。北宋从太祖开宝六年（973）首次举行殿试，到英宗治平四年（1067）皆考诗、赋、论，在此94年中，有诗、赋、论题目可考者共52次。嘉祐二年（1057）前，殿试诗赋论起最后把关作用，不少礼部奏名进士在这一环节被黜落。嘉祐二年后，殿试多不黜落，殿试诗赋论成了最后排定名次的一场加试。神宗熙宁三年罢诗赋后，殿试改试策，不再考诗、赋、论。科目的变更不纯是党争，王安石实行经义取士，旧党内部司马光等主要领袖也有赞成试经义的。沈遘《七言和吴仲庶延艺阁后牡丹花（时后殿考进士）》其一云"吾君意在延经艺，不学前王宴豫心"；其二云"独笑开元供奉客，惟将歌句奉欢娱"，诗中歌颂皇帝崇儒、重"经艺"，取笑以诗歌取士供奉欢娱的唐代，说明作者还是拥护考试经义的。元祐年间，最终采取诗赋、经义兼取的调和政策，至南宋皆然。试经义也不再专以王安石《三经新义》为准的了，柳子文《初入试院》中"上国擢材初改辙"一句，反映了这种转变。

宋代科场整体思想趋向是重经义策问方向发展，但这不排斥诗赋在实际考校中有时也有决定取舍的作用。宋儒希望以儒家经典思想统治人心，要用科举引导士人信奉这一主流思想，但实际操作中却找不到好办法，所谓策问汗漫无端，诗赋易于取舍，是客观实际。文献中屡见举子以某诗赋作品及句子出色而及第甚至夺魁，因诗赋逊色而排名靠后甚至黜落的情况。

前述宋代科举考试的命题与内容不是宋儒所希望的仅就儒家经义命题，故宋儒常

① 详见拙著《宋代科举诗词研究》第一章第二节《宋代解试、省试诗的出题特点》，齐鲁书社2011年版，第22～26页。

站在试诗赋的对立面。王安石以自己的地位实现了科场风气的逆转——罢诗赋而试经义，但实行结果连他自己也感到失望，只是“变秀才为学究”[①]，并没有选拔出他所期望的人才。之后从元祐年间提出诗赋与经义分科取士政策起，南宋也几乎一直这样在做，但更多举子选择试诗赋而非试经义，这也与儒家期望不合。朱熹等曾打算再次扭转科场风气，再次罢诗赋而试经义[②]，但毕竟不如王安石在位那么顺当，所以在科目设置上并未实现他们的理想。但南宋科场文风却朝着朱熹等儒家所期望的方向在慢慢转变，诗赋、经义、策论科目虽不同，文风趋向却是越来越程式化、经义化。南宋理宗朝已是如此，元代恢复科举后更是以朱子学说统领科场，明、清亦然，并且直接导致了代圣人立言的八股文的出现，最终葬送了科举制度。这样的结果在南宋就埋下了宿因，是宋代儒家始料未及的。

四、尊崇儒学与对科举时文风格追求的矛盾

儒家与科举的矛盾还体现在对儒学经书的尊崇与时文追求的不同。科举总是急功近利之举，应试者未必读很多书和接受儒家教义。对考场这种状况，北宋叶清臣予以批评，其《答李觏》云：“进士不读书，明经不根义。诟病君子儒，于今作文弊。礼部右词赋，诸生窃科第。从道不违人，追趋斯近利。”主要矛头指向科场以词赋取士的做法。

真正的儒者乃是主张力行儒道，如林希逸《王日起谋请乐轩先生主席其乡隐山堂，喜以诗赠之》其一云：

> 场屋时文百态新，六经门户冷如冰。江湖有客奔驰倦，来问诗书向上层。

题中“乐轩先生”为陈藻之号，他屡举进士不第，终身布衣，却倡行伊、洛之学于东南，闭门授徒。诗中有感于当时场屋时文追求尖新之弊，而真正儒家经典少人问津，希望延请这位奔波疲倦的落第儒者为其乡学主讲，推行儒道。

以道自居不肯曲学时文的儒者，多因考不中或不屑于参加科举考试退而为隐士。隐士不像僧道那样有明确的身份规定，僧道是不得应举入仕的，隐士比僧道要进退自由得多，时隐时进亦是常事。张炜《为徐叔刚赋达斋》诗云：

> 男儿劲正气，期欲展经纶。场屋求程艺，山林多隐人。学优宜必仕，道在不

---

① （宋）陈师道：《后山谈丛》，卷一引，李伟国点校本，中华书局2007年版，第24页。

② 详见（宋）朱熹：《朱文公文集·学校贡举私议》，卷六九，四部丛刊正编本，台北：商务印书馆1976年版，第53册，第1267～1271页。

妨贫。快举摩霄翮，联翩立要津。

诗中这位徐叔刚显然是隐以待进者，自明“达斋”，心里定不忘“达则兼济天下”之志，不过此刻未达，只能独善其身而已。诗云“场屋求程艺，山林多隐人”，有抨击科举程文弊端之意。但科举考试是淘汰试，不管程文弊端如何，注定会有大量下第而隐居山林者。作者从儒家立场出发，主张“穷则独善其身”、“忧道不忧贫”、“学而优则仕”等。张炜于高宗绍兴十八年（1148）进士及第①，时年五十四，此诗为鼓励朋友而作，亦可视为其本人的人生准则。

儒家思想并非只鼓励应举入仕，在道之不行时，圣人也会“乘桴浮于海”。吴惟信《赠任处士》云：

故园不恋恋西湖，赁得民居作隐居。开口不离仁义字，闭门惟读圣贤书。老无子息偏怜鹤，闲有工夫尽钓鱼。酒熟自斟诗自和，功名一念已消除。

这位处士应是儒门弟子，他“开口不离仁义字，闭门惟读圣贤书”，醉饮垂钓之余，功名一念已无。有趣的是他不回故园，而在京城租屋隐居，是因为功名未就无颜以见江东父老，还是因京城便于干谒求生，不得而知。作者吴惟信本人就是与之同流者，他亦未第，而以诗游江湖间，多与达官名流唱酬交往。

南宋写举子弃举业而出家的诗如朱熹《长溪林一鹗秀才有落发之愿，示及诸贤诗卷，因题其后二首》等，体现了其为理学家的立场，他对放弃举业并不反对，但他提倡要追求儒家事业，“早知名教无穷乐，陋巷箪瓢也自由”，对该秀才落发学佛不以为然：“它年云水经行遍，佛法元来本不多”，这也是儒佛两家对知识分子争夺的体现。

南宋儒学家庭出生、终生未第的王柏有几首有关科举的诗，对时文乃至科举制度本身的弊端予以批判。如其《举业有感》云：

后世求才术太疏，三年三日判荣枯。消磨岁月莫知老，奔走英雄不觉愚。与死为邻犹未已，虽生在世却如无。圣门反在揶揄内，何敢忠言请改图！

《南省有感》云：

魁文不过欲趋新，从此相疏有几人？个里未知全是命，平时无用苦劳神。后先难必三年事，得失同归万古尘。堪笑近来狂士计，求荣就辱太迷津。

---

① 按：《绍兴十八年同年小录》录其名作张伟，可能有误。

《科举》云：

纷纷衿佩止时文，竞巧趋新做日程。一试奔驰天下士，三年冷暖世间情。清朝不许人心坏，举子安知天爵荣？所用是人行是学，不知何日可升平？

第一首诗否定科举制度，认为科举“求才术太疏”，是揶揄圣门之事，希望改弦更张。后两首集中批判时文，认为科场作文只是一味“竞巧趋新”，通过这样的时文选拔出的人，不但“平时无用苦劳神”，更严重的是诱使举子心术不正，于社会升平无望。诗所指出的弊端是存在的，但他也没能提出正面的主张。王柏的大父从杨时、朱熹、张栻、吕祖谦等大儒游学，他“少慕诸葛亮为人，自号长啸”，可以说是有志者，但他“年逾三十，始知家学之原，捐去俗学，勇于求道”，以为“长啸非圣门持敬之道”①，遂改号鲁斋，可见他因视科举是俗学有碍儒学而否定、放弃科举的。

五、儒学传授与科举教育之矛盾

儒家主张发扬儒学精义、修身治世，科举教育则旨在应举及第，二者虽未必“同归”，但至少是“殊途”。不过在宋代二者都逐渐经由教育机构承担。宋代教育机构包含官学和私学，作为培养人才的机构，本应更多由官学承担，但宋初一时无力大量创办官学。官学不振，私人书院应运而生，成为官方教育的有力补充。朱熹《衡州石鼓书院记》云：“予惟前代庠序之教不修，士病无所于学，往往相与择胜地、立精舍，以为群居讲习之所，而为政者乃或就而褒表之，若此山、若岳麓、若白鹿洞之类是也。逮至本朝庆历、熙宁之盛，学校之官遂遍天下。”② 朝廷鼓励民间办学，对书院给予多方面的表彰和赞助。宋朝多所大的书院都得到朝廷赐书、赐匾额、赐学田及奖励办学者等不同形式的支持，这些书院因而更加兴盛。

书院与科举关系密切，登第举子很多曾有过书院就学的经历。宋初胡氏华林书院较为有名，是胡仲尧所建的私立书院。《宋史》载：“胡仲尧，洪州奉新人，累世聚居，至数百口，构学舍于华林山别墅，聚书万卷，大设厨廪，以延四方游学之士。……公卿多赋诗称美。”③ 其弟、侄多人先后登第。众多公卿赋诗称美胡仲尧兄弟建书院的孝义善举、胡氏一门科举人才辈出及皇帝的旌表等，现存有59首。其中如姚秘《题义门胡氏华林书院》前半首云：“南纪仙乡景最佳，林泉幽致有儒家。门旌孝

---

① （元）脱脱等：《宋史·王柏传》，卷四三八，中华书局2007年版，第37册，第12980页。

② （宋）朱熹：《朱文公文集》，卷七十九，四部丛刊正编本，台北：商务印书馆1979年版，第1444页。

③ （元）脱脱等：《宋史》，卷四百五十六，中华书局2007年版，第38册，第13390页。

义为人范，殿试贤能是国华。”又如高绅《咏华林书院》前半首云：“元秀峰前累世居，圣朝旌表振门闾。四方来客多登第，一邑为儒喜读书。”这些诗的作者多是宋初的重臣，在同时代有这么多名人作这么多诗歌咏一个私人书院，足以表明宋初朝廷对民间办学的重视。朝臣通过对其书院和其孝义行为的宣传，形成浓厚的重文崇儒和重科举教育的社会风气。

此后北宋朝廷逐渐开始扩大官方办学，私人书院影响相对小些了，再也没有这么多同时集中歌咏一个书院的诗出现了。随着儒学的兴盛，出现了一些著名儒家学者开办或主讲过的私立书院，开始名声大震起来。如北宋周敦颐的濂溪书堂、南宋朱熹等讲学的白鹿洞书院、岳麓书院等，歌咏这些书院的诗歌亦屡有出现。范成大《衡州石鼓书院》云：

古磴浮沧渚，新黉锁碧萝。要津山独立，巨壑水同波。俎豆弥文肃，衣冠盛事多。地灵钟杰俊，宁但拾儒科！

洪咨夔《白鹿书院》云：

万绿团阴町疃场，倚凉弦诵玉琅琅。溪山涵毓中和气，草木熏蒸正大香。陋巷颜渊何所乐？舞雩曾点若为狂？懦夫百世闻风起，此去濂溪更有庄。

以上题咏名儒开办或讲学的诗内容相似，多凭吊书院遗踪，缅怀先儒讲学风范，歌颂他们教化之功。这些诗较少涉及科举教育，对科举人才的培养并不十分强调，但这些书院的创办者几乎皆是科第出身，他们的弟子很多也出书院参加了科举考试，不少已登第。他们把科举考试看成是手段，不是目的，故把以科名、利禄为目标者视为俗流。

尽管举业与儒学存在诸多矛盾和不协调之处，多数儒者、举子还是采取兼顾的办法，即一方面读书应举，一方面存“修齐治平”之志。著名大儒朱熹等即如此：诗如程公许《理舟入奉大对临发有赋》起首云“弱龄诵书史，所慕在经世。腼颜科目中，颇恨愆素志。天府两贡书，耻逐时妆媚。诸公误赏音，偶玷春官第”，虽觉得有些世俗，但还是应举、登第了；又云“谨无曲学阿，恐作儒冠耻。士当志远大，富贵余事耳”，表示自己未忘初衷，仍存远志。

“诗言志”，宋代科举诗既是科举社会形成的体现，也蕴含宋儒对科举教育的思想立场与复杂情感。儒家的科名意识流露于诗中，充满思辨、批判色彩，尚议论的同时兼具哲理意味。宋代有数以千计这样的诗，为表达宋儒的科举观、正确传播儒学，及为宋诗尚议论、尚理风格的形成、乃至宋诗的繁荣皆作出了贡献。

齐鲁文化与中华民族核心价值观

山东师范大学齐鲁文化研究中心教授　王钧林
山东师范大学齐鲁文化研究中心研究生　杨　洁

在中国历史上，核心价值观通常指道德价值观，而道德价值观最初被称之为“明德”。司马迁在《史记·五帝本纪》中指出：“天下明德皆自虞舜始”，这似乎说明虞舜是构建中国核心价值观的第一人。据《孟子》记载，虞舜是生于诸冯（今山东诸城市）的东夷之人。东夷人以黄河下游的海岱地区为其活动中心。而后从海岱地区成长起来的齐鲁文化，又成为中国历代思想家构建中华民族核心价值观必须汲取的最重要的思想资源。可以说，从尧舜时代，经夏、商、周三代，到秦汉至明清，以至于民国时期，每一历史时段都有相对稳定的、为主流社会所认同的核心价值观；每一历史时段的核心价值观都出自齐鲁文化。

一、尧舜时代核心价值观：五教

尧舜时代，中华民族跨入了文明社会的门槛。以尧为首领的夏人和以舜为首领的夷人携手合作，建立了我国历史上第一个不是按血缘原则而是按地缘原则组织起来的“帝”国政权。这个“帝”国政权在尧帝时代似乎还具有夷夏方国“邦联”的性质，而到了舜帝时代，由于“协合万邦”、处理社会公共事务的国家职能越来越得到强化，舜帝“分官设职”，从分工管理的角度健全完善了政府组织，推动“邦联”走向“联邦”，从而催生了真正意义上的国家政权，搬用舜帝所在的有虞氏的名号，称其为“虞”。春秋时期视其为我国历史上第一个朝代，有时与夏、商并称为“三代”，有时与夏、商、周并称为“四代”①。

尧舜建立的“帝”国政权明显具有夷夏合作的性质。“帝”国最高统治者由夷夏双方首领轮流担任，其实是夷夏双方轮流执政。第一代最高统治者是夏人首领尧帝，他选拔了合作方夷人首领舜作为接班人，并在年老时推举舜担任“摄政”。舜经由禅让即位称“帝”后，又以尧之后的夏人首领禹为接班人。禹继位后，按规则选举了舜

---

① 尧舜时代，关于国家的产生与虞朝的建立，笔者曾经作了比较详细的分析与说明，参见王克奇、王钧林主编：《山东通史》先秦卷，人民出版社2009年版，第61～70页。

之后的夷人首领皋陶作为接班人。[①] 直至禹的儿子启暴力夺取政权，建立了夏朝，才彻底终止了尧、舜、禹、皋陶之间一直严格遵循的夷夏轮流执政的规则。

夷人是东方土著居民，称“东夷”；因其部族有九，又称“九夷”。在尧舜“帝”国时代，东夷人之所以能够与夏人分庭抗礼，赢得轮流执政的权利，不仅由于东夷人拥有发达的经济、社会发展水平，还由于东夷人拥有先进的礼乐文化。不少学者对此做了比较充分的研究。[②] 东夷人秉性温柔，敦厚和平，礼让不争，崇尚仁德。他们的习俗与文化具有鲜明的特点，东汉学者许慎曾用“夷俗仁”[③] 三字予以提炼、概括。《后汉书·东夷列传》也指出：东夷人“仁而好生……天性柔顺，易以道御，至有君子不死之国焉”[④]。海岱地区“夷俗仁”的民风，历数千年传承不已，到了“礼失而求诸野”的春秋时期，日益彰显其价值，以至于孔子称赞“学在四夷”[⑤]，又声称他“欲居九夷”[⑥]。正因为东夷人有仁德，又为孔子所尊重，所以有学者断定：东夷人的社会道德观念，“便是中国历史传统上所说的‘仁道’。……孔子本是接受东方传统的仁道思想的，又进一步发展为儒学的中心理论”[⑦]。

由“夷俗仁”可知，东夷文化的基本特点是重视伦理道德。出身东夷的舜帝，作为夷夏联邦“帝”国的第二代领袖，他从摄政之初，就着力推行道德文明建设，将东夷人崇尚的仁德推广、普及到了整个“帝”国，并且将仁德具体化为“五教”：父义、母慈、兄友、弟恭、子孝。父母、兄弟、子女是家庭关系的三大基石。“五教”是处理家庭伦理关系的道德规范，是父、母、兄（姐）、弟（妹）、子（女）每一个体家庭成员应当遵循的道德准则。“五教”的产生，反映了尧舜时代中国社会组织从氏族演变到了家族乃至家庭的基本事实。家庭一经产生，便构成了稳定的社会细胞。家庭的价值受到了普遍的肯定与推崇。舜帝推行人文教化，将家庭伦理放在首位，把五种家庭角色应当遵守的伦理准则——父义、母慈、兄友、弟恭、子孝，上升为“帝”国普遍奉行的价值准则，当时称之为“五教”，后世视之为“明德”。不难看出，以“五教”为“天下明德”，实际上揭示了“五教”是尧舜时代中国社会的核心价值观，也是中华民族在历史上最早形成的核心价值观。

东夷文化是尧舜时代海岱地区的主流文化。到了周秦时代，东夷文化仍然是海岱

---

① 《史记·夏本纪》记载，“帝禹立而举皋陶荐之，且授政焉”。

② 王献唐、李白凤、张学海、逄振镐等学者，都有深入系统的研究，逄振镐著有《东夷文化研究》一书（齐鲁书社 2007 年出版），尤其值得参考。

③ 许慎：《说文解字·羊部》。

④ 《淮南子·地形训》：“东方有君子之国”；《山海经·海外东经》：“君子国，……其民好让不争”。这些文献记载的“君子之国”、“君子国”，与《后汉书》记载的“君子不死之国”，应该是异名而同实。

⑤ 《左传》昭公十七年。

⑥ 《论语·子罕》。

⑦ 王献唐：《山东古国考》，齐鲁书社 1983 年版，第 219 页。

地区多元文化中的一支，与当时的主流文化——齐鲁文化并存并行达数百年之久。东夷文化是齐鲁文化的先导。东夷文化的优秀成果，包括舜帝发明的“五教”核心价值观，为齐鲁文化所继承，自然也就包含在齐鲁文化之中。

二、周秦时代核心价值观的构建

周秦时代，中国社会发生了深刻的变化。以宗法制和分封制为基础建立起来的国家体制，到了春秋时期开始逐渐走向崩坏、解体。宗法血缘关系与公共地缘关系打破了原有的家国一体化的平衡，开始向公共地缘关系一方大幅度倾斜。民众的迁徙与杂居，使得超越“族类”的新型社会关系和公共利益快速产生、成长；维持社会公共秩序、捍卫社会公共利益、处理社会公共事务逐渐成为国家的主要职能。以鲁国为例，原来设“内朝”处理家事，设“外朝”处理国事，“以内朝体现其家的、血缘的、私人的性质，而以外朝体现其国的、地缘的、公共的性质”[①]，内外两朝几乎平起平坐，全由同姓宗法贵族世袭把持，不容异姓之人染指。到了春秋时期，外朝权力迅速扩张，形成一朝独大、外朝专政的局面。孔子和他的弟子们在鲁国纷纷从政，在“大人世及以为礼”的旧制度上打开了一个缺口。由于社会公共事务取代了私人宗法事务而上升为国家要务，如何处理社会公共事务，便成为人们普遍关注的重点。不少政治家和思想家已经认识到，执政者必须确立一些处理社会公共事务的准则或原则，这些准则或原则必须是执中的、公正的。执中意味着不偏不倚，公正意味着无私无党。执中、公正的原则表面看来价值中立，实质上却有着以善为目的的价值取向。国家不是单纯的事务主义机关。国家存在的价值和意义在于光大“明德”，在于提升全体社会成员的道德素养以“止于至善”。新的时代已经提出了必须确立新的核心价值观的要求。

于是，新兴的诸子百家一下子找到了他们的理论聚焦点，纷纷为他们所处的时代构建核心价值观。

诸子百家构建的核心价值观，《吕氏春秋·不二》篇曾经给出了一言以蔽之的概括，曰：“老聃贵柔，孔子贵仁，墨翟贵兼[②]，关尹贵清，子列子贵虚，陈骈贵齐，阳生贵己，孙膑贵势，王廖贵先，儿良贵后。”一字概括，太过简略。我们需要重新考察。从传世文献资料和地下出土的简帛文献资料来看，诸子百家提出的核心价值观，至少可以指出以下七种：

---

① 关于各诸侯国内朝与外朝的设置，我曾以齐鲁两国为例作过专门的分析与说明，见王克奇、王钧林主编《山东通史》先秦卷《典志》之六《宗法》，人民出版社2009年版，第216～245页。

② 原文“墨翟贵廉”，《尸子·广泽》篇引作“墨翟贵兼”，疑廉乃兼字之误。

（1）儒家《中庸》一书所表达的“三达德”：智、仁、勇。[1]

（2）儒家思孟学派提出的“五行”：仁、义、礼、智、圣。[2]

（3）郭店楚简《六德》篇中的“六德”：圣、智、仁、义、忠、信。

（4）墨家倡导的兼爱、和平、尚同、尚贤、节俭。

（5）《管子》一书阐明的“国之四维”：礼、义、廉、耻。

（6）道家阐发的自然、无为、清静、柔弱。

（7）法家推崇的法、术、势。

这七种核心价值观，是儒、墨、道、法四大学派分别独立创造的理论成果，弥足珍贵。思想家们提供他们的理论成果，不是为争鸣而争鸣，而是为了在争鸣中有比较、有鉴别，让人们有自由选择的空间，以此确保全社会能够择其善者而从之。

以上七种核心价值观中，前五种出自齐鲁文化。《中庸》、《管子》和思孟学派出自齐鲁，毫无疑义。郭店楚简《六德》篇虽然写于楚国，发现于楚地，但它属于儒家文献，是邹鲁儒学南传于楚的成果。墨家同儒家一样出自邹鲁地区，儒墨是邹鲁搢绅之士创立的两大“显学”。[3] 第六种法家推崇的法、术、势，与齐文化有着直接的渊源关系。《管子》一书有不少篇章论及法、术、势，齐国兵家孙膑贵“势”，齐国稷下先生慎到重“势”，这都为法家集大成者韩非构建法、术、势的核心价值观所汲取。在我们随手拈出的七种核心价值观中，五种出自齐鲁文化，一种有齐鲁文化的因子，足见齐鲁文化资源是何等的丰厚而珍贵！

三、秦汉至明清核心价值观：三纲五常

公元前221年，秦帝国的建立，是中国历史上具有重大标志性意义的事件：从“一天下”到“一制度”，长达数百年之久的中国社会转型最终完成。以大一统背景下的郡县制、中央集权制和君主专制为基本特征的秦政取代了以分封制、宗法制和贵族政治为基本特征的周制，成为秦以后历朝历代因循承袭的制度模式[4]，历两千年而不

---

① “三达德”是根据孔子说的“智者不惑，仁者不忧，勇者不惧”（《论语·子罕》）而概括提出的。

② 孟子首揭仁、义、礼、智“四德”；后来，荀子批判思孟“五行”说。从孟子的“四德”到思孟学派的“五行”，其间是何种关系？又是如何演变的？今人已不得而知。思孟“五行”说，究竟所指为何，近百年来异说纷纭。1973年长沙马王堆帛书出土后，庞朴先生根据帛书《五行》篇，揭示了思孟“五行”为仁、义、礼、智、圣（见庞朴：《马王堆帛书解开了思孟五行说之谜》，载《文物》1979年第10期）。

③ 墨子故里有争议。我认为墨子出自邹鲁，儒墨同属于《庄子·天下》篇所说的“邹鲁搢绅之士”。

④ 谭嗣同说：“两千年之政，秦政也。”毛泽东说：“百代都行秦政制。”秦政的原始版本两千年间一再复制，几乎没有升级换代。枝节上的损益完善，并没有改变其精神实质。

变，创造了人类文明史上的奇迹。

秦政一经确立，如何构建与其相适应的核心价值观，很快便成为思想家们必须面对和解决的时代课题。为秦政的设计与创建作出最大贡献的法家以及儒家先后承担并完成了这一时代课题。他们构建的与两千年间大行其道的秦政相适应的核心价值观是三纲五常。

三纲五常可以一体视之，也可以分而言之。分而言之，三纲自三纲，五常自五常，两者各有各的渊源。

三纲是儒法两家共同发明、倡导的。三纲的原型是法家集大成者韩非提出的三常道："臣事君，子事父，妻事夫，……此天下之常道也。"[①] 后来，汉代大儒家董仲舒将三常道提炼为三纲，强调指出："王道之三纲，可求于天。"[②] 赋予三纲以合乎王道、源自天命的合法性。到了公元 79 年汉章帝授意召开的白虎观会议上，第一次将三纲明确表述为君为臣纲，父为子纲，夫为妻纲。

五常是儒家的独立发明。五常一词在《尚书》中早已有之，历代注释家多将其解释为"五教"，认为这里的五常、五教同义，都是指父义、母慈、兄友、弟恭、子孝。与三纲相匹配的仁、义、礼、智、信五常，应该追溯到思孟学派提出的"五行"仁、义、礼、智、圣。"五行"非常接近五常。董仲舒将此"五行"中的圣置换为信，便形成了仁、义、礼、智、信五常的定型版本。

三纲与五常经由不同的管道而形成，两者有一个比较复杂的整合过程。大约到公元 2 世纪前后，最终合并成一个联合词组：三纲五常。[③] 三纲与五常匹配成功，意味着从秦汉到明清中国社会核心价值观的完全确立。三纲五常历来被视为中国传统社会的根本大法，被朱元璋盛赞为"垂宪万世的好法度"。

三纲五常作为中国传统社会的核心价值观，在历史上起到了凝聚共识、统一思想、维持社会秩序的巨大作用。近代以来，三纲五常不断受到质疑、批判乃至唾弃，但是，必须看到，三纲五常与传统社会相适应，具有不容抹煞的历史价值和意义；到了现代社会，三纲五常虽然总体上不合时宜，却不可全盘否定；分开来看，至少五常仁、义、礼、智、信具有超越时代的永恒价值。[④]

---

① 见《韩非子·忠孝》。不少学人据此认为三纲与董仲舒以前的儒家无关，其实，三纲所张扬的君权、父权、夫权，儒家和法家同样坚持，儒家从孔子到荀子有不少强调君权、父权、夫权的言论。

② 董仲舒说："君臣、父子、夫妇之义，皆取诸阴阳之道。君为阳，臣为阴；父为阳，子为阴；夫为阳，妻为阴。……王道之三纲，可求于天。"（《春秋繁露·基义》）

③ 三纲五常作为一个联合词组，最早见于马融（79—166）为《论语》所作的注文。此前，汉章帝建初四年（79），白虎观会议提出了"三纲六纪"说。从三纲六纪到三纲五常的整合过程，文献不足，不可详考。

④ 笔者在拙作《论"五常"的现代价值》一文（见《孔子研究》2011 年第 6 期）中，对五常的超越时代的永恒价值作过分析说明。关于三纲是否具有现代价值，学者们意见不一。笔者认为三纲不同于五常，三纲强化君权、父权、夫权，与现代平等理念有抵牾之处，不完全适用于现代社会。

五常出自邹鲁孔孟之间儒家的造说。三纲草创于法家，完成于儒家。草创三纲原型的法家韩非，据说是大儒荀子的弟子。荀子一生基本上在齐国度过，曾经数次担任齐国稷下学宫的“祭酒”，是齐国无可争议的学术领袖。荀子属于儒家的“齐学”系统。完成三纲定型的大儒董仲舒，是汉代《春秋》“公羊学”大师。《春秋》“公羊学”出自儒家的“齐学”系统。由此看来，三纲与儒家的“齐学”系统有着密切联系。如果说五常出自儒家的“鲁学”系统，那么，三纲则出自儒家的“齐学”系统。三纲五常是从齐鲁儒学资源中开发出来的核心价值观。

四、民国时期核心价值观：礼、义、廉、耻

1912 年中华民国建立，是近代以来中国社会转型迈出的重要一步：从帝制走向共和，共和时代已经开启。晚清张之洞说的，“知君臣之纲，则民权之说不可行也；知父子之纲，则父子同罪、免丧废祀之说不可行也；知夫妇之纲，则男女平权之说不可行也”[①]。实质上揭示了三纲与共和时代的枘凿不相合。1919 年爆发的“五四”新文化运动，对传统文化和纲常名教展开了猛烈的批判与攻击，几乎摧毁了以三纲五常为标识的核心价值观。破旧而未能立新。科学、民主、自由、平等、人权等舶来品，仅为少数革命者和知识分子所接受，还没有深入推广到民间社会，也就没有被确立为全社会认可和接受的核心价值观。

民国无疑应该构建与共和时代相适应的核心价值观。然而，民国命运乖舛。国家分裂，内战频繁，日本侵略，内忧外患接踵而至。国无宁日，生民憔悴，人们无暇亦复无心构建什么核心价值观。即使如此，1934 年民国政府仍然在南昌发起了“新生活运动”，提出了礼、义、廉、耻的价值准则，明确规定以礼、义、廉、耻作为国民教育的中心，民族复兴的工具。蒋介石高度认同“礼义廉耻，国之四维”的传统理念，从“四维不张，国乃灭亡”的古语中引申出“四维既张，国乃复兴”的结论[②]；重新解释礼、义、廉、耻，赋予其全新的内涵[③]，企图以此收拾人心，整合思想，规范社会，振兴民族。“新生活运动”是民国时期持续最久的国民教育运动，我们不妨把这一运动倡导的礼、义、廉、耻视为民国时期的核心价值观。

礼、义、廉、耻被称为四维，如同仁、义、礼、智、信被称为五常，都是两千多年前已经形成的道德理念。礼、义、廉、耻四维虽然和五常一样具有超越时代的永恒

---

① 张之洞：《劝学篇·内篇·明纲第三》。

② 蒋介石：《复兴民族之根本要务——教养卫之要义》，1934 年 2 月 12 日在南昌的演讲词。

③ 蒋介石是“新生活运动”的发起者，他最初将礼、义、廉、耻解释为“礼是规规矩矩的态度，义是正正当当的行为，廉是清清楚楚的辨别，耻是切切实实的觉悟”。后来又改为：“礼是严严整整的纪律，义是慷慷慨慨的牺牲，廉是实实在在的节约，耻是轰轰烈烈的奋斗。”

价值，但是，将礼、义、廉、耻四维原封不动搬来作为民国时期的核心价值观，似乎体现不出共和时代的特征，有“药方只贩古时丹”之嫌。尽管未能尽善尽美，礼、义、廉、耻作为核心价值观，对民国时期的“新生活运动”仍然起到了积极的指导作用。

礼、义、廉、耻四维是《管子》一书总结提出的。该书首篇《牧民》指出：“国有四维，一维绝则倾，二维绝则危，三维绝则覆，四维绝则灭。……何谓四维？一曰礼，二曰义，三曰廉，四曰耻。”维的本意是粗壮坚实的绳子，这里引申为纲纪、法度的意思。将礼、义、廉、耻视为“国之四维”，是齐国思想家的认识。这一认识成果穿越时空，为民国政府继承、利用，创造了一个古为今用的范例，说明齐鲁文化资源蕴藏着巨大的开发价值。

从以上简略的梳理和分析中，可见齐鲁文化非同凡响。齐鲁文化以儒学为大宗，以东夷文化为先导，是构建中华民族核心价值观的最基本、最重要的思想资源。鉴古而知今。我们今天构建当代中国的核心价值观，必须充分考虑齐鲁文化资源的开发利用。这是历史给予我们的启示。

身心砺炼：中国儒家和谐哲学的逻辑起点及其教育价值

重庆信息技术职业学院院长　徐九庆
重庆信息技术职业学院孔子研究所特聘研究员　康怀远
重庆三峡学院中国现当代文学学科带头人　陶德宗

中国哲学的原创性不仅在于对“人的本质”的把握，而且在于以此为基础将着眼点聚焦到“现实的人”的身心砺炼。所以，身心砺炼理所当然地成为了中国儒家和谐哲学的逻辑起点。它是构建其理论体系的基石，直接制约和规范着中国人的哲学视野以及由哲学视野所统驭的价值观念、人生态度、思维取向。

金开诚先生说，中华传统文化非常强调修身，修身思想在中国有深厚的传统。提高自身价值要通过修身，修身才能使人超越原生状态而进入自觉追求崇高的境界。修身离不开克己，克己方能不断地超越自己原有的水平。《四书》的第一本是《大学》，《大学》一开始就讲格物、致知、诚意、正心、修身、齐家、治国、平天下，强调“一是皆以修身为本”。人生下来便是“万物之灵”，有超过其他动物的价值，做人必须自觉地致力于提高自身价值。孔子要求“成仁”，孟子要求“取义”，这是为了实现很高的自身价值。① 对此《中庸》的表述是：“故为政在人，取人以身，修身以道，修道以仁。……故君子不可以不修身；思修身，不可以不事亲；思事亲，不可以不知人；思知人，不可以不知天。”朱熹解释说：“为政在人，取人以身，故不可以不修身。修身以道，修道以仁，故思修身不可以不事亲。欲尽亲亲之仁，必由尊贤之义，故又当知人。亲亲之刹，尊贤之义等，皆天理也，故又当知天。”由此可见，身心砺炼是中国哲学的第一要义，“极神圣之善，始自充其固有之形骸”（颜元《存学编》卷一），信哉斯言！

人的存在处于天地之间，“以天为父，以地为母”是中国人对于世界结构的理解。“民受天地之中以生，所谓命也”（《左传·成公十三年》），说明人生于天地之中，天地和人不无关系。一方面，人本身就是天地的产物，“人之生也，天出其精，地出其形，合此以为人”（《管子》）；另一方面，人的生存过程也和天地密不可分，《周易》在解释卦象结构的时候认为一卦六爻的三部分，分别代表着地、人和天（三才），天为阴阳，地为柔刚，人为仁义。汉儒解释“王”字，三横代表天、地、人三才，一竖象

---

① 金开诚：《中国传统文化的四个重要思想及其古为今用》，《光明日报》11月2日。

征贯三为一，像“王”这样的“大人”，“与天地合其德，与日月合其明，与四时合其序，与鬼神合其吉凶。先天而天弗违，后天而奉天时。天且弗违，而况鬼神乎，而况人乎?”（《易传·文言传》）人与天地并立为三而与天地参，并且会通为一。这是儒家积极乐观的生命感觉，

其实，就“天人合一”的宇宙一身体观或根身观而言，它是肇始于“君子之道造端乎夫妇”（《中庸》）的人生实践和体验，具有社会发生学的典型意义。“天地之大德曰生”，意谓天地最大的品德就是“生”。“乾，天也，故称为父；坤，地也，故称为母”（《周易·说卦》）。父母交感变化就化生了三男三女（震、坎、艮、巽、离、兑），他们与乾、坤两卦合起来便形成了八卦，八卦的不断重叠产生六十四卦，这个过程就是生生不息的过程，是谓“和实生物”。《周易·序卦传》说：“有男女，然后有夫妇；有夫妇，然后有父子；有父子，然后有君臣；有君臣，然后有上下；有上下，然后礼仪有所错。”于是男女夫妇的生命结合自然而然被看做“万世之始”和“众礼之本”（《礼记·昏义》）。这是中国人生哲学和伦理哲学的一大亮色。诚如马克思所阐述的那样：“男女之间的关系是人与人之间的直接的、自然的、必然的关系。在这种自然的、人类的关系中，人与自然界的关系直接地包含着人与人之间的关系，而人与人之间的关系直接地就是人同自然界的关系。”①

基于夫妇之道的人伦哲学从生命的原点辐射到兄弟、父子、朋友、君臣，其逻辑路径经由家庭而至社会，而至天下，身心的砺炼在人性论的烛照下，把“仁者爱人”的核心价值和“礼之用”的实践标准，以修己修身的模式和框架确定下来，使之成为志士仁人追求圣贤道德“修己以敬”、“修己以安人”、“修己以安百姓”（《论语·宪问》）的最高境界。不论是先秦时期孔子、孟子提倡的“敏行”“践行”，还是后世薛瑄、王阳明宣导的“验于身心，体而行之”“一念发动处便是行”，其思想的主脉根源于《易经》“履”的先验认识和《尚书》“知之非艰，行之惟艰”的理性总结，最终凝练为“经世致用”（顾炎武语）的中国特色的和谐哲学。和谐重在人与自身的和谐，即自我和谐和心灵和谐，这是社会和谐、人际和谐、天人和谐的基础。所以儒家和谐哲学始终把个体的身心砺炼作为社会和谐、人际和谐、天人和谐的关键来对待，主要包括“知耻近勇”、“正己尚仁”、“重节养气”、“慎独尊行”、“贵和倡中”、“博学多思”和“从政为民”等方面。

“知耻近勇”——人格砺炼的道德基础。“道之以政，齐之以刑，民免而无耻；道之以德，齐之以礼，有耻且格”；“君子耻其言而过其行”；“邦有道，贫且贱焉，耻也；邦无道，富且贵焉，耻也”；“人不可以无耻，无耻之耻，无耻矣”；“人皆有不忍人之心”，“无恻隐之心，非人也；无羞恶之心，非人也；无辞让之心，非人也；无是非之心，非人也”；“恻隐之心，仁之端也；羞恶之心，义之端也；辞让之心，礼之端

① 马克思：《1844年经济学哲学手稿》，刘丕坤译，人民出版社1979年版，第72页。

也；是非之心，智之端也”。《论语》和《孟子》所张扬的知耻之道，突出了耻感在行为个体修养中的重要作用。“知耻近乎勇”与“好学近乎知”“力行近乎仁”一起构成“知”、“仁”、“勇”的民族德性，是道德和礼法的基本防线，是人之为人的起码准则。管子说，国有四维，一曰礼，二曰义，三曰廉，四曰耻。顾炎武指出：“四者之中，耻为尤要”。耻的本义既指个体不道德的动机和言行，又指自身尊严和人格受到的伤害或侮辱。知耻在很大程度上包含着自我谴责的良心发现，自我肯定的灵魂叩问，是道德意志、道德情感和道德价值的重要表现状态和形式。个体知耻的文化认同和国家知耻的社会风气可以引领国民走向自尊、自爱，保持人格和国格的完美统一。

“正己尚仁”——人格砺炼的价值追求。儒家视“修身”“正心”为人生砺炼的法宝，视“正己正人”为务政的法则，心正而后身修、身正，齐家、治国、平天下就能落实到以身作则、为民表率的个体。“政者，正也。子帅以正，孰敢不正”（《论语·颜渊》）？“其身正，不令而行；其身不正，虽令不从”，“不能正其身，如正人何”（《论语·子路》）？否则“身不行道，不行于妻子”（《孟子·尽心下》），自己无德无道，仁义不行于家庭妻子儿女，何谈“君仁莫不仁，君义莫不义”（《孟子·离娄下》）？“孔子贵仁”（《吕氏春秋·不二篇》），同时也认为“君子义以为上”（《论语·阳货》），“好仁者无以尚之”（《论语·里仁》）。“仁”，“亲也，从人从二”（《说文》），“仁者爱人”，讲究的就是人与人之间的合作、和谐、共处、团结。“仁者安仁，知者利仁”（《论语·里仁》），仁是目的，又是出发点，具有最高价值论的意义。如何实现仁？儒家要求一要“忠恕”——“己所不欲，勿施于人”；二要“为仁——“己欲立而立人”“己欲达而达人”；三要“成仁”——“志于道，据于德，依于仁，游于艺”；四要“教仁”——“默而识之”，“学而不厌”，“诲人不倦”；五要“博施于民而济众”——“正其义不谋其利，明其道不计其功”（董仲舒）。这些人生信条，其砺炼的最高境界就是杀身成仁，舍生取义：“志士仁人，无求生以害仁，有杀身以成仁”（《论语·卫灵公》）；“生亦我所欲也，义亦我所欲也，二者不可得兼，舍生而取义者也”（《孟子·公孙丑下》）。

“重节养气”——人格砺炼的精神动力。“岁寒然后知松柏之后凋也”，“三军可夺帅也，匹夫不可夺志也”（《论语·子罕》）。儒家很激赏大丈夫君子式的浩然气节，“苦其心志”、“威武不屈”、“独善其身”是其奋斗精神和豪迈气节的具体表现。孟子说：“天将降大任于斯人也，必先苦其心志，劳其筋骨，饿其体肤，空乏其身，行弗乱其所为，所以动心忍性，曾益其所不能”（《孟子·告子下》），“富贵不能淫，贫贱不能移，威武不能屈”（《孟子·滕文公下》），“得志，泽加于民；不得志，修身见于世。穷则独善其身，达则兼善天下”（《孟子·尽心上》）。这种人格保证下的身心砺炼，对于造就国家和民族的栋梁之才在历史上发挥了不可估量的作用。

“慎独尊行”——人格砺炼的心灵守护。“君子戒慎乎其所不睹，恐惧乎其所不闻，莫见乎隐，莫显乎微，故君子慎其独也”（《中庸》）。在儒家看来，有德行的君子既要在别人眼睛看不到的地方谨慎检点，也要在别人耳朵听不到的地方是倍加小心，假若能于幽暗和细微处显现出仁和义，那独立的人格精神肯定是至高无上的。正如《周易》乾卦九三的爻辞所说的："君子终日乾乾，夕惕若厉，无咎"。君子终日要勤奋不懈地工作，到了晚上又能够不断的反省自己，这样就不会有灾祸。一个不会反省自己的人是不会进步的。孔子认为君子应该"敏于事而慎于言"（《论语·学而》），"先行其言而后从之"（《论语·为政》）。荀子说："不闻不若闻之，闻之不若见之，见之不若知之，知之不若行之"（《荀子·儒效》）。学与行相比较，行更为重要。儒家所说的"行"，是身心砺炼过程中张扬的道德践履活动。"听其言而观其行"（《论语·公冶长》），不但是人之为人的判断标准，而且也是人之评价人的标准。"慎独尊行"亮丽出中华民族最为乐道的言行一致、身体力行、不尚空谈的务实精神和人生风格。

"贵和倡中"——人格砺炼的实践方法。在儒家学说里，"中庸"与"中和"是同一概念，"喜怒哀乐之未发，谓之中；发而皆中节，谓之和。中也者，天下之大本也；和也者，天下之达道也。致中和，天地位焉，万物育焉"（《中庸》）。中庸之道既是天地之道，亦是为人之道，是宇宙间最高的道德法则，"中庸之为德也，其至矣乎！民鲜久矣"（《论语·公冶长》）。"执其两端而用其中""过犹不及"的"中庸之道"作为理性的态度和方法，重在强调身心砺炼的效果应保持稳健持重的为人处世状态，这是君子应有的品德。所谓"礼之用，和为贵"（《论语·学而》）"天时不如地利，地利不如人和"（《孟子·公孙丑下》）者是也。

"博学多思"——人格砺炼的知识积累。孔子提倡乐学，他说："学而时习之，不亦乐乎?"（《论语·学而》）仁、知、信、直、勇、刚的人性修养离不开求学好礼："好仁不好学，其蔽也愚；好知不好学，其蔽也荡；好信不好学，其蔽也贼；好直不好学，其蔽也绞；好勇不好学，其蔽也乱；好刚不好学，其蔽也狂。"（《论语·阳货》）求学好礼应当注重博学，力求"多闻，择其善者而从之；多见而识之"（《论语·述而》），为"学而优则仕"创造条件，这样才能"使之四方，不辱君命"（《论语·子路》）。孟子把"先富后教"作为发政施仁的重要措施，主张民众有"恒产"、"恒心"并且富裕之后，就一定要"谨庠序之教，申之以孝悌之义"（《孟子·离娄上》）。"孝悌之义"实质上就是"明人伦"，只要"人伦明于上，小民亲于下"（《孟子·滕文公上》），政局就能安定，人心就能安宁，百姓就能乐业，社会就能和谐。"君子有九思：视思明，听思聪，色思温，貌思恭，言思忠，事思敬，疑思问，忿思难，见得思义"（《论语·子张》）。"思"，即思考、反思，这是一种慎思内省的砺炼办法，与"吾日三省吾身，为人谋而不忠乎？与朋友交而不信乎？传不习乎"（《论语·述而》）结合起来，反思和省察自己的视听言行是否符合仁义的道德规范。如果发现有悖于"礼"，就不但要"知耻改过"，而且要"过，则勿惮改"（《论语·学而》）。人的心灵经过慎思内省的洗礼，就可以称为君子了。

"从政为民"——人格砺炼的实现目标。在中国哲学中，人是和谐的主体。以人为本，其实就是人的心灵解放的呼唤，表现了古代哲人的先觉。天人之间的和谐统一，人能“参天地之化育”，是衡定万物的标尺。以人为本的思想精髓后来被东汉仲长统精练为“人事为本，天道为末”（《全后汉文》卷八十九）。以人为本中的“人”在本质上就是“民”。“从政”即“为政”。关于为政，见于《论语》17篇中，如为政以仁、为政以德、为政以忠、为政以礼、为政以长（长处，优势）、为政以学、为政以正、为政以信、为政以勤、为政以道等，而主线则是为政为民。它是儒家人格砺炼的实现目标。主要包括：一要惠民：“制民之产，必使仰足以事父母，俯足以蓄妻子，乐岁终身饱，凶年免于死亡”（《孟子》）；二要济民：“生有益于人，死不害于人”（《礼记》）；三要爱民：“为君当若冬日之阳，夏日之阴，万物自归，莫之使也”（邓析子）；四要利民：“不以一己之利为利，而使天下受其利；不以一己之害为害，而使天下释其害“（黄宗羲）；五要顺民：“为政之道，以顺民心为本，以厚民生为本，以安而不扰为本”（程颐）；六要忧民：“圣人不利己，忧济在元元”（陈子昂）；七要富民：“治国之道，必先富民”（《管子》）；八要得民：“得其民，斯得天下矣”（《孟子》）。

由此可见，中国修身文化是一种和谐文化。道德底线、价值追求、精神动力、心灵守护、实践方法、知识积累、实现目标，多位一体，并与“明德天下→治国→齐家→修身→正心→诚意→致知→格物”和“物格→知至→意诚→心正→身修→家齐→国治→天下平”的生命大循环相结合，个体身心经过“知耻近勇”、“正己尚义”、“重节养气”、“慎独尊行”、“贵和倡中”、“博学多思”的多向修炼，人对自身的把握便具有了现实的本质特性，那么儒家设计的“人皆可以为尧舜”的人的发展就必然会演奏出社会大和谐、人际大和谐、天人大和谐的美妙乐章。把握这种和谐意蕴对我们建设和谐社会、构建和谐教育具有重大的价值和意义。胡锦涛曾经指出：“要坚持育人为本、德育为先，把立德树人作为教育的根本任务，加强爱国主义教育，深入开展理想信念教育，加强和改进学生思想政治工作，把社会主义核心价值体系融入国民教育体系，引导学生树立正确的世界观、人生观、价值观、荣辱观，努力培养德智体美全面发展的社会主义建设者和接班人。”① 大学之道，重在育才。育才之要，首在育人。中国修身文化对高校这种特殊使命的主要意义在于：

第一，中国修身文化的原创性不仅在于对“人的本质”的把握，而且在于以此为基础将着眼点聚焦到“现实的人”的身心砺炼，它既是中国经典和谐哲学的生命起点，又是构建其理论体系的基石，直接制约和规范着中国人的文化视野以及由文化视野所统驭的价值观念、人生态度、思维取向。根据马克思主义的基本观点，“现实的人”应当是有物质需要的人，有社会需要的人和全面发展的人。“现实的人”是自然的存在物，为了生活，首先就需要衣食住行等物质资料。人的需要是人的发展的出发点和内驱力，真正的社会发展必须以人的发展为前提，现代社会发展最终也要以人的

① 胡锦涛：《在全国优秀教师代表座谈会上的讲话》，《光明日报》2007年9月1日。

需要的满足（物质的和精神的）为落脚点。“现实的人”又是有社会需要的人，只有在社会中，人的自然存在才成为人的属人存在，孤立于社会之外的“人”是不存在的，而集体是社会的组织形式，所以“现实的人”只有在集体中才能获得全面发展，也就是说，只有在集体中才可能有个人的自由。作为“现实的人”的任何人，他的职责、使命、任务还要全面发展自己，而促进人的全面发展，实现人的社会性和自然性并重的双向建构，并把人的主体性置于空前高度，无疑是马克思主义的伟大功绩。爱因斯坦曾经说过，学校应该永远以此为目标，即学生离开学校的时候，是一个和谐的人。修身文化所蕴含的“知耻近勇”、“正己尚义”、“重节养气”、“慎独尊行”、“贵和倡中”、“博学多思”等义项，有助于高校在大学生思想政治教育中加深对马克思主义人学的理解和认识，并进而强化为师生建设和谐社会、培养和谐的人的民族自觉性。

第二，独具特色的中国修身文化，是中华民族赖以生存和发展的命脉和源泉，是炎黄子孙倾心守望和捍卫的精神家园，是华夏儿女处世行为的智性和理性表现。社会主义荣辱观，统览当代中国文化和世界文化的走向，从极其广阔的文化视野全面涵盖了社会主义道德观的基本内容，把中华民族的优秀传统文化高度凝练为社会主义新文化新精神，使其既具有东方式的经典和厚重，又具有与时俱进的生命和活力，泾渭分明地划清了光荣与耻辱的界限，阐明了构建和谐社会人们必须遵守的道德底线。“八荣八耻”对在新形势下人们关注的世界观、人生观、价值观等诸多问题的高屋建瓴的理论回答，是对中国以德教化的耻感文化的推陈出新，是我们长期坚持和恒守的民族准则和行事规范，具有鲜明的时代性和现实性。马克思说过：“耻辱就是一种内向的愤怒”，“耻辱本身已经是一种革命”，“如果整个国家真正感到了耻辱，那它就会像一只蜷伏下来的狮子，准备向前扑去”①。修身文化正与“八荣八耻”囊括的“社稷情结，民惟邦本，实事求是，勤劳不奢，贵在和合，诚信为美，遵纪守法，艰苦奋斗”② 等文化特质，古今对应，相互参照，是大学人在当代语境下建设和谐文化、构建和谐教育，提升大学生道德境界和文明行为的巨大的精神补偿。

第三，马克思主义的社会形态理论、社会主义矛盾理论和以人为本理论，是构建社会主义和谐社会的理论基础。“以人为本”，对高等教育来说，一方面就是把人民的利益作为根本，办人民满意的教育；另一方面就是把青年学生的全面发展作为根本，注重提高他们的素质，发挥他们的主观能动性，促进他们的心灵健康向上。两方面的协调和统一，是“以人为本”的正确价值取向。毛泽东同志曾经说过，政治路线确定之后，干部就是决定因素。构建和谐教育，高校领导干部是关键；落实“以人为本”，高校领导干部也是关键。勤奋好学，学以致用；心系群众，服务人民；真抓实干，务求实效；艰苦奋斗，勤俭节约；顾全大局，令行禁止；发扬民主，团结共事；秉公用

① 马克思、恩格斯：《马克思恩格斯全集第1卷》，人民出版社1956年版，第407页。
② 康怀远：《社会主义荣辱观的人文精神》，重庆三峡学院学报2007年第1期

权，廉洁从政；生活正派，情趣健康。这是继社会主义荣辱观提出之后胡锦涛又一次从更为宏阔的文化视野审时度势，向领导干部提出的更高执政要求。涉及的内容既有党性的规范，又有文化的修养，是党性规范和文化修养熔铸为一体的时代责任和民族使命。毋庸置疑，中国修身文化对于新时期高校干部教育的借鉴意义同样不可低估。因为领导干部的自身修养如果离开了道德底线、价值追求、精神动力、心灵守护、实践方法、知识积累等中国修身文化的熏陶，作风建设和与作风建设有关的办人民满意的教育就成了无源之水，无本之木。

学术综述

孔子来自中国，儒学属于世界
——第五届世界儒学大会学术综述

中国艺术研究院副研究员　任　慧

2012年9月27日至29日，第五届世界儒学大会暨2012年度孔子文化奖颁奖典礼在山东曲阜隆重举行。中华人民共和国文化部副部长、中国艺术研究院院长王文章，山东省人民政府副省长张超超，文化部公共文化服务司司长于群，山东省委宣传部副部长、山东省文化厅厅长徐向红，山东省人民政府办公厅副巡视员姜文艺，中国艺术研究院院长助理、文化发展战略研究中心主任贾磊磊，山东省文化厅副厅长李国琳，济宁市委书记、市人大常委会主任马平昌，济宁市委副书记、市长梅永红，山东大学儒学高等研究院执行副院长王学典，中国孔子基金会副理事长王大千，国际儒学联合会常务副秘书长王念宁，孔子研究院党委书记庄金兰、院长杨朝明等嘉宾出席了大会开幕式。

世界儒学大会（World Confucian Conference）是由中华人民共和国文化部、山东省人民政府联合主办，中国艺术研究院、山东省文化厅、济宁市人民政府、孔子研究院、山东大学儒学高等研究院、中国孔子基金会、国际儒学联合会共同承办的国际性儒学盛会。

文化部副部长、中国艺术研究院院长王文章在开幕式致辞中指出：以中国古代伟大的思想家、教育家孔子为代表的先贤所创立的儒家学派博大精深，源远流长，对于中华文明的演进和发展起到了不可替代的作用。同时，儒家思想对于人类文明的进步也作出了重要的贡献，在世界上产生了超越时代、超越国界的深远影响。当代中国现代化发展进程的加快，更迫切地需要我们对传统文化作出更为全面、科学、系统的梳理与扬弃。正是基于这样的现实需要，我们联手搭建起世界儒学大会这样一个探讨儒家思想文化的高端性、国际性学术平台。深入研究以儒家思想为重要内容的中国传统文化，有利于东西方文明的理解和会通，更有利于当今世界传统与现代的对话和交流。希望与会嘉宾、学者在儒学研究中能够继往开来，承前启后，放眼世界与未来，以对历史、文化的当代性认知，去科学地把握儒学的精神文化价值，科学阐发其丰富内涵，为新世纪人类社会的和谐进步发掘重要的思想文化资源，为世界了解中华文明和儒家思想的当代价值作出努力。

山东省人民政府副省长张超超在开幕式致辞中指出：孔子是中国古代伟大的思想

家、教育家，他所创立的儒家学说，是中华传统文化的重要基因，也是世界灿烂文明的重要组成部分。璀璨浩瀚的儒家文化传承几千年，以其博大精深的内涵和兼容宽仁的品格，成为民族融合发展与文明对话的思想根基，也成为化解人类共同危机和冲突的文化源泉。世界儒学大会为推动和引领当代儒学的创新、展示儒学最新成果搭建了国际化交流平台，为中华传统文化走向世界，为世界了解中国架起一座桥梁。衷心希望大家通过世界儒学大会这个国际化的开放平台，广泛开展合作、交流与对话，共同做好儒学遗产的保护与传承，努力推动儒学在现代社会的应用和创新，为建设人类共同精神家园，为世界的和平与发展作出积极贡献。

本届大会开幕式上还举行了2012年度“孔子文化奖”颁奖典礼。“孔子文化奖”是由中华人民共和国文化部和山东省人民政府共同设立的国际奖项，旨在鼓励世界范围内的儒学研究者、研究机构（团体或非政府组织）站在时代的高度，深入研究孔子思想文化精髓，探究孔子、儒学的价值和意义，加强儒学研究成果的研讨与交流，推进儒家文化的传承和普及，丰富世界文化内涵，推动世界多元文化的建设与发展，促进人类社会的和平、和谐与进步。2012年度孔子文化奖的获奖者为中央民族大学教授牟钟鉴先生和韩国成均馆。牟钟鉴先生在获奖致辞中说：“中国需要孔子，仁和之道将使中华民族和平崛起，成为发达的现代文明之国。世界需要孔子，仁和之道将推动各种文明通过对话不断接近，用爱心的温暖消除纷争，实现和解。孔子仁和之道，来自人性，导向文明，它不垄断真理，能够包容多元文化，将来必定大放光彩。”韩国成均馆馆长崔根德先生也在现场发表了获奖感言：“此地（中国曲阜），正是孔子的故乡，东方圣灵之地。此时此刻我站在这片圣土，代表韩国成均馆来领取由中华人民共和国文化部和山东省人民政府共同颁发的孔子文化奖。我相信这是韩国儒者集体的荣耀，也是我个人无上的荣光。”

来自美国、澳大利亚、奥地利、日本、韩国、新加坡、越南、印度尼西亚以及中国内地、中国香港、中国澳门、中国台湾等12个国家和地区的100余位专家学者根据大会设定的主题——“儒家思想的当代意义”主题，围绕“儒家伦理与市场伦理”、“中华元典与现代文明”、“儒学与国民教育”等重大现实议题进行了深入研讨与广泛对话。

一、关注当下——儒家伦理与市场伦理

儒家伦理思想对于解决现代社会危机、化解人类冲突是否具有意义？与会的中外学者普遍认为应该充分重视并挖掘儒家思想的精华，通过不同文明间的平等对话来构建全世界都能接受的伦理规范，从而促进人类社会的和谐发展。

澳大利亚邦德大学李瑞智（Reg Little）教授以《中国古典思想与现代文明——全

球性的柏拉图到孔夫子的思想转变》为题进行了主题演讲，从文明角度对儒家伦理进行了比较研究，他认为过去50年世界权力转换中有两种主要力量：一是具有孔子传统的、商业精英所领导的充满活力的东亚及东南亚地区，这股力量在全世界的教育、金融、生产及科技领域不断加强其领导力；二是具有柏拉图的抽象、理性思想的西方社会，其所推行的"普世价值"是英美全球秩序建立的根本。这两股力量在持续对撞，随着权力迅速转到有着超过20亿人口的孔子世界，中国在这里不断加快变化的速度，全球社会的其他成员面临着前所未有的挑战。假如他们继续局限在过去二百年英美信念的框架中，他们会发现自己处在不同形式的衰退中，也就是加速终结英美两个世纪以来的全球秩序。另一出路则是承认源自孔子传统的新教育及思想标准正在塑造未来。并且无论多么困难，必须依照这种标准尽快建立他们自己国家的教育目标，包括摒弃西方有关抽象和理性的观点及教育理论进而大力接受中国从小机械式学习古典、历史课文的方式。这将提出许多语言、教育、创造性及政治方面的挑战。并且将在中国内外面临严重的合格教育者的短缺。但是先行者必将获益。美国康涅狄格大学王冠华教授从新达尔文主义的视角，重新评判、发掘儒家人性伦理思想资源，认为儒家追求高道德标准，强调个人意志力，并且讲究人性，由此与世俗化的进化论有可比性和兼容性，所以儒家有生命力的道德教诲一定能够被事实所验证。新加坡儒学会陈荣照会长认为，现代社会的发展面临的各种冲突，归根究底乃是现代人类的道德危机。而应对的方法，除了经济、政治、武力之外，还可以通过建立新的普世伦理、从而带来全球和谐的新秩序这种文化与道德的解决方式。而孔孟之说作为中国儒家伦理的主流，蕴含着中国乃至东方传统道德文化深厚的自觉、自主、自律的德性生活性格，显然是建设现代伦理的丰富资源，可为现代社会文明的发展，提供借鉴和指导。西北大学谢杨举认为由孔子提出来的和而不同思想之中华民族思维模式之一，其背后的同异哲学同西方的同异思想存在交叉与可会通之处。越南胡志明市国家大学阮玉诗具体分析了处于汉字文化圈中的越南儒家文化的特殊性、中近代儒家发展中的迟滞以及当代越南社会的发展情况，认为经历了新与旧、本地与外来文化互相交叉的越南文化与思想，始终对法治、德治、仁治和谐配合的文明社会怀有期待。华东师范大学哲学系高瑞泉教授指出，传统儒学在晚近一百多年经历了困顿和冲击，又经过了自我更新和推陈出新，已经获得并继续在复兴之中。这一复兴运动是与中国乃至世界的巨大变革相伴随的，并且在社会哲学向度围绕"动力"与"秩序"两个焦点展开了理论证成。与其他学派的路径不同，现代新儒家将"动力"的来源归结为能动的"心"。在"秩序"问题上，复兴中的儒学既提出了意义世界的秩序，又关注着社会生活的秩序，因而正在"内圣"和"外王"两个方向获得某种平衡。儒学是在开放自身中获得复兴的，而它的真正复兴不但关乎我们民族的复兴，而且必将关乎人类文明的新图景。山东社会科学院涂可国研究员也认为儒家伦理的主干是道德规范思想，其以礼教为基石、以五常德（仁义礼智信）和五常伦（君臣父子夫妇兄弟朋友）为主要内容，不只具有建构社会秩序、约束个人行为的功能，它还有激励人、感召人、凝聚人、教育人、指导人的多种作用，能够培养人在社会实践中学会合理的角色定位，学会正确的待人处世。广东省社科院孙齐鲁博士从文化比较的视角指出儒学与世界诸大思想宗派相比，具有四大基本特征：以此世为价值，以道德为超越，以情感为主体，以中庸为至德，四者浑然一体、互为因果、相辅相成，共同营造了含弘光大、中正圆融的儒家精神。

对于儒家具有代表性的伦理思想，尤其是存在争议的一些焦点问题，与会专家通过缜密的思考，都作出了非常精彩的解读。台湾大学李贤中教授认为孔子为挽救春秋末年世衰道微的乱象所提出的“君君、臣臣、父父、子子”的正名思想，可以分为“正名物”、“正名分”与“正民本”三个层次，其依据是人心所同然的道德情感这一价值体系，其目的是希望达到社会体制符合道德规范的伦理之善，因此是可以有效引导道德实践、是儒家精神现代化的利器。台湾云林科技大学吴进安教授通过分析孔、孟、荀三位先秦儒家代表人物，指出其正义观侧重在公私、利义、理欲之辨，其目的是在追求人间合理的群体生活，以显现人的意义与价值。但是，儒家认为社会正义实现的关键之处在仁（人心之善），而保全此种价值观不受歪曲，成为具有普遍性的规范，则又在于外在的礼义规约，是当下不得不面对的一个课题。清华大学方朝晖从分析古今中外的民主观念入手，认为“三纲”与民主并不矛盾，尤其是深蕴其中的仁义忠信思想，不仅是中国文化的基本价值，更是是推动中国社会进步和发展的核心价值，尤其重要的是，与西方标榜的自由民主思想并不冲突。中国人民大学梁涛教授认为学术界关于“亲亲相隐”问题的争论，实际涉及的是如何看待血缘亲情以及如何处理与仁义普遍原则的关系等一系列问题。围绕“仁”与“孝”儒家内部存在不同的观点和主张。根据近年出土的简帛文献可以看出，早期儒家主张通过谏诤的方式制止父母的不善之行，当谏诤不能生效时，又提出“隐而任之”，即替父亲隐匿而自己承担责任。北京语言大学王培友博士则是通过阐述两宋理学家在处理问道关系中所形成的正名思维，不仅对于建构理学体系、提升理学家的理论思辨水平意义重大，也是导致理学家产生复杂性、多样性的文道观主张的重要因素。

自马克斯·韦伯《新教伦理与资本主义精神》发表以来，学界对儒家思想与市场经济的关系一直存在某种误读。随着中国的经济发展和社会转型，儒家伦理与市场伦理究竟应如何结合呢？韩国成均馆大学儒学大学高在锡助教授探讨了《论语》所提示的资本主义新对策，认为儒学经济观建立在万物一体的关系论基础之上，能够将资本主义的未来引向具有东亚思维特征的新方式“儒学资本主义”——具有存在于现有资本主义中利己主义、物质万能主义、环境破坏、所得差距等诸多问题的优点，在尊重多元化价值的现今社会中是很有意义的价值体系。同济大学邵龙宝教授从“义利与秩序”，“诚信、契约与效益”，“贫富、调均与公正”三个方面辨析诠释了儒家经济伦理及其公正思想，他认为儒家以诚信为基础的信用规则与现代信用体系在个体人的德性层面相比或许儒商更高，现代信用体系的优势主要表现在形式上和技术层面，它的实质是个体人的诚信德性的水准和制度的双向互动。儒家的义利之辨归根结底是服务于宗法家族、国家和天下的秩序稳定的。儒家也有类似于契约精神的立信、征信、结信的制度规范。儒家的礼乐教化的治政智慧源于家族的族规和家教，除了用调均来防止社会分配的严重不均，还在养老、救济弱者、赈灾与社会保障等方面进行制度设计，由此出发来解决传统社会最基本的民生问题。

儒家和法家作为先秦诸子百家的代表，其思想常常被认为互相抵牾，其实不然。西南政法大学俞荣根教授提出，国家与法律，在儒家看来，是“和”的产物。儒家思想体系中，“和实生物”原本内涵着“和实生法”；“中和”之道包含着“中和”之法；贵“和”之礼蕴蓄着贵“和”之法。儒家“中和”之法的特征有三：“中和”、“中正”、“时中与权”。在这个“全球性的战国时代”，人类要避免世界大战的灾难，只有理性地回到建立以国际法为准则的国际秩序上来，而东方文化，主要是中国文化所提供的仁学“中道”的“和”文化，理应成为国际法的一大原则。山东大学曾振宇教授也在关注法家和儒家的关系，他认为法家代表人物商鞅并未全盘否定和废灭仁义道德文化，只是在仁义范畴的界定、仁义理想实现之途径、法与德的内在关系等方面，与儒家存在一些分歧。在商鞅看来，法之内在文化精神是“爱民”、“利民”，这一观点与儒家可谓殊途同归。西南政法大学龙大轩教授认为，孝道作为中国古代法的指导思想和精神旨趣，对古代立法、司法、执法均具有深远影响。

此外，台湾大学杜保瑞教授对牟宗三先生诠释陆象山的方法论进行了反省，中国社会科学院张剑先生介绍了宋儒范浚敢于直面问题本身的理学思想，四川大学彭邦本对孔子举贤禅让思想对古代政治思想的深远影响进行了探讨，孔子研究院孔祥林研究员详细阐述了金元时期儒家士大夫“文为正统、以华化夷”的心态，《孔子研究》编辑部彭彦华编审对享有“东海朱子”美誉的朝鲜学者退溪李滉先生“礼缘仁情”的易学思想进行了介绍，中国艺术研究院刘涛博士讨论了曾国藩和洪秀全之间的分歧实质是孔子和基督之争，曲阜师范大学王洪军反思了隋唐之际儒学的复兴与拓展情况，孔子研究院陈金海博士对孔子的历史认同观念进行了探讨，中国艺术研究院陈斐博士介绍了北宋禅宗领袖契嵩“儒释道一贯”的理论对宋学的丰富和推动作用。

二、探究学术——中华元典与现代文明

本届大会对中华元典给予了高度重视。专家们认为，中华元典凝聚着中国传统文化的核心精神，其意义是广阔而深邃的，需要我们呼应时代需要，在新的深度和高度上作出阐释，整合为现代文明不可或缺的组成部分。

华中师范大学董恩林教授认为恢复对传统经典文献的基本信任与尊重是现代社会的重要任务，因为经历了疑古惑经时代的国人对于经典存在严重的信任危机，只有相

信元典的存在，才能“重新发掘、阐释儒学传统的各种思想资源”（杜维明），与现代文明遥相呼应。台湾政治大学董金裕教授具体指出中国传统《尚书·洪范》“九畴”中提出的“五福”概念：寿、富、康宁、攸好德、考终命，本为劝勉人向善而设定的，但皆有助于使生命充满喜乐和具有意义，“为儒家经典中用以鼓舞劝诱人修德的项目，属古典中由先民智慧凝聚而成的主要命题”，与不丹、日本等国推崇的所谓“国民幸福指数”标准有相当密切的关联，如果用此“五福”内涵作为制定“国民幸福指数”指标的参考，不仅有助于提升国民的幸福感，而且有利于政策的制定和实施。中国人民大学韩星也认为《尚书》中蕴含着非常丰富的政治文明，通过教化实现社会的良好治理的思想值得我们深入研究和借鉴。北京语言大学韩经太教授认为，中国儒道元典所集中表现的思想者主体的精神意态，可高度提炼为“恶居下流”、“不有天下”和“内圣外王”。其中，“恶居下流”显现出原始儒家代表弱势历史主体来主持历史公道的政治意态，其中含蕴着某些近代启蒙主义的精神元素。北京大学王丰先教授通过分析先秦儒家主要典籍，指出唐虞之道是原始儒家关于中国早期政治文明的概括与认识，同时也集中体现了原始儒家的政治理想，尤其是仁政、大同社会、王道政治等重要政治观念，引领了中国古代政治文明的发展方向。北京师范大学汪高鑫教授指出“五经”作为儒家元典，其经学思想不容置疑，但学界对其内蕴的丰富的历史思维关注不够，包括以《周易》、《诗经》、《礼经》为代表的通变的历史思维，以《周易》、《尚书》、《诗经》为代表的忧患的历史思维，以《尚书》为代表的以史为鉴的历史思维，以《春秋》为代表的以史为法的历史思维，以《尚书》、《诗经》为代表的天命王权的历史思维，对传统史学的影响非常深远。山东大学儒学高等研究院黄玉顺教授认为《周礼》的根本意义并不在于其所设计的那些具体的、可以损益的制度规范（礼），而在于其背后的普适的正义原则（义），包括正当性原则（公正性、公平性）和适宜性原则（时宜性、地宜性），同时分析了正当性原则的依据是博爱精神，适宜性的依据是我们的生活方式，而这正是《周礼》正义思想对于当今社会的启示。曲阜师范大学陈东指出《论语·学而》三章可以概括为“（好）学”、“教（朋）”、“（为）人（谋）”“三务”，揭示的是孔门私学的三项基本职能，同当今高等院校以教学、科研与服务社会为三大职能具有异曲同工之处。

文献是元典的载体，文献研究是其他学术研究的基础，与会学者对于儒家元典文献各抒已见。日本岩手大学薮敏裕教授探讨了上海博物馆所藏战国楚竹书《孔子诗论》中有关《诗》的理解，上海师范大学石立善教授从版本价值的角度介绍了日本江户时期刊刻的大量中国儒家典籍的情况，从侧面也证明了日本深受中国文化影响。国家图书馆梁葆莉副研究员通过介绍清末民国以来《左传》多种珍贵版本在藏书家手中的流转递藏情况，说明在儒家精神指引下书命与国命心系一线的感人情形。中国人民大学诸葛忆兵教授讨论了孔子“畏天命、敬鬼神”的天命观和鬼神观，台湾政治大学陈逢源教授对朱熹《四书章句集注》孔门谱系的建构进行了细致的考察，天津师范大学张秋升教授介绍了宋人对《中庸》一书作者和文本的考辨情况，国家图书馆张廷根研究员和刘鹏将国图珍藏的“四书类”善本古籍中未经刊布的手书题跋进行了辑考，华侨大学杨少涵从儒学内在义理发展推断《中庸》与《孟子》的成书时间，台湾大学赵飞鹏介绍了屈万里运用石经研究以考证经义的现代意义，河北师范大学张怀通教授通过分析《作雒》探讨了周公篇章的制作与流传问题，日本九州产业大学石川泰成介绍了日本学术振兴会课题“利用漆纸文书对有关汉代之唐代初期《论语》的改观进行文献学研究”的阶段成果。曲阜师范大学张瑞甫教授还探讨了儒家的“中级和合”哲学与最优化理论。

其实，作为元典一词首倡者的武汉大学冯天瑜教授，认为元典是指人类中各民族跨入文明门槛以后，在文明初期所创立的那些最基本的典籍，对这个民族乃至后来的整个人类的思想，有一种方向性的指示作用，和现代文明密切相关。近代以来，由于空前的民族危机，使得国人对自己的文化产生怀疑，尤其是对中华元典的看法很不一致。在新世纪，重新树立文化自信，发掘元典精髓，是当代学者们的共识和责任。

三、瞭望未来——儒学与国民教育

百年大计，教育为本。国家兴衰存亡依凭于一国之人才，而教育承载着人才培养的重任。反观当代中国的教育历程，无可否认的是飞跃的发展，但在西方文化的冲击下，对于中华传统教育的疏离也是显而易见的。而这种疏离所带来的弊端越来越引起人们的重视和反思，正是基于这种思考，本届大会儒学与国民教育将教育列为议题之一，引发了众多学者激烈而又深切的探讨。

中央民族大学牟钟鉴教授认为现代教育的弊端主要有三：“重知识技能训练，轻人格道德熏陶；重理工知识传授，轻人文素养培育，没有中华经典训练；实行工程监管为特征的量化规范管理，用项目课题带动教学科研，个性不能彰显”，由此培养出的所谓“人才”具有没有道德魂、短少中国心、缺乏创造力三处明显的缺陷。所以教育要反思，要运用儒家道德资源，弘扬中华传统美德。中国艺术研究院刘梦溪研究员更是犀利地认为，当今的教育是以应试为基本形态的不完全的知识教育，而中华文化传统历来重视的是价值教育——立国和做人的基本依据，其载体正是我国学术思想的经典源头——六经，也就是国学的基本内涵，所以要把国学与国民教育联系起来，使得流传千年的中国基本价值理念能够真正成为国人身上的文化识别符号。中国孔子研究院院长杨朝明对现代高等教育感触颇深，他说大学是人文精神的渊薮，中国传统的“大学之道”兼顾个人修身和社会向善，目标是培养崇高的德性和人格，以便将来治国平天下，是儒家思想的重要组成部分。而近代历史的变动使人们疏离了传统，忽视了“大学之道”。现代中国高等教育在具有“世界眼光”的同时，还应该强化“中国意识”，认真借鉴传统的“大学之道”。香港城市大学邓立光先生也认为“我们祖先有文化自信，能分清主客位置，故兼容吸收异质文化如佛教”，但是民初以来的西化，“抛却自家无尽藏，沿门持钵效贫儿”（王阳明《咏良知》诗），是全方位的，反客为主，本末倒置，导致今天中华民族的严重失德失范与忘本。

与会的学者都充分肯定了儒家思想中积极的内容对于民族文化传承和人的全面发展、人格完善乃至精神境界的提升具有重要意义，呼吁现代学校教育应该学习儒家教育智慧，吸纳儒学元素，重视人格德行养育和价值教育。那么如何将儒学与国民教育联系起来呢？新加坡国立大学李焯然教授详细介绍了新加坡在这方面的成功经验：新加坡一直重视国民教育和道德价值的培养，面对西方社会的文化渗透，坚持东方价值观不变，从20世纪80年代政府开启提倡儒学的序幕，尤其是在1991年政府提出五大共同价值观念——国家至上，社会优先；家庭为根，社会为本；关怀扶持，同舟共济；求同存异，协商共识；种族和谐，宗教宽容，无一不体现了儒家思想精髓。此后从民间到学校，儒家思想一直在新加坡的公民与道德教育和国家的共同价值观中扮演着重要的角色，究其原因，纯粹是因为儒家思想所具有的实用和普世价值。孔子研究院路则权博士也通过例证的方式介绍了海外华裔学者普遍具有的“儒学情结”，并对于他们形成这一文化观念的教育方式进行了总结：“中国情怀”的积淀，家庭环境的熏陶，学校教育的继承，社会体验的促进，异域文化的关照，由此反观国内以灌输为主的教育方式，借鉴意义非常明显。

更多的学者则是从相对具体的视角谈及儒家思想在国民教育中的重要意义。中共中央党校王杰教授指出儒家思想中蕴含着丰富的为人、为官、为政的思想智慧，对于官员如何加强道德自律、道德修养、提高自身的人格魅力具有现实的启迪意义，并从天地之性人为贵、修身正己立德、儒学与为官者德性修养及其当代启示等几个方面进行了详细的梳理和介绍。台湾暨南国际大学齐婉先博士认为，在现代科技推动的全球化背景下，人与人心灵间的鸿沟已经超越了时空距离；而“孔孟儒学所开出执礼行仁之实践进路，乃一由己出发而推及于人，有个人生活延展至所处之家国天下，无时无地无事无物不涵摄其中之过程”，正是突破人际鸿沟的利器。所以应在“掌握孔孟儒学特质”的基础上，“寻索学说内容提供之待人接物处事以及安身立命之普遍原则”，然后孔孟儒学在现代社会之施用，方具意义；而孔孟儒学在现代生活之践履，方能落实。清华大学人文学院历史系彭林教授特别赞同六经之学中诗与乐的价值，他认为“良善的德行为人类所固有”，但由于先天资质和后天修为，追求道德圆满的过程中未免会走入偏颇，如果将《诗》教和乐教合二为一作为道德教育的主要手段，则可纠正偏颇，同时彰显中国文化的独特价值。香港城市大学邓立光通过分析《论语》表明在儒家的教育理念中，成德是“学习”的原因和目标，“学习”是成就人德才的方法与手段。“今天复兴中华传统文化成为我们民族的时代使命，然文化复兴与传承必须研习自己民族的典籍才可达致。《论语》是中国传统文化的总代表，是历代中国人的必读书，只有《论语》回归中华大地，而人心融入《论语》，才会出现真实意义的文化复兴”。中国社会科学院文学所刘宁副研究员指出，作为儒家文教核心典范的韩愈，开创了古文写作成为儒家养育人格、人文化成这一重要手段。今天“如果能从韩愈所开创的古文传统中深刻体会儒家的教化方式与教化精神，对于国民教育中的人格培养无疑会有积极的启发意义”。

此外，还有一些学者对于儒家思想的内涵和意义进行了深入的阐释，希望加强、扩宽社会民众对于儒家思想的认识和理解。中国人民大学宋志明教授以《儒学的新机遇》为题，介绍了从现代新儒家到现代新儒学的发展脉络，认为现代新儒学是“五四”以来中国学术思想发展的方向之一。有别于现代新儒家，现代新儒学始终处于一个动态的反省充实的过程，它贯通古今，融汇中西，积极回应时代提出的要求，适应时代发展的需要。武汉大学胡治洪教授分析了儒家传统的真精神在于“仁”的思想，并具有社会、政治、教化和信仰四大功能，与中华民族的文化遗传心理具有深刻的同构性，因而对于当代中国具有至关重要的现实意义。台湾中华孔子圣道会高秉涵先生则认为，人们多将仁义看做是孔孟之道的核心而忽略了礼义，其实仁义与礼义都是儒家倡导的道德理念，尤其是对于国家形象的塑造而言，礼义之邦更具有实际意义。曲阜师范大学骆承烈教授和骆军等学者则重点分析了儒家孝道思想的作为中国伦理道德的重要内容对于社会稳定和谐的重要意义。

其实我们国家的一直都坚持“育人为本、德育为先，把立德树人作为教育的根本任务”这样的教育思想，虽然没有明确指出源自儒家思想，但和“修身、齐家、治国、平天下”这样讲究自身道德修养是为人的起点的思想其实实属异曲同工，这也正是学者们积极呼吁将儒学与国民教育紧密结合的出发点和希望所在。

四、结　语

自 2007 年世界儒学大会发起国际会议及 2008 年第一届世界儒学大会以来，世界儒学大会一直坚持“在世界范围内组织、举办儒学研究活动，推动各国、各地区儒学研究的深入发展，传承、弘扬中国优秀传统文化，促进人类不同文明之间的对话与交流，增强各国各民族人民之间的相互理解和信任”的宗旨不动摇。在有关各方的共同努力下，在国内外与会专家的积极参与下，世界儒学大会一步一个脚印，推动国际性儒学研究的不断深入开展，并不断推出重要的学术成果，产生越来越大的文化影响，已经成为儒学研究的国际品牌，成为国际儒学研究的年度盛会。韩国中央大学荣誉教授梁承武说，世界儒学大会搭建了一个高水平的儒学研究、交流平台，吸引了海内外儒学专家学者的积极参与和社会各界的广泛关注，为孔子及儒学在世界文明格局的延续和发展作出了重要贡献。西南政法大学教授俞荣根说，文化部、山东省政府联手发起和举办世界儒学大会，是文化强国战略的一个大手笔，也是对人类文化多元发展的一大贡献。希望世界儒学大会更上一层楼，为儒学在新时期的全面发展起到更加积极的作用。

孔子来自中国，儒学属于世界！

图书在版编目（CIP）数据

第五届世界儒学大会学术论文集/贾磊磊，杨朝明主编．
—北京：文化艺术出版社，2013.7
ISBN 978-7-5039-5616-4

Ⅰ．①第…　Ⅱ．①贾…②杨…　Ⅲ．①儒家—国际
学术会议—文集　Ⅳ．①B222.05—53

中国版本图书馆 CIP 数据核字（2013）第 104639 号

第五届世界儒学大会学术论文集

主　　编　贾磊磊　杨朝明
摄　　影　张建生
责任编辑　蔡宛若　程晓红
特邀编辑　任　慧
装帧设计　姚雪媛
出版发行　文化艺术出版社
地　　址　北京市东城区东四八条 52 号　100700
网　　址　www.whyscbs.com
电子邮箱　whysbooks@263.net
电　　话　（010）84057666（总编室）84057667（办公室）
　　　　　（010）84057691—84057699（发行部）
传　　真　（010）84057660（总编室）84057670（办公室）
　　　　　（010）84057690（发行部）
经　　销　新华书店
印　　刷　国英印务有限公司
版　　次　2013 年 7 月第 1 版
　　　　　2013 年 7 月第 1 次印刷
开　　本　710 毫米×1000 毫米　1/16
印　　张　31.5
字　　数　800 千字
书　　号　ISBN 978-7-5039-5616-4
定　　价　75.00 元
